Curso de Processo Coletivo do Trabalho

Marcelo Freire Sampaio Costa
Doutor em Direito pela PUC-SP. Mestre em Direito pela UFPA.
Professor convidado no Mackenzie-SP (EAD e presencial), PUC-Cogeae-SP, Cesupa-PA, dentre outras.
Autor de diversos livros e dezenas de artigos. Membro do Ministério Público do Trabalho na 2ª Região.

Curso de Processo Coletivo do Trabalho

Em consonância com a Reforma Trabalhista

EDITORA LTDA.
© Todos os direitos reservados

Rua Jaguaribe, 571
CEP 01224-003
São Paulo, SP – Brasil
Fone: (11) 2167-1101
www.ltr.com.br
Janeiro, 2019

Projeto Gráfico e Editoração Eletrônica: Peter Fritz Strotbek – The Best Page
Projeto de Capa: Fabio Giglio
Impressão: BOK2

Versão impressa: LTr 6153.5 – ISBN 978-85-361-9893-4
Versão digital: LTr 9524.1 – ISBN 978-85-361-9957-3

Dados Internacionais de Catalogação na Publicação (CIP)
(Câmara Brasileira do Livro, SP, Brasil)

Costa, Marcelo Freire Sampaio

    Curso de processo coletivo do trabalho : (em consinância com a reforma trabalhista) / Marcelo Freire Sampaio Costa. — São Paulo : LTr, 2018.

    Bibliografia
    ISBN 978-85-361-9893-4

    1. Ações coletivas (Processo civil) — Brasil 2. Direito do trabalho — Brasil 3. Direito processual do trabalho — Brasil 4. Reforma constitucional — Brasil I. Título.

18-21688   CDU-347.921.2:331(81)

Índices para catálogo sistemático:

1. Brasil : Processo coletivo : Direito processual
   do trabalho   347-921.2:331(81)

Maria Paula C. Riyuzo – Bibliotecária – CRB-8/7639

Ao Pedro Augusto Costa, já um homem, meu legado às próximas gerações desse planeta.

À amada esposa Dani Costa, companheira fiel de todos os momentos — e até o final.

Aos meus pais pelo que sou.

Ao meu irmão, um exemplo que sempre esteve ao meu lado.

Aos meus alunos de pós-graduação, meu estímulo constante.

"Pedro onde se cê vai eu também vou" — homenagem ao meu filho Pedro Augusto
(Raul Seixas e Paulo Coelho)

"... Now, I'm gonna love you
'Til the heaven stops the rain
I'm gonna love you
'Til the stars fall from the sky
For you and I..."
(Homenagem à Dani Costa — The Doors)

Sumário

Prefácio 19

Nota do Autor 23

Introdução 25
1. Plano de trabalho resumido 25
2. Pretensão da obra 26

Capítulo 1 — Aspectos Introdutórios do Processo Laboral Coletivo 27
1.1. À guisa de introito 27
1.2. Breve histórico da tutela jurisdicional coletiva 27
1.3. Da técnica da ponderação no processo coletivo do trabalho 29
1.4. Procedimento comum e especial das ações coletivas na perspectiva das ações laborais. Nova classificação 30
1.5. Da ação civil pública, ação civil coletiva ou ação coletiva. Nomenclatura 31
1.6. Processos coletivos na entrada e processos coletivos na saída 33
1.7. Da ação coletiva trabalhista e a vocação às tutelas coletivas da Justiça do Trabalho 34
1.8. Interesse público e o processo coletivo do trabalho 35

Capítulo 2 — Situações Jurídicas Coletivas no Processo do Trabalho e o Microssistema da Tutela Coletiva ... 37
2.1. Dos direitos que ultrapassam a esfera da individualidade 37
2.2. Da classificação tripartida dos direitos ou interesses de natureza transindividual. Proteção de situação jurídica coletiva 37
    2.2.1. Dos direitos difusos 38
    2.2.2. Dos direitos coletivos em sentido estrito 39
    2.2.3. Dos direitos individuais homogêneos 40
2.3. Critério metodológico para identificar cada uma das categorias dos direitos metaindividuais 46
2.4. Efeitos práticos da distinção entre essas três modalidades de direitos 47
2.5. Microssistema da tutela coletiva. Aplicação no processo coletivo laboral. Do necessário diálogo das fontes. Limites a serem estabelecidos à Reforma Trabalhista (Lei n. 13.467) 47
    2.5.1. Aplicação desse microssistema no processo coletivo laboral 49
    2.5.2. Limites a serem estabelecidos à Reforma Trabalhista (Lei n. 13.467/2017). Dois exemplos de incompatibilidade da Reforma Trabalhista com o microssistema da tutela coletiva laboral 51
2.6. Das decisões estruturais 52

Capítulo 3 — Normas Fundamentais do Processo Coletivo Laboral 53
3.1. Considerações gerais 53
3.2. Evolução histórica do papel dos princípios 54

3.3. Conceito de princípios.. 54
3.4. Distinção entre normas-regras e normas-princípios.. 55
3.5. Princípios da proporcionalidade e da razoabilidade 56
3.6. Princípio do devido processo legal coletivo.. 58
3.7. Princípio da satisfação do julgado em prazo razoável, incluindo atividade satisfativa 59
3.8. Adequação da legitimação 60
3.9. Certificação da ação coletiva.. 62
3.10. Princípio da publicidade adequada e informação 62
3.11. Princípio da primazia do julgamento do mérito no processo coletivo 64
3.12. Princípio da reparação integral do dano... 65
3.13. Princípio da máxima amplitude do processo coletivo laboral 66
3.14. Princípio da predominância de aspectos inquisitoriais no processo coletivo do trabalho 66
3.15. Princípio da competência adequada.. 67

Capítulo 4 — Aspectos Gerais Envolvendo Competência e Legitimidade nas Ações Coletivas........ 69
4.1. Aspectos preliminares... 69
4.2. Competência. Aspectos gerais 69
    4.2.1. Princípio da competência adequada... 70
    4.2.2. Regras de competência no processo do trabalho... 71
    4.2.3. Competência funcional territorial. Art. 2º da Lei da ACP e art. 93 do CDC......................... 71
4.3. Legitimidade 75
    4.3.1. Espécies de legitimidade 75
    4.3.2. Aspectos gerais da legitimação coletiva ativa 77
    4.3.3. Da representação adequada ou pertinência temática... 79
    4.3.4. Legitimados ativos.. 80
        4.3.4.1. Das pessoas jurídicas da administração pública.. 81
        4.3.4.2. Da defensoria pública... 81
        4.3.4.3. Dos sindicatos 82
        4.3.4.4. Da entidade associativa.. 84
        4.3.4.5. Do Ministério Público.. 86

Capítulo 5 — Conexão, Continência, Litispendência e a Relação entre Ações Individuais e Coletivas............ 89
5.1. Considerações preliminares 89
5.2. Conexão... 89
    5.2.1. Conexão nos processos coletivos laborais... 90
5.3. Continência... 91
    5.3.1. Continência nos processos coletivos laborais... 91
5.4. Litispendência... 92
    5.4.1. Litispendência entre ações coletivas no processo coletivo laboral 92
5.5. Relação entre a ação coletiva e a ação individual... 93
    5.5.1. Litispendência entre ação coletiva e ação individual no processo coletivo do trabalho....... 94
5.6. Questão da suspensão do processo individual. Posição do STJ e do processo do trabalho 96

Capítulo 6 — Ministério Público do Trabalho 99
6.1. À guisa de introito 99
6.2. Do perfil constitucional-institucional do MP brasileiro 99
6.3. Garantias, vedações e atribuições dos membros do MP brasileiro 100
6.4. Princípios institucionais do Ministério Público 101
6.5. Do Ministério Público do Trabalho 103
6.6. Da atuação jurisdicional do MPT (parte ou fiscal da ordem jurídica) 104
    6.6.1. Atuação como fiscal da ordem jurídica 104
    6.6.2. Atuação como parte (autor ou réu) 107
    6.6.3. Atuação como autor na defesa de direitos individuais 109
6.7. Da atuação extrajudicial do MPT 110
    6.7.1. Da atuação do MPT nas Notícias de Fato, Procedimentos Preparatórios e Inquéritos Civis ... 110
    6.7.2. Da atuação do MPT nos Termos de Ajuste de Conduta (TACs) 115
    6.7.3. Das recomendações 123
    6.7.4. Das audiências públicas 124

Capítulo 7 — Aspectos Gerais da Fase de Conhecimento da Ação Civil Pública 125
7.1. À guisa de introito 125
7.2. Da ação civil pública laboral. Considerações preliminares. Conceito 125
7.3. Finalidade da ação civil pública laboral 126
    7.3.1. Proteção de direitos fundamentais laborais específicos e inespecíficos 127
7.4. Natureza jurídica 128
7.5. Objeto 128
7.6. Da legitimidade para agir em ação civil pública (considerações gerais) 129
    7.6.1. Dos legitimados ativos nas ações civis públicas. Posição diferenciada dos Ministérios Públicos 131
7.7. Dos pedidos 133
    7.7.1. Pedidos de condenação pecuniária 133
    7.7.2. Condenação pecuniária por dano moral individual e coletivo 134
    7.7.3. Destinação da condenação. Recomposição da lesão perpetrada 135
    7.7.4. Direcionamento social das indenizações em dano moral coletivo nas ações civis públicas ... 136
7.8. Pedidos de tutela específica 138
    7.8.1. Aspectos gerais da tutela específica no processo 138
    7.8.2. Tutela específica no processo do trabalho clássico 139
    7.8.3. Da tutela inibitória 140
    7.8.4. Tutela específica no processo coletivo do trabalho. Astreinte 142
7.9. Tutela provisória no processo coletivo do trabalho 143
7.10. Litisconsórcio 146
    7.10.1. Litisconsórcio entre Ministérios Públicos 148
7.11. Rito processual 149
7.12. Fase probatória 150
7.13. Conciliação e transação em juízo 151

7.14. Multa e exigibilidade em sede de ação civil pública 152
7.15. Ação civil pública e FGTS 154
7.16. Abandono e desistência em ações civis públicas 155
7.17. Intervenção de *amicus curiae* em ação civil pública trabalhista 156
7.18. Litigância de má-fé e despesas processuais 156
7.19. Recursos em ação civil pública 158
7.20. Prescrição 158

Capítulo 8 — Mandado de Segurança Coletivo no Processo Coletivo Laboral: Aportes Gerais na Fase de Conhecimento 161
8.1. Origem e evolução histórica 161
8.2. Conceito 164
    8.2.1. Conceito do mandado de segurança coletivo 165
8.3. Modalidades — repressivo ou preventivo 166
8.4. Do direito líquido e certo 167
    8.4.1. Direito líquido e certo e mandado de segurança coletivo 168
8.5. Da legitimidade ativa para mandado de segurança coletivo 169
8.6. Do ato coator 170
8.7. Da autoridade coatora e litisconsórcio passivo 172
8.8. Da competência material e funcional para mandado de segurança 173
8.9. Decisão liminar no Mandado de Segurança Coletivo 174
    8.9.1. Recurso contra decisão liminar. Peculiaridade do processo do trabalho 175
8.10. Do regime da coisa julgada no mandado de segurança coletivo 175
8.11. Da ausência de litispendência do mandado de segurança coletivo com ações individuais 175
8.12. Ministério Público do Trabalho e a atuação em mandados de segurança 176
    8.12.1. Função de fiscal da ordem jurídica nos mandados de segurança individuais e coletivos 176
    8.12.2. O MPT na condição de autor de mandados de segurança coletivos 177
    8.12.3. O MPT na condição de autor de mandados de segurança individuais 178

Capítulo 9 — Dissídio Coletivo: Aportes Gerais na Fase de Conhecimento 179
9.1. Formas de resolução dos conflitos coletivos 180
9.2. Da negociação coletiva e do consequente fortalecimento da autonomia privada coletiva 181
9.3. Característica residual do dissídio coletivo 184
9.4. Do poder normativo da Justiça do Trabalho: generalidades 185
    9.4.1. Mínimo e máximo garantidos pelo poder normativo 187
9.5. Delimitando material e processualmente o dissídio coletivo 188
9.6. Tipos de dissídios coletivos 189
9.7. Requisito do comum ou mútuo acordo 192
9.8. Do dissídio coletivo de greve 194
    9.8.1. Do dissídio coletivo em greve ambiental 196
9.9. Do protesto judicial 197

9.10. Competência para o dissídio coletivo 198
9.11. Da legitimidade para o dissídio coletivo.. 199
    9.11.1. Aspectos gerais envolvendo os dissídios coletivos 199
    9.11.2. Legitimidade para o dissídio coletivo de natureza econômica.. 200
    9.11.3. Legitimidade para o dissídio coletivo de natureza jurídica 201
    9.11.4. Legitimidade para o dissídio coletivo de greve. Atuação do MPT 202
9.12. Hipóteses de extinção do dissídio coletivo sem exame do mérito 204
9.13. Do iter processual das ações de dissídios coletivos 206
9.14. Da fase recursal 208
    9.14.1. Efeito suspensivo específico para recursos de decisões normativas 208

Capítulo 10 — Ação Anulatória: Aportes Gerais na Fase de Conhecimento... 210
10.1. Considerações preliminares... 210
10.2. Regramento legal 210
10.3. Delimitação do instituto. Hipóteses de cabimento 211
10.4. Natureza jurídica. Limites aos pedidos veiculados 211
10.5. Da legitimidade originária e derivada 212
10.6. Da competência material e funcional para o conhecimento 214
10.7. Da possibilidade de declaração incidental de nulidade de cláusulas de normas coletivas em sede de ação civil pública... 214
10.8. Do caminho do processo 215
10.9. Atuação clássica do MPT em matéria de descontos sindicais em normas coletivas 216
10.10. Impacto da Reforma Trabalhista nas ações anulatórias propostas pelo MPT 216

Capítulo 11 — Coisa Julgada. Aportes Gerais... 219
11.1. Noções sobre o regime geral da coisa julgada 219
11.2. O tripé no qual se assenta a coisa julgada 220
11.3. Noções sobre o regime geral da coisa julgada no processo coletivo 221
11.4. Coisa julgada coletiva nas ações laborais envolvendo direitos difusos e coletivos em sentido estrito 222
11.5. Coisa julgada coletiva nas ações laborais envolvendo direitos individuais homogêneos 224
    11.5.1. Coisa julgada coletiva *secundum eventum probationis* nos direitos individuais homogêneos e a posição do STJ 226
11.6. Repercussão da coisa julgada coletiva no plano individual. Da ausência de litispendência 227
    11.6.1. Ausência de litispendência também afasta os critérios de modificação de competência...................... 228
11.7. Sandices legislativas do art. 16 da Lei da ACP e o art. 2º da Lei n. 9.404/1997.. 229
11.8. Coisa julgada no mandado de segurança coletivo 234

Capítulo 12 — Liquidação de Sentença... 236
12.1. Considerações preliminares... 236
12.2. Noções gerais de liquidação 237
12.3. Noções de liquidação no processo do trabalho 237
12.4. Da liquidação como processo, fase ou incidente... 238
12.5. Noções gerais de liquidação no processo coletivo do trabalho 238

12.6. Do subsistema da liquidação em direitos difusos e coletivos em sentido estrito 238
12.7. Da liquidação em direitos individuais homogêneos.. 239
    12.7.1. A questão do provimento condenatório genérico 241
12.8. Da liquidação na *fluid recovery*.. 243

Capítulo 13 — Execução de Sentença 244
13.1. Considerações preliminares.. 244
13.2. Conceito e breve panorama histórico da tutela coletiva 244
13.3. Sentença não significa tutela do direito vindicado 245
13.4. Aportes gerais sobre a execução trabalhista... 246
13.5. Da execução direta e indireta.. 246
13.6. Execução coletiva. Generalidades 248
13.7. Das modalidades de execução no processo coletivo do trabalho 249
13.8. Da execução da pretensão coletiva realizada globalmente 249
    13.8.1. Do rito executivo das obrigações de pagar em sentença coletiva 250
13.9. Aspectos gerais da tutela específica nas execuções coletivas 251
    13.9.1. Sistema legal executivo da tutela específica. Incidência sistemática do CPC e Lei da ACP e CDC 252
    13.9.2. Sistema legal executivo da tutela específica. Incidência de ofício no cumprimento de sentença coletiva 252
    13.9.3. Atipicidade das medidas executivas para cumprimento da tutela específica........... 252
    13.9.4. Questão das multas na execução coletiva 253
    13.9.5. Modificação da quantificação dessas multas 254
    13.9.6. Exibilidade da multa. Termo inicial 254
13.10. Da tutela inibitória. Aspectos gerais e aplicação na execução coletiva 255
13.11. Da execução de direitos individuais homogêneos. Generalidades 257
    13.11.1. Da execução de direitos individuais homogêneos. Legitimidade concorrente 258
    13.11.2. Da execução de direitos individuais homogêneos e a aplicação das astreintes 258
    13.11.3. Da execução de direitos individuais homogêneos e o foro competente para ingresso do cumprimento individual 259
    13.11.4. Da execução de direitos individuais homogêneos. Questão da juntada do rol de substituídos....... 260
    13.11.5. Da execução de direitos individuais homogêneos. Do *fluid recovery* 261
    13.11.6. Da execução de direitos individuais homogêneos. Condenação da Fazenda Pública e requisição individual de pequeno valor (RPV).. 261
13.12. Regime das despesas na execução coletiva.. 262
13.13. Execução coletiva negociada de sentença estrutural 262
13.14. Do cumprimento provisório na execução coletiva de direito transindividual e individual homogêneo 263

Capítulo 14 — Dano Moral Coletivo 266
14.1. Considerações preliminares.. 266
14.2. Tripé justificador do dano moral coletivo 266
    14.2.1. Da dimensão coletiva da dignidade da pessoa humana 266
    14.2.2. Da ampliação do conceito de dano moral envolvendo não apenas a dor psíquica 267

14.2.3. Da coletivização dos direitos por intermédio do reconhecimento dos interesses ou direitos coletivos em sentido lato 269
14.3. Questão terminológica (expressão dano moral coletivo, dano extrapatrimonial coletivo ou simplesmente dano social) 271
14.4. Caracterização e conceito 271
14.5. Suporte legal 272
14.6. Responsabilidade objetiva 274
14.7. Prova 275
14.8. Reparação. Quantificação e vetores que a justifiquem 277
14.9. Direcionamento social das indenizações em ação civil pública e em termos de compromisso de ajustamento de conduta. Prevalência da recomposição social 280
    14.9.1. Pedido condenatório já com destinação social 282
    14.9.2. Possibilidade de a jurisdição atribuir destinação social diversa daquela requerida na petição inicial da ação coletiva, ou, convolação de condenação dirigida a fundo receptor em destinação social 282
14.10. *Dumping* social e dano moral coletivo 284
14.11. DMC e a Reforma Trabalhista 286
    14.11.1. Questão da nomenclatura 287
    14.11.2. Pretensão legal equivocada de aplicação exclusiva do texto celetista 287
    14.11.3. Da quantificação ou tarifação e os parâmetros para tanto 288
    14.11.4. Do retrocesso da Reforma Laboral quanto ao instituto em exame 290

Referências Bibliográficas 293

*"Temos o direito a ser **iguais** quando a nossa diferença nos **inferioriza**;
e temos o direito a ser **diferentes** quando a nossa igualdade nos **descaracteriza.**"*

Boaventura de Souza Santos

Prefácio

O processo coletivo ainda exige muito esforço de compreensão, bem como uma definição mais clara sobre a interação entre os sistemas jurídicos para a sua operacionalidade. Talvez por representar o novo, que se contrapõe em vários pontos ao processo tradicional, o processo coletivo ainda é tratado como algo excepcional e episódico. As resistências a sua aceitação comprometem a sua efetividade e viabilidade, como instrumento adequado para se chegar à solução de conflitos que abrangem coletividades.

No Direito Processual do Trabalho, o processo coletivo adquire especial importância, pois as violações no âmbito das relações de trabalho dificilmente dizem respeito a um trabalhador isoladamente. O descumprimento dos direitos trabalhistas geralmente envolve setores ou a totalidade da empresa. Nesses casos, o processo individual não se ocupa da violação como um todo, mas de apenas parte dela. A tramitação de processos individuais, por mais abrangentes que sejam, alcançando a totalidade dos trabalhadores cujos direitos foram violados, não possui a mesma dimensão e efetividade do processo coletivo.

Por essa razão, tenho observado que os novos incidentes processuais, como os incidentes de resolução de demandas repetitivas e de recursos repetitivos, que coletivizam os processos após o ajuizamento de casos individuais ("coletivização na saída), não substituem as ações coletivas, que pressupõem articulações e investigações prévias ao processo, modificando o perfil do litígio como um todo. Essa "coletivização na entrada" é fruto do que denomino de "acesso qualificado à justiça", não no sentido de que o acesso coletivo seja mais importante do que o individual. Esse acesso é qualificado não apenas por propiciar número maior de possíveis beneficiários, mas por permitir a apreensão do litígio em toda a sua dimensão ou substância, tal como se apresenta na realidade.

Portanto, o desafio da doutrina consiste em fazer do processo coletivo algo mais inteligível e que possa ser adotado, com mais naturalidade, para a realização dos direitos de coletividades. Enquanto isso não ocorre, percebe-se em alguns tribunais trabalhistas a adoção de uma jurisprudência defensiva, que prefere não enfrentar os complexos e intricados problemas a que o processo coletivo dá origem. Essa postura compromete a racionalização da prestação jurisdicional, uma vez que alimenta o excessivo número de demandas individuais e não propicia respostas adequadas aos problemas existentes na sociedade.

Recebi, com imensa alegria, o honroso convite para prefaciar esta importante obra, Curso de Processo Coletivo do Trabalho, do Procurador do Ministério Público do Trabalho e Doutor em Direito, Marcelo Freire Sampaio Costa. O autor enfrenta os desafios do processo coletivo do trabalho com o talento que lhe é peculiar, manejando os conceitos com enorme maestria, para tornar o processo coletivo mais compreensível e, consequentemente, de mais fácil assimilação e utilização. Essa facilidade que Marcelo proporciona aos estudiosos do processo coletivo não resulta de mera simplificação ou superficialidade que acabam por ocultar as problemáticas existentes no dia a dia da tramitação judicial. O autor examina com profundidade e cientificidade, e ao mesmo tempo com admirável didática, as diversas questões relacionadas com o processo coletivo.

O estudo realizado por Marcelo Freire inova ao tratar do processo coletivo a partir de uma rigorosa sistematização. Diferentemente do processo civil em que é possível identificar uma produção mais numerosa sobre o processo coletivo, no processo do trabalho prevalecem estudos sobre determinadas ações, como ação civil pública e mandado de segurança coletivo. O esforço científico em realizar o estudo do processo coletivo como "microssistema de tutela coletiva", confere uma lógica e funcionamento próprios, que não se alteram pela ação ajuizada. A previsibilidade e a segurança que o microssistema oferece permitem vencer receios no enfrentamento do processo coletivo, reforçando, de alguma maneira, a sua efetividade e adequação.

Como destaca o autor, o microssistema de tutela coletiva se diferencia de dois microssistemas tradicionais, que integram a Consolidação das Leis do Trabalho, que são o individual ou plúrimo e o da jurisdição normativa. Os arts. 769 e 889 da CLT, ao disporem sobre a aplicação subsidiária de outros instrumentos normativos, servem a esses dois microssistemas, mas não ao da tutela coletiva. O microssistema de tutela coletiva é composto por um "núcleo fundamental ou duro", que abrange dispositivos constitucionais, como os arts. 5º, XXXV, 127 e 129, a parte fundamental do Código de Processo Civil, a Lei de Ação Civil Pública e o Código de Defesa do Consumidor, sem que haja uma precedência de qualquer deles. Deve-se buscar a norma que melhor promova a tutela coletiva. A esse núcleo fundamental se adicionam vários outros diplomas normativos que tratam de direitos transindividuais, como o Estatuto das Pessoas com Deficiência e a Lei Orgânica do Ministério Público da União, que interagem com o núcleo fundamental, mediante um permanente diálogo das fontes. Outras fontes, como a Consolidação das Leis do Trabalho, são aplicadas de forma complementar, desde que haja compatibilidade. A Consolidação das Leis do Trabalho, por exemplo, pode contribuir para que o processo coletivo seja célere e eficaz. Com efeito, os clássicos institutos do processo civil, como "legitimidade, competência, conexão, continência, coisa julgada, e outros" possuem tratamento diferenciado e próprio no âmbito do processo coletivo.

Nesse ponto, observa o autor que alguns dispositivos da reforma trabalhista apresentam-se questionáveis, quando confrontados com o microssistema de tutela coletiva trabalhista. Um exemplo é o § 3º do art. 8º da CLT, que estabelece a intervenção mínima em acordos e convenções coletivos de trabalho. Essa previsão não pode interferir na atribuição do Ministério Público do Trabalho, prevista na Lei Orgânica do Ministério Público da União, de propor ações anulatórias de cláusulas de convenções e acordos coletivos que violem as liberdades individuais ou coletivas ou os direitos individuais indisponíveis dos trabalhadores.

O autor, também, ressalta a dimensão transformadora do processo coletivo por meio do cabimento da decisão estrutural, que permite, em situações específicas, a realização de políticas públicas para modificar as estruturas vigentes. Aliás, o processo coletivo é um instrumento altamente importante para tornar os direitos previstos na Constituição realidade.

Ao tratar das normas fundamentais do processo coletivo laboral, o autor acolhe uma concepção principiológica, respaldado em autores como Ronald Dworkin e Robert Alexy, enaltecendo a parte fundamental do Código de Processo Civil, para enumerar os princípios do processo coletivo laboral, alguns originários das *class actions* norte-americanas, mas que vêm sendo incorporados ao processo coletivo brasileiro. São eles, o princípio do devido processo legal coletivo, princípio da satisfação do julgado em prazo razoável, princípio da adequação da legitimação, princípio da certificação da ação coletiva, princípio da publicidade adequada e informação, princípio da primazia do julgamento de mérito da ação coletiva, princípio da reparação integral do dano, princípio da máxima amplitude do processo laboral, princípio da predominância dos aspectos inquisitoriais do processo coletivo do trabalho e princípio da competência adequada.

A partir daí, o autor desenvolve o estudo dos institutos do processo coletivo do trabalho, lapidando conceitos e interpretando as normas do microssistema processual, apoiando-se na jurisprudência dos tribunais superiores. Trata da competência e legitimidade; da conexão, continência e litispendência. Após considerações sobre o Ministério Público do Trabalho, o autor passa para o estudo da ação civil pública trabalhista, esmiuçando os diversos tipos de tutela, o litisconsórcio e o rito processual, as multas aplicáveis e a fase recursal. Em seguida, o autor passa para o mandado de segurança coletivo no trabalho, seguindo o mesmo rigor metodológico, para então examinar o dissídio coletivo e, posteriormente, a ação anulatória. O autor conclui a sua obra analisando a coisa julgada, a liquidação e execução no processo coletivo e o dano moral coletivo.

Todo o material que compõe esta importante obra, que se agrega à vasta produção acadêmica do autor, apresenta-se como leitura indispensável para a atuação em sindicatos, no Ministério Público do Trabalho e no Judiciário Trabalhista. O processo coletivo do trabalho vem se tornando uma realidade e todos aqueles que pretendem atuar na área trabalhista necessitam conhecê-lo com maior profundidade, sejam eles juízes, procuradores, advogados, estudantes, servidores, candidatos em concursos públicos.

Os leitores têm em mãos um curso altamente qualificado e que traz muitas luzes para que o processo coletivo ocupe a posição de relevo que a Constituição lhe reserva.

Tenham uma excelente leitura!

Brasília, outubro de 2018

Ricardo José Macedo de Britto Pereira
Subprocurador-Geral do Ministério Público do Trabalho.
Professor Titular e Coordenador Acadêmico do Mestrado das
Relações Sociais e Trabalhistas do Centro Universitário — UDF.

Nota do Autor

A produção deste estudo foi até o presente momento o maior desafio de minha trajetória acadêmica. Apesar de inicialmente ter acreditado, erroneamente — diga-se de passagem, que seria uma tarefa de razoável facilidade construir um curso ou manual (essa escolha de nomenclatura para mim é complicada) considerando os meus livros anteriores, tidos (pelo menos por mim) como aprofundados estudos de assuntos setoriais, incluídos os produzidos como conclusão de mestrado e doutorado, devo confessar a grande dificuldade aqui enfrentada.

Melhor. Já confessando, especificamente...

Como é difícil escrever um curso. Tentar ser direto, completo, sem ser superficial ou mero repetidor de ideias, como se observa tanto por aí...

Como é difícil a construção de capítulos de um curso que se pretende completo e inovador para o processo coletivo laboral, considerando a falta de outros modelos similares nessa seara processual para a necessária contraposição e diálogo...

Como é difícil deixar de ter uma linguagem mais rebuscada na qual se possa apoiar, ou até mesmo se esconder...

Como é difícil pensar em criar facilidades a cada parágrafo para a compreensão mais direta do leitor...

Como é difícil suprimir, em benefício da clareza do texto, uma nota de pé-de-página explicativa de trecho de literatura estrangeira que você acabou de ler, e que caberia tão bem naquele momento ...

Como é difícil abrir mão do convívio familiar (e essa dificuldade só aumenta com o passar dos anos) para cumprir metas e prazos que você se impôs...

Como é difícil abrir mão daquela partidinha de tênis no início da manhã de um sábado ou domingo, naquele friozinho paulista agradável e com o sol nascendo, simplesmente porque você precisa finalizar aquele capítulo atrasado...

Como é difícil ser alcançado por uma Reforma Trabalhista inesperada, já nos últimos momentos da construção do estudo, que acabou por exigir larga modificação e inclusão de novas abordagens.

Enfim, apesar de todas essas dificuldades, e tantas outras que poderiam ser aqui apresentadas, a nossa pretensão foi criar um curso na medida do possível completo, correto, com boa, rápida e fácil compreensão, sem abrir mão completamente da necessária profundidade acadêmica, sendo uma fonte de pesquisa segura aos operadores do direito, com a posição da doutrina, da jurisprudência e pessoal do autor, afastando-se, o quanto mais fosse possível, da mera repetição superficial de ideias, práticas tão em voga no cenário editorial jurídico.

Mas não é só.

Este curso também discrepa de outros estudos envolvendo o processo coletivo laboral que acabam por desenvolver os institutos desse ramo processual no interior da ação civil pública.

Aqui fez-se diferente.

Foram abordados genericamente importantes institutos da tutela coletiva laboral em capítulos separados.

Até a liquidação e execução de sentença foram abordadas em capítulos separados.

Finalmente tratamos novamente do instituto do dano moral coletivo, já abordado em obra específica sobre o assunto.

Enfim...

O sucesso ou insucesso dessa empreitada deverá ser avaliado pelos leitores, que me honram demais com sua atenção.

Introdução

1. Plano de trabalho resumido

O capítulo primeiro registra alguns assuntos, inclusive tratados em obras anteriores, voltados ao início da compreensão do processo coletivo do trabalho, tais como ponderação, nomenclatura da ação civil pública, taxonomia das ações coletivas no processo do trabalho, breve histórico da tutela coletiva, dentre tantos outros.

O capítulo segundo trata das aqui chamadas situações jurídicas coletivas à aplicação do chamado microssistema da tutela coletiva no processo coletivo laboral, abordando, entre outros assuntos, as modalidades dos direitos coletivos em sentido amplo.

O capítulo terceiro dispõe sobre as normas fundamentais do processo coletivo laboral, tratando, entre outros assuntos, da evolução dos conceitos dos princípios na ciência jurídica, além de tratar especificamente de alguns desses princípios no ramo processual específico desta obra.

O capítulo quarto desenvolve aspectos gerais sobre a competência e legitimidade no processo coletivo laboral, dois importantíssimos institutos que permitem a compreensão desse ramo processual.

O quinto destaca os institutos da conexão, continência, litispendência e a relação entre as ações individuais e as ações coletivas.

O sexto trata do Ministério Público do Trabalho, desenvolvendo desde o perfil histórico-institucional, até a atuação judicial e extrajudicial da instituição.

O sétimo apresenta a mais importante ferramenta processual das ações coletivas laborais, ação civil pública, buscando construir painel o mais completo possível do caminho processual desse remédio processual na fase de conhecimento.

O oitavo diz acerca do mandado de segurança, individual e coletivo, apresentando aportes gerais da fase de conhecimento desse instituto.

O nono desenvolve o clássico remédio do processo coletivo laboral, dissídio coletivo, buscando apresentar amplo panorama desse remédio na fase de conhecimento, em consonância com a jurisprudência mais atual do TST sobre esse tema.

O décimo desenvolveu o também clássico instituto da ação anulatória de normas coletivas, abordando diversos assuntos sobre esse instituto, também com a firme pretensão de explorar a jurisprudência do TST mais atual sobre esse assunto.

O décimo primeiro destacou o importantíssimo instituto da coisa julgada no processo coletivo laboral, buscando, principalmente, fazer a necessária distinção entre o regime das ações individuais e o das ações coletivas.

O décimo segundo começa a construir a fase de cumprimento por intermédio da liquidação de sentença, buscando fazer a necessária separação entre a liquidação dos direitos transindividuais e os direitos individuais homogêneos.

O décimo terceiro aborda longamente a fase de execução, também tentando fazer a necessária separação entre o cumprimento dos direitos difusos e coletivos em sentido estrito e o dos direitos individuais homogêneos.

Por fim, o último capítulo trata do instituto do dano moral coletivo, aspectos de direito material e processual, tão caro ao desenvolvimento e à consolidação do processo coletivo laboral, e, principalmente, aspectos legais da Reforma Trabalhista que podem carrear impactos negativos ao instituto.

2. Pretensão da obra

Este livro pretende ser um manual, com linguagem simples e direta, na medida do possível voltado à compreensão global da tutela coletiva do processo do trabalho.

A leitura mostrará a tentativa de **apresentação** dos institutos na ambiência da ciência do processo coletiva, com o posterior encaixe e adequação no processo coletivo do trabalho.

Capítulo 1

Aspectos Introdutórios do Processo Laboral Coletivo

1.1. À guisa de introito

A finalidade do presente capítulo introdutório é tentar iluminar algumas zonas cinzentas que certamente surgirão ao longo deste estudo, bem como para construir justificativas às conclusões que serão alcançadas bem mais à frente, daí a razão do nome escolhido para esse capítulo.

1.2. Breve histórico da tutela jurisdicional coletiva

A doutrina aponta como origem moderna das ações coletivas o direito britânico do sec. XVII, que passou a permitir "ações representativas (*representative actions*), nas quais um ou alguns dos membros do grupo pudessem representar em juízo o interesse de todos os demais similarmente situados"[1], desde que demonstrasse ser o "adequado representante"[2] desses interesses, como se todos os integrantes desse grupo estivessem realmente presentes e com participação ativa no processo.

Apesar desse antecedente remoto do direito inglês, parece ser inegável afirmar que a consolidação das ações coletivas ocorreu de fato nos Estados Unidos da América do Norte[3].

O modelo pátrio é bastante diferente da realidade das ações coletivas (*class actions*) britânica e estadunidense. Há vários aspectos ressaltando as diferenças desses modelos. Talvez o mais impactante seja a característica dessas ações de classe, além de poderem ser manejadas por qualquer pessoa física desde que defenda seu próprio interesse e represente adequadamente uma coletividade de pretensões[4], terem a prerrogativa de substituir a tutela individual, sendo a coisa julgada coletiva desse modelo apta a impedir a "propositura de ações individuais por parte dos membros do grupo (salvo eventual possibilidade de autoexclusão), conforme será desenvolvido com mais vagar oportunamente.

No cenário pátrio, ao contrário, o indivíduo não pode aviar ação coletiva, pois há um rol legal de legitimados. Também a coisa julgada coletiva não pode prejudicar os direitos individuais dos membros do grupo, pois aqui terá extensão *erga omnes* ou *ultra partes*, efeitos (*secundum eventum litis*) aplicados apenas para beneficiar (*in utilibus*) eventuais titulares na "interface com as ações individuais"[5] (§ 3º, art. 103 e art. 104, ambos da Lei n. 8.078/1990[6]).

---

(1) GIDI, Antonio. *A class action como instrumento de tutela coletiva dos direitos*: as ações coletivas em uma perspectiva comparada. São Paulo: Revista dos Tribunais, 2007. p. 42.

(2) GRINOVER, Ada Pellegrini. *Novas tendências do direito processual de acordo com a Constituição de 1988*. Rio de Janeiro: Forense Universitária, 1990. p. 138.

(3) No mesmo sentido, ALVIM, Arruda. Ação civil pública – sua evolução normativa significou crescimento em prol da proteção às situações coletivas. In: MILARÉ, Edis (Org.). *A ação civil pública após 20 anos*: efetividade e desafios. São Paulo: Revista dos Tribunais, 2005. p. 75.

(4) "O individualismo presente na cultura americana só admitiria que alguém representasse os interesses de outrem se, fazendo isso, estivesse também protegendo seus próprios interesses. A confiança na atuação do representante é ainda mais sólida quando, somente protegendo os interesses de todos os membros do grupo, o indivíduo conseguir satisfazer os seus próprios interesses. Isso é considerado um instituto egoístico 'natural' ao homem". In: GIDI, Antonio. *A class action como instrumento de tutela coletiva dos direitos*: as ações coletivas em uma perspectiva comparada, *op. cit.*, p. 94.

(5) MANCUSO, Rodolfo de Camargo. *Jurisdição coletiva e coisa julgada*: teoria geral das ações coletivas. 2. ed. São Paulo: Revista dos Tribunais, 2007. p. 74.

(6) Sobre esse assunto vide, com mais minudência, DIDIER JR., Fredie; ZANETI JR., Hermes. *Curso de direito processual civil*: processo coletivo. 12. ed. Salvador: JusPodivm, 2018. v. 4, p. 342-347.

Em simples palavras, no sistema nacional ordinariamente os pedidos veiculados em demandas individuais não são prejudicados pela improcedência de similares pleitos em ações coletivas, nem muito menos os pedidos destas impedem a veiculação daquelas, ao contrário da realidade do direito norte-americano, como já citado.

A tutela de interesse transindividual (transcende a esfera privada do indivíduo, não pertencendo a uma só pessoa) do direito pátrio tem como característica essencial a ordinária ausência de coincidência entre o autor da demanda jurisdicional coletiva e o verdadeiro titular do direito material buscado por esse autor. Daí os direitos metaindividuais serem chamados de "dessubstantivados"[7].

Na verdade, o importante será a relevância social do interesse buscado e o fato de ser o legitimado o "adequado representante do direito ou interesse em causa"[8], pois essas ações, como visto, são classificadas como representativas, porque há uma coletividade sendo representada em juízo por um ente, singularmente ou em litisconsórcio.

Na legislação pátria, a par da importância conferida em alguns diplomas a esses valores transindividuais, a serem trabalhados posteriormente, não havia "instrumentos processuais adequados"[9] à defesa desses interesses em juízo, impossibilitando-os de se tornarem "verdadeiramente operativos"[10].

A Lei da Ação Popular (n. 4.717/65) foi o primeiro diploma normativo voltado à proteção dos direitos que desbordava da esfera da individualidade, neste caso o patrimônio público, material e imaterial (artístico, estético, histórico ou turístico, § 1º, do art. 1º, da Lei n. 4.717/65), do Estado.

A Lei n. 7.347/1985, de regência da ação civil pública, apesar de não ter sido a primeira a apresentar disciplina voltada à defesa de interesses metaindividuais, foi a partir desta que a tutela coletiva ganhou real sistematização. Representou "verdadeiro marco na implementação do processo coletivo"[11].

Merece destacada relevância também a edição da Carta Constitucional de 1988 porque, a par de consagrar conquistas jurídicas, sociais e políticas inquestionáveis, além de estampar um bem acabado "projeto de Estado de bem-estar social"[12], também pavimentou fortemente o caminho da consolidação da tutela coletiva. Os objetivos da República Federativa do Brasil (art. 3º, I) o valor da solidariedade, (isto é, a consciência racional da existência de interesse sociais em comum[13]), o reconhecimento da tutela jurídica coletiva na teoria dos direitos e garantias fundamentais (Título II, Capítulo I), além da consagração expressa do cabimento de ação civil pública à defesa do meio ambiente, patrimônio público e social e de outros interesses difusos e coletivos (art. 129, III), ratificam tal posição.

O ápice da tutela coletiva foi alcançado com a edição da Lei n. 8.078/1990, o Código de Defesa do Consumidor. O art. 81, parágrafo único e incisos, classificou com bastante coragem as modalidades de direitos coletivos em sentido lato.

Também há previsão expressa de direitos que ultrapassam a individualidade nos seguintes diplomas: Lei das pessoas com deficiência (Lei n. 7.853/1989); Lei de defesa dos investidores do mercado de valores mobiliários (Lei n. 7.913/1989); Lei da proteção da criança e do adolescente (Lei n. 8.069/1990); Lei de improbidade administrativa (Lei n. 8.429/1992); Estatuto do Torcedor (Lei n. 10.671/2003); Estatuto do Idoso (Lei n. 10.741/2003); Lei do mandado de segurança individual e coletivo (Lei n. 12.016/2009); dentre outros.

O próximo passo será delimitar cada uma das modalidades dos direitos coletivos em sentido amplo dispostas no já citado art. 81 do CDC. A partir desse momento opta-se por enquadrar os direitos difusos, coletivos em sentido estrito e individuais homogêneos como espécie do gênero coletivo em sentido lato[14], ou transindividuais, ou metaindividuais.

---

(7) MANCUSO, Rodolfo de Camargo. *Jurisdição coletiva e coisa julgada:* teoria geral das ações coletivas, *op cit.*, p. 106.

(8) MANCUSO, Rodolfo de Camargo. *Ação popular.* 3. ed. São Paulo: RT, 1998. p. 26.

(9) VIGLIAR, José Marcelo Menezes. *Tutela jurisdicional coletiva.* 3. ed. São Paulo: Atlas, 2001. p. 19.

(10) MOREIRA, José Carlos Barbosa. A proteção jurídica dos interesses coletivos. In: _____ *Temas de direito processual civil.* 3. série. São Paulo: Saraiva, 1984. p. 176.

(11) LEONEL, Ricardo de Barros. *Manual do processo coletivo.* São Paulo: RT, 2002. p. 122.

(12) Desenvolve essa ideia com mais profundidade DELGADO, Mauricio Godinho. Efetividade da justiça nas relações individuais e coletivas de trabalho. *Revista LTr*, São Paulo, ano 74, n. 6, p. 650, jun. 2010.

(13) MORAES, Maria Celina Bodin de. *Danos à pessoa humana*: uma leitura civil-constitucional dos danos morais. Rio de Janeiro: Renovar, 2003. p. 111.

(14) Nesse mesmo sentido assentaram, dentre tantos, DIDIER JR., Fredie; ZANETI JR., Hermes. *Op. cit.*, p. 73.

1.3. Da técnica da ponderação no processo coletivo do trabalho

A técnica da ponderação e o processo coletivo são temas de estreita vinculação, inobstante a doutrina ainda não tenha percebido tal ligação, daí optar-se por trabalhar esse assunto ainda neste capítulo inicial.

Essa técnica serve principalmente para auxiliar na resolução dos chamados casos difíceis (*hard cases*) ou duvidosos[15] e se realiza justamente quando existem boas razões argumentativas para ambas as partes adversariais do litígio[16].

Malgrado a dificuldade de se explicar brevemente o que seria um caso difícil ou duvidoso, inobstante serem tão comuns nos tempos atuais (basta consultar as notícias de jurisprudência na página virtual do Supremo Tribunal Federal), vale citar pequeno trecho doutrinário sobre esse assunto:

> Multiplicam-se os *hard cases*: casos cuja solução não está clara na lei, ou realmente não está na lei, e deve ser "criada" pelo Judiciário a partir de elementos do sistema jurídico. *Hard cases* podem dizer respeito a situações sociais em relação às quais esteja havendo, no plano dos fatos, uma alteração de valores e/ou comportamental.[17]

O processo coletivo laboral deve ser considerado ordinariamente como um exemplo de caso difícil, pois foge muito da temática indenizatória corriqueira padrão das ações individuais laborais. Será frequente a aplicação da ponderação nessas ações.

Ao contrário do conhecido mecanismo de subsunção clássico que exige apenas o encaixe dos fatos à possível norma aplicável ao caso concreto, a ponderação exige maior participação e exercício argumentativo do intérprete, pois a solução do conflito não se mostra pronta. Há de se construir argumentos jurídicos e justificadores para se alcançar a decisão, como se fosse uma estrada longa e tortuosa encravada no meio de uma serra, em que é necessária uma forte dose de calma e paciência para cruzá-la.

Aliás, o Código de Processo Civil, de maneira inovadora, consagrou expressamente a técnica da ponderação nos seguintes termos:

> Art. 489, § 2º No caso de colisão entre normas, o juiz deve justificar o objeto e os critérios gerais da ponderação efetuada, enunciando as razões que autorizam a interferência na norma e as premissas fáticas que fundamentam a conclusão.

Entre a subsunção e a ponderação, Luís Roberto Barroso enxergou com enorme talento e sensibilidade a seguinte distinção:

> A subsunção é um quadro geométrico, com três cores distintas e nítidas. A ponderação é uma pintura moderna, com inúmeras cores sobrepostas, algumas se destacando mais do que outras, mas formando uma unidade estética. Ah, sim: a ponderação malfeita pode ser tão ruim quanto algumas peças de arte moderna"[18].

A ponderação pode ser conceituada como a técnica de solução de conflitos normativos que envolvem casos difíceis ou duvidosos, usualmente de princípios constitucionais em tensão, conflitos esses insuperáveis pelas formas hermenêuticas tradicionais, isto é, pela estrutura geral da simplificada e mecânica técnica clássica da subsunção[19].

Assim também já se manifestou parte da doutrina:

> De forma muito geral, a ponderação pode ser descrita como uma técnica de decisão própria para casos difíceis, em relação aos quais o raciocínio tradicional da subsunção não é adequado.[20]

---

(15) Nesse mesmo sentido, cf. ALEXY, Robert. *Conceito de validade do direito*. Tradução: Gercélia Batista de Oliveira Mendes. São Paulo: VMF Martins Fontes, 2009. p. 89.

(16) *Ibidem*, p. 87-88.

(17) DANTAS, Bruno; WAMBIER, Teresa Arruda Alvim. *Recurso especial, recurso extraordinário e a nova função dos tribunais superiores no direito brasileiro*. 3. ed. São Paulo: RT, 2016. p. 79.

(18) BARROSO, Luís Roberto. *Curso de direito constitucional contemporâneo*. Os conceitos fundamentais e a construção do novo modelo. 4. ed. São Paulo: Saraiva, 2013. p. 361.

(19) Conceito similar também é constatado em BARCELLOS, Ana Paula de. Alguns parâmetros normativos para a ponderação constitucional. In: BARROSO, Luís Roberto (Org.). *A nova interpretação constitucional*: ponderação, direitos fundamentais e relações privadas. 3. ed. Rio de Janeiro: Renovar, 2008. p. 55.

(20) BARCELLOS, Ana Paula de. Alguns parâmetros normativos para a ponderação constitucional, *op. cit.*, p. 55.

No sítio da técnica ponderativa, como já dito, há razões opostas que, individualmente tomadas, constituem boas razões para determinada decisão, e só não levam de imediato a uma resolução definitiva porque também existem outras também boas razões dirigidas que levariam a resultado distinto daquele caminho inicialmente apontado. Como se houvesse duas boas estradas distintas, com trajetos e tempo de duração de viagem similares, para se alcançar o mesmo destino final (em tempos do aplicativo *Waze* isso é bem comum). A escolha de uma delas precisa ser muito bem justificada.

Apesar de alguma divergência apresentada pela doutrina[21], o TST reconhece acertadamente que o ambiente natural da aplicação da ponderação seja realmente quando houver conflitos principiológicos[22].

Assim, formado um conflito de princípios para a resolução de um caso concreto, caracterizado como um caso difícil ou duvidoso em que o raciocínio da mera subsunção não se apresenta correto por conta da exigência de fundamentação das decisões jurisdicionais (art. 93, IX, da CF/88), além da obrigatoriedade em nosso sistema da adequada, útil e célere entrega da prestação jurisdicional (art. 5º, XXXV), exigirá a aplicação da ponderação para alcançar a resposta mais bem justificada pelo julgador.

O Supremo Tribunal Federal vem trabalhando a técnica da ponderação utilizando fundamentação mais substancial, de sorte a facilitar a compreensão das etapas trilhadas até ser alcançado o resultado final. Vejamos trecho de decisão bastante rumorosa envolvendo execução provisória de pena após julgamento pela instância recursal:

> Há, desse modo, uma ponderação a ser realizada. Nela, não há dúvida de que o princípio da presunção de inocência ou da não culpabilidade adquire peso gradativamente menor na medida em que o processo avança, em que as provas são produzidas e as condenações ocorrem. Por exemplo, na fase pré-processual, quando há mera apuração da prática de delitos, o peso a ser atribuído à presunção de inocência do investigado deve ser máximo, enquanto o peso dos objetivos e bens jurídicos tutelados pelo direito penal ainda é pequeno. Ao contrário, com a decisão condenatória em segundo grau de jurisdição, há sensível redução do peso do princípio da presunção de inocência e equivalente aumento do peso atribuído à exigência de efetividade do sistema penal. É que, nessa hipótese, já há demonstração segura da responsabilidade penal do réu e necessariamente se tem por finalizada a apreciação de fatos e provas...
>
> Portanto, o sacrifício que se impõe ao princípio da não culpabilidade – prisão do acusado condenado em segundo grau antes do trânsito em julgado – é superado pelo que se ganha em proteção da efetividade e da credibilidade da Justiça, sobretudo diante da mínima probabilidade de reforma da condenação, como comprovam as estatísticas.[23]

Nesse julgamento fica demonstrado claramente o conflito entre dois princípios (presunção de não culpabilidade *versus* efetividade do sistema penal), bem como que o primeiro deles vai cedendo espaço à medida em que "as provas são produzidas e as condenações ocorrem". Já o segundo, por sua vez, ganha corpo e prevalece justamente após o julgamento em segundo grau de jurisdição, porque os aspectos fáticos desse litígio já foram apreciados amplamente no local jurisdicional adequado — as duas primeiras instâncias.

Aliás, vale novamente repetir que a chamada fundamentação substancial, decorrência do que já vinha sendo exigido pela Carta Constitucional de 1988 (art. 93, IX), inclusive em sede de ponderação, passou a ser exigência expressa disposta no § 2º do art. 489, do CPC[24].

Portanto, a técnica da ponderação passa a ser reconhecida expressamente pela legislação infraconstitucional, tendo plena compatibilidade com o processo coletivo do trabalho.

1.4. Procedimento comum e especial das ações coletivas na perspectiva das ações laborais. Nova classificação

A doutrina do processo coletivo civil firmou interessante distinção entre os procedimentos aptos a regularem as ações coletivas que pode ser aproveitada parcialmente pelo processo coletivo laboral, conforme pretendemos aqui demonstrar.

---

(21) Cf. com mais profundidade ÁVILA, Humberto. *Teoria dos princípios:* da definição à aplicação dos princípios jurídicos. 11. ed. São Paulo: Malheiros, 2011. p. 44.

(22) Cf. TST-RR-5500-35.2007.5.08.0008. 7. Turma. Relª. Minª. Kátia Magalhães Arruda. DEJT. 10.12.2010 e Proc. TST-RR-24700-97.2005.5.09.0322. 8. Turma. Relª. Minª. Dora Maria da Costa. DEJT. 24.11.2010.

(23) Supremo Tribunal Federal. Tribunal Pleno. *Habeas Corpus* 126.292/SP. Rel. Min. Luis Roberto Barroso. DJ 17.2.2016.

(24) Sobre esse assunto *vide*, com bastante proveito, MARINONI, Luiz Guilherme; ARENHART, Sérgio Cruz; MITIDIERO, Daniel. *Curso de direito processual*. Teoria do processo. vol. 1. São Paulo: RT, 2015. p. 509-514.

Com efeito, utiliza-se a nomenclatura "processo coletivo comum" as diferentes espécies de ações coletivas (tais como ação popular, ação civil pública, ação de improbidade administrativa, mandado de segurança coletivo e mandado de injunção coletivo) em que "se busca a tutela concreta de um direito material protegido pelo microssistema coletivo, seja em razão de sua violação ou de uma ameaça de violação"[25] desse microssistema.

Há remédios do processo coletivo civil comum que ficarão de fora do presente trabalho, porque adequados apenas à realidade daquela seara processual. Por exemplo, a ação popular, porque não há competência da Justiça do Trabalho para julgá-la, e as ações de improbidade administrativa, pois, o Tribunal Superior do Trabalho vem afastando sistematicamente tal possibilidade, salvo em algumas hipóteses específicas envolvendo agente público em relação de emprego com a administração pública indireta (como é o caso por exemplo dos Correios[26]). Também o mandado de injunção coletivo inexistente no cenário processual coletivo laboral.

De outro lado, também no processo civil, denomina-se "processo coletivo especial"[27] para as ações constitucionais ditas objetivas de controle concentrado de constitucionalidade, em que não há crise de direito material a ser resolvida pela jurisdição, sendo índole objetiva e voltando ao controle de constitucionalidade. Esses não serão abordados neste curso.

No processo coletivo do trabalho há uma característica peculiar que será usada como justificativa para uma nova classificação.

Existem ações de índole coletiva com assento no texto celetista, a serem tratadas ao longo deste curso, tais como a ação de dissídio coletivo e ação anulatória de cláusula de convenção e acordo coletivo de trabalho, bem como há ações coletivas engendradas pelo sistema peculiar da tutela processual coletiva, que não têm lugar na legislação laboral clássica, como por exemplo a ação civil pública (a mais importante delas) e o mandado de segurança coletivo.

Ante esse cenário, sugere-se a seguinte classificação:

— **processos coletivos regrados no texto celetista,** albergando os remédios processuais coletivos nascidos ou acrescentados posteriormente na CLT: dissídio coletivo e ação anulatória de cláusula de convenção ou acordo coletivo de trabalho.

— **processos coletivos originários do microssistema da tutela coletiva processual,** que se trata basicamente da ação civil pública e do mandado de segurança coletivo laboral.

Essa nova classificação será desenvolvida em diversos capítulos posteriores.

1.5. Da ação civil pública, ação civil coletiva ou ação coletiva. Nomenclatura

Esse item objetiva apreciar a questão da utilização, indistinta ou não, das nomenclaturas "ação civil pública", "ação civil coletiva"[28] ou ação coletiva.

Para tanto se começa com breve incursão histórica na gênese da Lei da Ação Civil Pública. Esse diploma foi concebido originariamente para a proteção de direitos difusos e coletivos elencados, em *numerus clausus*, no art. 1º.

Posteriormente, a Lei n. 8.078/1990 (Código de Defesa do Consumidor) alargou a proteção a esses bens que antes eram exemplificados, pois inseriu mais um inciso (norma de encerramento), no art. 1º da Lei da Ação Civil Pública, dispondo acerca da proteção a "qualquer outro interesse difuso e coletivo".

Além disso, o CDC reconheceu expressamente (vale lembrar que a Lei n. 7.913/1989, já citada, previu, antes do CDC, a possibilidade de ação civil pública proteger direitos individuais homogêneos de investidores do mercado imobiliário) nova categoria chamada de direitos individuais homogêneos, criou sistema de integração entre a Lei da ACP e o CDC (art. 21 da Lei da ACP e art. 90 do CDC), nomeou como "ações coletivas" ("de que trata este Código" – art. 87), além de criar a figura da ação civil coletiva voltada especificamente à defesa de direitos individuais homogêneos (art. 91).

---

(25) NEVES, Daniel Assunção Amorim. *Manual de processo coletivo*. Volume único. 3. ed. Salvador: JusPodivm. 2016. p. 75.
(26) *Vide*, por exemplo: Tribunal Superior do Trabalho. RR – 852-53.2011.5.18.0053. 4ª Turma. Rel. Min. João Oreste Dalazen. DEJT 17.11.2017.
(27) *Ibidem*, p. 90.
(28) Cf. MANCUSO, Rodolfo de Camargo. *Ação civil pública*. 9. ed. São Paulo: Revista dos Tribunais, 2004. p. 18.

A Lei Complementar n. 75/1993, que organiza o Ministério Público da União, também alimenta essa divergência ao dispor, no art. 6º, inciso XII, que a ação civil coletiva servirá à tutela de interesses individuais homogêneos.

A questão, ainda em voga, diz sobre a possível utilização, de forma ampliada, da ação civil pública para a defesa também de direitos individuais homogêneos, considerando a criação legal de uma medida jurisdicional específica (ação civil coletiva) para essa modalidade de interesses.

No processo civil há linha doutrinal sustentando distinção bem clara entre a ação civil coletiva e a ação civil pública. Esta seria "procedimento moldado à natureza dos direitos e interesses a que se destina tutelar: direitos transindividuais (difusos e coletivos)"[29]. Já aquela serviria unicamente para a tutela de direitos individuais homogêneos. Essa construção simplesmente reflete a moldura legal citada antes.

Outra corrente discrepa da posição anterior, pois afirma a possibilidade de a ação coletiva aventar pretensão deduzida em juízo "qualificável como difusa, coletiva ou individual homogênea"[30], pois não teria razão de fragmentar direitos passíveis de concentração em única via jurisdicional.

Há uma linha minoritária que firmou distinção inovadora, pois reconhece que a ação civil pública pode abarcar os interesses difusos, coletivos em sentido estrito e individuais homogêneos desde que movida tão somente pelo Ministério Público. "Mas se tiver sido proposta por qualquer outro legitimado, mais correto denominá-la de ação coletiva"[31].

No processo do trabalho essa discussão também se faz presente.

Existe parcela da doutrina sustentando a distinção entre a defesa de direitos coletivos por intermédio de ação civil pública, e ação civil coletiva para a defesa de direitos individuais homogêneos, via de consequência "seria imprópria a utilização de ação civil pública para a defesa destes de direitos individuais homogêneos"[32].

Contudo, a posição que vem cada vez mais ganhando seguidores afirma ser correta chamar simplesmente de ação coletiva laboral[33] aquela apta a abranger a defesa indistinta de direitos difusos, coletivos e individuais homogêneos, conforme solução encontrada pelo art. 87 do CDC.

Salienta-se, ainda, conforme dicção do art. 83 do Código de Defesa do Consumidor, a admissibilidade "para a defesa dos direitos e interesses protegidos por este Código (interesses coletivos em sentido lato)", de toda e qualquer espécie de "ações capazes de propiciar a adequada e efetiva tutela" vindicada.

A jurisprudência do Tribunal Superior do Trabalho vem tendendo a abraçar a tutela dos direitos difusos, coletivos e individuais homogêneos unicamente por intermédio de ação civil pública ou simplesmente ação coletiva. Vejamos:

> RECURSO DE REVISTA. AÇÃO CIVIL PÚBLICA. DIREITOS DIFUSOS, COLETIVOS E INDIVIDUAIS HOMOGÊNEOS. LEGITIMIDADE DO MINISTÉRIO PÚBLICO DO TRABALHO. TUTELA INIBITÓRIA. ADIMPLEMENTO DA LEGISLAÇÃO TRABALHISTA. O Ministério Público do Trabalho detém legitimidade para pleitear em ação civil pública tutela inibitória na defesa de direitos difusos, coletivos e individuais homogêneos, especialmente quando relacionados à dignidade da pessoa humana e aos valores sociais do trabalho (1º, III e IV, CF), nos exatos limites dos arts. 127 e 129, III e IX, da Constituição Federal, 6º, VII, alíneas "a" e "d", e 84 da Lei Complementar n. 75/93, 1º, IV, e 3º da Lei n. 7.347/85. Está qualificado o *Parquet* mesmo que se busque o adimplemento de elementares direitos trabalhistas — aqui residente a valia de sua atuação. Recurso de revista conhecido e provido[34].

---

(29) ZAVASCKI, Teori Albino. *Processo coletivo:* tutela de direitos difusos, coletivos e individuais homogêneos. 2. ed. São Paulo: Revista dos Tribunais, 2007. p. 68.

(30) VENTURI, Elton. *Processo civil coletivo:* a tutela jurisdicional dos direitos difusos, coletivos e individuais homogêneos. São Paulo: Malheiros, 2007. p. 231.

(31) MAZZILLI, Hugo Nigro. *A defesa dos interesses difusos em juízo:* meio ambiente, consumidor, patrimônio cultural, patrimônio público e outros interesses. 21. ed. São Paulo: Saraiva. 2008. p. 52.

(32) MARTINS FILHO, Ives Gandra da Silva. *Processo coletivo do trabalho.* 4. ed. São Paulo: LTr, 2009. p. 251.

(33) Dentre outros, *vide* FAVA, Marcos Neves. Ações coletivas no processo do trabalho. In: CHAVES, Luciano Athayde (Org.). *Curso de processo do trabalho.* 2. ed. São Paulo: LTr, 2015. p. 821.

(34) Tribunal Superior do Trabalho. 3ª Turma. Processo: RR – 3225000-05.2006.5.11.0008. Rel. Min. Alberto Luiz Bresciani de Fontan Pereira. Data de Julgamento: 25.8.2010. Data de Publicação: DEJT 3.9.2010.

DIREITOS INDIVIDUAIS HOMOGÊNEOS. PAGAMENTO DE SALÁRIO ATÉ O QUINTO DIA ÚTIL DO MÊS SUBSEQUENTE, FÉRIAS, ABONO E VERBAS RESCISÓRIAS. 1. Diante de uma interpretação sistemática dos arts. 6º, VII, "d", e 83, III, da Lei Complementar n. 75/1993, 127 e 129, III, da Constituição Federal, depreende-se que o Ministério Público detém legitimidade para ajuizar Ação Civil Pública, buscando defender interesses individuais indisponíveis, homogêneos, sociais, difusos e coletivos. 2. O STF e esta Corte possuem o entendimento pacífico de que ao Ministério Público do Trabalho é conferida legitimidade para o ajuizamento de Ação Civil Pública para a defesa de direitos individuais homogêneos dos trabalhadores. 3. No caso dos autos, verifica-se que a pretensão do *"Parquet"* tem como finalidade o pagamento de salário até o quinto dia útil do mês subsequente, férias, abono pecuniário (art. 143 da CLT) até dois dias antes do início do período do gozo e verbas rescisórias nos prazos estabelecidos nas alíneas a e c do art. 477 da CLT, direito assegurado legal e constitucionalmente. 4. Patente, portanto, a legitimidade do Ministério Público do Trabalho para o ajuizamento de Ação Civil Pública, porquanto se trata de direito social, que está sendo desrespeitado pela ora Embargada. Recurso de Embargos conhecido e provido.[35]

De nossa parte, entendemos correta essa posição jurisprudencial. O motivo é muito simples. Não há razão para fragmentar tais pretensões. Podem ser concentradas em única via jurisdicional, ainda que após a fase de conhecimento tais pretensões devam ganhar caminhos diversos, consoante será desenvolvido posteriormente.

Portanto, chamar-se-á, indistintamente, de ação coletiva laboral ou ação civil pública a modalidade de tutela jurisdicional qualificada anteriormente de processo coletivo originário do microssistema da tutela coletiva processual laboral, apta a defesa conjunta das três espécies de direitos coletivos em sentido lato: os difusos, coletivos em sentido estrito e individuais homogêneos.

1.6. Processos coletivos na entrada e processos coletivos na saída

Há situações jurídicas conflituosas tratadas originariamente por intermédio de ações coletivas, aqui qualificadas de processos coletivos na entrada[36], isto é, desde o início enfrentadas por intermédio do microssistema da tutela coletiva, seja no processo civil, seja pelo rito laboral.

Por outro lado, há decisões que espraiam efeitos transindividualmente, inobstante terem ordinariamente sido berço de demandas singulares, tais como aquelas proferidas em sede de recursos repetitivos, conforme disposto no art. 543-B e 543-C, ambos do CPC, e também recurso de revista repetitivo do processo do trabalho previsto no art. 896-B da CLT[37].

Na seara laboral, de maneira resumida, caso o TST, ao receber um recurso de revista, considerar que a matéria é repetitiva, todos os recursos que estiverem nos TRTs sobre o mesmo tema ficarão sobrestados aguardando a decisão do primeiro caso — o chamado recurso paradigma ou *leading case*. Decidido o paradigma, todos os demais que estavam sobrestados deverão ser julgados no mesmo sentido.

Portanto, o decidido na decisão paradigma, que pode até ser uma ação encartando direitos individuais, acabará por vincular todas as demais demandas tratando sobre matérias repetitivas. É o que parte da doutrina chama de precedente no sentido forte[38].

Também podem ser considerados precedentes no sentido forte os incidentes de julgamento de demandas repetitivas (art. 988, IV, do CPC) e assunção de competência.

Assim, como se pode perceber facilmente, dá-se nessas situações verdadeira coletivização desse universo de processos sustadas com a consequente aplicação posterior e uniforme do que restar decidido no piloto ou paradigma, ou *leading case*. Portanto, verdadeira coletivização de processos na fase recursal, ou como se chama aqui, coletivização de processos na saída.

---

(35) Tribunal Superior do Trabalho. Subseção I Especializada em Dissídios Individuais. Proc. E-RR 734212-30.2001.5.23.5555. Relª. Minª. Maria de Assis Calsing. Data de publicação: DJET 18.6.2010.

(36) A ideia e a nomenclatura de processos coletivos na entrada e processos coletivos na saída foram inspiradas na obra de PEREIRA, Ricardo José Macedo de Britto. *Ação civil pública no processo do trabalho*. 2. ed. Salvador: JusPodivm, 2016. p. 60.

(37) Aplicam-se ao recurso de revista, no que couber, as normas da Lei n. 5.869, de 11 de janeiro de 1973 (Código de Processo Civil), relativas ao julgamento dos recursos extraordinário e especial repetitivos."

(38) Cf. com mais vagar, dentre outros, em DANTAS, Bruno; WAMBIER, Teresa Arruda Alvim. *Op. cit.*, p. 278.

Nessas duas modalidades de coletivização, ou por intermédio dos processos coletivos (aqui chamados de processos coletivos na entrada), ou por intermédio de vinculação do decidido no *leading case* (aqui chamados de processos coletivos na saída), há verdadeira proteção de situações jurídicas coletivas[39], albergando direitos coletivos em sentido lato, cujas espécies são difusos, coletivos em sentido estrito e individuais homogêneos, titularizados por grupo, coletividade ou comunidade.

O cenário legislativo atual revela intenso movimento de criação desses mecanismos de coletivização em fase recursal, em detrimento da falta de vontade legislativa para aperfeiçoar as ações coletivas verdadeiras. Basta ver rejeição parlamentar de projeto de lei que cuidava desse assunto, conforme será apresentado com mais vagar no próximo item.

Talvez a razão desse movimento seja a enorme preocupação de desafogar os tribunais superiores, sem mexer necessariamente nos números inflacionados ocasionados por demandas seriais ou repetitivas em primeiro grau que poderiam facilmente ser condensadas em singulares ações coletivas.

Esses números inflacionados servem para divulgação, com enorme alarde, pelas assessorias de comunicação desses tribunais, do trâmite e julgamento de milhares de ações todos os anos, aptos a talvez justificar uma busca incessante por majoração de recursos e cargos no Poder Judiciário. Uma verdadeira inflação de números cujo objetivo é muito bem calculado. Essa afirmação final é apenas uma conjectura, que se espera ser equivocada ...

1.7. Da ação coletiva trabalhista e a vocação às tutelas coletivas da Justiça do Trabalho

Inquestionável a vocação histórica e natural da Justiça do Trabalho à proteção de direitos que ultrapassam a esfera do indivíduo.

Para tanto se começa salientando que o Direito do Trabalho foi moldado desde a origem à proteção de interesses desbordantes da esfera do singular; conflitos laborais entre coletividade de trabalhadores, de um lado, e grupo empresarial, de outro[40].

Os trabalhadores desde cedo perceberam a necessidade de agruparem-se buscando aproximação de forças nos embates com os grupos econômicos. Ou se aglutinavam ou eram esmagados pela força do poder econômico — não havia alternativa.

No tocante ao processo do trabalho tal pioneirismo também se fez presente no âmbito legislativo. A CLT, de 1943, foi estruturada também para dar cabo de forma molecular desses conflitos[41]. O primeiro instrumento à defesa de direitos metaindividuais foi a ação de dissídio coletivo prevista nesse texto celetista da década de quarenta (art. 856 e ss.). Também pode-se considerar como bastante próximo da sistemática das ações coletivas a ação de cumprimento, regulada pelo art. 872[42]. Ambas são aqui qualificadas como processos coletivos originários do texto celetista e serão desenvolvidas nos capítulos posteriores.

Ainda que se constate verdadeiro paradoxo, considerando o citado berço histórico e a "força genética do Direito do Trabalho"[43] voltada à proteção dos direitos coletivos, a par de a doutrina e jurisprudência trabalhista haverem moldado e transformado a jurisdição trabalhista para atuar preponderantemente em conflitos singulares, saliente-se a eficácia do sistema legal trabalhista de processos coletivos, não havendo nenhum modelo legal em outros países, vocacionado à proteção desses direitos, tão bem construído. Na União Europeia[44], por exemplo, a tutela coletiva primordialmente envolve a proteção de consumidores.

---

(39) Em sentido idêntico, cf. DIDIER JR., Fredie; ZANETI JR., Hermes. *Op. cit.*, p. 90.

(40) Cf. com mais vagar NASCIMENTO, Amauri Mascaro. *Conflitos coletivos de trabalho*. São Paulo: Saraiva, 1978. p. 19. No mesmo sentido, MANCUSO, Rodolfo de Camargo. *Jurisdição coletiva e coisa julgada*: teoria geral das ações coletivas, *op. cit.*, p. 74.

(41) No mesmo diapasão BARBOSA, Andrea Carla. *A nova execução trabalhista de sentença*. São Paulo: LTr, 2010. p. 45.

(42) Nesse mesmo sentido, NERY JR., Nelson. A ação civil pública no processo do trabalho. In: MILARÉ, Édis (Org.). *Ação civil pública*: Lei n. 7.347/1985: 15 anos. 2. ed. São Paulo: Revista dos Tribunais, 2002. p. 607.

(43) FAVA, Marcos Neves. *Ação civil pública trabalhista*. São Paulo: LTr. 2005. p. 22.

(44) Cf. GRINOVER, Ada; WATANABE, Kazuo; MULLENIX, Linda. *Os processos coletivos nos países de* civil law *e* common law: uma análise do direito comparado. São Paulo: Revista dos Tribunais, 2008. p. 19.

Realizando superficial comparação entre os modelos do processual civil e trabalhista pátrios, pode-se afirmar até maior consolidação de institutos e efetividade deste último.

Tal efetividade certamente está relacionada a um paradigma de fase de cognição do processo do trabalho muito mais célere e concentrado, além de modelo recursal menos caótico se comparado ao do processo civil. A fase executiva laboral, infelizmente, é tão caótica (ou pior) que o processo civil[45].

1.8. Interesse público e o processo coletivo do trabalho

Para finalizar o presente item, não se pode deixar de desenvolver assunto que acabará por influenciar diversas outras questões envolvendo o processo coletivo: a questão do interesse público que gira ao redor dessa sistemática processual.

Na chamada visão tradicional ou privatística do processo voltado há centenas de anos para regular "as clássicas relações de direito privado em estado conflituoso"[46], compreende-se, como regra, que a ação tem início por provocação da parte interessada, os atos instrutórios e os de disposição do conteúdo material da demanda são de iniciativa exclusiva[47] dos litigantes. Essa é a antiga visão privatística do processo. Esse é tido como mera "propriedade das partes"[48] que dele podem dispor como melhor lhes aprouver.

Essa concepção privatística de processo perde, nitidamente, espaço nesse hodierno mundo de conflitos massificados. Até os antigos conflitos que anteriormente eram classificados como de direito privado, disciplinadores unicamente das relações entre os cidadãos[49], como, por exemplo, os advindos do direito de família e os decorrentes do direito de propriedade, não podem mais ser assim classificados, pois não é possível mais estabelecer linha divisória clara entre os campos público e privado do direito. Se antes esses campos representavam lógicas próprias e inconciliáveis, hoje estão cada vez mais próximos.

No sentido publicista do processo a concepção de jurisdição ganha outro colorido, porque fica ressaltado o interesse público estatal na busca da solução dos conflitos apresentados e uma postura mais ativa da jurisdição, inclusive no tocante à iniciativa probatória. Não se pretende avançar nessa discussão. Aqui basta realçar o citado viés publicista do processo e o necessário interesse estatal, instrumentalizado na atividade jurisdicional, voltado à efetiva aplicação do direito, e, ainda, à realização da justiça.

Aliás, o caráter público do direito processual mesmo na solução de lides de índole individual mostra-se inquestionável, considerando os propósitos naturais de pacificação de conflitos e realização do direito material por intermédio da jurisdição estatal.

Quando se trata da proteção por intermédio das chamadas ações coletivas laborais de interesses transindividuais, coincidentes com uma coletividade indeterminada ou determinável de pessoas, a índole pública desse processo é reforçada, ou até mesmo dobrada[50], chegando a ser chamado de "processo de interesse público"[51], porque o objeto desse "é uma decisão sobre um interesse público"[52], em contraposição a uma pretensão individual.

E quando se trata da proteção de interesses coletivos em sentido lato de trabalhadores, em razão da ontológica hipossuficiência desse grupo, decorrente da relação desigual de poder estabelecida entre o tomador e o dador da mão

---

(45) Sobre a fase executiva provisória no processo laboral vide COSTA, Marcelo Freire Sampaio. *Cumprimento provisório no processo do trabalho*. De acordo com o NCPC. São Paulo: LTr, 2016.

(46) BUENO, Cassio Scarpinella. Processo civil de interesse público: uma proposta de sistematização. In: SALLES, Carlos Alberto de (Org.). *Processo civil e interesse público*: o processo como instrumento de defesa social. São Paulo: Revista dos Tribunais, 2003. p. 25.

(47) Nesse sentido, dentre tantos, SANTOS, Moacir Amaral. *Primeiras linhas de direito processual civil*. 15. ed. São Paulo: Saraiva, 1992. v. 2, p. 78.

(48) LEONEL, Ricardo de Barros. *Op. cit.*, p. 343.

(49) PEREIRA, Caio Mario da Silva. *Instituições de direito civil*. Rio de Janeiro: Forense, 1993. p. 12.

(50) BUENO, Cassio Scarpinella. *Processo civil de interesse público*: uma proposta de sistematização, *op cit.*, p. 37.

(51) SALLES, Carlos Alberto de. Processo civil de interesse público. In: _____ (Org.). *Processo civil e interesse público*: o processo como instrumento de defesa social. São Paulo: Revista dos Tribunais, 2003. p. 40.

(52) *Idem*.

de obra, essa índole pública reforçada mostra-se inquestionável, o que significa, por consequência, maior possibilidade de ingerência jurisdicional, e, ao mesmo tempo, também maior redução do espaço de disposição do objeto litigioso pelos legitimados envolvidos.

Nesse eito, a ideia de interesse público reforçado a permear todas as demandas coletivas de índole laboral deverá acompanhar todo o desenvolvimento do presente estudo, influenciando diretamente as construções teóricas a serem desenvolvidas no decorrer deste.

O próximo capítulo abordará a classificação dos direitos coletivos em sentido amplo.

Capítulo 2

Situações Jurídicas Coletivas no Processo do Trabalho e o Microssistema da Tutela Coletiva

2.1. Dos direitos que ultrapassam a esfera da individualidade

A emergência de conflitos que ultrapassam a esfera do indivíduo não se trata de fenômeno recente, nem muito menos exclusivo de países ditos de economia avançada; apenas é um reflexo natural da evolução e consequente massificação das relações sociais[53] — consectário da chamada vida contemporânea[54].

Vejamos trecho doutrinário em que tal ideia é desenvolvida com precisão:

> É que, passando a examinar os conflitos emergentes, percebe-se que eles também defluem da transformação da sociedade, de individualista que era, em sociedade de massa. E se é verdade que tais conflitos são próprios da civilização pós-industrial, desenvolvidos sobretudo em países de economia avançada, não se pode desconhecer especial importância de que sua solução se reveste nos países em desenvolvimento, por significar não apenas a institucionalização de novas formas de participação na administração da Justiça e de gestão racional dos interesses públicos e privados, mas por assumir também relevante papel promocional de conscientização política. É como se a exigência de solução de novos conflitos tivesse duas almas: uma, adequada às sociedades mais avançadas; outra, mais necessária ainda aos países em desenvolvimento.[55]

O meio ambiente[56], o patrimônio histórico material e imaterial, a proteção da moralidade administrativa, as relações de consumo, o trabalho exercido por uma coletividade e tantos outros direitos desbordantes do indivíduo são chamados metaindividuais, coletivos em sentido lato ou transindividuais. Estão situados em uma zona limítrofe entre as esferas do interesse público e do privado[57]. Esses interesses ou direitos são instrumentalizados pelas chamadas ações coletivas ou ações de classe (*class actions*).

2.2. Da classificação tripartida dos direitos ou interesses de natureza transindividual. Proteção de situação jurídica coletiva

A discussão envolvendo expressões "direitos" ou "interesses" está ultrapassada, pois ambas deverão ser tidas como sinônimas. A classificação tripartida[58] a ser apresentada utilizará tais palavras indistintamente.

---

(53) Sobre o assunto, cf. com mais profundidade ARENDT, Hannah. *A condição humana*. Tradução: Roberto Raposo. 11. ed. Rio de Janeiro: Forense Universitária, 2010. p. 50.

(54) Cf. relação entre a vida contemporânea e os conflitos de massa em MOREIRA, José Carlos Barbosa. Ações coletivas na Constituição Federal de 1988. In: *Revista de Processo*, São Paulo, Revista dos Tribunais, n. 61, p. 186, jan./mar. 1991.

(55) GRINOVER, Ada Pellegrini. *Novas tendências do direito processual de acordo com a Constituição de 1988*, op. cit., p. 50.

(56) Em consonância com o art. 3º, I, da Lei n. 6.938/1981, da Política Nacional do Meio Ambiente, Raimundo Simão de Melo conceitua o meio ambiente como um "conjunto de condições, leis, influências e interações de ordem física, química e biológica que permite, abriga e rege a vida em todas as suas formas". In: MELO, Raimundo Simão de. *Direito ambiental do trabalho e a saúde do trabalhador*: responsabilidades legais, dano material, dano moral, dano estético, indenização pela perda de uma chance, prescrição. 4. ed. São Paulo: LTr, 2010. p. 29.

(57) Nesse sentido, MAZZILLI, Hugo Nigro. *A defesa dos interesses difusos em juízo*: meio ambiente, consumidor, patrimônio cultural, patrimônio público e outros interesses, op. cit., p. 40.

(58) Antonio Gidi critica a classificação tripartida ora apresentada. Prefere qualificar tais interesses como meramente "direitos de grupo". In: GIDI, Antonio. *Rumo a um Código de Processo Coletivo*: a codificação das ações coletivas no Brasil. Rio de Janeiro: Forense, 2008. p. 211.

A jurisprudência, por intermédio de decisão histórica do Supremo Tribunal Federal, verdadeiro *leading case* (cf. RE n. 163.231-3-SP, STF Pleno. Rel. Ministro Maurício Corrêa), corrobora, desde 1997, a posição doutrinal reconhecendo a existência de um gênero direitos coletivos em sentido lato, do qual são espécies os difusos, coletivos em sentido estrito e individuais homogêneos lato.

Em clássica sistematização doutrinal, haveria os direitos que seriam essencialmente coletivos (difusos e coletivos em sentido estrito), e os "acidentalmente coletivos" [59] (individuais homogêneos).

Há novel posição doutrinal, aqui ratificada, que propõe a superação dessa classificação ultrapassada em razão da necessidade de considerar principalmente os direitos individuais homogêneos como "relevantemente coletivos pela sua dimensão social"[60], ou seja, ao invés de se consagrar uma concepção de tutela meramente "acidental" dessa modalidade de direitos por serem tais individuais em sua origem (tutela coletiva de direitos individuais) e apenas considerados coletivos para a efetivação processual, conforme será apresentado oportunamente, prestigia-se fundamentalmente a relevância social dessa modalidade, o que acabaria por atrair, pela importância dessa espécie, a respectiva tutela coletiva.

Trata-se, na verdade, não de direitos acidentalmente coletivos, mas "de direitos coletivizados pelo ordenamento jurídico para os fins de obter a tutela jurisdicional constitucionalmente adequada e integral"[61].

Portanto, essa dicotomia essencial-acidental merece ser superada porque vem causando relevantes confusões jurisprudenciais quanto à instrumentalização pela via jurisdicional coletiva dos direitos individuais homogêneos, assunto a ser formado no transcorrer dos próximos capítulos.

Por fim, essas três modalidades de direitos albergam a proteção das aqui chamadas "situações jurídicas coletivas"[62].

2.2.1. Dos direitos difusos

Os primeiros estudos sobre direitos transindividuais não apresentavam exatidão conceitual entre os denominados interesses difusos e coletivos em sentido estrito. Eram tidos como equivalentes[63].

As primeiras impressões do direito brasileiro, pelo fato de deitarem raiz no direito italiano, também caminhavam pela confusão entre direito difuso e coletivo em sentido estrito[64], firmando-se aproximações entre eles no tocante à ausência de titularidade singular dessas modalidades de direitos. Em outros termos, ambos seriam, como de fato são realmente, transindividuais.

O legislador brasileiro buscou afastar essa indefinição ao separar os conceitos de interesses difusos e coletivos no Código de Defesa do Consumidor. O conceito de difusos, segundo o art. 81, parágrafo único, inciso I, desse diploma legal, são aqueles "transindividuais, de natureza, indivisível, de que sejam titulares pessoas indeterminadas e ligadas por circunstâncias de fato".

Dessa definição legal extraem-se duas características objetivas e interligadas[65]: objeto indivisível e a massa indeterminada de sujeitos.

É possível colher da doutrina[66] quatro peculiaridades marcantes dos direitos difusos, assim resumidos:

Indeterminação dos sujeitos: decorrem da ausência de vínculo jurídico que aglutine devidamente os sujeitos; agregam-se ocasionalmente em virtude de situações fáticas fugidias e certas contingências, ínsitas à vida em

---

(59) Cf. com mais profundidade BARBOSA MOREIRA, José Carlos. Tutela jurisdicional dos interesses coletivos ou difusos. In: _____ *Temas de direito processual civil*: 3. série. São Paulo: Saraiva, 1984. p. 195-197.

(60) BARBOSA, Maria da Graça Bonança. *Ação coletiva trabalhista*: novas perspectivas. São Paulo: LTr, 2010. p. 160.

(61) DIDIER JR., Fredie; ZANETI JR., Hermes. *Op. cit.*, p. 76.

(62) *Ibidem*, p. 62.

(63) Cf. CAPPELLETTI, Mauro; GARTH, Bryant. *Acesso à justiça*. Tradução: Ellen Gracie Northfleet. Porto Alegre: Sergio Antonio Fabris, 2002. p. 26. A propósito, a doutrina italiana até a presente quadra da história não firmou distinção precisa entre tais categorias de direitos.

(64) Nesse sentido, NERY JR., Nelson; FERRAS, Antônio Augusto Mello de Camargo; MILARÉ, Édis. *Ação civil pública e a tutela jurisdicional dos interesses difusos*. São Paulo: Saraiva, 1984. p. 56.

(65) BARBOSA, Maria da Graça Bonança. *Op. cit.*, p. 139.

(66) MANCUSO, Rodolfo de Camargo. *Interesses difusos*: conceito e legitimação para agir. 4. ed. São Paulo: Revista dos Tribunais, 1997. p. 67 e ss.

coletividade dos seres humanos, tais como, "habitarem certa região, consumirem certo produto, viverem numa certa comunidade..."[67], utilizarem a água de um determinado rio e etc.;

Indivisibilidade do objeto: configura-se em razão da impossibilidade de partição do objeto em quotas destinadas a pessoas determinadas ou grupos preestabelecidos, daí a impossibilidade de cometer, no tocante à reparação desse direito violado, a apenas uma pessoa individualmente considerada;

Intensa litigiosidade interna: (na doutrina italiana chamada de *conflitualitá massima*) deflui da circunstância de que os interesses difusos apresentam-se, ao contrário dos conflitos de natureza individual (ou até mesmo dos coletivos em sentido estrito cuja litigiosidade abrange universo com maior probabilidade de determinação, consoante será apresentado em momento oportuno), fluidos, dispersos e desagregados no seio social, aglutinando-se de maneira contingencial e alcançando universo de pessoas que não pode ser determinado;

Duração efêmera: decorrência da agregação contingencial citada. Os titulares ligam-se por intermédio de situações de fato extremamente fugidias, transitórias no tempo e no espaço.

Possível conceituar da seguinte maneira: os direitos difusos são aqueles transindividuais, de conteúdo indivisível e não patrimonial[68], de titulares indeterminados, que pairam em estado fluído, ligados por uma situação de fato.

O direito ao meio ambiente saudável, ensino público de qualidade, saúde pública adequada, segurança, acesso aos direitos sociais básicos são exemplos clássicos de interesses difusos.

No âmbito trabalhista já houve quem negasse a existência de interesses difusos sob o argumento da necessária presença de sujeitos determinados nos conflitos laborais.

Entretanto, há diversos exemplos que podem ser caracterizados como direitos difusos no âmbito das relações laborais. Vejamos.

A existência de greve em atividade considerada essencial[69], como o transporte coletivo urbano — por exemplo, pois toda a sociedade é prejudicada. O desvirtuamento na contratação de servidores temporários pela Administração Pública, que integra a categoria da tutela da moralidade nas relações de trabalho, acabando por violar o princípio constitucional da obrigatoriedade do concurso público de provas, ou provas e títulos (art. 37, I, II, § 2º), e, via de consequência, o interesse de uma massa indeterminada de potenciais candidatos a essas vagas indevidamente ocupadas. A existência de regras discriminatórias na contratação de empregados, tais como exigência de atestado de esterilização, restrição à cor ou gênero do(a) candidato(a).

2.2.2. Dos direitos coletivos em sentido estrito

Os direitos coletivos em sentido estrito, previstos no inciso II do parágrafo único do art. 81 do CDC, foram conceituados pelo legislador como transindividuais de natureza incindível, titularizados por grupo, categoria ou classe de pessoas ligadas entre si, ou com a parte contrária, por uma relação jurídica-base preexistente, portanto anterior aos fatos geradores da lesão ou ameaça de lesão aos direitos daquelas pessoas relacionadas por um liame comum.

Assim como os difusos, os coletivos em sentido estrito também devem ser considerados como transindividuais. E essa transindividualidade irá determinar, conforme será apresentado mais à frente, identidades procedimentais quanto a regime de liquidação e execução desses direitos.

Ao contrário dos interesses difusos, os coletivos em sentido estrito são subjetivamente mais limitados. Isto significa que refletem direitos de pessoas indeterminadas de início, mas possivelmente determináveis.

O liame entre os interessados é mais coeso, porque possui traço organizacional forte, decorrente de uma relação jurídico-formal.

---

(67) MANCUSO, Rodolfo de Camargo. *Interesses difusos*: conceito e legitimação para agir. 4. ed. São Paulo: Revista dos Tribunais, 1997. p. 81.

(68) "No mesmo sentido BARBOSA MOREIRA, José Carlos. *A ação popular no direito brasileiro como instrumento de tutela jurisdicional dos chamados interesses difusos, op. cit.*

(69) No mesmo sentido SCHIAVI, Mauro. *Manual de direito processual do trabalho*. 12. ed. São Paulo: LTr, 2017. p. 1.463.

Nessa modalidade o homem é considerado primordialmente em sua "projeção corporativa"[70], membro de uma comunidade.

Não se permite fragmentar o objeto do direito protegido, logo, a pretensão não poderá ser identificável em relação a apenas parte dessa categoria, classe ou grupo, haverá de ser comum a todos os integrantes (*v. g.*, o direito a um meio ambiente de trabalho saudável abrangendo, indistintamente, todos os trabalhadores integrantes de determinado sítio produtivo), insuscetíveis de apropriação exclusiva.

Ainda em relação a essa ausência de fragmentação, ressalte-se o regime do texto legal mencionado, de extensão subjetiva da coisa julgada nessa modalidade de direitos, utilizar a expressão "*ultra partes*" para retratar a repercussão indivisível da tutela jurisdicional apta a alcançar, indistintamente, todos os titulares da pretensão coletiva.

Ao contrário dos difusos, os interesses coletivos em sentido estrito poderão ser patrimoniais ou extrapatrimoniais. Geralmente enquadram-se nessa última categoria.

Há diversos exemplos que envolvem a modalidade dos direitos objetos do presente item. Basta citar interesses de classe de arquitetos, ou de qualquer grupo de profissionais liberais integrantes de uma mesma área de atuação, insatisfeitos com o aumento abusivo de anuidade devida ao órgão de classe detentor da sua representatividade.

No direito do trabalho também há profusão de exemplos envolvendo os direitos coletivos em sentido estrito[71]. Vale lembrar que esse vínculo desbordante do aspecto fático, por ser um liame formal, é ínsito a determinada classe ou categoria.

Voltando aos exemplos.

Tem-se a proteção, redução ou eliminação dos riscos do meio ambiente de trabalho de determinada empresa ou grupo econômico. Proteção de uma coletividade de trabalhadores de dada empresa contra a prática de atos antissindicais. Pedido de ação coletiva voltado ao cumprimento de regular recolhimento de depósitos do Fundo de Garantia do Tempo de Serviço (FGTS) de trabalhadores de grupo econômico nacional. Pedido em ação anulatória voltada à exclusão de cláusula normativa discriminatória. Pedidos conducentes à proibição do trabalho em idade e condições inadequadas da criança e do adolescente. No tocante à aprendizagem, o desvirtuamento desse liame como simulacro de contrato de trabalho e o cumprimento da cota legal da aprendizagem[72], além de tantos outros exemplos que poderiam ser apresentados.

2.2.3. Dos direitos individuais homogêneos

O legislador do CDC criou explicitamente nova categoria de direitos coletivos, qualificados de interesses individuais homogêneos (art. 81, parágrafo único, inc. III), inspirados nas *class actions for damages*, conhecidas como ações de reparação de danos à coletividade do direito norte-americano.

São titulares pessoas determinadas ou de plano determináveis, ao contrário das duas categoriais citadas anteriormente.

O conceito legal dessa modalidade de direitos é lacônico, contudo entabula um critério objetivo[73], pois menciona serem "decorrentes de origem comum", é dizer, aproximação, ou até mesmo identidade, de questões fáticas e jurídicas envolvendo os titulares da tutela pretendida[74], incidindo sobre ponto "relevante para a causa"[75]. Nas ações de classe norte-americanas tal critério é chamado de *commonality* (algo como aspectos comuns).

---

(70) SILVA NETO, Manoel Jorge. *Proteção constitucional dos interesses trabalhistas difusos, coletivos e individuais homogêneos*. São Paulo: LTr, 2001. p. 32.

(71) Pedidos feitos em sede de ação civil pública pelo Ministério Público do trabalho envolvem, na sua maioria, direitos classificados como coletivos em sentido estrito.

(72) O art. 428 da CLT define contrato de aprendizagem.

(73) BARBOSA, Maria da Graça Bonança. *Op. cit.*, p. 145.

(74) Em sentido similar, VENTURI, Elton. *Processo civil coletivo*: a tutela jurisdicional dos direitos difusos, coletivos e individuais homogêneos, *op. cit.*, p. 71.

(75) MANCUSO, Rodolfo de Camargo. *Jurisdição coletiva e coisa julgada*: teoria geral das ações coletivas, *op. cit.*, p. 41.

Essa "origem comum" não remete necessariamente a uma unidade temporal e factual, isto é, uma singular conduta (comissiva ou omissiva) em mesmo lapso temporal gerando violação desses direitos, mas sim a mesma fonte e espécie de conduta, ainda que tenha sua ocorrência postergada no tempo em mais de uma ação.

Ao contrário das categorias anteriores, o objeto dessa modalidade é divisível, por consequência permite plena apropriação individual. Isso significa a possibilidade de perfeita divisão em cotas (cindíveis) entre cada um dos interessados.

Basta imaginar o exemplo de uma empresa que deixa de pagar salários e recolher FGTS por determinado período de tempo. Os interesses decorrem de uma origem comum (absenteísmo empresarial). São repetidos no tempo — violações mensais reiteradas. Também se mostra possível delimitar o quinhão dos interessados, até porque cada um deles (ou a maioria) possui padrão salarial singular.

Também ao contrário dos difusos e coletivos em sentido estrito, os individuais homogêneos possuem direta equivalência patrimonial, daí a vinculação dessa modalidade de direitos com a tutela jurisdicional reparatória, ao contrário dos anteriores, mais próximos da tutela inibitória, consoante será demonstrado em momento oportuno.

Pode-se dizer que o direito individual homogêneo tem maior proximidade com a categoria dos coletivos em sentido estrito, contudo, os aspectos da direta equivalência patrimonial, bem como a sua divisibilidade torna tal modalidade singular.

Os direitos individuais homogêneos, apesar de não serem materialmente transindividuais, devem receber tratamento processual coletivo, e, principalmente serem considerados como espécie do gênero direitos coletivos em sentido lato, conforme reconheceu de há muito o próprio STF. Mais recentemente o TST também vem chancelando tal posição de maneira massiva. Vejamos a jurisprudência:

> RECURSO DE REVISTA. LEI N. 13.015/14. AÇÃO CIVIL PÚBLICA. LEGITIMIDADE DO MINISTÉRIO PÚBLICO DO TRABALHO. DANO MORAL COLETIVO. INTERESSE INDIVIDUAL HOMOGÊNEO. SUBMISSÃO DOS EMPREGADOS A REALIZAÇÃO DE EXAMES TOXICOLÓGICOS. 1. Na dicção da jurisprudência corrente do Supremo Tribunal Federal, os direitos individuais homogêneos nada mais são senão direitos coletivos em sentido lato, uma vez que todas as formas de direitos metaindividuais (difusos, coletivos e individuais homogêneos) são direitos coletivos e, portanto, passíveis de tutela mediante ação civil pública (ou coletiva). 2. Consagrando interpretação sistêmica e harmônica às leis que tratam da legitimidade do Ministério Público do Trabalho (arts. 6º, VII, letras "c" e "d", 83 e 84 da Lei Complementar n. 75/1993), não há como negar a legitimidade do *Parquet* para postular tutela judicial de direitos e interesses individuais homogêneos, inclusive no que tange a sua efetivação. 3. Constatado, no presente caso, que o objeto da ação civil pública diz respeito a direito individual que, por ostentar origem comum, qualifica-se como direito individual homogêneo, atraindo, assim, a legitimidade do Ministério Público do Trabalho para a causa. 4. Recurso de Revista não conhecido[76].

Portanto, o reconhecimento da ausência de transindividualidade não afasta a consagração dos individuais homogêneos como modalidade ou subespécie de direitos coletivos em sentido lato[77], pois o fato de ser possível a determinação individual dos detentores desses direitos não altera a pertinência do manejo da ação coletiva, desde que presente o critério da **relevância social**, isto é, repercussão suficiente, a ser apreciada casuisticamente, além de outros dois a serem apresentados oportunamente.

Entendemos que essa relevância social também tem usualmente alguma relação com uma quantidade razoável de pessoas aptas a serem alcançadas por essa modalidade de tutela[78].

No processo coletivo do trabalho há diversos exemplos de direitos individuais homogêneos, tais como pagamento de insalubridade e periculosidade, pagamento de salários retidos, pagamento de horas extras, sendo tais pedidos vinculados a grupo(s) determinado(s) de trabalhadores de uma empresa.

A doutrina aponta que as ações coletivas, inclusive em relação à modalidade de direitos em destaque, devem alcançar três objetivos, quais sejam: "promover a economia processual, o acesso à justiça e a aplicação voluntária e autoritativa do direito material"[79].

---

(76) Tribunal Superior do Trabalho. 1ª Turma. RR 302-36.2014.5.03.0129. Rel. Desembargador convocado Marcelo Lamego Pertence. DEJT 19.6.2017.

(77) Nesse mesmo sentido temos ZANETI JR., Hermes. *Op. cit.*, p. 147.

(78) No mesmo sentido, NEVES, Daniel Amorim Assumpção. *Manual de processo coletivo, op. cit.*, p. 121.

(79) GIDI, Antonio. *A class action como instrumento de tutela coletiva dos direitos*: as ações coletivas em uma perspectiva comparada, *op. cit.*, p. 25.

Há trecho doutrinário, que merece transcrição literal, ratificador do último trecho do parágrafo anterior, tratando da importância da tutela coletiva também para essa modalidade de direitos em enfoque, senão vejamos:

> Os direitos individuais são vistos, por vezes, como passageiros de segunda classe, ou até indesejáveis, dentro desse meio instrumental que é a tutela coletiva. O estigma não passa de preconceito e resistência diante dos novos instrumentos processuais. A defesa coletiva de direitos individuais atende aos ditames da economia processual; representa medida necessária para desafogar o Poder Judiciário, para que possa cumprir com qualidade e em tempo hábil as suas funções; permite e amplia o acesso à Justiça, principalmente para conflitos em que o valor diminuto do benefício pretendido significa manifesto desestímulo para a formulação da demanda; e salvaguarda o princípio da igualdade da lei, ao resolver molecularmente as causas denominadas de *repetitivas*, que estariam fadadas a julgamentos de teor variado, se apreciadas de modo singular[80].

Além desse critério bastante consagrado pela doutrina e jurisprudência da "origem comum", também será possível serem utilizados mais dois pressupostos específicos, inspirados no direito norte-americano, para a consolidação da tutela coletiva dessa categoria de direitos, quais sejam:

i) questões de direito e de fato comuns (*commonality*) à classe;

ii) superioridade da via coletiva sobre a individual.

Aos pressupostos apresentados até aqui, vincula-se, como salientado antes, o enfoque da relevância social, a ser demonstrada, casuisticamente, nos feitos jurisdicionais envolvendo tais modalidades de direitos.

A baliza da questão comum fática e jurídica está presente na gênese dos direitos apontados como transindividuais (constantes, respectivamente, nos incisos I, II e III do parágrafo único do art. 81 do CDC), pois os critérios das "circunstâncias de fato", "relação jurídica-base" e "origem comum" sintetizam a noção de existir uma "questão comum de fato ou de direito que una os membros da comunidade titular do direito difuso, coletivo ou individual homogêneo em uma mesma situação jurídica"[81], sendo o objeto dessa relação tornada litigiosa comum aos integrantes do grupo.

E essas questões comuns, de direito e de fato, devem prevalecer sobre os aspectos individuais[82], daí a justificação das ações coletivas.

Aliás, esse critério da questão ou origem comum vem sendo bastante acolhido pela jurisprudência do TST para justificar a defesa de direitos individuais homogêneos. Vejamos:

> AGRAVO DE INSTRUMENTO EM RECURSO DE REVISTA NÃO REGIDO PELA LEI N. 13.015/2014. 1. LEGITIMIDADE ATIVA DO MINISTÉRIO PÚBLICO DO TRABALHO. DEFESA DE DIREITOS INDIVIDUAIS HOMOGÊNEOS COM REPERCUSSÃO SOCIAL. ARTS. 127, *CAPUT*, E 129, III, DA CF/88. É pacífica a jurisprudência desta Corte em reconhecer a legitimidade ativa do Ministério Público do Trabalho nas ações coletivas para a tutela dos direitos individuais homogêneos de trabalhadores decorrentes do contrato de trabalho. É o que se extrai, inclusive, da interpretação sistemática dos arts. 127, *caput*, e 129, III, da CF/88 e 83, III, da Lei Complementar n. 75/93. No caso, além de pleitear a defesa de direitos coletivos (*stricto sensu*) e difusos dos trabalhadores, o MPT agiu na qualidade de substituto processual na defesa de direitos individuais homogêneos decorrentes de origem comum (contrato de trabalho) de quantidade expressiva de empregados da empresa Ré. Julgados da Corte[83].

O requisito da prevalência da via coletiva sobre a individual é uma decorrência do anterior, pois não existirá "superioridade da tutela coletiva se não houver predominância das questões comuns sobre as individuais"[84]. Como exemplo da ausência de preenchimento desse requisito, cite-se "o reduzidíssimo número de envolvidos e a especial consequência

---

(80) MENDES, Aluisio Gonçalves de Castro. *Ações coletivas no direito comparado e nacional*. 2. ed. São Paulo: Revista dos Tribunais, 2010. p. 226.

(81) GIDI, Antonio. *A class action como instrumento de tutela coletiva dos direitos*: as ações coletivas em uma perspectiva comparada, op. cit., p. 81.

(82) Cf. WAMBIER, Luiz Rodrigues. *Sentença civil*: liquidação e cumprimento. 3. ed. São Paulo: Revista dos Tribunais, 2006. p. 316. No mesmo sentido SCHIAVI, Mauro. *Manual de direito processual do trabalho*, op. cit., p. 1.464.

(83) Tribunal Superior do Trabalho. 7ª Turma. AIRR 2651-34.2012.5.18.0171. Rel. Min. Douglas Alencar Rodrigues. DEJT 19.5.2017.

(84) Nesse mesmo sentido GIDI, Antonio. *A class action como instrumento de tutela coletiva dos direitos*: as ações coletivas em uma perspectiva comparada, op. cit., p. 171.

a ser suportada por cada um"[85] dos titulares desses direitos em dada demanda jurisdicional; nesse exemplo o mais coerente seria a formação de litisconsórcio para a defesa desses direitos (ações plúrimas).

Assim, a "prevalência da dimensão coletiva sobre a individual"[86] mostra-se como fundamental requisito viabilizador da tutela coletiva de direitos individuais homogêneos.

Em resumo, o pressuposto da "origem comum" adicionado aos das "questões de direito e de fato comuns à classe" e "superioridade da via coletiva sobre a individual" devem estar encharcadas pela "relevância social".

Para ilustrar, basta citar a questão da demissão em massa de vários empregados[87]. Nesse caso é simultânea, ou pode até ser repetida ao longo do tempo (dias ou meses de intervalo), desde que relacionada a uma causa objetiva (econômica ou estrutural), e a razão dessa dispensa seja comum a todos. As pessoas são determinadas. Inobstante parte do pedido a ser manejado em ação coletiva consubstanciar pretensões plenamente cindíveis (em caso de pedido reparatório, cada empregado demitido terá direito a um quinhão certo, levando-se em consideração, dentre outros aspectos, padrão salarial, tempo de serviço etc.), constata-se nítida prevalência de questões fáticas e jurídicas comuns sobre as individuais, bem como a pertinência e superioridade dessa via coletiva considerando a eficácia no plano fático que pode alcançar tal pretensão, além da relevância social envolvendo tal questão, daí o cabimento da tutela coletiva.

O critério da relevância social do interesse apto a justificar a veiculação de direitos individuais em tutelas coletivas, consagrado pela jurisprudência, importa dizer que as pretensões veiculadas nessa seara não devem significar, como já salientado, mera substituição processual de interesses individuais, pois há de se configurar, no caso concreto, além da defesa dos interesses individuais, verdadeira proteção a um interesse social relevante, surgida a partir da necessidade de aviar uma tutela coletiva para proteção desses direitos.

Entre diversos precedentes, a jurisprudência posiciona-se assim:

EMBARGOS. VIOLAÇÃO DO ART. 896, "C", DA CLT. LEGITIMIDADE ATIVA DO MINISTÉRIO PÚBLICO DO TRABALHO. INTERESSE SOCIAL RELEVANTE. DIREITOS INDIVIDUAIS HOMOGÊNEOS. O Ministério Público do Trabalho tem legitimidade ativa para ajuizar ação civil pública em defesa de interesses individuais homogêneos. A situação da sociedade cooperativa, em que se denuncia a fraude no propósito de intermediação de mão de obra, com a não formação do vínculo empregatício, configura direito individual homogêneo revestido de interesse social relevante. Embargos conhecidos e providos.[88]

Nesse mesmo sentido, diz parte da doutrina:

> Importa destacar que a ação civil pública, para a defesa de interesses individuais homogêneos, não se assemelha a uma reclamação trabalhista comum, pois não se busca por ela o cumprimento da norma trabalhista específica (por ex. horas extras). Busca-se, isto sim, o respeito à ordem jurídica, fundada numa pretensão de caráter social, podendo implicar a satisfação indireta do direito individual ou a fixação de uma indenização (arbitrável em juízo, com base em danos causados), pelo descumprimento de normas trabalhistas, revertendo-se essa indenização em prol dos empregados que se viram lesados por tal ato[89].

Na contramão do defendido até aqui, há corrente doutrinária[90], com alguma repercussão na jurisprudência, que criou a figura dos "direitos individuais heterogêneos" ou "não homogêneos". Escuda-se, em parte, no argumento aqui utilizado, isto é, além do requisito legal da "origem comum", a tutela coletiva dos direitos individuais homogêneos reclama,

---

(85) VIGLIAR, José Marcelo Menezes. *Op. cit.*, p. 21.

(86) GRINOVER, Ada Pellegrini. *O processo:* estudos e pareceres. São Paulo: Dpj, 2009. p. 249. Cf. também CARELLI, Rodrigo. Restrições jurisprudenciais do Tribunal Superior do Trabalho à atuação do Ministério Público do Trabalho. In: COUTINHO, Grijalbo Fernandes *et al* (Orgs.). *O mundo do trabalho:* leituras críticas da jurisprudência do TST. São Paulo: LTr, 2009. v. 1, p. 415.

(87) Sobre esse assunto, *vide* COSTA, Marcelo Freire Sampaio. Demissões em massa e atuação do Ministério Público do Trabalho. In: *Revista LTr*, São Paulo, ano 74, n. 6, p. 824-831, jun. 2010.

(88) Tribunal Superior do Trabalho. Subseção I Especializada em Dissídios Individuais. Proc. RR – 473110-83.1998.5.09.5555. Rel. Juiz convocado: Luiz Philippe Vieira de Mello Filho. DEJT 13.12.2002.

(89) SOUTO MAIOR, Jorge Luiz. *Temas de processo do trabalho*. São Paulo: LTr, 2000. p. 163-164.

(90) Os argumentos dos defensores dessa corrente serão extraídos de artigo de MALLET, Estêvão. Considerações sobre a homogeneidade como pressuposto para a tutela coletiva de direitos individuais. In: *Revista LTr*, São Paulo, ano 74, n. 6, p. 652-667, jun. 2010.

como já mencionado, a prevalência dos aspectos comuns sobre os individuais. A superação das questões individuais sobre as comuns transmudaria os direitos individuais homogêneos em "heterogêneos", tornando o pedido de tutela coletiva "juridicamente impossível"[91].

Vejamos o que diz a jurisprudência:

AÇÃO CIVIL PÚBLICA — DIREITOS INDIVIDUAIS NÃO HOMOGÊNEOS — ILEGITIMIDADE DO MINISTÉRIO PÚBLICO 1. Conforme dispõe o art. 81, inciso III, do CDC, são direitos individuais homogêneos aqueles decorrentes de *origem comum*. Quer isso dizer, *a contrario sensu*, que, verificada em certa hipótese não haver circunstância única — comum — de fato e de direito da qual decorram as pretensões individuais, não há falar na implementação da figura. 2. Na espécie, pretende o Ministério Público obter determinação judicial para que a empresa vede a realização de horas extraordinárias além do limite legal de duas horas diárias e respeite os intervalos intrajornada de uma e entrejornada de onze horas (fls. 15/16).3. O fato constitutivo do direito alegado (causa de pedir remota) não se resume à identidade do empregador — origem comum apontada pelo *parquet* —, mas sim à eventual inobservância, por parte da Reclamada, de normas legais que guardam direitos individuais de cada um dos empregados. A causa de pedir remota — fática — diz respeito, em verdade, à suposta situação experimentada, individualmente, por cada um dos trabalhadores da empresa.[92]

Apesar dessa suposta aproximação, a dessemelhança entre essa nova ideia de direito individual heterogêneo e a categoria legal clássica é bem significativa, senão vejamos.

A doutrina defensora de posição restritiva quanto aos interesses individuais homogêneos, criando nova figura — interesses individuais heterogêneos, parte de premissa equivocada e totalmente distinta da aqui professada, qual seja, "os direitos homogêneos não são espécies de direitos coletivos"[93]. Como salientado, não há de se questionar mais a natureza dos direitos individuais homogêneos como subespécie do gênero coletivo em sentido amplo. A consolidação doutrinária e jurisprudencial, inclusive do Supremo Tribunal Federal, é inexorável.

Outro ponto desbordante seria a impossibilidade de a sentença exarada em sede de direitos individuais homogêneos consagrar condenação genérica, inobstante o disposto no art. 95, do CDC, "com o mesmo grau de generalidade e abstração da lei"[94]. Apenas repetir o disposto na lei seria uma inutilidade, porque a ordem jurídica já obriga por si, independentemente de provimento judicial.

Não se pode compactuar com tal posição.

Primeiro porque é inteligência mediana que o regramento do art. 95, do CDC, estabelece um comando genérico, em razão da origem comum da ilegalidade, cuja liquidação e execução serão promovidas oportunamente, considerando aspectos particulares de cada um dos interessados/substituídos (art. 97, do CDC).

Segundo porque uma sentença reconhecendo, por exemplo, a obrigação de o empregador anotar CTPS do empregado no prazo de quarenta e oito horas, tal qual o disposto no art. 29 da CLT, não pode ser considerada uma inutilidade, porque tal regramento, pelo simples fato de constar no texto celetista, não gera a automática obediência irrestrita dos empregadores espalhados por esse país — muito pelo contrário! Se a mera previsão legal fosse suficiente para coibir toda e qualquer conduta ilegal, não haveria porque existir a jurisdição, cuja finalidade é justamente dirimir conflitos sociais decorrentes da violação da ordem legal.

Para ilustrar, basta imaginar um empregador (por ex., da construção civil) que exige o cumprimento ordinário de horas extras além de duas horas, bem como deixa de pagar o adicional dessas horas extras fixado em norma coletiva na base de 60% (sessenta por cento). Nesta situação, plenamente cabível uma sentença aparelhada com comando genérico, determinando o cumprimento do disposto no art. 59, *caput*, e parágrafo único, da CLT. Em relação à exigência de sobrejornada habitual acima de dez horas, para que o empregador deixe de (obrigação de não fazer) exigi-la. Quanto

---

(91) GRINOVER, Ada Pellegrini. Das class *actions for damages* à ação de classe brasileira: os requisitos de admissibilidade. In: MILARÉ, Édis (Org.). *Ação civil pública*: Lei n. 7.347/1980 — 15 anos. 2. ed. São Paulo: Revista dos Tribunais, 2002. p. 32.

(92) Tribunal Superior do Trabalho. Subseção I Especializada em Dissídios Individuais. Processo: ED-RR – 163000-65.2000.5.17.0007. Relª. Minª. Maria Cristina Irigoyen Peduzzi. DEJT 10.10.2008.

(93) MALLET, Estêvão. *Considerações sobre a homogeneidade como pressuposto para a tutela coletiva de direitos individuais*, op. cit., p. 657.

(94) *Ibidem*, p. 658.

ao pagamento do adicional devido, para que o empregador passe a obedecer ao disposto na norma coletiva (obrigação de fazer), inclusive com a condenação (obrigação de pagar) ao pagamento das diferenças devidas a cada trabalhador substituído, a serem apuradas em liquidações e execuções posteriores.

Nesse caso, não há de se falar em direito individual não homogêneo. Basta apreciar a causa de pedir (próxima e remota) e o pedido veiculado em demanda coletiva para ser constatada a relevância social dessa ação, a necessária prevalência das questões comuns de fato e de direito (*commonality*) sobre as individuais havidas, além da superioridade da tutela coletiva sobre a individual, para resolver de maneira uniforme em uma única (fase de conhecimento) demanda, em detrimento de dezenas ou centenas de potenciais lides individuais.

Quanto ao comando relativo à obrigação de não fazer, fica bem claro a relevância social do pedido, a existência da origem comum da conduta irregular, consubstanciada na prática ilegal de exigir de maneira indistinta e continuada o cumprimento de jornadas superiores à permitida por lei, identidade das questões fáticas e jurídicas (conduta atingindo todos os empregadores dessa pessoa jurídica, bem como violação uniforme da legislação), prevalência desses interesses massificados sobre as questões individuais, além da superioridade da via coletiva sobre a singular ou litisconsorcial.

Já no tocante à obrigação de pagar, há uma distinção (a merecer também raciocínio distinto) em relação às obrigações anteriores, porque se trata de objeto cindível, um quinhão específico será devido a cada trabalhador, considerando tempo de serviço, padrão salarial e outros aspectos. Ainda assim, tem-se o pleno cabimento desse pedido em sede coletiva, por diversos motivos.

Primeiro, porque inquestionável a relevância social desse pleito, considerando a massa de trabalhadores que deixaram de receber líquida e certa parcela salarial devida, além de configurar verdadeira defesa da própria ordem jurídica, violada continuamente pelo empregador.

Segundo, porque essa obrigação de pagar não deixa de ser decorrência do pedido relativo à obrigação de cumprir o disposto em norma coletiva.

Terceiro, porque se trata de consequência decorrente de uma conduta empresarial uniforme (identidade de questões fáticas e jurídicas), que poderá ocasionar sentença genérica e possível conversão em liquidações e execuções individuais (ou coletivas) em tantos quantos forem os substituídos.

Quarto, porque a via coletiva é procedimentalmente mais adequada em relação às possíveis ações individuais de reparação. Basta imaginar que uma ação coletiva – com uma fase de conhecimento, eliminará centenas ou milhares de idênticas fases de conhecimento de ações individuais, com enorme potencial para assoberbarem as varas do trabalho competentes, ainda que as execuções sejam posteriormente individualizadas.

Aliás, assim vem decidindo o TST, destacando que a possibilidade de possível condenação em sede de ação coletiva, envolvendo direitos individuais homogêneos, acabar por gerar execuções individualizadas e com valores distintos decorrentes da sentença coletiva. Vejamos:

AGRAVO DE INSTRUMENTO. RECURSO DE REVISTA. AÇÃO CIVIL COLETIVA. LEGITIMIDADE DO MINISTÉRIO PÚBLICO DO TRABALHO. O Ministério Público ajuizou AÇÃO CIVIL COLETIVA pretendendo a condenação da ré a reparar o dano causado aos trabalhadores pela utilização do sistema de rotas ou viagens que permitia intervalo intrajornada acima do limite legal de duas horas; por não computar os intervalos intrajornadas não previstos em lei no cálculo da jornada de trabalho; por suprimir e reduzir o intervalo interjornada mínimo de 11 horas; por possibilitar jornada de trabalho superior a oito horas normais ou 10 horas suplementares consecutivas, e utilizar sistema ou regime de jornada de trabalho que leve em conta parâmetro outro que não o cálculo do número de horas contínuas de prestação de serviço. A Constituição Federal, em seu art. 129, III, confere ao Ministério Público do Trabalho propor ação coletiva quando os interesses em litígio forem difusos e coletivos, considerados em sentido amplo da mesma forma que em relação aos direitos sociais. O próprio art. 129, em seu inciso IX, autoriza o Ministério Público a *"exercer outras funções que lhe forem conferidas, desde que compatíveis com sua finalidade"*. Com efeito, o direito postulado na ação é individual homogêneo, ainda que os titulares pertençam a categorias distintas dentro da mesma empresa, e ainda que os valores resultantes da eventual procedência da ação demandem instrução ou execução individualizadas. Ressalta-se que a SBDI-1 (E-ED-RR-88900- 77.2004.5.09.0022, DEJT 21.5.2010) adotou a tese de que são direitos individuais homogêneos aqueles que "têm origem comum no contrato de trabalho", o que inequivocamente se aplicaria ao caso de jornada de trabalho. Há de ser lembrada ainda a premissa, também consagrada pela e. Subseção, de que *"o mero fato de o direito postulado na presente ação importar, se acaso procedente, valores díspares para os indivíduos integrantes da categoria não é suficiente, por si só, para alterar sua natureza jurídica, pois a homogeneidade do direito prevista pela jurisprudência diz respeito apenas à titularidade em potencial da pretensão, e não à sua expressão monetária"* (TST-E-ED-RR-521504-02.1998.5.17.5555. Rel. Min. Horácio Senna Pires, SBDI1, DEJT 28.11.2008). Nesse contexto impõe-se prestigiar a solução coletiva de conflitos como forma de uniformidade e celeridade na prestação jurisdicional, bem como de redução da sobrecarga do Poder Judiciário. Ademais, ainda que se admitam como individuais os interesses aqui debatidos, a sua homogeneidade é indiscutível, por terem notadamente origem comum, a teor do art. 81, III, da Lei n. 8.078/90, trazendo, também por essa razão, a legitimidade ativa ao *Parquet*, a teor do art. 6º, XII, da Lei Complementar n. 75/93 (ação civil coletiva para defesa de interesses individuais homogêneos), sobretudo porque os direitos tutelados constituem direitos sociais constitucionalmente garantidos. Acrescente-se que os interesses homogêneos nada mais são do que a reunião de interesses individuais, e nesse contexto, não se vislumbra óbice à legitimidade do Ministério Público para representar interesses de empregados submetidos à mesma conduta ilegal praticada pela empresa. Logo, trata-se de interesse individual que se reputa de origem homogênea. *In casu*, os pedidos da Ação Civil Coletiva visam à tutela de direitos individuais homogêneos. Dessa forma, a decisão do e. Tribunal Regional, que considerou o autor parte legítima para pleitear direitos trabalhistas, argumentando que são passíveis de apreciação mediante ajuizamento de ações trabalhistas individuais ou plúrimas, está de acordo com os entendimentos pacificados desta Corte.[95]

2.3. Critério metodológico para identificar cada uma das categorias dos direitos metaindividuais

Há posição clássica que faz a distinção entre as espécies das modalidades de direitos coletivos em sentido amplo levando em consideração tão somente o pedido veiculado na demanda processual[96].

Também há crítica desse critério afirmando ser demasiadamente processual, posto que a modalidade de direito material existiria independentemente dos pedidos processuais ventilados em ações coletivas, daí porque, se assim não o fosse, inexistiriam as modalidades de direitos coletivos em sentido lato fora do processo.

Essa crítica parece excessivamente severa.

As modalidades de direitos coletivos em sentido amplo existem fora do processo e estão realmente (bem ou mal) classificados pela legislação, contudo, a especialização dessas categorias dependerá realmente da amplitude desenhada pela causa de pedir e pedido da pretensão processual ventilada em juízo.

Portanto, e principalmente no processo do trabalho em que usualmente são construídos diversos pedidos na via jurisdicional, porquanto um mesmo fato laboral possa desencadear ameaças e lesões (conjuntas e separadamente) a direitos difusos, coletivos em sentido estrito e individuais homogêneos, sendo que, conforme já salientado, a causa de pedir e os pedidos ventilados deverão delimitar a bitola da pretensão processual a ser apresentada[97].

Nesse eito, as modalidades de direitos difusos, coletivos em sentido e individuais homogêneos poderão ser cumulados ou não em pedidos ventilados em ações coletivas, a depender do fato laboral havido, o que irá ensejar, em caso de procedência dos pedidos, ritos de cumprimentos distintos, conforme será apresentado em momento oportuno.

A jurisprudência mais recente do TST vem se consolidando nessa linha, senão vejamos:

RECURSO DE REVISTA INTERPOSTO NA VIGÊNCIA DA LEI N. 13.015/2014 E REGIDO PELO CPC/2015 E PELA IN N. 40/2016 DO TST. LEGITIMIDADE ATIVA DO MINISTÉRIO PÚBLICO DO TRABALHO PARA PROPOR AÇÃO CIVIL PÚBLICA. NORMAS DE SAÚDE, SEGURANÇA E HIGIENE DO TRABALHO. OBRIGAÇÃO DE FAZER. EMISSÃO DE CAT. DIREITOS INDIVIDUAIS HOMOGÊNEOS. Conforme se observa na decisão recorrida, a Corte regional acolheu as alegações formuladas pela empresa-ré, e por concluir que "o reconhecimento da doença profissional e do acidente de trabalho e respectiva obrigatoriedade de emissão da CAT são direitos individuais heterogêneos não podendo ser considerados genericamente como direitos metaindividuais que legitimam a intervenção do Ministério Público do Trabalho", extinguiu o feito sem julgamento do mérito. Inicialmente, imperioso verificar que, embora o inciso III do art. 83 da Lei Complementar n. 73/1993 atribua ao Ministério Público do Trabalho a promoção de ação civil pública "para a defesa de interesses coletivos, quando desrespeitados os direitos sociais constitucionalmente garantidos", a legitimidade do *Parquet* para propor ações civis públicas não se resume unicamente a esta hipótese. O art. 6º, inciso VII, alínea *"d"*, da Lei Complementar n. 75/93 confere ao Ministério Público da União legitimidade para propor ação civil pública

---

(95) Tribunal Superior do Trabalho. 3ª Turma. AIRR 521-21.2013.5.12.0004. Rel. Min. Alexandre de Souza Agra Belmonte. DEJT 8.6.2018.

(96) Cf. NERY JR., Nelson. *Princípios do processo civil*. 12. ed. São Paulo: Saraiva, 2016. p. 114.

(97) Neste sentido, BEZERRA LEITE, Carlos Henrique. *Direito processual coletivo do trabalho na perspectiva dos direitos fundamentais*. São Paulo: LTr, 2015. p. 64.

para a "defesa de outros interesses individuais indisponíveis, homogêneos, sociais, difusos e coletivos". De acordo com o art. 129, inciso III, da Constituição Federal, o Ministério Público possui legitimidade para propor ação coletiva para a proteção dos interesses difusos e coletivos. Por outro lado, nos termos do ordenamento jurídico brasileiro e na esteira da jurisprudência iterativa desta Corte e do Supremo Tribunal Federal, o Ministério Público detém legitimidade para ajuizar ação civil pública. O art. 83, inciso III, da mesma lei complementar também prevê a legitimidade do Ministério Público do Trabalho para "promover a ação civil pública no âmbito da Justiça do Trabalho, para defesa de interesses coletivos, quando desrespeitados os direitos sociais constitucionalmente garantidos". Quando se trata de direitos metaindividuais, o que determina realmente se o objeto da ação coletiva é de natureza difusa, coletiva ou individual homogênea é a pretensão trazida em Juízo, uma vez que um mesmo fato pode dar origem aos três tipos de pretensões, de acordo com a formulação do pedido, como bem destaca Nelson Nery Júnior, in: *Código Brasileiro de Defesa do Consumidor Comentado pelos Autores do Anteprojeto*, 9. ed. Neste ponto, observa-se que os pedidos formulados na ação civil pública intentada pelo *Parquet* são no sentido de determinar a empresa ré, no cumprimento da obrigação de fazer, no entendimento de "comunicar à Previdência Social, até o primeiro dia útil seguinte à ocorrência e imediatamente no caso de morte, todo e qualquer acidente de trabalho ocorrido em virtude do exercício do trabalho a serviço da empresa, sob pena de pagamento de multa", bem com a obrigação de "implementar medidas de caráter contínuo para prevenção de doenças musculares", além da condenação em danos morais coletivos. Observa-se, portanto, que os direitos sobre os quais se pretende a tutela têm origem comum no apontado desrespeito, pela reclamada, das normas da saúde, segurança e higiene do trabalho, mormente no que diz respeito à obrigação de emitir a CAT, por ocasião de acidente de trabalho, ou doença profissional a ela equiparada. Salienta-se, neste ponto, que a discussão relativa ao nexo causal do acidente ou doença com o trabalho é matéria a ser analisada no mérito da discussão e não diz respeito à legitimidade, ou não, do *Parquet* para o ajuizamento da demanda. Tratando-se de direitos origem comum, aqueles buscados nesta demanda, na forma dessa fundamentação, constata-se que o Ministério Público do Trabalho detém legitimidade ativa para ajuizar a ação civil pública nos termos propostos. Recurso de revista conhecido e provido.[98]

Inquestionável, portanto, a viabilidade da defesa conjunta dessas modalidades de direito em sede de ação civil pública, remédio processual a ser desenvolvido mais à frente.

2.4. Efeitos práticos da distinção entre essas três modalidades de direitos

Inobstante o esforço do CDC em distinguir direitos difusos e coletivos em sentido estrito, tal separação não tem nenhuma eficácia prática, continua importante apenas no plano acadêmico, pois ambos são transindividuais e o trâmite processual não mudará se for difuso ao invés de coletivo em sentido estrito.

Esse mesmo argumento não pode ser utilizado para os direitos individuais homogêneos, por pelo menos três motivos:

1. A questão da legitimidade do Ministério Público em relação aos individuais homogêneos terá tratamento distinto, em relação aos difusos e coletivos em sentido estrito, conforme será apresentado oportunamente;

2. A liquidação e execução dos individuais homogêneos é completamente diferente em relação aos transindividuais citados, pois naqueles haverá substituídos beneficiários com quinhões específicos, a depender da situação fática de cada um, e nos difusos e coletivos em sentido estrito a coletiva ou comunidade será beneficiada igualitariamente;

3. Nos direitos individuais homogêneos é admissível o ingresso, como assistente litisconsorcial, de qualquer beneficiário direto, o que não se admite nos difusos e coletivos[99].

2.5. Microssistema da tutela coletiva. Aplicação no processo coletivo laboral. Do necessário diálogo das fontes. Limites a serem estabelecidos à Reforma Trabalhista (Lei n. 13.467)

Na processualística civil a doutrina qualifica de jurisdição civil coletiva[100] o método integrado de acesso coletivo à justiça, com a reunião de normas constitucionais (art. 5º, XXXV, 127, 129, III, por exemplo), Lei n. 7.347/1985 (Lei da Ação Civil Pública), a parte processual da Lei n. 8.078/1990 (Código de Defesa do Consumidor)[101]. Aliás, a doutrina do processo civil esquece completamente da existência desse microssistema também no processo laboral.

---

(98) Tribunal Superior do Trabalho. 2ª Turma. RR 2188-83.2013.5.02.0048. Rel. Min. José Roberto Freire Pimenta. DEJT 11.5.2018.

(99) NEVES, Daniel Amorim Assumpção. *Manual de processo coletivo*, op. cit., p. 127.

(100) Nesse sentido, dentre tantos outros, ABELHA, Marcelo. *Ação civil pública e meio ambiente*. 2. ed. Rio de Janeiro: Forense Universitária. 2004. p. 33.

(101) Em obediência a essa mesma sistemática, tem-se, dentre tantos outros, VENTURI, Elton. *Execução da tutela coletiva*. São Paulo: Malheiros, 2000. p. 41.

Esses diplomas compõem o que a doutrina vem chamando de **núcleo duro**[102] da tutela coletiva. Prevalecem sobre qualquer outro diploma fora desse universo. Preferimos a expressão **núcleo fundamental da tutela coletiva**.

A esse núcleo **fundamental ou duro** também foi adicionado o capítulo primeiro, do título primeiro, do CPC, chamado de "DAS NORMAS FUNDAMENTAIS DO PROCESSO CIVIL", compostas de normas-regras e normas-princípios (modalidades a serem desenvolvidas posteriormente).

Essas normas fundamentais do CPC são "inteiramente aplicáveis ao processo coletivo, por serem estruturantes do direito processual brasileiro"[103], em total sintonia com o modelo constitucional de processo.

Especificamente em relação ao processo coletivo do trabalho, além dos diplomas citados que compõem o chamado núcleo fundamental ou duro da jurisdição coletiva, especialmente somado ao capítulo das normas fundamentais do CPC, pode-se citar o Estatuto das Pessoas Com Deficiência (Lei n. 7.853/89), Lei de Proteção aos Investidores no Mercado de Valores Mobiliários (Lei n. 7.913/89), Estatuto da Criança e do Adolescente (Lei n. 8.069/90), Lei de Improbidade Administrativa (Lei n. 8.429/92), Estatuto do Ministério Público da União (Lei Complementar n. 75/93), Lei de Repressão às Infrações Contra a Ordem Econômica (Lei n. 8.884/94), além de tantos outros diplomas legais que tratam de interesses metaindividuais.

Todos esses diplomas específicos irão dialogar e complementar diretamente o chamado núcleo fundamental ou duro da jurisdição coletiva civil e laboral, buscando a "construção de soluções a partir da definição dos valores e dos fins prestigiados por essas várias fontes do direito"[104].

Além dessa necessária integração entre esses diplomas que compõem esse chamado núcleo fundamental ou duro, importante destacar a necessária prevalência desse núcleo legal sobre as demais fontes de direitos, a serem utilizadas de forma complementar, visando à possível, e em alguns momentos necessária, complementação do sistema.

Em outras palavras, sempre que houver aparente lacuna no conjunto normativo da tutela coletiva, deverá o aplicador do direito buscar primeiramente solução para o problema dogmático no interior desse microssistema da tutela coletiva.

Quanto ao microssistema da tutela coletiva, a parte das normas fundamentais do CPC, lei de regência da ação civil pública e o CDC, não há ordem preestabelecida entre esses diplomas legais. Sempre prevalecerá a "norma mais benéfica à tutela do direito material discutido no processo"[105]. As demais fontes legislativas (CLT, por exemplo) serão, por consequência, aplicadas de maneira complementar e desde que haja a necessária compatibilidade para tal operação.

Em suma, trata-se, portanto, de microssistema da tutela coletiva do processo ou núcleo fundamental ou duro desse modelo, composto pela parte principiológica do CPC e por um conjunto de leis processuais diferenciadas (portanto, é espécie de tutela jurisdicional diferenciada), distintas das aplicáveis no âmbito da tutela jurisdicional individual, além da possível integração subsidiária pelos demais diplomas legais fora desse espaço aqui chamado fundamental. Institutos clássicos do processo civil, como legitimidade, competência, conexão, continência, coisa julgada, e outros, recebem nesse ambiente tratamento diferenciado. Essa mesma lógica é plenamente aplicável ao processo coletivo laboral.

Inobstante a especificidade aqui reconhecida desse microssistema, vale observar que o CPC atual (de 2015), ao contrário do CPC anterior, é bem mais flexível e aberto à incorporação de realidades processuais específicas, como é o microssistema coletivo em estudo, pois já produzido levando em consideração as peculiaridades da tutela coletiva.

O CPC almeja verdadeira integração dos diferentes ramos do direito processual, todos amalgamados pelos princípios fundamentais. Basta ver o título único do já citado capítulo primeiro nominado "DAS NORMAS FUNDAMENTAIS E DA APLICAÇÃO DAS NORMAS PROCESSUAIS".

---

(102) Usa essa nomenclatura, dentre outros, NEVES, Daniel Assunção Amorim. *Manual de processo coletivo. Op. cit.*, p. 43.

(103) DIDIER JR., Fredie; ZANETI JR., Hermes. *Op. cit.*, p. 96.

(104) ALMEIDA, Wânia Guimarães Rabêllo de. *Direito processual metaindividual do trabalho*: a adequada e efetiva tutela jurisdicional dos direitos de dimensão coletiva. São Paulo: LTr, 2015. p. 301.

(105) NEVES, Daniel Assunção Amorim. *Manual de processo coletivo, op. cit.*, p. 44.

Portanto, não se pode negar, nesta quadra processual, o relevante papel que o CPC exerce sobre a tutela processual coletiva, tanto civil como laboral.

O fato de haver um microssistema específico da tutela coletiva não elimina o papel de um Código na regulação jurídica da matéria[106]. Pelo contrário, é mais um elemento apto a reforçar a amálgama que deve existir entre os diplomas que perfazem esse sistema diferenciado.

Portanto, a leitura mais compatível com o momento processual atual deve a todo momento considerar a necessária articulação entre a Constituição, o núcleo fundamental ou duro das leis processuais coletivas, e o próprio CPC, devidamente integrado e moldado às necessidades específicas dessa modalidade de tutela.

Essa integração é feita por intermédio de um verdadeiro diálogo das fontes ou leitura sistemática, em que o intérprete fica obrigado a buscar a resolução de dada contenda debruçando-se sobre a totalidade do direito, hierarquizando topicamente (sobre o caso concreto) as normas-regras e normas-princípios integrantes do sistema jurídico, em busca da melhor interpretação, e, principalmente, considerando a abertura, incompletude e mobilidade desse sistema.

O CPC atual, no momento em que se abre, principalmente por intermédio dos primeiros artigos dispostos no Capítulo 1º do Título 1º, a um maior diálogo com as normas processuais fundamentais, e por consequência também se expande às normas processuais do microssistema coletivo, também faz parte dessa compreensão, não mais com aquela ideia superada de aplicação residual, mas tomando em conta esse diálogo maior, influências recíprocas, bem como a necessidade de integração e adequação desse diploma com o microssistema aqui estudado.

Aliás, o Superior Tribunal de Justiça já deixou assentado, corretamente, que a leis processuais coletivas desse microssistema "interpenetram-se e subsidiam-se"[107]. Isso significa nada mais do que a plena realização da interpretação sistemática.

Em sentido similar já se posicionou relevante doutrina do processo civil. Vejamos:

> Assim, o microssistema do processo coletivo e o CPC se aplicam conforme um diálogo de fonte. A Aplicação do CPC ao microssistema da tutela coletiva é supletiva e subsidiária conforme o caso; subsidiária quando não há no microssistema disciplina da matéria, por exemplo, no caso dos precedentes obrigatórios e das demais normas fundamentais; supletiva, quando a disciplina da matéria é incompleta, como por exemplo, no caso da previsão da distribuição dinâmica do ônus da prova (art. 373, § 1º). Em ambos os casos, a aplicação somente poderá ser feita se não houver incompatibilidade com a disciplina própria do microssistema — por isso, sempre deve ser considerada residual...[108]

Esse compreensão da leitura sistemática, em verdadeiro diálogo das fontes, dos diplomas específicos do microssistema da tutela coletiva, aplica-se perfeitamente ao processo coletivo do trabalho.

Isso significa que, especificamente em relação ao processo coletivo do trabalho, a CLT também será aplicada de maneira complementar, desde que haja compatibilidade com a principiologia específica desse ramo da tutela coletiva.

Tal compreensão é de extrema importância ao processo coletivo do trabalho, principalmente em razão de atabalhoadas modificações introduzidas por intermédio da Lei n. 13.467/2017, chamada de Reforma Trabalhista, pois será necessário ao operador do direito priorizar a aplicação sistemática desses textos normativos até no processo coletivo do trabalho, inclusive, se for o caso, em detrimento da própria CLT, salvo quando for necessário adaptar o rito do processo coletivo às peculiaridades processuais do rito comum laboral.

2.5.1. Aplicação desse microssistema no processo coletivo laboral

No processo do trabalho é possível apontar três subsistemas[109], distintos e trifurcados, componentes do processo do trabalho:

---

(106) DIDIER JR., Fredie; ZANETI JR., Hermes. *Op. cit.*, p. 49.
(107) Superior Tribunal de Justiça. 1ª Turma. REsp n. 510.150-MA. Rel. Min. Luiz Fux. DJU 29.3.2004.
(108) DIDIER JR., Fredie; ZANETI JR., Hermes. *Op. cit.*, p. 126.
(109) Veja com vagar tais subsistemas em BEZERRA LEITE, Carlos Henrique. *Ação civil pública, op. cit.*, p. 78-87.

1. O primeiro é utilizado nos conflitos individuais clássicos (ações individuais ou plúrimas), sendo o processamento de tais litígios regulado pelo texto celetista, e pelo Código de Processo Civil — por subsidiariedade sistemática[110].

2. O segundo é chamado pela doutrina de jurisdição trabalhista normativa, pois voltada aos dissídios coletivos, em que se busca, por intermédio do Poder Normativo da Justiça do Trabalho, a criação de novas condições de trabalho por meio de cláusulas gerais aplicáveis às categorias econômicas e profissionais.

3. O terceiro é chamado por alguns de jurisdição trabalhista metaindividual, sendo operacionalizado pela *aplicação sistemática*[111] das normas da Carta Maior, leis do Ministério Público da União (Lei Complementar n. 75/1993) e dos Estados, diplomas específicos citados anteriormente tratando de interesses metaindividuais, Lei da Ação Civil Pública, parte processual do Código de Defesa do Consumidor, e, pelo diálogo das fontes, o Código de Processo Civil, principalmente quanto à parte das chamadas Normas fundamentais, e o Texto Celetista.

A jurisdição trabalhista clássica dos conflitos individuais e normativa é regulada primariamente pelo Texto Celetista. A questão que se apresenta de maior dificuldade será em relação à chamada jurisdição trabalhista metaindividual.

Há três aspectos específicos merecendo desde logo relevo envolvendo o processo coletivo laboral.

O primeiro trata da aplicação integral da construção feita no item anterior na jurisdição laboral, principalmente quanto ao necessário diálogo entre os diplomas específicos componentes do chamado núcleo fundamental ou duro da tutela coletiva, incluindo a parte das normas fundamentais do CPC e diplomas legais específicos, com a devida adequação e encaixe às peculiaridades do processo coletivo laboral, conforme desenvolvimento anterior.

Aliás, corroborando esse amplo diálogo das fontes do direito, notadamente em relação à aproximação responsável do processo civil com o processo laboral, vejamos trecho doutrinário:

> Noutro falar, o juiz, ao aplicar o ordenamento jurídico, deverá promover o diálogo das fontes entre o direito processual (civil, trabalhista, administrativo e tributário), o direito constitucional, os direitos humanos (ou fundamentais) em todas as suas dimensões, o direito administrativo, o direito civil (direitos da personalidade), o direito do trabalho etc.[112]

Voltando aos aspectos, o segundo diz acerca da total incompatibilidade das técnicas de subsidiariedade dos art. 769 e 889, ambos do texto celetista, no processo coletivo laboral. Tais dispositivos foram concebidos para incidência da jursdição laboral individual clássica. A sistemática processual coletiva, tanto o processo civil quanto o laboral, leva em consideração a aplicação primária do já explicado núcleo duro da tutela coletiva, servindo os textos do CPC e CLT como mecanismos de adição e de integração sistemática em relação ao microssitema específico. Portanto, o inverso da técnica da subsidiariedade que considera a CLT como legislação preponderante.

O terceiro aspecto específico deve afirmar a adaptação do processo coletivo laboral, notadamente a fase de conhecimento e recursal, ao rito processual trabalhista ordinário (regras de rito) disposto primariamente na CLT, cuja tônica é a busca da simplicidade, prevalência da oralidade sobre a forma escrita e concentração de atos principalmente praticados em audiência, inobstante o texto celetista tenha sido concebido para resolver conflitos individuais clássicos.

Portanto, a CLT será invocada em todo momento quando houver necessidade de adaptação do processo coletivo laboral às peculiaridades do rito processual trabalhista ordinário da fase de conhecimento e recursal, considerando a prevalência dos princípios da simplicidade, oralidade e concentração de atos praticados em audiência.

---

(110) Sobre esse assunto já desenvolvi diversos estudos. Dentre eles, vide COSTA, Marcelo Freire Sampaio. Incidente de resolução de demandas repetitivas. O novo CPC e aplicação no processo do trabalho. In MIESSA, Elisson. *O novo Código de Processo Civil e seus reflexos no processo do trabalho*. Salvador: JusPodivm, 2015. p. 613-628.

(111) Rememorando as linhas transatas em que se tratou da técnica sistemática na seara jurídica.

(112) BEZERRA LEITE, Carlos Henrique. Unificação principiológica do direito processual civil e direito processual do trabalho. In: FILHO, Rodolfo Pamplona; PINTO, José Augusto Rodrigues (Coords.). *Principiologia*. Estudos em homenagem ao centenário de Luiz de Pinho Pedreira da Silva. São Paulo: LTr, 2016. p. 39.

2.5.2. Limites a serem estabelecidos à Reforma Trabalhista (Lei n. 13.467/2017). Dois exemplos de incompatibilidade da Reforma Trabalhista com o microssistema da tutela coletiva laboral

A chamada Lei da Reforma Trabalhista entabulou diversos dispositivos sobre situações jurídicas coletivas, portanto, com reflexos diretos no processo coletivo laboral.

Inicialmente vale ressaltar que a chamada Lei da Reforma Trabalhista deverá adaptar-se e, principalmente, ser conformada com as peculiaridades da já desenvolvida jurisdição trabalhista coletiva, buscando a construção de soluções aos conflitos postos a partir dos princípios específicos e prevalentes nessa modalidade especial de jurisdição.

Vale também rememorar dois aspectos do raciocínio desenvolvido anteriormente.

O primeiro é a prevalência do núcleo fundamental ou duro da jurisdição trabalhista coletiva sobre as demais fontes distintas desse universo, devendo ser interpretadas em verdadeiro diálogo das fontes.

O segundo é a possibilidade da aplicação subsidiária ou supletiva no processo coletivo do trabalho da CLT, desde que haja necessidade e real compatibilidade dos dispositivos e da principiologia.

Há pelo menos dois dispositivos da Reforma incompatíveis com a correta compreensão do microssistema da tutela de processo coletiva laboral.

O primeiro é disposto no § 1º do art. 8º da CLT, cuja redação singela é: "O direito comum será fonte subsidiária do direito do trabalho".

Essa regra singela merece todo o cuidado interpretativo no âmbito de aplicação do processo coletivo laboral por uma razão bem forte.

A sistemática de integração no processo coletivo do trabalho tem regramento específico voltado à leitura sistemática, em diálogo das fontes, com a prevalência do microssistema específico da tutela coletiva.

E essa prevalência leva à consequente aplicação subsidiária ou supletiva da CLT ou do CPC (com exceção da aplicação direta do capítulo das normas fundamentais) no processo coletivo laboral.

Portanto, esse regramento específico de integração do § 1º do art. 8º é ineficaz no processo coletivo laboral.

O segundo dispositivo da Reforma está inscrito no § 3º do art. 8ª da CLT. Diz essa regra legal:

> No exame de convenção coletiva ou acordo coletivo de trabalho, a Justiça do Trabalho analisará exclusivamente a conformidade dos elementos essenciais do negócio jurídico, respeitado o disposto no art. 104 da Lei n. 10.406, de 10 de janeiro de 2002 (Código Civil), e balizará sua atuação pelo princípio da intervenção mínima na autonomia da vontade coletiva.

Observa-se claramente que a pretensão do texto inserido pela Reforma é restringir os pedidos das ações coletivas exclusivamente aos aspectos essenciais do negócio jurídico, confome disposto do art. 104 do Código Civil, com imposição de novo e esdrúxulo princípio da intervenção mínima na autonomia da vontade coletiva, não são compatíveis com essa aplicação subsidiária, pois ferem frontalmente a principiologia do já chamado núcleo fundamental ou duro da jurisdição trabalhista coletiva.

Há pelo menos três fortes argumentos que amparam essa afirmação da incompatibilidade do § 3º do art. 8º do CPC. O primeiro será logo a seguir apresentado. Os outros dois serão desenvolvidos no próximo capítulo específico sobre normas fundamentais no processo coletivo.

O art. 4º do CPC dispõe expressamente que as "partes têm o direito de obter em prazo razoável a solução integral do mérito, incluindo a atividade satisfativa", portanto, consagra-se, agora expressamente, o que a doutrina já qualificava de princípio da primazia do mérito sobre as decisões meramente processuais, a ser desenvolvido com mais vagar no próximo capítulo.

Nessa toada, não se pode admitir que a atividade jurisdicional seja tolhida a aspectos meramente formais do negócio jurídico, quando a pretensão da ação coletiva for voltada ao questionamento do próprio conteúdo substancial da norma coletiva, integrando também o mérito da ação coletiva.

A técnica da interpretação conforme a ser necessariamente aplicada em relação ao inscrito no § 3º do art. 8º, portanto, deve considerar a análise dos aspectos essenciais do negócio jurídico é apenas e tão somente um possível tema a compor o mérito da pretensão, além de tantos outros voltados ao questionamento meritórios passíveis de serem ventilados em sede de ação coletiva.

Além desse aspecto, haverá clara violação aos princípios da máxima amplitude da tutela coletiva e da reparação integral do dano, conforme será sustentado no próximo capítulo.

2.6. Das decisões estruturais

Para finalizar esse capítulo, vamos apresentar a ideia de decisão estrutural ou estruturante, construída primordialmente no processo civil coletivo, mas já amplamente efetivada no processo do trabalho, consoante será demonstrado no capítulo final do presente estudo, voltado à tutela executiva.

Com efeito, conforme relata a doutrina do processo coletivo civil, a decisão estruturante está relacionada inicialmente com uma postura mais ativa da jurisdição constitucional dos Estados Unidos a partir da década de cinquenta[113], principalmente a partir do decidido no caso *Brown vs. Board of Education of Topeka*, em que se ratificou a inconstitucionalidade da admissão de estudantes em escolas públicas americanas com base num sistema vigente abominável de segregação racial.

Portanto, a decisão estrutural será aquela em que se busca a realização de uma ampla reforma estrutural, muitas vezes relacionada à realização de alguma política pública, no sítio produtivo de um ente de direito público, privado mas com atribuição de público, ou simplesmente uma pessoa jurídica de direito privado.

Essa decisão estrutural possui conteúdo complexo, porque usualmente decorre de litígios complexos, tal como as ações coletivas trabalhistas. E muitas vezes precisa ser realizada por intermédio de diversos provimentos sucessivos.

A doutrina aponta os seguintes exemplos de deicsões estruturais. Vejamos:

> Como exemplos, podemos citar a decisão que, visando à concretização do direito de locomoção das pessoas portadoras de necessidades especiais, estabelece um plano de adequação e acessibilidade das vias, dos logradouros, dos prédios e dos equipamentos públicos de uma determinada localidade. A decisão que, visando assegurar o direito à saúde e considerando o crescimento do número de casos de microcefalia numa determinada região e da sua possível relação com o *zika* vírus, estabelece impositivamente um plano de combate ao mosquito *aedes aegypti*, prescrevendo uma série de condutas para autoridades municipais. Ou ainda a decisão que, buscando salvaguardar direitos das minorias, impõe a inclusão, na estrutura curricular do ensino público, de disciplinas ou temas relacionados à história dos povos africanos ou dos povos indígenas.

O processo coletivo do trabalho também possui múltiplos exemplos de decisões estruturais.

Podemos citar decisões envolvendo profunda modificação no setor produtivo voltada à adequação do meio ambiente laboral às normas, constitucionais e infraconstitucionais, de proteção dos trabalhadores, como encapsulamento de grandes máquinas visando à redução ou eliminação total de ruído, mudança de máquinas voltadas à diminuição da dispersão de poeira no local de trabalho, dentre tantos outros exemplos que poderiam ser aqui citados.

---

(113) DIDIER JR., Fredie; ZANETI JR., Hermes. *Op. cit.*, p. 424.

Capítulo 3

Normas Fundamentais do Processo Coletivo Laboral

3.1. Considerações gerais

A expressão normas fundamentais foi copiada do CPC (Capítulo I, Título Único, Livro I). É gênero do qual são espécies princípios (normas-princípios), regras (normas-regras) e postulados normativos[114].

Antes do CPC, tais normas ditas fundamentais tinham assento integral no texto constitucional.

Essas normas fundamentais apresentam peculiaridades fortemente compatíveis com o processo coletivo do trabalho, cuja aplicação, como já se vem aqui trabalhando desde o início, detêm peculiaridade própria e distinta da tutela individual.

Aliás, as normas fundamentais do CPC são amplamente aplicáveis ao processo coletivo laboral, por se tratarem de normas de estrutura do direito processual brasileiro.

Fazem parte, portanto, originariamente, do microssistema do processo coletivo do trabalho, conforme já desenvolvido anteriormente.

Antes de ser apresentado o rol das normas fundamentais regentes do processo coletivo laboral, será desenvolvida brevemente, nos próximos dois itens, a transformação da posição conceitual-normativa dos princípios na ciência jurídica, bem como a distinção desta categoria normativa com as aqui chamadas normas-regras.

Inobstante essa palavra princípios estivesse ligada às verdades primeiras ou base da ciência, tal modalidade normativa até bem pouco tempo atrás, até meados da década de oitenta do século anterior, não era reconhecida nem como modalidade normativa, com potência suficiente para impor comandos impositivos nos conflitos de direito. Eram dispositivos legais meramente programáticos, ou, no máximo, de aplicação subsidiária na ausência da lei.

Essa realidade ficou para trás, conforme será desenvolvido ao longo deste capítulo.

Parece-me que, em relação ao processo coletivo do trabalho, por se tratar de disciplina ainda em fase de amadurecimento, essa força expansiva dos princípios se dará com ainda maior força.

Mas não é só. Busca-se transpor, neste curso, a realidade filosófica, mundo no qual os princípios são largamente desenvolvidos com forte carga teórica, para o processo coletivo do trabalho num viés principializado e moderno, visando à necessidade de serem buscadas melhores justificativas argumentativas para a solução das questões processuais e meritórias surgidas nessa seara processual.

Caminhando para o fim, fica registrado que serão desenvolvidos princípios constitucionais e infraconstitucionais processuais, inclusive aqueles inscritos no capítulo das normas fundamentais do CPC, com alguma potencialidade específica ao processo coletivo laboral.

Não se pode deixar de registrar, para finalizar, que, o processo do trabalho, inclusive na vertente do processo coletivo — ora objeto deste estudo, ao contrário das inovações modernas consolidadas por intermédio do CPC de 2015, notadamente a inserção de capítulo de normas fundamentais, vem retrocedendo por culpa exclusiva do movimento legislativo da Reforma Laboral de 2017.

---

(114) Sobre a distinção entre princípios, regras e postulados normativos veja ÁVILA, Humberto. *Teoria dos princípios*: da definição à aplicação dos princípios jurídicos, *op. cit.*

O processo coletivo laboral também foi atingido diretamente pela pena implacável e conservadora do legislador da chamada Reforma Trabalhista de 2017, por diversos dispositivos legais, a serem trabalhados ao longo de todo este estudo. Especialmente, um deles, § 3º do art. 8º da CLT, impacta diretamente nos princípios que serão desenvolvidos neste capítulo. Vejamos.

3.2. Evolução histórica do papel dos princípios

No tocante à evolução histórica-conceitual do papel dos princípios, Paulo Bonavides talvez tenha sido o primeiro autor nacional a tratar dessa questão na perspectiva pós-positivista, dividindo-a em três fases.

Na primeira, a mais antiga e tradicional, chamou de jusnaturalismo. Nesta os princípios habitariam ainda uma esfera "por inteiro abstrata"[115] e sua normatividade é basicamente nula.

Na segunda, o positivismo, os princípios seriam meras pautas programáticas supralegais, dotados de carência normativa, caracterizando, portanto, a sua irrelevância jurídica. Eram, no máximo, reconhecidos como regras interpretativas, situadas como fontes subsidiárias do direito, sempre no contexto do direito privado.

A terceira, e última, chamada de pós-positivismo, em consonância com as obras de Ronald Dworkin e Robert Alexy, reconhece a possibilidade de "tanto uma constelação de princípios quanto uma regra positivamente estabelecida podem impor obrigação legal"[116]. Passam, inclusive, a ter relevância também para o direito público, vindo a integrar, com maior intensidade, as Constituições.

E mais. Além dessa característica normativa, deverá ser reconhecida a superioridade e hegemonia, formal e material, dessa categoria na pirâmide normativa.

Essa terceira fase atrai o conceito de princípios a ser desenvolvido no próximo item.

3.3. Conceito de princípios

Há diversos conceitos de princípios na ciência jurídica, mas escolhemos trecho doutrinário bastante didático sobre esse tema. Vejamos:

> É que os princípios jurídicos são aquelas normas que estabelecem um estado ideal de coisas para cuja realização é necessária a adoção de comportamentos que provocam efeitos que contribuem para a sua promoção. Daí se afirmar que eles envolvem um fim (estado de coisas) e meios (condutas necessárias a sua promoção). Em uma simples ilustração, para garantir um estado de moralidade é preciso adotar condutas sérias, leais, motivadas e contínuas. Em suma para atingir o fim é necessário escolher comportamentos cujos efeitos contribuam para a sua promoção. Pode-se, por isso, asseverar que o modelo dos princípios pode ser simbolizado pela expressão 'para, então é preciso'.[117]

Esse conceito apresenta pelo menos quatro aspectos fundamentais ao conceito de princípios.

O primeiro é que os princípios revelam uma chamada "dimensão de peso"[118] inexistente nas regras. No conceito apresentado tal dimensão foi chamada de "estado ideal de coisas". Isso significa que, em caso de colisão entre princípios, haverá um deles que prevalecerá sobre o outro, sem que este superado perca a sua validade[119].

O segundo é que tal modalidade normativa, inobstante ter concepção distinta das regras (consoante será apresentado no item posterior), funciona como padrão normativo imediatamente finalístico, mudando a realidade dos fatos, "não porque vá promover ou assegurar uma situação econômica, política ou social considerada desejável, mas porque

---

(115) BONAVIDES, Paulo. *Curso de direito constitucional*. 30. ed. São Paulo: Malheiros, 2015. p. 259.

(116) *Ibidem*, p. 265.

(117) ÁVILA, Humberto. *Segurança jurídica*. Entre a permanência, mudança e realização no direito tributário. São Paulo: Malheiros, 2011. p. 113.

(118) DWORKIN, Ronald. *Levando os direitos a sério*. São Paulo: Martins Fontes, 2002. p. 42.

(119) Sobre esse assunto, *vide* com maior profundidade ÁVILA, Humberto. *Teoria dos princípios:* da definição à aplicação dos princípios jurídicos, *op. cit.*

é uma exigência de justiça ou equidade"[120]. A qualidade frontal dessa categoria é justamente a determinação de um fim que seja juridicamente relevante.

O terceiro é que os princípios buscam um fim (estado ideal de coisas), como visto no parágrafo anterior, e, ao mesmo tempo, prescrevem meios cuja adoção contribuirá para alcançar esse fim. Portanto, os princípios ao demandarem fins a serem atingidos, também "exigem a promoção de um estado de coisas, bens jurídicos, que impõem condutas necessárias à sua preservação ou realização[121].

O quarto aspecto está no início da transcrição anterior (...princípios são aquelas normas...). Inobstante os princípios terem características distintas das normas-regras, consoante será defendido no item posterior, também têm a capacidade, assim como as regras, de impor condutas[122], a serem formuladas por intermédio de "expressões deônticas básicas do dever, da permissão e da proibição"[123].

Apresentado o conceito de princípio, o próximo item desenvolverá a distinção dessa modalidade normativa em relação às normas-regras, retratando, basicamente, o conhecido modelo qualitativo.

3.4. Distinção entre normas-regras e normas-princípios

Para chegar a essa distinção moderna, reconhecida pela legislação processual, registre-se a superação do já citado paradigma do positivismo jurídico clássico[124], surgido juntamente com o Estado Liberal no séc. XIX, cuja pretensão era, de forma bastante sumária, a criação de uma fictícia ciência pura[125], avalorativa[126] e deliberadamente concentrada em fenômenos puramente legais do direito, com a consequente exclusão de qualquer sorte de ponderações de cunho axiológico na interpretação/aplicação de hipóteses legais à solução dos conflitos sociais, além da enfática negação da força normativa dos princípios.

Quanto à distinção entre princípios e regras, o positivismo adota o critério da generalidade[127], ou seja, as regras conteriam em sua moldura relatos mais claros e objetivos; já os princípios teriam carga de subjetividade e abertura bem mais elevada na moldura normativa, não regulando direta e objetivamente uma situação determinada.

Os princípios entrariam nos códigos como fonte normativa subsidiária da inteireza dos textos legais[128], tal qual disposto no art. 4º da "Lei de Introdução às Normas do Direito Brasileiro".

O chamado pós-positivismo[129] ou paradigma não positivista afastou, além de outras posições do modelo positivista[130] como a mecânica subsuntiva, a concepção dos princípios como fonte de integração subsidiária do direito instrumentalizados somente na ausência da norma.

---

(120) DWORKIN, Ronald. *Levando os direitos a sério, op. cit.*, p. 36.

(121) ÁVILA, Humberto. *Teoria dos princípios:* da definição à aplicação dos princípios jurídicos, *op. cit.*, p. 72.

(122) Sobre esse assunto já tratamos em COSTA, Marcelo Freire Sampaio. *Eficácia dos direitos fundamentais entre particulares*. Juízo de ponderação no processo do trabalho. São Paulo: LTr, 2010.

(123) ALEXY, Robert. *Op. cit.*, p. 87.

(124) Luís Roberto Barroso aponta quatro características do positivismo jurídico: "i) aproximação quase plena entre direito e norma; ii) a afirmação da estatalidade do Direito; iii) a completude do ordenamento jurídico, que contém conceitos e instrumentos suficientes e adequados para solução de qualquer caso, inexistindo lacunas; iv) o formalismo: a validade da norma decorre do procedimento seguido para a sua criação, independendo do conteúdo, e o dogma da subsunção (processo lógico-dedutivo de submissão à lei — premissa maior — da relação de fato — premissa menor)". BARROSO, Luís Roberto. Fundamentos teóricos e filosóficos do novo direito constitucional brasileiro (pós-modernidade, teoria crítica e pós-positivismo). In: _____ (Org.). *A nova interpretação constitucional:* a ponderação, direitos fundamentais e relações privadas. 3. ed. Rio de Janeiro: Renovar, 2008. p. 25.

(125) Cf. KELSEN, Hans. *Teoria pura do direito*. Trad: João Batista Machado. 7. ed. São Paulo: Martins Fontes, 2006. p. 1.

(126) Cf. BOBBIO, Norberto. *O positivismo jurídico:* lições de filosofia do direito. Trad. de Márcio Pugliesi. São Paulo: Ícone, 1995.

(127) ESSER, Josef. *Principio y norma en la elaboración jurisprudencial del derecho privado*. Barcelona: Bosch, 1961. p. 66.

(128) ESPÍNDOLA, Ruy Samuel. *Conceito de princípios constitucionais*. 2. ed. São Paulo: Revista dos Tribunais, 2002. p. 63.

(129) Cf. conceito em BARROSO, Luís Roberto. *Fundamentos teóricos e filosóficos do novo direito constitucional brasileiro* (pós-modernidade, teoria crítica e pós-positivismo), *op. cit.*, p. 27.

(130) Cf. críticas em DWORKIN, Ronald. *A justiça de toga*. Trad. Jefferson Luiz Camargo. São Paulo: Martins Fontes, 2010.

Nesse novel modelo, os princípios possuem hegemonia axiológica e normativa e se posicionam como verdadeiros vetores de imposição (de fazer ou não fazer) e, principalmente, conformadores da ordem infraconstitucional.

Também é decorrência do pós-positivismo o reconhecimento da abertura do sistema jurídico, como um modelo inacabado, complexo e até mesmo instável de normas-princípios, normas-regras e valores[131], a depender do permanente labor construtivo do intérprete.

Esse modelo trifurcado de valores, normas-princípios e normas-regras, restou parcialmente reconhecido pelo art. 1º do CPC quando afirma que o processo (todo e qualquer processo, não apenas o processo civil) será "ordenado, disciplinado e interpretado conforme valores e normas fundamentais". Essas devem ser subdivididas em normas-regras e normas-princípios.

Como citado, o Código de Processo Civil, nesta parte plenamente integrado ao processo coletivo laboral, reconheceu expressamente o que a doutrina vinha elaborando, de há muito, inspirado em autores estrangeiros de nomeada (como Ronald Dworkin e Robert Alexy), bem como constitucionalistas nacionais importantes (Luis Roberto Barroso e Paulo Bonavides, entre tantos outros), acerca da força impositiva das normas principiológicas, malgrado as naturais distinções destas em relação às normas-regras.

E o art. 8º do CPC acabou por amalgamar esse necessário diálogo das fontes dos diferentes sistemas jurídicos, bem como reconheceu a importância das normas principiológicas, tendo no frontispício a dignidade da pessoa humana (trecho da lei diz "resguardando e promovendo a dignidade ..."), como norte hermenêutico à interpretação e aplicação das normas processuais pela jurisdição[132].

Passa-se, a seguir, a elencar o rol de princípios incidentes no processo coletivo do trabalho, a começar pelos princípios de índole constitucional.

3.5. Princípios da proporcionalidade e da razoabilidade

Os princípios ou postulados[133] da proporcionalidade e razoabilidade são de uso bastante comum pela jurisprudência nos conflitos de princípios havidos no processo coletivo do trabalho.

Optou-se por iniciar pelo princípio da proporcionalidade por considerar verdadeiro princípio dos princípios, norma que orienta a aplicação de outras (atuaria, numa linguagem mais rebuscada, num metanível). Seria um verdadeiro "princípio para lidar com outros princípios, de molde a preservar os direitos fundamentais previstos na Constituição Federal"[134].

Como já mencionado, o Código de Processo Civil reconheceu expressamente a existência dessas duas categorias distintas, antes consideradas como princípios implícitos[135], objeto apenas de desenvolvimento doutrinário e jurisprudencial. Vejamos:

> Art. 8º Ao aplicar o ordenamento jurídico, o juiz atenderá aos fins sociais e às exigências do bem comum, resguardando e promovendo a dignidade da pessoa humana e observando a proporcionalidade, a razoabilidade, a legalidade, a publicidade e a eficiência.

Os princípios da razoabilidade e da proporcionalidade são, respectivamente, produto da reunião de ideias vindas da doutrina norte-americana do devido processo legal substancial e do direito alemão, respectivamente.

Por intermédio do devido processo legal substantivo o Judiciário passou a examinar o mérito dos atos ditos discricionários principalmente do legislador e eventualmente do administrador, avaliando-se o equilíbrio e o nexo de

---

(131) Para Claus Wilhelm Canaris, "o princípio está já em um grau de concretização maior que o valor". In: CANARIS, Claus Wilhelm. *Pensamento sistemático e conceito de sistema na ciência do direito*. 3. ed. Lisboa: Fundação Calouste Gulbenkian, 2002. p. 86.

(132) Em sentido similar: BEZERRA LEITE, Carlos Henrique. Princípios jurídicos fundamentais do Novo Código de Processo Civil e seus reflexos no processo do trabalho. In: MIESSA, Elisson (Org.). *O novo Código de Processo Civil e seus reflexos no processo do trabalho*. Salvador: JusPodivm, 2015. p. 72.

(133) Cf. distinção feita por ÁVILA, Humberto. *Teoria dos princípios:* da definição à aplicação dos princípios jurídicos, *op. cit.*, p. 123-181.

(134) DANTAS, Bruno; WAMBIER, Teresa Arruda Alvim. *Op. cit.*, p. 100.

(135) Sobre esse assunto cf. ROTHENBURG, Walter Claudius. *Princípios constitucionais*. Porto Alegre: Sergio Antonio Fabris, 1999.

pertinência entre o meio empregado e a finalidade buscada, por intermédio do exame da razoabilidade das leis norte-americanas[136]. Era basicamente um mecanismo de controle de constitucionalidade.

O princípio da razoabilidade atualmente é utilizado com várias acepções. "Fala-se em razoabilidade de uma alegação, razoabilidade de uma interpretação, razoabilidade do fim legal e razoabilidade da função legislativa"[137]. Todas essas acepções são corretas.

A razoabilidade no ramo juslaboral foi tão bem construída por doutrina autorizada, que merece citação literal:

> O princípio da razoabilidade, de larga aplicação em qualquer segmento jurídico, também claramente atua no ramo justrabalhista. Conforme explicamos em outra obra, dipõe o princípio da razoabilidade que as condutas humanas devem ser avaliadas segundo um critério associativo de verossimilhança, sensatez e ponderação. Não apenas versossimilhança, viabilidade aparente, probabilidade média; mas também, ao mesmo tempo, sensatez, prudência e ponderação. Há, como se vê, um claro comando positivo no princípio da razoabilidade: ele determina que se obedeça a um juízo tanto de verossimilhança como também de ponderação, sensatez e prudência na avaliação das condutas das pessoas. Há, por outro lado, um indubitável comando negativo no mesmo princípio: ele sugere que se tenha incredulidade, ceticismo quanto a condutas inverossímeis, assim como no tocante a condutas que, embora verossímeis, mostrem-se insensatas.[138]

A proporcionalidade surge no direito alemão como mecanismo de controle à discricionariedade administrativa. Tempos depois tal mecanismo também passou a ser utilizado no controle de constitucionalidade das leis.

Assim, como em relação à razoabilidade, na proporcionalidade estava bem forte a ideia de uma avaliação pela jurisdição da relação concreta entre os meios empregados e os fins almejados pela legislação e administração pública.

Por obra da doutrina e jurisprudência alemãs tal princípio restou dividido em três máximas ou subprincípios devidamente conectados: adequação, necessidade e proporcionalidade em sentido estrito (ou propriamente a técnica da ponderação[139]).

A adequação seria a verificação no caso concreto se a decisão restritiva de direito fundamental estaria compatível com a finalidade perseguida, isto é, deve-se examinar se o 'meio é apto, útil, idôneo ou apropriado para atingir o fim pretendido'[140].

Já a necessidade seria a verificação se a escolha entre os meios de restrição aos direitos fundamentais disponíveis será aquele menos prejudicial ou gravoso ao direito em questão. Portanto, busca-se no cardápio um meio tão eficaz quanto os outros, porém menos gravoso ao direito em questão. Aqui poderia ser afirmada também como uma verdadeira proibição do excesso.

A proporcionalidade em sentido estrito refere-se à aplicação da técnica da ponderação visando ao cumprimento pelo exame do equilíbrio ou justa causa entre o meio utilizado para impor uma restrição e a finalidade pretendida.

Portanto, para resumir essas ideias, o princípio da proporcionalidade "ordena que a relação entre o fim que se pretende alcançar e o meio utilizado deva ser adequada, necessária e proporcional"[141].

Inobstante a bem montada construção doutrinária que divide tais categorias, parte da doutrina e da jurisprudência dos tribunais superiores, inclusive do Supremo Tribunal Federal, considera a razoabilidade e a proporcionalidade como

---

(136) Sobre esse assunto vide amplamente, SIQUEIRA CASTRO, Carlos Roberto. *O devido processo legal e a razoabilidade das leis na nova Constituição do Brasil*. 5. ed. São Paulo: Forense, 1989.
(137) ÁVILA, Humberto. *Teoria dos princípios*. Da definição à aplicação dos princípios jurídicos, op. cit., p. 153.
(138) DELGADO, Mauricio Godinho. *Curso de direito do trabalho*. 17. ed. São Paulo: LTr, 2018. p. 228.
(139) Sobre esse assunto cf. SCHIAVI, Mauro. *Princípios do processo do trabalho*. 2. ed. São Paulo: LTr, 2014.
(140) STEINMETZ, Wilson. Princípio da proporcionalidade e atos de autonomia privada restritivos de direitos fundamentais. In: SILVA, Virgílio Afonso da (Org.). *Interpretação constitucional*. São Paulo: Malheiros, 2005. p. 41.
(141) *Ibidem*, p. 39.

"conceitos próximos o suficiente para serem intercambiáveis, não havendo maior proveito metodológico ou prático na distinção"[142].

Vale a transcrição de trecho doutrinário neste sentido:

> Os princípios da proporcionalidade e da razoabilidade em sua essência tratam de dimensões convergentes das condutas humanas e sociais e do processo de análise e valoração de tais condutas. Por isso devem ser utilizados conjugadamente através da combinação harmônica de suas proposições diretivas. Sua utilização conjugada, como se tratasse na verdade de princípio da proporcionalidade e razoabilidade, alarga e potencia o instrumento analítico do direito e da vida nas mãos do operador de direito.[143]

Aliás, a jurisprudência do TST também parece aplicar tais princípios como complementares. Vejamos:

AÇÃO CIVIL PÚBLICA. INTERESSE COLETIVO. DIREITOS FUNDAMENTAIS. COLISÃO. UTILIZAÇÃO DE BANCO DE DADOS. ANTECEDENTES CRIMINAIS. IMPOSSIBILIDADE.1. Havendo colisão entre direitos fundamentais em que de um lado se encontra o acesso à informação e de outro a inviolabilidade à intimidade, à vida privada e à honra, faz-se a ponderação entre eles, tendo em vista a aplicação dos princípios da razoabilidade e da proporcionalidade. 2. Assim, prevalece o inc. X em detrimento do inc. XXXVI do art. 5º da Constituição da República, porque todo o sistema jurídico está centrado na dignidade da pessoa humana, afeto à personalidade do indivíduo. (art. 1º, inc. III, da Constituição da República)[144]

Considerando os limites deste curso e principalmente a posição da jurisprudência atual, também não se constata maior proveito prático ou metodológico, inobstante a possibilidade de enxergar as distinções apontadas ao longo deste item, na diferenciação entre os princípios da proporcionalidade e da razoabilidade aqui desenvolvidos.

Para finalizar, vale deixar registrado que esses postulados da razoabilidade e proporcionalidade serão muito importantes para a construção da solução conciliatória firmada em ações coletivas, inclusive naquelas já chamadas de estruturais, no tocante aos parâmetros do tempo, local e modo de cumprimento das obrigações acordadas, considerando a impossibilidade de essa conciliação avançar em verdadeiras concessões recíprocas, considerando as modalidades de direitos defendidos nessas espécies de ações, conforme será tratado com mais vagar posteriormente.

3.6. Princípio do devido processo legal coletivo

O princípio do devido processo legal encontra-se consagrado no Texto Constitucional (art. 5º, LVI), afirmando expressamente que "ninguém será privado da liberdade ou de seus bens sem o devido processo legal".

Conforme afirma acertadamente parte da doutrina, seria suficiente que a norma constitucional previsse tal princípio para que aos litigantes fosse assegurada a garantia de justiça da tutela jurisdicional, pois todos os princípios constitucionais são decorrência desse princípio considerado maior[145].

Tal princípio no processo coletivo também é chamado de devido processo legal coletivo ou social[146]. Esse princípio serve justamente como fundamento para o conjunto de regras e princípios voltados ao regramento da tutela coletiva[147].

A origem do devido processo legal encontra-se vinculada à necessidade de barreiras legais aos excessos praticados no medievo pela realeza inglesa[148].

---

(142) BARROSO, Luís Roberto. *Curso de direito constitucional contemporâneo*. Os conceitos fundamentais e a construção do novo modelo, op. cit., p. 280. No mesmo sentido, TUPINAMBÁ, Carolina. *A fazenda pública e o processo do trabalho*. Rio de Janeiro: Forense, 2007.

(143) DELGADO, Mauricio Godinho. *Princípios de direito individual e coletivo do trabalho*. São Paulo: LTr, 2001. p. 144.

(144) Tribunal Superior do Trabalho. 5ª Turma. RR 9891240-26.2004.5.09.0014. Rel. Min. João Batista Brito Pereira. DJ 15/02/2008.

(145) Nesse exato sentido temos NERY JR., Nelson. *Princípios do processo civil na Constituição Federal*, op. cit., p. 70.

(146) Expressão cunhada por CAPPELLETTI, Mauro. *Problemas de reforma do processo civil nas sociedades contemporâneas*. In: Processo civil contemporâneo. Curitiba: Juruá, 1994.

(147) No mesmo sentido lição de SCHIAVI, Mauro. *Manual de direito processual do trabalho*, op. cit., p. 1.461.

(148) Sobre esse assunto, com grande proveito, *vide* COMPARATO, Fábio Konder. *A afirmação histórica dos direitos humanos*. 3. ed. São Paulo: Saraiva, 2003.

Tal princípio também restou forjado num contexto integralmente ligado à proteção de direitos individuais das castas específicas do clero e dos barões feudais. Portanto, muito distante da realidade dos direitos coletivos em sentido amplo até aqui construída.

A ideia do devido processo social ou coletivo está centrada numa tentativa de ampliar os limites originários e individualistas emprestados ao devido processo individual, passando a assumir também uma "vocação coletiva"[149], de modo a se compreender a tutela jurisdicional coletiva com mais abrangência e efetividade, adaptando-se, por consequência, institutos ínsitos do processo individual clássico (como citação, legitimidade, interesse, competência, coisa julgada e tantos outros) às peculiaridades e desafios do processo coletivo.

Em suma. Falar-se de devido processo coletivo significa, em poucas palavras, realizar uma relação jurídica processual adaptada à técnica processual coletiva, "apta a resolver de modo isonômico e molecular o conflito metaindividual, com menor custo e duração[150].

3.7. Princípio da satisfação do julgado em prazo razoável, incluindo atividade satisfativa

Dispõe o art. 4º do CPC o seguinte:

As partes têm direito de obter em prazo razoável a solução integral do mérito, incluída a atividade satisfativa.

O dispositivo transcrito do CPC significa a necessidade de o órgão julgador priorizar a decisão de mérito em detrimento daquelas chamadas meramente processuais, que impedem o exame do mérito, terminando o processo de maneira anômala (art. 485 do CPC).

O dispositivo transcrito do CPC também consagra, de maneira mais ampla, o reconhecimento, em legislação ordinária, do princípio constitucional da duração razoável do processo, conhecida no direito italiano como *durata regionevole del processo*[151], previsto no art. 5.º, LXXVIII, que assim prescreve:

A todos, no âmbito judicial e administrativo, são assegurados a razoável duração do processo e os meios que garantam a celeridade de sua tramitação.

Portanto, desde a CF/88, há quase três décadas, o princípio que impõe a decisão judicial em prazo razoável já se encontrava explicitamente albergado pelo ordenamento jurídico pátrio (§ 2.º do art. 5.º da CF/1988)[152], malgrado a doutrina pouco tenha tratado desde a incorporação no direito pátrio de seus efeitos concretos no desenrolar de demandas judiciais.

Agora o cenário avançou.

Além do reconhecimento em legislação ordinária do princípio constitucional da duração razoável do processo, houve o acréscimo da "atividade satisfativa".

Atividade satisfativa deve ser aqui entendida como cumprimento ou satisfação das decisões, que se dá usualmente em fase executiva, sendo materializada por intermédio da entrega do bem da vida ao credor.

Nessa linha, agora de forma explícita, a duração razoável do processo também deverá alcançar a atividade executiva ou satisfativa.

Trata-se, na verdade, da positivação explícita pelo legislador ordinário do que já foi afirmado pela doutrina de "*direito fundamental à tutela executiva*"[153]; explicado da seguinte maneira:

---

(149) VENTURI, Elton. *Processo civil coletivo, op. cit.*, p. 151.

(150) MANCUSO, Rodolfo de Camargo. *Jurisdição coletiva e coisa julgada, op. cit.*, p. 285.

(151) Na Constituição Italiana, no art. 111.

(152) Aliás, o processo do trabalho prevê especificamente que os juízos e Tribunais do Trabalho "velarão pelo rápido andamento da causa" (art. 765 do texto consolidado).

(153) Essa expressão pertence a GUERRA, Marcelo Lima, possivelmente o primeiro processualista nacional a tratar desse assunto com grande profundidade. In: *Direitos fundamentais e a proteção do credor na execução civil*. São Paulo: RT, 2003. Também nessa mesma linha cf. SCHIAVI, Mauro. *Princípios no processo do trabalho, op. cit.*, p. 39.

No presente trabalho, o que se denomina direito fundamental à tutela executiva corresponde, precisamente, à peculiar manifestação do postulado da máxima coincidência possível no âmbito da tutela executiva. No que diz com a prestação de tutela executiva, a máxima coincidência traduz-se na exigência de que haja meios executivos capazes de proporcionar a satisfação integral de qualquer direito consagrado em título executivo. É essa exigência, portanto, que se pretende individualizar no âmbito daqueles valores constitucionais englobados no *due process*, denominando-a *direito fundamental à tutela executiva* e que consiste, repita-se, na exigência de um **sistema completo de tutela executiva**, no qual existam meios executivos capazes de proporcionar pronta e integral satisfação a qualquer direito merecedor de tutela executiva.[154]

Portanto, como mencionado pelo autor citado, o dispositivo ordinário reconhece como direito fundamental a exigência de um sistema eficaz de tutela executiva, no qual sejam disponibilizados meios legais e razoáveis aptos a proporcionar completa satisfação de qualquer direito merecedor de tutela executiva, de maneira que o bem da vida seja entregue a quem pertence por direito, em prazo razoável, respeitando-se, por óbvio, também os direitos fundamentais do devedor.

Em outras palavras, o direito fundamental à tutela executiva significa a efetivação, pela jurisdição, da entrega do bem da vida vindicado, em prazo razoável, respeitando, também, os direitos fundamentais do devedor[155].

Por óbvio que tal princípio constitucional encontra-se plenamente compatível com o processo coletivo laboral.

No processo coletivo laboral ordinariamente está em jogo a proteção de interesses sociais de uma coletividade desprotegida de trabalhadores.

E considerando a projeção econômica imediata de parte desses direitos, como é o caso dos individuais homogêneos, já apreciados neste trabalho, tem-se de fundamental importância a efetividade da tutela executiva em prazo razoável aqui apreciada.

Não está em jogo apenas a satisfação de interesses econômicos intersubjetivos como ocorre na tutela jurisdicional singular, mas de grupo mais ou menos extenso de beneficiados ordinariamente hipossuficientes.

3.8. Adequação da legitimação

A ação coletiva é uma ação representativa. Isso significa que uma parcela do grupo, corporificado ou não na figura de um ente, vai lutar pelos interesses de todos os demais integrantes daquela coletividade, como se todos estivessem litigando diretamente no processo, daí a necessidade de a totalidade do grupo ser representada adequadamente.

Trata-se de uma espécie de porta-voz da pretensão dos interesses de um grupo que não participa diretamente do processo, mas terá seus interesses defendidos pelo aquele(s) representante(s)[156].

Essa representação adequada no direito norte-americano chama-se *adequacy of representation*. Recebe tratamento bastante minudente e a conduta do legitimado (representante que está em juízo) é fiscalizada, de perto e em todas as fases do processo, pelo juiz que julgará a ação coletiva[157]. Trata-se de um requisito legal de admissibilidade.

No direito pátrio tal representação adequada não está mencionada expressamente, inobstante possa ser "vislumbrada em normas que dizem respeito a um certo controle de legitimação das associações"[158], a serem apresentadas posteriormente.

---

(154) GUERRA, Marcelo Lima. *Direitos fundamentais e a proteção do credor na execução civil*, op. cit., p. 102.

(155) Nesse sentido, de maneira bastante didática, vide SCHIAVI, Mauro. O novo Código de Processo Civil e o princípio da duração razoável do processo. In: MIESSA, Elisson (Org.). *O novo Código de Processo Civil e seus reflexos no processo do trabalho*. Salvador: JusPodivm, 2015. p. 75-85.

(156) No mesmo sentido ROQUE, André Vasconcelos. *Class actions*. Ações coletivas nos Estados Unidos: o que podemos aprender com elas. Salvador: JusPodivm, 2013. p. 133.

(157) Sobre esse assunto vide de forma minudente GIDI, Antônio. *A class action como instrumento de tutela coletiva dos direitos*: as ações coletivas em uma perspectiva comparada, op. cit., p. 101.

(158) GRINOVER, Ada Pellegrini. Direito processual coletivo. In: DIDIER JR., Fredie; JORDÃO, Eduardo Ferreira. *Teoria do processo*. Panorama doutrinário mundial. Salvador: JusPodivm, 2008. p. 33.

Significa basicamente a especial qualidade de os entes legitimados agirem na defesa judicial eficiente dos interesses instrumentalizados na ação coletiva, ainda que diante de litígios difíceis, quase sempre contra detentores do poder econômico[159].

A justificação legal sobre o tema da representação adequada encontra-se prevista no art. 5º, XXXV, da Carta Magna, verdadeiro corolário do devido processo legal, considerando ausência de previsão expressa de controle de representação pela jurisdição nas ações coletivas.

Portanto, a jurisdição deverá controlar a capacidade de representação do legitimado, ativo ou passivo, para que "efetivamente exerça a situação jurídica coletiva em sua plenitude e guie o processo com os recursos financeiros adequados, boa técnica e probidade".

Como será sustentado om mais minudência posteriormente, a legitimação ativa no processo coletivo é conferida *ope legis*, isto é, o legislador aponta expressamente quais são os legitimados que podem ingressar com ações coletivas, conforme dispõe o art. 5º da Lei da ACP e o art. 82 do CDC.

A única forma verdadeira de controle de legitimação no sistema legal incide tão somente sobre as associações, em relação às quais se devem observar os requisitos prévios da pré-constituição e da pertinência temática (adequação entre a finalidade associativa e a pretensão formulada na ação coletiva), conforme previsto no art. 82, IV do CDC e no art. 5º, V, da Lei da ACP.

Esses controles significam precaução do legislador contra associações conduzidas por pessoas de má índole, "ou cujos objetivos não se coadunem com o interesse metaindividual em causa"[160].

Tais requisitos poderão ser dispensados pela jurisdição conforme hipóteses dispostas no parágrafo primeiro do mesmo dispositivo legal.

Observa-se que o instituto da representação adequada é bem mais desenvolvido e presente no sistema das *class actions*, considerando a natural abertura e a maior flexibilidade de controle pela jurisdição (*ope judicis*).

No sistema pátrio o controle prévio dessa representação pela jurisdição encontra-se devidamente restrito às hipóteses de ações coletivas aviadas por entidades associativas, no processo coletivo do trabalho usualmente manejadas por sindicatos.

Isto não significa que tal controle não aconteça nas hipóteses de ações coletivas aviadas pelos outros legitimados, considerando a óbvia incidência do princípio do devido processo legal coletivo, já apreciado em momento anterior.

Contudo, também deve-se levar em consideração que o processo coletivo do trabalho já enfrenta grandes desafios em razão de parcela da jurisdição, não muito afeita a essas modalidades de ações, via de regra pinçar argumentos processuais, como falta de interesse e legitimidade processual, para barrar as discussões de mérito ventiladas nessas demandas, daí a necessidade desse controle de representação pela jurisdição ser efetivamente avaliada com o necessário precato.

Não se pode desvirtuar o instituto pensado no ambiente das ações de classe da *common law* visando o necessário convencimento da jurisdição acerca da real capacidade de o legitimado ativo coletivo representar interesses de grupo-classe-coletividade sem lhes causar prejuízos, para meramente barrar o seguimento de ações coletivas considerando a pouca simpatia de parcela da jurisdição laboral (ainda verificada) por essas modalidades de ações[161].

Até porque tal controle também acontecerá necessariamente pelo Ministério Público, conforme prevê o parágrafo primeiro, do art. 5º, da Lei da ACP, que deverá funcionar como fiscal da ordem jurídica[162] para toda e qualquer ação

---

(159) No mesmo sentido, MIRRA, Álvaro Luiz Valery. Associações civis e a defesa dos interesses difusos em juízo: do direito vigente ao direito projetado. In: GRINOVER, Ada Pellegrini; MENDES, Aluisio Gonçalves de Castro; WATANABE, Kazuo. *Direito processual coletivo e o anteprojeto de Código Brasileiro de Processos Coletivos*. São Paulo: Revista dos Tribunais, 2007. p. 115.

(160) SANTOS, Ronaldo Lima dos. *Sindicatos e ações coletivas*. 4. ed. São Paulo: LTr, 2014. p. 305.

(161) Argumento similar utilizado por MELO, Raimundo Simão de. *Ação civil pública na Justiça do Trabalho*. 5. ed. São Paulo: LTr, 2014. p. 221.

(162) Adota-se nova nomenclatura disposta no art. 178 do CPC: "o Ministério Público será intimado para, no prazo de trinta dias, intervir como fiscal da ordem jurídica...".

coletiva, quando não for ele parte ativa, inclusive devendo (dever-poder) assumir a titularidade em caso de "desistência infundada" ou "abandono" por parte do titular originário, consoante previsão expressa no parágrafo terceiro do art. 5º da Lei da ACP.

A questão da legitimação será apreciada em capítulo específico, de forma mais minudente.

3.9. Certificação da ação coletiva

Certificação das ações coletivas no direito norte-americano significa decisão que reconhece o preenchimento dos "requisitos exigidos e a subsunção da situação fática em uma das hipóteses de cabimento previstas na lei para a ação coletiva"[163], chamada de *class certification*.

Em outras palavras significa o momento em que a jurisdição reconhece (decisão de admissibilidade positiva) a natureza coletiva daquela ação aviada, e a partir deste momento passará a ter um processamento com repercussões verdadeiramente coletiva[164].

No Brasil não há propriamente a fase de certificação do modelo da *common law*.

Parte da doutrina vem defendendo acertadamente a possibilidade de aproximar a ideia da certificação das ações coletivas com a fase de saneamento do processo civil.

Aliás, o CPC trouxe novidades em relação à chamada fase saneadora, criando inclusive regramento específico, chamado saneamento compartilhado para as demandas ditas complexas, exatamente a situação das ações coletivas, aqui tratadas.

Diz o § 3º, do art. 357, do CPC:

> Se a causa apresentar complexidade em matéria de fato ou de direito, deverá o juiz designar audiência para que o saneamento seja feito em cooperação com as partes, oportunidade em que o juiz, se for o caso, convidará as partes a integrar ou esclarecer suas alegações.

Portanto, o juízo deverá nesta fase do saneamento compartilhado avaliar a adequada representação dos interesses, a determinação do polo passivo, a delimitação do grupo demandante, os contornos do objetivo litigioso, a necessidade de audiência pública, chamamento do Ministério Público para atuar como fiscal da ordem jurídica, caso não seja o autor da ação e chamamento de *amicus curie* — se for o caso.

Tal medida saneada deverá ser adequada e encaixada no início da fase de instrução do processo coletivo do trabalho, preferencialmente em audiência após o recebimento da defesa, visando a possibilidade de serem saneados possíveis defeitos da ação coletiva aviada, antes da extinção preliminar da demanda por defeito processual, fato ainda bastante comum na seara laboral.

3.10. Princípio da publicidade adequada e informação

O dever genérico de publicidade processual encontra-se agora expressamente previsto no art. 8º do CPC, plenamente aplicável ao processo coletivo do trabalho.

No processo coletivo esse dever de publicidade desdobra-se em dois aspectos: adequada notificação dos membros do grupo (*fair notice*) e a regra da informação dos órgãos competentes.

Vale lembrar que as ações coletivas, por natureza, envolvem direitos de pessoas, grupos ou classes que não figuram formalmente no processo; são os chamados membros ausentes[165].

Daí porque tais ausentes necessitam, em homenagem ao já tratado princípio do devido processo legal de índole coletiva, tomar conhecimento de que seus interesses estão sendo discutidos em uma ação coletiva e possam fiscalizar a atuação de quem os representa.

---

(163) *A class action como instrumento de tutela coletiva dos direitos:* as ações coletivas em uma perspectiva comparada, *op. cit.*, p. 466.

(164) No mesmo sentido *vide* ROQUE, André Vasconcelos. *Op. cit.*, p. 230-245.

(165) Expressão retirada de ROQUE, André Vasconcelos. *Op. cit.*, p.277.

Essa notificação (*fair notifice*) no direito norte-americano tem pelo menos três funções e será sempre expedida pelo juízo natural daquela ação: notícia de uma ação certificada como coletiva; proposta de acordo global para aquela ação; proposta de honorários formulada pelo advogado do grupo representado.

No direito pátrio o regramento legal dessa comunicação (notificação) encontra-se muito distante de ser considerada adequada.

Diz o art. 94 do CDC:

Art. 94. Proposta a ação, será publicado edital no órgão oficial, a fim de que os interessados possam intervir no processo como litisconsortes, sem prejuízo de ampla divulgação pelos meios de comunicação social por parte dos órgãos de defesa do consumidor.

Há pelo menos três equívocos em relação a essa sistemática notificatória.

O primeiro trata dessa regra notificatória apenas às ações coletivas envolvendo defesa de direito individual homogêneo de consumidores. Grave equívoco. Essa sistemática de aderência posterior em ações coletivas envolvendo direitos individuais homogêneos não pode ficar restrita às ações coletivas envolvendo direitos dos consumidores. Tal ingresso também se mostra plenamente pertinente nas ações coletivas pátrias, inclusive laborais.

O segundo equívoco é em relação ao trecho intervir no processo "como litisconsórcio". Essa questão será mais bem desenvolvida no capítulo sobre litisconsórcio e intervenção de terceiros. Basta dizer, por ora, que a sistemática dos legitimados ativos para propositura de ações coletivas encontra-se prevista no art. 5º da Lei da ACP e art. 82 do CDC e o indivíduo não foi arrolado como legitimado. Logo, se não tem legitimidade inicial não teria também superveniente[166]. No máximo podemos qualificar tal ingresso posterior como assistência litisconsorcial.

O terceiro e último equívoco é o mais óbvio de todos eles. Não há, nem nunca haverá, qualquer efetividade em relação à real ciência dos interessados na publicação de "edital em órgão oficial". Por isso é qualificada pela doutrina de ciência ficta. O cidadão comum não tem o hábito de consultar tais publicações, daí ser extremamente eficaz tal publicação nesse veículo.

Em ação coletiva envolvendo direitos individuais homogêneos de trabalhadores que tiveram seus salários indevidamente retidos por uma fabricante de cigarros, foi requerido pelo autor deste estudo a publicação desses editais de notícia de ação coletiva na sala da OAB e no quadro de avisos de cada Vara do Trabalho do prédio daquela localidade. Tal medida mostrou-se muito mais eficaz que a mera ciência ficta por intermédio de diário oficial.

Assim, a publicidade será considerada adequada (*fair notice*) desde que, obviamente, tenha a potência suficiente para alcançar os possíveis membros interessados e ainda ausentes principalmente de ações coletivas envolvendo direitos individuais homogêneos, possibilitando assim a aderência ou não desses possíveis substituídos ao processo coletivo respectivo[167].

O outro aspecto trata da chamada regra da informação aos órgãos competentes. Tal decorre dos arts. 6º e 7º da Lei da ACP:

Art. 6º Qualquer pessoa poderá e o servidor público deverá provocar a iniciativa do Ministério Público, ministrando-lhe informações sobre fatos que constituam objeto da ação civil e indicando-lhe os elementos de convicção.

Art. 7º Se, no exercício de suas funções, os juízes e tribunais tiverem conhecimento de fatos que possam ensejar a propositura da ação civil, remeterão peças ao Ministério Público para as providências cabíveis.

Esses dispositivos entabulam conveniência do particular em provocar a iniciativa do Ministério Público com a prestação de informações sobre fatos que podem ensejar a propositura de ação civil pública ou elementos para deflagrar inquérito administrativo apuratório.

O servidor público deverá (dever-poder) municiar o Ministério Público com as informações que poderão ensejar a propositura de ação coletiva.

---

(166) Em sentido similar NEVES, Daniel Amorim Assumpção. *Op. cit.*, p. 285.
(167) Em sentido idêntico ALMEIDA, Marcelo Pereira de. *Processo coletivo*. Teoria geral, cognição e execução. São Paulo: LTr, 2012. p. 40.

O CPC reforçou essa regra de informação ao dispor:

Art. 139. O juiz dirigirá o processo conforme as disposições deste Código, incumbindo-lhe: (...)

X – Quando se deparar com diversas demandas individuais repetitivas, oficiar o Ministério Público, a Defensoria Pública e, na medida do possível, outros legitimados a que se referem o art. 5º da Lei n. 7.347, de 24 de julho de 1985, e o art. 82 da Lei n. 8.078, de 11 de setembro de 1990, para, se for o caso, promover a propositura da ação coletiva respectiva.

Esse dispositivo parece ter sido cunhado para a realidade laboral.

Assim como nos juizados especiais cíveis, no processo do trabalho é muito comum a ocorrência de demandas repetitivas decorrentes, por exemplo, de práticas ilegais similares praticadas por um mesmo grupo econômico ou em razão, por exemplo, de diversas doenças ocupacionais decorrentes de meio ambiente de trabalho de uma grande empresa.

Nessas situações, deverá a jurisdição (veja-se; dever-poder) comunicar o Ministério Público do Trabalho ou os próprios sindicatos dependendo da natureza dos ilícitos repetidos praticados.

Veja-se que uma das finalidades das ações coletivas é justamente a perspectiva inibitória, portanto, buscando a reverter a ocorrência ou repetição dos ilícitos, daí a importância das informações que deverão ser repassadas pela jurisdição ao Ministério Público do Trabalho ou sindicatos, pois, muitas vezes é na rotina das varas do trabalho que as ações individuais começam a se repetir, transformando interesses individuais, veiculados em ações individuais, em interesses coletivos que passam a merecer tratamento também coletivo.

3.11. Princípio da primazia do julgamento do mérito no processo coletivo

O art. 4º do CPC, além de consagrar expressamente o princípio da duração razoável do processo, já desenvolvido, também veio ratificar novel princípio do processo coletivo que vinha sendo afirmado anteriormente pela doutrina e jurisprudência, a primazia da "solução integral de mérito" sobre as decisões terminativas, meramente processuais, cuja consequência é a extinção sem alcançar controvérsia envolvendo pedidos firmados (art. 485 do CPC).

Óbvio que o processo foi projetado para alcançar julgamento do mérito. O término por intermédio de sentença dita terminativa é anômalo, verdadeiro anticlímax da ciência processual, pois não resolve a crise jurisdicionalizada, nem muito menos alcançará a chamada coisa julgada material, permitindo, por consequência, a repropositura da ação.

No processo coletivo tal princípio da primazia do julgamento do mérito já vinha, ainda que não diretamente, sendo buscando. Há pelo menos duas linhas argumentativas que apontam na direção desse princípio.

A primeira trata da chamada coisa julgada material somente em caso de existência de prova suficiente (conhecida coisa julgada *secundum eventum probationis*), disposta no art. 103 do CDC e art. 16 da Lei da ACP. Tais dispositivos preveem expressamente que não haverá coisa julgada material em caso de improcedência por falta de provas.

Significa a garantia de que o julgamento de procedência ou improcedência dos pedidos formulados em ação coletiva seja "efetivamente de mérito, não uma decisão que se limite a aplicar o ônus da prova como regra de julgamento"[168]. Tal assunto será abordado com mais aprofundamento nos próximos capítulos.

A segunda dispõe sobre a necessidade de a ilegitimidade ativa no processo coletivo merecer tratamento singular, implicando verdadeira sucessão processual em caso de "desistência infundada ou abandono da ação por associação legitimada", sendo assumida a titularidade ativa pelo Ministério Público ou outro titular ativo, conforme autoriza o disposto no parágrafo terceiro do art. 5º da Lei da ACP.

Há interessante precedente do Superior Tribunal de Justiça, plenamente aplicável ao processo coletivo do trabalho, em que se admitiu a sucessão processual no polo ativo, de maneira a permitir a assunção da demanda pelo genuíno legitimado, ainda que sendo ultrapassados os limites da regra do parágrafo terceiro do art. 5º da Lei da ACP, visando impedir a extinção terminativa do processo. A ilegitimidade ativa gerou decisão do juízo determinando a convocação

---

(168) DIDIER JR., Fredie; ZANETI JR., Hermes. *Op. cit.*, p. 106.

por edital (inspirado no art. 9º da Lei n. 4.717/1965, Lei da Ação Popular) de legitimados legais e adequados interessados em assumir o processo em razão da necessária exclusão do originário demandante[169].

Na prática diária do processo coletivo laboral o Ministério Público do Trabalho vem assumindo com frequência a titularidade de ações coletivas nas hipóteses citadas do parágrafo terceiro do art. 5º da Lei da ACP, pois mesmo não sendo parte originária tem obrigação de atuar pelo menos como fiscal da ordem jurídica, conforme disposto no § 1º do art. 5º do mesmo diploma.

No processo coletivo do trabalho tal princípio tem total aplicação[170].

Necessita ser visualizado principalmente nas demandas em que são discutidos direitos individuais homogêneos, cuja tendência atual de parte da doutrina é tentar extinguir tais pleitos antes de o mérito ser alcançado, sob o fraco argumento da incidência de uma categoria criada artificialmente chamada de direitos individuais heterogêneos, assunto já tratado em linhas anteriores.

3.12. Princípio da reparação integral do dano

Trata-se de importante princípio extraído das lindes da responsabilidade civil (aquele que causa danos a outrem fica obrigado a repará-los de forma integral).

Tal princípio também é aplicado no direito material e processual coletivo, inclusive laboral.

A reparação do dano deverá observar a parêmia da *restitutio in integrum* ou restituição integral, disposta no art. 944 do Código Civil brasileiro (A indenização mede-se pela extensão do dano), "abrangendo não só os direitos materiais (danos emergentes e lucros cessantes), mas também toda a gama de direitos imateriais (art. 5º, V e X da Constituição Federal). Eis o novo paradigma do Direito imperante até hoje"[171].

A jurisprudência do TST também vem reconhecendo expressamente tal princípios. Vejamos:

A indenização por danos materiais visa a ressarcir os prejuízos financeiros, presente e futuros, sofridos pela vítima e causados pelo ofensor. O art. 944 do Código Civil de 2002 resguarda e dá efetividade ao princípio da restituição integral — *Restitutio in integrum* —, que estabelece a responsabilidade do ofensor pela reparação integral do dano causado ao ofendido, a fim de reconduzir as partes ao *status quo ante*.[172]

Também a reparação pelo dano moral coletivo[173] em sede de ação civil pública, a ser trabalhada posteriormente, é a natural consequência desse princípio.

A chamada reparação pela *fluid recovery*, ou recuperação fluída, a ser trabalhada com mais vagar posteriormente, também é uma outra faceta desse princípio.

A recuperação fluida, segundo disposto no art. 100 do CDC, significa que não havendo liquidações e execuções individuais por todos os titulares ou sucessores de direitos individuais homogêneos, a reparação deverá ser integral, com os valores auferidos para o Fundo de Amparo ao Trabalhador (*vide* capítulo específico sobre tal assunto).

Ora, esse princípio parece conflitar com a pretendida limitação imposta por intermédio do já citado § 3º do art. 8º da CLT, pois a ideia de reparação integral do dano é incompatível com as restrições impostas à análise do mérito envolvendo a validação ou não de normas coletivas laborais.

Essa incompatibilidade fica ainda mais clara quando se contrapõe o dispositivo fruto da Reforma com o chamado princípio da máxima amplitude da ação e do processo coletivo laboral, a ser desenvolvido a seguir.

---

(169) Superior Tribunal de Justiça. 2ª Turma. REsp n. 1.177.453-RS. Rel. Min. Mauro Campbell Marques. DJ 30.9.2010.

(170) No mesmo sentido FREIRE, Bruno. *O novo CPC e o processo do trabalho I*. Parte Geral. 2. ed. São Paulo: LTr, 2016. p. 29.

(171) DALLEGRAVE NETO, José Affonso. Princípio da reparação integral do direito do trabalho. In: FILHO, Rodolfo Pamplona; PINTO, José Augusto Rodrigues (Coords.). *Principiologia*. Estudos em homenagem ao centenário de Luiz de Pinho Pedreira da Silva. São Paulo: LTr, 2016. p. 39.

(172) Tribunal Superior do Trabalho. 4ª Turma. RR 218000-56.2009.5.09.0654. Rel. Min. Vieira de Mello Filho. DEJT 25.5.2012.

(173) Sobre esse assunto cf. COSTA, Marcelo Freire Sampaio. *Dano moral coletivo nas relações laborais*. De acordo com o novo CPC. 2. ed. São Paulo: LTr. 2016.

3.13. Princípio da máxima amplitude do processo coletivo laboral

Diz o art. 83 do CDC:

Para a defesa dos direitos e interesses protegidos por este código são admissíveis todas as espécies de ações capazes de propiciar sua adequada e efetiva tutela.

Esse dispositivo justifica o princípio ora apresentado, bem como leva à conclusão da possibilidade de quaisquer formas de tutelas serem admitidas para a efetividade dos direitos afirmados em ações coletivas.

Isto significa a ausência de restrições prévias quanto aos remédios processuais que serão utilizados, bem como também a ausência de óbice prévio quanto ao objeto meritório sujeito à apreciação pelas ações coletivas.

Portanto, o dispositivo da CLT que pretende previamente limitar a análise do mérito, quando examinada a validade de normas coletivas, apenas aos elementos essenciais do negócio jurídico, nos termos do art. 104 do Código Civil, também a abrangência pretendida pelo dispositivo legal citado, voltado a propiciar a "adequada e efetiva tutela" das ações coletivas laborais.

Nesse eito, em consonância com a prevalência da aplicação de dispositivos específicos do microssistema da tutela coletiva laboral, prevalece o art. 83 do CDC sobre a modificação legal introduzida pelo § 3º do art. 8º da CLT.

A jurisprudência do STJ já reconheceu expressamente o princípio em destaque. Vejamos:

3. Tal posicionamento leva em consideração a eficácia que decorre da ação coletiva visando à defesa de interesses individuais homogêneos, a qual atinge os que foram alcançados pela substituição processual, entendida à luz do princípio da máxima amplitude da tutela coletiva.[174]

Assim, além das inúmeras e justas críticas que esse dispositivo vem recebendo no âmbito do Direito Material Coletivo do Trabalho[175], no aspecto processual coletivo laboral essa mudança legal também não seguiu a boa técnica processual e acabou por ferir frontalmente o dispositivo legal que justifica o princípio em enfoque.

3.14. Princípio da predominância de aspectos inquisitoriais no processo coletivo do trabalho

O princípio a ser apresentado no presente é mera decorrência do reforçado interesse público na busca da solução dos conflitos laborais massificados, abordado anteriormente.

E por conta disso, o sentido publicista da jurisdição também ganha cor mais vibrante, com reflexos diretos em uma postura mais ativa da jurisdição, inclusive, e notadamente, na condução probatória dessa demanda.

Esse cenário serve para justificar a predominância de aspectos inquisitoriais no processo coletivo laboral.

Portanto, levando-se em consideração as situações jurídicas coletivas tuteladas, via de regra voltadas à proteção de coletividade de hipossuficientes, "permite-se uma conduta mas incisiva, participativa, dirigente e decisiva do juiz em matéria processual coletiva do que nos processos individuais"[176].

Deve-se levar em consideração, também, que nas ações coletivas as partes deverão ser representadas adequadamente por um ente apontado como legitimado pela lei, daí a necessidade de a jurisdição controlar com mais rigor essa pretensão, considerando a ausência nessas lides dos verdadeiros titulares do direito material discutido.

A doutrina cita exemplos dessa perspectiva diferente dos poderes judiciais em ações coletivas, que merecem transcrição integral:

a) art. 7º da Lei n. 7.347/1985: "Se, no exercício de suas funções, os juízes e tribunais tiverem conhecimento de fatos que possam ensejar a propositura da ação civil, remeterão as peças ao Ministério Público para as providências cabíveis". (além do já citado art. 139, X, do CPC)

---

(174) Superior Tribunal de Justiça. 6ª Turma. AgRg no AgRg no AGRAVO DE INSTRUMENTO n. 1.186.483-RJ. Rel. Min. OG Fernandes. DJ 15.5.2012.

(175) Ver, dentre tantos, a autorizada obra de DELGADO, Mauricio Godinho; DELGADO, Gabriela Neves. *A reforma trabalhista no Brasil:* com os comentários à Lei n. 13.467/2017. São Paulo: LTr, 2017.

(176) DIDIER JR., Fredie; ZANETI JR., Hermes. *Op. cit.*, p. 116.

b) *fluid recovery*: o magistrado deverá definir o valor da indenização residual, em razão da lesão a direitos individuais homogêneos. (art. 100 do CDC, a ser analisado posteriormente).

c) controle judicial de políticas públicas: as ações coletivas têm servido para que o Poder Judiciário controle políticas públicas. Os exemplos recentes estão se multiplicando, existindo precedentes, já dos tribunais superiores, confirmando decisões que ordenam a execução de atividades essenciais pelo administrador, a obrigatoriedade do fornecimento de creches, a reforma de presídios, de hospitais e etc. Em verdade, é bom frisar, as decisões têm salientado não ser permitido ao Judiciário a criação ou sindicabilidade de meras diretrizes em políticas públicas, deixadas à conveniência e oportunidade do Executivo e do legislador, mas, quando existe um direito assegurado na Constituição e na lei infraconstitucional, que regulamente o campo de escolha do administrador, este está de tal forma reduzido que a sindicabilidade do Judiciário é decorrência natural do dever de assegurar a efetividade dos direitos fundamentais.

d) o controle da condução do processo pelo legitimado extraordinário[177].

Vale lembrar que o processo do trabalho contém dispositivo legal que há muito justifica maior ingerência da jurisdição nos conflitos laborais (art. 765, da CLT), plenamente cabível no processo laboral coletivo, e, ao mesmo tempo, reduz-se a disposição do objeto litigioso pelos atores envolvidos.

3.15. Princípio da competência adequada

Conforme será defendido no próximo capítulo, o instituto da competência para a generalidade do processo coletivo é um dos aspectos mais desafiadores a essa modalidade de tutela jurisdicional.

A justificativa para essa dificuldade é bem simples. Considerando a potência de alargamento do objeto de proteção dessa modalidade de tutela jurisdicional (basta imaginar determinada empresa praticando assédio moral organizacional[178] em suas filiais, situadas em quase todas as capitais deste país – situação aliás, não muito distante da realidade), haverá certamente foros concorrentes para conhecer da ação coletiva que pretenderá inibir, com abrangência também nacional, essas práticas, bem como a decisão desse magistrado terá eficácia além dos limites territoriais daquela unidade jurisdicional ao qual aquela(e) magistrada(o) esteja vinculada.

Assim, poderia o autor dessa ação coletiva, considerando esses foros concorrentes, optar livremente, por mero juízo de conveniência e oportunidade, qual o foro que receberia tal ação coletiva, ainda que movido por interesses não muito éticos, como, por exemplo, a ciência prévia de que determinado juízo tem a tendência de receber melhor as ações coletivas, ou até mesmo movido pela intenção de criar reais dificuldades ao réu para produzir sua defesa. Tal prerrogativa é chamada pelo direito internacional de teoria do *forum shopping*.

O freio ou o reverso dessa prerrogativa de livre escolha do demandante (aqui chamada de *forum shopping*) é justamente a teoria do *forum non conveniens*, ou seja, a possibilidade de o juízo acionado recusar a prestação jurisdicional se entender comprovada a existência de outro juízo, também competente (lembre-se que estamos tratando de foros concorrentes), desde que mais adequado para atender aos reclamos da Justiça, quer em razão das peculiaridades do direito disputado, quer em razão de maior proximidade da prova a ser produzida, quer em razão das próprias dificuldades criadas à defesa do réu.

A busca do equilíbrio entre essas duas teorias ocasionou a criação doutrinária do princípio da competência adequada.

A doutrina noticia o acolhimento desse princípio, ainda que implicitamente, pelo Superior Tribunal de Justiça, ao julgar ação de improbidade administrativa na qual o segundo grau de jurisdição, apesar da competência concorrente de três comarcas da capital, "indicou como a competente aquela na qual o maior número de atos ilícitos havia sido praticado e na qual haveria a maioria dos documentos necessários ao julgamento da demanda"[179].

---
(177) DIDIER JR., Fredie; ZANETI JR., Hermes. *Curso de direito processual civil.* Processo coletivo. Vol. 4, op. cit., p. 118-9.
(178) Modalidade de assédio moral que atinge coletividade de empregados.
(179) NEVES, Daniel Amorim Assunção. *Manual de processo coletivo,* op. cit., p. 149.

O Tribunal Superior do Trabalho, por sua vez, já reconheceu expressamente, em fundamentação de acórdão ("Na realidade, essa atual compreensão estampa harmonia com o princípio da competência adequada, que deve levar em conta as especificidades da tutela coletiva..."). A ementa desse julgado foi assim escrita:

CONFLITO NEGATIVO DE COMPETÊNCIA. AÇÃO CIVIL PÚBLICA. COMPETÊNCIA TERRITORIAL. DANO DE ABRANGÊNCIA SUPRARREGIONAL. APLICAÇÃO DA ORIENTAÇÃO JURISPRUDENCIAL 130, III, DA SBDI-2. 1 – De acordo com a compreensão da Orientação Jurisprudencial n. 130, III, da SBDI-2, em caso de dano de abrangência suprarregional ou nacional, há competência concorrente para a Ação Civil Pública das Varas do Trabalho das sedes dos Tribunais Regionais do Trabalho. 2 – Na hipótese, a discussão gira em torno do juízo competente para processar e julgar ação civil pública cuja pretensão envolve dano causado ou a ser reparado de abrangência suprarregional, razão pela qual os autos devem ser remetidos à 14ª Vara do Trabalho do Rio de Janeiro/RJ, local onde foi ajuizada a referida ação. 3 – Precedentes. Conflito de competência que se julga procedente.[180]

Portanto, constata-se claramente o vínculo desse princípio com o instituto da competência, daí a repetição desse assunto no próximo capítulo.

---

(180) Tribunal Superior do Trabalho. Subseção II Especializada em Dissídios Individuais. Relª. Minª. Delaíde Miranda Arantes. DEJT 14.11.2014.

Capítulo 4

Aspectos Gerais Envolvendo Competência e Legitimidade nas Ações Coletivas

4.1. Aspectos preliminares

Os institutos da competência e legitimidade são aqui reconhecidos como pontos bastante relevantes à compreensão das ações coletivas, daí o desenvolvimento desse espaço específico, antes de serem abordadas, em capítulos distintos, as chamadas ações coletivas originárias da CLT, bem como aquelas aqui já classificadas de ações coletivas do microssistema da tutela processual coletiva laboral.

Vejamos:

4.2. Competência. Aspectos gerais

Há uma ideia mais ampla de competência do direito constitucional relativa a um poder ou uma faculdade atribuída a ente, órgão ou agente do poder público para atuação em determinados âmbitos, em razão de faculdade constitucional ou legal.

Outra ideia de competência, agora especificamente no âmbito processual, é ligada à jurisdição, como poder abstrato e indistinto dos magistrados de resolver os conflitos que lhes são submetidos.

Portanto, a competência seria a medida da jurisdição concretamente atribuída a cada magistrado para resolver, dentro de um espaço determinado, os conflitos que lhes são apresentados. Tal espaço será delimitado por aspectos temáticos, geográficos, entre outros.

Nesse eito, é lição das mais conhecidas ser a jurisdição, enquanto função estatal, una. Porém, para organizar e possibilitar o acesso à jurisdição pelos interessados, o exercício dessa jurisdição foi repartido entre diversos órgãos do Poder Judiciário. Como se um bolo (representado pela jurisdição) fosse fatiado em diversos pedaços (órgãos delimitados como competentes) para possibilitar o consumo de muitos.

Quanto à fixação de competência genérica no caso concreto, há interessante doutrina estabelecendo sete etapas[181] (verdadeiro passo-a-passo) para se posicionar a competência, que podem ser assim resumidas:

1ª: Verificação da competência da Justiça brasileira.

2ª: Analisar se a competência para julgamento é dos tribunais de superposição (STF, STJ e TST).

3ª: Verificar se o processo será de competência da Justiça especial (ex. Justiça do Trabalho, Justiça Eleitoral, ou Justiça Militar) ou da Justiça comum.

4ª: Sendo da competência da Justiça comum, definir entre a Justiça Federal ou a Justiça Estadual.

5ª: Descoberta a jurisdição competente, verificar se o processo é de competência originária do 2º grau ou do juízo monocrático.

6ª: Sendo a competência de primeiro grau de jurisdição, determinar a competência do foro.

---

(181) Etapas resumidas e extraídas de NEVES, Daniel Amorim Assumpção. *Op. cit.*, p. 129-30.

7ª: Determinado o foro, haverá hipóteses em que a competência do juízo será alterada em razão das leis locais de organização judiciária.

O presente capítulo volta-se à competência da justiça laboral para conhecer e julgar ações civis públicas.

No processo civil clássico a determinação de competência utiliza diversos critérios, a depender da modalidade de direito material vindicado, ou de aspectos particulares tanto do(s) autor(es) como do(s) réu(s).

No processo do trabalho clássico, a edição da Emenda Constitucional n. 45, de 2004, alterou bastante o "núcleo central"[182] da competência material da Justiça do Trabalho. Na maioria das modificações realizadas no art. 114 da Carta Constitucional, essa competência restou ampliada.

A sistematização dessas alterações de competência, conforme bem resumida por Amauri Mascaro Nascimento[183], ficou assim delimitada: 1 – competência específica; 2 – competência concorrente; 3 – competência executória.

Mauro Schiavi explica didaticamente cada uma dessas delimitações (chamando-as de princípios); merece citação literal:

> O primeiro princípio se traduz na atribuição à Justiça do Trabalho da competência atinente às ações oriundas da relação de trabalho, bem como as matérias que circundam o contrato de trabalho previstas nos primeiros sete incisos do art. 114 da CF. O segundo reporta-se à competência da Justiça do Trabalho para julgar, na forma da lei, outras controvérsias decorrentes da relação de trabalho (inciso IX do art. 114). O terceiro refere-se à competência da Justiça do Trabalho para executar as contribuições sociais oriundas das conciliações e sentenças que proferir (Inciso VIII, art. 114).[184]

Além do citado art. 114, o art. 129 da Carta Maior de 1988 estabelece como uma das "funções institucionais do Ministério Público", promover o inquérito civil e a "ação civil pública para a proteção do patrimônio público e social, do meio ambiente e de outros interesses difusos e coletivos" (inc. III).

No plano infraconstitucional o art. 6º, VII, "d", da Lei Complementar n. 75/1995, também ressalta ser atribuição do Ministério Público o aviamento de ação civil pública para a defesa de direitos "individuais indisponíveis, homogêneos, sociais, difusos e coletivos".

O núcleo legal constitucional e infraconstitucional tem aplicação no processo coletivo do trabalho, pois será a partir dele que as ações civis públicas serão dirigidas à Justiça laboral.

Antes de desenvolver regramento específico para a delimitação do juízo ou do foro que irá conhecer dessa ação coletiva proposta, vale desenvolver alguns aspectos gerais do instituto da competência plenamente aplicáveis ao processo coletivo laboral, senão vejamos.

4.2.1. Princípio da competência adequada

Antes de abordar as especificidades desse instituto no processo coletivo, vale destacar a importância do já tratado princípio da competência adequada para a tutela coletiva, por ser uma natural decorrência do também já mencionado princípio do devido processo legal coletivo.

As regras de competência do processo coletivo têm desafios distintos em relação ao chamado processo singular clássico, pois atingem direitos pertencentes a comunidades mais ou menos amplas, em algumas situações ligadas por vínculos meramente fáticos (como, por exemplo, morar em uma mesma cidade ou utilizar os transportes públicos em greve), ou até mesmo espalhados por todo o território nacional.

---

(182) Expressão copiada de BESERRA, Fabiano Holz. *A ação civil pública e relações de trabalho*. São Paulo: Método, 2008. p. 148.
(183) NASCIMENTO, Amauri Mascaro. *Curso de direito do trabalho*. 19. ed. São Paulo: Saraiva, 2004. p. 579.
(184) SCHIAVI, Mauro. *Manual de direito processual do trabalho*, op. cit., p. 174.

Portanto, a efetividade da tutela jurisdicional coletiva está diretamente vinculada com a necessidade da observância do "filtro"[185] da competência adequada, pois não será possível "aplicar as regras legais de competência sem fazer o necessário juízo de ponderação a partir das peculiaridades do caso concreto"[186].

Isso significa que a tutela jurisdicional coletiva laboral exige interpretação específica, ainda que mais flexível se comparada ao rigor das regras desse instituto no cenário da tutela individual, porém voltada primordialmente à efetividade na resolução desses conflitos coletivos, muitas vezes espraiados por diversos Estados e atingindo coletividade bastante expressiva de pessoas.

No âmbito trabalhista, as mudanças de redação na OJ n. 130 do TST, a serem apreciadas posteriormente, refletem essa tentativa de se buscar imprimir a realização desse princípio.

4.2.2. Regras de competência no processo do trabalho

O critério geral de competência em razão da matéria da Justiça do Trabalho está inscrito no art. 114, I, da Constituição de 1988 (as ações oriundas da relação de trabalho), com redação conferida pela Emenda Constitucional n. 45/2004.

Portanto, a partir de então, consolida-se a correta ideia de que justiça especializada laboral passou a ser o "ramo do Judiciário encarregado de apreciar praticamente todas as controvérsias que envolvem e circundam o trabalho humano"[187].

A regra da *perpetuatio jurisdictionis*, do art. 43 do CPC, aplica-se plenamente ao processo coletivo do trabalho, ou seja, a competência é fixada no "momento do registro ou distribuição da petição inicial", sendo irrelevantes as mudanças fáticas e jurídicas ocorridas posteriormente, salvo se houver supressão do órgão judiciário laboral (por exemplo for extinta a vara do trabalho que vai julgar a ação coletiva), ou mudança da competência absoluta (Justiça do Trabalho deixa de ter competência material para julgar aquela ACP).

A regra da competência por distribuição do CPC, de acordo com os arts. 284 e 285, também se aplica ao processo coletivo laboral.

Portanto, onde houver mais de um juízo, os processos devem ser distribuídos de maneira alternada e aleatória entre os abstratamente competentes, obedecendo-se "rigorosa igualdade".

Os critérios clássicos para determinação de competência trabalhista estão dispostos na Carta Constitucional, CLT e, por aplicação sistemática, o CPC.

As hipóteses são competência em razão da matéria, função, valor e lugar. As duas primeiras são absolutas, ao passo que a terceira e quarta são relativas, com possibilidade de prorrogação.

A incompetência absoluta significa a obrigação de o juízo declarar-se de ofício incompetente, sempre que receber o processo para o qual não tenha competência em razão da matéria ou função.

Na incompetência relativa, por exemplo em razão do lugar, o juiz não pode declarar-se incompetente de ofício (Súmula n. 33 do STJ), pois, não sendo arguida a exceção no prazo legal, há automática prorrogação dessa competência.

A incompetência absoluta poderá ser alegada em qualquer tempo e grau de jurisdição, além de figurar como hipótese para o cabimento de ação rescisória, conforme dispõe o art. 966, II, do CPC, aplicável ao processo laboral.

Nas ações coletivas, civis e laborais, há critério específico para delimitação da competência, a seguir trabalhado.

4.2.3. Competência funcional territorial. Art. 2º da Lei da ACP e art. 93 do CDC

Como já dito, o critério territorial de determinação de competência no processo comum ostenta caráter relativo (art. 63 do CPC), ao contrário do regramento da ação civil pública.

---

(185) DIDIER JR., Fredie; ZANETI JR., Hermes. *Op. cit.*, p. 121.

(186) *Idem*.

(187) SCHIAVI, Mauro. *Manual de direito processual do trabalho, op. cit.*, p. 215.

Tanto no processo coletivo civil como no laboral, a competência nas ações civis públicas do foro ou do juízo no caso concreto será sempre de natureza absoluta[188].

Com efeito, a "competência funcional territorial"[189] absoluta das ações civis públicas laborais está expressa no art. 2º da Lei n. 7.347/1985, assim escrito:

> As ações previstas nesta Lei serão propostas no foro do local onde ocorrer o dano, cujo juízo terá competência funcional para processar e julgar a causa.
>
> Parágrafo único. A propositura da ação prevenirá a jurisdição do juízo para todas as ações posteriores intentadas que possuam a mesma causa de pedir ou o mesmo objeto.

À vista desse dispositivo constata-se verdadeira mistura do critério territorial com o funcional, tendo este último relação com as atividades que o juízo deverá exercer no processo[190] ou com o modo de ser desse processo[191]. Nesse caso impede-se a modificação (prorrogação) dessa competência, conforme regra específica disposta no art. 62, do CPC.

O modo de ser particular desse processo está relacionado com a necessidade de o juízo do local do dano ter mais habilidade para vivenciar a questão (lembrar do princípio da competência adequada), pois também está inserido socialmente no ambiente desses fatos geradores de uma consequência danosa. Exemplificando: basta imaginar demissão em massa de trabalhadores numa determinada localidade; o juiz do trabalho, ou o juiz de direito investido extraordinariamente na jurisdição laboral (art. 668, da CLT), possui certamente mais habilidade para conhecer e julgar aquela contenda com maior propriedade, porque acompanha e compartilha a comoção social que essa demissão coletiva[192] poderá causar naquele núcleo societário.

Aliás, a Reforma Trabalhista afastou de vez a posição consolidada do TST acerca da necessidade de prévia negociação coletiva com o sindicato obreiro em caso de dispensa coletiva, ao dispor, no art. 477-A, que as "dispensas imotivadas individuais, plúrimas ou coletivas equiparam-se para todos os fins".

Outro exemplo envolveria questão suprarregional envolvendo atividade de mergulho ser aviada em alguma das varas do trabalho de Brasília, consoante poderia acontecer na compreensão da redação anterior da OJ n. 130 do TST, consoante será logo mais apresentado. Qual a aproximação desse tema que esses juízes teriam. Óbvio que nenhuma! Portanto, a ideia da competência adequada passaria longe dessa absurda hipótese.

Voltando ao dispositivo legal transcrito, é possível extrair duas regras bastante simples, que acabam por explicar o modo de se realizar a competência de foro das ações civis públicas. São elas:

1. O lugar de propositura das ações civis públicas é definido pelo local onde ocorrer o dano, sendo juízo daquela localidade funcionalmente competente (sem possibilidade de prorrogação) para processar e julgar a causa;

2. A propositura de uma determinada ação prevenirá a jurisdição para todas as ações posteriores que tiverem o mesmo pedido ou a mesma causa de pedir.

Considerando a possibilidade de o objeto litigioso nas ações civis públicas poder esparramar-se por mais de uma localidade, a questão da competência também deve ser lida em consonância com o disposto no inc. II do art. 93, do Código de Defesa do Consumidor, assim redigido:

> II – no foro da Capital do Estado ou no do Distrito Federal, para os danos de âmbito nacional ou regional, aplicando-se as regras do Código de Processo Civil aos casos de competência concorrente.

Desde o início se afirma não ter havido revogação do citado art. 2º da Lei da ACP, apenas deverá ser lido em conjunto (verdadeira leitura sistemática) com o art. 93 do CDC.

---

(188) No mesmo sentido NEVES, Daniel Amorim Assumpção. *Op. cit.*, p.142.

(189) Essa expressão admite a hibridez de competência, com a reunião da modalidade funcional com a territorial, exatamente como também o faz PIZZOL, Patrícia Miranda. *A competência no processo civil*. São Paulo: RT, 2003. p. 172.

(190) Neste sentido GRECO FILHO, Vicente. *Direito processual civil*. Vol. 1. 6. ed. São Paulo: Saraiva, 1986. p. 197.

(191) Neste sentido SANTOS, Moacir Amaral dos. *Primeiras linhas do direito processual civil*. Vol. 1. 15. ed. São Paulo: Sairava, 1992. p. 200.

(192) Sobre esse assunto vale consultar SOARES, Marcelo Carine dos Prazeres. *O dever de motivação na despedida coletiva*. São Paulo: LTr, 2017.

A questão do dano meramente local pode facilmente ser resolvida por intermédio da aplicação do já citado art. 2º, da Lei da ACP (juízo do "local onde ocorrer o dano"), contudo, o inciso que acabou de ser transcrito apresenta dois novos elementos: o dano de "âmbito nacional ou regional".

A primeira dificuldade é a mais simples de ser equacionada.

Trata-se do argumento voltado à justificação da aplicação do inciso que acabou de ser transcrito nas ações coletivas de maneira global e genérica, considerando que esse dispositivo reside no título do Código de Defesa do Consumidor das ações coletivas para a defesa de interesses individuais homogêneos.

Ora, a ideia desenvolvida no primeiro capítulo de um sistema de tutela coletiva formado por diversos diplomas legais exige compreensão também sistemática desse universo legislativo particular, portanto, a regra merece ser aplicada a toda e qualquer ação coletiva de processamento comum.

A segunda dificuldade é um pouco mais complexa. Trata-se da ausência de conceituação dessas diferentes abrangências de danos — "nacional" e "regional".

O Superior Tribunal de Justiça já decidiu que dano regional é o que atinge coletividade de sujeitos espalhados dentro de um mesmo Estado, desde que esparramados em vários locais diferentes[193]. Já o dano nacional seria o que alcançasse pelo menos três Estados da Federação[194]. Não parece ser o caminho mais correto, para a fixação territorial, a criação desses critérios objetivos, levando-se em consideração o parâmetro da quantidade de Estados.

Voltando ao chamado dano local, para se classificar tal modalidade basta imaginar ilícito hipotético laboral atingindo coletividade distribuída espacialmente entre quatro municípios de um mesmo Estado, cuja competência é distribuída localmente entre três Varas do Trabalho. Portanto, a ação coletiva poderá ser intentada em qualquer uma dessas varas, pela competência concorrente, havendo prevenção para as demandas posteriores, com mesmo pedido ou causa de pedir.

Já dano de âmbito regional, pode-se imaginar, por exemplo, dano espraiado por quase todas as varas do trabalho do Estado do Pará (Tribunal Regional do Trabalho da 8ª Região), inclusive da capital, Belém do Pará. Neste caso, o art. 93, inc. II, aponta como competente o foro da capital do Estado. Logo, uma das varas do trabalho da capital desse Estado será competente para conhecer da ação coletiva pertinente.

A diferença entre o dano local e o dano regional estaria bem delimitada em dois argumentos distintos: **primeiro** na abrangência do ilícito perpetrado (alguns municípios de um Estado, como no exemplo apontado; **segundo** que o dito regional será mais amplo incluindo a capital do Estado, daí a competência ser atribuída a uma das varas do trabalho da capital do Estado.

O dano de âmbito nacional, como o nome deixa antever, é tão amplo que pode alcançar todos ou quase todos os Estados da Federação, inclusive o Distrito Federal. Nessa situação, o foro competente poderá ser o da capital de cada um desses Estados atingidos ou do Distrito Federal, caso este também tenha sido albergado. O critério da prevenção também se aplica, isto é, a Vara da Capital do Estado ou do Distrito Federal que primeiro conhecer da demanda coletiva ficará preventa, caso de competência concorrente.

Portanto, a melhor compreensão do art. 93, II, já transcrito, em relação às capitais dos Estados ou do Distrito Federal, para danos regionais ou nacionais, deve considerar tais localidades apenas se essas também tiverem sido alcançadas por esses danos (novamente lembrar do princípio da competência adequada), porque a razão de ser da competência absoluta nas ações coletivas em que somente se justifica a imposição de um foro, no caso citado das capitais ou Distrito Federal, se houver "proximidade com as provas, pessoas"[195], visando à facilitação do exercício jurisdicional. Trata-se da explicitação real do princípio da competência adequada já apresentado.

Em busca do equacionamento da competência para as ações coletivas, o Tribunal Superior do Trabalho, por intermédio da SBDI-2, alterou, para melhor, a redação da Orientação Jurisprudencial n. 130, que atualmente possui a seguinte redação:

---

(193) Superior Tribunal de Justiça. 3ª Turma. REsp n. 1.101.057/MT. Relª. Minª. Nancy Andrighi. Data de publicação: DJe 15.4.2011.
(194) Superior Tribunal de Justiça. 1ª Seção. CC n. 97.351/SP. Rel. Min. Castro Meira. Data de publicação: DJe 10.6.2009.
(195) NEVES, Daniel Amorim Assumpção. *Op. cit.*, p. 145.

Orientação Jurisprudencial n. 130/TST SDI II. Ação civil pública. Competência. Local do dano. CDC, art. 93. Lei n. 7.347/1985, art. 2º.

I – A competência para a Ação Civil Pública fixa-se pela extensão do dano. Res. n. 186, de 14.9.2012 – DJ 25, 26 e 27.9.2012 (Nova redação a orientação jurisprudencial. Seção do Pleno de 14.9.2012). II – Em caso de dano de abrangência regional, que atinja cidades sujeitas à jurisdição de mais de uma Vara do Trabalho, a competência será de qualquer das Varas das localidades atingidas, ainda que vinculadas a Tribunais Regionais do Trabalho distintos. III – Em caso de dano de abrangência suprarregional ou nacional, há competência concorrente para a Ação Civil Pública das Varas do Trabalho das sedes dos Tribunais Regionais do Trabalho. IV – Estará prevento o juízo a que a primeira ação houver sido distribuída.

O comentário será dividido para cada inciso.

O inciso primeiro ratifica o art. 2º da Lei da Ação Civil Pública no tocante a danos locais, ou seja, havendo ilícito em alguns municípios abrangidos pela competência de uma vara do trabalho, qualquer juízo, do trabalho ou comum, poderá conhecer da ação coletiva trabalhista proposta, ficando, por consequência, prevento.

O inciso II, quando trata de dano de latitude regional, atingindo cidades sujeitas à abrangência de competência de algumas varas do trabalho, ainda que essas pertençam a tribunais diferentes, parece querer alcançar a realidade de São Paulo (Estado abrangido por dois tribunais do trabalho diferentes, TRT 2ª e TRT 15ª). Nesta situação, se o dano for espraiado, por exemplo, por diversos municípios desse Estado, alcançando a jurisdição do TRT2ª e TRT15ª, simultaneamente, a competência também será concorrente, isto é, ficará prevento o primeiro município que conhecer da ação civil pública, não importa em qual Tribunal Regional tal município situe-se.

O inciso III tem redação defeituosa, pois quando menciona a competência concorrente das varas do trabalho das sedes dos Tribunais Laborais nos casos de dano de abrangência "suprarregional e nacional", deixa de vincular tal possibilidade com a hipótese de esses danos também atingirem essas localidades, o que deve necessariamente acontecer, pela já mencionada competência adequada.

Não se pode imaginar, por exemplo, dano considerado de abrangência suprarregional, isto é, alcançando quase todos os municípios de alguns Estados desse país, menos as capitais desses Estados, logo, os foros competentes para essas demandas não deverão ser os das capitais, sedes dos Tribunais Regionais do Trabalho, porque tais localidades não possuem proximidade com os ilícitos perpetrados.

Assim, a redação do inciso III deveria vincular as competências das capitais sedes dos Tribunais do Trabalho caso os danos também atingissem tais localidades, caso contrário, a regra seria simplesmente da prevenção entre as varas do trabalho atingidas pelo ilícito[196].

O inciso IV trata da questão da prevenção que vem sendo trabalhada desde o início deste tópico, ou seja, o juízo prevento será aquele em que houver sido distribuída a primeira ação intentada.

A jurisprudência do Tribunal Superior do Trabalho vem sendo construída paulatinamente em consonância com a nova redação na OJ n. 130.

Por exemplo, em recurso[197] que reconheceu a ocorrência de dano regional para conflito surgido em diversos municípios abrangidos pelas áreas dos Tribunais Regionais do Trabalho da 2ª (São Paulo) e da 3ª (Campinas) Região, foi declarada a competência concorrente entre todas as varas do trabalho abrangidas, exatamente nos termos do inciso II da Orientação Jurisprudencial em enfoque.

Observa-se, claramente, portanto, que a OJ 130 passou a consagrar expressamente a competência concorrente para os casos de dano de abrangência suprarregional ou nacional, bem como a competência da vara também está vinculada com o fato de a localidade também ter sido atingida pelo dano.

---

(196) No mesmo sentido, entre outros, SANTOS, Enoque Ribeiro dos. *O microssistema de tutela coletiva*. Parceirização trabalhista. São Paulo: LTr, 2012. p. 129.

(197) Tribunal Superior do Trabalho. 8ª Turma. AIRR 43000-28.2006.5.15.0089. Relª. Minª. Dora Maria da Costa. Data de publicação: DEJT 5.10.2012.

Portanto, nos chamados danos de abrangência suprarregional ou nacional, se a capital do Distrito Federal não for atingida pelo ilícito julgado, não tem nenhum sentido, novamente, pela ideia de competência adequada, tal deslocamento de foro.

Parece que o TST já definiu sua jurisprudência com bastante clareza nessa direção. Vejamos:

CONFLITO NEGATIVO DE COMPETÊNCIA. AÇÃO CIVIL PÚBLICA. COMPETÊNCIA TERRITORIAL. DANO DE ABRANGÊNCIA SUPRARREGIONAL. APLICAÇÃO DA ORIENTAÇÃO JURISPRUDENCIAL N. 130, III E IV, DA SBDI-2. 1 – A discussão gira em torno do juízo competente para processar e julgar ação civil pública cuja pretensão envolve dano causado ou a ser reparado de abrangência suprarregional, pois alcançaria os estados de São Paulo, Minas Gerais, Rio de Janeiro, Espírito Santo e Bahia. 2 – O Juízo da Vara do Trabalho de Indaiatuba/SP acolheu a exceção de incompetência em razão do lugar, arguida pela ré, e declinou de sua competência para processar a ação civil pública. 3 – O feito foi distribuído para a 13ª Vara do Trabalho de Brasília, que instruiu e julgou a ação civil pública. 4 – A 1ª Turma do Tribunal Regional do Trabalho da 10ª Região suscitou o conflito negativo de competência, quando do julgamento do recurso ordinário da ação civil pública. 5 – Afasta-se, de plano, a competência da Vara de Trabalho de Brasília, porque o dano, apesar de suprarregional, não diz com o Distrito Federal. 6 – Como a ação civil pública foi ajuizada na Vara do Trabalho de Indaiatuba/SP, que é ligada ao Tribunal Regional do Trabalho da 15ª Região, com sede em Campinas, aplicando-se o entendimento da Orientação Jurisprudencial 130, III e IV, da SBDI-2, é de se declarar a competência de uma das Varas do Trabalho de Campinas/SP para processar e julgar o feito. 7 – Precedentes. Conflito de competência admitido para declarar a competência de uma das Varas do Trabalho de Campinas/SP[198].

Por fim, a limitação artificialmente construída (ou quase maluquice) por intermédio do art. 16 da Lei n. 7.347/1985[199], dispositivo que será desenvolvido em momento oportuno, é plenamente incompatível com o caminho adotado pela jurisprudência do TST, e, principalmente incongruente com o princípio da competência adequada.

Para finalizar, vejamos o que diz a jurisprudência do TST sobre esse assunto:

2. LIMITES SUBJETIVOS DA COISA JULGADA. EFEITOS *ERGA OMNES*. ART. 16 DA LEI N. 7.347/85. RESTRIÇÃO TERRITORIAL. ATECNIA. A alteração implementada pela Lei n. 9.494/97 ao art. 16 da Lei n. 7.347/85 teve o intuito de restringir a eficácia subjetiva da coisa julgada (*erga omnes*) aos limites territoriais do órgão prolator da decisão. Todavia, tal finalidade é incongruente com a própria tutela coletiva proporcionada pela ação civil pública. Isso porque a literalidade do referido dispositivo leva à desarrazoada conclusão de que seria concebível o ajuizamento concomitante, nas mais diversas circunscrições geográficas, de ações civis públicas iguais, com a possibilidade de prolação de decisões diversas em cada uma delas. A doutrina processualista assevera que o que houve, na verdade, foi uma confusão entre os conceitos de competência (delimitação de jurisdição) e eficácia subjetiva da coisa julgada (sujeitos alcançados por uma decisão judicial). No caso de ação coletiva que objetive a defesa de direitos individuais homogêneos, o art. 103, III, do CDC, prevê que a sentença aí proferida fará coisa julgada *erga omnes* em caso de procedência do pedido, para beneficiar todas as vítimas e seus sucessores. Verifica-se, pois, que os efeitos *erga omnes* da decisão em nada se relacionam com o critério territorial de definição de competência, razão pela qual é de se concluir pela atecnia da redação atual do art. 16 da Lei n. 7.347/85[200].

4.3. Legitimidade

O presente será dividido em três itens. No primeiro, serão apresentadas as espécies de legitimidades, com ênfase na legitimidade para as demandas coletivas. No segundo, aspectos gerais da legitimação coletiva, como por exemplo, a questão da representação adequada e a pertinência temática. Finalmente, no terceiro, a apreciação singular de cada um dos legitimados ativos.

4.3.1. Espécies de legitimidade

Antes de desenvolver o objeto deste item, importante destacar, ainda que brevemente, que a legitimidade para agir (*legitimatio ad causam*) é espécie de condição da ação prevista no art. 267 do CPC, cuja apreciação antecede a análise de mérito.

---

(198) Tribunal Superior do Trabalho. Subseção II Especializada em Dissídios Individuais. Proc. CC 160-02.201.5.10.0013. Relª. Minª. Delaíde Miranda Arantes. DEJT 29.6.2018.

(199) Art. 16. A sentença civil fará coisa julgada *erga omnes*, nos limites da competência territorial do órgão prolator, exceto se o pedido for julgado improcedente por insuficiência de provas, hipótese em que qualquer legitimado poderá intentar outra ação com idêntico fundamento, valendo-se de nova prova. (Redação dada pela Lei n. 9.494, de 10.9.1997)

(200) Tribunal Superior do Trabalho. RR 197500-59.2001.5.15.0014. 3. Turma. Rel. Min. Mauricio Godinho Delgado. DEJT 1º.2.2013.

A doutrina conceitua tal condição da ação como a titularidade ativa e passiva da ação. É a situação prevista em lei que permite a um determinado sujeito propor demanda judicial (autor) e a outro sujeito de resistir a tal pretensão (réu)[201].

Na legitimação ordinária, regra geral do Código de Processo Civil, a legitimação ativa processual confunde-se com a do titular do direito material instrumentalizado pela pretensão, e a passiva corresponde ao interesse de quem se opõe a essa pretensão. A característica dessa modalidade é a coincidência da titularidade processual com a da relação jurídica de direito material afirmada. Está prevista expressamente no art. 3º do CPC ("Para propor e contestar ação é necessário ter interesse e legitimidade").

Na chamada legitimação extraordinária, ao contrário, admite-se, se houver autorização legal, pessoas figurando no processo em nome próprio, mas na defesa de direito alheio. Nesse caso não há coincidência entre o que atua no processo e o titular da relação jurídica material. O regramento legal dessa modalidade está previsto no art. 6º do CPC ("Ninguém poderá pleitear, em nome próprio, direito alheio, salvo quando autorizado por lei").

Portanto, nessa modalidade extraordinária a parte que reside em juízo não é a mesma da que se diz titular do direito material vindicado no processo. A vinculada a esse direito material é a substituída. A que figura na titularidade do processo é a substituta, pois defende interesses alheios (dos substituídos) em nome próprio.

Ainda há forte corrente doutrinária e jurisprudencial, no cenário laboral e não laboral, sob a influência do direito alemão, que afirma uma terceira espécie de modalidade de legitimação, chamada de autônoma, tendo como objeto os direitos difusos e coletivos em sentido estrito, ficando a chamada substituição processual limitada aos chamados direitos individuais homogêneos[202].

Inobstante a existência de divergência doutrinária[203], parece ser a mais adequada a corrente que entende tratar a legitimação extraordinária e a substituição processual como mesmo fenômeno[204], aplicadas de maneira indistinta sobre todas as modalidades de direitos coletivos, já apreciados neste trabalho.

A concepção anterior de a substituição processual ser caracterizada como a defesa em nome próprio (substituto) de determinado direito de terceiro ou de grupo determinado, vinculada apenas e tão somente à modalidade de direito individual homogêneo, está ultrapassada.

A posição mais adequada à realidade doutrinária e jurisprudencial é aquela que reconhece a substituição processual (ou legitimação extraordinária) como um singular fenômeno, alcançando indivíduos, grupos determinados e até coletividades indeterminadas, pois se trata de mera abstração que permite oferecer respostas ao conjunto das situações envolvendo todas as modalidades de direitos coletivos.

O detalhe característico e idêntico às três modalidades de direito coletivos em sentido lato será a existência de um legitimado legal expressando no processo a voz daquela coletividade, mais ou menos avantajada. "A coletividade não fala por si, mas sempre pelo legitimado previsto em lei"[205].

No cenário do processo do trabalho, a equivocada distinção que se fazia entre substituição processual e legitimação extraordinária tinha alguma ligação com a também equivocada redação do cancelado, em 2003, Enunciado n. 310 do TST, que impunha restrições inconcebíveis à atuação da entidade sindical nas ações coletivas.

Parece que o TST, após algum vacilo, amadureceu posição que não faz mais distinção entre substituição processual e legitimação extraordinária. Vejamos:

I – AGRAVO DE INSTRUMENTO. RECURSO DE REVISTA INTERPOSTO SOB A ÉGIDE DAS LEIS NS. 13.015/2014 E 13.105/2015 E ANTES DA VIGÊNCIA DA LEI N.13.467/2017 – PROVIMENTO. SINDICATO. LEGITIMIDADE ATIVA. SUBSTITUIÇÃO PROCESSUAL.

---

(201) Lição clássica de SANTOS, Moacir Amaral. *Primeiras linhas de direito processual civil*. Vol. 1, *op. cit.*, p. 146.
(202) Posição que parece ter surgido da pena de NERY JR., Nelson. *Princípios do processo civil, op. cit.*
(203) Cf. discussão mais amplamente em ASSIS, Araken de. Substituição processual. *Revista Dialética de direito processual*. São Paulo, v. 9, dez. 2003, p.16.
(204) No mesmo sentido, BEZERRA LEITE, Carlos Henrique. *Ação civil pública, op. cit.*, p. 151 e SANTOS, Ronaldo Lima dos. *Sindicatos e ações coletivas, op. cit.*, p. 282, dentre tantos outros.
(205) PEREIRA, Ricardo José Macedo de Britto. *Op. cit.*, p. 221.

ART. 8º, III, DA CONSTITUIÇÃO FEDERAL – ALCANCE. REVISÃO DA SÚMULA N. 310/TST – EFEITO. PRECEDENTES DO PLENÁRIO DO STF. Caracterizada a potencial violação do art. 8º, III, da Constituição Federal, merece processamento o recurso de revista. Agravo de instrumento conhecido e provido. II – RECURSO DE REVISTA INTERPOSTO SOB A ÉGIDE DAS LEIS NS. 13.015/2014 E 13.105/2015 E ANTES DA VIGÊNCIA DA LEI N. 13.467/2017. SINDICATO. LEGITIMIDADE ATIVA. SUBSTITUIÇÃO PROCESSUAL. ART. 8º, III, DA CONSTITUIÇÃO FEDERAL – ALCANCE. REVISÃO DA SÚMULA N. 310/TST – EFEITO. PRECEDENTES DO PLENÁRIO DO STF. O art. 8º da Constituição Federal, textualmente, pontua, no *caput*, que "é livre a associação profissional ou sindical", esclarecendo, no inciso III, que "ao sindicato cabe a defesa dos direitos e interesses coletivos ou individuais da categoria, inclusive em questões judiciais ou administrativas". Não se pode deixar de notar que o legislador constituinte, buscando, justamente, preservar a liberdade de associação sindical, enquanto intentava o fortalecimento do sistema, não restringiu aos associados a função representativa do sindicato. Antes, elasteceu-a, expressamente, de forma a abranger toda a categoria, em todos os seus direitos e interesses individuais e coletivos. Ao manter-se o regramento sindical atrelado à unicidade, à liberdade de associação e à contribuição compulsoriamente exigível à categoria, na Constituição de 1988, não se pode conceber que a atuação sindical, em Juízo, esteja restrita, sob qualquer nível, de um lado, aos associados e, de outro, a determinados direitos. De outro norte, a natureza social do Direito do Trabalho faz necessária tal prerrogativa, em face da qualidade de interesses representados, viabilizando a reunião de pretensões individuais em um único processo, de forma a favorecer o acesso ao Judiciário e a economia e celeridade processuais. O Pretório Excelso, em controle difuso de constitucionalidade, tem adotado o mesmo entendimento. Na busca de interpretação do art. 8º, III, da Carta Magna, chega-se à conclusão de que, para postular qualquer direito relacionado ao vínculo empregatício, o sindicato profissional tem legitimação extraordinária plena para agir no interesse de toda a categoria. Recurso de revista conhecido e provido.[206]

Ainda em relação ao precedente citado, inobstante tratar de legitimidade ativa de entidade sindical, tal raciocínio também valerá para os demais legitimados coletivos, a serem apresentados posteriormente.

Assim, correto defender para o processo coletivo a legitimação unicamente extraordinária, pois fica autorizado por lei um ente defender em juízo situação jurídica da qual é titular a coletividade.

Nesse eito, o binômio legitimação ordinária-extraordinária seria a único apto a "explicar qualquer espécie de legitimação"[207], até em razão de um imperativo lógico: ou se vai a juízo defender pessoalmente situação jurídica que se afirme titular, ou se vai a juízo defender situação jurídica cuja titularidade é de terceiro.

A questão da nomenclatura tem importância apenas acadêmica para a delimitação dos contornos do instituto da legitimidade. Não há relevância prática na qualificação de legitimação ordinária, extraordinária ou autônoma.

O mais importante é a jurisprudência não fechar as portas das ações coletivas em razão de mera divergência sobre o nome correto, como de fato ainda acontece na realidade dos tribunais laborais.

O próximo item trabalhará as peculiaridades dos tipos de interesses defendidos em ações coletivas.

4.3.2. Aspectos gerais da legitimação coletiva ativa

Vale destacar, para iniciar, que a atribuição de legitimação ativa coletiva é uma questão basicamente de política legislativa, visto que os legitimados e a extensão dessa legitimação se encontra basicamente regulamentada na legislação específica sobre tutela coletiva, conforme será aqui desenvolvido.

Nos regimes de tutela coletiva de diversos países, as soluções encontradas para a questão da legitimação ativa podem ser resumidas a três espécies de legitimados ativos: o cidadão (pessoa física), órgãos públicos e associações[208].

No Brasil, o cidadão apenas desfruta de legitimidade ativa para propositura de ação popular, ao contrário do direito norte-americano em que a pessoa física dispõe de amplos poderes para ajuizamento de ações coletivas, desde que também seja parte da controvérsia coletiva (*real part in interest*[209]), bem como detenha a chamada representação adequada (*adequacy of representation*), capacidade de representar adequadamente os interesses daquela coletividade em juízo.

---

(206) Tribunal Superior do Trabalho. 3ª Turma. Proc. RR – 2582-87.2013.5.02.0049. Rel. Min. Alberto Luiz Bresciani de Fontan Pereira. DEJT 16.3.2018.

(207) Neste sentido, tem-se fortemente DIDIER JR., Fredie; ZANETI JR., Hermes. *Op. cit.*, p. 177.

(208) Classificação com inspiração em MENDES, Aluisio Gonçalves de Castro. *Op. cit.*, p. 255.

(209) Sobre o assunto, *vide* com grande proveito, GIDI, Antonio. *A class action como instrumento de tutela coletiva dos direitos*: as ações coletivas em uma perspectiva comparada, *op. cit.*, p. 90. Ainda, ROQUE, Andre Vasconcelos. *Class actions*. Ações coletivas nos Estados Unidos: o que podemos aprender com eles. Salvador: JusPodivm, 2013.

A legitimidade ativa para as ações coletivas está dividida basicamente entre cinco grupos: i) o particular ("qualquer cidadão", como destaca a Lei da Ação Popular, Lei n. 4.717/1965, sem repercussão no processo laboral); ii) pessoas jurídicas de direito privado, como por exemplo, sindicatos e associações; iii) pessoas jurídicas de direito público, o Estado em sentido amplo; iv) a Defensoria aqui reconhecida como órgão especializado do poder público, e, finalmente, Ministério Público, que não se enquadra em nenhuma das classificações anteriores.

Destaca-se, também, que a legitimidade ativa coletiva extraordinária é autônoma, exclusiva, concorrente e disjuntiva.

Será autônoma quando o legitimado extraordinário fica autorizado a conduzir o processo independentemente da participação do titular do direito litigioso. A participação do titular do direito material é totalmente dispensável. Essa autonomia se dá completamente na fase de conhecimento. Já na fase de execução, há algumas peculiaridades que serão desenvolvidas em momento oportuno.

Antes de continuar, vale deixar consignado a distinção entre os institutos da substituição e da representação processual. Nesta, ao contrário da substituição, o representante atua em nome do representado, desde que expressamente autorizado para tanto, conforme prevê expressamente o art. 5º, XXI da Constituição Federal de 1988.

Haverá legitimação extraordinária exclusiva, pois apenas o legitimado extraordinário será parte principal ativa no processo. Caberá ao titular da ação direito material vindicado intervir no processo na condição de assistente litisconsorcial ativo ulterior (art. 124, do CPC)[210], desde que se trata de direitos individuais homogêneos, conforme autorização legal disposta no art. 94, do Código de Defesa do Consumidor[211], procedimento amplamente compatível com o processo coletivo do trabalho.

Há parcela da doutrina admitindo a possibilidade dessa assistência litisconsorcial posterior até quando houver a defesa de direitos difusos e coletivos em sentido estrito[212]. Não parece ser a posição mais correta.

Na verdade, a habilitação na condição de assistente litisconsorcial, conforme citado art. 94, do CDC, tem utilidade e pertinência quando houver a defesa de direitos individuais homogêneos, pois esse ingressante também estará defendendo direito divisível e próprio.

Não tem sentido o ingresso de terceiro na fase de conhecimento para defender direitos difusos ou coletivos em sentido estrito em razão da natural indivisibilidade desses direitos. Da mesma forma também não há na fase de cumprimento, pois não haveria distribuição de quotas individuais em razão dessa indivisibilidade, salvo se relativo a direitos individuais homogêneos[213].

Será concorrente porque concedida a vários entes ditos colegitimados, logo, qualquer desses entes poderá singularmente ou em litisconsórcio facultativo ingressar com ação coletiva.

É disjuntiva porque cada um dos habilitados poderá atuar em juízo sem necessariamente contar com a participação de outro habilitado[214].

Há, ainda, o aspecto da chamada representação adequada e/ou pertinência temática, que será abordado em item específico, e logo mais repetido quando será desenvolvido cada um dos chamados legitimados coletivos específicos.

Por fim, inobstante a legitimidade coletiva ativa seja questão processual cuja ausência de preenchimento levaria naturalmente ao indeferimento da petição inicial e à consequente extinção do feito sem penetração no mérito, como acontece nas demandas de índole individual (art. 330, II, CPC), no processo coletivo tal vício poderá ser sanado, conforme

---

(210) Considera-se litisconsorte da parte principal o assistente sempre que a sentença influir na relação jurídica entre ele e o adversário do assistido.

(211) "Proposta a ação, será publicado edital no órgão oficial, a fim de que os interessados possam intervir no processo como litisconsortes, sem prejuízo de ampla divulgação pelos meios de comunicação social por parte dos órgãos de defesa do consumidor".

(212) Cf. MAZZILLI, Hugo Nigro. *A defesa dos interesses difusos em juízo:* meio ambiente, consumidor, patrimônio cultural, patrimônio público e outros interesses, *op. cit.*, p. 346.

(213) No mesmo sentido MANCUSO, Rodolfo de Camargo. *Ação civil pública, op. cit.*, p. 186.

(214) No mesmo sentido, LEONEL, Ricardo de Barros. *Op. cit.*, p. 162.

autoriza § 3º, do art. 5º, da Lei da ACP, em caso de "desistência infundada ou abandono da ação por associação legitimada", o Ministério Público ou outro legitimado poderá assumir a titularidade ativa dessa demanda coletiva.

Nessas hipóteses de desistência infundada ou abandono da ação, deverá ser o legitimado ativo convocado pela jurisdição, por edital, ou outro instrumento confiável de comunicação processual, para assumir o polo ativo da demanda.

4.3.3. Da representação adequada ou pertinência temática

A ação coletiva é uma ação representativa. Uma parcela do grupo, corporificado ou não na figura de um ente, vai lutar pelos interesses de todos os demais integrantes daquela coletividade, como se todos estivessem litigando no processo, daí a necessidade de a totalidade do grupo ser representada adequadamente.

No direito norte-americano o requisito da representação adequada (*adequacy of representation*) recebe tratamento bastante minudente e a conduta do legitimado (representante que está em juízo) é fiscalizada, de perto e em todas as fases do processo, pelo juiz que julgará a ação coletiva[215].

Tal requisito nada mais é do que "um corolário da garantia constitucional do devido processo legal, sendo considerada suficiente para satisfazer a garantia da oportunidade de ser ouvido para todos os membros do grupo"[216].

No direito pátrio essa representação adequada é a ideia da chamada pertinência temática, são representações idênticas do mesmo fenômeno. Aliás, essa nomenclatura parecer ter sido criada pela jurisprudência do STF.

Significa basicamente a especial qualidade de os entes legitimados agirem na defesa judicial eficiente dos interesses instrumentalizados na ação coletiva, ainda que diante de litígios difíceis, quase sempre contra detentores do poder econômico[217], desde que haja efetivamente vinculação entre as finalidades institucionais do ente legitimado (por exemplo, da associação ou sindicato) e a espécie do bem jurídico tutelado na ação coletiva.

Basta a mera previsão genérica em estatuto de uma finalidade institucional relacionada com o bem jurídico pretendido em juízo.

Se é um sindicato, nada mais natural que vá pleitear direitos relacionados à categoria representada.

Se é uma associação voltada à defesa de interesses de consumidores, também nada mais natural que vá defender tais direitos em juízo.

A representação adequada, inobstante ser considerada como verdadeiro "requisito de admissibilidade"[218] da ação coletiva, não levará imediatamente à extinção terminativa da ação coletiva, conforme defendido anteriormente, em razão da previsão legal de possível substituição do legitimado coletivo.

O instituto da legitimidade pode ser materializado de duas maneiras distintas: *ope judicis* ou *ope legis*.

A forma *ope judicis* é originária dos países da *common law*. Nesta, caberá à jurisdição a avaliação livre e casuística acerca do preenchimento ou não desse requisito de admissibilidade.

Portanto, caberá ao juiz analisar concretamente a presença de elementos que indiquem as reais e efetivas condições de o autor cumprir seu papel de bem representar os interesses coletivos discutidos em juízo. E esse requisito, consoante será apreciado em outro momento, possui total interação com as características singulares do instituto da coisa julgada naqueles países.

Já na forma *ope legis*, completamente distinta da anterior, concebida nos países da *civil law*, como o Brasil, a legitimação fica amarrada à previsão legal.

---

(215) Sobre esse assunto *vide* de forma bastante minudente GIDI, Antônio. *A class action como instrumento de tutela coletiva dos direitos*: as ações coletivas em uma perspectiva comparada, *op. cit.*, p. 101.

(216) *Ibidem*, p. 100.

(217) No mesmo sentido, MIRRA, Álvaro Luiz Valery. *Associações civis e a defesa dos interesses difusos em juízo*: do direito vigente ao direito projetado. *Op. cit.*, p. 115.

(218) NEVES, Daniel Amorim Assumpção. *Op. cit.*, p. 203.

Nesta hipótese, caberá ao legislador a previsão dos requisitos necessários para que se admita um ente no polo ativo do processo coletivo. Para a jurisdição caberá tão somente a análise do preenchimento ou não desses requisitos, como já mencionado.

A Lei da Ação Civil Pública, a propósito, estabeleceu expressamente dois requisitos concomitantes para as associações serem consideradas representantes adequadas dos interesses coletivos instrumentalizados e ações coletivas, quais sejam (art. 5º, V, "a" e "b"):

i) esteja constituída há pelo menos 1 (um) ano nos termos da lei civil;

ii) inclua, entre suas finalidades institucionais, a proteção ao patrimônio público e social, ao meio ambiente, ao consumidor, à ordem econômica, à livre concorrência, aos direitos de grupos raciais, étnicos ou religiosos ou ao patrimônio artístico, estético, histórico, turístico e paisagístico.

No processo laboral coletivo tais exigências concomitantes servem tanto para as associações, conforme dispõe literalmente o texto legal, como os sindicatos, considerados como espécie do gênero entidade sindical.

Esse requisito da pré-constituição da entidade associativa poderá ser dispensado pela jurisdição, conforme disposto no § 4º, do art. 5º, da Lei da ACP, desde que "haja manifesto interesse social evidenciado pela dimensão ou característica do dano, ou pela relevância do bem jurídico a ser protegido".

O TST admite essa possibilidade de dispensa da pré-constituição[219], contudo, por se tratar de matéria de prova, deve ser comprovada nas instâncias ordinárias do primeiro e segundo graus, sob pena de os recursos de índole extraordinária aviados nesse tribunal laboral máximo (por exemplo, agravo de instrumento, embargos e recurso de revista) deixarem de ser conhecidos.

Essa mesma possibilidade de dispensa encontra-se prevista no § 1º, do art. 82 do Código de Defesa do Consumidor.

O próximo item analisará individualmente cada um dos legitimados coletivos, conforme rol legal.

4.3.4. Legitimados ativos

Antes de desenvolver cada um dos legitimados ativos, vale deixar ressaltado que o regime central da legitimação ativa para as ações civis públicas, consoante será mais bem desenvolvido em local oportuno, está disposto no art. 5º, da Lei da Ação Civil Pública (Lei n. 7.347/1985) e no art. 82, do conhecido Código de Defesa do Consumidor (Lei n. 8.078/1990), os principais dispositivos legais sobre esse assunto.

Podem propor ações coletivas, de forma concorrente e disjuntiva, os seguintes entes:

"Art. 5. Têm legitimidade para propor a ação principal e a ação cautelar:

I – o Ministério Público;

II – a Defensoria Pública;

III – a União, os Estados, o Distrito Federal e os Municípios;

IV – a autarquia, empresa pública, fundação ou sociedade de economia mista;

V – a associação que, concomitantemente:

a) esteja constituída há pelo menos 1 (um) ano nos termos da lei civil;

b) inclua, entre suas finalidades institucionais, a proteção ao meio ambiente, ao consumidor, à ordem econômica, à livre concorrência ou ao patrimônio artístico, estético, histórico, turístico e paisagístico.

Art. 82 – Para os fins do art. 81, parágrafo único, são legitimados concorrentemente:

I – o Ministério Público;

---

[219] Tribunal Superior do Trabalho. E-RR – 625538-14.2000.5.15.5555. Subseção I Especializada em Dissídios Individuais. Rel. Min. Carlos Alberto Reis de Paula. DEJT 21.11.2008.

II – a União, os Estados, os Municípios e o Distrito Federal;

III – as entidades e órgãos da Administração Pública, Direta ou Indireta, ainda que sem personalidade jurídica, especificamente destinados à defesa dos interesses e direitos protegidos por este Código;

IV – as associações legalmente constituídas há pelo menos 1 (um) ano e que incluam entre seus fins institucionais a defesa dos interesses e direitos protegidos por este Código, dispensada a autorização assemblear".

Antes de tratar individualmente dos legitimados, registre-se que o rol de legitimados ativos é taxativo, portanto, não é possível ampliá-lo, por interpretação extensiva.

4.3.4.1. Das pessoas jurídicas da administração pública

A legitimidade ativa para as ações coletivas dos entes da chamada administração direta (União, Estados, Municípios e Distrito Federal) está prevista nos art. 5º, III, da Lei da ACP, e art. 82, II do CDC.

A legitimidade ativa para as ações coletivas dos entes da chamada administração indireta (fundações públicas, autarquias, sociedades de economia mista e empresas públicas) encontra-se disposta no art. 5º, IV, da Lei da ACP e art. 82, III, do CDC.

Essas pessoas jurídicas apontadas não constumam apresentar ações coletivas como autoras na seara do processo do trabalho, e, também, em âmbitos processuais não laborais.

Era de se esperar, se a democracia brasileira já estivesse plenamente consolidada, que tais pessoas jurídicas tivessem veraz interesse no respeito aos direitos coletivos em sentido amplo. mas não é isso que acontece.

Pelo contrário. Tais entes estão com bastante frequência no polo passivo das ações coletivas laborais e não laborais.

Assim, a discussão feita por alguns autores do processo civil sobre a possível exigência de pertinência temática e esses entes da administração pública direta e indireta[220] não tem muita razão de existir no processo coletivo do trabalho, justamente porque tais entes costumam enfrentar o polo passivo dessas demandas.

Lembra parcela da doutrina que os entes de direito público da administração direta poderiam atuar por intermédio de ação coletiva nas hipóteses de proteção do meio ambiente laboral, espécie do gênero meio ambiente, considerando ser também atribuição do poder público tal preservação, consoante expressa previsão constitucional (art. 225 da CF/1988)[221].

Infelizmente tal previsão constitucional não muda o cenário atual. Os entes de direito público continuam figurando no polo passivo de ações coletivas discutindo meio ambiente laboral na Justiça do Trabalho.

4.3.4.2. Da defensoria pública

Por intermédio da Lei n. 11.448, de janeiro de 2007, houve alteração do art. 5º, II, da Lei n. 7.347/1985, com a expressa inclusão da Defensoria Pública no rol dos legitimados para a propositura de ação coletiva.

A moldura constitucional da defensoria pública como instituição essencial à função jurisdicional do Estado, incumbindo-lhe a orientação jurídica e a defesa, em todas as instâncias, dos necessitados, consoante art. 5º, LXXIV, mostra-se coerente com a legitimidade ativa às ações coletivas.

Inobstante esse cenário, a Associação Nacional dos Membros do Ministério Público ingressou com ação direta de inconstitucionalidade buscando fulminar o alteração legislativa já citada.

Em meados de maio de 2015, o STF ratificou a possibilidade de a defensoria pública ingressar com ação coletiva visando à defesa de direitos coletivos em sentido amplo de necessitados. Eis a ementa do julgado:

---

(220) Cf. NEVES, Daniel Amorim Assumpção. *Op. cit.*, p. 211.

(221) "Todos têm direito ao meio ambiente ecologicamente equilibrado, bem de uso comum do povo e essencial à sadia qualidade de vida, impondo-se ao Poder Público e à coletividade o dever de defendê-lo e preservá-lo para as presentes e futuras gerações".

AÇÃO DIRETA DE INCONSTITUCIONALIDADE. LEGITIMIDADE ATIVA DA DEFENSORIA PÚBLICA PARA AJUIZAR AÇÃO CIVIL PÚBLICA (ART. 5º, INC. II, DA LEI N. 7.347/1985, ALTERADO PELO ART. 2º DA LEI N. 11.448/2007). TUTELA DE INTERESSES TRANSINDIVIDUAIS (COLETIVOS STRITO SENSU E DIFUSOS) E INDIVIDUAIS HOMOGÊNEOS. DEFENSORIA PÚBLICA: INSTITUIÇÃO ESSENCIAL À FUNÇÃO JURISDICIONAL. ACESSO À JUSTIÇA. NECESSITADO: DEFINIÇÃO SEGUNDO PRINCÍPIOS HERMENÊUTICOS GARANTIDORES DA FORÇA NORMATIVA DA CONSTITUIÇÃO E DA MÁXIMA EFETIVIDADE DAS NORMAS CONSTITUCIONAIS: ART. 5º, INCS. XXXV, LXXIV, LXXVIII, DA CONSTITUIÇÃO DA REPÚBLICA. INEXISTÊNCIA DE NORMA DE EXCLUSIVIDADE DO MINISTÉRIO PÚBLICO PARA AJUIZAMENTO DE AÇÃO CIVIL PÚBLICA. AUSÊNCIA DE PREJUÍZO INSTITUCIONAL DO MINISTÉRIO PÚBLICO PELO RECONHECIMENTO DA LEGITIMIDADE DA DEFENSORIA PÚBLICA. AÇÃO JULGADA IMPROCEDENTE.[222]

Finalmente, já no final de 2015, o STF, ratificando posição anterior, deixou assentado, agora com repercussão geral, a legitimidade da Defensora Pública para ajuizar ação coletiva que vise a promover a tutela jurisdicional de direitos difusos e coletivos de que sejam titulares "pessoas necessitadas". Vejamos:

Direito Processual Civil e Constitucional. Ação civil pública. Legitimidade da Defensoria Pública para ajuizar ação civil pública em defesa de interesses difusos. Interpretação do art. 134 da Constituição Federal. Discussão acerca da constitucionalidade do art. 5º, inciso II, da Lei n. 7.347/1985, com a redação dada pela Lei n. 11.448/07, e do art. 4º, incisos VII e VIII, da Lei Complementar n. 80/1994, com as modificações instituídas pela Lei Complementar n. 132/09. Repercussão geral reconhecida. Mantida a decisão objurgada, visto que comprovados os requisitos exigidos para a caracterização da legitimidade ativa. Negado provimento ao recurso extraordinário. Assentada a tese de que a Defensoria Pública tem legitimidade para a propositura de ação civil pública que vise a promover a tutela judicial de direitos difusos e coletivos de que sejam titulares, em tese, pessoas necessitadas.[223]

De minha parte tenho que esse decisório do STF, malgrado correto em sua finalidade, mostrou equívoco redacional na tese assentada, isso porque mencionou a promoção de direitos difusos e coletivos voltados à defesa de "pessoas necessitadas".

Na verdade, essa promoção de direitos de pessoas necessitadas está vinculada à verdadeira vocação da defensoria pública que é a da proteção de direitos individuais homogêneos desses hipossuficientes, hipótese não construída no citado precedente.

Aliás, na Justiça do Trabalho a legitimidade para atuar é da Defensoria Pública da União conforme disposto no art. 14 da Lei Complementar n. 80, de 1994, realizada ainda de maneira bastante reduzida, em algumas ações envolvendo trabalho escravo de grupo reduzido e identificado de trabalhadores.

4.3.4.3. Dos sindicatos

A Lei da ACP entabula, como transcrito linhas atrás, as associações como legitimadas para proposituras de ações coletivas.

No processo coletivo do trabalho os sindicatos vêm sendo um dos grandes protagonistas no mundo das ações coletivas, inobstante a ausência de previsão literal o elencando como legitimado ativo para propositura de ação coletiva laboral.

E nem precisa. Os sindicatos devem ser considerados, conforme consagrado amplamente pela doutrina e jurisprudência, como uma verdadeira espécie do gênero associação[224], com características especiais e finalidade bastante específica[225] voltada à proteção de interesses laborais de empregados e empregadores.

E essas características especiais ficarão bem claras após o desenvolvimento do item relacionado à legitimação ativa das associações para propositura de ações coletivas.

Voltando às entidades sindicais, diz o art. 8º, III, da Carta Constitucional de 1988 o seguinte:

Art. 8º, III: ao sindicato cabe a defesa dos direitos e interesses coletivos ou individuais da categoria, inclusive em questões judiciais ou administrativas.

---

(222) Supremo Tribunal Federal. ADIn n. 3.943. DF. Plenário. Relª. Minª. Carmem Lúcia. DJE 6.8.2015.
(223) Supremo Tribunal Federal. Tribunal Pleno. RE n. 733433-MG. Rel. Min. Dias Toffoli. DEJT 7.4.2016.
(224) Como já ensinava muito tempo atrás PRADO, Roberto Barretto. *Curso de direito sindical*. 3. ed. São Paulo: LTr. 1991. p. 42.
(225) No mesmo sentido temos BRITO FILHO, José Cláudio Monteiro de. *Trabalho decente*. 2. ed. São Paulo: LTr. 2007. p. 106.

Nessa hipótese, portanto, será o sindicato legitimado extraordinário ou substituto processual (fenômenos já igualados como idênticos anteriormente), pois defenderá em "nome próprio interesse de outro sujeito de direito"[226].

O TST demorou para compreender a concepção do instituto da substituição processual, daí uma certa demora na manutenção de restrições incompatíveis com tal instituto por intermédio do Enunciado n. 310, que somente veio a ser cancelado em 2013, sobrevivendo por cinco anos mesmo após a vigência da Carta Magna.

Esse tempo já passou e não vale a pena aprofundar os limites indevidos que eram opostos à atuação sindical como legitimado ativo para as ações coletivas.

O fato é que o cenário atual reconhece amplamente a possibilidade da substituição pelo sindicato para a defesa de direitos individuais e quaisquer das modalidades de coletivos em juízo (direitos difusos, coletivos em sentido estrito e individuais homogêneos), conforme disposto no art. 8º, III, da Carta Magna de 1988, e consoante ampla posição jurisprudencial consolidada pelo TST, inclusive por intermédio da Subseção I Especializada. Senão vejamos:

EMBARGOS. RECURSO DE REVISTA. SINDICATO. LEGITIMIDADE PARA ATUAR COMO SUBSTITUTO PROCESSUAL DOS INTEGRANTES DA CATEGORIA. ART. 8º, III, DA CONSTITUIÇÃO DA REPÚBLICA. VIOLAÇÃO DO ART. 896 DA CONSOLIDAÇÃO DAS LEIS DO TRABALHO CONFIGURADA. A controvérsia quanto à amplitude do instituto da substituição processual quedou superada pela interpretação conferida pela Suprema Corte ao art. 8º, III, da Constituição da República de 1988, no sentido de que expressamente autorizada a atuação ampla dos entes sindicais na defesa dos direitos e interesses individuais e coletivos da categoria respectiva. Daí o cancelamento da Súmula n. 310 do Tribunal Superior do Trabalho, cuja orientação impunha restrições ao instituto que a nova ordem constitucional não mais comporta. Recurso de embargos conhecido e provido. Processo: E-ED-RR – 6440900-24.2002.5.02.0900 Data de Julgamento: 14.4.2011, rel. Ministro Lelio Bentes Corrêa, Subseção I Especializada em Dissídios Individuais, Data de Publicação: DEJT 29.4.2011.

SUBSTITUIÇÃO PROCESSUAL. LEGITIMIDADE ATIVA "AD CAUSAM" DO SINDICATO AUTOR. DEFESA DE DIREITOS INDIVIDUAIS E COLETIVOS DOS INTEGRANTES DA CATEGORIA. O Plenário do Supremo Tribunal Federal, no julgamento do RE n. 193503/SP, firmou jurisprudência no sentido de que "O art. 8º, III da Constituição Federal estabelece a legitimidade extraordinária dos sindicatos para defender em juízo os direitos e interesses coletivos ou individuais dos integrantes da categoria que representam. Essa legitimidade extraordinária é ampla, abrangendo a liquidação e a execução dos créditos reconhecidos aos trabalhadores. Por se tratar de típica hipótese de substituição processual, é desnecessária qualquer autorização dos substituídos". É certo que a legitimidade para o Sindicato atuar como substituto processual refere-se às hipóteses que versam sobre interesses individuais homogêneos, tal como identificado no caso concreto, em que, embora as demandas variem conforme situações específicas, individualmente consideradas, são todas decorrentes de origem comum, qual seja a alegada terceirização ilícita da atividade-fim pela Brasil Telecom S.A., prejudicial aos empregados processualmente substituídos. (TST-RR 703-88.2010.5.24.0000, Relator Ministro Walmir Oliveira da Costa, DEJT 21.12.2012)

A) AGRAVO DE INSTRUMENTO EM RECURSO DE REVISTA INTERPOSTO PELA RECLAMADA. 1. LEGITIMIDADE ATIVA. SINDICATO. SUBSTITUIÇÃO PROCESSUAL. O art. 8º, III, da CF assegura aos sindicatos a possibilidade de substituição processual ampla e irrestrita, para agir no interesse de toda a categoria. Assim, o sindicato, na qualidade de substituto processual, detém legitimidade para ajuizar ação, pleiteando a tutela de direitos e interesses individuais homogêneos, provenientes de causa comum ou de política da empresa, que atingem o universo dos trabalhadores substituídos, como ocorre nestes autos, em que a entidade sindical visa ao reconhecimento do direito à avaliação de desempenho para fim de progressão horizontal na carreira e o pagamento das respectivas diferenças salariais. Ressalta-se que a origem comum não se descaracteriza em razão da necessidade de individualização para apuração do valor devido a cada substituído, na medida em que a homogeneidade se relaciona ao direito, e não à sua quantificação. Agravo de instrumento conhecido e não provido. Processo: ARR – 958-31.2014.5.09.0127 Data de Julgamento: 18.10.2017, relª. Minª. Dora Maria da Costa, 8ª Turma, Data de Publicação: DEJT 20.10.2017.

Como o instituto da substituição processual significa a atuação ampla e irrestrita em nome próprio de direito alheio, não é possível a inserção de qualquer obstáculo ou requisito prévio à atuação da jurisdição da entidade sindical.

Portanto, as exigências do art. 5º, V, da Lei da ACP envolvendo a pré-constituição há pelo menos um ano da entidade associativa, bem como a pertinência temática exigida à atuação jurisdicional não tem compatibilidade com a substituição da entidade sindical com expressa previsão constitucional. A razão é muito simples. Se a norma constitucional afirma a substituição processual sindical de forma ampla e irrestrita, não pode prevalecer o texto infraconstitucional que o faça.

---

(226) DIDIER JR, Fredie. *Curso de direito processual civil:* introdução ao direito processual civil, parte geral e processo de conhecimento. Vol. 1. 18. ed. Salvador: JusPodivm, 2016. p. 347.

Portanto, o sindicato, após a obtenção do registro no Ministério do Trabalho e Emprego, conforme exige o art. 8º, I, da Carta Magna (a lei não poderá exigir autorização do Estado para a fundação de sindicato, ressalvado o registro no órgão competente), fica apto a agir na defesa de interesses individuais e coletivos dos trabalhadores pertencentes à categoria representada.

O STF já se posicionou favorável à ausência de exigência de pré-constituição à entidade sindical como requisito para aviar medidas jurisdicionais visando à defesa da categoria. Vejamos:

> LEGITIMIDADE DO SINDICATO PARA IMPETRAÇÃO DE MANDADO DE SEGURANÇA COLETIVO INDEPENDENTEMENTE DA COMPROVAÇÃO DE UM ANO DE CONSTTUIÇÃO E FUNCIONAMENTO. Acórdão que, interpretando desse modo a norma do art. 5º, LXX, da CF, não merece censura.[227]

Essa amplitude e irrestrição da atuação sindical também é estendida à atuação na fase de cumprimento da decisão, sendo, desnecessária, portanto, qualquer autorização prévia dos substituídos. Vejamos posição do STF sobre o assunto:

> PROCESSO CIVIL. SINDICATO. ART. 8º, III. DA CONSTITUIÇÃO FEDERAL. LEGITIMIDADE. SUBSTITUIÇÃO PROCESSUAL. DEFESA DE DIREITOS E INTERESSES COLETIVOS OU INDIVIDUAIS. RECURSO CONHECIDO E PROVIDO. O art. 8º, III, da Constituição Federal estabelece a legitimidade extraordinária dos sindicatos para defender em juízo os direitos e interesses coletivos ou individuais dos integrantes da categoria que representam. Essa legitimidade extraordinária é ampla, abrangendo a liquidação e a execução dos créditos reconhecidos aos trabalhadores. Por se tratar de típica hipótese de substituição processual, é desnecessária qualquer autorização dos substituídos. Recurso conhecido e provido.[228]

A jurisprudência do STF citada foi amplamente corroborada em sede de repercussão geral o que acaba de vez com qualquer polêmica doutrinária sobre esse assunto. Vejamos:

> RECURSO EXTRAORDINÁRIO. CONSTITUCIONAL. ART. 8º, III, DA LEI MAIOR. SINDICATO. LEGITIMIDADE. SUBSTITUTO PROCESSUAL. EXECUÇÃO DE SENTENÇA. DESNECESSIDADE DE AUTORIZAÇÃO. EXISTÊNCIA DE REPERCUSSÃO GERAL. REAFIRMAÇÃO DE JURISPRUDÊNCIA. I – Repercussão geral reconhecida e reafirmada a jurisprudência do Supremo Tribunal Federal no sentido da ampla legitimidade extraordinária dos sindicatos para defender em juízo os direitos e interesses coletivos ou individuais dos integrantes da categoria que representam, inclusive nas liquidações e execuções de sentença, independentemente de autorização dos substituídos.[229]

Portanto, a amplitude da substituição processual conferida aos sindicatos para defesa jurisdicional dos interesses da categoria representada, conforme construção ora firmada, não admite a imposição de quaisquer obstáculos a essa prerrogativa constitucional.

Nesse eito, a exigência do parágrafo único, do art. 2º-A, da Lei n. 9.494/1997, prevendo que nas ações coletivas propostas contra a União, Estados, Distrito Federal, Municípios, Autarquias e Fundações, portanto administração direta e indireta, a petição inicial deverá obrigatoriamente estar instruída com a ata da assembleia da entidade associativa que a autorizou, acompanhada da relação nominal dos seus associados, com indicação do respectivo endereço, mostra-se completamente incompatível com o amparo constitucional conferido à substituição processual das entidades sindicais.

Como dito, quaisquer limitações infraconstitucionais ao instituto da substituição processual dos sindicatos mostra-se incompatível com a amplitude da substituição aos sindicatos conferida pelo Texto Constitucional[230].

4.3.4.4. Da entidade associativa

A legitimidade ativa da associação para aviamento de ação coletiva encontra-se prevista no art. 5º, V, da Lei n. 7.347/1985 e no art. 82, IV, da Lei n. 8.078/1990, permitindo a defesa de quaisquer das modalidades de direitos coletivos já vistos no correr deste estudo.

Para continuar a compreender esse assunto, importante desde logo transcrever o art. 5º, XXI, do Texto Constituional. Vejamos:

> As entidades associativas, quando expressamente autorizadas, têm legitimidade para representar seus filiados judicial ou extrajudicialmente.

---

(227) Supremo Tribunal Federal. RE n. 198919. 1ª Turma. Rel. Min. Ilmar Galvão. DJ 24.9.1999.
(228) Supremo Tribunal Federal. Proc. RE n. 214.668. Rel. Min. Joaquim Barbosa. DJ 24.8.2007.
(229) Supremo Tribunal Federal. Tribunal Pleno. RE n. 883.642-Al. Rel. Min. Ricardo Lewandowski. DEJ 26.6.2015.
(230) No mesmo sentido, PEREIRA, Ricardo José Macedo de Britto. *Op. cit.*, p. 241.

Portanto, ao contrário da amplitude conferida constitucionalmente à substituição processual das entidades sindicais, já apresentado no item anterior, as entidades associativas são embaladas pelo instituto da representação processual, que difere fundamentalmente da citada substituição.

A distinção clássica entre esses institutos é bem conhecida. Enquanto na substituição a parte atua em nome próprio na defesa de interesses de outrem, na representação se atua em nome de outrem para defesa de interesses também de outrem, daí a necessidade da exigência expressa da autorização.

A partir dessa distinção clássica fica bem clara a exigência constitucional da autorização expressa dos filiados desse ente associativo para defesa dos interesses desse grupo em juízo.

Portanto, a representação processual disposta no preceito constitucional citado exige necessariamente a "autorização direta dos beneficiários para a representação processual, quando não ocorrer autorização assemblear"[231], exatamente como já deixou assentado precedente do STF sobre o assunto[232].

Nesse mesmo caminho andou a jurisprudência do TST ao exigir da entidade associativa autorização expressa para aviamento de ação coletiva, nos termos do art. 5º, XXI. Significando dizer que, além da mera autorização genérica estatutária para manejo de ação coletiva, seria também necessária a autorização expressa da Assembleia Geral para a protocolização da ação coletiva objeto da decisão. Vejamos:

> ILEGITIMIDADE ATIVA AD CAUSAM DA APCEF. REPRESENTAÇÃO PROCESSUAL DOS ASSOCIADOS. AUTORIZAÇÃO EXPRESSA. 1. Consoante disposto no art. 5º, XXI, da Constituição da República, "as entidades associativas, quando expressamente autorizadas, têm legitimidade para representar seus filiados judicial ou extrajudicialmente. 2. No presente caso, o Tribunal Regional registra expressamente que, além de o Estatuto Social da APCEF conferir poderes de representação dos associados na promoção de ações individuais para a defesa dos diretos individuais dos seus associados, desde que autorizada em Assembleia Geral, "há nos autos Ata de Assembleia Geral autorizando expressamente a autora a ajuizar a presente ação", não havendo falar em substituição processual, mas sim em representação processual. 3. Inviável, nessas circunstâncias, o processamento do Recurso de Revista por afronta aos arts. 5º, XXI, e 8º, III, da Constituição da República".[233]

Também a partir dessa distinção entre esses institutos da substituição e representação processual, parece ficar clara a possibilidade de a legislação infraconstitucional impor limites a essa atuação jurisdicional.

Assim, os requisitos cumulativos exigidos pelos arts. 5º, V, "a" e "b", da Lei n. 7.347/1985, art. 82, IV, da Lei n. 8.078/1990, ao contrário do raciocínio construído no item anterior envolvendo a legitimação extraordinária, são plenamente adequados à representação processual. Relembremos os requisitos legais:

— constituição da entidade associativa nos termos da lei civil; no caso registro civil cartorial de pessoa jurícia, conforme art. 45, do Código Civil.

— existência jurídica há pelo menos um ano.

— pertinência temática entre a finalidade institucional e a pretensão jurisdicional (basta mero confronto entre o Estatuto da Entidade, ainda que genérico[234], e os pedidos veiculados na ação coletiva para aferir a adequação dessa pertinência temática).

Vale também relembrar que esse pré-requisito da constituição há mais de um ano poderá ser excepcionado conforme expressa previsão legal disposta no § 1º, do art. 82, do CDC, desde que, alternativamente, "haja manifesto interesse social evidenciado pela dimensão ou característica do dano", ou "pela relevância do bem jurídico a ser protegido".

Ora, essas duas hipóteses de dispensa parecem estar desde logo preenchidas quando se tratarem de ações coletivas no mundo do trabalho, em face da relevância dos direitos coletivos em sentido amplo defendidos nesses modalidades de ações coletivas.

---

(231) DIDIER JR., Fredie; ZANETI JR., Hermes. *Op. cit.*, p. 211.
(232) *Vide* Supremo Tribunal Federal. RE n. 573232. 1. Turma. Rel Min. Marco Aurélio. DJ. 14.5.2014.
(233) Tribunal Superior do Trabalho. AIRR – 1129-18.2013.5.08.0008 .1ª Turma. Rel. Des. convocado Marcelo Lamego Pertence. DEJT 2.6.2017.
(234) No mesmo sentido, NEVES, Daniel Amorim Assumpção. *Op. cit.*, p. 202.

4.3.4.5. Do Ministério Público

A atuação do Ministério Público, notadamente do Ministério Público do Trabalho, é bastante proeminente em sede de tutela coletiva. Não há dados estatísticos muito confiáveis, mas a realidade dos tribunais laborais mostra facilmente amplo domínio da atuação do MPT, e dos demais ramos ministeriais, na propositura da maioria das ações coletivas atualmente em trâmite.

O legislador constitucional, a par da conhecida lição hermenêutica pertinente ao perigo de os textos legais firmarem conceitos, andou bem ao definir o Ministério Público como "instituição permanente, essencial à função jurisdicional do Estado, incumbindo-lhe a defesa da ordem jurídica, do regime democrático e dos interesses sociais e individuais indisponíveis" (art. 127).

Mais à frente, o mesmo Texto Constitucional declara expressamente que é função "institucional do Ministério Público" a defesa de direitos "difusos e coletivos" (art. 129, III).

Assim, o Ministério Público, desgarrado dos outros poderes clássicos (aliás, quanto mais desgarrado melhor!), foi alçado à condição de ente voltado à promoção dos direitos humanos fundamentais, sendo vedada qualquer sorte de limitação infraconstitucional à missão constitucional a ele cometida.

Essa moldura constitucional é fundamental para a compreensão da extensão da legitimidade às ações coletivas que se pretende imprimir a esse ente, notadamente à atuação do Ministério Público do Trabalho perante a Justiça do Trabalho.

A legislação infraconstitucional ratifica a moldura constitucional já citada anteriormente.

A Lei n. 7.347/1993 afirma a legitimidade do Ministério Público para o aviamento de ação civil pública (art. 5º, I).

O CDC também afirma essa mesma legitimidade (art. 82, I).

Diz o art. 83, III, da Lei Complementar n. 75/1993, que, entre as atribuições do Ministério Público do Trabalho inclui-se promoção de ação civil pública do âmbito da Justiça do Trabalho para a defesa de interesses coletivos, quando desrespeitados os "direitos sociais constitucionalmente garantidos".

Nessa toada, não há de se falar em exame prévio da adequação da legitimidade quando o Ministério Público compuser polo ativo de demanda coletiva, pois, como já mencionado, do perfil constitucional a ele atribuído, aflora a chamada legitimidade ativa universal.

Essa legitimidade ativa universal significa a impossibilidade de controle jurisdicional da chamada representação adequada. Tal representação, *a priori*, e por imposição constitucional, já se encontra preenchida.

Há, então, no tocante ao Ministério Público, e por força da moldura constitucional colada neste, verdadeira "presunção de legitimidade *ad causam* ativa pela afirmação de direito coletivo tutelável"[235], significando, via de consequência, apenas ser suficiente a mera "afirmação de direito ou interesse coletivo para presumir a legitimidade ativa"[236] desse ente. Claro que essa presunção de legitimidade não se encontra jungida à efetiva procedência da pretensão aviada.

Tanto é verdade a dita legitimidade universal do MP que os diplomas legais pertinentes à jurisdição coletiva dispõem expressamente (art. 9º da Lei da Ação Popular e parágrafo terceiro do art. 5º da Lei da ACP) a possibilidade da assunção da contenda, preferencialmente pelo *parquet*, quando o demandante originário desistir, abandonar ou for considerado ilegítimo.

Portanto, esse modelo constitucional e infraconstitucional leva à inquestionável presunção da legitimidade universal do MP para a defesa das modalidades dos direitos difusos e coletivos em sentido estrito. Essa construção também vem

---

(235) ALMEIDA, Gregório Assagra de. *Direito processual coletivo brasileiro:* um novo ramo do direito processual. São Paulo: Saraiva, 2003. p. 65.
(236) *Idem.*

sendo fortemente acompanhada na jurisprudência e doutrina[237], certamente, repita-se, com amparo na já citada redação do art. 129, III, da Constituição Federal de 1988.

O Tribunal Pleno do STF já deixou essa dita legitimação universal bem clara, conforme se nota em trecho do seguinte julgado, que tratou sobre a legitimação do Ministério Público para ações coletivas envolvendo seguro DPVAT, mas amplamente aplicável ao mundo do processo laboral. Vejamos:

> 1. Os direitos difusos e coletivos são transindividuais, indivisíveis e sem titular determinado, sendo, por isso mesmo, tutelados em juízo invariavelmente em regime de substituição processual, por iniciativa dos órgãos e entidades indicados pelo sistema normativo, entre os quais o Ministério Público, que tem, nessa legitimação ativa, uma de suas relevantes funções institucionais (CF art. 129, III).[238]

Contudo, quanto à modalidade de direitos individuais homogêneos, a jurisprudência em geral, e especialmente o Tribunal Superior do Trabalho, apresentou posição inicial bastante restritiva, passando posteriormente a admitir tal defesa, moldando sua posição à diretiva também construída pelo Supremo Tribunal Federal sobre esse assunto. Vejamos.

Antes de definir os limites de atuação do Ministério Público em relação aos direitos individuais homogêneos, levando-se em conta a necessidade de adequá-los às finalidades institucionais ministeriais, vale deixar inicialmente destacado que o Pleno do Supremo Tribunal Federal, de há muito, deixou assentado que os direitos individuais homogêneos são "subespécies dos direitos coletivos"[239].

Portanto, a natureza coletiva dos direitos individuais homogêneos mostra-se inquestionável há muito tempo, conforme jurisprudência assentada pelo STF.

O que foi definido posteriormente, também por intermédio de já citado precedente do STF, envolvendo seguro DPVT, foi justamente os limites da legitimidade do Ministério Público envolvendo os direitos individuais homogêneos.

Vejamos outro trecho desse acórdão sobre esse assunto:

> 6. Cumpre ao Ministério Público, no exercício de suas funções institucionais, identificar situações em que a ofensa a direitos individuais homogêneos compromete também interesses sociais qualificados, sem prejuízo do posterior controle jurisdicional a respeito. Cabe ao Judiciário, com efeito, a palavra final sobre a adequada legitimação para a causa, sendo que, por se tratar de matéria de ordem pública, dela pode o juiz conhecer até mesmo de ofício (CPC, art. 267, VI, e § 3º, e art. 301, VIII, e § 4º).

Portanto, o teor desse trecho destaca dois pontos específicos envolvendo os direitos individuais homogêneos, distintos do regramento já citado dos difusos e coletivos em sentido estrito. São eles:

1. Os direitos individuais homogêneos que merecem a proteção da tutela coletiva também devem ser reconhecidos como "interesses sociais qualificados", conforme já defendido em capítulo anterior, em item tratando especificamente sobre esse assunto.

2. Ao contrário dos direitos difusos e coletivos em sentido estrito, cuja legitimidade ministerial é dita universal, para os direitos individuais homogêneos admite-se o posterior controle jurisdicional para avaliar a presença ou ausência da chamada "adequada legitimação para a causa".

A jurisprudência do TST refletiu exatamente todos esses passos firmados pelo STF, ainda que com algum atraso.

No início da década de 90 houve forte restrição do Tribunal Superior do Trabalho às ações coletivas promovidas pelo Ministério Público do Trabalho para a defesa também dos direitos individuais homogêneos, considerando a leitura literal e restritiva feita à época do art. 83, III, da Lei Complementar n. 75/1993 ("promover a ação civil pública no âmbito da Justiça do Trabalho, para defesa de interesses coletivos...").

---

(237) No mesmo sentido, dentre tantos, VIGLIAR, José Marcelo Menezes. *Op. cit.*, p. 14 e NEVES, Daniel Amorim Assumpção. *Op. cit.*, p. 195.
(238) Supremo Tribunal Federal. Tribunal Pleno. RE n. 631.111-GO. DJE 30.10.2014.
(239) Supremo Tribunal Federal. Tribunal Pleno. RE n. 163.231. Rel. Min. Maurício Corrêa. DJE.26.9.1996.

Tal restrição posteriormente perdeu força[240] e o Tribunal Superior do Trabalho, já a partir do início dos anos 2000, passou a reconhecer a legitimidade do Ministério Público do Trabalho para defender os direitos individuais homogêneos em sede de ação coletiva[241].

Posteriormente, também é relevante registrar a evolução da jurisprudência do TST, ainda nesse assunto, ao reconhecer a possibilidade de a ação coletiva veicular direitos individuais homogêneos inclusive disponíveis, pois, como a decisão deixou bem assentado, essa modalidade de direitos, quando demandados coletivamente, "enquadram-se nos interesses sociais referidos no art. 127 da Constituição Federal". Vejamos:

> MINISTÉRIO PÚBLICO DO TRABALHO. LEGITIIDADE ATIVA. AÇÃO CIVIL PÚBLICA. DIREITOS INDIVIDUAIS HOMOGÊNEOS. INTERESSE SOCIAL RELEVANTE. 1. Na dicção da jurisprudência corrente do Supremo Tribunal Federal, os direitos individuais homogêneos nada mais são do que direitos coletivos em sentido lato, uma vez que todas as formas de direitos metaindividuais (difusos, coletivos e individuais homogêneos), passíveis de tutela mediante ação civil pública, são coletivas. 2. Considerando-se interpretação sistêmica e harmônica dos arts. 6º, VII, letras *"c"* e *"d"*, 83 e 84, da Lei Complementar n. 75/93, não há como negar a legitimidade do Ministério Público do Trabalho para tutelar direitos e interesses individuais homogêneos, sejam eles indisponíveis ou disponíveis. Os direitos e interesses individuais homogêneos disponíveis, quando coletivamente demandados em juízo, enquadram-se nos interesses sociais referidos no art. 127 da Constituição Federal. 3. O Ministério Público detém legitimidade para tutelar judicialmente interesses individuais homogêneos, ainda que disponíveis, ante o notório interesse geral da sociedade na proteção do direito e na solução do litígio deduzido em juízo. Verifica-se, ademais, que o interesse social a requerer tutela coletiva decorre também dos seguintes imperativos: facilitar o acesso à Justiça; evitar múltiplas demandas individuais, prevenindo, assim, eventuais decisões contraditórias, e evitar a sobrecarga desnecessária dos órgãos do Poder Judiciário. 4. Solução que homenageia os princípios da celeridade e da economia processuais, concorrendo para a consecução do imperativo constitucional relativo à entrega da prestação jurisdicional em tempo razoável.[242]

Atualmente, o TST já consolidou plenamente o entendimento acerca do cabimento da defesa de direitos individuais homogêneos pelo Ministério Público do Trabalho. Vejamos, dentre tantos, o seguinte:

> AGRAVO DE INSTRUMENTO EM RECURSO DE REVISTA DO BANCO BRADESCO. LEGITIMIDADE ATIVA DO MINISTÉRIO PÚBLICO DO TRABALHO. AÇÃO CIVIL PÚBLICA. DIREITOS INDIVIDUAIS HOMOGÊNEOS. A legitimidade ativa do Ministério Público para propor a presente demanda decorre de imperativo legal, conforme dispõe o art. 129, III, da CF, que elenca como uma das funções institucionais do órgão "promover o inquérito civil e a ação civil pública, para a proteção do patrimônio público e social, do meio ambiente e de outros interesses difusos e coletivos". Incumbe também ao Ministério Público o dever de promover "a defesa da ordem jurídica, do regime democrático e dos interesses sociais e individuais indisponíveis" (art. 127, *caput*, da CF). A hipótese dos autos, enquadra-se na definição de direitos individuais homogêneos, uma vez que postula o cumprimento de regras atinentes aos limites de jornada, vinculados diretamente à esfera jurídica de pessoas facilmente identificáveis, de natureza divisível e decorrentes de uma realidade fática comum, causadora de ameaça ou lesão.[243]

---

(240) Cf. interessante panorama histórico sobre a evolução do TST no tocante à defesa, pelo Ministério Público do Trabalho, dos direitos individuais homogêneos. In: PEREIRA, Ricardo José Macedo de Britto. *Op. cit.*, p. 222-230.

(241) Cf., por exemplo: Tribunal Superior do Trabalho. Subseção I Especializada em Dissídios Individuais. RR – 473110-83.1998.5.09.5555. Rel. Min. Luiz Philippe Vieira de Mello Filho. DJ 13.12.2002.

(242) Tribunal Superior do Trabalho. Subseção I Especializada em Dissídios Individuais. RR – 411489-59.1997.5.22.5555. Rel. Min. Lelio Bentes Corrêa. DJ 7.12.2007.

(243) Tribunal Superior do Trabalho. 4ª Turma. AIRR – 832-95.2015.5.06.0331. Relª. Minª. Maria de Assis Calsing. DEJT 9.3.2018.

Capítulo 5

Conexão, Continência, Litispendência e a Relação entre Ações Individuais e Coletivas

5.1. Considerações preliminares

Nunca é demasiado deixar registrado que os institutos objeto desse capítulo são oriundos do clássico processo civil individual, daí a necessidade de serem primeiramente apresentados os contornos advindos desse cenário estranho ao processo laboral clássico. Óbvio que o passo posterior será sempre a realização do devido encaixe no processo coletivo do mundo do trabalho.

Na realidade, o desafio deste estudo desde o início é (e continuará sendo) dificultado em quádruplo.

Primeiro, porque é preciso conhecer institutos construídos no processo civil clássico.

Segundo, porque será preciso também conhecer as dificuldades decorrentes do necessário transporte e adequação desses institutos do processo civil singular para o processo coletivo civil.

Terceiro, que nos importa com mais força, será novamente adequar esses mesmos institutos do processo coletivo civil para o processo coletivo laboral, conferindo contornos próprios e compatibilizando-os com as características singulares da relação jurídica advinda do mundo do trabalho.

O último desafio apanhou-nos no meio da produção deste livro, a Reforma Trabalhista de 2017. Agora, além de todo esse trajeto já citado, mostra-se necessário enxergar o processo coletivo laboral também sob as lentes dessa reforma, obviamente que compatibilizando, se possível, e afastando, caso não seja possível tal contabilização, esses novos dispositivos legais com o microssistema da tutela coletiva laboral, consoante já tratado nesse estudo.

Voltando à ideia deste capítulo, serão apresentados os conceitos de continência, conexão, litispendência, bem como a necessária relação, e reflexos decorrentes, entre ações coletivas e ações individuais laborais.

Ainda. Pretende-se responder como o autor da ação individual poderá beneficiar-se do julgamento de uma ação coletiva, bem como se esta poderá até prejudicar aquele autor individual.

Vejamos.

5.2. Conexão

Conexão firma uma verdadeira relação de semelhança entre demandas jurisdicionais distintas, envolvendo mesmo atores processuais, sendo certo que tem a capacidade de produzir determinados efeitos processuais alcançando essas ações inicialmente distintas, mas que mantêm algum nível de proximidade.

Diz o art. 55 do CPC claramente que serão conexas duas ou mais ações quando houver comunhão de "pedido" ou "causa de pedir".

Quanto à causa de pedir, a doutrina vem compreendendo corretamente bastar que haja coincidência apenas de um dos elementos (fatos ou fundamentos jurídicos) que integram tal elemento da ação, de modo que haja um alcance maior para a configuração desse fato jurídico processual[244].

---
(244) Neste sentido, dentre tantos, PIZZOL, Patrícia Miranda. *Op. cit.*, p. 293.

A conexão nada mais é do que o estabelecimento de uma condição de semelhança entre duas ou mais ações, consideradas pelo direito positivo como aptas a produzir determinados efeitos processuais.

O efeito processual mais importante será justamente a reunião dessas causas, em razão da modificação da competência relativa de uma dessas ações, "de modo a que um único juízo tenha competência para processar e julgar todas as causas conexas"[245], exatamente como dispõe o art.54 do CPC.

O critério da prevenção funcionará como verdadeiro mecanismo de integração dessas causas conexas, "para que se saiba em qual juízo serão reunidas as causas conexas"[246].

Outra consequência natural decorrente dessa reunião será justamente o julgamento conjunto desses processos, de maneira que busque evitar o risco de "decisões conflitantes ou contraditórias" caso decididas separadamente, exatamente como diz o § 3º do art. 55 do CPC, motivo de forte descrédito do Poder Judiciário.

Aliás, o citado § 3º do art. 55 do CPC também admite a reunião de processos, ainda que não conexos, desde que também se configure o risco citado, favorecendo a efetivação do princípio da economia processual. Inovação do texto legal, antes apenas prevista pela jurisprudência[247].

Vale citar também que o § 1º do art. 55 do CPC parece deixar claro que o reconhecimento da conexão parece ser de natureza cogente e adotada de ofício pela jurisdição, pois diz que os "processos de ações conexas serão reunidos para decisão conjunta", salvo na única hipótese de um desses processos já "houver sido sentenciado".

O fenômeno processual da conexão é plenamente compatível com o processo do trabalho, sob qualquer ângulo de visada que se queira emprestar à técnica subsidiariedade, pois, além da correção quanto à observância da corrente clássica em razão da total ausência desse instituto no processo do trabalho, também há total sintonia quanto à pretensão de serem evitadas decisões envolvendo conflitos aproximados.

Aliás, a providência do § 3º do art. 55 do CPC vem sendo bastante utilizada no processo do trabalho, principalmente no tocante aos grandes devedores, em que são concentrados processos, ainda que não conexos, em um mesmo juízo ou até mesmo em uma mesma vara do trabalho, ainda que não haja processamento simultâneo e julgamento conjunto, mas apenas concentração visando melhor racionalidade nas demandas contra aquele devedor específico, inclusive com facilidade de circulação de prova técnica produzida em um deles e transmitida aos demais.

Ainda que não seja propriamente conexão, por já ter sido ultrapassada a fase de conhecimento, essa mesma lógica de reunião acontece em determinados juízos laborais quando há diversas ações em fase de cumprimento contra um mesmo devedor, havendo apenas tramitação concentrada naquela vara do trabalho determinada, sem a necessária reunião desses feitos em um mesmo processo.

Aliás, quando se mencionou no início que o fenômeno da conexão alcança lides distintas, envolvendo mesmos atores processuais, pareceu obviamente tão evidente a necessidade de os mesmos atores processuais serem atingidos, sob pena de não haver nenhum sentido em tal reunião de lides processuais titularizadas por partes distintas.

Contudo, tal observação não se aplica ao processo coletivo, considerando que os autores não são os titulares dos direitos materiais disputados, daí a possibilidade, conforme se mostrará no próximo item, de ações cujos autores são entes titulares processuais coletivos distintos (por exemplo, sindicato dos bancários, ou associação que também defende interesses dessa classe trabalhadora), serem reunidas em razão do fenômeno da conexão.

5.2.1. Conexão nos processos coletivos laborais

O parágrafo único do art. 2º da Lei da Ação Civil Pública estabelece uma hipótese de conexão, decorrente da prevenção, entre ações coletivas. Diz o texto: "A propositura da ação prevenirá a jurisdição do juízo para todas as ações posteriormente intentadas que possuam a mesma causa de pedir ou o mesmo pedido".

---

(245) DIDIER JR., Fredie; ZANETI JR., Hermes. *Op. cit.*, p. 148.
(246) DIDIER JR, Fredie. *Curso de direito processual civil.* Vol. 1. 18. ed. Salvador: JusPodivm, 2016. p. 236.
(247) Cf. Superior Tribunal de Justiça. 1ª Seção. CC 55.584-SC. Rel. Min. Luiz Fux. DJE 5.10.2009.

A demanda considera-se proposta no juízo laboral, observada a regra do art. 312 do CPC, isto é, no momento em que a petição inicial foi protocolada. Esse protocolo deverá significar simplesmente o registro, se for hipótese de vara do trabalho única, ou a distribuição, se houver mais de um juízo competente (art. 5º, do CPC).

A conexão em ações laborais coletivas observa usualmente a mesma sistemática das ações individuais, já defendida em item passado, inclusive quanto à possibilidade de reunião de ofício pela jurisdição e quanto ao momento dessa reunião, salvo se uma dessas ações já houver sido sentenciada, conforme disposto no § 1º do art. 55 do CPC.

A consequência natural e a finalidade são idênticas àquelas construídas das demandas singulares, isto é, reunião visando a evitar decisões contraditórias envolvendo mesma situação jurídica coletiva.

O TST ratifica essa posição. Vejamos:

> Ademais, conexão, e a continência previstas nos arts. 57 e 58, do CPC-2015, têm por objetivo evitar a possibilidade de decisões contraditórias, razão pela qual importam o julgamento simultâneo das ações propostas em separado.[248]

A cláusula geral do § 3º do art. 55, do CPC, já citada, aplica-se integralmente aos exames de conexão das ações coletivas laborais. Assim, tramitando ações envolvendo uma mesma pessoa jurídica, com diversas filiais pelo Brasil envolvendo, por exemplo, hipóteses de assédio moral e assédio sexual, ainda que não conexas entre si, poderão ser reunidas em mesmo juízo (*vide* o desenvolvimento da competência adequada), local em que tais fatos aconteceram massivamente. Essa reunião somente se justificará se houver efetivamente o "risco de prolação de decisões conflitantes", conforme autoriza exatamente o § 3º, do art. 55, do CPC.

O art. 55, § 2º, I, também se mostra plenamente compatível com o processo laboral coletivo, pois estabelece a conexão entre a ação de execução de título executivo extrajudicial e a ação de conhecimento questionando esse "ato jurídico", observada a regra de prevenção para estabelecer o juízo atrativo.

Essa hipótese é bastante comum no processo coletivo laboral quando há, por exemplo, ação de execução de termo de ajuste de conduta (título executivo extrajudicial no processo do trabalho) e ação de conhecimento justamente questionando a validade desse mesmo título executivo. Nesse caso, a regra da prevenção irá determinar qual juízo julgará esses processos.

5.3. Continência

Como destaca o art. 56, do CPC, ocorrerá a continência entre duas ou mais ações sempre que houver identidade de partes e causa de pedir, mas o "objeto de uma, por ser mais amplo, abrange o das demais".

O regramento da continência é semelhante ao da conexão (art. 57, do CPC), pois se trata de mero exemplo de conexão, com produção dos mesmos efeitos, com duas singulares distinções.

A primeira refere-se à existência (da chamada pela lei) de "ação continente" e "ação contida". Aquela abrange integralmente esta, como se fosse um forte abraço dado por uma pessoa grande que acaba fazendo aquela menor literalmente desaparecer.

A segunda distinção é uma decorrência da primeira. Havendo ação continente em trâmite, desde que mais antiga, o processo relativo à ação contida (lembram do abraço que faz o outro desaparecer) irá alcançar a extinção sem julgamento do mérito, pois não tem nenhum sentido uma ação de menor latitude continuar tramitando se existe uma outra que abraça integralmente essa menor. Caso a ação mais larga seja posterior à dita contida, deverá haver a reunião de ambas para julgamento único.

5.3.1. Continência nos processos coletivos laborais

O conceito de continência se aplica integralmente aos processos coletivos laborais.

Contudo, é necessário fazer algumas observações quanto à aplicação da regra do art. 57 do CPC no processo coletivo do trabalho.

---

(248) Tribunal Superior do Trabalho. 3ª Turma. Proc. RR 503-2.2011.5.22.0003. Rel. Min. Alexandre de Souza Agra Belmonte. DEJT 23.3.2018.

A ideia da ação continente absorvendo a ação contida deverá ser lida com ressalvas considerando que os legitimados para as ações coletivas não são os verdadeiros titulares dos direitos materiais vindicados, transindividuais ou não.

Vejamos por exemplos.

Consideremos uma ação coletiva provida pelo Ministério Público do Trabalho vindicando a correção integral do meio ambiente laboral de uma determinada fábrica e uma ação coletiva promovida pelo sindicato buscando a correção de parte do meio ambiente laboral dessa mesma fábrica.

Nessas hipóteses, a ação do MPT é a continente e a do sindicato é a contida. Se a do parquet for a mais antiga, a ação do sindicato deverá ser extinta sem julgamento do mérito. Se a do sindicato for a mais antiga, as ações serão reunidas para julgamento conjunto.

Assim, tem-se a aplicação integral do art. 57, do CPC, nessa realidade processual laboral coletiva.

Imaginemos outra hipótese.

Consideremos a existência de ação coletiva promovida por determinado sindicato buscando direito individual homogêneo relativo a majoração econômica de determinada verba trabalhista.

Também em conjunto tramita ação coletiva de associação dessa mesma categoria com idêntico pedido de direito individual homogêneo do sindicato citado.

A ação da associação é mais antiga que a do sindicato.

Nessa hipótese, a regra de a ação continente mais antiga fazer desaparecer a contida mais jovem não parece ser a melhor solução para essa demanda coletiva.

Também está presente a questão da maior extensão da legitimidade do sindicato em relação às associações (lembrem-se das lições anteriores), daí porque a possível extinção da ação coletiva do sindicato poderia atingir grupo de trabalhadores que talvez nem fossem alcançados pela ação coletiva da associação.

Nesse eito, a melhor atitude a ser tomada em ações coletivas laborais, nessas hipóteses de continência, será sempre a reunião dessas ações coletivas, ainda que fique bem claro a existência de uma ação continente e outra contida. No tocante aos direitos individuais homogêneos, a delimitação dos substituídos singulares a serem alcançados individualmente, deverá ser realizada apenas em sede de cumprimento.

5.4. Litispendência

Há litispendência quando se renova demanda que já se encontra em trâmite.

O § 2º do art. 337 do CPC diz que uma ação será idêntica a outra quando possuir mesmas partes, mesma causa de pedir e idêntico pedido. A chamada tríplice identidade entre os elementos das duas ações para que sejam consideradas idênticas.

O efeito processual da litispendência será a extinção total ou parcial do feito sem a resolução do mérito, conforme disposto no art. 485, V, do CPC.

O regramento clássico da litispendência é plenamente aplicável ao processo do trabalho, em razão da absoluta falta de previsão legal desse instituto na sistemática laboral.

5.4.1. Litispendência entre ações coletivas no processo coletivo laboral

No processo coletivo a regra clássica da litispendência envolvendo identidade de partes, causa de pedir e pedido recebe tratamento diferenciado em relação à identidade do elemento subjetivo.

Para a correta compreensão do tema, necessário destacar novamente que a legitimação ativa processual nas ações coletivas é dita extraordinária, isto é, o legitimado age em nome próprio na defesa de direito (situação jurídica coletiva) que não lhe pertence.

O rol de legitimados ativos é previsto em lei.

A legitimidade é concorrente (há vários legitimados legais) e disjuntiva (qualquer um deles poderá propor sozinho a demanda).

Possível seria, então, a propositura de uma mesma ação (idêntica causa de pedir e pedido) por diferentes legitimados legais. Nesta hipótese estaria configurada a litispendência, ainda que sem identidade de partes autoras.

No processo coletivo, a identidade da parte autora da ação coletiva mostra-se irrelevante para a configuração da litispendência coletiva, considerando que a relevância para configuração desse pressuposto processual negativo será centrada quanto à defesa da mesma situação jurídica coletiva, pouco importando a identidade do titular ativo veiculador dessa pretensão[249].

Transportando tais ideias especialmente ao processo do trabalho, basta lembrar do exemplo citado anteriormente do banco e da associação veiculando em demandas coletivas distintas a mesma situação jurídica coletiva. Óbvio que haverá a litispendência.

Quanto aos efeitos da litispendência, por se tratar de pressuposto processual negativo, levaria à extinção total ou parcial do feito sem a resolução do mérito da demanda mais moderna, conforme disposto no art. 485, V, do CPC.

Contudo, no processo coletivo do trabalho (e também civil), inobstante a ausência de previsão legal específica sobre esse assunto, a melhor solução processual será a reunião desses processos para processamento simultâneo e julgamento singular, considerando a real possibilidade de a parte autora do processo extinto voltar à carga e para intervir no processo sobrevivente na condição de assistente litisconsorcial.

Essa solução processual encontra eco na doutrina. Vejamos:

> Por uma medida de economia, se isso for possível (se houver compatibilidade do procedimento e respeito às regras de competência absoluta), os feitos devem ser reunidos. É muito mais prático e rápido reunir as causas do que extinguir um dos processos e permitir que o legitimado peça para intervir no processo que sobreviveu, requerimento que dará ensejo a um incidente processual, com a ouvida das partes e a possibilidade de interposição, ao menos teórica, de algum recurso[250].

5.5. Relação entre a ação coletiva e a ação individual

O art. 104 do CDC diz o seguinte:

As ações coletivas, previstas nos incisos I e II do parágrafo único do art. 81, não induzem litispendência para as ações individuais, mas os efeitos da coisa julgada *erga omnes* ou *ultra partes* a que aludem os incisos II e III do artigo anterior não beneficiarão os autores das ações individuais, se não for requerida sua suspensão no prazo de trinta dias, a contar da ciência nos autos do ajuizamento da ação coletiva.

A regra estabelecida neste dispositivo legal é bastante clara sobre a ausência de litispendência entre a ação coletiva e a ação individual, pois tratam de situações jurídicas materiais e processuais distintas, daí não poderem ser consideradas idênticas.

Retira-se como premissa dessa parte do estudo a seguinte afirmação: a pendência de ação coletiva não impede a propositura de ação individual veiculando idêntica situação jurídica de direito material da ação coletiva.

A desafio desse item será delimitar a possível comunicação, e suas consequências, dessas demandas.

Vejamos.

Além da delimitação legal clara da ausência da litispendência entre ação coletiva e individual, estabelece o diploma legal aspectos como o (já tratado) *fair notice* e o *right to opt out*, a ser tratado no capítulo sobre coisa julgada.

---

(249) Dentre tantos processualistas, cf. GIDI, Antônio. *Coisa julgada e litispendência em ações coletivas*. São Paulo: Saraiva, 1995. p. 219.

(250) DIDIER JR., Fredie; ZANETI JR., Hermes. *Op. cit.*, p. 155.

Esse mesmo dispositivo legal comete equívoco ao mencionar apenas as ações coletivas previstas no parágrafo único dos incisos I (tratando sobre direito difuso) e II (sobre direito coletivo em sentido estrito), do art. 81, do CDC, esquecendo de mencionar os direitos individuais homogêneos, e III, do mesmo dispositivo legal, pois esta categoria, como já exposto anteriormente, é espécie do gênero direito coletivo em sentido amplo, daí merecer o mesmo tratamento[251].

Vale salientar que o significado do termo litispendência cunhado no dispositivo legal citado no início desse item tem relação com o pressuposto processual negativo[252] havido na concomitância de processos idênticos, levando à extinção processual da ação mais moderna.

Fica fácil enxergar a ausência de qualquer proximidade processual entre uma ação coletiva veiculadora de direitos difusos e coletivos em sentido estrito, pois, além da distinção entre os autores da ação coletiva em relação à demanda individual, os pedidos veiculados nessas demandas alcançam coletividade indeterminada de pessoas, além de influírem de maneira apenas mediata daquele universo de pessoas que se pretende alcançar com essa demanda coletiva.

Já em relação às ações coletivas veiculadoras de direitos individuais homogêneos, com características completamente distintas das duas modalidades anteriores, conforme defendido anteriormente, existe bastante proximidade e semelhança com os pedidos feitos em demandas de cunho individual, daí uma maior possibilidade de se pensar na ocorrência de litispendência entre esses universos.

Ainda nesta hipótese de a ação individual não atrair a litispendência em relação à ação coletiva instrumentalizando pedido de direitos individuais homogêneos, inobstante tal modalidade de direitos envolver a ideia da conjugação[253] de uma gama de direitos individuais, deve-se pensar que processualmente são duas demandas com partes distintas, daí, somente em relação a essa característica, não ser possível afirmar a litispendência.

Além disso, o próprio dispositivo legal admite como hipótese nominada e, portanto, excetiva, a possibilidade do pedido de suspensão pelo autor da ação individual, caso tenha interesse de se beneficiar do resultado da ação coletiva, no prazo de "trinta dias, a contar da ciência nos autos do ajuizamento" dessa ação coletiva.

Portanto, a única hipótese de inter-relação entre a ação coletiva e a ação individual será quando houver pedido de suspensão pelo autor desta, no prazo de trinta dias, quando tomar conhecimento daquela, visando se aproveitar, *in utilibus* da coisa julgada (assunto a ser apresentado posteriormente) proferida na ação macro.

Caso essa inter-relação ocorra entre a ação coletiva e a individual, a prevenção será sempre do juízo da ação coletiva, considerando o maior alcance da tutela jurisdicional pretendida nesta demanda[254].

5.5.1. Litispendência entre ação coletiva e ação individual no processo coletivo do trabalho

O TST, malgrado a existência de alguma controvérsia no passado sobre a possibilidade da configuração de litispendência de ação veiculadora de pedidos de direitos individuais homogêneos, ajuizada por entidade sindical, com a ação trabalhista individual com idêntico(s) pedido(s) e causa(s) de pedir, atualmente consolidou posição sobre a ausência de litispendência nessa hipótese. Vejamos:

> A Subseção I Especializada em Dissídios Individuais desta Corte adotava entendimento de que a ação ajuizada pelo sindicato da categoria profissional, na qualidade de substituto processual, acarretava litispendência e fazia coisa julgada em relação à reclamação trabalhista com os mesmos pedido e causa de pedir proposta pelo empregado individualmente. Entretanto, a Subseção I Especializada em Dissídios Individuais deste Tribunal Superior, por ocasião do julgamento dos Embargos em Recurso de Revista n. 18800-55.2008.5.22.0003, da relatoria do Ministro Augusto César Leite de Carvalho, em decorrência de interpretação do art. 104 da Lei n. 8.078/90 (Código de Defesa do Consumidor), segundo o qual a ação coletiva não induz

---

(251) No mesmo sentido, entre tantos, GRINOVER, Ada Pellegrini. *Código Brasileiro de Defesa do Consumidor comentado pelos autores do anteprojeto*. 6. ed. Rio de Janeiro: Forense Universitária, 1999. p. 212.

(252) O outro significado seria a mera pendência de um processo.

(253) Não gostamos do termo "soma" usado por alguns processualistas do direito civil, por entender que tal expressão possa levar à falsa impressão de os direitos individuais homogêneos não serem espécies de direitos coletivos em sentido amplo.

(254) Nesse mesmo sentido temos VENTURI, Elton. *Processo coletivo civil, op. cit.*, p. 362.

litispendência para a ação individual, à falta da necessária identidade subjetiva, alterou seu posicionamento acerca da matéria, passando a adotar o entendimento de que, na ação coletiva, o sindicato exerce a legitimidade extraordinária para atuar como substituto processual na defesa em Juízo dos direitos e interesses coletivos ou individuais da categoria que representa, defendendo direito de outrem, em nome próprio, enquanto, na ação individual, a parte busca o seu próprio direito, individualmente. Assim, ausente a necessária identidade subjetiva, não se pode ter como configurada a tríplice identidade que caracteriza a coisa julgada. O aludido precedente fundamentou-se também no fato de que a tutela coletiva concorre para a igualdade de tratamento e também para a objetivização do conflito trabalhista, sem expor o titular do direito ao risco de uma demanda que não moveu, ou não pôde mover sem oferecer-se à represália patronal. Portanto, a ação ajuizada pelo sindicato da categoria profissional, na qualidade de substituto processual, não acarreta litispendência nem faz coisa julgada em relação à reclamação trabalhista idêntica proposta pelo empregado individualmente. Ressalta-se que, embora a primeira parte do art. 104 do CDC literalmente afaste a litispendência somente entre as ações coletivas que visam à tutela dos interesses ou direitos difusos e coletivos e as ações individuais, a doutrina e a jurisprudência mais atualizadas e igualmente já pacificadas, diante da teleologia desse dispositivo, consideram que essa redação não exclui de sua incidência as ações coletivas de defesa dos interesses individuais homogêneos.[255]

A linha de raciocínio construída nesse julgado envolvendo entidade sindical deverá ser aplicada para qualquer ente legitimado legal que veicule ação coletiva.

Também desse julgado é possível extrair três ensinamentos já desenvolvidos anteriormente. São eles:

1. A ausência de litispendência entre ação coletiva e ação individual é justificada pela falta de tríplice identidade que caracteriza a configuração da litispendência.

2. A ausência da litispendência reforça a necessária objetivação do conflito coletivo trabalhista (chamado por alguns de ações sem rosto), posto que o titular do direito material não precisa se expor em uma "demanda que não moveu, ou não pôde mover sem oferecer-se à represália patronal".

3. Conforme já salientado anteriormente, inobstante a redação literal do art. 104 do CDC afaste a litispendência apenas e tão somente das ações coletivas veiculadoras de pedidos de direitos difusos e coletivos em sentido estrito com as ações individuais, a doutrina e jurisprudência acabam por alargar mais tal dispositivo para abranger também o fenômeno da litispendência entre ações coletivas que instrumentalizem direitos individuais homogêneos e as ações individuais.

Ainda sobre esse assunto, há vários outros julgados do TST ratificando a mesma posição citada. Vejamos:

3. Esta Corte tem o entendimento de que não há coisa julgada ou litispendência entre ação coletiva e reclamação trabalhista individual, porque não há identidade de partes entre aquela ação e a ação posterior (reclamação trabalhista do empregado/reclamante), ante o disposto no art. 104 da Lei n. 8.078/90, aplicável subsidiariamente ao Processo do Trabalho, segundo o qual as ações coletivas previstas nos incisos I e II e parágrafo único do art. 81 da referida lei não induzem coisa julgada ou litispendência para as ações individuais, haja vista que os efeitos da coisa julgada *erga omnes* ou *ultra partes* a que aludem os incisos II e III do artigo anterior não beneficiarão os autores das ações individuais, se não requerida a suspensão no prazo de trinta dias, a contar da ciência nos autos do ajuizamento da ação coletiva. Prejudicada a análise do tema remanescente do presente apelo.[256]

1 – Nos termos dos arts. 104 da Lei n. 8.078/90 e 21 da Lei n. 7.347/85, a ação coletiva não induz à litispendência para a ação individual, nem fica configurada a conexão de causas, por falta de identidade de objeto e de causa de pedir (art. 103 do CPC). Nesse sentido, a jurisprudência desta Corte posiciona-se pela não ocorrência de litispendência entre ação coletiva ajuizada pelo sindicato como substituto processual e reclamação trabalhista individual. Julgados.[257]

AGRAVO REGIMENTAL. EMBARGOS REGIDOS PELA LEI N. 13.015/2014. AÇÃO TRABALHISTA INDIVIDUAL. AÇÃO COLETIVA AJUIZADA PELO RESPECTIVO SINDICATO DE CLASSE. PEDIDOS IDÊNTICOS. LITISPENDÊNCIA. INEXISTÊNCIA. NÃO PROVIMENTO.
1. Na hipótese, o v. acórdão turmário foi proferido em consonância com a iterativa e notória jurisprudência desta Corte sobre a matéria, segundo a qual, o ajuizamento de ação coletiva pelo sindicado de classe, na qualidade de substituto processual, não impede o ajuizamento de ação individual idêntica pelo titular do direito material, restando afastada a hipótese de litispendência,

---

(255) Tribunal Superior do Trabalho. 2ª Turma. Rel. Min. José Roberto Freire Pimenta. DEJT 2.6.2017.
(256) Tribunal Superior do Trabalho. 7ª Turma. RR – 1524-64.2014.5.19.0009. Rel. Min. Luiz Philippe Vieira de Mello Filho. DEJT 22.9.2017.
(257) Tribunal Superior do Trabalho. 6ª Turma. Relª. Minª. Kátia Magalhães Arruda. DEJT 22.9.2017.

ante a inexistência de identidade de partes a que alude o art. 301, § 2º, do CPC/73. Ademais, nos termos do art. 104 do CDC, os efeitos ultra partes decorrentes da eventual procedência dos pedidos formulados na ação coletiva não se estenderão ao autor da ação individual que não tenha optado pela suspensão do processamento do feito, apesar de ciente da existência de ação coletiva. Precedentes. 2. Irretocável, pois, a decisão ora agravada, quanto à inadmissibilidade dos embargos, nos termos do que dispõe o § 2º do art. 894 da CLT, em sua nova redação. 3. Agravo regimental a que se nega provimento.[258]

5.6. Questão da suspensão do processo individual. Posição do STJ e do processo do trabalho

Ao contrário do assunto tratado no item anterior, a questão da suspensão do processo individual na teoria das ações coletivas no processo coletivo do trabalho suscita muitas dúvidas, e vem merecendo pouca atenção da doutrina e jurisprudência.

Para rememorar um pouco, conforme previsão do art. 104 do CEC, se o autor da ação individual não requerer no prazo legal de trinta dias a suspensão de sua ação individual, não poderá se aproveitar do resultado da ação coletiva. O termo inicial da contagem desse prazo será a ciência nos autos da ação individual do ajuizamento da ação coletiva.

O TST possui julgado sobre esse assunto que ratifica tudo o até aqui afirmado. Vejamos:

RECURSO DE EMBARGOS REGIDO PELA LEI N. 13.015/2014. SUSPENSÃO DO TRÂMITE DO PROCESSO EM RAZÃO DO AJUIZAMENTO DE AÇÃO COLETIVA. O art. 104 do Código de Defesa do Consumidor, integrante do microssistema de ações coletivas, prevê como direito subjetivo do autor a possibilidade de requerer a suspensão de sua ação individual já ajuizada, com o objetivo de se beneficiar da coisa julgada formada na ação coletiva (*opt in*), *desde que o faça no prazo de 30 dias a contar da ciência, nos autos, do ajuizamento de uma ação coletiva*. Cumpre a este juízo apenas averiguar se o objeto da ação coletiva corresponde àquele da ação individual, bem como se o prazo foi observado. Depreende-se do teor do art. 104 do CDC que a ciência do ajuizamento de uma ação coletiva há de ser expressa nos autos da ação individual, não se podendo cogitar de presunção desse conhecimento. Além disso, não se infere da redação do aludido dispositivo qualquer exigência de ser a ação individual necessariamente anterior à ação coletiva. Recurso de embargos conhecido e desprovido.[259]

Dessa decisão extrai-se que se trata de direito subjetivo do autor a possibilidade de requerer a suspensão de sua ação individual, bem como a possibilidade do individual beneficiar-se da coisa julgada coletiva, caso acione a última parte do dispositivo legal em questão.

Óbvio que essa suspensão da ação individual deverá perdurar "pelo tempo necessário ao trânsito em julgado da sentença coletiva"[260].

Contudo, ainda assim, pairam pelo menos três fortes dúvidas envolvendo essa temática, não respondidas pela jurisprudência do TST, nem muito menos pela doutrina processual laboral coletiva; quais sejam:

1. Quem é o responsável pela informação da existência da ação coletiva ao autor individual?

2. Qual o termo final para esse pedido de suspensão?;

3. Caberia ao juiz a suspensão de ofício da ação individual após tomar conhecimento da ação coletiva com similares causa de pedir e idênticos pedidos?

Vamos às respostas.

Já foi visto no julgado citado do TST que é direito subjetivo do autor a possibilidade de requerer a suspensão da ação individual visando aguardar o eventual resultado positivo da ação coletiva para se aproveitar, *in utilibus*, da coisa julgada, caso obedecida a última parte do dispositivo legal em apreço.

Em cenário contrário, o prosseguimento da ação individual (aviada antes ou depois da ação coletiva) significará a exclusão do autor da ação individual dos efeitos da sentença coletiva.

A opção pela continuidade ou suspensão da ação individual somente será válida, se foi garantida a ciência inequívoca da existência do processo coletivo, nos autos do processo individual, cujo ônus será do réu da ação individual e da ação coletiva.

---

(258) Tribunal Superior do Trabalho. Subseção I Especializada em Dissídios Individuais. Rel. Min. Guilherme Augusto Caputo Bastos. DEJT 1º.7.2016.
(259) Tribunal Superior do Trabalho. Subseção I Especializada em Dissídios Individuais. Rel. Min. Augusto César Leite de Carvalho. DEJT 16.3.2018.
(260) GIDI, Antônio. *Coisa julgada e litispendência em ações coletivas*, op. cit., p. 193.

Diz-se ônus, no sentido de encargo de próprio interesse do réu, porque se não for observado, o autor individual poderá ser beneficiado da coisa julgada coletiva ainda "no caso de a sua ação individual ser rejeitada"[261], em razão do princípio da boa-fé processual (art. 5º, do CPC) e da cooperação (art. 6º, do CPC). Vejamos trecho da doutrina processual coletiva civil nessa mesma linha:

> Entendo que o ônus de informar a existência da ação coletiva é do réu, sendo este o maior interessado em tal informação. Tanto a suspensão do processo individual com a sua continuidade com a exclusão do autor individual dos efeitos da ação coletiva interessa mais ao réu do que ao autor, que teoricamente se manteria em uma situação mais confortável se continuasse com sua ação individual em trâmite, podendo ainda se aproveitar do resultado positivo do processo coletivo.[262]

Esse mesmo cenário se aplica integralmente ao processo coletivo do trabalho.

Primeira indagação respondida.

A segunda pergunta é a mais fácil das três.

Ora, inobstante o prazo legal estabelecido para suspensão da ação individual a partir do conhecimento do trâmite da ação coletiva, não foi estabelecido momento processual derradeiro para tal providência.

É coerente defender que o pedido de suspensão do processo individual somente tem lugar até a prolação da sentença, sob pena de violação do princípio da boa-fé processual, isto porque o demandante individual poderia escolher maliciosamente aguardar a sentença e até o julgamento do recurso do segundo grau de jurisdição — se houvesse, para firmar leitura da viabilidade da ação coletiva, e a partir de então decidir pela continuidade ou não da ação individual.

Não parece ser o caminho processual da lealdade, pois se criam duas possibilidades de êxito ao autor individual em detrimento do réu, tornando a balança processual desequilibrada.

Daí não se concordar com posição de parte doutrina que admite tal pedido em qualquer fase recursal que impedisse o trânsito em julgado da ação coletiva[263].

Esses mesmos argumentos também se aplicam integralmente ao cenário doutrinário do processo coletivo laboral.

Resta responder a última indagação.

Assim como nas perguntas pregressas, a legislação não está apta a responder se caberia à jurisdição a suspensão de ofício da ação individual após tomar conhecimento da ação coletiva com similares causa de pedir e idênticos pedidos.

Nesse eito, a resposta parece ser negativa, considerando que a suspensão de ofício da ação individual pela jurisdição acaba por violar frontalmente o princípio fundamental do acesso à tutela jurisdicional (art. 5º, XXXV, da CF 1988).

Se o próprio dispositivo legal afirma a ausência da indução de litispendência entre ação coletiva e ação individual, foi colocada claramente a possibilidade de a parte manter o trâmite regular de sua ação coletiva, ainda que tenha conhecimento de ação coletiva que poderia abarcar integralmente os pedidos formulados em ação singular.

Esse mesmo argumento já foi construído pelo STJ no seguinte julgado:

> 6. No caso dos autos, porém, o objeto das demandas são direitos individuais homogêneos (= direitos divisíveis, individualizáveis, pertencentes a diferentes titulares). Ao contrário do que ocorre com os direitos transindividuais — invariavelmente tutelados por regime de substituição processual (em ação civil pública ou ação popular) —, os direitos individuais homogêneos podem ser tutelados tanto por ação coletiva (proposta por substituto processual), quanto por ação individual (proposta pelo próprio titular do direito, a quem é facultado vincular-se ou não à ação coletiva). Do sistema da tutela coletiva, disciplinado na Lei n. 8.078/90 (Código de Defesa do Consumidor – CDC), nomeadamente em seus arts. 103, III, combinado com os §§ 2º e 3º, e 104),

---

(261) DIDIER JR., Fredie; ZANETI JR., Hermes. *Op. cit.*, p. 165.
(262) NEVES, Daniel Amorim Assunção. *Op. cit.*, p. 257.
(263) Como por exemplo, GIDI, Antônio. *Coisa julgada e litispendência em ações coletivas, op. cit.*, p. 199.

resulta (a) que a ação individual pode ter curso independente da ação coletiva; (b) que a ação individual só se suspende por iniciativa do seu autor; e (c) que, não havendo pedido de suspensão, a ação individual não sofre efeito algum do resultado da ação coletiva, ainda que julgada procedente. Se a própria lei admite a convivência autônoma e harmônica das duas formas de tutela, fica afastada a possibilidade de decisões antagônicas e, portanto, o conflito.[264]

Por fim, os argumentos apresentados para todas as perguntas anteriores servem perfeitamente à realidade do processo coletivo laboral.

---

[264] Superior Tribunal de Justiça. Primeira Seção. Rel. Min. Teori Albino Zavascki. DJ. 5.6.2006.

Capítulo 6

Ministério Público do Trabalho

6.1. À guisa de introito

O papel de protagonista do Ministério Público do Trabalho no mundo dos conflitos laborais jurisdicionais vem se consolidando cada vez mais. Basta ver os milhares de julgados de ações coletivas espalhados pelos tribunais laborais regionais desse país, incluindo obviamente o Tribunal Superior do Trabalho.

Como se pretende demonstrar neste capítulo, o *parquet* laboral quando não atua propriamente como parte de uma demanda coletiva (no sentido de ser sujeito de uma relação jurídica processual, assumindo protagonismo ativo ou passivo de uma relação jurídica processual), necessariamente funcionará na condição de "fiscal da ordem jurídica"[265], consoante dispõe o § 1º do art. 5º da Lei da ACP.

Não se conhece qualquer pesquisa com dados estatísticos confiáveis acerca da participação efetiva do Ministério Público do Trabalho como autor de ações coletivas, mas quem participa da realidade cotidiana dos tribunais trabalhistas percebe facilmente que o *parquet* laboral seguramente lidera o percentual relativo à condição de autor dessas ações coletivas, principalmente em localidades (geralmente aquelas mais afastadas dos grandes centros urbanos) em que as entidades sindicais não possuem muita penetração.

E ainda quando não chega a ser o autor de ações coletivas, o Ministério Público do Trabalho protagoniza a resolução, com cada vez mais frequência, relevância e importância, de crises de direito coletivo em sentido amplo por intermédio da chamada atuação extrajudicial, notadamente por intermédio da subscrição de termos de compromisso de ajuste de conduta, assunto a ser também desenvolvido neste capítulo.

Em razão desse protagonismo jurisdicional e extrajudicial, optou-se por trabalhar neste capítulo próprio alguns aspectos primeiramente gerais da instituição Ministério Público, e por consequência especificamente do Ministério Público do Trabalho, para depois delinear algumas questões envolvendo a atribuição jurisdicional (em linhas gerais) e atuação extrajudicial do *parquet* laboral, nos estritos limites já delimitados desde o início.

6.2. Do perfil constitucional-institucional do MP brasileiro

O Ministério Público integra o Título IV (Da Organização dos Poderes), Capítulo IV, Seção I, tendo o seu perfil delineado no art.127, como instituição, além de permanente, "essencial à função jurisdicional do Estado, incumbindo-lhe a defesa da ordem jurídica, do regime democrático e dos interesses sociais e individuais indisponíveis".

O perfil constitucional conferido ao Ministério Público, inegavelmente inovador e progressista, o apontou como uma instituição autônoma, integrante da estrutura do Estado Democrático de Direito, sem qualquer vinculação ou subordinação a nenhum dos ditos poderes clássicos (Executivo, Legislativo ou Judiciário).

Inobstante o Ministério Público não ser enquadrado como um dos mencionados poderes clássicos, certamente ocupa lugar bastante destacado na organização do Estado, inclusive com tendência de expansão natural, por ser principal protagonista das rápidas mudanças decorrentes da realização de valores e princípios constitucionais.

---

(265) Optou por utilizar essa nomenclatura (fiscal da ordem jurídica), por se entender mais moderna, disposta no art. 178 do CPC, ao contrário daquela clássica (fiscal da lei), cunhada pela Lei da ACP, já ultrapassada no cenário atual de defesa também de princípios constitucionais ou infraconstitucionais.

O *parquet* brasileiro, acompanhando a formatação do Estado federativo, abrange o Ministério Público dos Estados e o Ministério Público da União, este compreendido pelo Ministério Público Federal, Ministério Público do Trabalho, Ministério Público Militar e o Ministério Público do Distrito Federal (art. 24 da Lei Complementar n. 75/1993), possuindo cada um desses ramos o seu próprio Procurador-Geral, chefe de cada uma dessas instituições, além de uma atuação jurisdicional também legalmente delimitada.

Caberá especificamente ao Ministério Público do Trabalho atuar unicamente[266] nos patamares jurisdicionais da Justiça do Trabalho, conforme Lei Complementar n. 75/1993, em ações coletivas e individuais, na condição de autor ou fiscal da ordem jurídica, como já mencionado.

Também caberá ao *parquet* laboral o protagonismo na resolução de crises de direitos coletivos laborais em sentido amplo, em âmbito extrajudicial, por intermédio da subscrição dos termos de compromisso de ajuste de conduta, ou simplesmente Termo de Ajuste de Conduta, a serem desenvolvidos mais à frente neste capítulo.

Os membros do Ministério Público são denominados Procuradores ou Promotores de Justiça. Promotor de Justiça é utilizado para o primeiro grau da carreira aos membros do Ministério Público Militar, Ministério Público do Distrito Federal e Ministério Público dos Estados. Procurador da República e Procurador do Trabalho é nomenclatura utilizada para o primeiro grau da carreira, respectivamente, do Ministério Público Federal e Ministério Público do Trabalho.

Há corrente clássica[267], acompanhada por alguns autores mais atuais[268], defendendo que os membros do Ministério Público seriam verdadeiros agentes políticos, considerando a concentração de diversas prerrogativas diretamente constitucionais, voltadas ao cumprimento de relevantes funções à sociedade brasileira.

Não parece ser a posição mais correta.

Inobstante a destacada posição dos membros do Ministério Público, considerando as nobilíssimas finalidades institucionais atribuídas pelo Texto Constitucional, entendemos que a figura do agente de política tem relação bastante aproximada com aqueles que exercem mandato popular temporário, como chefes dos Poderes Executivos e membros do Poder Legislativo[269], daí porque insiste-se serem os membros do Ministério Público mais bem classificados como **servidores públicos qualificados**.

6.3. Garantias, vedações e atribuições dos membros do MP brasileiro

O § 5º, do art. 128, do Texto Maior, assegura como garantias essenciais à atuação dos membros do Ministério Público, em mesmo patamar conferido aos magistrados, as seguintes:

i) vitaliciedade: alcançada após dois anos de exercício, não podendo o membro perder o cargo senão por sentença judicial transitada em julgado;

ii) inamovibilidade: impossibilidade de transferência injustificada do membro, ressalvada a hipótese de interesse público, pelo voto da maioria absoluta do órgão colegiado competente (relativo a cada ramo do MP), sendo assegurada ampla defesa ao membro atingido;

iii) irredutibilidade de subsídios, conforme previsão constitucional.

Como vedações constitucionais, conforme disposto no art. 128, § 5º, II, do Texto Maior, são apontadas as seguintes:

i) receber, a qualquer título e sob qualquer pretexto, honorários, percentagens ou custas processuais;

---

(266) Vem decidindo o STF, assumindo posicionamento bastante questionável, que o "exercício das atribuições do Ministério Público do Trabalho se circunscreve aos órgãos da Justiça do Trabalho...". Supremo Tribunal Federal. Tribunal Pleno. Ag.Reg. na Reclamação 3.431-PA. Rel. Min. Teori Zavascki. DJE 17.6.2013.

(267) Concebida originariamente pelo saudoso e ilustre administrativista Hely Lopes. Cf. MEIRELES, Hely Lopes. *Direito administrativo brasileiro*. 32. ed. São Paulo: Malheiros, 2012.

(268) Cf. PEREIRA, Ricardo José Macedo de Britto. *Op. cit.*, p. 69.

(269) Linha similar defendida por outro ilustre administrativista Celso Bandeira de Mello. Cf. MELLO, Celso Antônio Bandeira de. *Curso de direito administrativo*. 11. ed. São Paulo: Malheiros, 1999.

ii) exercer a advocacia, inclusive observando proibição de três anos de atuar no juízo ou tribunal do qual se afastou, decorridos do afastamento por aposentadoria ou exoneração, conforme expressa previsão constitucional (art. 95, V, em conjunto com art. 128, § 5º);

iii) exercer comércio ou participar de sociedade comercial, salvo na condição de acionista ou cotista (art. 237, III, da Lei Complementar n. 75/1993);

iv) exercer, ainda que em disponibilidade, qualquer função pública, salvo uma de magistério;

v) exercer atividade político-partidária;[270]

vi) receber, a qualquer título ou pretexto, auxílios ou contribuições de pessoas físicas, entidades públicas ou privadas, ressalvadas as exceções previstas em lei.

A Carta Maior de 1988 conferiu relevantes atribuições aos Ministérios, conforme vasto elenco disposto no art. 129, incs. I até IX).

Além disso, especificamente em relação ao Ministério Público do Trabalho, houve a inserção, por intermédio da Emenda Constitucional n. 45/2004, do atual § 3º do art. 114, atribuindo ao MPT o *munus* de ajuizar dissídio coletivo, na Justiça especializada laboral, nas hipóteses de greve em atividade essencial, quando presente a possibilidade de lesão de interesse público qualificado.

Vale destacar que cada ramo específico do Ministério Público possui lei de regência respectiva, com atribuições específicas elencadas. Por exemplo, quanto ao Ministério Público da União, há vasto elenco de "funções institucionais" e "competências", previstas, respectivamente, nos arts. 5º e 6º da Lei Complementar n. 75/1993.

Adianta-se, desde logo, malgrado será objeto de item específico mais à frente, que, em razão de moldura constitucional e infraconstitucional, ao Ministério Público do Trabalho é atribuído o papel de essencial guardião, defensor e promotor dos direitos humanos fundamentais no universo das relações laborais ou do que vem sendo chamado atualmente como "mundo do trabalho".

6.4. Princípios institucionais do Ministério Público

Vale destacar que os princípios institucionais dos Ministérios Públicos estão diretamente associados ao exercício de poderes, cometidos diretamente pelo Texto Constitucional vigente e por leis infraconstitucionais. Portanto, desprendidos de qualquer limitação, autorização ou reconhecimento de qualquer dos poderes estatais clássicos. A atuação ministerial é autorizada tão somente pela legislação constitucional e infraconstitucional.

Foram inscritos no art. 127, § 1º, da Carta Magna de 1988, os seguintes princípios (ou vetores) institucionais, dirigidos a cada um dos ramos dos Ministérios Públicos. Vejamos:

i) **unidade:**

Os membros dos Ministérios Públicos vinculam-se a um único órgão, com identidade singular, chefiada por um membro da carreira, atuando de forma concentrada, organizada, integrada, orgânica e institucional, visando alcançar os objetivos e finalidades da instituição, com a consequente superação de interesses individuais de cada membro, caso não estejam em consonância com essas metas coletivas da instituição.

A atuação individual de um membro corresponde à "atuação de todo órgão"[271].

Essa unidade, observando a paridade com o sistema federativo brasileiro, não se aplica entre Ministérios Públicos de Estados diferentes, nem entre esses *parquets* estaduais e o Ministério Público do União.

Tal unidade também deverá ser aplicada entre os ramos que compõem o Ministério Público da União (Ministério Público Federal, Ministério Público do Trabalho, Ministério Público Militar e Ministério Público do Distrito Federal, art. 24 da Lei Complementar 75/1993).

---

(270) Sobre esse assunto, cf. Resolução n. 5, 20.6.2006, editada pelo Conselho Nacional do Ministério Público (CNMP).

(271) PEREIRA, Ricardo José Macedo de Britto. *Op. cit.*, p. 70.

Na prática, quanto à unidade dos Ministérios Públicos integrantes do MPU, significa dizer que a atuação perante o Supremo Tribunal Federal e Superior Tribunal de Justiça deverá ser concentrada pelo Ministério Público Federal, pois o Procurador-Geral da República é o chefe da instituição MPU (art. 25 da Lei Complementar n. 75/1993), e o órgão do Ministério Público que deverá atuar perante aquele tribunal[272].

Portanto, ainda que o recurso extraordinário seja titularizado pelo MPT, o processo passará a ser conduzido pelo MPF e as consequentes intimações serão dirigidas ao Procurador-Geral da República, exatamente conforme já decidido pelo STF. Vejamos.

> AGRAVO REGIMENTAL NA RECLAMAÇÃO – ADMINISTRATIVO E PROCESSUAL CIVIL – DISSÍDIO ENTRE SERVIDORES E O PODER PÚBLICO – ADI n. 3.395/DF-MC – MINISTÉRIO PÚBLICO DO TRABALHO – ILEGITIMIDADE AD CAUSAM. 1. O Ministério Público do Trabalho integra a estrutura do Ministério Público da União (art. 128, I, da CF), sendo o princípio da unicidade do Ministério Público (art. 127, § 1º, CF) importante fundamento conformador de sua atuação institucional. 2. As funções do Ministério Público junto ao Supremo Tribunal Federal competem privativamente ao Procurador-Geral da República. 3. O Ministério Público do Trabalho não possui legitimidade para atuar, em sede processual, perante o Supremo Tribunal Federal. 4. Agravo regimental não conhecido.[273]

Aliás, essa limitação de atuação do MPT no âmbito do STF foi muito bem resolvida no âmbito interno do MPU, pois atualmente há uma assessoria especializada nas questões trabalhistas vinculada diretamente ao órgão de chefia do MPU, realizada por membros do MPT, voltada ao equacionamento dessas questões especializadas laborais perante o STF.

ii) indivisibilidade:

O princípio da indivisibilidade tem relação com o da unidade. Significa, objetivamente, que os membros, em sua atuação regular, podem ser substituídos, nos casos legalmente previstos, sem prejuízo para a atividade cotidiana desenvolvida, pois a atuação é do órgão, por intermédio dos seus membros, e não o contrário.

Essa é a razão para o membro sempre vocalizar sua atuação começando a sua fala com a expressão "o Ministério Público...".

Tal princípio também não significa a vinculação a pronunciamentos anteriores firmados pelos membros que antecederam aquele que está oficiando atualmente.

Significa dizer, em outras palavras mais diretas, a ausência de obrigação de um membro da Instituição que substitui outro em observar idêntica linha de atuação de seu antecessor.

Aliás, esse antagonismo de pensamentos acontece, malgrado não ser muito corriqueiro, quando há membros distintos, em uma mesma ação, atuando como parte e *custos legis*. Este simplesmente pode opinar em segundo grau de jurisdição, por exemplo, pela improcedência dos pedidos veiculados em ação civil pública. Óbvio que esse tipo de situação não é conveniente para o fortalecimento da própria instituição, mas poderá de fato acontecer.

iii) independência funcional:

A independência funcional decorre de uma relação verdadeiramente horizontal entre os membros do Ministério Público, sem qualquer laivo de hierarquia na atuação funcional.

Isso significa, em outras palavras, que o membro do Ministério Público age sem qualquer direcionamento ou imposição superior, obedecendo tão somente suas próprias convicções, ficando resguardado contra possíveis pressões externas ou até internamente.

Contudo, não significa a ausência total de controle na atividade finalística, pois será possível, por exemplo, que determinado arquivamento de procedimento apuratório administrativo não seja revisto pelo órgão de controle de um determinado ramo do Ministério Público.

---

(272) Quem já viu as sessões televisionadas do Pleno do Supremo Tribunal Federal (aliás, cada vez mais populares), já percebeu estar sempre à direita do Presidente do STF o membro do MPF, via de regra o Procurador-Geral da República).

(273) Supremo Tribunal Federal. Tribunal Pleno. Rcl n. 7.318-PB. Rel. Min. Dias Toffoli. DJE 26.10.2012.

Nesse caso, o princípio da independência se fará presente quando esse procedimento, cujo arquivamento não restou homologado, retornar e precisar ser redistribuído para outro membro, pois a atuação daquele que arquivou esgotou-se naquele momento.

Em questões de condução administrativa dos órgãos dos Ministérios Públicos, é possível ser reconhecida a existência de poderes hierárquicos dos Procuradores-Chefes ou Procurador-Geral, principalmente no trato com os servidores da Instituição.

6.5. Do Ministério Público do Trabalho

Os limites do presente estudo obviamente não são capazes de permitir ampla contextualização histórica do Ministério Público do Trabalho, a que, por desígnio constitucional, é atribuído o relevante papel de defesa e promoção dos direitos fundamentais sociais laborais no vasto mundo do trabalho.

O MPT tem sua origem remota vinculada à criação dos primeiros órgãos administrativos encarregados de lidar com as questões e conflitos de natureza trabalhista. Até então não existia a Justiça do Trabalho[274].

Mais à frente o MPT se estrutura como órgão oficiante perante a "Justiça do Trabalho", nascida com a Constituição de 1937, ainda vinculada ao Poder Executivo.

Com a aprovação da CLT o nome atual Ministério Público do Trabalho restou pela primeira vez mencionado, inobstante a ultrapassada, antiga e equivocada nomenclatura "Procuradoria da Justiça do Trabalho" ainda aparecer, até hoje, em diversos dispositivos da CTL.

Na edição da CLT, cabia aos membros, ainda considerados "agentes diretos do Poder Executivo" (art. 736), a ainda atual e correta atribuição de "zelar pela exata observância da Constituição Federal, das leis e demais atos emanados dos poderes públicos, na esfera de suas atribuições".

Segundo o art. 737 da CLT, a composição do MPT naquela ocasião seria "a Procuradoria da Justiça do Trabalho e a Procuradoria da Previdência Social, aquela funcionando como órgão de coordenação entre a Justiça do Trabalho e o Ministério do Trabalho", sendo ambas diretamente subordinadas ao Ministro de Estado.

Tais dispositivos demonstram ainda uma forte vinculação do MPT ao Poder Executivo. Aliás, todos os demais dispositivos da CLT sobre *parquet* laboral restaram ultrapassados (arts. 736 até 754).

Posteriormente, já com a Justiça do Trabalho devidamente integrada ao Poder Judiciário, promulgou-se a Lei n. 1.341/1951, constituindo a Lei Orgânica do Ministério Público da União, ao qual foram integrados o Ministério Público do Trabalho, Ministério Público Federal, Ministério Público Militar e Eleitoral, desenho institucional inaugurado naquela ocasião e mantido até os dias atuais em relação ao *parquet* laboral, inobstante a manutenção da vinculação deste ao Poder Executivo.

Finalmente, registre-se a edição da Lei Complementar n. 75/1993, conhecida como Lei Orgânica do Ministério Público da União, desenho institucional consolidado até os dias atuais, com disposições gerais e especiais destinadas a todos os ramos ministeriais do chamado MPU.

No perfil atual do Ministério Público do Trabalho, a vocação dos membros é voltada para a promoção dos direitos fundamentais sociais laborais no mundo do trabalho.

Tal atividade é desenvolvida em dois planos bastante distintos: atuação judicial (parte ou órgão agente e como fiscal da ordem jurídica) e atuação extrajudicial.

Antes de delimitar tais atribuições, importante deixar bem ressaltado que a instituição Ministério Público alcançou outro patamar após a edição da Carta Maior de 1988, pois, além de desgarrar-se por completo do Poder Executivo,

---

(274) Cf. ótimo apanhado histórico em MARTINS FILHO, Ives Gandra. Um pouco de história do Ministério Público do Trabalho. In *Revista do Ministério Público do Trabalho*, São Paulo, LTr, n. 13, ano 7, p. 23-52, mar. 1997.

foi alçado à condição de agente promotor de importantes transformações na sociedade brasileira, sendo verdadeiro guardião dos direitos e valores que possuem repercussão social.

E o Ministério Público do Trabalho obviamente acompanhou essa mudança sensível de perfil, sendo atualmente considerado um importantíssimo ator de controle e correção dos desvios havidos em situações relevantes nas relações laborais.

6.6. Da atuação jurisdicional do MPT (parte ou fiscal da ordem jurídica)

A atuação judicial da instituição Ministério Público do Trabalho dá-se em duas frentes bem delimitadas, cujas linhas gerais estão gizadas no art. 127 e art. 129 da Carta Magna de 1988.

Depois a legislação infraconstitucional também delimita claramente essa dualidade nas frentes de atuação jurisdicional.

Vejamos primeiro na condição de fiscal da ordem jurídica.

6.6.1. Atuação como fiscal da ordem jurídica

Ainda em relação à instituição Ministério Público, as linhas gerais para atuação judicial na condição de fiscal da ordem jurídica foram delimitadas pelo art. 178 do CPC, assim escrito:

O Ministério Público será intimado para, no prazo de 30 (trinta) dias, intervir como fiscal da ordem jurídica nas hipóteses previstas em lei ou na Constituição Federal e nos processos que envolvam:

I – interesse público ou social;

II – interesse de incapaz;

III – litígios coletivos pela posse de terra rural ou urbana.

Portanto, fica bem demonstrado o interesse de o Ministério Público atuar na condição de "fiscal da ordem jurídica" (nomenclatura mais adequada que a anterior "fiscal da lei") nas hipóteses apontadas pelo CPC, sendo duas hipóteses específicas (incs. II e III) e uma bem mais genérica (inc. I) envolvendo qualquer demanda em que houver "interesse público ou social", conceito bastante genérico.

Também se deve considerar a incorreção do art. 178 do CPC quanto a uma possível limitação da atuação ministerial apenas quando houver a "intimação", ficando obscura possível impossibilidade de o membro agir de ofício, sem provocação da jurisdição.

Quanto a esse aspecto, e especificamente em relação à atuação do Ministério Público do Trabalho na condição de fiscal da ordem jurídica em primeiro grau de jurisdição, o art. 83 da Lei Complementar n. 75/1993 é bem mais claro quanto à correção da atuação ministerial de ofício, bem como não apontou limitação de prazo de intervenção, como fez incorretamente o atual CPC. Basta o membro entender presentes as condições que justifiquem tal atuação. Vejamos:

Art. 83. Compete ao Ministério Público do Trabalho o exercício das seguintes atribuições junto aos órgãos da Justiça do Trabalho:

I. *omissis*.

II. manifestar-se em qualquer fase do processo trabalhista, acolhendo solicitação do juiz ou por sua iniciativa, quando entender existente interesse público que justifique a intervenção.

Portanto, a inteligência do dispositivo mostra-se bem clara, ao contrário do CPC, sobre a possibilidade de atuação do membro do MPT em primeiro grau de jurisdição, acolhendo solicitação ou por sua iniciativa, quando compreender configurado "interesse público" apto a justificar tal intervenção, "em qualquer fase do processo trabalhista".

É conferido ao membro do *parquet* laboral a valoração sobre eventual existência de interesse público apto a avalizar o ingresso na condição de fiscal da ordem jurídica, não cabendo à jurisdição impedir tal intervenção judicial, conforme a inteligência do já citado inciso II do art. 83 da Lei Complementar n. 75/1993. Nesse sentido já decidiu o TST. Vejamos:

MINISTÉRIO PÚBLICO. INTERESSE PÚBLICO. Não há dúvida de que pertence ao Ministério Público o entendimento no que tange à existência ou não de interesse público que justifique sua intervenção. E a iniciativa da citada intervenção deverá ser sempre do órgão do Ministério Público quando entender existente interesse público. No caso de não ser permitida a manifestação deste órgão, a falta da mesma conduzirá à nulidade do processo.[275]

Aliás, eventual decisão impeditiva da jurisdição sobre participação de membro do Ministério Público que afirmou a existência de interesse público em determinada lide, dará claramente ensejo à impetração de mandado de segurança contra esse ato jurisdicional, em razão da clara violação de direito, conforme disposto no art. 1º da Lei n. 12.016/2009.

Assim, o prazo limite de trinta dias disposto no art. 178 do CPC mostra-se nitidamente inaplicável ao processo do trabalho[276].

Há duas hipóteses específicas de intervenção obrigatória do Ministério Público do Trabalho como fiscal da ordem jurídica, conforme previsão expressa disposta no art. 92 do CDC e § 1º do art. 5º da Lei da ACP.

A primeira trata da atuação obrigatória do MPT como fiscal da ordem jurídica nas ações coletivas envolvendo direitos individuais homogêneos, conforme art. 92 do CPC (O Ministério Público, se não ajuizar a ação, atuará sempre como fiscal da lei).

Outra hipótese está disposta na Lei da ACP em que o *parquet* laboral atuará necessariamente como fiscal da ordem jurídica, nas ações coletivas em que não figurar como parte.

A compreensão conjunta desses dois dispositivos legais leva à conclusão da obrigatória participação do Ministério Público do Trabalho em todas as ações coletivas em trâmite, nas ações em que não seja parte, envolvendo qualquer uma das modalidades dos direitos coletivos em sentido amplo.

Há julgado do TST restringindo, de maneira incorreta, a incidência do citado art. 92 do CDC, nas hipóteses de ações coletivas aviadas por sindicato, na condição de substituto processual. Vejamos:

RECURSO ORDINÁRIO EM AÇÃO RESCISÓRIA PROPOSTA NA VIGÊNCIA DO CPC/1973. AÇÃO CIVIL COLETIVA. INTERVENÇÃO OBRIGATÓRIA DO MINISTÉRIO PÚBLICO DO TRABALHO. VIOLAÇÃO DOS ARTS. 92 DA LEI N. 8.078/90 (CDC), 5º, § 1º, DA LEI 7.347/85 (LACP) E 84 E 246, PARÁGRAFO ÚNICO, DO CPC/73. INCIDÊNCIA DO ÓBICE DO ITEM I DA SÚMULA 83 DO TST. Esta colenda 2ª Subseção Especializada, na sessão do dia 14/3/2017, decidiu, como em caso idêntico, que "o sindicato, ao ajuizar ação coletiva para defesa dos direitos dos empregados de sua categoria, agiu na condição de substituto processual, como autorizado nos arts. 8º, III, da CF/88 e 195, § 2º, e 513, "a", da CLT, não se tratando da hipótese prevista na Lei n. 8.078/90, que trata de ações civis coletivas, que objetivam a defesa do consumidor, devendo ser aplicada subsidiariamente tão somente nos casos de omissão das normas de processo do trabalho, que não é o caso em questão. Ademais, conforme dispõe o art. 794 da CLT, ' Nos processos sujeitos à apreciação da Justiça do Trabalho só haverá nulidade quando resultar dos atos inquinados manifesto prejuízo às partes litigantes'. Dessa forma, ainda que se considerasse aplicável ao caso em questão o contido no art. 92 da Lei n. 8.078/90 — que prevê a obrigatoriedade da intimação do *parquet* nas ações civis coletivas em que não seja parte, sob pena de nulidade — o mesmo deve ser interpretado conjuntamente com os dispositivos contidos na CLT. Assim, a eventual ausência de intimação do MPT somente acarretaria nulidade quando restar comprovado o manifesto prejuízo às partes, ônus da prova que compete a quem alega a nulidade, *in casu*, ao Ministério Público, o que não ocorreu no presente caso. De outra parte, a análise acerca da aplicação, ou não, da norma contida no art. 92 da Lei n. 8.078/90 ao processo do trabalho nos casos de ajuizamento de ação coletiva pelo sindicato atuando como substituto processual tem construção meramente jurisprudencial, cuja interpretação até o momento continua sendo passível de controvérsia nos Tribunais. Portanto, a pretensão rescisória calcada no art. 485, V, do CPC/73, em razão de suposta ofensa aos arts. 92 da Lei n. 8.078/90, 5º, § 1º, da Lei n. 7.347/85 e 84 e 246, parágrafo único, do CPC/73, com relação à necessidade de intimação do Ministério Público para atuar como fiscal da lei nas ações coletivas ajuizadas pelo sindicato na condição de substituto processual e seu caráter de nulidade de pleno de direito (independente de prejuízo) encontra óbice na Súmula n. 83 desta Corte.[277]

---

(275) Tribunal Superior do Trabalho. 4ª Turma. RR 147337-94.9. Relª. Minª. Cnéa Moreira. DJ 8.8.1997.

(276) Em sentido similar SANTOS, Ronaldo Lima dos. O Ministério Público do Trabalho e o novo Código de Processo Civil, *Revista LTr*, vol. 83, n. 3, p. 295, mar. 2018.

(277) Tribunal Superior do Trabalho. Subseção II Especializada em Direitos Individuais. RO 145-24.2014.5.08.0000. Relª. Minª. Maria Helena Mallmann. DEJT 16.2.2018.

Portanto, a atuação do MPT nas ações em que não seja parte é imperativo legal, daí a nulidade ser aplicada de pleno direito, sem a necessidade de ser comprovado o prejuízo real às partes autoras, pois a própria ausência ministerial se materializa em real prejuízo à busca da verdade real no processo.

Além da atuação em primeiro grau de jurisdição, há outras hipóteses de intervenção como fiscal da ordem jurídica em segundo grau de jurisdição e no âmbito do TST.

O mesmo art. 83 da Lei Complementar n. 75/1993 esclarece tais hipóteses. Vejamos as hipóteses:

VI – recorrer das decisões da Justiça do Trabalho, quando entender necessário, tanto nos processos em que for parte, como naqueles em que oficiar como fiscal da lei, bem como pedir revisão dos Enunciados da Súmula de Jurisprudência do Tribunal Superior do Trabalho;

VII – funcionar nas sessões dos Tribunais Trabalhistas, manifestando-se verbalmente sobre a matéria em debate, sempre que entender necessário, sendo-lhe assegurado o direito de vista dos processos em julgamento, podendo solicitar as requisições e diligências que julgar convenientes;

IX – promover ou participar da instrução e conciliação em dissídios decorrentes da paralisação de serviços de qualquer natureza, oficiando obrigatoriamente nos processos, manifestando sua concordância ou discordância, em eventuais acordos firmados antes da homologação, resguardado o direito de recorrer em caso de violação à lei e à Constituição Federal;

XII – requerer as diligências que julgar convenientes para o correto andamento dos processos e para a melhor solução das lides trabalhistas;

XIII – intervir obrigatoriamente em todos os feitos nos segundo e terceiro graus de jurisdição da Justiça do Trabalho, quando a parte for pessoa jurídica de Direito Público, Estado estrangeiro ou organismo internacional.

Os dispositivos apontados demonstram a possibilidade de o MPT apresentar recursos para a segunda instância nos processos em que atuou como fiscal da ordem jurídica em primeiro grau de jurisdição, bem como manifestar-se livremente, "sempre que entender necessário", nas sessões de tribunais trabalhistas regionais e do TST.

E ainda. Especificamente também como fiscal da ordem jurídica nas ações decorrentes "da paralisação de serviços de qualquer natureza", bem como intervirá obrigatoriamente "quando a parte for pessoa jurídica de Direito Público, Estado Estrangeiro ou organismo internacional.

Como se pode notar, esses dispositivos que regulamentam a atuação como fiscal da ordem jurídica do Ministério Público do Trabalho em segunda instância laboral e no TST, refletem a clássica posição de prolatores de pareceres[278] de seus membros até a edição da Carta Magna de 1988, conforme inclusive retrata a própria CLT (arts. 746 e 747).

Aliás, o inciso XIII do dispositivo legal citado que obriga a intervenção obrigatória em todos os feitos, a partir do segundo grau de jurisdição, quando a parte for pessoa jurídica de direito público, Estado estrangeiro ou organismo internacional precisa ser compreendido sob outro viés a partir da Carta Magna de 1988, por pelo menos três razões.

A primeira delas é que a partir da edição da Carta Magna de 1988, como já apontado, o Ministério Público do Trabalho ganhou uma roupagem constitucional de protetor da ordem jurídica, do regime democrático e dos interesses sociais e individuais indisponíveis relativos ao mundo do trabalho.

A segunda é que o Ministério Público do Trabalho, também após a edição da Carta Maior de 1988, deixou de ser o representante judicial das pessoas jurídicas de direito público, sendo inclusive constitucionalmente vedado tal mister (art. 129, IX). Até porque esses entes estão, via de regra, muito bem amparados por uma advocacia pública capaz, bem remunerada e com boa estrutura de trabalho.

A terceira razão tem relação com o princípio da independência funcional, já citado.

Nesse eito, a avaliação do possível interesse público sobre a emissão de parecer nos feitos apontados no inciso XIII será do membro do Ministério Público do Trabalho, daí porque o processo será "obrigatoriamente" distribuído, contudo a emissão de parecer dependerá da avaliação do membro sorteado para tanto.

---

(278) Vale lembrar que o art. 5º da Lei n. 5.584/1970 aponta o prazo específico de oito dias para o Ministério Público do Trabalho lavrar parecer, "contado da data em que lhe for distribuído o processo".

Ainda sobre a atuação na condição de fiscal da ordem jurídica, do Ministério Público do Trabalho, vale destacar que o art. 5º, § 1º, da Lei da Ação Civil Pública estabelece que se o Ministério Público não for parte em ação pública, "atuará obrigatoriamente" como fiscal da ordem jurídica.

O CDC também dispõe expressamente, no art. 92, que o Ministério Público, caso não seja o autor da ação coletiva, funcionará "sempre como fiscal da lei".

Os dois diplomas citados demonstram claramente a obrigatoriedade da participação do Ministério Público do Trabalho, aqui trabalhado, quando não for parte, na condição de fiscal da ordem jurídica.

Para finalizar, vale destacar que a condição de fiscal da ordem jurídica por parte do Ministério Público do Trabalho não se esgota na mera manifestação na condição de parecerista, pois, esta é apenas umas das hipóteses em que tal atuação se expressa. Como destacado pelo inciso XII do dispositivo já transcrito, também é atribuído ao *parquet* explicitamente a participação ativa na produção probatória, como requerer diligências que entender convenientes para a melhor solução da lide.

6.6.2. Atuação como parte (autor ou réu)

Diante do perfil constitucional conferido ao Ministério Público, e, por consequência, também ao Ministério Público do Trabalho, a atuação como parte autora, órgão agente, ou órgão promotor, tornou-se a função institucional de maior relevância ao *parquet* laboral, considerando a importância da tutela jurisdicional coletiva voltada à defesa de direitos humanos sociais laborais de cariz coletivo em sentido amplo ou individual indisponível.

Nessa atuação o MPT é o promotor de ações coletivas na jurisdição laboral, voltadas à defesa de direitos humanos fundamentais laborais titularizadas por uma coletividade ou nas hipóteses de direitos individuais indisponíveis. A modalidade desses direitos (difusos, coletivos em sentido estrito e individuais homogêneos) já foi apresentada largamente em momento anterior de maneira individual.

A delimitação constitucional do Ministério Público, e consequentemente do Ministério Público do Trabalho, está inscrita no art. 129, IX, da Carta Magna de 1988, ao enfatizar a promoção da ação civil pública para a defesa de direitos "difusos e coletivos". A categoria dos direitos homogêneos veio a ser criada posteriormente com a edição do Código de Defesa do Consumidor.

No art. 114, § 3º, da Carta Magna há atribuição específica ao MPT voltada ao ajuizamento de dissídio coletivo, em segundo grau de jurisdição, ou perante o TST, em caso de greve em atividade essencial, desde que haja possibilidade de lesão de interesse público.

A Lei Complementar n. 75/1993, por sua vez, também detalha com afinco a posição do MPT como órgão promotor, em primeiro grau de jurisdição, por intermédio do art. 6º, que detalha genericamente quais os instrumentos de atuação do MPU, e por consequência do MPT. São eles:

VII – promover o inquérito civil e a ação civil pública para:

a) a proteção dos direitos constitucionais;

b) a proteção do patrimônio público e social, do meio ambiente, dos bens e direitos de valor artístico, estético, histórico, turístico e paisagístico;

c) a proteção dos interesses individuais indisponíveis, difusos e coletivos, relativos às comunidades indígenas, à família, à criança, ao adolescente, ao idoso, às minorias étnicas e ao consumidor;

d) outros interesses individuais indisponíveis, homogêneos, sociais, difusos e coletivos;

XII – propor ação civil coletiva para defesa de interesses individuais homogêneos;

A letra "a" do inc. VII, ao destacar a possibilidade de promoção de ação civil pública à proteção de "direitos constitucionais", legitima a atuação do MPT como verdadeiro promotor da defesa dos direitos humanos fundamentais sociais.

Mais à frente, a letra "c", desse mesmo dispositivo, autoriza a defesa de direitos "individuais indisponíveis", "difusos" e "coletivos", relativos a grupos ditos vulneráveis.

Na verdade, esse elenco de proteção da letra "c" passa a ser meramente exemplificativo, pois a letra seguinte "d", autoriza a proteção de "outros interesses individuais indisponíveis, homogêneos, sociais, difusos e coletivos, abre literalmente a porta à proteção de quaisquer direitos insertos nessas categorias, cuja valoração deverá ser firmada pelo membro do Ministério Público oficiante.

Mais à frente, a mesma Lei Complementar n. 75/1993, destaca ao Ministério Público do Trabalho, por meio das disposições específicas do art. 83, as seguintes atribuições mais relevantes e corriqueiras, na condição de órgão agente:

Art. 83. Compete ao Ministério Público do Trabalho o exercício das seguintes atribuições junto aos órgãos da Justiça do Trabalho:

I – promover as ações que lhe sejam atribuídas pela Constituição Federal e pelas leis trabalhistas;

III – promover a ação civil pública no âmbito da Justiça do Trabalho, para defesa de interesses coletivos, quando desrespeitados os direitos sociais constitucionalmente garantidos;

IV – propor as ações cabíveis para declaração de nulidade de cláusula de contrato, acordo coletivo ou convenção coletiva que viole as liberdades individuais ou coletivas ou os direitos individuais indisponíveis dos trabalhadores;

V – propor as ações necessárias à defesa dos direitos e interesses dos menores, incapazes e índios, decorrentes das relações de trabalho;

VIII – instaurar instância em caso de greve, quando a defesa da ordem jurídica ou o interesse público assim o exigir;

O inc. I abre um vasto leque de atuação ao MPT ao destacar a possiblidade da promoção de "ações" conforme autorização disposta na Carta Maior de 1988 e "pelas leis trabalhistas".

O inc. III repete o já destacado pelo art. 6º desse mesmo diploma legal ao destacar a possibilidade de serem promovidas ações coletivas voltadas à defesa de direitos "coletivos", quando "desrespeitados os direitos sociais constitucionalmente garantidos".

O inc. IV destaca a possibilidade de serem propostas pelo MPT ações coletivas voltadas à declaração de nulidade de normas coletivas, assunto a ser abordado em capítulo específico.

O inc. V afirma a hipótese de serem propostas ações necessárias à defesa de direitos individuais ou coletivos de "menores, incapazes e índios", desde que decorrentes "das relações de trabalho".

Ao que parece, a intenção legal foi deixar a proteção dos direitos individuais indisponíveis de "idosos ou minorias étnicas" para as ações civis públicas, conforme redação do art. 6º, VII, "c", desde que também decorrentes das "relações laborais".

A atribuição disposta no inc. VIII (dissídio coletivo em caso de greve) será desenvolvida em capítulo específico.

Na condição de réu, o Ministério Público do Trabalho poderá ser demandado, eventualmente, em decorrência de atos praticados em sede extrajudicial, que acabam por atingir a esfera jurídica de alguém, como é o caso, por exemplo, das ações declaratórias revisionais ou anulatórias de termos de ajuste de conduta, conforme já admitido expressamente pela jurisprudência do Tribunal Superior do Trabalho[279].

Existe também a possibilidade de o Ministério Público do Trabalho ser demandado em ações incidentes e acessórias às ações coletivas aviadas originariamente na condição de autor, passando a figurar na condição de demandado.

É o caso, por exemplo, da reconvenção, quando o réu, manifesta pretensão própria, "conexa com a ação principal ou com o fundamento da defesa", passando a ser considerado também autor, conforme autoriza o art. 343 do CPC, plenamente aplicável ao processo coletivo do trabalho.

---

(279) Cf. Tribunal Superior do Trabalho. 7ª Turma. RR 1030-74.2010.5.08.0001. Rel. Min. Douglas Alencar Rodrigues. DEJT 19.12.2016.

6.6.3. Atuação como autor na defesa de direitos individuais

A leitura conjunta das letras *"c"* e *"d"* do art. 6º, VII, da Lei Complementar n. 75/1993 delimitam bem a posição do MPT ao dispor sobre a possibilidade de defesa de direitos individuais indisponíveis por intermédio de ação civil pública.

A citada letra *"c"* menciona essa defesa de "direitos individuais indisponíveis", amarrando-a às hipóteses de proteção de comunidades indígenas, família, criança, adolescente, idoso e minorias étnicas.

Já a também citada letra *"d"* do mesmo dispositivo admite a possibilidade de proteção a qualquer outro direito "individual indisponível", abrindo mais o leque de atuação do MPT nessa seara dos direitos individuais.

Portanto, a atuação do MPT na seara dos direitos individuais tem direta relação com a indisponibilidade de direitos individuais relacionados à proteção dos chamados grupos vulneráveis, como é o caso de indígenas, crianças, adolescentes, idosos, minorias étnicas e etc.

Aliás, tal atuação envolvendo direitos individuais indisponíveis está em consonância com as metas prioritárias de atuação do Ministério Público do Trabalho, tais como o combate ao trabalho análogo à escravidão, trabalho de crianças e adolescentes, a qualquer forma de discriminação, fraudes trabalhistas, bem como a proteção do meio ambiente laboral.

Portanto, a atuação envolvendo direitos individuais indisponíveis geralmente está atrelada às metas prioritárias de atuação do *parquet*, com todas essas hipóteses acobertadas pela ideia de proteção do interesse público, pois se tratam de direitos individuais, cuja violação alcança nítida repercussão coletiva.

Inclusive a jurisprudência do TST, em duas ocasiões diferentes, admitiu a atuação do Ministério Público do Trabalho na defesa desses interesses individuais, com grave repercussão difusa negativa. O primeiro caso envolveu trabalho infantil doméstico[280], o segundo exploração sexual infantil[281].

Em ambos, inobstante o reconhecimento de os ilícitos atingirem, respectivamente, quanto ao trabalho infantil doméstico, apenas uma única jovem, e, quanto à exploração sexual infantil, grupo reduzido de menos de dez crianças, houve o reconhecimento da repercussão nitidamente difusa dessas apontadas violações em razão da nítida gravidade dos ilícitos comprovados, daí terem sido instrumentalizadas por intermédio de ação coletiva.

A propósito, a questão da atuação do MPT em direitos individuais com nítida repercussão difusa, também atrai outro assunto pouco abordado pela doutrina laboral coletiva, que traz a reboque a seguinte indagação: a instrumentalização desses pedidos de direito individual será por intermédio de ações individuais ou coletiva?

A resposta a essa indagação encontra-se inicialmente no disposto no art. 793 da CLT, que admite a apresentação pelo Ministério Público do Trabalho de reclamação trabalhista (ação trabalhista individual) para defender interesses de menores de dezoito anos, na ausência dos representantes legais desses menores.

Contudo, essa não será a única possibilidade legal de o Ministério Público do Trabalho instrumentalizar ação trabalhista individual para a promoção de defesa de direitos individuais de menores de dezoito anos, posto que o art. 83, V, da Lei Complementar n. 75/1993, também admite, como já salientado, a proposição de "ações" voltadas à proteção de incapazes e índios".

Portanto, conforme autorização legal, a defesa de direitos individuais de incapazes e índios também poderá ser instrumentalizada por ações trabalhistas individuais.

Mas não é só.

A defesa genérica de interesses individuais indisponíveis poderá ser encartada em ações civis públicas, conforme autorizam as amplas hipóteses dispostas no art. 6º, VII, letras *"c"* e *"d"* da Lei Complementar n. 75/1993, desde que decorrentes "das relações de trabalho". Também em consonância com o art. 83, I, desse mesmo diploma legal, ao admitir que o MPT proponha "ações", com espeque constitucional ou infraconstitucional.

---

(280) Não foi possível divulgar o teor do acórdão, pois se trata de processo sigiloso. Cf. em *Notícias do TST*. Acesso em: 21 abr. 2018.

(281) *Idem*.

Nesse eito, o veículo de atuação natural para o Ministério Público do Trabalho, inclusive nos casos em que envolver direitos individuais indisponíveis será incontestavelmente a ação coletiva, em razão da amplitude legal de hipóteses, considerando as peculiaridades dessas vias processuais específicas, e, principalmente, em razão de pedidos que poderão ser feitos compatíveis tão somente com as ações coletivas, como é o caso, por exemplo, de danos morais coletivos.

Por fim, não se pode deixar de destacar que a função primária e mais compatível com o modelo constitucional imposto ao Ministério Público do Trabalho será a atuação como autor de ações coletivas voltadas à proteção de direitos coletivos em sentido amplo, malgrado não se possa olvidar também da importância dessas ações individuais em hipóteses específicas, conforme aqui construído.

6.7. Da atuação extrajudicial do MPT

Os meios de atuação extrajudicial dos Ministérios Públicos, e por consequência do Ministério Público do Trabalho, são riquíssimos, abrangendo diversas frentes de atuação. Neste manual cabem apenas os meios de atuação mais recorrentes.

Não se pode deixar de mencionar, quando se trata de atuação extrajudicial do Ministério Público do Trabalho, a ideia, cada vez mais propagada, na doutrina e, sobretudo, na prática da atividade ministerial, da **função resolutiva** do Ministério Público, diretamente vinculada a essa atuação extrajudicial.

E essa atuação resolutiva significa a busca responsável pelo Ministério Público, na atuação extrajudicial, pela autocomposição de crises de situações jurídicas coletivas, independentemente da participação do Poder Judiciário.

Neste caso, o Ministério Público deve deixar de agir apenas de maneira reativa a um dano já causado, pretendendo tão somente uma condenação pecuniária, ou a tutela específica de obrigações não cumpridas, para atuar com todas as suas forças em busca de "soluções para o futuro, que procurem recompor o tecido social e jurídico e dar efetividade a tutela dos direitos"[282].

Aliás, vale a pena citar exemplo palmar dessa atuação resolutiva, em que o Ministério Público do Trabalho firmou, em junho de 2018, Termo de Compromisso com trinta e três empresas produtoras de cimento do país, sendo estipulada a **obrigação de reduzir o peso do saco de cimento fabricado em todo o país**, para o comércio interno, **de cinquenta para vinte e cinco quilos**, em prazo de dez anos[283].

Veja-se que nesse caso houve a construção conjunta de obrigações, em diálogo direto e sucessivo, com a classe detentora da atividade econômica, de obrigações com fortíssimos e óbvios impactos positivos ao meio ambiental laboral, sem qualquer participação da jurisdição.

A realidade da atução diária vem demonstrando que a função resolutiva deixa de ser subsidiária e passa a assumir um caráter cada vez mais central, principalmente, na atuação do Ministério Público, e especialmente do Ministério Público do Trabalho, nos procedimentos investigativos administrativos, a serem desenvolvidos no próximo item.

No caso do Ministério Público do Trabalho, será esse *parquet* laboral assumindo completamente a titularidade da crise apresentada para alcançar, sem auxílio de qualquer outro ente, a resolução para aquela violação de direitos sociais laborais.

6.7.1. Da atuação do MPT nas Notícias de Fato, Procedimentos Preparatórios e Inquéritos Civis

O inquérito civil foi criado pela Lei da Ação Civil Pública (Lei n. 7.347/1985), inspirado no inquérito policial, também como mecanismo investigatório, visando à colheita de informação pelo Ministério Público para a propositura da ação coletiva ou sugestão de subscrição de termo de ajuste de conduta.

Inobstante a Lei de ACP tenha atribuído a legitimidade ativa para outros entes manejarem tal ação coletiva, esse diploma legal concedeu tão somente ao Ministério Público a prerrogativa de instaurar e conduzir tal procedimento.

---

(282) DIDIER JR., Fredie; ZANETI JR., Hermes. *Op. cit.*, p. 265.

(283) Trata-se do Termo de Compromisso 187.20018, subscrito pelo Procurador Geral do Trabalho Ronaldo Curado Fleury e Procuradores do Trabalho Marcello Ribeiro Silva, Philippe Gomes Jardim, Rodrigo de Lacerda Carelli e Ronaldo José de Lima.

A doutrina explica o inquérito civil da seguinte maneira:

> O inquérito civil é a investigação administrativa prévia, instaurada e presidida pelo Ministério Público, destinada a colher elementos de convicção para identificar se ocorre circunstância que enseje eventual propositura de ação civil pública, a tomada de compromissos de ajustamento, a realização de audiências públicas e emissão de recomendações pelo Ministério Público, ou outra atuação a seu cargo.[284]

Em suma, é um procedimento administrativo, investigativo, facultativo, com atribuição exclusiva do Ministério Público, visando à colheita de subsídios para a deflagração dos instrumentos de atuação extrajudicial ou judicial, a serem manejados pelo membro condutor desse procedimento.

Aliás, tal atribuição exclusiva restou expressamente prevista no art. 129, III, da Carta Magna de 1988 ao enumerar como função institucional do Ministério Público a promoção de "inquérito civil" para a proteção de direitos "difusos e coletivos".

Segundo a Resolução n. 69/2017, do Conselho Superior do Ministério Público do Trabalho, que disciplina a instauração e tramitação de inquérito civil, tal procedimento é assim classificado:

> Art. 1º O inquérito civil, de natureza unilateral e facultativa, será instaurado para apurar fato que possa autorizar a tutela dos interesses ou direitos a cargo do Ministério Público do Trabalho nos termos da legislação aplicável, servindo como preparação para o exercício das atribuições inerentes às suas funções institucionais.

Como mencionado, malgrado a ampla utilidade para a colheita de elementos que deflagrarão a atuação extrajudicial ou judicial do membro, o inquérito civil não é peça indispensável para tal atuação. Pode, por exemplo, o membro do Ministério Público propor ação civil pública tão somente com peças extraídas de outros processos (prova emprestada), desde que convencido da viabilidade dessa prova.

Aliás, a citada Resolução n. 69/2017 esclarece bem tal afirmação. Vejamos:

> Art. 1º. Parágrafo único. O inquérito civil não é condição de procedibilidade para o ajuizamento das ações a cargo do Ministério Público do Trabalho, nem para a realização das demais medidas de sua atribuição própria.

Inquestionável a importância do inquérito civil como contribuição probatória à jurisdição em razão de ser uma investigação pública de caráter oficial, daí o que nele se apurar ou colher, como é o caso de depoimentos, perícias, documentos, tem significativa eficácia probante, o que obviamente não significa a impossibilidade de esses elementos colhidos, isolados ou conjuntamente, serem contrapostos em juízo, desde que sob a garantia do contraditório[285].

Em suma, a prova colhida pelo Ministério Público tem forte apelo de convencimento em juízo, contudo, a consequente contraposição nessa seara também será sempre admitida, desde que observado o contraditório. O TST tem posição similar sobre essa questão. Vejamos:

> CERCEAMENTO DE DEFESA – CONDENAÇÃO FUNDADA EM PROVA PRODUZIDA EM INQUÉRITO CIVIL – LIVRE CONVENCIMENTO MOTIVADO
>
> 1. O inquérito civil possui valor probante e, desse modo, pode ser apreciado como meio de prova em Ação Civil Pública. Seu valor probatório é relativo, deve ser o inquérito confrontado com as demais provas produzidas nos autos. 2. No caso dos autos, o Eg. Tribunal Regional do Trabalho confrontou os depoimentos colhidos dos autos do inquérito civil com os depoimentos das testemunhas ouvidas em juízo e concluiu que o conjunto probatório não foi capaz de infirmar as evidências produzidas no inquérito civil. Assim, demonstrou-se o efetivo exame das provas produzidas pelos Réus, procedimento que demonstra o efetivo contraditório e respeito ao devido processo legal.[286]

Outra questão sobre esse assunto que ainda desperta bastante interesse é a possível obrigatoriedade de contraditório nos inquéritos civis.

---

(284) MAZZILLI, Hugo Nigro. *O inquérito civil:* investigações do Ministério Público, compromissos de ajustamento e audiências públicas. 4. ed. São Paulo: Saraiva, 2015. p. 45.

(285) No mesmo sentido, dentre outros, MAZZILLI, Hugo Nigro. *O inquérito civil:* investigações do Ministério Público, compromissos de ajustamento e audiências públicas, *op. cit.*, p. 52.

(286) Tribunal Superior do Trabalho. 8ª Turma. RR-AIRR – 1089-76.2013.5.10.0009. Relª. Minª. Maria Cristina Irigoyen Peduzzi, 8ª Turma. DEJT 27.10.2017.

Sinceramente, tenho a impressão de que se o inquérito civil é voltado à formação de convencimento do membro do Ministério Público para a definição de sua linha de atuação, seja ao final propondo ação coletiva, sugerindo a subscrição de termo de ajuste ou até mesmo deliberando pelo arquivamento do procedimento, mostra-se obviamente importante oportunizar a oitiva da parte investigada, por intermédio de manifestação escrita, depoimentos, requerimentos ou juntada de documentos, justamente para auxiliar na formação desse convencimento.

Isto não significa, contudo, que tal participação em contraditório seja necessariamente obrigatória. Há situações em que tal bilateralidade poderá prejudicar o escopo da investigação, daí será conveniente à investigação a manutenção de sigilo sobre as investigações, pois a surpresa poderá ser importante para se alcançar o retrato real daquela situação investigada.

E essa surpresa citada, por exemplo, poderá ter relação com a falta de obrigatoriedade de os depoimentos de testemunhas serem acompanhados pelos advogados da parte inquirida.

Em suma, a amplitude e a obrigatoriedade legal conferida ao contraditório não poderão ser aplicadas ao procedimento de investigação, sob pena da própria inviabilidade investigativa. Precisa ser modulada, caso a caso, pelo condutor da investigação. Isso não significa, contudo, como já mencionado, ser afastada a conveniência de ser tomado o depoimento pessoal do investigado, haja notificação para apresentação de esclarecimentos ou documentos, uma vez que, como também já mencionado, tal atitude cooperativa poderá contribuir para a resolução extrajudicial por intermédio da subscrição de termo de compromisso.

A posição do TST, sobre a questão do contraditório nas investigações realizadas pelo Ministério Público, vem se mostrando bastante aproximada dos argumentos aqui construídos. Vejamos:

> INQUÉRITO CIVIL PÚBLICO. IRREGULARIDADES. NÃO CONSTATAÇÃO. O inquérito civil público é instrumento de atuação extrajudicial do Ministério Público, que objetiva a apuração prévia da existência de elementos que ensejem posterior ajuizamento de ação civil pública. Tem por finalidade formar a convicção do próprio Ministério Público sobre a ocorrência de lesões a direitos difusos, coletivos ou individuais homogêneos e, caso conclua pela inexistência de fundamento para a propositura da ação civil, promoverá o seu arquivamento (art. 9º da Lei n. 7.347/85). É procedimento e, não, processo, não sendo obrigatória a observância do contraditório, compromisso de eventuais depoentes, ou a presença dos advogados dos inquiridos. Precedentes desta Corte. Recurso de revista de que não se conhece.[287]

Especificamente no âmbito do Ministério Público do Trabalho, o inquérito civil encontra expressa previsão legal no art. 84, II, da Lei Complementar n. 75/1993.

Em razão da importância desse instrumento, o Conselho Nacional do Ministério Público aprovou a Resolução n. 23/2007 voltada a disciplinar, no âmbito do Ministério Público, a instauração e tramitação do inquérito civil.

Alguns meses depois, o Conselho Superior do Ministério Público do Trabalho aprovou a Resolução n. 69/2007, citada anteriormente, também voltada a disciplinar, no âmbito do Ministério Público do Trabalho, a instauração e tramitação do inquérito civil trabalhista.

A doutrina juslaboral assim classifica o inquérito civil trabalhista:

> É o Inquérito Civil trabalhista um procedimento administrativo, inquisitorial, informal, a cargo do Ministério Público do Trabalho, destinado a investigar a ilegalidade do ato denunciado, a colher elementos de convicção para ajuizamento da ação civil pública ou de qualquer outra medida judicial e, convencido o órgão condutor da irregularidade denunciada, a tomar do inquirido termo de ajustamento de conduta às disposições legais.[288]

As observações apontadas anteriormente aplicam-se integralmente à modalidade trabalhista do inquérito civil. Trata-se do mesmo instrumento, apenas realizado pelo Ministério Público do Trabalho nos limites de sua atribuição institucional.

---

(287) Tribunal Superior do Trabalho. 6ª Turma. Processo RR 142400-69.2003.5.01.0037. Relª. Minª. Kátia Magalhães Arruda. DEJT 7.6.2013.

(288) MELO, Raimundo Simão de. *Ação civil pública na Justiça do Trabalho, op. cit.*, p. 60.

Se, então, esse instrumento investigativo é perfeitamente encaixado nos limites da atribuição institucional do Ministério Público do Trabalho, significa dizer que todo o arco de atuação ministerial pode ser realizado por intermédio do inquérito civil, se for o caso de instauração desse procedimento.

Mencionou-se tal condição por várias razões.

A primeira delas é que conforme já apreciado anteriormente, o inquérito civil não é peça obrigatória para atuação judicial ou extrajudicial do Ministério Público, conforme já mencionado anteriormente.

Esse inquérito poderá nem ser materializado, considerando a necessidade da atuação extrajudicial do Ministério Público do Trabalho sempre se iniciada por intermédio do que se chama Notícia de Fato (NF), que significa, de acordo com o art. 1º da Resolução n. 174/2017, do Conselho Nacional do Ministério Público do Trabalho, o seguinte:

> A Notícia de Fato é qualquer demanda dirigida aos órgãos da atividade-fim do Ministério Público, submetida à apreciação das Procuradorias e Promotorias de Justiça, conforme as atribuições das respectivas áreas de atuação, podendo ser formulada presencialmente ou não, entendendo-se como tal a realização de atendimentos, bem como a entrada de notícias, documentos, requerimentos ou representações.

Essa dita Notícia de Fato, conforme disposto na citada Resolução n. 174/2017, poderá nem ser transformada em inquérito civil trabalhista, isto é, tomando o caminho do indeferimento ou arquivamento liminar, conforme art. 5º. São as seguintes hipóteses de indeferimento:

> I – o fato narrado não configurar lesão ou ameaça de lesão aos interesses ou direitos tutelados pelo Ministério Público; II – o fato narrado já tiver sido objeto de investigação ou de ação judicial ou já se encontrar solucionado; III – a lesão ao bem jurídico tutelado for manifestamente insignificante, nos termos de jurisprudência consolidada ou orientação do Conselho Superior ou de Câmara de Coordenação e Revisão; IV – for desprovida de elementos de prova ou de informação mínimos para o início de uma apuração, e o noticiante não atender à intimação para complementá-la; V – for incompreensível.

Fica bem claro que tais hipóteses demonstram a total inviabilidade para o seguimento apuratório desse fato narrado, daí o indeferimento, sujeito, inclusive, conforme disposto no art. 4º, § 1º, a recurso pelo noticiante.

Aliás, decidiu recentemente a Câmara de Coordenação e Revisão do Ministério Público do Trabalho, órgão de controle da atuação dos membros do Ministério Público do Trabalho, que os indeferimentos liminares de notícias de fato sobre assuntos envolvendo metas estratégicas e institucionais, deverão também ser submetidos à possível revisão daquele órgão. Vejamos:

> ENUNCIADO N. 22/CCR. INDEFERIMENTO OU ARQUIVAMENTO LIMINAR DAS NOTÍCIAS DE FATO. REMESSA AO ÓRGÃO REVISIONAL. INTELIGÊNCIA DAS RESOLUÇÕES NS. 69/2007 DO CSMPT E 174/2017 DO CNMP. IDENTIFICAÇÃO DAS LESÕES OU AMEAÇAS DE LESÕES AOS INTERESSES E DIREITOS TUTELÁVEIS PELO MINISTÉRIO PÚBLICO DO TRABALHO. PROPOSIÇÃO DE UMA ATUAÇÃO ESTRATÉGICA ALINHADA COM AS METAS INSTITUCIONAIS. HARMONIA DOS PRINCÍPIOS DA UNIDADE E DA INDEPENDÊNCIA FUNCIONAL. 1. O membro, ao utilizar o permissivo do indeferimento ou arquivamento liminar de Notícia de Fato, observada a independência funcional, deve verificar a pertinência das metas institucionais ao caso concreto, preservando-se, assim, a unidade institucional, visando um contemporâneo Ministério Público do Trabalho pró ativo e resolutivo; 2. As metas institucionais do Ministério Público do Trabalho são identificadas no planejamento estratégico nacional e nas agendas estratégicas locais, bem como nas orientações, projetos, resultados dos grupos de trabalho e conclusões dos grupos de estudos das Coordenadorias Nacionais Temáticas, e, ainda, nos enunciados e na jurisprudência da Câmara de Coordenação e Revisão; 3. A reforma trabalhista compõe elemento novo, que pode ensejar violações a direitos sociais fundamentais dos trabalhadores. A interpretação e o controle de constitucionalidade ou convencionalidade das novidades introduzidas pela Lei n. 13.467/2017 devem ser também objeto da atividade de coordenação, integração e revisão da CCR, tratando-se de matéria com relevância estratégica no atual cenário jurídico; 4. As Notícias de Fato indeferidas ou arquivadas com fundamento na aplicação e interpretação de dispositivos das Leis ns. 13.429/17 e 13.467/17 e nos atos normativos subsequentes, bem como as relativas às metas mencionadas no item 2, não traduzem evidência da inexistência de lesão aos interesses tuteláveis pelo MPT, motivo pelo qual devem ser encaminhadas à Câmara de Coordenação e Revisão para exercício do seu papel uniformizador da atividade finalística.

Outra característica que distingue a fase apuratória da notícia de fato dos demais momentos de apuração administrativa, é a impossibilidade explícita de o membro expedir requisições, inobstante possa colher "informações preliminares", consoante disposto no parágrafo único, do art. 3º, da Resolução n. 174/2017.

Vale lembrar que a prerrogativa da expedição de requisições significa que o membro poderá determinar a qualquer órgão público ou particular a expedição de certidão ou a realização de perícias, em prazo não inferior a dez dias úteis, nos termos do art. 8º, § 1º da Lei da ACP.

Ao contrário das "informações preliminares", o descumprimento das requisições ministeriais dará ensejo à prática de crime previsto no art. 10 da Lei da ACP.

O prazo para tramitar essa Notícia de Fato, como fase anterior do procedimento preparatório e posterior inquérito civil, será de trinta dias, prorrogável uma vez por até noventa dias, nos termos do art. 3º, da Resolução n. 174/2017 (30 + 90).

Temos que a finalidade primordial da notícia de fato está voltada à colheita de "informações preliminares imprescindíveis" (art. 3º, parágrafo único, da Resolução n. 174/2017) para deliberar sobre a instauração de procedimento preparatório, mais uma fase administrativa prévia ao inquérito civil, e posterior à notícia de fato.

O procedimento preparatório significa a necessidade da continuidade da apuração dos fatos delimitados na notícia de fato após extrapolação do prazo administrativo citado, visando "apurar elementos para identificação dos investigados ou do objeto", conforme disposto no art. 2º, § 7º, da Resolução n. 69/2007, do Conselho Superior do Ministério Público do Trabalho.

Esse procedimento preparatório (PP) dever ser concluído no prazo de noventa dias, prorrogáveis por igual período uma única vez, se houver motivo justificável, conforme disposto no art. 2º, § 9º, da Resolução n. 69/2007 (90 +90).

Ao final desse prazo, terá o membro quatro possíveis caminhos: i) arquivar o procedimento, neste momento como remessa para o órgão colegiado de controle e revisão do Ministério Público do Trabalho (CCR); ajuizar desde logo ação civil pública; sugerir a subscrição de termo de compromisso, ou; converter o procedimento administrativo finalmente em inquérito civil público (Art. 3º, § 9º, da Resolução n. 69/2007).

Óbvio que o caminho, todas as questões polêmicas e percalços relativos até a instrução de inquérito civil laboral escapam dos limites impostos ao presente estudo.

Vale deixar registrado, caminhando para finalizar este item, a larga atuação do Ministério Público do Trabalho nesse espaço extrajudicial das Notícias de Fato convertidas em procedimentos preparatórios e posteriores Inquéritos Civis Trabalhistas, pois atuará nos limites da defesa de direitos coletivos em sentido amplo (difusos, coletivos em sentido estrito e individuais homogêneos), além dos direitos individuais indisponíveis já anteriormente bem delimitados.

Portanto, todos os direitos defendidos pelo Ministério Público do Trabalho em sede judicial também poderão ser trabalhados em sede de inquérito civil trabalhista. Como se, em um vidro sem espelho, gêmeos idênticos, pudessem se mirar e não enxergar nenhuma distinção. Um desse gêmeos é a atuação extrajudicial do Ministério Público do Trabalho, o outro será a atuação judicial.

Os direitos defendidos são idênticos, contudo, as consequências judiciais e extrajudiciais são bem distintas.

Em relação a essa atuação extrajudicial, algumas consequências são possíveis. Vejamos.

A primeira delas será a sugestão de subscrição de termo de ajuste de conduta por parte do investigado, a ser desenvolvido mais à frente, caso o membro condutor do inquérito se convença da veracidade do objeto apurado.

A segunda será: caso o membro condutor não se convença da veracidade do objeto apurado poderá realizar o arquivamento do inquérito civil, com o consequente envio ao órgão colegiado revisor, no caso a Câmara de Coordenação e Revisão do Ministério Público do Trabalho, conforme disposto no § 1º, do art. 10, da Resolução n. 69/2007.

Por fim, aspecto pouco difundido pela doutrina juslaboral é a possibilidade de o membro condutor do inquérito civil o arquivar em razão do saneamento das ilegalidades verificadas.

Existem algumas ilegalidades laborais que, a contrário da violação de direitos laborais de trato continuado (exemplo clássico seria o pagamento mensal de salário), podem ser completamente resolvidas imediatamente, como seria o caso, por exemplo, de implantar a CIPA (Comissão Interna de Prevenção de Acidentes) ou proteger as partes móveis de uma determinada máquina. Nesses dois casos citados como exemplos, com a comprovação documental ou pela ratificação de análise técnica pericial, tais obrigações foram corrigidas.

Nesse eito, mostra-se possível arquivar o inquérito civil em razão de correção das ilegalidades comprovadas. Portanto, hipótese completamente distinta daquele arquivamento decorrente da falta de comprovação da ocorrência de ilegalidades laborais.

Não se pode deixar de salientar, agora caminhando para o final deste item, o inquestionável caráter pedagógico que usualmente o inquérito civil laboral possui.

A atividade ministerial demonstra que a mera ciência do trâmite de determinado inquérito civil trabalhista, por si só, usualmente já modifica pedagogicamente a conduta violadora de determinado investigado, que já começa a tentar corrigir, mesmo ainda não instado a subscrever termo de ajuste de conduta, as ilegalidades laborais apuradas.

Para finalizar, mais dois aspectos derradeiros.

As notificações, correspondências, requisições realizadas pelo membro do Ministério Público do Trabalho poderão ser dirigidas diretamente para quaisquer destinatários, salvo rol fechado de autoridades conforme apontado no art. 8º, § 4º, da Lei Complementar n. 75/1993. Vejamos:

> § 4º As correspondências, notificações, requisições e intimações do Ministério Público quando tiverem como destinatário o Presidente da República, o Vice-Presidente da República, membro do Congresso Nacional, Ministro do Supremo Tribunal Federal, Ministro de Estado, Ministro de Tribunal Superior, Ministro do Tribunal de Contas da União ou chefe de missão diplomática de caráter permanente serão encaminhadas e levadas a efeito pelo Procurador-Geral da República ou outro órgão do Ministério Público a quem essa atribuição seja delegada, cabendo às autoridades mencionadas fixar data, hora e local em que puderem ser ouvidas, se for o caso.

Questão importante que também merece destaque é a possibilidade de o membro do Público do Trabalho acolher no procedimento que conduz prova emprestado de outros procedimentos administrativos, como inquéritos policiais, por exemplo, respeitando a possibilidade de o investigado manifestar-se em contraditório. A jurisprudência do STJ vem acolhendo tal posição amplamente. Vejamos:

> Essa corte Superior tem firme entendimento de que é possível a utilização de provas emprestadas de inquérito policial e processo criminal na instrução de processo disciplinar, desde que assegurado o contraditório e a ampla defesa como ocorrido nos autos.[289]

6.7.2. Da atuação do MPT nos Termos de Ajuste de Conduta (TACs)

A origem remota dos termos de ajuste de conduta tem assento no atendimento direto ao público em que o Ministério Público, bastante intensificado em comarcas no interior do país, daí a ideia inicial de se conferir a prerrogativa de o *parquet* homologar acordos extrajudiciais.

Aliás, essa hipótese já era prevista pela CLT desde a década de setenta, em razão da edição de Lei n. 5.584/1970.

Tal previsão legal admite expressamente a "assistência"[290] do Ministério Público do Trabalho, relativa a demissões ou pedidos de demissões, de empregados com mais de um ano de serviço, na ausência na localidade de representação sindical ou autoridade do Ministério do Trabalho e Emprego, conforme disposto no art. 477, § 3º da CLT. Essa disposição legal foi expressamente revogada pela chamada Lei da Reforma Trabalhista.

Percebendo a viabilidade dessa hipótese de resolução de conflitos sem a obrigatória participação da jurisdição, o Ministério Público paulista, ainda na década de oitenta, idealizou projeto de lei voltado à possibilidade de conciliação entre partes maiores e capazes, no âmbito dos Juizados Especiais de Pequenas Causas, desde que assistidos pelo *parquet*. Esse projeto vingou e se transformou no parágrafo único do art. 55 da Lei Federal n. 7.244/1984, posteriormente revogada pela chamada Lei dos Juizados Especiais Cíveis e Criminais (Lei n. 9.099/1995). Nesse novo diploma tal hipótese foi mantida, integralmente, no parágrafo único do art. 57, cuja redação é a seguinte:

---

(289) Superior Tribunal de Justiça. Primeira Seção. MS 15.907-DF. Rel. Min. Benedito Gonçalves. DJE 20.5.2014.
(290) O linguajar costuma mencionar a hipótese de "homologação da rescisão pelo sindicato". Incorreto nesses termos. Homologação é ato privativo da jurisdição, daí a correta expressão legal "assistência".

Valerá como título extrajudicial o acordo celebrado pelas partes, por instrumento escrito, referendado pelo órgão competente do Ministério Público.

Essas experiências exitosas de intervenção do Ministério Público em acordos extrajudiciais, agora já na década de noventa, foram levadas em consideração no momento da elaboração dos anteprojetos que levaram à edição do Estatuto da Criança e do Adolescente e do Código de Defesa do Consumidor, daí tal participação ter sido amplamente estendida ao sistema de tutela coletiva de interesses transindividuais.

Primeiro houve a previsão legal da participação dos Ministérios Públicos nas questões envolvendo crianças e adolescentes. Depois consagrado de forma geral por intermédio do Código de Defesa do Consumidor, cujo art. 113 introduziu um § 6º no art. 5º, da Lei da Ação Civil Pública, cuja redação é a seguinte:

§ 6º Os órgãos públicos legitimados poderão tomar dos interessados compromisso de ajustamento de sua conduta às exigências legais, mediante cominações, que terá eficácia de título executivo extrajudicial.

Portanto, todos os órgãos legitimados legais para utilizar ação coletiva poderão tomar daqueles que estão descumprindo a lei, compromisso de ajuste de conduta, inclusive com multa pelo descumprimento, tendo tal instrumento eficácia de título executivo extrajudicial.

Isto significa que toda a matéria apta a ser ventilada em ação civil pública (direitos coletivos em sentido amplo e individuais indisponíveis) poderá ser ajustada por intermédio desse instrumento extrajudicial. Repita-se: o objeto de qualquer ação civil pública poderá ser resolvido em termo de ajustamento de conduta.

Pode-se afirmar que a finalidade genérica do termo de ajustamento será primordialmente buscar reparar (tutela reparatória) ou evitar (tutela inibitória) dano de direito transindividual, ajustando extrajudicialmente a conduta do ofensor à lei.

Óbvio que se trata de importante instrumento extrajudicial de correção e inibição de conduta ilegal no âmbito das relações de trabalho, com previsão expressa no art. 876 da CLT, atribuindo o caráter de título executivo extrajudicial aos termos de ajustamento de conduta firmados perante o Ministério Público do Trabalho.

Quanto à legitimidade ativa, como já mencionado, o termo de ajuste poderá ser proposto por todos os legitimados legais das ações coletivas. Contudo, no mundo do trabalho, há uma especificidade: apenas os termos de ajustamento firmados perante o Ministério Público do Trabalho terão eficácia de título executivo extrajudicial, conforme previsão expressa no já citado art. 876 do Texto Celetista.

Claro que tal característica faz com que haja grande disparidade entre o número de termos de ajustamento firmados pelo Ministério Público do Trabalho, em relação aos demais legitimados. A experiência demonstra que sindicatos e a área de fiscalização laboral do Ministério do Trabalho e Emprego ainda firmam eventualmente termos de ajustamento de conduta.

Acredito que os termos de ajustamento firmados por legitimados ativos distintos do Ministério Público do Trabalho deverão observar o trâmite da homologação de acordo extrajudicial, que encontra-se disposto a partir do art. 855-B, da CLT, inovação introduzida pela chamada Reforma Trabalhista de 2017.

Portanto, os termos de ajustamento na seara laboral firmados por entes distintos do MPT são considerados acordos extrajudiciais, contudo, dependem de homologação da jurisdição para alcançar o patamar de título executivo extrajudicial.

Quanto à natureza jurídica, por ser o termo de ajustamento de conduta instrumento bastante inovador, vem sendo difícil a doutrina tradicional encontrar enquadramento em alguma categoria jurídica clássica[291].

Tal natureza jurídica poderá ser descortinada tanto em relação à maneira de celebração, quanto ao seu conteúdo, bem como ao seu descumprimento. Neste último caso a facilidade é maior considerando o enquadramento legal expresso como título executivo extrajudicial.

---

(291) PEREIRA, Ricardo José Macedo de Britto. *Op. cit.*, p. 184.

Quanto à maneira de celebração, pode-se dizer que o termo de ajustamento não pode ser classificado como modalidade de transação, pois claramente ausente o necessário grau de liberdade para composição de parcelas de exigência dúbia.

O único aspecto que aproxima o termo de ajustamento da transação é a consensualidade, pois em ambos se exige a concordância dos subscritores. No mais, as distâncias são grandes.

No termo de ajuste, ao contrário da transação, o espaço de disponibilidade do ente que sugere a subscrição desse termo de compromisso está reduzido apenas aos aspectos periféricos ou circunstanciais de tempo e os efeitos do descumprimento.

Em outras palavras, é possível ajustar conjuntamente um prazo razoável para o infrator da lei e subscritor do termo de ajustamento passar a cumprir a obrigação legal, bem como a definição da multa pelo descumprimento desse ajuste.

Todos os demais aspectos do termo de ajuste, principalmente seu conteúdo, não poderão ser objeto de composição, pois se trata, como destaca o próprio dispositivo legal, de ajuste da conduta do infrator "às exigências legais".

Óbvio que, por exemplo, não poderia o membro do Ministério Público do Trabalho entabular em termo de compromisso o pagamento de salário-utilidade de empregados, materializado pela entrega habitual de bebidas alcoólicas, conforme vedação expressa disposta no art. 458 da CLT.

Na verdade, pensamos ser possível afirmar seguramente, para finalizar essa questão da natureza jurídica, que termo de ajustamento nada mais é do que um "**método de solução consensual de conflitos**", expressão emprestada do art. 3º, § 3º, do CPC[292].

Portanto, mais um mecanismo voltado à solução das crises sociais de direito material, em conjunto com a mediação, conciliação, arbitragem, jurisdição e etc., modelo a ser desenvolvido com mais vagar posteriormente.

Vale destacar importante posição do TST, ratificando posição ora afirmada, que reconheceu expressamente a invalidade de termo de ajustamento, contendo cláusula reduzindo intervalo para recuperação térmica prevista no art. 253, da CLT. Vejamos:

> AGRAVO DE INSTRUMENTO. LEI N. 13.015/14. INTERVALO PARA RECUPERAÇÃO TÉRMICA. ART. 253 DA CONSOLIDAÇÃO DAS LEIS DO TRABALHO. REDUÇÃO. TERMO DE AJUSTAMENTO DE CONDUTA – TAC. Ainda que prevista em Termo de Ajustamento de Conduta, não é válida a redução do intervalo para recuperação térmica previsto no art. 253 do texto consolidado, por tratar-se de norma de ordem pública, com o fim de resguardar direito indisponível do trabalhador. Sua redução afronta diretamente o referido dispositivo de lei, além de atentar contra os preceitos constitucionais assecuratórios de condições mínimas de proteção ao trabalho. Agravo de instrumento a que se nega provimento[293].

Assim, por ser o objeto do termo de ajustamento voltado ao cumprimento da lei, não há espaço para considerá-lo como espécie de acordo ou transação[294].

Preferimos enquadrar singelamente o termo de ajustamento de conduta como um instrumento voltado à correção de conduta pelo infrator da lei, que se obrigará a cumpri-la, sob pena de pagamento de multa pactuada (astreinte), refletindo, repita-se, nada mais do que um método de solução consensual de conflitos.

Quanto ao conteúdo, a primeira observação a ser feita é sobre os idênticos limites do termo de ajustamento em relação às ações coletivas. Em outras palavras, todo o rol de pedidos possíveis em sede de ações coletivas cabe perfeitamente nos ajustes de conduta.

Portanto, direitos coletivos em sentido amplo, e suas espécies respectivas (difusos, coletivos em sentido estrito e individuais homogêneos), direitos individuais indisponíveis, instrumentalizados em obrigações de fazer, não fazer e suportar, ou pedidos indenizatórios, cabem perfeitamente nos termos de ajustamento de conduta.

---

(292) "A conciliação, a mediação e outros métodos de solução consensual de conflitos deverão ser estimulados por juízes, advogados, defensores públicos e membros do Ministério Público, inclusive no curso do processo judicial".

(293) Tribunal Superior do Trabalho. 1ª Turma. AIRR – 25196-72.2014.5.24.0006. Rel. Min. Lelio Bentes Corrêa. DEJT 18.8.2017.

(294) No mesmo sentido temos BEZERRA LEITE, Carlos Henrique. *Ministério Público do Trabalho*. Doutrina, jurisprudência e prática. 5. ed. São Paulo: LTr, 2011.

Na seara das tutelas específicas, a modalidade inibitória é bastante frequente nas cláusulas dos termos de ajustamento de conduta, pois, como será apresentado com maior vagar em momento específico, essa modalidade é voltada para "inibir a prática, a reiteração ou a continuação de um ilícito", exatamente como dispõe o parágrafo único do art. 497 do CPC.

Como em algumas situações a tutela inibitória chega antes do ilícito, tal modalidade é um meio bastante efetivo para correção de um ilícito que ainda não gerou dano trabalhista.

Em nossa atuação finalística, lembramos de uma situação em que determinada empresa havia designado uma data específica para realização de um evento voltado a constranger empregadas e empregados que não atingiram as metas empresariais apresentadas. Uma dessas humilhações seria os homens desfilarem de roupas femininas íntimas em um grande palco armado para esse evento quixotesco. O Ministério Público agiu preventivamente e acabou firmando termo de compromisso com a empresa para que tal evento não acontecesse. Exemplo bastante esclarecedor sobre a tutela inibitória que chega antes de o dano se efetivar.

As caraterísticas das cláusulas inibitórias firmadas em termo de ajustamento são idênticas àquelas alcançadas em sede de ações coletivas, portanto, a correção da conduta ilegal no curso da investigação comandada pelo Ministério Público não é capaz de afastar a necessidade de subscrição de termo de compromisso, assim como também a correção da conduta ilegal no curso da ação civil pública não tem a potência suficiente para atrair a extinção do feito sem julgamento do mérito.

Vejamos a posição do TST sobre esse assunto em sede de ação civil pública, que pode ser transportada integralmente para o cenário da atuação extrajudicial:

> Ação civil pública. Obrigação de fazer. Cumprimento de normas relativas à jornada de trabalho. Ajustamento de conduta após o ajuizamento da ação. Tutela inibitória. Manutenção. Deve ser mantida a tutela inibitória concedida pelo descumprimento das normas relativas à jornada de trabalho, ainda que constatada a posterior regularização da situação no curso da ação civil pública. A conduta da ré de ajustar seu procedimento às normas referidas não afasta o interesse processual do Ministério Público do Trabalho de formular tutela inibitória para prevenir a futura lesão de direitos fundamentais trabalhistas. É evidente a necessidade de se admitir a tutela de natureza preventiva, destinada a inibir a repetição pela empresa ré de ato contrário ao direito ao meio ambiente de trabalho equilibrado, seguro e saudável, também no que tange à jornada de trabalho e aos respectivos intervalos para descanso, sob pena de se admitir que as normas que proclamam esse direito ou objetivam protegê-lo não teriam nenhuma significação prática, pois poderiam ser violadas a qualquer momento, restando somente o ressarcimento do dano causado. Sob esse fundamento, a SBDI-I, por unanimidade, conheceu dos embargos, no tópico, por divergência jurisprudencial, e, no mérito, negou-lhes provimento, mantendo incólume a decisão turmária mediante a qual não se conheceu do recurso de revista interposto pela ré.[295]

Aspecto pouco tratado pela doutrina juslaboral versa sobre possível desbordamento da competência material da Justiça do Trabalho quando as cláusulas desse ajustamento ultrapassarem os limites do art. 114, do Texto Constitucional. Vejamos exemplo de jurisprudência do TST bastante elucidativa sobre esse assunto:

> COMPETÊNCIA DA JUSTIÇA DO TRABALHO. TERMO DE AJUSTE DE CONDUTA FIRMADO PERANTE O MPT. POLÍTICAS PÚBLICAS. OBJETO NÃO INSERTO NA COMPETÊNCIA FUNCIONAL DA JUSTIÇA LABORAL. O TAC configura instrumento através do qual o MPT, verificando o descumprimento de direitos metaindividuais de índole trabalhista, pactua, com o agente ofensor, condições e prazos para que sua conduta seja corrigida e adeque-se à lei. Desrespeitados os termos do TAC, pode o MPT executá-lo perante a Justiça do Trabalho, sendo competente aquele juízo o qual possuiria competência para o respectivo processo de conhecimento relativo à matéria, nos termos do art. 877-A, da CLT. Em outras palavras, apenas são executáveis aqueles termos de ajuste de conduta cujo objeto se insira na competência material desta Justiça Especializada. No caso, o acórdão transcreveu a integralidade das cláusulas constantes do TAC que ora se visa a executar e registrou que aquelas não se inseriam na competência material da Justiça Laboral, porquanto relacionavam-se a medidas de caráter eminentemente administrativo — tais como "alocação de recursos públicos, ações legislativas, fiscalização". A análise acurada dos termos do TAC pactuado entre as partes demonstra que o seu objeto não se adunava à relação de trabalho propriamente dita, mas à implementação de políticas públicas para a erradicação do trabalho infantil e regularização do labor adolescente, em relação a trabalhadores que sequer prestavam serviço ao Município — inexistindo, portanto, liame trabalhista, preexistente ou não, entre os tutelados e a parte demandada. Nesse viés, conquanto as medidas delineadas no TAC visem, em última análise, à erradicação do trabalho infantil e regularização do trabalho prestado pelo adolescente, fogem à competência da Justiça do

---

(295) Tribunal Superior do Trabalho. SBDI-I. ED-RR-43300-54.2002.5.03.0027. Rel. Min. José Roberto Freire Pimenta. DEJT 5.4.2018 (Informativo n. 82).

Trabalho, a qual não pode compelir a Administração Pública a tomar providências de caráter eminentemente administrativo, inseridas no rol de suas atribuições constitucionais — mormente quando inexistente qualquer relação laboral entre aquela e os possíveis beneficiados. Entendimento diverso importaria em inevitável afronta ao art. 114, da Constituição Federal. Há precedentes. Recurso de revista não conhecido.[296]

Outro aspecto também pouco desenvolvido pela doutrina juslaboral processual coletiva refere-se à ausência de óbice para a atuação fiscalizadora, e eventualmente punitiva, da fiscalização do trabalho, ainda que haja termo de ajustamento sobre idêntico assunto objeto de autuação. O agente fiscalizador age por imperativo legal, nos limites da legalidade estrita. O Membro do Ministério Público do Trabalho pode, como já destacado, compor sobre assuntos periféricos envolvendo a obrigação principal (tais como prazo e forma de cumprimento). Vejamos também elucidativa posição do TST sobre o assunto:

RECURSO DE REVISTA. AÇÃO ANULATÓRIA DE DÉBITO FISCAL. AUTO DE INFRAÇÃO. INSUFICIÊNCIA NO PREENCHIMENTO DE CARGOS COM PESSOAS PORTADORAS DE DEFICIÊNCIA OU REABILITADAS PELA PREVIDÊNCIA SOCIAL. IMPOSIÇÃO DE MULTA ADMINISTRATIVA. POSSIBILIDADE. O Auditor Fiscal do Trabalho, autorizado pela Constituição da República, em seus arts. 1º, incisos III (dignidade da pessoa humana) e IV (valor social do trabalho), e 7º (rol de direitos dos trabalhadores, além de outros que visem à melhoria de sua condição social), a par do art. 21, XXIV, CF/88, bem como pela legislação infraconstitucional, detém a prerrogativa de lavrar auto de infração com aplicação de multa por evidência de insuficiência no preenchimento de cargos com pessoas portadoras de deficiência ou reabilitadas da Previdência Social, por descumprimento do comando expresso contido no art. 93 da Lei n. 8.213/91. Deve ser ressaltada a possibilidade de insurgência contra esses atos tanto administrativamente quanto judicialmente. O Poder Executivo tem a competência e o dever de assegurar a fiel execução das leis no País (art. 84, IV, CF), função que realiza, no âmbito juslaborativo, entre outras medidas e instituições, mediante a competência explícita da União para organizar, manter e executar a inspeção do trabalho (art. 21, XXIV, CF). O Auditor Fiscal do Trabalho, como qualquer autoridade de inspeção do Estado (inspeção do trabalho, inspeção fazendária, inspeção sanitária, etc.) tem o poder e o dever de examinar os dados da situação concreta posta à sua análise, durante a inspeção, verificando se ali há (ou não) cumprimento ou descumprimento das respectivas leis federais imperativas. Na hipótese da atuação do Auditor Fiscal do Trabalho, este pode (e deve) examinar a presença (ou não) de relações jurídicas enquadradas nas leis trabalhistas e se estas leis estão (ou não) sendo cumpridas no caso concreto, aplicando as sanções pertinentes. Outrossim, não prospera o fundamento de que, na hipótese, haveria sobreposição na atuação de órgãos estatais. <u>O Termo de Ajustamento de Conduta, disciplinado no art. 5º, § 6º, da Lei 7.347/85, é um mecanismo para solucionar pacificamente os conflitos, que busca resolver a questão e evitar a propositura da Ação Civil Pública, revelando-se como uma alternativa menos desgastante, se comparada à instauração de um processo judicial, tanto sob o aspecto econômico quanto psicológico. Por outro lado, a par desta atuação relevante do Ministério Público do Trabalho, a atividade fiscalizadora desenvolvida pelo Ministério do Trabalho é imperativa e concomitante, não existindo margem para qualquer subjetividade quanto à aplicação de penalidades.</u> As autoridades do Ministério do Trabalho estão plenamente vinculadas ao princípio constitucional da legalidade, haja vista o art. 628, *caput*, da CLT, que impõe ao Fiscal do Trabalho a lavratura do auto de infração quando verificar o descumprimento a preceito de proteção do trabalhador, sob pena de responsabilidade pessoal, cumprindo ressaltar que o art. 11, I, da Lei 10.593/2002, também traz dispositivo que exige do Auditor Fiscal a verificação do cumprimento de disposições legais e regulamentares. Assim, resulta demonstrado, de forma cristalina, que a atividade de fiscalização do Auditor Fiscal do Trabalho não pode ser obstaculizada por eventuais acordos celebrados entre a empresa fiscalizada e outras entidades de proteção aos trabalhadores. Recurso de revista conhecido e provido.[297]

Sobre as principais características do termo de ajustamento de conduta, vale a seguinte transcrição doutrinária:

> a) é tomado por termo por um dos órgãos públicos legitimados à ação civil pública ou a ação coletiva; b) nele não há concessões de direito material por parte do órgão público legitimado que o toma, mas sim por meio dele o causador do dano assume uma obrigação de fazer ou não fazer (ajustamento de conduta às obrigações legais); c) dispensam-se testemunhas instrumentárias; d) dispensa-se a participação de advogados; e) não é colhido nem necessariamente homologado em juízo; f) o órgão público legitimado pode tomar o compromisso de qualquer causador do dano, mesmo que este seja outro ente público (só não pode tomar compromisso de si mesmo); g) é preciso prever no próprio título as cominações cabíveis, embora não necessariamente a imposição de multa; h) o título deve conter obrigação certa quanto a sua existência, e determinada quanto ao seu objeto, e ainda deve conter obrigação exigível.[298]

---

(296) Tribunal Superior do Trabalho. 6ª Turma. RR – 90000-47.2009.5.16.0006. Rel. Min. Augusto César Leite de Carvalho. DEJT 4.8.2017.
(297) Tribunal Superior do Trabalho. 3ª Turma. RR – 2106-21.2012.5.12.0012. Rel. Min. Mauricio Godinho Delgado. DEJT 25.8.2017.
(298) MAZZILLI, Hugo Nigro. *O inquérito civil*: investigações do Ministério Público, compromissos de ajustamento e audiências públicas, op. cit., p. 314-5.

Quanto às multas, indenizações e destinação de valores no universo dos termos de compromisso, vale deixar registrado, mais uma vez, que os termos de compromisso de conduta firmados perante o Ministério Público do Trabalho possuem natureza de título executivo extrajudicial, daí naturalmente o consequente descumprimento poder ser executado diretamente nessa jurisdição especializada.

Antes, vale lembrar mais uma vez, a identidade de limites e objetivos alcançáveis nos termos de ajustamento e ações coletivas. Em outros termos mais singelos, tudo que um pode alcançar o outro também poderá.

Logo, considerando a autorização legal (art. 3º) de as ações civis públicas terem por objeto obrigações de pagar e tutela específica, os termos seguem a mesma linha.

Portanto, quanto à distinção da natureza jurídica das cláusulas dos termos de ajustamento de conduta, pode-se apontar claramente dois grandes grupos: o primeiro sobre cláusulas condenatórias e o segundo sobre cláusulas instrumentalizando obrigações de fazer, não fazer e suportar.

O primeiro deles trata de cláusulas de natureza condenatória passíveis de serem entabuladas em termos de ajustamento.

Já tratamos em outra obra acadêmica sobre a possibilidade de o termo de ajustamento de conduta conter cláusula dispondo expressamente pagamento de dano moral coletivo, inclusive com a citação de hipóteses reais em que tal situação ocorreu[299].

Aliás, a Resolução n. 69/2007, do Conselho Superior do Ministério Público do Trabalho, admite a possibilidade de a compensação do dano (por óbvio, inclusive dano moral coletivo) ser entabulada expressamente em termo de ajustamento. Vejamos:

> Art. 14. O Ministério Público do Trabalho poderá firmar termo de ajuste de conduta, nos casos previstos em lei, com o responsável pela ameaça ou lesão aos interesses ou direitos mencionados no art. 1º desta Resolução, visando à reparação do dano, à adequação da conduta às exigências legais ou normativas e, ainda, à compensação e/ou à indenização pelos danos que não possam ser reparados.

Contudo, as hipóteses mais corriqueiras de cláusulas de termo de compromisso tratam de obrigações de fazer, não fazer e suportar, com a fixação de multa em razão de eventual descumprimento.

Admite-se, assim como em sede de ações coletivas, a chamada destinação social das multas apuradas em razão do inadimplemento das cláusulas de fazer, não fazer e suportar.

A propósito, trata-se tão somente de conferir adequada interpretação à última parte do art. 13 da Lei n. 7.347/1993[300], especialmente quando se menciona a destinação de recursos voltada à "reconstituição dos bens lesados", considerando que o fundo receptor legal dessas somas em dinheiro ainda não foi implementado no Justiça do Trabalho, bem como que o FAT — Fundo de Amparo ao Trabalhador, outrora destinatário dessas quantias, não se mostrou o adequado receptor desses valores, em razão de sua finalidade institucional específica e bem distinta dos objetivos do microssistema da tutela coletiva.

O TST captou bem essa questão em julgado, cujo trecho transcreve-se. Vejamos:

> Todavia, entendo que o direcionamento dessa indenização ao FAT não se mostra apropriada para utilização em ações de política pública social pela comunidade local que sofreu o dano injusto. Dado que a Ação Civil Pública busca a responsabilização judicial por danos aos ditos direitos transindividuais, a reparação por ela obtida deve levar em conta a abrangência do benefício social à comunidade que será indenizada.
>
> Consoante expressa o art. 10 da Lei n. 7.998/90, o Fundo de Amparo ao Trabalhador é um fundo contábil, de natureza financeira, vinculado ao Ministério do Trabalho e destinado ao custeio do Programa Seguro Desemprego, ao pagamento do abono salarial e ao financiamento de programas de desenvolvimento econômico. Portanto, a destinação ao FAT da indenização por danos morais coletivos não se mostra a mais adequada cumprir a função reparadora da lesão sofrida.

---

(299) Cf. COSTA, Marcelo Freire Sampaio. *Dano moral coletivo nas relações laborais*. De acordo com o novo CPC, *op. cit.*

(300) Art. 13. Havendo condenação em dinheiro, a indenização pelo dano causado reverterá a um fundo gerido por um Conselho Federal ou por Conselhos Estaduais de que participarão necessariamente o Ministério Público e representantes da comunidade, sendo seus recursos destinados à reconstituição dos bens lesados.

Cito como exemplo desse entendimento o Enunciado n. 12 da 1ª Jornada de Direito Material e Processual na Justiça do Trabalho de 2007:

> AÇÕES CIVIS PÚBLICAS. TRABALHO ESCRAVO. REVERSÃO DA CONDENAÇÃO ÀS COMUNIDADES LESADAS. Ações civis públicas em que se discute o tema do trabalho escravo. Existência de espaço para que o magistrado reverta os montantes condenatórios às comunidades diretamente lesadas, por via de benfeitorias sociais tais como a construção de escolas, postos de saúde e áreas de lazer. Prática que não malfere o art. 13 da Lei n. 7.347/85, que deve ser interpretado à luz dos princípios constitucionais fundamentais, de modo a viabilizar a promoção de políticas públicas de inclusão dos que estão à margem, que sejam capazes de romper o círculo vicioso de alienação e opressão que conduz o trabalhador brasileiro a conviver com a mácula do labor degradante. Possibilidade de edificação de uma Justiça do Trabalho ainda mais democrática e despida de dogmas, na qual a responsabilidade para com a construção da sociedade livre, justa e solidária delineada na Constituição seja um compromisso palpável e inarredável.
>
> Diante disso, entendo que a destinação dos valores se mostra mais acertada caso direcionada a entidade que cumpra função de resgatar um pouco o "déficit social" existente na comunidade em que os trabalhadores sofreram o dano moral coletivo. Dada a notória atividade em defesa de direitos das pessoas com deficiência intelectual e múltipla, visando a reabilitação e melhora da qualidade de vida destas pessoas, redireciono a totalidade da indenização ora cominada à Associação de Pais e Amigos dos Excepcionais — APAE de São Leopoldo.[301]

Quanto às alterações do conteúdo do termo de ajustamento após a celebração, há pelo menos quatro aspectos que necessitam ser abordados para melhor compreensão dessa questão.

O primeiro deles trata da importância e o necessário prestígio que o termo de ajustamento deverá receber, por se tratar do mecanismo mais importante de atuação extrajudicial do Ministério Público do Trabalho, daí a sua alteração ser possível porém sempre tomada como medida verdadeiramente excetiva[302], após procedimento próprio, conforme será aqui apontado.

O segundo, já em âmbito jurisdicional, é que deve ser considerada a possibilidade de esse documento ser revisado em ação própria, da mesma maneira que as relações jurídicas de trato continuado, objeto de sentença, podem ser também revisadas, desde que ocorra real alteração no estado fático ou de direito, conforme autoriza expressamente o art. 505, I, do CPC[303], plenamente aplicável ao caso em destaque.

Aliás, a jurisprudência do TST já ratificou tal possibilidade de alteração do entabulado em termo de compromisso, por intermédio de ação revisional, em caso de mudança posterior de jurisprudência. Nessa caso a mudança jurisprudencial deve ser considerada alteração de direito. Vejamos:

> RECURSO DE REVISTA. NÃO REGIDO PELA LEI N. 13.015/2014. AÇÃO REVISIONAL DE CLÁUSULA DE TERMO DE AJUSTAMENTO DE CONDUTA. PRETENSÃO DE ADEQUAÇÃO À COMPREENSÃO JURISPRUDENCIAL PREVALECENTE. REVISTA DE BOLSAS E PERTENCES DE TRABALHADORES. CLÁUSULA QUE AMPLIA OS PARÂMETROS DEFINIDOS PELA JURISPRUDÊNCIA. PRETENSÃO EMPRESARIAL PROCEDENTE. OFENSA AO ART. 471, I, DO CPC/73 (ART. 505, I, DO CPC/2015). CONFIGURAÇÃO. 1. A Recorrente celebrou Termo de Ajustamento de Conduta (TAC) perante o Ministério Público do Trabalho, no ano de 2004, comprometendo-se a não "(...) realizar revistas íntimas, assim entendidas aquelas que importem qualquer tipo de contato físico e/ou exposição de parte do corpo ou objetos pessoais". Com base na jurisprudência que se consolidou em momento posterior a respeito da proteção patrimonial das empresas, nas relações travadas com seus empregados, propôs a Recorrente a presente Ação Revisional de Cláusula de TAC, postulando a substituição da cláusula I do TAC acima transcrita. Decretada a improcedência da pretensão nas instâncias ordinárias, articula a empresa, em seu recurso de revista, a ofensa aos arts. 471, I, do CPC e 769 da CLT, e 5º, II, XXII, XXXV e LIV, da CF, além de dissenso jurisprudencial. 2. Nas relações jurídicas de trato sucessivo, entre as quais se inserem as constituídas por meio da celebração de um Termo de Ajustamento de Conduta (TAC) em que previstas obrigações de fazer e não fazer com efeitos permanentes e prospectivos, a alteração do estado de fato ou de direito autoriza a retificação do quanto ajustado, com fundamento no art. 471 do CPC de 1973 (atual art. 501 do CPC de 2015) c/c o art. 769 da CLT. Nesse cenário, se a jurisprudência consolidada no âmbito deste TST, após intensos debates acerca da questão jurídica suscitada — ausência de dano moral em razão de revistas íntimas, realizadas de forma impessoal e discreta, sem contato físico ou exposição da intimidade do trabalhador —, consolidou-se em sentido diverso do que orientou a celebração do TAC, revela-se perfeitamente cabível a

---

(301) Tribunal Superior do Trabalho. Processo. 3ª Turma. AIRR – 21550-70.2015.5.04.0331. Rel. min. Mauricio Godinho Delgado. DEJT 13.4.2018.

(302) Na mesma linha e com argumentos aproximados, vide PEREIRA, Ricardo José Macedo de Britto. Op. cit., p. 186.

(303) Art. 505. Nenhum juiz decidirá novamente as questões já decididas relativas à mesma lide, salvo: I – se, tratando-se de relação jurídica de trato continuado, sobreveio modificação no estado de fato ou de direito, caso em que poderá a parte pedir a revisão do que foi estatuído na sentença.

revisão do quanto convencionado, assegurando-se a isonomia e a segurança jurídica aos envolvidos e preservando-se a unidade de sentido da ordem jurídica, especialmente no caso concreto, em que postulam incidência, de forma aparentemente antagônica, os incisos X e XXII do art. 5º da CF. Esta Corte Superior já fixou o entendimento de que o procedimento de revista aos pertences dos empregados, sem contato físico, de forma impessoal e genérica, sem caráter discriminatório e sem exposição da intimidade do trabalhador, não configura ato ilícito (CC, arts. 186 e 187). Se o teor da cláusula firmada com o *Parquet* dissente parcialmente dessa orientação, precisamente no capítulo em que veda a revista em bolsas, mochilas e sacolas dos empregados, não se pode preservar sua eficácia, sob pena de ofensa ao art. 471, I, do CPC (art. 505, I, do CPC/2015). Recurso de revista conhecido e parcialmente provido.[304]

Alteração do estado fático pode ser explicada como adequação de conduta por parte da atuação empresarial, o que pode ser aferido por intermédio de ações fiscais sucessivas pela fiscalização do trabalho, ou, mudança na estrutura empresarial, antes alcançada por aquele termo de compromisso.

Em outro julgado bastante elucidativo do TST, restou decidida a impossibilidade de declaração de término do TAC em razão de violações legais sucessivas empresariais, senão vejamos:

I – AGRAVO DE INSTRUMENTO. PRELIMINAR DE NULIDADE POR NEGATIVA DE PRESTAÇÃO JURISDICIONAL. Decisão unânime da Sexta Turma quanto à preliminar de nulidade, a qual foi afastada. AÇÃO DECLARATÓRIA DO TÉRMINO DO TERMO DE AJUSTE DE CONDUTA. Decisão por maioria da Sexta Turma quanto ao tema de fundo. Está demonstrada a provável violação dos arts. 5º, § 6º, da Lei n. 7.347/1985 e 876 da CLT. Agravo de instrumento a que se dá provimento. II – RECURSO DE REVISTA. PRELIMINAR DE NULIDADE POR NEGATIVA DE PRESTAÇÃO JURISDICIONAL. Superado o exame da prefacial, nos termos do art. 249, § 2º, do CPC. Preliminar superada. AÇÃO DECLARATÓRIA DO TÉRMINO DO TERMO DE AJUSTE DE CONDUTA. É certo que não pode ser atribuído ao TAC, de maneira rígida, efeito *ad eternum*. Em outras palavras, pode-se admitir a declaração do seu término em hipóteses específicas como, por exemplo, a demonstração da conduta exemplar da empresa que passe a cumprir as obrigações trabalhistas ou a superveniência de situação que o torne inexequível, entre outras, a depender de cada caso examinado. Aliás, essa cautela se verifica até mesmo quando o caso é de execução de sentença judicial, nos termos do art. 471 do CPC, segundo o qual, tratando-se de relação jurídica continuativa, se sobrevier modificação no estado de fato ou de direito, poder-se-á pedir a revisão da coisa julgada. Contudo, no caso dos autos, a empresa pede a declaração do término do TAC justamente porque não vem cumprindo as obrigações trabalhistas mais elementares, quais sejam: registrar seus empregados; conceder o intervalo interjornadas de 24h previsto no art. 67 da CLT; conceder o intervalo interjornadas de 11h previsto no art. 66 da CLT; providenciar o controle de jornada por meio de registro manual, mecânico ou eletrônico. Não é demais lembrar que os limites impostos à jornada contratual ou legal, por meio da obrigatoriedade da concessão dos intervalos interjornadas, assim como por meio da obrigatoriedade do controle da carga horária cumprida, são medidas que dizem respeito à saúde, segurança e medicina do trabalho, as quais, se descumpridas, são potencialmente capazes de afetar a integridade psicobiofísica dos empregados. Por outro lado, a falta de registro na CTPS é conduta grave que atinge de maneira ampla o direito fundamental social ao trabalho, sabido é que a informalidade é obstáculo à proteção mínima, seja no plano contratual, seja na esfera previdenciária, deixando os trabalhadores em zona jurídica cinzenta a ser solucionada não raro pela via judicial, sabido é que nem sempre funcionam as medidas administrativas tomadas pelos órgãos de fiscalização. Em síntese, a informalidade é a porta de entrada, e, não raro, o beco sem saída, da precarização do trabalho. Conforme a legislação que disciplina a matéria, a finalidade do TAC é o cumprimento do ordenamento jurídico, ressaltando-se que a empresa não é obrigada a aceitá-lo, mas, sim, opta de livre e espontânea vontade por aceitá-lo, de maneira que deve ser efetivamente cumprido, pois há o interesse de ordem pública na observância do patamar mínimo civilizatório na relação de emprego. Logo, no caso dos autos, julga-se improcedente a ação ajuizada pela empresa, na qual se postula a declaração do término do TAC. Configurada a violação dos arts. 5º, § 6º, da Lei n. 7.347/1985 e 876 da CLT. Recurso de revista a que se dá provimento.[305]

Voltando aos aspectos, o terceiro deles trata da possibilidade da revisão administrativa desse termo de compromisso, ou provocado diretamente pelo interessado, ou até mesmo pelo próprio membro oficiante que conduz procedimento onde esteja encartado tal termo de compromisso, a ser objeto de alteração ou até mesmo anulação.

A Resolução n. 69/2007, do Conselho Superior do Ministério Público do Trabalho, em razão de alterações introduzidas pela Resolução n. 100, de 29.9.2011, também produzida pelo Conselho Superior do Ministério Público do Trabalho, estabeleceu procedimento tão claro sobre essa possibilidade, bastando a transcrição dos dispositivos dessa norma interna. Vejamos:

Art. 14-A. Quando o Órgão oficiante reputar ineficaz para restaurar a ordem jurídica o Termo de Compromisso de Ajustamento de Conduta por ele celebrado ou por membro diverso, ou quando surgirem fatos novos modificando significativamente as

---

(304) Tribunal Superior do Trabalho. 7ª Turma. RR 1030-74.2010.5.08.0001. Rel. Min. Douglas Alencar Rodrigues. DEJT 19.12.2016.
(305) Tribunal Superior do Trabalho. 6ª Turma. RR 176-46.2011.5.03.0143. Relª. Minª. Kátia Magalhães Arruda. DEJT 14.3.2014.

situações fática ou jurídica, deverá indicar em despacho fundamentado os defeitos imputados ao instrumento, as medidas que considera necessárias para saná-los, bem como a proposta retificadora do TAC, ou para sua anulação, remetendo os autos à Câmara de Coordenação e Revisão que decidirá a matéria, homologando a retificação ou ratificando o instrumento primevo.

§ 1º Ao Órgão signatário do Termo de Compromisso de Ajustamento de Conduta, quando celebrado por membro diverso, será dada ciência do despacho do Órgão Oficiante, remetendo-lhe os autos para manifestação, facultativa, no prazo de 5 (cinco) dias úteis, findos os quais serão remetidos à Câmara de Coordenação e Revisão para o efeito do disposto no *caput* deste artigo.

§ 2º Se o Órgão signatário do Termo de Compromisso de Ajustamento de Conduta não mais integrar a Instituição, ou dela estiver afastado, ainda que temporariamente, será ouvido o Coordenador da CODIN da PRT respectiva ou, na sua falta, o Procurador-Chefe.

§ 3º A proposta retificadora do TAC, pressuposto de conhecimento pela Câmara de Coordenação e Revisão do seu rafazimento, deverá contar com a anuência expressa do Comprometente.

§ 4º No prazo máximo de 30 (trinta) dias, contado da distribuição do feito ao Relator, a Câmara de Coordenação e Revisão do MPT decidirá sobre o mérito da revisão.

Por fim, vale deixar registrado que a Reforma Trabalhista de 2017 poderá trazer fortes impactos negativos aos termos de ajuste firmados antes da vigência dessa legislação, por se tratar de óbvia alteração no estado legal das questões que possuíam regramento protetivo distinto antes da Reforma Trabalhista.

6.7.3. Das recomendações

As recomendações têm previsão expressa no art. 6º, XX, da Lei Complementar n. 75/1993, cuja redação é:

XX – expedir recomendações, visando à melhoria dos serviços públicos e de relevância pública, bem como ao respeito, aos interesses, direitos e bens cuja defesa lhe cabe promover, fixando prazo razoável para a adoção das providências cabíveis.

A Resolução n. 69/2007, do Conselho Superior do Ministério Público do Trabalho também regulamenta a recomendação, praticamente repetindo a lei complementar já citada, da seguinte maneira:

Art. 15. O Ministério Público do Trabalho, nos autos do inquérito civil ou do procedimento preparatório, poderá expedir recomendações devidamente fundamentadas, visando à melhoria dos serviços públicos e de relevância pública, bem como aos demais interesses, direitos e bens cuja defesa lhe caiba promover.

Parágrafo único. É vedada a expedição de recomendação como medida substitutiva ao termo de ajuste de conduta ou à ação civil pública.

A única inovação apresentada, acréscimo necessário e correto — diga-se de passagem —, consta no parágrafo único do dispositivo transcrito.

De fato, a experiência demonstra que a recomendação no mundo do trabalho serve para buscar a correção de ilegalidade de menor potencial ofensivo, desde que seja possível a comprovação posterior e imediata dessa correção.

Como deixou bem registrado o citado parágrafo único, do art. 15 da Resolução n. 69/2007, a recomendação não poderá servir como medida substitutiva do termo de ajustamento de conduta ou ação civil pública, daí ser dirigida à correção de ilegalidades de menor porte, desde que tal correção seja passível de imediata comprovação posterior.

As recomendações não têm caráter vinculante. Isso significa que o receptor não está juridicamente obrigado a seguir as propostas encartadas nessa medida, inobstante tenha a obrigação legal de responder por escrito sobre o cumprimento ou descumprimento daquilo que restou recomendado[306].

Por fim, vale deixar registrado pequeno equívoco na redação do art. 15 da Resolução n. 69/2007 ao afirmar que a recomendação poderá ser expedida nos autos do inquérito civil ou do procedimento preparatório, pois, na verdade, tal expedição poderá acontecer na fase inicial da investigação em sede de notícia de fato, bem como também em audiências públicas, a serem trabalhadas no item posterior, ainda que não haja procedimento investigativo em curso sobre a matéria tratada.

---

(306) No mesmo sentido MAZZILLI, Hugo Nigro. *O inquérito civil*: investigações do Ministério Público, compromissos de ajustamento e audiências públicas, *op. cit.*, p. 356.

6.7.4. Das audiências públicas

As audiências públicas já vinham sendo usadas em outros países como um mecanismo pelo qual o cidadão tem a oportunidade de participar e opinar sobre a gestão da coisa pública, aproximando-se bastante da ideia de democracia verdadeiramente participativa.

A finalidade das audiências públicas realizadas pelo Ministério Público é bem captada pela doutrina no seguinte trecho:

> Por meio das audiências públicas, o Ministério Público não se submete a uma assembleia popular, nem nelas se votam opções ou linhas de ação para a instituição, e sim por meio delas intenta o Ministério Público obter informações, depoimentos, opiniões, sugestões, críticas e propostas para haurir, com mais legitimidade, fundamentos e alternativas para a ação institucional.[307]

No âmbito do Ministério Público do Trabalho, a audiência pública também é importantíssimo instrumento de aproximação com a sociedade, com a finalidade de serem debatidas ideias, bem como ser discutido democraticamente o próprio exercício das finalidades ministeriais ligadas ao zelo do interesse público e para a defesa dos direitos coletivos em sentido amplo, no mundo das relações laborais.

A sistemática das audiências públicas foi bem construída pela Resolução n. 82/2012, do Conselho Nacional do Ministério Público.

Podemos extrair dessa resolução os principais aspectos inteiramente aplicáveis no âmbito de atuação do *parquet* laboral. Vejamos:

a) A finalidade das audiências públicas é identificar as demandas sociais que exijam a instauração de procedimento, para elaboração e execução de Planos de Ação e Projetos Estratégicos Institucionais ou para prestação de contas de atividades desenvolvidas (Art. 1º da Resolução).

b) As audiências públicas serão realizadas na forma de reuniões organizadas, abertas a qualquer cidadão, representantes dos setores público, privado, da sociedade civil organizada e da comunidade, para discussão de situações das quais decorra ou possa decorrer lesão a interesses difusos, coletivos e individuais homogêneos, e terão por finalidade coletar, junto à sociedade e ao Poder Público, elementos que embasem a decisão do órgão do Ministério Público quanto à matéria objeto da convocação ou para prestar contas de atividades desenvolvidas (Art. 1º, § 1º, da Resolução).

c) O procedimento convocatório, a necessária publicidade anterior à realização desse ato, bem como o relatório final, conforme disposto na resolução, são medidas compatíveis com as audiências públicas realizadas pelo Ministério Público do Trabalho.

Vale destacar, para finalizar, que ao final desse ato realizado poderão ser produzidas as seguintes medidas, isoladas, ou algumas em conjunto (Art. 6º, da Resolução):

> I – arquivamento das investigações; II – celebração de termo de ajustamento de conduta; III – expedição de recomendações; III – instauração de procedimento investigatório, IV – ajuizamento de ação civil pública; V – divulgação das conclusões de propostas de soluções ou providências alternativas, em prazo razoável, diante da complexidade da matéria.; VI – prestação de contas das atividades desenvolvidas em determinado período; VII – elaboração e revisão de Plano de Ação ou de Projeto Estratégico Institucional.

No âmbito do Ministério Público do Trabalho, a decorrência mais frequente da realização desses atos é a instauração de investigação ou a expedição de recomendação, a depender do objeto tratado.

---

(307) MAZZILLI, Hugo Nigro. *O inquérito civil*: investigações do Ministério Público, compromissos de ajustamento e audiências públicas, *op. cit.*, p. 347.

Capítulo 7

Aspectos Gerais da Fase de Conhecimento da Ação Civil Pública

7.1. À guisa de introito

Vale lembrar a seguinte classificação proposta anteriormente:

— **ações coletivas previstas (originariamente ou depois incorporadas) no texto celetista** — remédios processuais coletivos previstos na CLT: dissídio coletivo, ação de cumprimento e ação anulatória de cláusula de convenção ou acordo coletivo de trabalho.

— **ações coletivas originárias do microssistema da tutela coletiva processual laboral** — ação civil pública ou ação coletiva laboral e mandado de segurança coletivo laboral.

O presente e os próximos capítulos apresentarão aspectos gerais das diferentes espécies de ações coletivas a serem abordadas, observando a classificação ora proposta, a começar pela ação civil pública.

Dois dos chamados "pontos nervosos"[308] (legitimação, competência) já foram abordados anteriormente. A coisa julgada – o terceiro ponto nervoso e todos os demais aspectos envolvendo a fase de conhecimento da tutela coletiva serão abordados em capítulos futuros e distintos.

O primeiro grupo a ser desenvolvido neste e no próximo capítulo envolverá as ações coletivas decorrentes do microssistema da tutela coletiva, a começar pela ação civil pública, depois pelo mandado de segurança coletivo.

7.2. Da ação civil pública laboral. Considerações preliminares. Conceito

A ação civil pública na seara laboral é remédio plenamente consolidado no plano doutrinário e jurisprudencial, havendo milhares de precedentes espalhados pelos tribunais regionais desse país, incluindo certamente o Tribunal Superior do Trabalho, facilitando, dessa forma, o acesso coletivo ao Judiciário.

A primeira previsão normativa brasileira surge na Lei Complementar n. 40, de 14.12.1981, art. 3º, III, estabelecendo como função institucional do Ministério Público a promoção da ação civil pública, texto legal idealizado principalmente por membros do MP paulista da ocasião.

A Constituição de 1988 ampliou consideravelmente o rol de direitos que podem ser postulados pela via da ação civil pública ao estabelecer, no art. 129, III, a defesa de "outros interesses difusos e coletivos". Essa mesma previsão foi acrescida à Lei da ACP, no art. 1, IV, pelo CDC, art. 110.

Voltando especificamente à realidade laboral, é possível afirmar que as ações coletivas, historicamente, participaram da consolidação do processo laboral. Basta lembrar os movimentos paredistas e conflitos associativos, cuja gênese confunde-se com a história da Justiça do Trabalho[309].

---

(308) Expressão retirada de FREIRE JR., Américo Bedê. Pontos nervosos da tutela coletiva: legitimação, competência e coisa julgada. In: MAZZEI, Rodrigo; NOLASCO, Rita Dias (Coords.). *Processo civil coletivo*. Salvador: Quartier Latin, 2005. p. 65-80.

(309) Posição similar em SCHIAVI, Mauro. *Manual de direito processual do trabalho, op. cit.*, p. 1.460.

Pode-se conceituar ação civil pública na seara laboral da seguinte maneira: remédio do processo coletivo, previsto na Constituição e leis infraconstitucionais, assegurado a titulares com legitimidade prevista em lei (Ministério Público, Defensoria Pública, entes da administração direta e indireta, associações e sindicatos), voltado prioritariamente à tutela inibitória, corretiva, repressiva ou reparatória de danos materiais ou morais de direitos coletivos em sentido lato (difuso, coletivos em sentido estrito e individuais homogêneos)[310], podendo ser aparelhada com obrigações de fazer, e/ou não fazer, e/ou de pagar e/ou de suportar[311], no âmbito (direta ou indiretamente) das relações laborais[312].

E ainda: a ação civil pública laboral poderá ter natureza declaratória (declarar a existência ou inexistência de relação jurídica); constitutiva (extinguir ou modificar certa relação); condenatória genérica e cominatória (para efetivação de tutela específica de fazer, não fazer e suportar algo).

Os próximos itens deste capítulo, além de apresentarem os institutos que compõem essa esplêndida ferramenta processual, buscarão explicar cada um dos aspectos relativos ao conceito apresentado.

Não se pode deixar de registrar, para finalizar, que em tempos de fortes restrições ao acesso jurisdicional singular criadas pela dita Lei da Reforma Trabalhista, inclusive possíveis custos anteriormente inexistentes, como é o caso de cobrança de honorários de sucumbência, essa ação coletiva acaba por ganhar ainda mais força no cenário atual.

7.3. Finalidade da ação civil pública laboral

A ação civil pública é ação coletiva voltada prioritariamente à defesa de direitos difusos, coletivos em sentido estrito e individuais homogêneos (categorias desenvolvidas no capítulo anterior), conjuntamente, parcialmente ou isolados, oriundos de uma relação de trabalho, observando os limites da competência constitucional disposta no art. 114 da Carta Magna[313], assunto a ser desenvolvido posteriormente.

O ajuizamento de uma ação coletiva dá ensejo à instauração de um processo também de índole coletiva, portanto, método específico instituído à solução de conflitos coletivos de interesses. Aqui estamos tratando de ação civil pública laboral, portanto, método voltado à resolução de conflitos coletivos de índole laboral.

O objeto da ação coletiva prioritariamente transcende o interesse individual, alcançando coletividade, classe ou categoria de pessoas ou grupo(s)[314], voltando, repita-se, para proteção contra lesão ou ameaça de lesão a esses direitos.

Utiliza-se a expressão prioritariamente para direitos coletivos em sentido amplo porque o art. 6º, VII, "d", da Lei Complementar n. 75/1995, também ressalta ser atribuição do Ministério Público da União o aviamento de ação civil pública para a defesa de direitos "individuais indisponíveis".

Inobstante essa previsão legislativa ao Ministério Público, instrumentalizar direitos individuais indisponíveis por ação civil pública não parece ser a técnica processual mais correta, porque tal modalidade de remédio processual foi concebido justamente para tutelar direitos que ultrapassam a esfera dos conflitos intersubjetivos.

Na Justiça do Trabalho quando a atuação do Ministério Público se voltar à defesa de direitos "individuais indisponíveis" bastará a veiculação de tais pedidos por intermédio de ações de índole individual, ainda alcunhadas de reclamações trabalhistas.

O art. 1º da Lei n. 7.347/1985, Lei da Ação Civil Pública, dispõe sobre os interesses protegidos por esse diploma legal (meio ambiente, consumidor, valor artístico, estético, histórico, turístico e paisagístico), além de "qualquer outro interesse difuso ou coletivo" (inc. IV, incluído pelo Código de Defesa do Consumidor).

---

(310) A abrangência desses interesses protegidos desse conceito também é sustentada por BEZERRA LEITE, Carlos Henrique. *Curso de direito processual do trabalho*. 9. ed. São Paulo: LTr, 2011. p. 1306.

(311) Com conceito similar, dentre tantos, pode-se citar SILVA, Marcelo Ribeiro da. *A ação civil pública e o processo do trabalho*. Ribeirão Preto: Editora Nacional de Direito, 2001. p. 25.

(312) Também em sentido similar SANTOS, Ronaldo Lima dos. *Sindicatos e ações coletivas, op. cit.*, p. 379.

(313) Em sentido similar BEZERRA LEITE, Carlos Henrique. *Direito processual coletivo do trabalho na perspectiva dos direitos humanos, op. cit.*, p. 89.

(314) No mesmo sentido, ALMEIDA, Cleber Lucio de. *Direito processual do trabalho*. 6. ed. Belo Horizonte: Del Rey, 2015. p. 900.

O art. 21 desse mesmo diploma amplia a possibilidade de a ação civil pública também veicular interesses individuais homogêneos, pois, no corpo desse dispositivo é mencionada a proteção de direitos "individuais" (leia-se individuais homogêneos ou individuais indisponíveis), além de fazer remissão ao Título III do Código de Defesa do Consumidor que também trata dos direitos individuais homogêneos.

Inobstante a delimitação legal dessa ferramenta processual, aperfeiçoada pelo CDC, havia forte resistência, até os primeiros anos da década de 1990, ao cabimento da ação civil pública na Justiça Especializada laboral, inclusive no âmbito do Ministério Público do Trabalho (desde o início o principal veiculador dessas demandas, consoante será explicado mais à frente).

Historicamente foi a Lei Complementar n. 75/1993 (Lei Orgânica do Ministério Público da União) que dissipou as derradeiras resistências acerca do cabimento dessa ação coletiva na seara processual laboral.

Diz o art. 83 desse diploma:

Compete ao Ministério Público do Trabalho o exercício das seguintes atribuições junto aos órgãos da Justiça do Trabalho:

I – promover as ações que lhe sejam atribuídas pela Constituição Federal e pelas leis trabalhistas;

II – promover a ação civil pública no âmbito da Justiça do Trabalho, para a defesa de interesses coletivos, quando desrespeitados os direitos sociais constitucionalmente garantidos".

Portanto, especificamente em relação ao processo do trabalho, o dispositivo legal transcrito trata da possibilidade de cabimento de ação civil pública na seara laboral para proteção de interesses coletivos, leia-se gênero do qual são espécies os difusos, os coletivos em sentido estrito e os individuais homogêneos, todos alcançados pela categoria maior dos direitos sociais constitucionais, conforme previsão expressa da citada lei complementar.

Apesar de as diferenças entre os direitos albergados pelo microssistema de direito processual laboral, mostra-se possível e adequada a cumulação de todas as modalidades desses direitos ou apenas parte deles em uma única ação coletiva, respeitando-se as diferenças de rito[315] a serem desenvolvidas ao longo da presente obra.

Assim, em uma mesma ação civil pública é possível veicular pedidos voltados, por exemplo, à correção de meio ambiente do trabalho degradado pelo reconhecimento de trabalho análogo à escravidão (direito coletivo em sentido estrito), bem como dano moral coletivo decorrente dessa degradação social (direito difuso), além do ressarcimento individual de cada um daqueles trabalhadores alcançados pela situação (direito individual homogêneo).

Vê-se que no caso citado no parágrafo anterior é possível extrair de uma mesma situação fática as três modalidades distintas de direitos coletivos no sentido lato, quais sejam, os direitos difusos, coletivos em sentido estrito e os individuais homogêneos, a serem instrumentalizados numa mesma ação coletiva laboral.

Aliás, conforme será desenvolvido em momento oportuno, torna-se cada vez mais frequente a existência de demandas coletivas trabalhistas em que as três categorias de direitos coletivos em sentido amplo são cumuladas em uma mesma ação civil pública.

7.3.1. Proteção de direitos fundamentais laborais específicos e inespecíficos

A ação civil pública laboral serve para a proteção de direitos fundamentais laborais específicos e inespecíficos.

Os direitos fundamentais laborais específicos têm assento normativo constitucional, com previsão expressa, por exemplo, nos arts. 7º, 8º, 9º, 10º e 11º. São eles: greve, liberdade sindical — vertente individual e coletiva, repouso semanal remunerado, direito ao descanso entre jornadas, limite máximo de duração da jornada normal de trabalho proteção contra despedida arbitrária, proibição de trabalho noturno, perigoso ou insalubre aos menores de 18 anos e de qualquer trabalho aos menores de 16 anos, salvo na condição de aprendiz, somente a partir dos 14 anos.

---

(315) No mesmo sentido MAZZILI, Hugo Nigro. *O inquérito civil*: investigações do Ministério Público, compromissos de ajustamento e audiências públicas, *op. cit.*, p. 58.

Os direitos fundamentais laborais inespecíficos são aqueles inerentes à condição de pessoa e cidadão do trabalho[316]. "São direitos do cidadão trabalhador, exercidos na condição de trabalhadores cidadãos, ou seja, direitos de personalidade impregnados pela relação laboral"[317], tais como direito à proteção da intimidade e vida privada, de liberdade de expressão, proteção à honra, de liberdade ideológica e religiosa, proteção contra qualquer sorte de discriminação, dentre outros.

Portanto, os direitos laborais inespecíficos são direitos de personalidade do trabalhador não alterados pela condição de trabalhador assumida.

Assim, pode-se afirmar didaticamente que a ação civil pública laboral envolverá prioritariamente a proteção de direitos laborais fundamentais específicos e inespecíficos.

Óbvio que não se pode restringir a proteção desses direitos apenas tendo os trabalhadores como titulares dessas relações, inobstante também, não se pode negar, na prática, que a maioria das ações coletivas laborais tem como titulares do direito material vindicado coletividade, grupo ou classe de trabalhadores.

7.4. Natureza jurídica

Definir a natureza jurídica de um instituto significa fixar em que categoria jurídica será ele acoplado, numa relação de espécie e gênero[318] (ex. agravo de instrumento, recurso ordinário e recurso de revista são espécies do gênero recurso, portanto todos esses possuem a natureza jurídica de recurso).

A ação civil pública laboral, portanto, pertence ao gênero (logo, possui natureza jurídica de) ação de natureza não penal, composta de fases de conhecimento e execução, de previsão constitucional e infraconstitucional, e posicionando-se como o principal instrumento voltado prioritariamente à promoção de direitos laborais difusos, coletivos em sentido estrito e individuais homogêneos "na esfera das relações de trabalho"[319].

7.5. Objeto

Diz o art. 3º da Lei da ACP o seguinte:

A ação civil pública poderá ter objeto a condenação em dinheiro ou o cumprimento de obrigação de fazer ou não fazer.

Já o art. 11 do mesmo diploma legal prevê nas ações que tenham por objeto a tutela específica, "o juiz determinará o cumprimento da prestação da atividade devida ou a cessação da atividade nociva, sob pena de execução específica, ou de cominação de multa diária", se esta for suficiente ou compatível, ainda que não tenha sido requerida pelo autor.

Portanto, esses dois dispositivos citados estabelecem duas modalidades de pedidos, a serem desenvolvidos mais à frente de maneira individualizada, bastante diferentes. Uma delas trata de pedido de condenação em dinheiro. A outra envolve tutela específica.

Vale deixar registrado que o citado art. 3º da Lei da ACP não estabelece especificamente a obrigação de entregar coisa, modalidade de tutela específica que conta com ampla regulamentação no CPC (i: art. 497 até art. 500; ii: art. 536 até art. 538).

Óbvio que a ausência de regramento específico na Lei da ACP não retira a possibilidade de serem veiculados na ação coletiva trabalhista pedidos voltados à entrega de coisa, em razão da integração sistemática do Novo Código de Processo Civil.

Quando o objeto for condenação em dinheiro, esta poderá alcançar tanto os direitos difusos e coletivos em sentido estrito, na sua gênese transindividuais, como os individuais homogêneos, instrumentalizados, pela relevância social, como coletivos, conforme já apreciado anteriormente.

---

(316) Cf., com maior profundidade, nosso COSTA, Marcelo Freire Sampaio. *Eficácia dos direitos fundamentais entre particulares*. Juízo de ponderação no processo do trabalho, *op. cit.*

(317) BENGOECHEA, Juan Sagorday. *Los derechos fundamentales y el contracto de trabajo*. Madrid: Civitas, 2005. p. 95.

(318) Com ensinamento similar CÂMARA, Alexandre Freitas. *Lições de processo civil*. Vol. I. 23. ed. São Paulo: Atlas, 2012. p. 167.

(319) SANTOS, Ronaldo Lima dos. *Sindicatos e ações coletivas, op. cit.*, p. 379.

Começa-se pelos difusos e coletivos em sentido estrito. Tendo em vista que tais modalidades de direitos são transindividuais, significa que não possuem titulares determinadas, logo, inexequível a reparação direta dos integrantes de dada coletividade ofendida, por ser inviável a individualização, daí a razão de a condenação em pecúnia ser dirigida a um fundo criado por lei visando à aplicação dos recursos arrecadados na recomposição, na medida do possível, dos bens lesados daquela coletividade, conforme diz o art. 13, da Lei n. 7.347/1985[320].

A efetivação dessa tutela condenatória, bem como a questão da destinação (que será chamada oportunamente de reversão social) dessas condenações na seara trabalhista será desenvolvida oportunamente.

O amplo regramento do CPC, a ser mais à frente desenvolvido, certamente auxilia na compreensão e por consequência na concretização de tutelas específicas na ação civil pública (obrigação de fazer, não fazer e entregar coisa).

Aliás, a maior incidência das ações coletivas laborais dá-se por intermédio desses tipos de tutelas, mais especificamente na modalidade inibitória. A principal ferramenta executiva dessa tutela inibitória é a imposição de multa (astreinte), medida coercitiva que oprime o executado a adotar determinado comportamento, consoante será apresentado oportunamente.

Na redação do citado art. 3º no início deste item consta a conjunção "ou" entre a condenação em dinheiro e a tutela específica, o que levou parte da doutrina, no passado, a afastar a hipótese de cumulação de condenação em pecúnia com tutela específica.

Óbvio que equivocada essa posição, pois a abrangência de interesses protegidos (difusos, coletivos em sentido estrito e individuais homogêneos) pode facilmente levar a serem ventilados em uma única demanda coletiva pedidos de condenação pecuniária cumulada com obrigações de fazer, não fazer e entregar coisa[321].

A propósito, o Tribunal Superior do Trabalho vêm decidindo de maneira reiterada pela possibilidade de cumulação em uma única demanda coletiva de tutela específica com a ressarcitória. Vejamos:

> DANOS MORAIS COLETIVOS. CONDENAÇÃO EM DINHEIRO EM FAVOR DO FAT. <u>O art. 3º da Lei n. 7.347/85 dispõe que a ação civil poderá ter por objeto a condenação em dinheiro ou o cumprimento de obrigação de fazer ou não fazer. Assim, tem-se que a correta interpretação desse preceito legal é a de que tais objetos são cumuláveis, e não excludentes.</u> Esta Corte Superior, aliás, tem reiteradamente decidido pelo cabimento de indenização por dano moral coletivo, em ação civil pública. Precedentes. Incidência da Súmula n. 333 do TST e do art. 896, § 4º, da CLT. Agravo de instrumento a que se nega provimento. (grifo não consta no original).[322]

Além disso, tais pedidos poderão ser concedidos liminarmente, "com ou sem justificação prévia", nos termos do art. 12 da Lei da ACP. Há complementação desse regramento disposta no parágrafo terceiro do art. 84 do CDC.

7.6. Da legitimidade para agir em ação civil pública (considerações gerais)

Como já tratado, a legitimidade para agir (*legitimatio ad causam*) é espécie de condição da ação prevista no art. 17, do CPC, cuja apreciação antecede a análise de mérito.

A doutrina conceitua tal condição da ação como a titularidade ativa e passiva da ação. É a situação prevista em lei que permite a um determinado sujeito propor demanda judicial (autor) e a outro sujeito de resistir a tal pretensão (réu)[323].

Na legitimação ordinária, regra geral do Código de Processo Civil, a legitimação ativa é do titular do interesse veiculado na pretensão, e a passiva corresponde ao interesse de quem se opõe a essa pretensão. A característica dessa modalidade é a coincidência da titularidade processual com a da relação jurídica de direito material afirmada.

---

(320) Art. 13 da Lei da ACP: "Havendo condenação em dinheiro, a indenização pelo dano causado reverterá a um fundo gerido por um Conselho Federal ou por Conselhos Estaduais de que participarão necessariamente o Ministério Público e representantes da comunidade, sendo seus recursos destinados à reconstituição dos bens lesados".

(321) Defende mesma posição, com outros argumentos, SANTOS, Enoque Ribeiro dos. *O microssistema de tutela coletiva*, op. cit., p. 106.

(322) Tribunal Superior do Trabalho. 7ª Turma. Proc. AIRR – 828-11.2012.5.08.0201. Rel. Des. convocado Valdir Florindo. Data de Publicação: DEJT 21.6.2013.

(323) Lição clássica de SANTOS, Moacir Amaral. *Primeiras linhas de direito processual civil*. Vol. 1, op. cit., p. 146.

Na chamada legitimação extraordinária, ao contrário, admite-se, se houver autorização legal, pessoas figurando no processo em nome próprio, mas na defesa de direito alheio. Nesse caso não há coincidência entre o que atua no processo e o titular da relação jurídica material. Exatamente como prevê o art. 18º do CPC.

Portanto, nessa modalidade, a parte que reside em juízo não é a mesma que se diz titular do direito material vindicado no processo. Esta é a substituída; a que figura no processo é a substituta, pois defende interesses alheios (dos substituídos) em nome próprio.

Também como mencionado em capítulo próprio, inobstante a existência de divergência doutrinária, é superior a corrente que entende tratar-se a substituição processual e a legitimação extraordinária do mesmo fenômeno.

No período anterior à Constituição, o processo laboral aplicava tal instituto com bastante frequência em pelo menos duas situações:

1. Ação trabalhista com pedido de adicional de periculosidade ou insalubridade em favor de grupo determinado de associados — defesa de direitos individuais homogêneos (art. 195, § 2º, CLT).

2. Ação de cumprimento voltado a pagamento de salários fixados em sentença normativa de grupo determinado de associados — defesa de direitos individuais homogêneos (art. 872, parágrafo único, CLT).

Com a vigência da Carta Magna, a legitimação extraordinária ou substituição processual foi amplamente autorizada no art. 8º, III, que assegura ao sindicato o direito de defender, judicial e administrativamente, os direitos e interesses individuais ou coletivos da categoria.

Nos dois exemplos clássicos citados e no dispositivo constitucional em apreço, a substituição ou legitimação extraordinária para direitos individuais homogêneos será autônoma e concorrente.

Autônoma porque a parte que demandar em juízo atua com independência em relação ao titular do direito material.

Concorrente porque tanto o substituto como o substituído poderão instaurar o processo, separados ou em conjunto (litisconsórcio), inclusive podendo o substituído assumir posteriormente a condição de parte. Essa concorrência passou a ser prevista expressamente no Código de Processo Civil, art. 18, parágrafo único. Vejamos a redação legal:

> Havendo substituição processual, o substituído poderá intervir como assistente litisconsorcial.

A jurisprudência do Tribunal Superior do Trabalho vem reconhecendo amplamente a incidência da substituição processual ou legitimação extraordinária sindical voltada à defesa de direitos individuais homogêneos, senão vejamos:

> AGRAVO DE INSTRUMENTO EM RECURSO DE REVISTA. LEGITIMIDADE ATIVA. SINDICATO. SUBSTITUIÇÃO PROCESSUAL. FORNECIMENTO DE LAUDO TÉCNICO SOBRE CONDIÇÕES DO AMBIENTE DE TRABALHO. A decisão do Regional de reconhecer a legitimidade do sindicato para postular, como substituto processual, o fornecimento do Laudo Técnico de Condições Ambientais do Trabalho pela empresa reclamada está em consonância com a jurisprudência desta Corte, após pronunciamento do STF a respeito do art. 8º, III, da CF, por se tratar de ação que visa a tutela de direitos e interesses individuais homogêneos, provenientes de causa comum, que atinge o universo dos trabalhadores substituídos. Agravo de instrumento conhecido e não provido.[324]

Ao contrário dos direitos individuais homogêneos, quando se trata de tutela de interesse transindividual (transcende a esfera privada do indivíduo, não pertencendo a uma só pessoa), abrangendo a categoria dos direitos difusos e coletivos em sentido estrito, têm-se como características essenciais a ausência de coincidência entre o autor da demanda jurisdicional e o titular do direito material vindicado, bem como a legitimação desse demandante não estar vinculada a esse direito material, exatamente o oposto da legitimação ordinária apreciada no início deste tópico.

A questão da nomenclatura tem importância apenas acadêmica para a delimitação dos contornos do instituto da legitimidade.

O mais importante é a jurisprudência não fechar as portas das ações coletivas em razão de mera divergência sobre o nome correto.

O próximo item trabalhará os legitimados ativos e a posição dos Ministérios Públicos nas ações civis públicas.

---

(324) TST-AIRR-94540-03.2008.5.04.0332. Tribunal Superior do Trabalho. 8ª Turma. Relª. Minª. Dora Maria da Costa. Publicado. DJET 12.5.2010.

7.6.1. Dos legitimados ativos nas ações civis públicas. Posição diferenciada dos Ministérios Públicos

O regime central em termos de legitimação para as ações civis públicas está disposto no art. 5º da Lei da Ação Civil Pública (Lei n. 7.347/1985) e no art. 82 do conhecido Código de Defesa do Consumidor (Lei n. 8.078/1990).

Diz o *caput* do art. 5º da Lei da ACP: "Têm legitimidade para propor a ação principal e a ação cautelar: I – o Ministério Público; II – a Defensoria Pública; III – a União, os Estados, o Distrito Federal e os Municípios; IV – a autarquia, empresa pública, fundação ou sociedade de economia mista; V – a associação (...)".

Sendo a legitimação ofertada a vários entes, caracteriza-se como concorrente. Tendo em conta a possibilidade de qualquer dos entes citados atuarem em juízo sem necessariamente contar com a participação de outro habilitado, o que não afasta a hipótese de atuarem em litisconsórcio facultativo, conforme previsão do parágrafo quinto do art. 5º da Lei da ACP, diz-se também ser disjuntiva[325].

A legitimidade para agir clássica, inobstante a prerrogativa constitucional do acesso irrestrito de todos à jurisdição, impõe a existência "de um vínculo entre os sujeitos da demanda e a situação jurídica afirmada, que lhes autorize gerir o processo em que esta será discutida"[326]. Também chamado de vínculo de pertinência ou adequada representação entre a posição processual havida nos autos e a situação de direito material legitimadora desse *status* afirmado.

Já no que tange à exigência dessa pertinência temática ou representação adequada[327] no processo coletivo, possível apontar a existência de pelo menos três correntes antagônicas sobre o tema enfocado, com posições divergentes. Será sustentado como mais correta uma das linhas de pensamento doutrinal em seguida apontadas.

A primeira corrente[328] sustenta a desnecessidade da verificação do pressuposto da pertinência temática aos legitimados por lei para aviarem demandas em defesa de interesses metaindividuais. Bastaria, então, a constatação pela jurisdição do singular texto legal em que consta o rol dos legitimados (controle meramente *ope legis*). Caso a jurisdição coletiva seja provocada por um deles, cairia por terra o joeiramento prévio decorrente da verificação em cada caso concreto da representação adequada e preenchimento positivo da pertinência temática.

Para afirmar a incorreção de tal corrente de pensamento, não chega a ser necessário citar diversos exemplos de pretensões coletivas dantescas como o faz corriqueiramente e de maneira adequada a mais autorizada doutrina quando trata de tal assunto; cite-se apenas um: associação de aposentados de um dado município questionando índice de majoração de proventos de servidores públicos federais além de pretender a inconstitucionalidade incidental do referido diploma legal. Basta dizer acerca da óbvia impossibilidade hermenêutica de interpretar texto legal de maneira singular e, pior, acriticamente, pois, como lição das mais comezinhas de mediação exegética, "interpretar uma norma é interpretar o sistema inteiro, pois qualquer exegese comete, direta ou obliquamente, uma aplicação da totalidade do direito, para além de sua dimensão textual"[329].

Inaceitável, por consequência, inferir que bastaria a simples verificação do juízo, em dado caso concreto, se determinado ente se encontra inscrito no rol dos legitimados ao aviamento de demandas coletivas, para reconhecer a legitimidade deste em suscitar toda e qualquer sorte (de objeto litigioso) de pretensão nessa seara, sendo tal possibilidade, como dito, advinda da leitura isolada de dispositivo legal.

A segunda, que difere completamente da anterior, entende pela aplicação em toda e qualquer demanda coletiva, não importando quem esteja compondo o polo ativo, do joeiramento prévio decorrente da apreciação preliminar da representação adequada, cujo critério principal para o preenchimento desta é a incidência da pertinência temática,

---

(325) Dentre outros, cf. MAZZILLI, Hugo Nigro. *O inquérito civil*: investigações do Ministério Público, compromissos de ajustamento e audiências públicas, op. cit., p. 159.

(326) DIDIER JR., Fredie. *Pressupostos processuais e condições da ação*: o juízo de admissibilidade do processo. São Paulo: Saraiva, 2005. p. 228.

(327) "Os requisitos da representatividade adequada são verdadeiros pressupostos processuais, não se confundindo com condições da ação (legitimidade, interesse processual e possibilidade jurídica)." MAZZILLI, Hugo Nigro. *O inquérito civil*: investigações do Ministério Público, compromissos de ajustamento e audiências públicas, op. cit., p. 151.

(328) Tendo como defensores, dentre outros: NERY JR., Nelson; NERY, Rosa Maria. *Código de Processo Civil comentado e legislação extravagante*. 17. ed. São Paulo: RT, 2018. p. 1561; ALMEIDA, Gregório Assagra de. *Codificação do direito processual coletivo*. Belo Horizonte: Del Rey, 2007.

(329) FREITAS, Juarez. *A interpretação sistemática do direito*. 4. ed. São Paulo: Malheiros, 2004. p. 75.

caracterizando-se como a necessária adequação entre as características e os fins institucionais do ente integrante do polo ativo da demanda com o objeto litigioso ventilado. Tal esquadrinhamento dar-se-ia em dois momentos distintos. Primeiro seria verificada a existência de "autorização legal para que determinado ente possa conduzir o processo coletivo. A seguir faz-se o controle *in concreto* da adequação da legitimidade"[330].

E, finalmente, a linha de pensamento que se entende como a mais correta, distinta das anteriores, adota postura intermediária no que diz acerca da perquirição da chamada representação adequada. Tal corrente não afasta o necessário joeiramento em cada caso concreto decorrente da verificação da efetiva pertinência temática a ser vislumbrada à vista do confronto dos fins institucionais dos legitimados ativos e o objeto litigioso ventilada nas ações coletivas aviadas, havendo apenas uma exceção acerca desse controle *in concreto* — o Ministério Público.

Antes de desenvolver a citada posição intermediária[331], não se vai gastar mais tinta desenvolvendo questão, já tão batida pela doutrina pátria, relativa às profundas mudanças acontecidas no Ministério Público após edição da Carta Maior. Primordialmente deixou essa instituição de ser mero apêndice (e em diversas ocasiões passadas, apenas um joguete) do Poder Executivo, tornando-se "um órgão extrapoderes para controle dos poderes clássicos"[332].

O legislador constitucional, a par da conhecida lição hermenêutica pertinente ao perigo de os textos legais firmarem conceitos, andou bem ao definir o Ministério Público como "instituição permanente, essencial à função jurisdicional do Estado, incumbindo-lhe a defesa da ordem jurídica, do regime democrático e dos interesses sociais e individuais indisponíveis" (art. 127).

Assim, o Ministério Público, desgarrado dos outros poderes clássicos (aliás, quanto mais desgarrado melhor!), como dito, foi alçado à condição de ente voltado à promoção dos direitos humanos fundamentais, sendo vedada qualquer sorte de limitação infraconstitucional à missão constitucional a ele cometida. Essa moldura legal servirá, consoante se pretende demonstrar, à defesa da linha a seguir apresentada.

Nessa toada, não há de se falar em exame prévio da adequação da legitimidade quando o Ministério Público compuser polo ativo de demanda coletiva, pois, do perfil constitucional, a ele atribuído, aflora a própria legitimidade ativa universal, não havendo de se falar em controle jurisdicional da chamada representação adequada. Tal representação, *a priori*, e por imposição constitucional, já se encontra preenchida.

Há, então, no tocante ao Ministério Público, e por força da moldura constitucional colada neste, verdadeira "presunção de legitimidade *ad causam* ativa pela afirmação de direito coletivo tutelável"[333], significando, via de consequência, apenas ser suficiente a mera "afirmação de direito ou interesse coletivo para presumir a legitimidade ativa"[334] desse ente. Claro que essa presunção de legitimidade não se encontra jungida à efetiva procedência da pretensão aviada.

Tanto é verdade a dita legitimidade universal do MP que os diplomas legais pertinentes à jurisdição coletiva dispõem expressamente (art. 9º da Lei da Ação Popular e § 3º, do art. 5º, da Lei da ACP) a possibilidade da assunção da contenda, preferencialmente pelo *parquet*, quando o demandante originário desistir, abandonar ou for considerado ilegítimo.

Tal perquirição não é feita porque existe a irrefragável presunção da legitimidade universal do MP em razão do modelo constitucional e infraconstitucional em que se encontra calcado, conforme, como dito anteriormente, vem sendo defendida por parte da doutrina.

Para finalizar, veja posição de doutrina autorizada que retrata bem o afirmado até aqui:

> Quanto ao Ministério Público, não há grandes problemas, lembrando que ele constitui, diante de sua destinação institucional, o substituto processual por excelência, inclusive dos demais colegitimados integrantes dos

---

(330) DIDIER JR., Fredie. O controle jurisdicional da legitimação coletiva e as ações passivas. In: MAZZEI, Rodrigo; NOLASCO, Rita (Orgs.). *Processo civil coletivo*. São Paulo: Quartier Latin, 2005. p. 96-105.

(331) Defendida, dentre outros, por CASTILHO, Ricardo. *Acesso à justiça*: tutela coletiva de direitos pelo Ministério Público — uma nova visão. São Paulo: Atlas, 2006. p. 79.

(332) MARTINS FILHO, Ives Gandra da Silva. *Manual esquemático de direito e processo do trabalho*. 3 ed. São Paulo: Saraiva, 1992. p. 62.

(333) ALMEIDA, Gregório Assagra de. *Direito processual coletivo brasileiro...*, op. cit., p. 65.

(334) *Idem*.

mencionados róis; a representatividade decorre da sua própria razão de existir (art. 127, *caput*, Constituição Federal). No que tange à sua legitimidade para defesa em juízo dos interesses transindividuais, embora não haja pacificação em sede doutrinária e ainda exista alguma titubeação na jurisprudência, pouco há a ser considerado e, via de regra, as questões cingem-se à defesa dos interesses individuais homogêneos.[335]

7.7. Dos pedidos

Conforme já salientado, o pedido veiculado em ação civil pública poderá ter por objeto a condenação em dinheiro e o cumprimento de obrigações específicas.

Tais condenações em dinheiro poderão envolver dano material e/ou moral, nas modalidades individual e/ou coletivo.

7.7.1. Pedidos de condenação pecuniária

Quando o objeto for condenação em dinheiro, esta poderá alcançar tanto os direitos difusos e coletivos em sentido estrito, na sua gênese transindividuais, como os individuais homogêneos, instrumentalizados, pela relevância social, como coletivos, conforme já apreciado anteriormente.

Começa-se pelos difusos e coletivos em sentido estrito. Tendo em vista que tais modalidades de direitos são transindividuais, significa que não possuem titulares determinadas, logo, inexequível a reparação direta dos integrantes de dada coletividade ofendida, por ser inviável a individualização, daí a razão da condenação em pecúnia ser dirigida a um fundo criado por lei visando à aplicação dos recursos arrecadados na recomposição, na medida do possível, dos bens lesados daquela coletividade, conforme diz o art. 13 da Lei n. 7.347/1985.

A efetivação dessa tutela condenatória, bem como a questão da destinação (que será chamada oportunamente de reversão social) dessas condenações na seara trabalhista serão desenvolvidas oportunamente.

Já em relação aos direitos individuais homogêneos, malgrado serem classificados como modalidade de coletivos em sentido lato, daí a possibilidade de serem instrumentalizados também em ações coletivas, possuem como característica marcante a condenação em pecúnia ser direcionada a um titular determinado, em razão da possibilidade material de se quantificar singularmente o quinhão de cada beneficiário, daí a hipótese do fundo receptor de condenações não ser aplicado a tais modalidades de direitos.

Assim, em relação aos direitos individuais homogêneos, poderão ser visualizados, individualmente, como aptos a alcançar condenações individuais também em ações coletivas.

Tais condenações individuais poderão envolver danos morais e material, isolados ou conjuntos.

Basta imaginar situação envolvendo trabalho escravo em que o Ministério Público do Trabalho promove ação civil pública com pedidos envolvendo danos materiais individualizados a cada um dos substituídos resgatados, dano moral individual, também na esfera dos direitos individuais homogêneos, além de pedido envolvendo dano moral coletivo.

Nesse caso, todos os pedidos, à exceção do dano moral coletivo (a ser desenvolvido posteriormente), deverão ser revertidos diretamente a cada um dos substituídos.

Aliás, como já destacado anteriormente, ainda que se trate de ação civil pública envolvendo um fato jurídico alcançando pessoa determinada ou grupo de pessoas bem determinado, é possível a construção de pedidos de índole coletiva, desde que a gravidade do ilícito que alcançou esse grupo restrito de pessoas tenha inquestionável repercussão difusa, dada a gravidade da situação.

Conforme já citado anteriormente, a jurisprudência do TST, em duas ocasiões distintas, ratificou a posição ora apresentada em questões envolvendo trabalho infantil doméstico[336] e exploração sexual infantil[337]. Ambos os casos,

---
(335) VIGLIAR, José Marcelo Menezes. *Op. cit.*, p. 146.
(336) O número do acórdão não foi divulgado. Cf. em *Notícias do TST*. Acesso em: 21 abr. 2018.
(337) O número do acórdão não foi divulgado. Cf. em *Notícias do TST*. Acesso em: 21 abr. 2018.

inobstante o reconhecimento de os ilícitos atingirem, respectivamente, quanto ao trabalho infantil doméstico apenas uma única jovem, e quanto à exploração sexual infantil em grupo reduzido de menos de dez meninas, houve o reconhecimento da repercussão nitidamente difusa dessas apontadas violações, em razão da gravidade dos ilícitos comprovados.

7.7.2. Condenação pecuniária por dano moral individual e coletivo

Não se pode, por conta de uma simplista interpretação extensiva, confundir dano moral coletivo com o individual.

Inobstante esses dois institutos tenham hipótese geradora similar como dano extrapatrimonial, bem como mesmo fundamento de validade no art. 5º, incisos V e X, da Constituição Federal de 1988, no plano infraconstitucional afastam-se por completo.

Como já salientado, o dano moral individual cinge-se à violação da projeção individual da dignidade da pessoa humana, enquanto o coletivo se vincula à projeção coletiva desse mesmo princípio fundamental.

O dano moral individual nas relações de trabalho é instituto do Direito Individual do Trabalho, enquanto o dano coletivo, por consequência, está jungido ao Direito Coletivo do Trabalho, este possuindo valores, princípios, regras, institutos e características singulares, completamente diferentes do ramo voltado aos conflitos intersubjetivos.

Institutos do direito coletivo do trabalho, e, por consequência do processo coletivo laboral, não podem ser visualizados como mero "sequenciamento, somatório, extensão ou desdobramento dos direitos individuais"[338] (processos intersubjetivos), pois se mostram em realidades materiais e processuais totalmente distintas.

Ambos possuem idêntica hipótese geradora remota e similar fundamento legal constitucional, dano de origem extrapatrimonial e art. 5º, V e X, porém todos os outros aspectos são distintos, inclusive na seara processual, pois o dano moral coletivo está vinculado às ações coletivas, consoante será defendido posteriormente.

Como já salientado anteriormente, o dano moral individual tem contornos conceituais voltados à violação da vertente individual da dignidade da pessoa humana numa relação laboral, podendo causar abalo psíquico usualmente atingindo a figura do trabalhador.

Já o dano moral social já foi conceituado como a violação da projeção coletiva da dignidade da pessoa humana, consubstanciado em direitos relevantemente coletivos, tendo por consequência o abalo da ordem jurídica, e geralmente sensação de forte abalo social.

Há separação que afasta ainda mais tais institutos, qual seja, enquanto no dano moral singular a compensação é dirigida ao atingido individualizado pelo dano, no de modalidade coletiva tal reparação tem contornos sociais que ultrapassam a satisfação singular.

Apesar dessas fortes distinções, vale deixar ressaltado que o ilícito gerador do dano extrapatrimonial poderá atingir, ao mesmo tempo, a coletividade e diretamente o grupo de indivíduos que a integram, "de modo que os pleitos de dano moral individual e coletivo não se repelem, sendo perfeitamente possível tal cumulação"[339]. Tal reunião desses pedidos somente poderá ser instrumentalizada por intermédio de ação coletiva.

Em suma, são institutos que se diferem tanto na seara do direito material (enquanto um se vincula ao Direito Material Individual do Trabalho, o outro se aproxima do Direito Material Coletivo do Trabalho), como no direito processual. Nesta seara, o dano singular será vindicado em ações singulares ou plúrimas diretamente pelo(s) interessado(s); já o dano coletivo será pleiteado pelos legitimados coletivos inscritos na Lei da Ação Civil Pública (art. 5º) e no Código de Defesa do Consumidor (art. 82), consoante será apresentado com mais vagar posteriormente.

Já o dano moral coletivo, amplamente acolhido pela doutrina e jurisprudência laboral, poderá ser conceituado[340] como ***a violação da projeção coletiva da dignidade da pessoa humana, consubstanciada em direitos extrapatrimoniais***

---

(338) SANTOS, Enoque Ribeiro dos. A natureza objetiva do dano moral coletivo no direito do trabalho. In: *Revista Síntese Trabalhista e Previdenciária*, São Paulo, IOB THOMPSON, n. 272, p. 25, fev. 2012.

(339) PEREIRA, Ricardo José Macedo de Britto. *Op. cit.*, p. 298.

(340) Confira amplo estudo desse instituto no nosso COSTA, Marcelo Freire Sampaio. *Dano moral coletivo nas relações laborais.* De acordo com o novo CPC, *op. cit.*

relevantemente coletivos, abrangendo as modalidades difusos, coletivos em sentido estrito e individuais homogêneos, **cuja consequência será a intolerável violação da ordem jurídica.**

Todos os sentimentos de repulsa e indignação social decorrentes desse dano coletivo, assim como no dano de natureza singular, também são mera consequência dessa grave violação à projeção coletiva do princípio da dignidade da pessoa humana, consubstanciado no intolerável vilipêndio à ordem jurídica.

7.7.3. Destinação da condenação. Recomposição da lesão perpetrada

Para iniciar o presente item, mostra-se necessário destacar, mais uma vez, o enquadramento dos direitos difusos, coletivos em sentido estrito e individuais homogêneos como espécie do gênero coletivo em sentido lato, ou transindividuais, ou metaindividuais. Assim caminha a majoritária doutrina e jurisprudência dos tribunais superiores, inclusive do Tribunal Superior do Trabalho.

A condenação em pecúnia dos direitos difusos e coletivos em sentido estrito, concebidos como direitos transindividuais, deverá ser dirigida a um fundo receptor, conforme dispõe o art. 13 da Lei da ACP.

Os direitos individuais homogêneos, malgrado serem classificados como modalidade de coletivos em sentido lato, daí a possibilidade de serem instrumentalizados também em ações coletivas, possuem como característica marcante a condenação em pecúnia ser direcionada a um titular determinado, em razão da possibilidade material de se quantificar singularmente o quinhão de cada beneficiário, daí a hipótese do fundo receptor de condenações não ser aplicado a tais modalidades de direitos.

Assim, em relação aos direitos individuais homogêneos, poderão ser conjugados com os direitos difusos e coletivos em sentido estrito visando à quantificação da condenação na seara coletiva, bem como poderão ser visualizados, individualmente, como aptos a alcançar condenações individuais também em ações coletivas.

O citado direcionamento para o fundo receptor fica relacionado às espécies dos difusos e coletivos em sentido estrito, sendo tais modalidades de direitos com características transindividuais, pois possuem titulares determinadas, logo, inexequível a reparação direta dos integrantes individualizados de dada coletividade ofendida.

Diz o mencionado art. 13 da Lei n. 7.347/1985:

> Havendo condenação em dinheiro, a indenização pelo dano causado reverterá a um fundo gerido por um Conselho Federal ou por Conselhos Estaduais de que participarão necessariamente o Ministério Público e representantes da comunidade, sendo seus recursos destinados à reconstituição dos bens lesados.

Tal fundo mencionado no dispositivo legal citado encontra-se regulamentado por intermédio do Decreto n. 1.306/1994 e pela Lei n. 9.008/1995, sendo denominado Fundo de Defesa de Direitos Difusos, tendo por finalidade a reparação dos danos perpetrados ao "meio ambiente, ao consumidor, a bens e direitos de valor artístico, estético, histórico, turístico, paisagístico, por infração à ordem econômica e a outros interesses difusos e coletivos" (art. 1º).

No campo da proteção aos direitos coletivos em sentido lato das crianças e adolescentes, há previsão legal (art. 214, Lei n. 8.069/1990) de criação do Fundo dos Direitos da Criança e do Adolescente (FDCA), destinatário das condenações pecuniárias nessa seara.

No âmbito trabalhista os valores referentes à condenação pecuniária vêm sendo destinados, com frequência, "conforme entendimento assentado em doutrina e jurisprudência"[341], ao Fundo de Amparo ao Trabalhador, FAT, criado pela Lei n. 7.998/1990, tendo por finalidade, dentre outras, custear Programa de Seguro-Desemprego e o financiamento de programas de desenvolvimento econômico (art. 10).

Vale destacar que o FAT não se enquadra nas exigências dispostas no citado art. 13 do diploma de regência de ação pública, porquanto não é gerido por Conselho Federal ou Estadual, nem muito menos tem participação dos Ministérios Públicos em sua gestão, daí a afirmação anterior de construção jurisprudencial e doutrinária visando à adequação desse fundo como entidade receptora de condenações em ações coletivas na seara jurisdicional laboral.

---

(341) MELO, Raimundo Simão de. Ação coletiva de tutela do meio ambiente do trabalho. In: RIBEIRO JR.; CORDEIRO; FAVA; CAIXETA (Orgs.). *Ação coletiva na visão dos juízes e procuradores do trabalho*. São Paulo: LTr, 2006. p. 186.

Em razão dessa ausência de enquadramento do FAT com o regramento legal citado, vem se fortalecendo resistência doutrinária quanto ao aparelhamento econômico desse fundo, tanto na seara do processo civil[342], quanto em relação ao processo laboral.

Inobstante tais questionamentos, o TST ainda decide pela reversão da condenação ao FAT. Vejamos:

INDENIZAÇÃO POR DANOS MORAIS COLETIVOS: REVERSÃO AO FUNDO DE AMPARO AO TRABALHADOR (FAT). O C. TST tem entendido pela possibilidade de reversão da indenização por dano moral coletivo ao Fundo de Amparo ao Trabalho (FAT), porquanto a Lei n. 7.347/1985, em seu art. 13, determina que, nas ações civis públicas, o produto da condenação em espécie se "reverterá a um fundo gerido por um Conselho Federal ou por Conselhos Estaduais de que participarão necessariamente o Ministério Público e representantes da comunidade, sendo seus recursos destinados à reconstituição dos bens lesados." No âmbito trabalhista, foi instituído, pela Lei n. 7.998/1990, art. 10, o Fundo de Amparo ao Trabalhador — FAT —, que visa o "custeio do Programa de Seguro-Desemprego, ao pagamento do abono salarial e ao financiamento de programas de desenvolvimento econômico". Vê-se, portanto, que o objetivo do Fundo em questão é convergente com os defendidos na presente lide, o que justifica a reversão. Portanto, como o Acórdão Regional está de acordo com a notória e atual jurisprudência do TST, inviável o processamento do recurso de revista, seja por violação legal, afronta constitucional ou divergência jurisprudencial, a teor da Súmula n. 333, do egrégio TST e do art. 896, § 4º, da CLT. Agravo de Instrumento conhecido e desprovido.[343]

Utilizando-se do raciocínio da processualística, entende-se que o mero aparelhamento econômico desses fundos deverá ser classificado como **tutela ressarcitória pelo equivalente monetário**, isto é, modalidade de tutela que confere ao autor "o equivalente em dinheiro à lesão sofrida"[344].

Esses fundos receptores de pecúnia são classificados pela doutrina como "fundos fluidos", assemelhados ao *fluid recovery* do direito estadunidense, isto é, alude-se à possibilidade de eles serem utilizados "com certa flexibilidade, para uma reconstituição que não precisa e às vezes nem mesmo pode ser exatamente a reparação do mesmo bem lesado"[345], contudo, sobrevindo condenação em pecúnia, o dinheiro obtido deverá ser "usado em uma finalidade compatível com a causa"[346], o que não impede de serem adotadas práticas (muito pelo contrário, merecem o devido estímulo) eficazes e inteligentes, distintas da condenação pecuniária destinada aos citados fundos.

É exatamente o que se aqui denomina prevalência do redirecionamento ou direcionamento social da condenação, a ser desenvolvido com mais vagar no próximo item.

7.7.4. Direcionamento social das indenizações em dano moral coletivo nas ações civis públicas

Além do aparelhamento do FAT, conforme apreciado no item anterior, aqui já denominado de **tutela ressarcitória pelo equivalente em dinheiro**, há a possibilidade de outra destinação à condenação, aqui chamada de direcionamento social da condenação em dano moral coletivo nas ações coletivas.

Pode-se afirmar que esse direcionamento social da condenação se aproxima da ideia de **tutela ressarcitória na forma específica**, isto é, tal ressarcimento sendo efetivado não apenas pelo equivalente monetário, mas igualmente com a entrega de uma coisa ou com a prestação de uma atividade que "resulte adequada, em vista da situação concreta, para eliminar (ou minorar) as consequências danosas do fato lesivo"[347].

Esse ressarcimento na forma específica, em vista da situação concreta, pode ser exemplificado como a determinação, na decisão condenatória, de cursos voltados à formação de dirigentes visando à adoção de práticas empresariais voltadas à prevenção do assédio moral organizacional em ação coletiva em que restou reconhecida tal prática, ou a condenação para a realização de cursos técnicos voltados a incrementar a formação da classe trabalhadora, em vista de acidente fatal ocorrido justamente por falta de instrução técnica de empregado.

---

(342) Sobre esse assunto vide LEONEL, Ricardo de Barros. *Op. cit.*, p. 386.
(343) AIRR – 88100-02.2009.5.01.0053. Tribunal Superior do Trabalho. 2ª Turma. Rel. Min. Cláudio Armando Couce de Menezes. DEJT 25.9.2015.
(344) MARINONI, Luiz Guilherme; ARENHART, Sérgio Cruz; MITIDIERO, Daniel. *Novo curso de processo civil*. Vol. 2. São Paulo: RT, 2015. p. 493.
(345) MAZZILLI, Hugo Nigro. *O inquérito civil*: investigações do Ministério Público, compromissos de ajustamento e audiências públicas, *op. cit.*, p. 271.
(346) *Ibidem*, p. 272.
(347) MARINONI, Luiz Guilherme; ARENHART, Sérgio Cruz; MITIDIERO, Daniel. *Novo curso de processo civil*. Vol. 2, *op. cit.*, p. 493.

A prática do direcionamento social vem ocorrendo com cada vez mais frequência em ações civis públicas movidas principalmente pelo Ministério Público do Trabalho.

Conforme já mencionado, na seara trabalhista há fortes resistências quanto à destinação de pecúnia ao Fundo de Amparo ao Trabalhador, dentre outros motivos estaria a ausência de destinação dos recursos ali aplicados à recomposição dos interesses coletivos laborais lesados, nem mesmo "a utilização dos valores auferidos com finalidades conexas, no interesse da sociedade"[348].

Daí porque vem-se construindo, na rotina jurisdicional e também em sede doutrinária, a correta concepção de que a legislação, ao instituir fundo fluido receptor de pecúnia, não afastou a concepção social prioritária da necessidade de recomposição, na medida do possível, mesmo não sendo por intermédio de aparelhamento monetário do fundo, de "parte da vida societária atingida pela lesão"[349], por intermédio de direcionamento social dessa condenação que alcance, de alguma maneira, o direito social maculado.

Em outras palavras significa a premência da proteção ou impacto social da aplicação de uma verdadeira política pública dirigida ao meio social laboral vilipendiado, em detrimento de um mero aparelhamento de um fundo legal receptor de condenações.

Importa dizer, a prevalência da **tutela ressarcitória na forma específica** sobre a **tutela pelo equivalente monetário**, aqui significando o mero aparelhamento monetário dos fundos legais receptores.

O direcionamento social terá o condão de alcançar, com maior eficácia, a conexão (nexo temático) entre a destinação da condenação pecuniária com o interesse coletivo lesado, por consequência, satisfazendo plenamente o regramento disposto no já citado art. 13 da lei de regência das ações coletivas.

Aliás, nesse sentido foi o que restou reconhecido no Enunciado n. 12 aprovado na 1ª Jornada de Direito Material e Processual do Trabalho, acontecida em Brasília no Tribunal Superior do Trabalho, cuja redação é seguinte:

> AÇÕES CIVIS PÚBLICAS. TRABALHO ESCRAVO. REVERSÃO DA CONDENAÇÃO ÀS COMUNIDADES LESADAS. Ações civis públicas em que se discute o tema do trabalho escravo. Existência de espaço para que o magistrado reverta os montantes condenatórios às comunidades diretamente lesadas, por via de benfeitorias sociais tais como a construção de escolas, postos de saúde e áreas de lazer. Prática que não malfere o art. 13 da Lei n. 7.347/85, que deve ser interpretado à luz dos princípios constitucionais fundamentais, de modo a viabilizar a promoção de políticas públicas de inclusão dos que estão à margem, que sejam capazes de romper o círculo vicioso de alienação e opressão que conduz o trabalhador brasileiro a conviver com a mácula do labor degradante. Possibilidade de edificação de uma Justiça do Trabalho ainda mais democrática e despida de dogmas, na qual a responsabilidade para com a construção da sociedade livre, justa e solidária delineada na Constituição seja um compromisso palpável e inarredável.

O enunciado em enfoque apenas equivocou-se na limitação da aplicação do direcionamento social das condenações em sede de ações coletivas apenas em relação ao trabalho análogo à escravidão. Para qualquer condenação em ações coletivas deverá ser utilizada a ideia apresentada nessa orientação.

Há precedente do Tribunal Superior do Trabalho, de certa maneira flexibilizando posição anterior quanto à destinação integral da condenação ao FAT, que acabou por distribuir a maior parte de montante condenatório a entidade pública, de reconhecida atuação social, corroborando a prevalência do direcionamento social dessas condenações, bem como o necessário "nexo temático entre o objeto litigioso gerador da condenação e a política pública que irá alcançar aqueles interesses coletivos lesados"[350], exatamente como se vem defendendo até o presente momento. Vejamos:

> Considerando a condenação em dinheiro, bem como o disposto no art. 13 da Lei da Ação Civil Pública (7.347/85), que dispõe que "Havendo condenação em dinheiro, a indenização pelo dano causado reverterá a um fundo gerido por um Conselho Federal ou por Conselhos Estaduais de que participarão necessariamente o Ministério Público e representantes da comunidade, sendo

---

(348) LEONEL, Ricardo de Barros. *Op. cit.*, p. 386.

(349) CARELLI, Rodrigo de Lacerda. Transação na ação civil pública e na execução do termo de compromisso de ajustamento de conduta e reconstituição dos bens lesados. In: *Revista do Ministério Público do Trabalho*, São Paulo, LTr, n. 33, ano 17, p. 126, mar. 2007.

(350) Cf. nosso COSTA, Marcelo Freire Sampaio. Dano moral coletivo trabalhista contra ente de direito público. In: *Revista LTr*, São Paulo, n. 01, vol. 77, p. 53, jan. 2013.

seus recursos destinados à reconstituição dos bens lesados", torna-se necessário estabelecer a destinação da importância, tendo presente, primordialmente, que a finalidade social da indenização é a reconstituição dos bens lesados. Determino o envio da importância de R$ 500.000,00 (quinhentos mil reais), 12,5%, ao FAT (Fundo de Amparo ao Trabalhador), instituído pela Lei n. 7.998/90 e destinado ao custeio do programa de seguro-desemprego, ao pagamento do abono salarial (PIS) e ao financiamento de programas de desenvolvimento econômico) e R$ 3.500.000,00 (três milhões e quinhentos mil reais), 87,5%, à 'Irmandade da Santa Casa de Misericórdia de Santos, situada na Avenida Dr. Cláudio Luís da Costa, 50, Jabaquara, Santos – SP, CEP: 11.075-900, CNPJ 58.198.524/0001-19 e Inscrição Estadual sob o n. 633.073.527.116, objetivamente para a aquisição de equipamentos e/ou medicamentos destinados ao tratamento de pessoas portadoras de leucopenia, e, tendo presente também aqueles trabalhadores da reclamada (Companhia Siderúrgica Paulista – Cosipa), portadores da doença e seus familiares.[351] (grifos não constam no original).

Nesse julgado, em razão de a finalidade social da indenização ser a busca da "recomposição dos bens lesados", como reconheceu trecho da decisão transcrita, expressivo montante da condenação foi corretamente destinado à Irmandade da Santa Casa de Misericórdia de Santos, entidade com finalidade pública de reconhecida e idônea atuação social, visando à aquisição de equipamentos e medicamentos destinados ao tratamento de pessoas portadoras de leucopenia, precisamente a moléstia adquirida pela coletividade de trabalhadores, que justificou a propositura da ação coletiva. Taí, de maneira bem objetiva, a configuração do mencionado nexo temático entre o objeto litigioso gerador da condenação e a política pública que irá alcançar aqueles interesses coletivos lesados.

Vale ainda deixar registrado que o precedente citado não afastou por completo a destinação ao Fundo de Amparo ao Trabalhador (12,5% foi destinado ao FAT), apenas priorizou, como vem sendo defendido ao longo deste item, a prevalência da destinação social do valor apurado com a condenação, em consonância com o citado nexo temático entre o objeto do litígio e a destinação social realizada.

Também há outro exemplo, bastante recente, de tutela ressarcitória, na forma específica, em que o Tribunal Superior do Trabalho destinou parcela decorrente de condenação em dano moral coletivo, no valor de R$ 30.000,00 (trinta mil reais), para "treinamento de mão de obra, em programas de saúde ocupacional, a serem definidos previamente entre o sindicato e o Ministério Público do Trabalho (MPT)"[352], em razão de acidente laboral ocorrido, daí o nexo temático plenamente configurado entre o abalo sofrido (acidente de trabalho) e a destinação, distinta do FAT, da verba condenatória (melhor formação da mão de obra laboral).

7.8. Pedidos de tutela específica

A importância da tutela específica no processo coletivo laboral é inquestionável, daí a necessidade de esse assunto merecer itens introdutórios, antes de ser abordado no cenário da tutela coletiva.

7.8.1. Aspectos gerais da tutela específica no processo

Diz-se que haverá a clássica execução indireta (atuação sobre a vontade do devedor para satisfação da dívida), sempre que se pretender a realização material de algum comando jurisdicional (sentença, acórdão, decisão interlocutória), de título executivo judicial e/ou extrajudicial, notadamente aparelhados por prestações de fazer, não fazer e entregar coisa diversa de pecúnia. Neste caso, o "objeto da relação jurídica é um comportamento (ativo ou passivo) do devedor"[353].

Ultrapassando discussão doutrinária antiga, execução de tutela específica pode (e tanto faz) ser qualificada como efetivação, ou execução, ou cumprimento de obrigações de fazer, não fazer e entregar coisa, reconhecida em provimentos jurisdicionais ou títulos executivos extrajudiciais.

Aliás, o atual CPC afasta de vez essa antiga discussão ao elencar como títulos executivos judiciais, sujeitos ao mesmo regime de cumprimento, as decisões que reconheçam a obrigação de pagar quantia, bem como as de fazer, não fazer e entregar coisa, conforme inciso primeiro do art. 525.

---

(351) AIRR-3638-16.2010. Tribunal Superior do Trabalho. 5ª Turma. Rel. Min. Emanuel Pereira. DEJT 25.5.2011.
(352) Fonte: Página virtual do Tribunal Superior do Trabalho. Acesso em: 5 out. 2015.
(353) THEODORO JR., Humberto. *Processo de execução e cumprimento da sentença*. 26. ed. São Paulo: Livraria e Editora Universitária, 2009. p. 223.

Diz-se execução "específica", contrária da técnica indenizatória pecuniária já apreciada, porque se pretende a procura da maior coincidência possível entre "o resultado da tutela jurisdicional pedida e o cumprimento da obrigação caso não houvesse ocorrido lesão ou, quando menos, ameaça de direito no plano material"[354].

Significa, em outros termos, a busca da materialização do direito do jurisdicionado tal como existente originariamente antes da violação.

Tem como característica fundamental a variância e a conformação às necessidades de direito material. Pode ser inibitória, de remoção do ilícito, ressarcitória na forma específica, do adimplemento na forma específica e do cumprimento do dever legal[355].

Pela ordem legal, a tutela específica prevalece sobre a tutela pelo equivalente (ou "tutela da equivalência"), que, por sua vez, supera a ressarcitória, exatamente conforme preleciona o art. 497 conjugado com o art. 499 do atual CPC.

Aliás, a única maneira de impedir que os direitos de índole transindividual (difusos e coletivos em sentido estrito) se convolem em mero ressarcimento pecuniário, será por intermédio da realização da tutela específica ou pela "obtenção de tutela de resultado prático equivalente" (art. 499 do atual CPC).

O CPC registra a existência no direito processual de instrumentos suficientes para a outorga de tutela específica generalizada, conforme estrutura entabulada para os julgamentos (arts. 497 até 501), cumprimento dessas medidas (arts. 536, 537 e 538), e em execução de títulos extrajudiciais, arts. 814 até 823.

7.8.2. Tutela específica no processo do trabalho clássico

A sistemática do regramento das tutelas específicas genéricas, que aparecem no atual CPC em três ocasiões diferentes, aplica-se, sem indagações maiores, no processo do trabalho.

Isto significa principalmente execução sem intervalo de tutelas específicas. Basta a expedição de mandado de cumprimento da decisão exarada.

Veja que o art. 536 do novo CPC admite que a jurisdição atue de ofício para a "efetivação da tutela específica", ao contrário das obrigações de pagar que ainda exigem, no atual CPC, requerimento do interessado.

No processo do trabalho, tanto as obrigações de quantia, quanto as tutelas específicas, prescindem de requerimento do interessado, conforme disposto no art. 878 da CLT.

Há diversos exemplos de tutelas específicas plasmadas ainda na CLT, portanto várias décadas anteriores em relação às citadas alterações do processo civil, envolvendo a modalidade de tutela específica. Vejamos:

— reintegração liminar de dirigente sindical "afastado, suspenso ou dispensado pelo empregador" (art. 659, X, da CLT).

— possibilidade de a própria secretaria da vara do trabalho (art. 39, § 1º) realizar as devidas anotações da carteira de trabalho e previdência social do reclamante.

— pedido do empregado para ser "desobrigado a prestar horas extras quando ilegalmente exigíveis"[356], portanto, obrigação de não fazer.

Os exemplos de tutela específica expressamente dispostos no texto celetista deverão ser realizados, liminarmente ou não, por intermédio de tutela definitiva ou provisória, com o auxílio das chamadas medidas de apoio dispostas no § 1º do art. 536 do novo CPC, conforme será desenvolvido com mais vagar no próximo item.

---

(354) BUENO, Cassio Scarpinella. *Curso sistematizado de direito processual civil*: tutela jurisdicional executiva. vol. 3. São Paulo: Saraiva, 2007. p. 455. No mesmo sentido, dentre tantos outros, MARTINS, Sérgio Pinto. *Tutela antecipada e tutela específica no processo do trabalho*. 2. ed. São Paulo: Atlas, 2000. p. 101.

(355) Taxonomia disposta em MARINONI, Luiz Guilherme; ARENHART, Sérgio Cruz; MITIDIERO, Daniel. *Curso de processo civil*. Vol. 2., op. cit., p. 815.

(356) MEIRELES, Edilton. *Temas da execução trabalhista*. São Paulo: LTr, 1998. p. 26.

Ressalte-se que as obrigações específicas (fazer, não fazer e entregar coisa) somente serão convertidas em perdas e danos (obrigação pecuniária) se o "autor o requerer" ou seja "impossível a tutela específica", ou a "obtenção da tutela pelo resultado prático equivalente", neste caso realizada por pessoa distinta do devedor, conforme disposto no art. 499 do novo CPC.

Trata-se de verdadeira ordem hierárquica preferencial[357]. Primeiro a tutela específica. Não sendo possível aquela, afirma-se a tutela de equivalência. Não sendo possível esta, converte-se a obrigação em perdas e danos.

Ao contrário do processo civil, como já observado, o processo laboral não estabelece distinção (art. 876 da CLT) entre os ritos executivos de títulos judiciais ou extrajudiciais.

7.8.3. Da tutela inibitória

O chamado provimento inibitório ou preventivo é uma modalidade de tutela específica[358] voltada para o futuro, indistintamente sendo dirigida a inibir a prática, a reiteração ou a continuação de um ilícito.

Diz o parágrafo único do art. 497 do atual CPC:

> Para a concessão da tutela específica destinada a inibir a prática, a reiteração ou a continuação de um ilícito, ou a sua remoção, é irrelevante a demonstração da ocorrência de dano ou da existência de culpa ou dolo.

Tal modalidade de tutela, conforme bem situado pelo dispositivo legal transcrito, realiza-se antes do ilícito (é anterior a sua prática) ou impede a sua reiteração ou continuidade, evitando, por consequência, a conversão em ressarcimento pecuniário.

Não se pode confundir tutela inibitória com tutela ressarcitória, porque esta visa a reparar o dano, enquanto aquela busca evitar a ocorrência, manutenção ou repetição do ilícito. Daí a razão direta para que os pressupostos à concessão da tutela inibitória sejam diferentes daqueles envolvendo ressarcimento.

No caso da inibitória, será "irrelevante" ao interessado demonstrar a própria "ocorrência de dano" ou existência de "culpa ou dolo", conforme o já citado parágrafo único do art. 497. O objetivo é demonstrar o ilícito, e o dano é consequência daquele.

Quanto à desnecessidade da comprovação dos elementos subjetivos (dolo ou culpa), justifica-se em razão de esses estarem vinculados à responsabilidade civil objetiva pelo dano.

A finalidade da tutela inibitória não é punir quem pode praticar ou pratica o ato ilícito, mas impedir a própria prática ou continuação deste.

Portanto, se alguém estiver na iminência de realizar, ainda que sem dolo ou culpa, um ilícito, caberá a incidência da tutela inibitória.

Assim, tal modalidade de tutela tem a finalidade de conservar a integridade do direito, pressupondo a "probabilidade de que o ilícito prossiga ou se repita, ou mesmo que venha a ser praticado, se ainda não se verificou"[359], tendo em conta a impossibilidade de alguns direitos, principalmente os transindividuais, de conteúdo extrapatrimonial, poderem ser efetivamente tutelados por intermédio da técnica do ressarcimento, bem como considerando a prevalência do valor da prevenção sobre o ressarcimento.

Aliás, mostra-se necessário também desde logo afirmar, para ficar bem claro o posicionamento da tutela inibitória, que o dano é consectário meramente eventual do ilícito; este deve ser compreendido como "ato contrário ao direito que prescinde da configuração do dano"[360].

---

(357) TEIXEIRA, Sérgio Torres. Execução de obrigações de fazer e de não fazer: repercussões das regras do novo CPC no modelo processual do trabalho. In: MIESSA, Elisson (Org.). *O novo Código de Processo Civil e seus reflexos no processo do trabalho*. 2. ed. Salvador: JusPodivm, 2016. p. 940.

(358) Nesse sentido MARINONI, Luiz Guilherme. *Tutela inibitória (individual e coletiva)*. 4. ed. São Paulo: RT, 2006. p. 38.

(359) MARINONI, Luiz Guilherme. *Antecipação de tutela*, op. cit., p. 88.

(360) MARINONI, Luiz Guilherme. *Tutela inibitória (individual e coletiva)*, op. cit., p. 45.

É certo que a probabilidade de ilícito significa, frequentemente, probabilidade também do próprio dano, pois muitas vezes mostra-se impossível separar, cronologicamente, o ilícito e o dano (possivelmente) decorrente.

Ainda assim, para alcançar a tutela inibitória não se faz necessário, por tudo que se expôs até o presente momento, a demonstração de um futuro dano, inobstante ele possa obviamente ser invocado para reforçar a posição, mas tão somente de um provável ilícito futuro.

A tutela inibitória cabe para os ilícitos comissivos (por ação) que geram, por consequência, obrigações de não fazer[361], para se evitar um ilícito, bem como para ilícitos dito omissivos, cuja consequência será a imposição de técnica processual específica voltada a um dever de fazer[362], isto é, a adoção de alguma atividade concreta (tutela inibitória positiva) para lograr esse objetivo.

Sobre os ilícitos omissos, basta imaginar, como exemplo, ilícito laboral configurado pela ausência de proteção adequada de partes móveis de máquina de serrar toras de madeira, com potencial para causar acidente de trabalho a qualquer tempo, que exigirá a realização de medida positiva, a consequente aplicação de equipamento de proteção dito coletivo (EPC), isto é, a cobertura protetora adequada às partes móveis dessa máquina.

Nesse exemplo, a tutela jurisdicional fará cessar a apontada ausência ilícita decorrente de comportamento omissivo continuado por intermédio da imposição de um ato comissivo (o empregador adequar a máquina às normas de segurança e medicina do trabalho). Trata-se, portanto, de tutela genuinamente inibitória, de índole positiva.

Também em relação ao exemplo, não será necessário demonstrar o dano ocorrido, nem muito menos a culpa ou dolo do empregador que deixar de proteger as partes móveis dessa máquina.

A propósito, essa projeção para o futuro não será prejudicada em caso de adequação de conduta pela ré no decorrer de demanda jurisdicional aparelhada de tutela específica, pois a finalidade é justamente evitar que o desvio constatado e já reparado volte a ser repetido no porvir. Essa posição já restou chancelada pelo Tribunal Superior do Trabalho em diversas ocasiões. Vejamos:

> RECURSO DE REVISTA – AÇÃO CIVIL PÚBLICA – CONDENAÇÃO DA RÉ EM OBRIGAÇÃO DE NÃO FAZER – CONDUTA REGULARIZADA NO CURSO DO PROCESSO – MULTA COMINATÓRIA – CABIMENTO... Assim é que a superveniente adequação da ré à conduta imposta na sentença, a uma, não a isenta de responder pelo descumprimento de decisão judicial já verificado, porque aqui já se perfez a inadequação processual da conduta da empresa, que em nada se confunde com o acerto ou desacerto de suas práticas econômicas; a duas, não afasta a penalidade abstratamente imposta, uma vez que a adequação atual da conduta da empresa ao comando legal — que, aliás, não foi espontânea, mas resultado da coerção promovida pelo Poder Judiciário, após atuação incisiva do Estado por meio do Ministério do Trabalho e Emprego e do Ministério Público do Trabalho — não pode representar a isenção dos mecanismos de coação estatal a que esta situação regular perdure.[363]

Vale transcrever posição recente do TST (uma verdadeira aula de tutela inibitória) nessa mesma linha. Vejamos:

> AÇÃO CIVIL PÚBLICA. TUTELA INIBITÓRIA. OBRIGAÇÃO DE FAZER. CUMPRIMENTO DE NORMAS RELATIVAS À JORNADA DE TRABALHO. AJUSTAMENTO DA CONDUTA APÓS O AJUIZAMENTO DESTA AÇÃO. Trata-se de ação civil pública com pedido de tutela inibitória e de indenização por danos morais coletivos decorrentes de descumprimento das normas relativas à jornada de trabalho. A Turma assentou que todas as tentativas do Ministério Público do Trabalho junto à empresa, no âmbito administrativo, para que regularizasse mencionadas práticas, após a instauração do inquérito civil público, não surtiram nenhum resultado e que, somente quando acionado o Poder Judiciário, a empresa tomou as providências para regularizá-las, já no curso, portanto, da ação civil pública em exame. A tutela jurisdicional preventiva de natureza inibitória ou tutela inibitória destina-se a prevenir a violação de direitos individuais e coletivos ou a reiteração dessa violação, evitando a prática de atos futuros reputados ilícitos, mediante a imposição de um fazer, não fazer ou entregar coisa, por meio de coerção indireta ou direta. Ao contrário da tutela ressarcitória que objetiva reparar, de forma pecuniária, o dano já causado a um bem juridicamente protegido, a tutela inibitória possui fim preventivo e projeta-se para o futuro, já que objetiva inibir a prática do ato contrário ao direito, a sua reiteração ou o seu prosseguimento, independentemente do dano, ainda que a violação seja apenas temida ou represente uma ameaça. Dessa maneira, a utilização da tutela inibitória viabiliza-se pela simples probabilidade da prática

---

(361) Cf. TALAMINI, Eduardo. *Tutela relativa aos deveres de fazer e não fazer*. 2. ed. São Paulo: Revista dos Tribunais, 2003. p. 132.

(362) No mesmo sentido vide ARENHART, Sérgio Cruz. *A tutela inibitória coletiva*. São Paulo: Revista dos Tribunais, 2003. p. 167.

(363) Tribunal Superior do Trabalho. 1ª Turma. Processo: RR-107500-26.2007.5.09.0513. Rel. Min. Luiz Philippe Vieira de Mello Filho. DEJT 22.9.2011.

de um ilícito (aquele que não ocorreu, mas provavelmente ocorrerá), a repetição dessa prática (aquele que, tendo ocorrido, provavelmente se repetirá) ou sua continuação (aquele cuja prática se protrai no tempo). Para a obtenção de um provimento inibitório específico ou de resultado prático equivalente, não é necessária a comprovação do dano nem da probabilidade do dano, bastando a mera probabilidade de ato contrário ao direito a ser tutelado. Nessa esteira, o interesse processual em formular tutela inibitória revela-se pela ameaça ou pelo justo receio da prática, repetição ou continuação de um ilícito (ato contrário ao direito), que confere ao autor a possibilidade de obtenção de um provimento jurisdicional da tutela inibitória específica da obrigação ou de providências que assegurem o resultado prático equivalente ao do adimplemento, com a cominação de alguma sanção decorrente de eventual inobservância da medida. Dessa forma, ainda que constatada a posterior regularização da situação que ensejou o pedido de tutela inibitória, justifica-se o provimento jurisdicional com o intuito de prevenir o eventual descumprimento de decisão judicial reparatória e a repetição da prática de ofensa a direito material e, possivelmente, de um dano. Nessa seara, tendo em vista que o meio ambiente de trabalho é direito fundamental do cidadão e a tutela inibitória objetiva garantir o acesso à justiça preventiva e a inviolabilidade dos direitos fundamentais individuais e coletivos, mostra-se necessária a utilização dessa espécie de tutela para se alcançar a efetividade das normas protetivas do meio ambiente laboral, por meio de provimento jurisdicional que impeça a prática, a repetição ou a continuação do ato contrário ao direito que possa causar danos irreversíveis e irreparáveis. Por essas razões, é evidente a necessidade de se admitir a tutela de natureza preventiva, destinada a inibir a repetição pela empresa ré de ato contrário ao direito ao meio ambiente de trabalho equilibrado, seguro e saudável, inclusive no que tange à jornada de trabalho e os respectivos intervalos para descanso, sob pena de se admitir que as normas que proclamam esse direito ou objetivam protegê-lo não teriam nenhuma significação prática, pois poderiam ser violadas de qualquer momento, restando somente o ressarcimento do dano. Embargos conhecidos e desprovidos.[364]

Registre-se, mais uma vez, que na tutela inibitória, por se caracterizar como modalidade jurisdicional voltada para o futuro, em muitas ocasiões existem apenas indícios (provas indiciárias) apontando tão somente à probabilidade da ocorrência de futuro ilícito.

O citado parágrafo único, do art. 497, do novo CPC, acompanhou essa toada de compreensão da tutela inibitória ao afirmar ser "irrelevante a demonstração da ocorrência de dano ou da existência de culpa ou dolo".

Para finalizar, deve-se deixar assentado que a tutela inibitória também se presta para impor a realização dos mais primários direitos trabalhistas previstos pela legislação estatal, a despeito de corrente doutrinária, com alguma repercussão jurisprudencial, que pretendia inviabilizar a tutela inibitória para imposição desses direitos laborais estatais ditos básicos ou mínimos, sob o argumento da desnecessidade de se impor algo pela jurisdição quando já houvesse clara previsão legal sobre tal questão.

Ainda bem que a jurisprudência do TST não comprou tal produto. Vejamos:

AGRAVO DE INSTRUMENTO. RECURSO DE REVISTA – DESCABIMENTO. AÇÃO CIVIL PÚBLICA. DIREITOS INDIVIDUAIS HOMOGÊNEOS. LEGITIMIDADE DO MINISTÉRIO PÚBLICO DO TRABALHO. TUTELA INIBITÓRIA. ADIMPLEMENTO DA LEGISLAÇÃO TRABALHISTA. 1. O Ministério Público do Trabalho detém legitimidade para pleitear em ação civil pública tutela inibitória na defesa de direitos individuais homogêneos — registro em CTPS, especialmente quando relacionados à dignidade da pessoa humana e aos valores sociais do trabalho (1º, III e IV, CF), nos exatos limites dos arts. 127 e 129, III e IX, da Constituição Federal, 6º, VII, alíneas "a" e "d", e 84 da Lei Complementar n. 75/1993, 1º, IV, e 3º da Lei n. 7.347/1985. Está qualificado o "Parquet", mesmo que se busque o adimplemento de elementares direitos trabalhistas – aqui residente a valia de sua atuação. 2. No presente caso, a busca da efetividade do intervalo de onze horas entre duas jornadas de trabalho autoriza a representação do MPT. Agravo de instrumento conhecido e desprovido.[365]

7.8.4. Tutela específica no processo coletivo do trabalho. Astreinte

O citado art. 3º da Lei n. 7.347/1985 diz que a ação civil pública poderá ter por objeto também o cumprimento de obrigação de fazer ou não fazer.

Sobre a tutela específica no processo coletivo do trabalho, também dispõe o art. 11 da Lei da ACP. Vejamos:

Na ação que tenha por objeto o cumprimento de obrigação de fazer ou não fazer, o juiz determinará o cumprimento da prestação da atividade devida ou a cessação da atividade nociva, sob pena de execução específica, ou de cominação de multa diária, se esta for suficiente ou compatível, independentemente de requerimento do autor.

---

(364) Tribunal Superior do Trabalho. Subseção I Especializada em Dissídios Individuais. RR 43300-54.2002.5.03.0027. Rel. Min. José Roberto Freire Pimenta. DEJT 13.4.2018.
(365) Tribunal Superior do Trabalho. 3ª Turma. AIRR – 551-67.2011.5.01.0025. Rel. Min. Alberto Luiz Bresciani de Fontan Pereira. DEJT 31.3.2015.

Ainda notadamente sobre a tutela específica no processo coletivo do trabalho, prevê o art. 84 do CDC (*caput* e parágrafos) o seguinte:

> Art. 84. Na ação que tenha por objeto o cumprimento da obrigação de fazer ou não fazer, o juiz concederá a tutela específica da obrigação ou determinará providências que assegurem o resultado prático equivalente ao do adimplemento.
>
> § 1º A conversão da obrigação em perdas e danos somente será admissível se por elas optar o autor ou se impossível a tutela específica ou a obtenção do resultado prático correspondente.
>
> § 2º A indenização por perdas e danos se fará sem prejuízo da multa.
>
> § 3º Sendo relevante o fundamento da demanda e havendo justificado receio de ineficácia do provimento final, é lícito ao juiz conceder a tutela liminarmente ou após justificação prévia, citado o réu.
>
> § 4º O juiz poderá, na hipótese do § 3º ou na sentença, impor multa diária ao réu, independentemente de pedido do autor, se for suficiente ou compatível com a obrigação, fixando prazo razoável para o cumprimento do preceito.
>
> § 5º Para a tutela específica ou para a obtenção do resultado prático equivalente, poderá o juiz determinar as medidas necessárias, tais como busca e apreensão, remoção de coisas e pessoas, desfazimento de obra, impedimento de atividade nociva, além de requisição de força policial.

Portanto, o citado regramento da tutela específica do CPC conjuga-se, plenamente, com a sistemática aqui transcrita dessa modalidade de tutela no processo coletivo do trabalho.

A sistemática das astreintes, entendidas como "medidas coercitivas, de caráter patrimonial, consistente numa condenação em uma quantia determinada por cada dia (ou outra unidade de tempo) de atraso do devedor em cumprir obrigação"[366] específica, com o fito de exercer real pressão psicológica para induzir o obrigado ao cumprimento desse comportamento específico, bem delimitadas no regramento do processo coletivo, adicionando-se o regramento da tutela inibitória do CPC, formam mistura perfeita, de ampla incidência no processo coletivo do trabalho.

Na redação do citado art. 3º no início deste item consta a conjunção "ou" entre a condenação em dinheiro e a tutela específica, o que levou parte da doutrina no passado a afastar a hipótese de cumulação de condenação em pecúnia com tutela específica.

Óbvio que equivocada essa posição, pois a abrangência de interesses protegidos (difusos, coletivos em sentido estrito e individuais homogêneos) pode facilmente levar a serem ventilados em uma única demanda coletiva pedido de condenação pecuniária cumulado com obrigações de fazer, não fazer e entregar coisa[367].

Voltando à importância da tutela inibitória no processo coletivo do trabalho, dentre tantos exemplos possíveis, basta imaginar o contato de trabalhadores com determinada substância, cuja lesividade restou cientificamente consolidada ou apenas quando haja fortes indícios desses malefícios, não será necessário afirmar o dano já acontecido, nem o dolo ou culpa do dano da atividade econômica. O ilícito será a mera exposição a essa substância, apta a justificar a busca de tutela inibitória visando à cessação dessa exposição ou da própria atividade econômica, se for o caso.

7.9. Tutela provisória no processo coletivo do trabalho

A sistemática tutela provisória do processo civil, estabelecida no atual CPC nos arts.294-311, têm ampla aplicação no processo do trabalho, individual ou coletivo.

Aliás, o instituto da antecipação de tutela, assim chamado no CPC anterior, também possuía ampla aplicação no processo laboral, individual ou coletivo.

Portanto, os pressupostos e fundamentos gerais do instituto agora chamado de tutela provisória têm ampla incidência, como já dito, no processo laboral, tanto individual como coletivo.

---

(366) GUERRA, Marcelo Lima. *Execução* indireta. São Paulo: RT, 1998. p. 108.
(367) Defende mesma posição, com outros argumentos, SANTOS, Enoque Ribeiro dos. *O microssistema de tutela coletiva*. Parceirização trabalhista, *op. cit.*, p. 106.

Antes de apresentar o regramento específico da tutela provisória no processo coletivo laboral, vamos destacar alguns pontos desse instituto, conforme regramento do CPC.

Com efeito, o CPC diz que a tutela provisória poderá fundamentar-se em "urgência ou evidência" (art. 294).

A tutela provisória de urgência, de natureza cautelar ou antecipada, poderá ser concedida em caráter "antecedente ou incidental" (art. 294, parágrafo único), isto é, previamente à ação principal, ou como pedido incidental quando a demanda principal já houver sido proposta.

Os requisitos para a tutela de urgência, tanto de natureza antecipada como cautelar, são, cumulativamente, a "probabilidade do direito" e o "perigo de dano e o risco ao resultado útil do processo".

Há plena fungibilidade entre o pedido de natureza antecipada (adianta o mérito da demanda) e o pedido de natureza cautelar, conforme disposto no parágrafo único do art. 305.

O procedimento de tutela antecipada (art. 303 e seguintes) ou cautelar (art. 305 e seguintes) requerida em caráter antecedente, conforme regramento do CPC, mostra-se amplamente compatível com o processo coletivo laboral.

A sistemática da tutela de evidência (art. 311), nova figura criada pelo CPC, voltada à proteção contra o abuso do direito de defesa ou o manifesto propósito protelatório da parte contrária (art. 311, I), bem como autorizada quando os fatos já estivem amplamente comprovados documentalmente e quando houver "tese firmada em julgamento de casos repetitivos ou em súmula vinculante" (art. 311, II).

Aliás, fatos já fartamente comprovados documentalmente cairão como luva quando a ação coletiva estiver acompanhada de ampla apuração fática, fartamente documentada em inquérito civil que acompanha tal ação coletiva.

Portanto, tem-se claramente a integração pela subsidiariedade do regramento da tutela de urgência do processo civil no processo coletivo laboral, conforme autoriza o art. 15 do CPC.

Contudo a ação civil pública possui dois dispositivos específicos voltados à tutela provisória, satisfativa ou cautelar. Vejamos em separado.

O art. 12 de Lei da ACP, com redação bastante lacônica[368], já admitia a concessão de tutela provisória satisfativa, inclusive de maneira liminar, com ou sem justificação prévia.

A Lei da ACP também admite, em seu art. 4º, a possibilidade de ser ajuizada previamente ação cautelar, preparatória da principal, voltada a evitar danos aos interesses protegidos por essa modalidade de ação.

Aliás, parte da doutrina afirma, com toda razão, diga-se de passagem, que a natureza desse pedido do art. 4º não se refere a tutela cautelar, mas sim tem caráter inibitório, pois visa a obter medida judicial que impeça a prática do ilícito[369].

Voltando ao regramento do CPC anterior voltado à divisão bem delimitada entre pedido cautelar e antecipatório, fazia todo sentido nessa ambiência a redação do art. 4º da Lei da ACP.

Hoje, porém, tal sistemática está ultrapassada pelo CPC, considerando a possibilidade, como já tratado, das técnicas dos pedidos antecedentes, cautelares ou antecipados, conforme regramento atual.

Nessas hipóteses, tais pedidos iniciais apenas deverão ser aditados (art. 303, § 1º, I) ou emendados (art. 303, § 6º), nos casos, respectivamente, de concessão ou indeferimento desses pedidos antecedentes cautelares ou de natureza antecipada.

Essa sistemática do CPC mostra-se plenamente compatível com o processo coletivo do trabalho.

Mais quatro pontos sobre esse assunto merecem ser abordados.

---

(368) Art. 12. Poderá o juiz conceder mandado liminar, com ou sem justificação prévia, em decisão sujeita a agravo".
(369) DIDIER JR., Fredie; ZANETI JR., Hermes. *Op. cit.*, p. 389.

O primeiro trata de hipótese legal de limitação à concessão de tutela provisória, conforme art. 2º da Lei n. 8.437/1992, assim redigido:

> No mandado de segurança coletivo e na ação civil pública, a liminar será concedida, quando cabível, após a audiência do representante judicial da pessoa jurídica de direito público, que deverá se pronunciar no prazo de setenta e duas horas.

A finalidade desse dispositivo legal é a defesa do patrimônio público em decorrência da ausência de limites para as liminares concedidas em processos coletivos em desfavor da Fazenda Pública, daí a exigência de audiência prévia do representante judicial dessa pessoa jurídica de direito público.

Contudo, tal exigência de audiência prévia, por óbvio, não poderá esvaziar a própria finalidade do instituto da tutela provisória, toda vez que for possível demonstrar a incompatibilidade desse rito prévio com a urgência inevitável e a resposta eficaz a iminente lesão ou ameaça de direito.

Portanto, a oitiva prévia da Fazenda Pública antes da concessão liminar de tutela provisória deverá ser observada como regra, contudo podendo ser superada caso fique patentemente demonstrado que a observância desse rito prévio poderá fulminar a urgência da medida liminar vindicada[370].

O segundo, também sobre a impossibilidade de concessão de tutela provisória, em sede de ação civil pública, quando se tratar de matéria relacionada a vencimentos em face da Fazenda Pública, conforme consolidada posição do TST. Vejamos:

> TUTELA ANTECIPADA. ENTE PÚBLICO. IMPOSSIBILIDADE EM MATÉRIA DE VENCIMENTOS. NÃO CONHECIMENTO. A SBDI-2 desta Corte Superior, com fulcro nos arts. 1º da Lei n. 8.547/92 e 1º da Lei n. 9.494/97 e na decisão proferida pelo Supremo Tribunal Federal na ADC n. 4-6, Relator Ministro: Sydney Sanches, tem se posicionado pela impossibilidade de concessão de tutela antecipada em face da Fazenda Pública em matéria de vencimentos, como no presente caso em que se discute diferenças de complementação de aposentadoria, em decorrência de descontos indevidos, relativos aos 11% a título de contribuição de empregado público. Precedentes. Incidência da Súmula n. 333 e do art. 896, § 7º, da CLT. Recurso de revista de que não se conhece.[371]

O terceiro também versa sobre limitações legais relativas à concessão de tutela provisória em desfavor da Fazenda Pública, quando se tratar de "inclusão em folha de pagamento, reclassificação, equiparação, concessão de aumento ou extensão de vantagens", bem como a leitura restritiva a ser feita na apreciação dessa limitação, conforme bem aponta a jurisprudência do TST, que vem superando posição anterior bastante restritiva sobre tal possibilidade[372]. Vejamos:

> ANTECIPAÇÃO DE TUTELA. FAZENDA PÚBLICA. POSSIBILIDADE. O Regional manteve a decisão na qual se deferiu o pedido de antecipação de tutela, ressaltando que "a sentença referendou decisão liminar que determinou o bloqueio de numerário em conta não vinculada do recorrente para pagamento dos salários atrasados, sendo válida e eficaz a decisão que determina a execução provisória". Com efeito, esta Corte vem sedimentando o entendimento de que o art. 1º da Lei n. 9.494/1997, que veda a antecipação de tutela contra a Fazenda Pública em casos de "liberação de recurso, inclusão em folha de pagamento, reclassificação, equiparação, concessão de aumento ou extensão de vantagens", comporta interpretação restritiva, não se estendendo a hipóteses como a dos autos, em que é determinado o pagamento de verbas indevidamente suprimidas, no caso, os salários dos meses de outubro e novembro de 2010. Precedentes. Agravo de instrumento desprovido.[373]

O quarto, trata sobre o amplo cabimento do pedido de suspensão de liminar ou de sentença proferida contra o poder público, dirigido ao presidente do tribunal ao qual couber o conhecimento do respectivo recurso, conforme disposto no art. 4º da Lei n. 8.439/1992 e art. 15, da Lei n. 12.016/2009, quando houver "manifesto interesse público", visando "evitar grave lesão à ordem, à saúde, à segurança e à economia pública".

---

(370) Vários doutrinadores do processo civil têm posição similar. *Vide*, por exemplo, DIDIER JR., Fredie; ZANETI JR., Hermes. *Op. cit.*, p. 391.

(371) Tribunal Superior do Trabalho. 5ª Turma. ARR 204700-21.2006.5.02.0074. Rel. Min. Guilherme Augusto Caputo Bastos. DEJT 26.5.2017.

(372) Veja-se decisão mais antiga sobre esse assunto que reflete posição inflexível do TST: "TUTELA ANTECIPADA. Consoante o disposto na legislação vigente, Leis ns. 9.494/97, art. 1º, e 8.437/92, art. 1º, §§ 3º e 4º — não se pode conceder tutela antecipada contra a Fazenda Pública. Recurso provido, neste particular, para suspender a execução da tutela antecipada". 3ª Turma. ED-RR 750880-44.2001.5.17.5555. Rel. Min. Carlos Alberto Reis de Paula. DJ 4.10.2002.

(373) Tribunal Superior do Trabalho. 2ª Turma. AIRR 193-15.2013.5.22.0101. Rel. Min. José Roberto Freire Pimenta. DEJT 28.4.2017.

Vejamos a jurisprudência do TST sobre esse assunto:

I – É lugar comum na doutrina e na jurisprudência que o pedido de suspensão de liminar ou de sentença proferida contra o Poder Público não tem natureza recursal, pois não figura do rol taxativo do art. 496, do CPC, tampouco é passível de ser considerado sucedâneo de recurso, uma vez que não lhe é inerente o efeito substitutivo de que trata o art. 512 daquele Código. II – Bem ao contrário, o pedido de efeito suspensivo, cuja decisão desfruta de nítida natureza jurisdicional, há de ser examinado não com base em matéria de mérito, embora demande um mínimo de juízo de delibação, mas precipuamente a partir da verificação de que a alegada lesão a bens jurídicos o tenha sido grave, conforme delineado no art. 4º, da Lei n. 8.437/92 e art. 15, da Lei n. 12.016/2009... IV – Com efeito, de acordo com a *ratio legis* do art. 4º, da Lei n. 8.437/92, o legislador não quis que o incidente de suspensão fosse utilizado sem critérios, mas pretendeu que fosse encarado e manejado de forma correta, como exceção e nunca como regra nas demandas que envolvem o poder público.[374]

SUSPENSÃO DE LIMINAR E SENTENÇA. PRETENSÃO DE SUSPENDER DECISÃO CONCESSIVA DE SEGURANÇA. EXAME DO PEDIDO SOB O ENFOQUE DO ART. 250 DO RITST. SUSPENSÃO DE SEGURANÇA. CABIMENTO. TRÂNSITO EM JULGADO DA DECISÃO IMPUGNADA. ARTS. 5º, INCISO XXXVI, DA CONSTITUIÇÃO FEDERAL E 471 DO CPC. 1. A natureza do ato impugnado — decisão regional concessiva de segurança — impõe o exame do pedido de -suspensão de liminar e sentença-, formulado perante a Presidência do TST, sob o enfoque do art. 250 do RITST, que regulamenta, no âmbito do Tribunal Superior do Trabalho, o pedido de -Suspensão de Segurança. 2. A teor do § 2º do art. 250 do RITST, o cabimento do pedido de suspensão de segurança pressupõe a ausência de trânsito em julgado do ato impugnado. 3. Afigura-se manifestamente incabível a postulação dirigida contra acórdão regional concessivo de segurança, na ação mandamental, efetivamente transitado em julgado. Trata-se de ato judicial não mais passível de suspensão, sujeito aos efeitos imutáveis da coisa julgada consolidada. Inteligência dos arts. 5º, XXXVI, da Constituição Federal e 471 do CPC. 4. Agravo Regimental a que se nega provimento.[375]

SUSPENSÃO DE SEGURANÇA. GRAVE LESÃO À ORDEM, À SEGURANÇA E À ECONOMIA PÚBLICAS. NÃO CONFIGURAÇÃO. DETERMINAÇÃO DE NOMEAÇÃO E POSSE DE CANDIDATO APROVADO EM CONCURSO PÚBLICO DENTRO DO NÚMERO DE VAGAS PREVISTO NO EDITAL. REVERSÃO DA FORÇA DE TRABALHO EM PROL DA ADMINISTRAÇÃO PÚBLICA INDIRETA. 1. A intervenção excepcionalíssima da Presidência do Tribunal Superior do Trabalho na medida de urgência denominada "suspensão de segurança" assenta-se precisamente na necessidade de conjurar grave lesão à ordem, à segurança e à economia públicas, nos estritos termos de seu Regimento Interno (art. 250, do RITST) e da Lei n. 12.016/2009 (art. 15). 2. Sob a peculiar ótica da atuação da Presidência do TST, nesse contexto, não se justifica a suspensão de decisão concessiva de segurança, assecuratória de imediata nomeação e posse de candidato aprovado em concurso público dentro do número de vagas previsto no respectivo edital, para ingresso nos quadros de sociedade de economia mista. 3. Decisão desse jaez, proferida mediante sentença de mérito nos autos do mandado de segurança, em pleno exercício da atividade jurisdicional, não acarreta grave lesão ao ente da Administração Pública indireta, que, em última análise, se beneficiará da força de trabalho do candidato empossado. 4. Agravo Regimental a que se nega provimento[376].

Por fim, como observação final, vale deixar bem fixada a posição do TST sobre a possibilidade de os limites legais voltados à tutela provisória contra a Fazenda Pública serem justificadamente superados quando relacionados ao "pleno gozo de direitos fundamentais". Vejamos:

TUTELA ANTECIPADA. CONCESSÃO CONTRA O PODER PÚBLICO. Os limites impostos pelos dispositivos indicados como violados, no que concerne à concessão de tutela antecipada contra a Fazenda Pública, não podem servir de obstáculo ao pleno gozo de direitos fundamentais. Processo: RR – 40640-05.2005.5.04.0561 Data de Julgamento: 3.8.2016, rel. Ministro Douglas Alencar Rodrigues, 7ª Turma, Data de Publicação: DEJT 12.8.2016.

7.10. Litisconsórcio

Litisconsórcio significa a possibilidade de uma pluralidade de sujeitos que em um ou dois polos da relação jurídica processual se reúnam para litigar em conjunto.

As hipóteses de cabimento do litisconsórcio do art. 113 do CPC e a regra do litisconsórcio necessário do art. 114 do CPC são plenamente aplicáveis ao processo coletivo do trabalho.

Para breve rememoração, litisconsórcio necessário se dá nas hipóteses em que a formação é obrigatória, por força de lei, ou, quando pela natureza da relação jurídica controvertida, a eficácia da sentença "depender da citação de todos

---

(374) Tribunal Superior do Trabalho. Órgão Especial. AgR-SLS 201-11.2016.5.00.0000. Rel. Min. Antonio José de Barros Levenhagen. DEJT 8.4.2016.

(375) Tribunal Superior do Trabalho. Órgão Especial. AgR-SLS 5842-19.2012.5.00.0000. Rel. Min. João Oreste Dalazen. DEJT 24.8.2012.

(376) Tribunal Superior do Trabalho. Órgão Especial. AgR-SS 61-16.2012.5.00.0000. Rel. Min. João Oreste Dalazen. DEJT 4.5.2012.

que devam ser litisconsortes", conforme disposto no art. 114 do CPC, plenamente aplicável ao processo coletivo do trabalho. Já o litisconsorte facultativo, como dito, é uma opção de formação pelos atores da lide.

Especificamente em relação ao processo coletivo do trabalho, em sede de ação civil pública, e como já salientado anteriormente, a legitimidade ativa será concorrente e disjuntiva, daí porque o litisconsórcio, por consequência, será facultativo.

Essa facultatividade fica bastante clara no texto do art. 5º, § 2º, da Lei da ACP: "Fica facultado ao Poder Público e a outras associações legitimadas nos termos deste artigo habilitar-se como litisconsortes de qualquer das partes".

A redação desse dispositivo não ajuda muito. Mas dois aspectos precisam ser esclarecidos:

i) malgrado o texto mencionar somente outras associações, óbvio que o litisconsórcio ativo poderá ser formado por qualquer dos legitimados;

ii) a necessidade do litisconsórcio facultativo ulterior (formado posteriormente) das partes restringir-se ao polo ativo da ação, inobstante o texto legal leve a crer na possibilidade de alcançar os dois polos da demanda, por questões de legitimidade, bem como em razão da correta posição do STJ quanto à impossibilidade geral de litisconsórcio facultativo ulterior em razão de violação do princípio do juízo natural[377].

Considerando se tratar de litisconsórcio facultativo, fica desde logo registrada a falta de justificativa para aplicação da limitação jurisdicional de litisconsortes prevista no art. 113, § 1º, do CPC, chamada pela doutrina de litisconsorte multitudinário, pelo menos em sede de conhecimento, nas ações civis públicas laborais, primeiro por conta da pouca aplicação prática desse instituto em sede de conhecimento e segundo em razão da pequena quantidade de possíveis litisconsortes legais.

Importante destacar que o litisconsórcio facultativo ativo em sede de ação civil pública será necessariamente unitário, pois o direito tutelado por eles será um só[378], restando inviável resultado distinto para tais litisconsortes. A decisão terá que ser em bloco para todos esses litigantes ativos. A mesma sorte não acontecerá com litigantes passivos em litisconsórcio, pois será possível, a depender dos pedidos aviados, haver resultados diferentes para tais demandados. Basta imaginar exemplo de terceirização em que geralmente existem pedidos diferentes para o tomador de serviço e para aquele que presta o serviço.

Vale deixar ressaltado, também, a impossibilidade de litisconsórcio envolvendo possíveis titulares individuais de direitos materiais quando a ação civil pública tratar das modalidades de direitos difusos e coletivos em sentido estrito, pois tais singulares não são legitimados legais para ingressar com ação civil pública originariamente[379].

O regramento será totalmente diferente quando a ação civil pública tratar de direitos individuais homogêneos, primeiro porque os singulares são efetivamente também titulares do direito material vindicado nessa ação coletiva, e segundo porque há regra específica disposta no art. 94 do CPC, senão vejamos:

> Art. 94. Proposta a ação, será publicado edital no órgão oficial, a fim de que os interessados possam intervir no processo como litisconsortes, sem prejuízo de ampla divulgação pelos meios de comunicação social por parte dos órgãos de defesa do consumidor.

Esse dispositivo algumas vezes é ignorado pela jurisdição laboral em caso de ações civis públicas dispondo unicamente sobre direitos individuais homogêneos.

Basta imaginar, por exemplo, ação civil pública proposta pelo Ministério Público do Trabalho envolvendo indenização individual, material e extrapatrimonial, em razão de fiscalização do trabalho que acabou por reconhecer o trabalho análogo à escravidão em determinado empreendimento rural.

A força da comunicação após o ingresso da ação civil pública poderá atrair outros trabalhadores que também enfrentaram tal situação, mas já não se encontravam no local dos fatos.

---

(377) Cf. Superior Tribunal de Justiça. 2ª Turma. REsp n. 767.979-RJ. Relª. Minª. Eliana Calmon. DJ 9.6.2009.
(378) No mesmo sentido, NEVES, Daniel Amorim Assunção. *Op. cit.*, p. 276.
(379) No mesmo sentido, NEVES, Daniel Amorim Assunção. *Op. cit.*, p. 278.

Por fim, as questões abrangendo liquidação e execução de possível litisconsórcio de direitos individuais homogêneos serão tratadas em capítulo específico sobre execução coletiva.

7.10.1. Litisconsórcio entre Ministérios Públicos

Como já destacado anteriormente, é possível a formação de litisconsórcio facultativo ativo amplamente em sede de ação civil pública.

Isso significa, por óbvio, também a possibilidade específica de formação de litisconsórcio facultativo entre todos os Ministérios Públicos para propositura de ação civil pública.

Aliás, o STJ já admitiu expressamente tal litisconsórcio. Vejamos:

> ADMINISTRATIVO E PROCESSUAL CIVIL. RECURSO ESPECIAL. AÇÃO CIVIL PÚBLICA. LITISCONSÓRCIO ATIVO FACULTATIVO ENTRE MINISTÉRIO PÚBLICO FEDERAL, ESTADUAL E DO TRABALHO. ART. 5º, § 5º, DA LEI N. 7.347/1985. COMUNHÃO DE DIREITOS FEDERAIS, ESTADUAIS E TRABALHISTAS. 1. Nos termos do art. 5º, § 5º, da Lei n. 7.347/1985: "admitir-se-á o litisconsórcio facultativo entre os Ministérios Públicos da União, do Distrito Federal e dos Estados na defesa dos interesses e direitos de que cuida esta lei.". 2. À luz do art. 128 da CF/88, o Ministério Público abrange: o Ministério Público da União, composto pelo Ministério Público Federal, o Ministério Público do Trabalho, o Ministério Público Militar e o Ministério Público do Distrito Federal e Territórios; e os Ministérios Públicos dos Estados. 3. Assim, o litisconsórcio ativo facultativo entre os ramos do MPU e os MPs dos Estados, em tese, é possível, sempre que as circunstâncias do caso recomendem, para a propositura de ações civis públicas que visem à responsabilidade por danos morais e patrimoniais causados ao meio-ambiente, ao consumidor, a bens e direitos de valor artístico, estético, histórico e paisagístico, à ordem econômica e urbanística, bem como a qualquer outro interesse difuso ou coletivo, inclusive de natureza trabalhista. 4. No caso, além de visar o preenchimento de cargos de anestesiologistas, em caráter definitivo, junto ao Complexo Hospitalar Universitário, mediante a disponibilização de vagas pela Administração Federal, e a possível intervenção do CADE, a presente demanda objetiva, também, o restabelecimento da normalidade na prestação de tais serviços no Estado do Rio Grande do Norte, em virtude da prática de graves infrações à ordem econômica, com prejuízo ao consumidor, à livre concorrência, domínio de mercado relevante, aumento arbitrário de preços, exercício abusivo de posição dominante, cartelização e terceirização ilícita de serviço público essencial. 5. A tutela dos direitos transindividuais de índole trabalhista encontra-se consubstanciada, no caso em apreço, pelo combate de irregularidades trabalhistas no âmbito da Administração Pública (terceirização ilícita de serviço público), nos termos da Súmula n. 331 do TST, em razão da lesão a direitos difusos, que atingem o interesse de trabalhadores e envolve relação fraudulenta entre cooperativa de mão de obra e o Poder Público, além de interesses metaindividuais relativos ao acesso, por concurso público, aos empregos estatais. 6. Dessa forma, diante da pluralidade de direitos que a presente demanda visa proteger, quais sejam: direitos à ordem econômica, ao trabalho, à saúde e ao consumidor, é viável o litisconsórcio ativo entre o MPF, MPE e MPT. 7. Recurso especial provido.[380]

Questão que se apresenta a reboque dessa possibilidade seria qual Justiça tramitará a ação coletiva cujos litisconsortes ativos são os Ministérios Públicos: Federal, Estadual ou do Trabalho.

Aliás, é bastante comum a atuação conjunta de diversos ramos dos Ministérios Públicos em casos de maior repercussão.

Indagação bastante complicada. Não há dispositivo legal, constitucional ou infraconstitucional qualquer apto a auxiliar nessa resposta.

A prática costuma responder essa indagação por intermédio da vinculação dos ramos dos Ministérios Públicos às respectivas Justiças de atuação ordinária para a identificação da atribuição do órgão do *parquet*. MPT atuando na Justiça do Trabalho. MPF na Justiça Federal. MP estaduais nas respectivas Justiças dos Estados.

Essa questão é bem respondida por intermédio da aplicação do princípio da competência adequada, já aqui analisado em outro momento, "desdobrando-se em verdadeiro subprincípio da atribuição adequada aos órgãos do Ministério Público apto para a tutela de direitos"[381].

Essa ideia da atribuição adequada se aplica plenamente à atuação do Ministério Público do Trabalho, em consonância com a competência material dessa Justiça especializada.

---

(380) Superior Tribunal de Justiça. 1ª Turma. REsp n. 1.444.484-RN. Rel. Min. Benedito Gonçalves. DJE 29.9.2014.

(381) DIDIER JR., Fredie; ZANETI JR., Hermes. *Op. cit.*, p. 410.

O TST, em questão envolvendo termo de ajustamento de conduta, mais que facilmente pode ser transportado para o âmbito das ações civis, acolheu claramente esse entendimento de a atribuição adequada do MPT limitar-se a competência material da Justiça do Trabalho. Vejamos:

> COMPETÊNCIA DA JUSTIÇA DO TRABALHO. TERMO DE AJUSTE DE CONDUTA FIRMADO PERANTE O MPT. POLÍTICAS PÚBLICAS. OBJETO NÃO INSERTO NA COMPETÊNCIA FUNCIONAL DA JUSTIÇA LABORAL. O TAC configura instrumento através do qual o MPT, verificando o descumprimento de direitos metaindividuais de índole trabalhista, pactua, com o agente ofensor, condições e prazos para que sua conduta seja corrigida e adeque-se à lei. Desrespeitados os termos do TAC, pode o MPT executá-lo perante a Justiça do Trabalho, sendo competente aquele juízo o qual possuiria competência para o respectivo processo de conhecimento relativo à matéria, nos termos do art. 877-A da CLT. Em outras palavras, apenas são executáveis aqueles termos de ajuste de conduta cujo objeto se insira na competência material desta Justiça Especializada. No caso, o acórdão transcreveu a integralidade das cláusulas constantes do TAC que ora se visa a executar e registrou que aquelas não se inseriam na competência material da Justiça Laboral, porquanto relacionavam-se a medidas de caráter eminentemente administrativo — tais como "alocação de recursos públicos, ações legislativas, fiscalização". A análise acurada dos termos do TAC pactuado entre as partes demonstra que o seu objeto não se adunava à relação de trabalho propriamente dita, mas à implementação de políticas públicas para a erradicação do trabalho infantil e regularização do labor adolescente, em relação a trabalhadores que sequer prestavam serviço ao Município — inexistindo, portanto, liame trabalhista, preexistente ou não, entre os tutelados e a parte demandada. Nesse viés, conquanto as medidas delineadas no TAC visem, em última análise, à erradicação do trabalho infantil e regularização do trabalho prestado pelo adolescente, fogem à competência da Justiça do Trabalho, a qual não pode compelir a Administração Pública a tomar providências de caráter eminentemente administrativo, inseridas no rol de suas atribuições constitucionais — mormente quando inexistente qualquer relação laboral entre aquela e os possíveis beneficiados. Entendimento diverso importaria em inevitável afronta ao art. 114 da Constituição Federal. Há precedentes. Recurso de revista não conhecido[382].

7.11. Rito processual

As ideias lançadas acerca da integração sistemática do microssistema da tutela processual coletiva laboral com CPC e a CLT são amplamente aplicáveis neste item sobre o rito processual na ação civil pública no processo do trabalho.

Contudo, os princípios clássicos do processo do trabalho, tais como oralidade, informalidade, concentração de atos, irrecorribilidade das decisões interlocutórias, majoração dos poderes do juiz do trabalho na direção do processo[383] e execução de ofício, devem prevalecer no tocante ao rito procedimental a ser aplicado às ações civis públicas.

Isso significa, concretamente, que parte das disposições contidas no capítulo processual da CLT (a começar do art. 763) são aplicadas ao processo coletivo laboral, notadamente regras sobre atos e termos processuais, distribuição, nulidades, exceções, conflitos de jurisdições, audiências, provas e notificações.

O rito sumário (Lei n. 5.584/1970) e sumaríssimo (Lei n. 9.957/2000), este com regramento no texto celetista, nos arts. 852-A até 852-I, têm sistemática simplificada não compatível com as ações coletivas laborais, daí porque a compatibilidade de essas modalidades de ações serem restritas ao citado rito ordinário celetista[384].

Há alguns julgados do TST que ressaltam a ausência de rito próprio na Lei da ACP, daí a incidência da aplicação do processo do trabalho, nas ações coletivas trabalhistas, inobstante deixe de esclarecer qual espécie desse rito. Vejamos:

> **RITO INADEQUADO.** Sendo a Justiça do Trabalho a competente para processar e julgar a ação civil pública, o rito a ser observado é o do Processo do Trabalho. Acrescente-se que a Lei de ação civil pública não traz rito processual obrigatório, ou qualquer outra disposição incompatível com as disposições processuais da CLT.[385]

Na verdade, a ação civil pública deveria ter rito preferencial[386], considerando a modalidade de direitos nela veiculados, ainda que não haja disposição expressa sobre tal questão.

---

(382) Tribunal Superior do Trabalho. 6ª Turma. RR 90000-47.2009.5.16.0006. Rel. Min. Augusto César Leite de Carvalho. DEJT 4.8.2017.

(383) Cf. SCHIAVI, Mauro. *Manual de direito processual do trabalho*. De acordo com o novo CPC, op. cit., p. 133.

(384) Neste mesmo sentido, MELO, Ricardo Simão de. *Ação civil pública na Justiça do Trabalho*. 5. ed. São Paulo: LTr, 2011. p. 256; PEREIRA, Ricardo Macedo de. Op. cit., p. 219; SCHIAVI, Mauro. *Manual de direito processual do trabalho*. De acordo com o novo CPC, op. cit., p. 827.

(385) Tribunal Superior do Trabalho. 2ª Turma. E-RR – 717555-69.2000.5.15.5555. Rel. Juiz convocado: Saulo Emídio dos Santos. DJ 31.10.2003.

(386) No mesmo sentido, PEREIRA, Ricardo Macedo de. *Ação civil pública no processo do trabalho*. 2. ed., op. cit., p. 219.

Seria perfeitamente compatível e adequado tal rito preferencial ser expressamente previsto nos regimentos internos dos tribunais laborais, enquanto não haja regramento legal específico sobre esse assunto.

7.12. Fase probatória

O art. 818 da CLT, com redação singela, estabelece que a "prova das alegações incumbe à parte que as fizer".

O Código de Processo Civil anterior, no art. 333, distribuía o ônus da prova por intermédio de critérios dito estáticos, previamente estabelecidos, que deveriam ser observados em qualquer situação; no seguinte regramento: ao autor incumbe a prova dos fatos constitutivos de seu direito; ao réu, a prova dos fatos impeditivos, modificativos ou extintivos do direito do autor.

Ainda antes da edição do CPC, a linha doutrinária laboral já reconhecia que o citado art. 818 da CLT sempre precisou do complemento haurido no processo civil[387].

O processo do trabalho, agora com o CPC atual, precisa conjugar o art. 818 da CLT com o art. 373 do processo civil ("O ônus da prova incumbe: I – ao autor, quanto ao fato constitutivo do seu direito; II – ao réu, quanto à existência de fato impeditivo, modificativo ou extintivo do direito do autor").

Essa, portanto, é a regra geral da distribuição do ônus da prova no processo do trabalho, tanto individual como coletivo. Conjugação do art. 818 da CLT com o art. 373 do CPC.

Contudo, o atual CPC trouxe importante regra de inversão do ônus da prova, chamada por alguns de distribuição dinâmica do ônus da prova, plenamente aplicável ao processo coletivo do trabalho.

Diz o § 1º do art. 373 do CPC:

> Nos casos previstos em lei ou diante de peculiaridades da causa relacionadas à impossibilidade ou à excessiva dificuldade de cumprir o encargo nos termos do *caput* ou à maior facilidade de obtenção da prova do fato contrário, poderá o juiz atribuir o ônus da prova de modo diverso, desde que o faça por decisão fundamentada, caso em que deverá dar à parte a oportunidade de se desincumbir do ônus que lhe foi atribuído.

Sobre essa regra, vejamos o que já afirmou a doutrina processual civil:

> A lei prevê que as peculiaridades do caso podem impor a modificação do ônus da prova basicamente em duas situações diversas.
>
> Em primeiro lugar, essas peculiaridades podem referir-se à *maior facilidade na obtenção da prova*, por um ou outro sujeito processual. Aqui, a rigor, a regra se alinha ao conceito de economia processual, de modo que, se a prova é mais facilmente acessível a uma das partes, não há razão para atribuir-se à outra a tarefa de aportá-la ao processo e, mais do que isso, de correr o risco pela sua não aquisição nos autos. Em suma, nesse caso se parte da lógica de que aquele que pode facilmente trazer uma prova para os autos, mas não o faz, deve suportar os ônus daí decorrentes. A situação se afeiçoa à ideia de que a ausência de certa conduta, que é esperada pela parte, deve refletir em seu prejuízo.
>
> O segundo dos casos que pode determinar peculiaridades do caso que admitem a modificação do ônus é a *impossibilidade ou a excessiva dificuldade* de uma das partes em trazer as provas para o processo, especialmente daquelas cujo ônus lhe é atribuído. (*sic*)[388]

Voltando à questão ao processo do trabalho, a impossibilidade ou excessiva dificuldade de cumprir com o encargo probatório está diretamente relacionada a condição de hipossuficiência do trabalhador, que algumas vezes impede, outras dificulta, ou até mesmo torna excessivamente oneroso tal encargo, podendo verdadeiramente inviabilizar a efetividade do direito postulado, daí a plena adequação do dispositivo transcrito anteriormente com o processo do trabalho[389].

---

(387) Nesse sentido, dentre outros, SCHIAVI, Mauro. *Provas no processo do trabalho*. São Paulo: LTr, 2010. p. 51.

(388) MARINONI, Luiz Guilherme; ARENHART, Sérgio Cruz; MITIDIERO, Daniel. *Novo curso de processo civil*. Vol. 2, op. cit., p. 267.

(389) No mesmo sentido, SCHIAVI, Mauro. *Provas no processo do trabalho*, op. cit., p. 56.

Essa distribuição dinâmica do ônus da prova vinha sendo, mesmo antes do CPC, acolhida pelo TST, em situações tópicas, e mais recentemente de modo geral, conforme espelhado no seguinte julgado:

> AGRAVO DE INSTRUMENTO EM RECURSO DE REVISTA. RESPONSABILIDADE SUBSIDIÁRIA. ENTE PÚBLICO. COMPROVAÇÃO DA CULPA *IN VIGILANDO*. ÔNUS DA PROVA. PRINCÍPIO DA APTIDÃO DA PROVA. Nos termos do acórdão regional, a condenação do órgão público, tomador da mão de obra, decorreu da inversão do ônus da prova, visto ser a União a detentora dos documentos capazes de demonstrar sua efetiva fiscalização. O Juízo *a quo* pautou-se no princípio da aptidão para prova. Verifica-se, ademais, que o Regional não se afastou do entendimento exarado pelo STF, no julgamento da ADC n. 16/DF, o qual previu a necessidade da análise da culpa -in vigilando- do ente público tomador de serviços. Atribuiu, no entanto, à segunda Reclamada o ônus de demonstrar que fiscalizou o primeiro Reclamado no adimplemento das obrigações trabalhistas. E a decisão que confirmou a responsabilização subsidiária do órgão público calcada no princípio da aptidão para a prova está em consonância com a atual jurisprudência desta Corte Superior. Precedentes. Agravo de Instrumento conhecido e não provido.[390]

No processo coletivo do trabalho é inquestionável a aplicação processual da distribuição ou carga dinâmica do ônus da prova, por conta dos argumentos já apresentados, que servem também às demandas laborais singulares, e, principalmente, considerando a importância dos interesses coletivos defendidos nessas modalidades de demandas[391], bem como a distinta carga inquisitorial também presente, conforme já apreciado em momento anterior.

Em suma: se a distribuição dinâmica do ônus da prova sempre se justificou no processo laboral clássico, mesmo antes do CPC e por outros fundamentos, no processo coletivo tal distribuição merece acolhimento ainda mais reforçado, considerando a forte coloração de direitos fundamentais defendidos nessas modalidades de demandas e a consequente postura mais ativa que a jurisdição deverá adotar nessas lides, justamente em razão do reforçado interesse público nelas contido.

7.13. Conciliação e transação em juízo

O CPC inaugurou claramente no processo civil, conforme disposto no art. 3º, especialmente o contido nos §§ 2º e 3º, o que a doutrina vem chamando de modelo multiportas (*Multi-Door Justice*) ou ADRs (*Alternative Dispute Resolution*), conforme já apontamos anteriormente, cuja redação é a seguinte:

> § 2º O Estado promoverá, sempre que possível, a solução consensual dos conflitos.
>
> § 3º A conciliação, a mediação e outros métodos de solução consensual de conflitos deverão ser estimulados por juízes, advogados, defensores públicos e membros do Ministério Público, inclusive no curso do processo judicial.

Significa nada mais do que se agregar à solução jurisdicional de solução de conflitos outros meios alternativos e formas de acessos, como verdadeiras soluções ou mecanismos integrados, daí a ideia da justiça multiporta[392].

O CPC, inclusive, também deu um grande salto nesse assunto ao dispor sobre norma procedimental voltada à realização de audiência de conciliação ou mediação nos termos do art. 334[393].

Aliás, nesse aspecto aproximando-se bastante do rito procedimental dos processos trabalhistas, pois a conciliação e transação têm momento legais obrigatórios para serem sugeridos, daí a inegável importância para o processo laboral. Importância essa também havida nos processos coletivos laborais.

Diz a CLT, no art. 764, *caput* e § 1º, que os dissídios individuais e coletivos, no sentido amplo dos conceitos, estarão "sempre sujeitos à conciliação", estabelecendo que cumpre aos magistrados laborais empregar "sempre seus bons ofícios e persuasão no sentido de uma solução conciliatória dos conflitos".

---

(390) Tribunal Superior do Trabalho. 4ª Turma. AIRR 444-69.2013.5.10.0003. Relª. Minª. Maria de Assis Calsing. DEJT 10.10.2014.

(391) PEREIRA, Ricardo Macedo de. *Op. cit.*, p. 280.

(392) Cf. desenvolvimento mais aprofundado em THEODORO JR., Humberto; NUNES, Dierle; BAHIA, Alexandre Melo Franco; PEDRON, Flávia Quinoud. *Novo CPC*. Fundamentos e sistematização. 2. ed. Rio de Janeiro: Forense, 2015. p. 242-257.

(393) "Se a petição inicial preencher os requisitos essenciais e não for o caso de improcedência liminar do pedido, o juiz designará audiência de conciliação ou de mediação com antecedência mínima de 30 (trinta) dias, devendo ser citado o réu com pelo menos 20 (vinte) dias de antecedência."

Tratando do momento em que deverá ser tentada a "solução conciliatória" do conflito, os arts. 846 e 850 ambos da CLT, estabelecem que o magistrado laboral deverá proceder a tentativa de conciliação no início e no final da audiência una. As partes, contudo, poderão celebrar acordo em qualquer fase do processo.

Essa sistemática conciliatória, inclusive no tocante ao momento processual, é plenamente aplicável ao processo coletivo laboral.

Contudo, quando a conciliação assume a feição de transação, isto é, de concessões recíprocas entre os litigantes visando à pacificação do dissídio, conforme disposto no art. 840 do Código Civil, há limites a serem observados no processo coletivo do trabalho.

Portanto, conciliar em ações coletivas laborais não significa a renúncia de direitos. Pode acontecer verdadeiro reconhecimento pelo réu da pretensão jurisdicional, concordando, pela via da conciliação, por exemplo, com a necessidade do cumprimento dos pedidos de tutela específica de correção do meio ambiente de trabalho apresentados.

Vale lembrar que nas ações coletivas laborais o titular do direito material é representado em juízo por ente cuja legitimação é conferida pela lei, além de os direitos defendidos via de regra possuírem caráter da indisponibilidade, daí porque tal titular não poderá fazer "concessões recíprocas" desse direito.

Os limites das transações nessas demandas ficarão restritos ao prazo, local e modo de cumprimento das obrigações[394].

Por exemplo, ainda no tocante à correção do meio ambiente do trabalho, pode-se firmar conciliação voltada à concessão de prazo de dois meses para a proteção de todas as partes móveis de maquinário de parque industrial de grande empresa, desde que observados os princípios da razoabilidade e proporcionalidade na construção desses parâmetros conciliatórios.

Essa conciliação também poderá alcançar, por exemplo, redução de valor arbitrado na inicial de ação civil pública, a título de danos morais coletivos, desde que a parte da demanda disponha-se a cumprir integralmente a tutela específica também vindicada na peça inicial. Essa forma de conciliação já entabulada em diversas ocasiões pelo autor deste manual.

Por outro lado, não será possível, por exemplo, conciliar a abstenção pela empresa na concessão de equipamentos de proteção individual, nem muito menos a obrigação de conceder gratuitamente e fiscalizar a utilização destes.

Vale deixar registrado, para finalizar, que toda conciliação firmada em ações coletivas também deverá ser acompanhada, construída em conjunto, e, finalmente, homologada pela jurisdição.

7.14. Multa e exigibilidade em sede de ação civil pública

A cabeça e o § 2º do art. 12 da Lei da ACP dizem o seguinte:

Poderá o juiz conceder mandado liminar, com ou sem justificação prévia, em decisão sujeita a agravo.

(...)

§ 2º A multa cominada liminarmente só será exigível do réu após o trânsito em julgado da decisão favorável ao autor, mas será devida desde o dia em que se houver configurado o descumprimento.

Trata-se de medida satisfativa conferida em sede de tutela provisória, acompanhada de multa cominada liminarmente voltada a coagir o devedor a cumprir o comando decisório de tutela específica.

Também há previsão de multa conforme disposto no art. 11 do mesmo diploma legal. Diz a lei:

Na ação que tenha por objeto o cumprimento de obrigação de fazer ou não fazer, o juiz determinará o cumprimento da prestação da atividade devida ou a cessação da atividade nociva, sob pena de execução específica, ou de cominação de multa diária, se esta for suficiente ou compatível, independentemente de requerimento do autor.

Ambas as multas são voltadas ao cumprimento de tutela específica, contudo, uma será concedida liminarmente (art. 12 da Lei da ACP), com ou sem justificação prévia, também em sede de tutela específica, independentemente de requerimento do interessado.

---

(394) No mesmo sentido PEREIRA, Ricardo Macedo de. *Op. cit.*, p. 299.

A outra será cominada em sentença, também voltada ao cumprimento de tutela específica, independentemente da vontade do credor.

Esse regramento da Lei da ACP é complementado pelo disposto no art. 84 do CDC. Dizem os § 3º e § 4º desse diploma:

§ 3º Sendo relevante o fundamento da demanda e havendo justificado receio de ineficácia do provimento final, é lícito ao juiz conceder a tutela liminarmente ou após justificação prévia, citado o réu.

§ 4º O juiz poderá na hipótese no § 3º ou na sentença, impor multa diária ao réu, independentemente de pedido do autor se for suficiente e compatível com a obrigação, fixando prazo razoável para cumprimento do preceito.

Também esses dispositivos podem (e devem) ser complementados pela nova sistemática do CPC, principalmente em relação aos seguintes aspectos:

— pela ordem legal, a tutela específica prevalece sobre a tutela pelo equivalente (ou "tutela da equivalência"), que, por sua vez, supera a ressarcitória, exatamente conforme preleciona o art. 497 conjugado com o art. 499 do atual CPC;

— aplicação integral do art. 536 do CPC, dispondo sobre a possibilidade de jurisdição determinar qualquer medida voltada ao cumprimento da tutela específica, inclusive multa, conforme § 1º do mesmo dispositivo;

— incidência também integral do disposto no *caput* e § 1º do art. 537 do CPC; trata da possibilidade de aplicação de multa, na fase de conhecimento, em tutela provisória ou na sentença, ou ainda em sede executiva, "desde que seja suficiente e compatível com a obrigação e que se determine prazo razoável para cumprimento do preceito".

Fica registrado que, malgrado a inovação da sistemática adotada pela Lei da ACP e o CDC acerca do cumprimento da tutela específica, o CPC evolui bastante nesta seara, daí a viabilidade da integração ora afirmada, pois mais eficazes à proteção dos interesses metaindividuais laborais[395].

Para finalizar, há discussão anterior ao CPC acerca da compatibilidade do já citado § 2º, do art. 12, da Lei ACP, especialmente no tocante à exibilidade da multa cominada ao réu liminarmente apenas após o "trânsito em julgado da decisão favorável ao autor", principalmente considerando a evolução da sistemática da tutela específica na vigência da lei anterior.

Diz a doutrina que defende o dispositivo em apreço:

Trata-se de norma de evidente conteúdo ético: de fato, se o demandado restar como vencedor da demanda, não seria razoável ter de arcar com uma multa determinada para efetivar um direito que, afinal, se mostrou inexistente. Não é justo que alguém que não tenha razão, no caso o demandante, saia do processo mais rico do que entrou, enquanto o vencedor veja o seu patrimônio reduzido sem qualquer justificativa. Por isso, o legislador exige a decisão favorável definitiva àquele que se beneficia com a multa, como pressuposto para a sua execução.[396]

A jurisprudência do TST corrobora a vigência do dispositivo legal em destaque. Vejamos:

RECURSO DE REVISTA. ASTREINTES. AÇÃO CIVIL PÚBLICA. DESCUMPRIMENTO DE DECISÃO JUDICIAL. TRÂNSITO EM JULGADO. Nos termos do art. 12, § 2º, da Lei de Ação Civil Pública, a multa cominada liminarmente em ação civil pública só será exigível do réu após o trânsito em julgado da decisão favorável ao autor, mas será devida desde o dia em que se houver configurado o descumprimento.[397]

Há outra corrente doutrinária criticando esse mesmo dispositivo. Vejamos:

A regra do art. 12, § 2º, da Lei n. 7.347/1985 merece interpretação que leve em conta o modelo constitucional do direito processual civil. Na exata medida em que o magistrado perceba que o retardo relativo à cobrança

---

(395) Neste mesmo sentido, ainda sob a vigência do anterior CPC, RODRIGUES, Marcelo Abelha. *Direito ambiental esquematizado*. São Paulo: Saraiva, 2013. p. 529.

(396) DIDIER JR., Fredie; ZANETI JR., Hermes. *Op. cit.*, p. 354.

(397) Tribunal Superior do Trabalho. 5ª Turma. RR 161200-53.2004.5.03.0103. Rel. Min. Guilherme Augusto Caputo Bastos. DJ 14.6.20113.

da multa arbitrada para compelir o réu a acatar a ordem por ela emanada, inclusive liminarmente, pode comprometer a efetividade do processo, ele pode antecipar seus efeitos típicos e determinar sua cobrança imediata.[398]

O CPC arrefeceu tal polêmica, com aplicação integral na sistemática das lides coletivas laborais.

O § 3º do art. 527, com nova redação conferida pela Lei n. 13.256/2016, diz o seguinte:

A decisão que fixa a multa é passível de cumprimento provisório, devendo ser depositada em juízo, permitindo o levantamento do valor após o trânsito em julgado da sentença favorável à parte.

Esse dispositivo é plenamente compatível com o processo coletivo laboral, e pode ser integrado com o disposto no § 2º do art. 12 da Lei da ACP, na medida em que gerará maior efetividade às lides que veiculam direitos metaindividuais laborais.

Portanto, multa fixada liminarmente ou em sentença poderá ser executada provisoriamente a partir do seu descumprimento, sendo que a quantificação desse descumprimento deverá ser depositada em juízo, permitindo-se o levantamento desses valores somente após o trânsito em julgado.

7.15. Ação civil pública e FGTS

O art. 1º, parágrafo único, da Lei n. 7.347/1985, resultante de Medida Provisória empurrada pelo Governo Federal em uma época de grandes privatizações realizadas pelo Governo Federal, afirma que não cabem ações civis públicas para discutir matérias relacionadas a FGTS.

A finalidade governamental na seara do processo do trabalho era impedir a viabilidade de ações coletivas laborais voltadas a buscar diferenças de correção monetária dos depósitos de FGTS decorrentes dos planos econômicos.

Em razão desse dispositivo, há diversas decisões, em todas as instâncias laborais, decretando a carência de ações em que se pleiteia a regularização patronal dos FGTS recolhidos em atraso ou até mesmo ausência desses recolhimentos.

O TST, com alguma vacilação[399], mais recentemente vem reconhecendo a possibilidade de se pleitear em ação coletiva pedido envolvendo recolhimento equivocado ou ausência de recolhimento de FGTS pelo empregador. Vejamos:

AÇÃO CIVIL PÚBLICA. FGTS. DIREITOS INDIVIDUAIS HOMOGÊNEOS. O Ministério Público do Trabalho tem legitimidade para ajuizar ação civil pública com o objetivo de resguardar o direito dos empregados aos depósitos corretos do FGTS, por se tratar, simultaneamente, de interesse individual homogêneo e de relevância social. Violação de dispositivos de lei e da Constituição Federal caracterizada. Recurso de revista a que se dá provimento.[400]

Recentemente o STF reconheceu, em juízo positivo de admissibilidade[401], a repercussão geral na matéria, nos seguintes termos:

Processual civil e constitucional. Recurso extraordinário. Ministério Público. Ação civil pública. Cabimento para veicular pretensão que envolva Fundo de Garantia do Tempo de Serviço (FGTS). Interpretação do art. 1º, parágrafo único, da Lei n. 7.347/1985, em face da disposição do art. 19, III, da Constituição Federal. Repercussão geral confirmada. 1. Possui repercussão geral a questão relativa à legitimidade do Ministério Público para a propositura de ação civil pública que veicule pretensão envolvendo Fundo de Garantia do Tempo de Serviço (FGTS). 2. Repercussão geral reconhecida.[402]

---

(398) BUENO, Cassio Scarpinella. *Curso sistematizado de direito processual civil:* direito processual coletivo e direito processual público. Vol. 2. Tomo III. São Paulo: Saraiva, 2010. p. 235-236.

(399) Há precedentes contrários a pedidos envolvendo FGTS em ações coletivas. Por exemplo: Tribunal Superior do Trabalho. 3ª Turma. RR – 704001-03.2000.5.03.5555. DJ 22.6.2007.

(400) Tribunal Superior do Trabalho. 5ª Turma. RR – 803765-30.2001.5.10.5555. Rel. Ministro Gelson de Azevedo. DJ 6.9.2007.

(401) Cf. AZEM, Guilherme Beux Nassif. *Repercussão geral da questão constitucional no recurso extraordinário.* Porto Alegre: Livraria do Advogado, 2009. p. 101.

(402) Supremo Tribunal Federal. RE n. 643978-DF. Rel. Min. Teori Zavascki. DJE 25.9.2015.

Assim, tal decisão significou a suspensão do processamento de "todos os processos pendentes, individuais ou coletivos, que versem sobre a questão", conforme § 5º do art. 1.035 do CPC.

Além disso, o que restar decidido nesse recurso, cuja repercussão geral restou conhecida, será adotado como "tese jurídica" e "aplicada no território nacional" em " todos os processos individuais ou coletivos que versem sobre idêntica questão de direito", consoante prevê o § 2º, do art. 987, do CPC.

7.16. Abandono e desistência em ações civis públicas

Diz o art. 5º, § 3º, da Lei n. 7.347/1985 o seguinte:

§ 3º Em caso de desistência infundada ou abandono da ação por associação legitimada, o Ministério Público ou outro legitimado assumirá a titularidade ativa.

A desistência infundada ou o abandono da ação civil pública não tem o efeito de extinguir o feito, ainda que o autor negligente tenha sido intimado pessoalmente para suprir tal falta em cinco dias, conforme dispõe expressamente o art. 485, § 1º do CPC, aplicável, a propósito, ao processo coletivo laboral.

Nessas hipóteses de abandono ou desistência infundada, determina o dispositivo legal citado a sucessão processual, ou seja, a passagem de bastão para conduzir a demanda pelo Ministério Público ou outra associação legitimada.

Vale deixar registrado que, inobstante a lei cuide apenas do "abandono da ação por associação legitimada", deve-se compreender extensivamente as hipóteses de abandono ou desistência infundada por qualquer um dos entes legitimados aptas a também implicar a sucessão processual.

Inobstante o abandono ou desistência infundada pelo autor gerarem o mesmo efeito, qual seja, a sucessão processual, são dois fenômenos distintos.

O abandono significa simplesmente deixar de conduzir a demanda e silenciar quanto às intimações recebidas.

A "desistência infundada" exige pedido de desistência pelo autor sem qualquer justificativa plausível, fundamento, lógica ou razão, daí o adjetivo infundado.

Portanto, pode-se concluir que o autor da demanda obviamente possa pedir a desistência da ação civil pública, desde que traga fundamentos relevantes para tanto.

Esse pedido de desistência, se realizado depois de oferecida a contestação, estará sujeito ao consentimento do réu, conforme disposto no art. 485, § 4º, do CPC, e, ainda, poderá ser realizado até a sentença, consoante disciplina do § 5º do mesmo dispositivo legal. Ambos são plenamente aplicáveis ao processo coletivo laboral.

A característica singular de esses atos simplesmente não gerarem a extinção terminativa do feito tem relação com a natureza indisponível dos interesses protegidos, mas, principalmente, porque os autores coletivos não são os reais titulares dos direitos materiais suscitados em juízo, daí a criação adequada desse procedimento que poderá acabar materializando a sucessão processual.

Diz-se possível sucessão processual simplesmente porque nenhum dos autores coletivos, nem o Ministério Público, poderá ser obrigado a assumir a titularidade ativa de uma ação civil púbica em caso de abandono ou desistência infundada por parte de outro titular coletivo, simplesmente porque o exercício do direito de ação dependerá da vontade do titular coletivo[403].

Aliás, no âmbito do Ministério Público do Trabalho, há entendimento prevalente da Câmara de Coordenação e Revisão, órgão de revisão da atuação de primeiro grau dos procuradores, sobre a avaliação de continuidade de determinada ação civil pública depender exclusivamente do Procurador oficiante, em razão do princípio da independência funcional. Inclusive, quanto à eventual "desistência infundada" ou abandono posterior de ação civil pública, tal conduta deverá ser avaliada exclusivamente em âmbito correicional interno, sob o aspecto de possível falta funcional.

---

(403) Neste mesmo sentido temos NEVES, Daniel Amorim Assunção. *Op. cit.*, p. 140.

7.17. Intervenção de *amicus curiae* em ação civil pública trabalhista

O *amicus curiae*, ou amigo da corte, é o terceiro que, espontaneamente, a pedido da parte interessada, ou por provocação da própria jurisdição, intervém no processo com o propósito de fornecer subsídios para "aprimorar a qualidade da decisão"[404].

A intervenção do *amicus curiae* vem sendo frequente em processo de controle concentrado de constitucionalidade, em causas complexas e de grande repercussão, cuja participação do amigo da corte tem a finalidade de trazer subsídios especializados voltados a colaborar com a jurisdição.

O CPC regulamentou expressamente a intervenção desse terceiro no processo. Vejamos:

> Art. 138. O juiz ou o relator, considerando a relevância da matéria, a especificidade do tema objeto da demanda ou a repercussão social da controvérsia, poderá, por decisão irrecorrível, de ofício ou a requerimento das partes ou de quem pretenda manifestar-se, solicitar ou admitir a participação de pessoa natural ou jurídica, órgão ou entidade especializada, com representatividade adequada, no prazo de 15 (quinze) dias de sua intimação.

Portanto, os limites que vinham sendo impostos ao instituto em exame antes mesmo da edição do CPC foram expressamente reconhecidos por esse diploma processual.

E o instituto do amigo da corte, considerando a sua aplicação em demandas de temas bastante específicos, ou de inegável repercussão social, tem ampla incidência nos processos coletivos laborais.

Aliás, o próprio TST já reconheceu o cabimento do *amicus curiae* expressamente em ação civil pública. Vejamos:

> AGRAVO DE INSTRUMENTO EM RECURSO DE REVISTA. PEDIDO DE INGRESSO COMO AMICUS CURIAE FORMULADO PELA ABRASCE. DEMONSTRAÇÃO DE INTERESSE JURÍDICO NA LIDE. RELEVÂNCIA DA MATÉRIA. AÇÃO COLETIVA. ABRANGÊNCIA. Deferido o pedido de ingresso na lide na condição de *amicus curiae* da ABRACE em razão da relevância da matéria e representatividade da requente. Pedido deferido para ingresso na lide. AÇÃO CIVIL PÚBLICA. OBRIGAÇÃO DE FAZER. ART. 389, §§ 1º e 2º, da CLT. ESPAÇO PARA ATENDIMENTO PARA AS MULHERES EM PERÍODO DE AMAMENTAÇÃO. ESTABELECIMENTO COM MAIS DE 30 TRABALHADORAS. ADMINISTRADOR DE ESPAÇO FÍSICO QUE AGREGA VÁRIOS EMPREGADORES. O cumprimento do art. 389 da CLT é fundamental para garantir a prática da amamentação pelas empregadas das várias lojas de um shopping center. A seu turno, recai sobre a administração do shopping a responsabilidade de prover espaços comuns, os quais ela dimensiona, confere destinação e administra. Entre tais espaços, cabe-lhe reservar aquele necessário ao cumprimento do disposto nos parágrafos do art. 389 da CLT a fim de ser efetivado o direito de proteção da saúde da mulher, em especial à gestante e lactante, previsto na Constituição Federal e na Convenção n. 103 da OIT. Logo, a determinação nesse sentido não viola os §§ 1º e 2º do art. 389 da CLT, porquanto se trate de caso em que não é o empregador quem resulta responsabilizado, mas aquele que define os limites do estabelecimento do empregador e da área comum a todas as empresas alojadas no shopping center, tudo com base na função social da propriedade. Agravo de instrumento não provido.[405]

7.18. Litigância de má-fé e despesas processuais

Há regime especial para as ações civis públicas laborais de pagamento de custas, despesas processuais e honorários advocatícios, conforme disposto no art. 17 da Lei da Ação Civil Pública, cuja redação é a seguinte:

> Em caso de litigância de má-fé, a associação autora e os diretores responsáveis pela propositura da ação serão solidariamente condenados em honorários advocatícios e ao décuplo das custas, sem prejuízo da responsabilidade por perdas e danos.

Portanto, esse regime dispõe expressamente que somente haverá condenação em custas e honorários advocatícios em caso de litigância de má-fé, caso contrário será garantida a gratuidade da atuação jurisdicional.

Essa sistemática é complementada pelo disposto no art. 87 do Código de Defesa do Consumidor, cuja redação é a seguinte:

> Art. 87. Nas ações coletivas de que trata este código não haverá adiantamento de custas, emolumentos, honorários periciais e quaisquer outras despesas, nem condenação da associação autora, salvo comprovada má-fé, em honorários de advogados, custas e despesas processuais.

---

(404) DIDIER JR., Fredie. *Curso de direito processual civil*. 1. Vol., *op. cit.*, p. 529.
(405) Tribunal Superior do Trabalho. 6ª Turma. AIRR. 127-80.2013.5.09.0009. Rel. Min. Augusto César Leite de Carvalho.. DEJT 13.3.2015.

Assim, a sistemática de cobrança envolvendo custas, emolumentos, honorários periciais e "quaisquer outras despesas" não admite adiantamento, nem condenação da parte autora, salvo "comprovada má-fé".

Vale ressaltar que tais possíveis sanções, malgrado o texto legal mencionar "associação autora" e "diretores responsáveis", são estendidas para todos os titulares das ações civis públicas, assim como o benefício da gratuidade também será concedido para todos os autores legais[406]. Tal sistemática é aplicada inclusive aos Ministérios Públicos, conforme já deixou bem assentada a jurisprudência do STJ[407].

Aliás, é bom deixar claro que a improcedência dos pedidos veiculados em ação civil pública não significa automática condenação do autor em custas, despesas e honorários advocatícios, pois a má-fé que autoriza tal condenação significa "ação temerária, movida de forma imprudente, mal informada e sem qualquer ponderação"[408], além de representar "propósito inadvertido ou clavado pelo sentimento pessoal de causar dano à parte ré ou que a ação resulte de manifestação sombreada por censurável iniciativa"[409].

Vale deixar registrado que o processo do trabalho clássico tem sistemática específica sobre isenção de pagamento de custas, consoante disposto no art. 790-A, da CLT. Vejamos:

> São isentos do pagamento de custas, além dos beneficiários de justiça gratuita: I – a União, os Estados, o Distrito Federal, os Municípios e respectivas autarquias e fundações públicas federais, estaduais ou municipais que não explorem atividade econômica; II – o Ministério Público do Trabalho.

Essa sistemática se aplica integralmente aos processos coletivos laborais, salvo comprovada má-fé da parte autora.

Ao contrário do citado *caput* do art. 790-A da CLT, o parágrafo único desse mesmo dispositivo não tem assento na sistemática do processo coletivo laboral, em razão do regramento próprio disposto no art. 87 do CDC.

Da mesma maneira, a alteração introduzida na CLT, no art. 790-B, por intermédio da Lei n. 13.467/2017, também não se aplica à sistemática dos processos coletivos laborais em razão desse mesmo dispositivo citado do CDC.

Quanto aos honorários advocatícios, a Lei n. 13.467/2017 introduziu importante alteração no processo do trabalho. Vejamos o texto:

> Art. 791-A. Ao advogado, ainda que atue em causa própria, serão devidos honorários de sucumbência, fixados entre o mínimo de 5% (cinco por cento) e o máximo de 15% (quinze por cento) sobre o valor que resultar da liquidação da sentença, do proveito econômico obtido ou, não sendo possível mensurá-lo, sobre o valor atualizado da causa.
>
> § 1º Os honorários são devidos também nas ações contra a Fazenda Pública e nas ações em que a parte estiver assistida ou substituída pelo sindicato de sua categoria.

Esse regramento de condenação em honorários será aplicado nas ações coletivas laborais, desde que fique plenamente demonstrada a má-fé do autor da ação coletiva, conforme o já citado art. 87 do CPC.

Em suma, qualquer despesa processual (no sentido amplo) somente será devida se o sucumbente agir por comprovada má-fé.

Para finalizar, mais três aspectos.

Caso ocorra a condenação do Ministério Público do Trabalho em horários advocatícios por conta de comprovada má-fé, caberá à União arcar com esse pagamento. Entendimento em consonância com o que já decidiu o STF[410].

Na hipótese de o MPT restar vencedor na ação civil pública proposta, o réu não poderá ser condenado ao pagamento de honorários advocatícios, pela singela razão de os honorários sucumbenciais pertencerem ao advogado, e de

---

(406) DIDIER JR., Fredie; ZANETI JR., Hermes. *Op. cit.*, p. 401.
(407) Cf., dentre outros julgados: Superior Tribunal de Justiça. 2ª Turma. AgRg no REsp n. 887.631/SP. Rel. Min. Mauro Campbell Marques. DJE 28.6.2010.
(408) BARROS, Ricardo de. *Manual do processo coletivo, op. cit.*, p. 444.
(409) Trecho da seguinte decisão: Superior Tribunal de Justiça. 1ª Turma. REsp n. 28.715-SP. Rel. Min. Milton Luiz Pereira. DJE 19.9.1994.
(410) Cf: Superior Tribunal de Justiça. 1ª Turma. REsp n. 120.290-RS. Rel. Min. Garcia Vieira. DJE 22.9.1998.

o membro do MPT não ser advogado[411], daí a falta de cabimento dessa parcela. O STJ já decidiu claramente nessa mesma linha. Vejamos:

> PROCESSUAL CIVIL. AÇÃO CIVIL PÚBLICA. CONDENAÇÃO EM HONORÁROS E CUSTAS. (...). Descabe a condenação em honorários advocatícios, mesmo quando a ação civil pública proposta pelo Ministério Público for julgada procedente.[412]

Como último aspecto, após quase quinze anos atuando como membro do Ministério Público do Trabalho, não tive conhecimento de uma única condenação do MPT em despesas processuais em sede de ação civil pública.

7.19. Recursos em ação civil pública

Diz o art. 14 da Lei da Ação Civil Pública:

> O juiz poderá conferir efeito suspensivo aos recursos, para evitar dano irreparável à parte.

Essa regra é idêntica à redação originária do CPC de 1973. E deve estar causando alguns transtornos ao processo civil, em razão da edição do CPC atual, considerando que no recurso de apelação, malgrado ser protocolizado no juízo *a quo*, a admissibilidade passa a ser feita pelo tribunal, daí o efeito suspensivo não mais ser atribuído pelo juiz.

Quanto ao processo coletivo do trabalho, esse dispositivo que confere à jurisdição a prerrogativa de se conferir efeito suspensivo ao Recurso Ordinário (*ope judicis*), somente para evitar "dano irreparável" à parte que sucumbir.

Óbvio que se deve conferir limitação aos efeitos imediatos da decisão recorrida apenas em hipóteses excepcionais, principalmente em sede de ação civil pública trabalhista, em que a relevância social dos interesses defendidos se mostra inquestionável.

Aliás, essa regra da eficácia imediata das decisões está em consonância com o disposto no art. 899 da CLT, atribuindo como regra geral aos recursos trabalhistas efeito meramente devolutivo.

A utilização do efeito suspensivo *ope judicis* do art. 14 da Lei da ACP tem aplicação bastante reduzida no processo coletivo laboral.

7.20. Prescrição

Prescrição é instituto de direito material cuja principal função é a consolidação das relações jurídicas, sancionando aquele que não busca a proteção tempestiva de seu direito.

A prescrição é regida pelo princípio da *actio nata*, pelo qual se entende que o marco inicial da contagem se dá quando o titular do direito violado toma conhecimento do fato e da extensão de suas consequências.

Significa a perda da pretensão. Violado um direito, nascerá ao titular o direito de vindicá-lo, observando determinado prazo legal (art. 189 do Código Civil). Está associada também classicamente à violação de direitos patrimoniais.

A prescrição é regida pelo princípio da *actio nata*, pelo qual se entende que o marco inicial da contagem se dá quando o titular do direito violado toma conhecimento do fato e da extensão de suas consequências.

Considerando essas clássicas lições sobre a vinculação da prescrição a direitos patrimoniais, bem como a defesa direta pelo titular do direito violado, observando determinado lapso temporal, há posição clássica da doutrina afirmando a imprescritibilidade de direitos metaindividuais difusos e coletivos em sentido estrito.

Vale lembrar que essas duas categorias de direitos citadas no parágrafo anterior não têm imediato conteúdo patrimonial, nem muito menos são vindicados pelo titular do direito material violado, mas por legitimados autônomos por determinação legal.

Esse posicionamento legal vinha recebendo algum amparo da jurisprudência do TST[413].

---

(411) Em sentido contrário, temos a posição da abalizada doutrina de PEREIRA, Ricardo Macedo de. *Op. cit.*, p. 321.

(412) Superior Tribunal de Justiça. 2ª Turma. REsp n. 785.489-DF. Rel. Min. Castro Meira. DJ 29.6.2006.

(413) Cf. Tribunal Superior do Trabalho. RR 21242.2002.900.10.00. Rel. Min. Lelio Bentes Côrrea. DJ 16.4.2004.

Mais recentemente, o STJ vem adotando entendimento da aplicação para as ações civis públicas, não importando a modalidade de direito metaindividual defendido, do prazo prescricional de cinco anos previsto no art. 21 da Lei da Ação Popular.

O argumento, processualmente correto, gira em torno da ideia do trânsito de dispositivos legais no microssistema da tutela coletiva, daí a incidência do prazo prescricional da ação popular, considerando ausência de prazo similar na lei da ação civil pública.

Vejamos o precedente jurisprudencial:

AGRAVO REGIMENTAL NOS EMBARGOS DE DIVERGÊNCIA EM RECURSO ESPECIAL. PROCESSUAL CIVIL. SIMILITUDE FÁTICO-JURÍDICA E DISSÍDIO JURISPRUDENCIAL. CARACTERIZAÇÃO. AÇÃO CIVIL PÚBLICA, AÇÃO POPULAR E CÓDIGO DE DEFESA DO CONSUMIDOR. MICROSSISTEMA LEGAL. PROTEÇÃO COLETIVA DO CONSUMIDOR. PRAZO PRESCRICIONAL. LEI N. 7.347/85. CDC. OMISSÃO. APLICAÇÃO ANALÓGICA DA LEI N. 4.717/65. PRESCRIÇÃO QUINQUENAL. AGRAVO DESPROVIDO.

1. Acham-se caracterizadas a similitude fático-jurídica e a divergência jurisprudencial entre os arestos confrontados, pois ambos, buscando colmatar a lacuna existente na Lei n. 7.347/85, no que concerne ao prazo prescricional aplicável às ações civis públicas que visam à proteção coletiva de consumidores, alcançaram resultados distintos.

2. O aresto embargado considera que, diante da lacuna existente, tanto na Lei da Ação Civil Pública quanto no Código de Defesa do Consumidor, deve-se aplicar o prazo prescricional de dez anos disposto no art. 205 do Código Civil.

3. O aresto paradigma (REsp n. 1.070.896/SC, Relator Ministro LUIS FELIPE SALOMÃO) reputa que, em face do lapso existente na Lei da Ação Civil Pública, deve-se aplicar o prazo quinquenal previsto no art. 21 da Lei da Ação Popular (Lei n. 4.717/65), tendo em vista formarem um microssistema legal, juntamente com o Código de Defesa do Consumidor.

4. Deve prevalecer o entendimento esposado no aresto paradigma, pois esta Corte tem decidido que a Ação Civil Pública, a Ação Popular e o Código de Defesa do Consumidor compõem um microssistema de tutela dos direitos difusos, motivo pelo qual a supressão das lacunas legais deve ser buscada, inicialmente, dentro do próprio microssistema.

5. A ausência de previsão do prazo prescricional para a propositura da Ação Civil Pública, tanto no CDC quanto na Lei 7.347/85, torna imperiosa a aplicação do prazo quinquenal previsto no art. 21 da Lei da Ação Popular (Lei n. 4.717/65).[414] (grifo não consta do original)

O TST vem modificando posição anterior, no sentido de acompanhar posição já citada do STJ. Vejamos:

RECURSO DE REVISTA INTERPOSTO PELO MINISTÉRIO PÚBLICO DO TRABALHO ANTES DA VIGÊNCIA DA LEI N. 13.015/2014. AÇÃO CIVIL PÚBLICA. DANO MORAL COLETIVO. PRESCRITIBILIDADE. Os direitos difusos e coletivos dos trabalhadores se submetem à prescrição quinquenal prevista no art. 21 da Lei n. 4.717/65 (Lei de Ação Popular), aplicável analogicamente à Ação Civil Pública. Precedentes do STJ. Como no caso o Ministério Público do Trabalho teve ciência dos fatos alegados em 27.6.2002, ajuizando, porém, a presente Ação Civil Pública somente em 2.10.2007, quando já escoado o aludido prazo prescricional, reputo adequada a declaração de extinção do efeito pelo eg. TRT, com resolução do mérito, na forma do art. 487, II, do NCPC. Recurso de revista conhecido e desprovido.[415]

Portanto, todas as modalidades de direitos coletivos em sentido amplo, a saber, direitos difusos, coletivos em sentido estrito e individuais homogêneos estão sujeitos ao prazo quinquenal da ação popular, para a propositura de ação civil pública laboral.

Como já mencionado, inobstante os prejuízos que poderão atingir os direitos metaindividuais laborais, a aplicação nas ações coletivas laborais do prazo de cinco anos de prescrição disposto expressamente na lei de regência da ação popular tem correta justificação processual.

O reconhecimento jurisprudencial desse lapso temporal às ações coletivas exige mais precato com as causas interruptivas desse mesmo lapso temporal. Uma dessas causas interruptivas, com reconhecimento também jurisprudencial, trata da hipótese de que a ação coletiva proposta para defesa de qualquer dos direitos coletivos em sentido lato interrompe o prazo prescricional das ações individuais laborais. Vejamos dois precedentes nessa linha do TST:

---

(414) Superior Tribunal de Justiça. Segunda Seção. AgRg nos EREsp n. 995.995/DF. Rel. Min. Raul Araújo. DJ 9.4.2015.
(415) Tribunal Superior do Trabalho. 6ª Turma. RR 94700-18.2007.5.05.0661. Rel. Min. Aloysio Corrêa da Veiga. DEJT 19.12.2016.

PRESCRIÇÃO. INTERRUPÇÃO. Do ponto de vista técnico-formal, não há como se examinar a violação apontada pela Reclamada, porquanto, no quadro fático-probatório delineado pelo Regional, não encontram evidenciadas as datas, quer da propositura da ação, quer da extinção do contrato de trabalho, de forma que, afastada a interrupção, não há como se estabelecer a observância do biênio previsto na Constituição da República. A parte, nos Embargos Declaratórios, não postulou a manifestação do TRT sobre as premissas fáticas mencionadas. No entanto, pode-se argumentar que, se o Regional assentou tese a respeito da interrupção da prescrição, estaria admitindo que foram ultrapassados os dois anos entre a extinção do contrato e a propositura da ação. Ressalte-se que, pela atual jurisprudência do TST, em todas as suas turmas, a ação proposta pelo sindicato, na qualidade de substituto processual, interrompe a prescrição. Neste sentido, é permitida a ilação, consoante a orientação mais recente de que as ações coletivas propostas, sejam pelo Ministério Público do Trabalho mediante ação civil pública ou pelo sindicato, como substituto processual, desde que estes atuem na defesa de direitos difusos, coletivos e individuais homogêneos, interrompem a prescrição para a ação individual. Recurso de Revista não conhecido.[416]

PRESCRIÇÃO TOTAL. Interrompido o prazo prescricional para ajuizamento da reclamatória, com a interposição da ação civil pública em 19.1.1996, o prazo recomeçou a correr desta data. Assim, encontra-se dentro do prazo prescricional a reclamatória ajuizada em 11.9.1997. Incólume, portanto, o art. 7º, XXIX, a, da CF. Quanto ao julgado colacionado, inservível, nos termos do art. 896, *"a"*, da CLT, porque oriundo do Tribunal prolator da decisão recorrida.[417]

O próximo capítulo abordará mais uma modalidade de ação coletiva, mandado de segurança coletivo, originário do microssistema da tutela coletiva, conforme classificação apresentada em linhas transatas.

---

(416) Tribunal Superior do Trabalho. 3ª Turma. RR 580515-63.1999.5.12.5555. Rel. Min. Carlos Alberto Reis de Paula. DJ 15.10.2004.
(417) Tribunal Superior do Trabalho, 2ª Turma. RR 586264-61.1999.5.12.5555. Rel. Min. José Simpliciano Fontes de F. Fernandes. DJ 19.12.2002.

Capítulo 8

Mandado de Segurança Coletivo no Processo Coletivo Laboral: Aportes Gerais na Fase de Conhecimento

A ação de mandado de segurança coletivo[418] será aqui classificada como uma "variante procedimental"[419] do *writ* clássica, integrante do microssistema da tutela coletiva, conforme será desenvolvido posteriormente.

Isto significa dizer que o mandado de segurança coletivo é uma vertente peculiar do *writ* clássica, mas também será espécie de ação coletiva[420], portanto, instrumento de proteção de direitos coletivos em sentido amplo.

Na Justiça do Trabalho, o mandado de segurança individual clássico e notadamente o mais contemporâneo instituto do *mandamus* coletivo possuem trajetórias peculiares, consoante será demonstrado ao longo deste capítulo.

Por ser o *mandamus* coletivo uma vertente do clássico *writ* individual, mostra-se necessário desenvolver os aspectos gerais deste, fazendo o devido confronto com o instituto objeto deste capítulo.

Portanto, pretende este capítulo delinear as linhas gerais do instituto do *writ* clássico, fazendo as devidas distinções e comparações com a vertente coletiva desse remédio heroico, no processo civil e laboral, além de citações de doutrina e jurisprudência laborais e não laborais, sempre com encaixe final na realidade trabalhista, tanto doutrinária como jurisprudencial.

8.1. Origem e evolução histórica

A doutrina costuma apontar a origem do remédio heroico em destaque nas chamadas seguranças reais, das Ordenações Filipinas do processo lusitano[421].

Também se indica inspiração nos *writs* (ordem judicial que determina realização de obrigação específica) estadunidenses e no juízo de amparo mexicano, inobstante o também inquestionável reconhecimento à inventividade pátria no desenvolvimento desse instituto.

Como disposição constitucional, o mandado de segurança foi previsto originariamente na Carta de 1934, passando a ser contemplado em todas as cartas constitucionais posteriores, com exceção da Constituição de 1937. Na Constituição de 1934, o art. 113, n. 33, assim dispunha:

> Dar-se-á mandado de segurança para a defesa de direito, certo e incontestável, ameaçado ou violado por ato manifestamente inconstitucional ou ilegal de qualquer autoridade. O processo será o mesmo do *habeas corpus*, devendo ser sempre ouvida a pessoa de direito interessada. O mandado de segurança não prejudica as ações petitórias competentes.

Tinha-se, portanto, a contar dessa previsão constitucional, a materialização de uma ferramenta, inspirada em institutos forâneos mas desenvolvida e materializada pelo engenho pátrio, com o objetivo de promover a defesa de direito "certo e incontestável", violado ou ameaçado por ato "inconstitucional ou ilegal de qualquer autoridade".

---

(418) Cf. interessante crítica sobre a distinção entre ação de segurança e mandado de segurança. Este seria o objeto daquele, o mandado daquela ação constitucional de segurança. In: TEIXEIRA FILHO, Manoel Antonio. *Mandado de segurança na Justiça do Trabalho*: individual e coletivo. 3. ed. São Paulo: LTr, 2010. p. 95. Preferimos a nomenclatura ação de mandado de segurança, que tanto servirá para a modalidade individual, como para a coletiva, conforme ARAÚJO, Fábio Caldas de; MEDINA, José Miguel Garcia. *Mandado de segurança individual e coletivo*. São Paulo: RT, 2009. p. 29.

(419) THEODORO JR., Humberto. O mandado de segurança coletivo em cotejo com as ações coletivas constitucionais. *Revista Síntese de Direito Civil e Processual Civil*, São Paulo, v. 12, n. 71, p. 72, maio/jun. 2011.

(420) ZAVASCKI, Teori Albino. *Op. cit.*, p. 210.

(421) Cf. TEIXEIRA FILHO, Manoel Antonio. *Mandado de segurança na Justiça do Trabalho*: individual e coletivo, *op. cit.*

Portanto, a exemplo do *habeas corpus*, o mandado de segurança sempre exigiu (e ainda exige) a configuração de ameaça ou a efetiva lesão de direito incontestável, praticada por ato ilegal ou arbitrário de autoridade ou agente no exercício de alguma prerrogativa pública.

Posteriormente, a Constituição de 1946 inscreveu o mandado de segurança como direito e garantia individual fundamental.

Mais à frente veio norma legal específica, Lei n. 1.533/1951, para regular tal remédio que já possuía previsão constitucional, diferenciando-o procedimentalmente do *habeas corpus*.

Esse diploma específico consolidou elementos lançados desde a primeira previsão constitucional. As modalidades repressivas e preventivas do *mandamus*, além da certeza do direito violado por autoridade pública.

Mais modernamente, a Carta Constitucional de 1988 manteve a estatura constitucional desse instituto, ampliando o campo de incidência, agora também na esfera dos direitos transindividuais. O dispositivo do *writ* clássico está assim redigido:

> Art. 5º, LXIX: conceder-se-á mandado de segurança para proteger direito líquido e certo, não amparado por *habeas corpus* ou *habeas data*, quando o responsável pela ilegalidade ou abuso de poder for autoridade pública ou agente de pessoa jurídica no exercício de atribuições do Poder Público.

A grande inovação foi a previsão do chamado mandado de segurança coletivo, ainda que dispondo apenas sobre a legitimidade ativa desse instituto mais contemporâneo. Eis a literalidade:

> Art. 5º, LXX: O mandado de segurança coletivo pode ser impetrado por:
>
> a) partido político com representação no Congresso Nacional;
>
> b) organização sindical, entidade de classe ou associação legalmente constituída e em funcionamento há pelo menos um ano, em defesa dos interesses de seus membros e associados.

Por fim, a evolução legislativa culminou com a edição da Lei n. 12.016/2009, que passou a reger, conjuntamente, o mandado de segurança clássico e a sua vertente coletiva.

O mandado de segurança coletivo representa inovação constitucional, posteriormente também sufragado pela citada lei de regência desse instituto, mostrando peculiaridades no tocante à legitimidade dos titulares[422], bem como quanto à ampliação da lesão que passa a ter esfera transindividual (lesão ou ameaça de lesão a direito líquido e certo transindividual), consoante será desenvolvido ao longo deste capítulo.

Ainda. Com a edição da Emenda Constitucional n. 45/2004, a doutrina e jurisprudência laboral, que antes manejavam esse instituto apenas nas hipóteses de ataque a atos praticados no processo ou contra atos administrativos deliberados pela própria Justiça do Trabalho, passou a lidar com a competência atribuída para processar e julgar *mandamus* sempre que o ato atacado envolver matéria sujeita a jurisdição laboral (art. 114, IV), além da possibilidade de esse remédio também afrontar as "penalidades administrativas impostas aos empregadores pelos órgãos de fiscalização das relações do trabalho", consoante disposto no art. 114, VII, da Carta de 1988.

A leitura sistemática desses dois dispositivos constitucionais citados permite a compreensão da competência para conhecer e julgar mandados de segurança, individual ou coletivo, contra atos de autoridade da fiscalização do trabalho — por exemplo, pelos órgãos de primeiro grau da Justiça do Trabalho.

Para exemplificar o afirmado, vale transcrever exemplo jurisprudencial de mandado de segurança questionando penalidade administrativa imposta pela Fiscalização do Trabalho em razão de descumprimento de cota para menor aprendiz, conforme previsto no art. 429 da CLT. Vejamos:

> MANDADO DE SEGURANÇA COLETIVO, COM PEDIDO DE LIMINAR. SEGURANÇA DENEGADA. CONTRATO DE APRENDIZ. CRITÉRIOS PARA A FIXAÇÃO DA COTA DE APRENDIZES A SEREM CONTRATADOS POR ESTABELECIMENTO. DECRETO N. 5.598/2005, CLASSIFICAÇÃO BRASILEIRA DE OCUPAÇÕES E ARTS. 428 E 429 DA CLT. INCLUSÃO DAS FUNÇÕES DE MOTORISTA E DE COBRADOR

---

(422) No mesmo sentido ALVIM, Eduardo Arruda. *Mandado de segurança*. 2. ed. São Paulo: GZ, 2010. p. 376.

DE ÔNIBUS NA BASE DE CÁLCULO, EM FACE DE INEXISTÊNCIA DE IMPEDIMENTO LEGAL. LIMITAÇÃO DA PERMISSÃO PARA O CARGO DE MOTORISTA, CONSIDERANDO-SE OS APRENDIZES COM IDADE ENTRE 21 A 24 ANOS, E, PARA O CARGO DE COBRADOR, OS APRENDIZES COM IDADE ENTRE 18 A 24 ANOS. A obrigatoriedade da contratação de menor aprendiz decorre da Lei n. 10.097/2000 e se revela plenamente compatível com a Constituição Federal de 1988, que não tolera a liberdade de atuação no desenvolvimento de atividade econômica sem o cumprimento da função social da propriedade (art. 170, III, da Constituição Federal). Por sua vez, o art. 7º, XXXIII, da Constituição Federal proíbe o trabalho noturno, perigoso ou insalubre aos menores de 18 anos e veda qualquer trabalho aos menores de 16 anos. Contudo, permite que o menor, a partir de 14 anos de idade, seja contratado, desde que seja na condição de aprendiz. Lado outro, o art. 227 da mesma Carta Política assegura, com absoluta prioridade, a proteção integral à criança, ao adolescente e ao jovem, garantindo, entre outros, o direito do jovem à profissionalização. No âmbito da Justiça do Trabalho, o contrato de aprendizagem é regulado pelos arts. 428 a 433 da CLT. Os arts. 428 e 429 tratam, expressamente, do contrato de aprendizagem e da obrigação dos estabelecimentos de qualquer natureza de admitir aprendizes e os matricular em cursos de formação técnico-profissional metódica, em número equivalente a cinco por cento, no mínimo, e quinze por cento, no máximo, dos empregados existentes em cada um, cujas funções demandem formação profissional, devendo-se observar, entretanto, que podem ser contratados como aprendizes os empregados que tenham entre 14 anos de idade até os maiores de idade que sejam menores de 24 anos de idade. Por outro lado, o Decreto n. 5.598/2005, que regulamenta a contratação de aprendizes, em seu art. 10, determina que sejam "incluídas na base de cálculo todas as funções que demandem formação profissional, independentemente de serem proibidas para menores de dezoito anos", definindo que as funções que demandam formação profissional devem observar a Classificação Brasileira de Ocupações (CBO). Estabelece, ainda, que devem ser excluídas somente as funções que requeiram, para o seu exercício, habilitação profissional de nível técnico ou superior e os cargos de direção, os de gerência e os de confiança. Tem-se, assim, que o critério utilizado para a fixação da cota para a base de cálculo dos aprendizes a serem contratados por empresa deve obedecer às disposições contidas no Decreto n. 5.598/2005, considerando os termos da Classificação Brasileira de Ocupações, elaborada pelo Ministério do Trabalho e Emprego, e atender os pressupostos estabelecidos nos arts. 428 e 429 da CLT, sem o prejuízo da constatação de que não há vedação na lei para que os maiores de idade, que tenham até 24 anos de idade, sejam contratados como aprendizes. Destaque-se que o art. 10 do Decreto n. 5.598/05 não exclui do cálculo para a contratação de aprendizes, tampouco, excepciona as tarefas relativas ao motorista e ao cobrador de ônibus daquelas funções que demandem formação profissional. O critério para a apuração da cota, conforme previsto no art. 429 da CLT, leva em conta o número de trabalhadores no estabelecimento e não os tipos dos cargos que existem na empresa. O entendimento desta Corte, em relação à matéria, é no sentido de que as funções de motorista e de cobrador de transporte coletivo urbano demandam formação profissional e devem ser incluídas na base de cálculo para a fixação da cota de aprendizes a serem contratados por estabelecimento, tendo em vista a inexistência de impedimento legal, sendo que deve ser observada a limitação da permissão para contratação de aprendizes com idade entre 21 a 24 anos, para o cargo de motorista, e, dos adolescentes com idade entre 18 a 24 anos, para a função de cobrador. Precedentes. Recurso de revista conhecido e desprovido.[423]

Há outro exemplo colhido da jurisprudência do TST de mandado de segurança aviado consoante disposto no art. 114, IV, em que se discute a aplicação de portaria do Ministério do Trabalho e Emprego tratando de registro eletrônico de ponto. Vejamos:

RECURSO DE REVISTA. MANDADO DE SEGURANÇA. AUTORIDADE COATORA. COMPETÊNCIA. O art. 114, inciso IV, da Constituição Federal dispõe ser desta Justiça Especializada a competência para julgar e processar mandado de segurança quando o ato impugnado envolver matéria sujeita à sua jurisdição. No caso, trata-se de matéria afeta à relação de trabalho, qual seja, aplicação de Portaria do Ministério do Trabalho e Emprego que disciplina o Registro Eletrônico de Ponto — REP — e a utilização do Sistema de Registro Eletrônico de Ponto — SRPE, a atrair a competência, em razão da matéria, para a Justiça do Trabalho, nos termos do inciso VII do art. 114 da Carta Magna. Recurso de revista conhecido e provido.[424]

Na já citada Lei n. 12.016/2009, o *writ* de vertente coletiva, cuja legitimidade já havia sido desenhada no texto constitucional, recebeu tratamento um pouco mais minucioso. Vejamos:

Art. 21. O mandado de segurança coletivo pode ser impetrado por partido político com representação no Congresso Nacional, na defesa de seus interesses legítimos relativos a seus integrantes ou à finalidade partidária, ou por organização sindical, entidade de classe ou associação legalmente constituída e em funcionamento há, pelo menos, 1 (um) ano, em defesa de direitos líquidos e certos da totalidade, ou de parte dos seus membros ou associados, na forma dos seus estatutos e desde que pertinentes às suas finalidades, dispensada, para tanto, autorização especial.

Parágrafo único. Os direitos protegidos pelo mandado de segurança coletivo podem ser:

I – coletivos, assim entendidos, para efeito desta Lei, os transindividuais, de natureza indivisível, de que seja titular grupo ou categoria de pessoas ligadas entre si ou com a parte contrária por uma relação jurídica básica;

---
(423) Tribunal Superior do Trabalho. 3ª Turma. RR – 779-73.2011.5.04.0020. Rel. Min. Alberto Luiz Bresciani de Fontan Pereira. DEJT 28.8.2015.
(424) Tribunal Superior do Trabalho. 6ª Turma. RR 922-29.2012.5.02.0070. Relª. Desª. convocada Cilene Ferreira Amaro Santos. DEJT 20.2.2015.

II – individuais homogêneos, assim entendidos, para efeito desta Lei, os decorrentes de origem comum e da atividade ou situação específica da totalidade ou de parte dos associados ou membros do impetrante.

Art. 22. No mandado de segurança coletivo, a sentença fará coisa julgada limitadamente aos membros do grupo ou categoria substituídos pelo impetrante.

§ 1º O mandado de segurança coletivo não induz litispendência para as ações individuais, mas os efeitos da coisa julgada não beneficiarão o impetrante a título individual se não requerer a desistência de seu mandado de segurança no prazo de 30 (trinta) dias a contar da ciência comprovada da impetração da segurança coletiva.

§ 2º No mandado de segurança coletivo, a liminar só poderá ser concedida após a audiência do representante judicial da pessoa jurídica de direito público, que deverá se pronunciar no prazo de 72 (setenta e duas) horas.

A modalidade coletiva desse remédio heroico será desenvolvida neste capítulo em conjunto com o *writ* individual, firmando-se as devidas comparações e distinções quando restar necessário, bem como o necessário confronto entre a realidade não laboral e o processo do trabalho.

8.2. Conceito

A doutrina clássica já apontou dezenas de conceitos de ação de segurança. Vejamos alguns deles:

> É o meio constitucional posto à disposição de toda pessoa física ou jurídica, órgão com capacidade processual ou universalidade reconhecida por lei, para proteção de direito individual ou coletivo, líquido e certo, não amparado por *habeas corpus* ou *habeas data*, lesado ou ameaçado de lesão, por ato de autoridade, seja de que categoria for e sejam quais forem as funções que exerça.[425]

> Garantia constitucional de direitos individuais, remédio constitucional que visa a proteger categoria especial de direito público subjetivo. Garantia constitucional civil, remédio de direito constitucional, para os males da prepotência. Tem por objeto a correção de atos: ato comissivo ou omissivo de autoridade, desde que ilegal e abusivo do poder; qualquer ato de autoridade, pois, ilegal ou abusivo de poder, violador de direito líquido e certo, não amparado por *habeas corpus*.[426]

> Ação civil de conhecimento, de rito sumaríssimo, mediante a qual toda pessoa física, pessoa jurídica, de direito público ou privado, sindicato, partido político, entidade de classe e associação de classe, desde que tenham por ilegalidade ou abuso de poder, proveniente de autoridade pública, ou agente de pessoa jurídica, no exercício de atribuições do Poder Público, sofrido violação — ou tenham justo receio de sofrê-la —, de direito líquido e certo, não amparado por *habeas corpus* ou *habeas data*, a fim de que, pelo controle jurisdicional, o Poder Judiciário devolva, *in natura*, ao interessado, aquilo que o fato ou ato tirou ou ameaçou tirar.[427]

> É o meio constitucionalmente previsto, de que se pode valer a pessoa, física ou jurídica, para obter um mandado destinado à proteção de direito, próprio ou de terceiro, individual ou coletivo, líquido e certo, não amparado por *habeas corpus* ou *habeas data*, lesado ou ameaçado de lesão, por ato de autoridade pública, seja de que categoria for e sejam quais forem as funções (que essa autoridade pública) exerça, ou de seus representantes ou órgãos de partidos políticos ou de dirigentes de pessoa jurídica ou de pessoa natural no exercício de atribuições do poder público, no que disser respeito a essas atribuições.[428]

Modernamente a doutrina conceitua esse instituto de maneira mais sintética, porém com larga profundidade e não menos correta que as lições anteriores, da seguinte maneira:

> ... é uma ação civil que constitui uma garantia constitucional individual e coletiva para a tutela dos direitos fundamentais relativo às liberdades públicas albergadas pelo art. 5º, da CF-88.[429]

---

(425) MEIRELES, Hely Lopes. *Mandado de segurança*. 25. ed. São Paulo: Malheiros, 2003. p. 21.
(426) VELLOSO, Carlos Mário. *Curso de mandado de segurança*. São Paulo: RT, 1986. p. 20.
(427) CRETELLA JÚNIOR, José. *Comentários à lei do mandado de segurança*. 9. ed. Rio de Janeiro: Forense, 1988. p. 2.
(428) TEIXEIRA FILHO, Manoel Antonio. *Mandado de segurança na Justiça do Trabalho*: individual e coletivo, *op. cit.*, p. 95.
(429) ARAÚJO, Fábio Caldas de; MEDINA, José Miguel Garcia. *Mandado de segurança individual e coletivo, op. cit.*, p. 21.

Esses conceitos clássicos apontam os elementos doutrinários e legais do instituto em exame, quais sejam:

— remédio constitucional, também com disciplina infraconstitucional;

— ação mandamental, cuja pretensão é obter ordem da jurisdição para que a autoridade, apontada como coatora, não pratique futuro ato ilegal (modalidade preventiva), ou suspenda ato ilegal já praticado (modalidade repressiva), ou, até mesmo para que realize ato legal omitido;

— ação de rito sumário especial;

— destinado à proteção de direito líquido e certo, conforme será desenvolvido mais à frente;

— voltado à proteção de direito(s) próprio(s) ou de terceiro(s), individual ou coletivo em sentido amplo, consoante será demonstrado mais à frente;

— autor(a) poderá ser pessoa física ou jurídica, privada ou pública, órgão ou entidade com capacidade processual, ou universalidade legalmente conhecida;

— não amparado por *habeas corpus* ou *habeas data*;

— integra a chamada jurisdição constitucional clássica das liberdades[430], tutelando parte das liberdades públicas albergadas pelo art. 5º da CF-88.

Esses elementos constroem, com bastante clareza, as bases do instituto do mandado de segurança.

8.2.1. Conceito do mandado de segurança coletivo

Como já mencionado, o *mandamus* coletivo mostra-se como uma variante do *writ* clássico, com distinções no tocante à legitimação coletiva e ao objeto da tutela jurisdicional, além de algumas outras notas específicas, como, por exemplo, a coisa julgada, consoante apresentaremos posteriormente.

A jurisprudência do Supremo Tribunal Federal destaca que "os princípios básicos regentes do mandado de segurança individual informam e condicionam, no plano jurídico-processual, a utilização do *writ* mandamental coletivo"[431].

Assim, podemos conceituar mandado de segurança coletivo como uma variante do *writ* clássico, com natureza de ação coletiva[432], cuja característica diferencial primordial será a transindividualidade do direito líquido e certo afirmado pelo interessado (art. 21, I, II, parágrafo único, da Lei n. 12.016/2009), daí a legitimação também atípica decorrente da peculiaridade do direito afirmado como violado ou próximo de ser violado.

Portanto, merecem destaque dois aspectos especiais da vertente coletiva do *mandamus* em relação ao *mandamus* clássico:

1. a natureza supraindividual do direito líquido e certo afirmado como violado ou prestes a ser violado;

2. rol peculiar dos legitimados coletivos.

Quanto às ações coletivas, o mandado de segurança coletivo, como já destacado, é espécie destas, e o que o caracteriza não é a singularidade da pretensão afirmada, pois também envolve direitos coletivos em sentido amplo. A distinção em relação às ações coletivas exsurgirá por intermédio da singularidade do rito mandamental apto a exercer a pretensão[433] afirmada.

Vale transcrever trecho de doutrina que resume bem a natureza jurídica do mandado de segurança coletivo. Vejamos:

> Já se enfatizou que o mandado de segurança coletivo é mandado de segurança, mas é também ação coletiva. Como mandado de segurança, guarda o perfil constitucional de instrumento "para proteger direito líquido e certo, não amparado por *habeas corpus* ou *habeas data*, quando o responsável pela ilegalidade ou abuso

---

(430) Cf., dentre tantos, MORAES, Alexandre de. *Direito constitucional*. 27. ed. São Paulo: Atlas, 2011. p. 137.
(431) Supremo Tribunal Federal. 1ª Turma. MS 21.615-RJ. Rel. Min. Néri da Silveira. DJ. 13.3.1998.
(432) No mesmo sentido jurisprudência. Cf. Supremo Tribunal Federal. 1ª Turma. REsp n. 707.849/PR. Rel. Min. Teori Albino Zavascki. DJE 26.3.2008.
(433) No mesmo sentido tem-se NERY JR., Nelson. *Princípios do processo civil na Constituição Federal, op. cit.*, p. 122.

de poder for autoridade pública ou agente de pessoa jurídica no exercício de atribuições do Poder Público", segundo dispõe o inciso LXIX do art. 5º da Carta Magna. Mas, como ação coletiva, assume certas características profundamente diferentes daquele de que se reverte a simples ação individual de mandado de segurança, notadamente no que diz respeito ao juízo necessariamente globalizado, que deve fazer a respeito do direito objeto da impetração, com todas as consequências que daí decorrem. Isso impõe a adoção, para o mandado de segurança coletivo, de normas processuais adequadas, diferentes da pura e simples apropriação das que regem o mandado de segurança individual[434].

Vale deixar bem delimitado que a grande distinção entre o *writ* clássico e o coletivo será a abrangência do direito material líquido e certo afirmado como violado ou prestes a ser violado, rol de legitimados próprio, além do alcance da coisa julgada, conforme será desenvolvido mais à frente.

Já no tocante às ações coletivas, a distinção será em relação ao rito procedimental peculiar da pretensão mandamental.

8.3. Modalidades — repressivo ou preventivo

Mandado de segurança, individual ou coletivo, tanto poderá ser repressivo, como preventivo. Ambas as modalidades estão em consonância com o disposto no art. 5º, XXXV, da CF-88 ("A lei não excluirá da apreciação do Poder Judiciário lesão ou ameaça a direito").

A modalidade repressiva encaixa-se quando houver a materialização de violação de direito líquido e certo. Neste caso pretende-se a restituição da situação fática ao momento imediatamente anterior à realização do ato afirmado ilegal ou praticado com desvio de poder.

Mandado de segurança preventivo assume o papel de tutela inibitória e significa que o objetivo pretendido será impedir a realização da lesão, aqui apenas verdadeiramente ameaçada, quando houver configurado concreto receio ("justo receio", nos termos do art. 1º da Lei n. 12.016/2009), dessa lesão ou dano a direito incontrastável do impetrante.

Fica registrado que "justo receio" é distinto de mero e fugidio temor.

Portanto, inobstante o ato coator não tenha sido materializado, há de ficar demonstrado na peça exordial a concretude aferível pela jurisdição desse justo receio[435], tendo em conta a exiguidade do rito, além da necessidade da demonstração de plano do direito líquido e certo.

É possível imaginar, hipoteticamente, que um mesmo ato poderá gerar, em momentos diferentes, mandados de segurança repressivo e preventivo.

Na hipótese preventiva, quando a fiscalização do trabalho requisita documentos relativos a aferição de cotas de trabalhadores com deficiência. O empregador poderá impetrar mandado de segurança preventivo já questionando legalidade de futura autuação que provavelmente acontecerá após a análise desses documentos requisitados.

A modalidade repressiva acontecerá quando esse mesmo empregador aguardar o resultado dessa ação fiscal (autuações), envolvendo a quantificação de trabalhadores com deficiência, para impetrar mandado de segurança.

Sobre a modalidade preventiva de mandado de segurança coletivo, já assentou a jurisprudência do STF:

> II. Sendo preventivo o mandado de segurança coletivo, desnecessária a existência concreta de ato coator, porquanto o receio de ato que venha a violar o direito líquido e certo dos associados da impetrante é suficiente a ensejar a impetração[436].

Também há a possibilidade da conversão do mandado de segurança preventivo em repressivo. No momento em que a violação do direito se materializa, tal conversão mostra-se plenamente possível desde que requerido[437] e comprovado pela parte interessada.

---

(434) ZAVASCKI, Teori Albino. *Op. cit.*, p.220.

(435) No mesmo sentido FIGUEIREDO, Lucia Valle. *Mandado de segurança*. 3. ed. São Paulo: Malheiros, 2000. p. 81.

(436) Supremo Tribunal Federal. 2ª Turma. AgRg no RMS 49.945/MG AGRAVO REGIMENTAL NO RECURSO EM MANDADO DE SEGURANÇA. 2015/0318861-7. Relª. Minª. Assusete Magalhães. DJE 30.3.2016.

(437) Há corrente doutrinária que defende a possibilidade de essa conversão realizar-se de forma automática. Cf. BEBBER, Julio César. *Mandado de segurança individual e coletivo na Justiça do Trabalho*. 2. ed. São Paulo: LTr, 2014. p. 22.

Em caso de iniciativa de ofício da jurisdição, as partes deverão ser previamente ouvidas acerca da possibilidade dessa conversão, tal como dispõe o parágrafo único do art. 493 do CPC ("Se constatar de ofício fato novo, o juiz ouvirá as partes sobre ele antes de decidir").

8.4. Do direito líquido e certo

O art. 1º da Lei n. 12.016/2009 já inicia destacando a necessidade de proteção a "direito líquido e certo", repetindo lei anterior de regência do instituto e regramento disposto no art. 5º, LXIX, da Carta de 1988.

A doutrina clássica afirma que direito líquido e certo significa "manifesto na sua existência, delimitado em sua extensão e apto a ser exercitado no momento da sua impetração"[438], pressupondo a existência de fatos incontroversos, demonstrados e comprovados na petição inicial.

É pressuposto de admissibilidade especial, de natureza constitucional[439], devendo ser objeto de enfrentamento preliminarmente. A ausência de demonstração desse pressuposto (direito líquido e certo, individual ou coletivo) ensejará o indeferimento do *mandamus*. O enfrentamento do mérito é passo posterior, com consequente denegação ou concessão do *writ*.

Direito líquido e certo diz mais respeito à prova desde logo produzida do cenário fático, do que ao direito em si.

Portanto, controvérsia quanto à matéria fática que inviabilize a comprovação sumária desta pelo impetrante afasta a demonstração do chamado direito líquido e certo.

A jurisprudência do STF de há muito caminha nessa direção. Vejamos:

> A noção de direito líquido e certo ajusta-se, em seu específico sentido jurídico-processual, ao conceito de situação decorrente de fato incontestável e inequívoco, suscetível de imediata demonstração mediante prova literal pré-constituída. Precedentes. – A simples existência de matéria de fato controvertida revela-se bastante para tornar inviável a utilização do mandado de segurança, que pressupõe, sempre, direito líquido e certo resultante de fato incontestável, passível de comprovação de plano pelo impetrante[440].

A jurisprudência do TST também caminha nessa mesma direção, senão vejamos:

> ... direito líquido e certo é o que resulta de fato certo, e fato certo é aquele capaz de ser comprovado de plano...[441]

Nessa linha, direito líquido e certo será aquele em que se tutela um direito evidente, amparado em fatos incontroversos, aptos a demonstrarem desde o início a ilegalidade ou abusividade do ato dito coator.

Como dito, a ação de segurança, tanto individual como coletiva, tem rito sumário de caráter eminentemente documental, a ser produzida de plano com a inicial, contudo, o § 1º, do art. 6º, da Lei n. 12.016/2009, abriu uma exceção a essa exigência de produção probatória ao regulamentar, adequadamente, a possibilidade de a autoridade judicial requisitar a exibição, em dez dias, da prova necessária do alegado na peça inicial quando se achar "em repartição ou estabelecimento público ou em poder de autoridade que se recuse a fornecê-lo por certidão ou de terceiro".

Para finalizar essa parte, vale deixar registrado que a complexidade da matéria de direito não compromete a impetração da segurança. Deverá ser resolvido pela jurisdição em sede de mérito, não sendo causa de indeferimento do mandado de segurança. Aliás, a Súmula n. 625 do STF aponta nesta direção: "Controvérsia sobre a matéria de direito não impede a concessão de mandado de segurança".

---

(438) MEIRELLES, Hely Lopes. *Direito administrativo brasileiro*. 38. ed. São Paulo: Malheiros, 2012. p. 787.

(439) No mesmo sentido, dentre tantos, BORBA, Joselita Nepomuceno; MANRICH, Nelson. Mandado de segurança coletivo. Primeiras impressões a respeito da Lei n. 12.016/2009, *Revista do TRT da 2ª Região*, São Paulo, p. 353-414, n. 3-2009.

(440) Supremo Tribunal Federal. Tribunal Pleno. MS 30.523. Rel. Min. Celso de Mello. DJE 9.10.2014.

(441) Tribunal Superior do Trabalho. Subseção II Especializada em Dissídios Individuais. RO 1001198-25.2013.5.02.000. Rel. Min. Luiz Philippe Vieira de Melo Filho. DJET 19.2.2016.

8.4.1. Direito líquido e certo e mandado de segurança coletivo

Como já ressaltado, a liquidez e certeza do direito é condição de admissibilidade do *mandamus*, tanto individual como coletivo, exigindo a demonstração documental, desde a impetração, do direito afirmado como violado ou ameaçado, devidamente delineado em sua extensão e apto para ser exercitado.

Contudo, na modalidade coletiva do *mandamus*, além da liquidez e certeza, aspecto este idêntico para ambas as categorias de remédio heroico, tal direito também deverá ser coletivo em sentido amplo (supraindividual), portanto pertencente a universalidade, coletividade ou grupo de pessoas (abrangência coletiva decrescente), desde que também não amparado por *habeas corpus* ou *habeas data*, sempre que houver ilegalidade ou abuso de poder perpetrado por autoridade.

O novo regramento legal do mandado de segurança assentou que os direitos líquidos e certos a serem protegidos restringem-se às seguintes modalidades, dispostas no parágrafo único do art. 21, incs. I e II, novamente transcritos:

Art. 21, parágrafo único. Os direitos protegidos pelo mandado de segurança coletivo podem ser:

I – coletivos, assim entendidos, para efeito desta Lei, os transindividuais, de natureza indivisível, de que seja titular grupo ou categoria de pessoas ligadas entre si ou com a parte contrária por uma relação jurídica básica;

II – individuais homogêneos, assim entendidos, para efeito desta Lei, os decorrentes de origem comum e da atividade ou situação específica da totalidade ou de parte dos associados ou membros do impetrante.

Portanto, o texto legal, notadamente do citado inc. I, deixa claro que o direito líquido e certo protegido refere-se à espécie dos coletivos em sentido estrito, logo, a modalidade dos difusos estaria excluída do alcance dessa via coletiva de segurança.

A vedação da utilização do mandado de segurança para tutelar direitos difusos parte do pressuposto de a falta de cabimento do direito líquido e certo abraçar coletividade indeterminada de pessoas, ligadas por circunstâncias fáticas[442]. Trataria de coletividade com limites muito alargados, daí a impossibilidade de delimitação *a priori* do direito líquido e certo violado.

Sobre esse assunto, duas correntes doutrinárias bem distintas formaram-se. Uma pela defesa da leitura literal do dispositivo legal transcrito, restringindo o *mandamus* coletivo apenas à defesa de direito coletivo em sentido estrito e individual homogêneo. Outra pela compreensão da abrangência também aos direitos difusos.

Ambas as correntes possuem argumentos plausíveis. Vejamos.

A primeira corrente, ora chamada restritiva, e já mencionada, não admite a impetração de mandado de segurança para a proteção de direitos líquidos e certos, acolhendo posição jurisprudencial e doutrinária defensora da inadequação da exigência de liquidez e certeza de um determinado direito cuja titularidade alcança coletividade de alcance difuso.

Assim, não haveria a mácula da inconstitucionalidade do dispositivo legal transcrito em razão da mera limitação do cabimento do *mandamus* coletivo aos direitos individuais homogêneos e coletivos em sentido estrito, pois seria apenas o reconhecimento legislativo de uma tese "majoritariamente consagrada em doutrina e jurisprudência[443], além de consagração de posição doutrinária e jurisprudencial sobre o cabimento de ação civil pública e ação popular como remédios próprios para a defesa dessa modalidade de direito[444].

A outra corrente, ora chamada ampliativa, não vislumbra impedimento, ao contrário ressalta a ausência de limitação constitucional à defesa pelo *mandamus* coletivo de direitos difusos[445], posto que a Carta de 1988 não teria firmado

---

(442) Cf. BULOS, Uadi Lamêgo. *Mandado de segurança coletivo*. São Paulo: RT, 1996. p. 65.

(443) THEODORO JR., Humberto. O mandado de segurança coletivo em cotejo com as ações coletivas constitucionais, *op. cit.*, p. 85.

(444) Cf. MEIRELLES, Hely Lopes; WALD, Arnoldo; MENDES, Gilmar. *Mandado de segurança e ações constitucionais*. 33. ed. São Paulo: Malheiros, 2015. p. 89.

(445) Cf. MORAES, Alexandre. *Op. cit.*, p. 175.

qualquer distinção entre direito coletivo e difuso[446]. Se o texto constitucional não o fez, a legislação infraconstitucional não poderia assentar tal limitação, por se tratar de remédio de índole fundamental.

Essa discussão parece não ter sido considerada relevante pela jurisdição laboral.

Recentemente o TST acolheu mandado de segurança coletivo impetrado contra ato da presidência daquele tribunal que teria solicitado, sem aprovação prévia do Órgão Especial daquele tribunal, ao Presidente da Câmara dos Deputados, a retirado de projetos de lei de iniciativa do TST encaminhados ao Poder Legislativo.

Nesse *mandamus*, o impetrante não afirma, nem a jurisdição avalia, o inquestionável alcance difuso do direito líquido e certo afirmado como violado, pois o ato inquinado como ilegal teria a capacidade de atingir além dos "Tribunais Regionais do Trabalho em todo o Brasil", "milhões de jurisdicionados, considerando o número elevado de processos em tramitação na Justiça do Trabalho". Logo, inquestionável a natureza difusa do direito líquido e certo afirmado como violado. Vejamos a íntegra do acórdão:

> III – MANDADO DE SEGURANÇA COLETIVO. ATO PRATICADO PELO PRESIDENTE DESTA CORTE SEM PEDIDO DE REFERENDO POSTERIOR AO ÓRGÃO ESPECIAL. USURPAÇÃO DE COMPETÊNCIA. 1 – Mandado de segurança coletivo impetrado contra o ato administrativo de que resultaram os Ofícios CSJT.GP.SG.ASSPAR ns. 281/2016 a 311/2016 e 315/2016, expedidos pelo Presidente do Tribunal Superior do Trabalho e do Conselho Superior da Justiça do Trabalho, nos quais solicitou ao Presidente da Câmara dos Deputados, com fulcro no art. 104, *caput* e § 5º, do Regimento Interno daquela Casa, a retirada dos projetos de lei correlatos de iniciativa deste Tribunal Superior do Trabalho. 2 – Falece competência à autoridade apontada como coatora para deliberar, unilateralmente, sobre a retirada de projetos de lei em trâmite na Câmara dos Deputados, até porque detém autorização somente para o ato de encaminhamento ao Congresso Nacional, após a aprovação do Órgão Especial, os projetos de lei de interesse da Justiça do Trabalho e do próprio Tribunal Superior do Trabalho. 3 – Na verdade, a própria autoridade confirma o fato, em suas informações prestadas. Justifica a sua realização, nomeadamente, invocando a existência de precedentes no mesmo sentido e pelo impacto orçamentário, agravado pelos cortes a serem impingidos à Justiça do Trabalho. 4 – Convém destacar que os atos indicados como precedentes foram praticados pelo então Ministro Presidente desta Corte *ad referendum* do Órgão Especial, como noticiado em certidão constante dos autos, premissa que não se constata nos ofícios questionados. E, mesmo que nem todos tenham sido referendados, essa particularidade não está afeta à controvérsia em debate. Além disso, os atos citados como precedentes contavam com pareceres de mérito do Conselho Superior da Justiça do Trabalho e do Conselho Nacional de Justiça, indicativos da legalidade dos atos praticados, o que não ocorreu em relação aos atos questionados. A urgência para exará-los se justificou para viabilizar a inclusão em leis orçamentárias do exercício de 2016, com destaque para o fato de existirem diversos pareceres das áreas técnicas e aprovação pelos Conselhos. 5 – Já quanto à alusão ao impacto orçamentário, tem-se que também não justifica a adoção pelo Presidente desta Corte de ação *sponte sua*, de forma unilateral e sem qualquer respaldo do Colegiado. Medidas de ordem de política-administrativa e afetas ao planejamento estratégico de toda a Justiça do Trabalho devem ser melhor avaliadas pelos órgãos encarregados de dar efetivo cumprimento, em primeiro plano o Conselho Superior da Justiça do Trabalho e o Tribunal Superior do Trabalho. Aliás, o Presidente recebe da Corte a incumbência maior de representar os interesses de toda a instituição, não lhe sendo atribuído agir, ainda quando clama a urgência, sem sequer solicitar posterior referendo do Colegiado. 6 – Por esse motivo os atos e ações de tamanha envergadura não poderiam ser fruto de um gesto isolado, até mesmo para dividir as graves responsabilidades decorrentes da interlocução que mantém com os demais Poderes da República e com a sociedade em geral, especialmente em momento tão singular da vida nacional em que esta Justiça e os seus integrantes são alvo de frequentes manifestações preconceituosas e desrespeitosas, que passam ao largo de toda uma história construída ao longo de setenta anos. Segurança concedida.[447]

Fica bem claro, à vista do teor da decisão, o alcance difuso da ordem emanada nesse *mandamus*.

Trata-se, portanto, de importante precedente do TST reconhecendo, malgrado não ter sido afirmado explicitamente, o cabimento de mandado de segurança coletivo voltado à proteção de direito líquido e certo de índole difusa, em consonância com a doutrina mais moderna sobre esse assunto.

8.5. Da legitimidade ativa para mandado de segurança coletivo

Como já ressaltado, a Constituição da República e a lei de regência do mandado de segurança (art. 21) elencam rol de legitimados ativos para impetração de mandado de segurança coletivo. Vejamos:

---

(446) No mesmo sentido, entre tantos, BUENO, Cássio Scarpinella. *A nova lei do mandado de segurança*. 2. ed. São Paulo: Saraiva, 2015. Também parece ser esse o entendimento de BRANCO, Paulo Gustavo Gonet; MENDES, Gilmar Ferreira. *Curso de direito constitucional*. 11. ed. São Paulo: Saraiva, 2016. p. 448.

(447) Tribunal Superior do Trabalho. Órgão Especial. MSCol-21202-52.2016.5.00.0000. Relª. Minª. Delaíde Miranda Arantes. DJE. 19.12.2016.

Art. 21. O mandado de segurança coletivo pode ser impetrado por partido político com representação no Congresso Nacional, na defesa de seus interesses legítimos relativos a seus integrantes ou à finalidade partidária, ou por organização sindical, entidade de classe ou associação legalmente constituída e em funcionamento há, pelo menos, 1 (um) ano, em defesa de direitos líquidos e certos da totalidade, ou de parte dos seus membros ou associados, na forma dos seus estatutos e desde que pertinentes às suas finalidades, dispensada, para tanto, autorização especial.

Para começar, vale destacar que esse rol não pode ser considerado taxativo, pois o Ministério Público deixou de ser elencado como legitimado, inobstante a configuração constitucional dessa instituição aponte a responsabilidade à defesa "da ordem jurídica, do regime democrático e dos interesses sociais e individuais indisponíveis" (art. 127).

Portanto, não há como afastar a legitimidade ministerial para impetração de mandado de segurança, individual ou coletivo[448].

No âmbito da Justiça do Trabalho, tal legitimidade ressoa ainda mais forte, porque tem previsão legal expressa. Afirma o art. 6, VI, da Lei Complementar n. 75/1993, de regência do Ministério Público da União, a legitimidade ministerial para impetração de "*habeas corpus* e mandado de segurança".

Portanto, o Ministério Público do Trabalho, como *longa manus* do Ministério Público da União, tem legitimidade expressa para impetração de mandado de segurança, coletivo ou individual (este aspecto a ser desenvolvido posteriormente).

Além disso, diz o art. 84, VI, dessa mesma lei complementar, que caberá ao MPT exercer todas as "outras atribuições que lhe forem conferidas por lei, desde que compatíveis com sua finalidade".

Nesse passo, inquestionável a legitimidade ativa do *parquet* laboral para impetrar mandado de segurança na Justiça do Trabalho.

Calha também deixar registrado a importância sobremaneira da possibilidade de impetração de mandado de segurança por organizações sindicais (sindicatos, federações ou confederações — arts. 534 e 535 da CLT), entidades de classe (OAB, por exemplo), ou associações legalmente constituídas e em funcionamento há pelo menos um ano (Associação Nacional dos Procuradores do Trabalho, por exemplo), na Justiça do Trabalho.

O STF editou duas importantes súmulas sobre mandado de segurança coletivo envolvendo as entidades de classes. São elas:

> Súmula n. 630: A entidade de classe tem legitimação para o mandado de segurança ainda quando a pretensão veiculada interesse apenas a uma parte da respectiva categoria.
>
> Súmula n. 629: A impetração do mandado de segurança coletivo por entidade de classe em favor dos associados independe de autorização destes.

E ainda quanto a esses legitimados. A última parte da cabeça do art. 21 da lei do mandado de segurança ("... na forma, dos seus estatutos e desde que pertinentes às suas finalidades, dispensada, para tanto, autorização especial") adotou expressamente o entendimento da Súmula n. 629, do STF, quanto à desnecessária autorização prévia de associados para impetração do remédio heroico. Basta previsão estatutária.

Nesse eito, tais entidades poderão exercer a defesa efetiva de direitos líquidos e certos de amplitude individual ou coletiva em sentido lato, de acordo com a finalidade institucional de cada entidade, desde que diga respeito à matéria de competência da Justiça do Trabalho (art. 114, IV). O nexo temático é demonstrado por intermédio do confronto do pedido com a finalidade estatutária do impetrante.

8.6. Do ato coator

Como já salientado anteriormente, o objeto do mandado de segurança não sofreu alteração legislativa. Ele está centrado, conforme disposto no art. 1º da Lei n. 12.016/2009, na eliminação de atos acoimados de ilegalidade ou abusividade ("ilegalmente ou com abuso de poder"), sendo que no mandado de segurança coletivo tais adjetivos devem ter alcance transindividual.

---

[448] Contra a legitimidade do Ministério Público, dentre outros, temos THEODORO JR., Humberto. *O mandado de segurança coletivo em cotejo com as ações coletivas constitucionais*, op. cit., p. 86.

A ilegalidade resta caracterizada pelo descompasso direto entre o fim e as razões do ato praticado com o texto legal.

O abuso (ou desvio) de poder refere-se a um autêntico desvio de finalidade da autoridade coatora que, sob a justificativa da discricionariedade, tangencia conscientemente o interesse público albergado pela legislação[449], exercendo ato abusivo em prejuízo a uma coletividade indeterminada (difusos), determinável (coletivos em sentido estrito) ou determinada (individuais homogêneos)[450], conforme melhor interpretação que deverá ser conferida ao art. 21 da lei de regência do mandado de segurança.

Importante ressaltar, quanto aos atos administrativos ditos discricionários (em que há uma certa margem de liberdade ao administrador), a possibilidade de serem objeto de mandado de segurança quando se confronta o possível desvio de finalidade exposto a partir da conversão desses atos inicialmente discricionários em vinculados, no momento em que os motivos são explicitados. Trata-se, neste caso, da chamada teoria dos motivos determinantes.

Mais dois aspectos em relação ao ato coator.

Assim como em relação ao *mandamus* individual, o ato ou omissão atacada poderá decorrer de autoridade de qualquer dos três poderes (Executivo, Legislativo e Judiciário).

Não se admite, todavia, mandado de segurança contra lei em tese, conforme jurisprudência consolidada do STF (Súmula n. 266: Não cabe mandado de segurança contra lei em tese), pois incapaz de provocar lesão a direito líquido e certo.

Contudo, há casos em que a vigência de ato normativo abstrato pode comprometer, por si só, a "a fruição de direitos individuais"[451] ou coletivos em sentido lato, daí a falta de aplicação da súmula citada (caso de verdadeiro *distinguishing*). Costuma-se chamar de leis e decretos de efeitos concretos.

As decisões judiciais somente poderão ser objeto de mandado de segurança se não puderem ser reformadas por remédio recursal próprio capaz de impedir eficazmente a lesão ou por medida correicional também apta a impedir eficazmente a lesão, conforme dispõe o art. 5º, II, da lei de regência do mandado de segurança.

Além disso, ainda no aspecto jurisdicional, não cabe mandado de segurança contra decisão judicial transitada em julgado, consoante expressamente previsto no art.5º, III, da lei do mandado de segurança. Trata-se do reconhecimento legislativo de posição jurisprudencial há muito consolidada nos tribunais superiores (Cf. Súmula n. 266 do STF e Súmula n. 33 do TST).

Os atos administrativos praticados por autoridades judiciárias ou órgão colegiado dos tribunais sujeitam-se também a mandado de segurança. Há competência material da Justiça do Trabalho para processar e julgar os mandados de segurança contra seus atos e de seu presidente no exercício de atividade administrativa, conforme vem reconhecendo reiteradamente a jurisprudência do STF[452]. Aliás, foi transcrita decisão do TST nesta linha.

Também excepcionado do mandado de segurança está o ato que comporte recurso administrativo com efeito suspensivo, independentemente de caução (art. 5º, I), porque não haverá lesão a direito líquido e certo por ausência de exequibilidade do ato atacado.

Quando se tratar de omissão de autoridade, obviamente o recurso administrativo com efeito suspensivo não será prejudicial à viabilidade do *mandamus*, pois neste caso não se pode falar de sobrestamento dos efeitos pelo recurso administrativo. Essa posição está consolidada na jurisprudência pela Súmula n. 429 ("A existência de recurso administrativo com efeito suspensivo não impede o uso de mandado de segurança contra omissão da autoridade").

---

(449) Neste sentido a doutrina administrativista é bastante coesa. Cf., dentre tantos, DI PIETRO, Maria Sylvia Zanella. *Direito administrativo*. 18. ed. São Paulo: Atlas, 2005. p. 211.

(450) No mesmo sentido MAIA, Diogo Campos Medina. O mandado de segurança coletivo. In: TUPINAMBÁ, Carolina (Org.). *Procedimentos especiais na Justiça do Trabalho*. São Paulo: LTr, 2015. p. 188.

(451) BRANCO, Paulo Gustavo Gonet; MENDES, Gilmar Ferreira. *Op. cit.*, p. 445.

(452) Cf. Supremo Tribunal Federal. Tribunal Pleno. MS n. 26119-AgRg. Rel. Min. Celso de Mello. DJ. 29.6.2011.

8.7. Da autoridade coatora e litisconsórcio passivo

A causa de pedir padrão no mandado de segurança coletivo é voltada à invalidade de atos administrativos com repercussão também coletiva, consoante vem se construindo ao longo deste capítulo.

Tais atos são praticados por autoridade dita coatora no exercício de competência funcional vinculada e também discricionária, consoante também já sustentado.

Até os atos administrativos dito vinculados poderão ser confrontados pelo remédio heroico coletivo quando voltado à análise do desvio de finalidade praticado pela autoridade.

Outro ponto que também merece relevo novamente é que atos administrativos, inicialmente afirmados discricionários, transformam-se em vinculados após a publicidade dos motivos. É a chamada teoria dos motivos determinantes.

Voltando à delimitação da autoridade dita coatora, diz o § 3º, do art. 6º, que se considera "autoridade coatora aquela que tenha praticado o ato impugnado ou da qual emane a ordem para a sua prática".

Também diz a cabeça do art. 1º da lei de regência do *mandamus* que caberá tal remédio heroico contra ato de autoridade, "seja de que categoria for e sejam quais forem as funções que exerça".

Como ato de autoridade são compreendidos não somente os praticados por funcionários públicos investidos em cargos públicos ou agentes políticos, mas também atos de "representantes ou órgãos de partidos políticos e os administradores de entidades autárquicas, bem como os dirigentes de pessoas jurídicas ou as pessoas naturais no exercício de atribuições do poder público, somente no que disser respeito a essas atribuições", conforme disposto no parágrafo primeiro, do art. 1º, da Lei n. 12.016/2009. Trata-se do reconhecimento da técnica da equiparação, visando à ampliação do conceito de autoridade.

Portanto, tem-se também a possibilidade de impetração de mandado de segurança contra ato de particular no exercício de verdadeira função delegada do Poder Público, como, por exemplo, os dirigentes de instituições de ensino, além dos titulares de serviços públicos em regime de concessão, permissão e autorização (figuras do direito administrativo). Exatamente consoante Súmula n. 510 do STF ("Praticado o ato por autoridade, no exercício de função delegada, contra ela cabe mandado de segurança ou medida judicial").

Ainda delimitando a noção de ato de autoridade a ser contrastável pelo *mandamus*, a tradicional distinção que se realizava no âmbito do direito público entre a prática dos chamados atos de império (defesa de interesses dito primários) e de gestão (interesses secundários) restou reconhecida pela lei.

Diz o § 2º, do art. 1º, da lei em apreço, que não "cabe mandado de segurança contra os atos de gestão comercial praticados pelos administradores de empresas públicas, de sociedade de economia mista e de concessionárias de serviço público. A jurisprudência também já vinha firmando tal distinção há muito tempo[453].

A lei em questão não exige o litisconsórcio passivo necessário da pessoa jurídica em cujo quadro se insere a autoridade apontada como coatora, pois prevê expressamente o art. 7º, II, que se dê ciência da ação ao órgão que representa judicialmente a pessoa jurídica interessada (no caso dos entes públicos da administração direta, as procuradorias judiciais, por exemplo), com envio de cópia da inicial e documentos, para que "querendo, ingresse no feito".

Inobstante as consequências do ato imputado à autoridade coatora sejam diretamente suportadas pela pessoa jurídica em cujo quadro se insere tal autoridade, será deste diretamente a responsabilidade por prestar as informações exigidas, respondendo pela afirmada ilegalidade ou desvio de poder praticado.

Sabe-se que usualmente a prática administrativa nos entes de direito público aponta que as informações são preparadas pelos órgãos de representação judicial destes, restando à autoridade apontada como coatora subscrever tão somente essa peça.

Aliás, para finalizar este item, vale deixar ressaltado que a autoridade coatora não deve ser considerada ré na demanda (no máximo, parte processual na ação), uma vez que apenas representa (ou presenta) a pessoa jurídica de

---

(453) Cf. Superior Tribunal de Justiça. Terceira Turma. REsp 577.396-PE. Rel. Min. Castro Filho. DJ 20.2.2006.

direito público responsável pelo ato impugnado[454], bem como não irá suportar diretamente os efeitos da procedência do pedido mandamental.

8.8. Da competência material e funcional para mandado de segurança

Inobstante a unidade da jurisdição, a organização judiciária é dividida por questões de administração de justiça, com a repartição da competência dessa atividade em vários órgãos estruturados, em plano horizontal e vertical, com o fito de propiciar a melhor forma de acesso qualificado à Justiça.

A competência no mandado de segurança é definida em razão da qualidade da autoridade coatora (*rationae auctoritatis*) e do grau hierárquico que ocupa, de "tal forma que a primeira investigação deverá levar em consideração a esfera à qual está vinculada"[455].

Nesse eito, considerando que a Justiça Federal e a Justiça Estadual, de primeira instância, encontram-se na esfera da Justiça comum, a competência para o mandado de segurança nessa esfera será operada por exclusão, em razão do disposto no art. 2º da lei de regência do *mandamus* (Considerar-se-á federal a autoridade coatora se as consequências de ordem patrimonial do ato contra o qual se requer o mandado houverem de ser suportadas pela União ou entidade por ela controlada), isto é, será de competência da Justiça Estadual toda vez que a autoridade apontada como coatora não for considerada federal, nem se tratar de ato alcançado pela competência material das Especializadas (Justiça do Trabalho, Eleitoral ou Militar).

Antes da Emenda Constitucional n. 45/2004, o mandado de segurança na esfera laboral era manejado quase que tão somente contra ato judicial e apreciado a partir do segundo grau de jurisdição, via de regra pela composição plena, em consonância com os regimentos internos.

Com a majoração da competência material da Justiça do Trabalho em razão da citada emenda constitucional, os mandados de segurança passaram a ser cabíveis contra atos de outras autoridades distintas das jurisdicionais, além de também ser possível a impetração no primeiro grau de jurisdição.

As hipóteses legais dispostas no art. 114, III e IV, da Carta de 1988, levam a chance de admissão de impetração de *writ* no primeiro grau de jurisdição contra atos, por exemplo, de Auditor Fiscal do Trabalho (lavratura de multas na atividade fiscalizatória), Delegado Regional do Trabalho (embargos de obra ou interdição de máquinas, por exemplo), Oficial de Cartório (recusa registro civil da pessoa jurídica da entidade sindical), e até de atos praticados por membros do Ministério Público do Trabalho em procedimentos investigatórios.

O citado art. 114, IV, também alcança o crivo da jurisdição trabalhista quando o ato questionado estiver relacionado a matéria administrativa, *interna corporis* de determinado tribunal laboral, dos tribunais regionais ou até mesmo do Tribunal Superior do Trabalho[456], conforme autoriza o art. 21, VI, da Lei Complementar n. 35/1979 (Compete aos tribunais julgar: "originariamente, os mandados de segurança contra seus atos, os dos respectivos Presidentes e os de suas Câmaras, Turmas ou Seções).

A competência material na Justiça do Trabalho para o *mandamus* será fixada, no plano horizontal, caso o ato confrontado estiver submetido à jurisdição laboral, independentemente da qualidade da autoridade coatora (se é Municipal, Estadual ou Federal). A competência será exclusivamente da Justiça do Trabalho[457].

No plano funcional (vertical), a competência será da Vara do Trabalho do foro de domicílio da autoridade apontada como coatora, salvo as hipóteses de foro especial, conforme disciplina disposta na Carta Magna de 1988, desde que o ato impugnado esteja sob o crivo da jurisdição laboral.

---

(454) No mesmo sentido, ARAÚJO, Fábio Caldas de; MEDINA, José Miguel Garcia. *Op. cit.*, p. 47.

(455) *Ibidem*, p. 54.

(456) Cf. ementa transcrita anteriormente envolvendo mandado de segurança coletivo, contra ato praticado por Sua Excelência, o presidente do TST, julgado pelo Órgão Especial (MSCol-21202-52.2016.5.00.0000. Relª. Minª. Delaíde Miranda Arantes).

(457) No mesmo sentido tem-se SCHIAVI, Mauro, *Manual de direito processual do trabalho, op. cit.*, p. 1438.

Portanto, no aspecto funcional-vertical, a delimitação do grau de jurisdição competente quanto aos atos administrativos praticados por autoridades terá como regra geral o primeiro grau de jurisdição laboral, cujo foro será delimitado pelo domicílio da autoridade coatora, como já salientado.

Por exclusão, nesse eito, ainda em relação aos atos administrativos, contra atos praticados por Ministro de Estado, a competência funcional será do TST, por aplicação analógica do art. 105, I, "b", da Carta de 1988, ou, do STF contra atos praticados pelo Presidente da República, conforme disposto no art. 102, I, "d", da Carta de 1988[458].

Já no tocante, especificamente, ao cabimento de mandado de segurança contra ato (administrativo ou de índole jurisdicional) da autoridade judiciária, a competência funcional será assim delimitada:

a) do TRT, se a autoridade coatora for Juiz de Vara do Trabalho, ou desembargador do próprio TRT;

b) do TST, contra atos praticados por seus próprios ministros[459].

8.9. Decisão liminar no Mandado de Segurança Coletivo

A previsão de medida liminar na lei de regência do *mandamus* encontra-se disposta no art. 7º, III, com a seguinte redação:

> Que se suspenda o ato que deu motivo ao pedido, quando houver fundamento relevante e do ato impugnado puder resultar a ineficácia da medida, caso seja finalmente deferida, sendo facultado exigir do impetrante caução, fiança ou depósito, com o objetivo de assegurar o ressarcimento à pessoa jurídica.

Muito se discutiu na doutrina sobre a natureza jurídica da decisão liminar em sede de mandado de segurança. Parece que com a edição do atual CPC tais discussões serão abrandadas. O caminho será aplicar o completo regramento das tutelas provisórias (a partir do art. 294) desse novo diploma processual.

Ou seja, as liminares em mandado de segurança poderão adquirir a configuração de tutela provisória de urgência — modalidades cautelar ou antecipada, ou tutelas provisórias de evidência.

Tudo a depender das eficácias sentenciais que forem adicionadas ao comando mandamental principal (declaratórias, constitutivas ou condenatórias).

Como ressalta o comando legal, há dois requisitos literais que devem ser visualizados como ponto de partida à cognição da jurisdição: 1 – fundamento relevante (significa expressivo, importante) do pedido liminar; 2 – potência do ato impugnado resultar na ineficácia do resultado final da segurança, caso não tenha seus efeitos suspensos desde logo[460].

Aliás, quando se trata de proteção de direitos coletivos em sentido amplo, como é o caso em tela, deve-se também levar em consideração a admissibilidade de "todos os tipos de ação, procedimentos, medidas, provimentos, inclusive antecipatórios, desde que adequados para propiciar a correta e efetiva tutela do direito coletivo pleiteado"[461].

Logo, não tem muito cabimento a discussão sobre a natureza jurídica da medida liminar em sede de mandado de segurança coletivo. O que importa é a adequada proteção do direito líquido e certo transindividual em questão.

No mandado de segurança coletivo há imperativo legal exigindo a necessidade de contraditório prévio, conforme dispõe o § 2º, do art. 22, assim redigido:

> No mandado de segurança coletivo, a liminar só poderá ser concedida após a audiência do representante judicial da pessoa jurídica de direito público, que deverá se pronunciar no prazo de 72 (setenta e duas) horas.

Óbvio que essa exigência legal, ou melhor, verdadeiro privilégio conferido ao Poder Público, não poderá ser tida como "absolutamente intransponível"[462], sob pena de restar frontalmente violado o princípio fundamental do acesso à jurisdição, inscrito no art. 5º, XXXV, da Carta Magna brasileira.

---

(458) No mesmo sentido BEBBER, Júlio César. *Mandado de segurança. Habeas corpus. Habeas data na Justiça do Trabalho*. São Paulo: LTr, 2016. p. 32.
(459) SCHIAVI, Mauro, *Manual de direito processual do trabalho, op. cit.*, p. 1.438.
(460) Em sentido similar TEIXEIRA FILHO, Manoel Antonio. *Mandado de Segurança na Justiça do Trabalho, op. cit.*, p. 233.
(461) ALMEIDA, Gregório Assagra de. *Direito processual coletivo brasileiro*: um novo ramo do direito processual, *op. cit.*, p. 578.
(462) ARAÚJO, Fábio Caldas de; MEDINA, José Miguel Garcia. *Op. cit.*, p. 121.

8.9.1. Recurso contra decisão liminar. Peculiaridade do processo do trabalho

Diz o § 1º, do art. 7º da lei de regência do mandado de segurança que da decisão interlocutória do juiz de primeiro grau que "conceder ou denegar a liminar caberá agravo de instrumento".

No processo do trabalho tal dispositivo legal é incompatível com o disposto no § 1º do art. 893 da CLT que veda expressamente qualquer recurso contra decisão interlocutória no processo laboral.

Nesse caso, contra provimento liminar provisório, de urgência ou evidência, a medida apropriada, no processo do trabalho, individual ou coletivo, será o mandado de segurança. Portanto, mandado de segurança contra decisão interlocutória exarada em mandado de segurança. A Súmula n. 414, II, do TST, pacificou esse entendimento. Vejamos:

> II – No caso de a tutela antecipada (ou liminar) ser concedida antes da sentença, cabe a impetração do mandado de segurança, em face da inexistência de recurso próprio.

Portanto, no processo do trabalho, individual ou coletivo, o recurso cabível para atacar liminar concedida em mandado de segurança, será outro mandado de segurança contra ato judicial.

8.10. Do regime da coisa julgada no mandado de segurança coletivo

Como tratado em momento anterior, os conceitos básicos do processo civil clássico, como é o caso da coisa julgada, não se amoldam ao processo coletivo, civil ou trabalhista.

As disposições dos arts. 103 e 104 do CDC, já desenvolvidas, afirmam a vocação das ações coletivas para a formação da coisa julgada com eficácia *erga omnes* (para todos), considerando a natureza transindividual dos interesses coletivos em sentido *lato*, daí a força expansiva natural dessa modalidade de coisa julgada.

O regime da coisa julgada nos processos coletivos vem sendo tratado em espaço específico neste manual.

Diz o art. 22 da lei de regência do *writ*, sobre a coisa julgada no mandado de segurança coletivo, o seguinte:

> No mandado de segurança coletivo, a sentença fará coisa julgada limitadamente aos membros do grupo ou categoria substituídos pelo impetrante.

Trata-se de coisa julgada *ultra partes*, porém tendo seus limites restritos aos membros do grupo ou categoria extraordinária (pela substituição) ou autonomamente legitimados pelo impetrante, tal como dispõe o art. 103, I e II, do Código de Defesa do Consumidor.

8.11. Da ausência de litispendência do mandado de segurança coletivo com ações individuais

Consoante destacado neste estudo, a pendência de ação coletiva laboral não impede a propositura de ação individual por meio da qual o autor buscará a tutela de seu direito individual.

Já ficou bem assentado na jurisprudência laboral[463] que a propositura de ação coletiva para a defesa de qualquer das modalidades de direitos coletivos em sentido amplo (difusos, coletivos em sentido estrito e individuais homogêneos) não ocasionará litispendência em relação às ações individuais propostas, ainda que os direitos individuais pretendidos possam confundir-se parcialmente com aqueles defendidos em ações individuais[464].

---

(463) O STJ vem apresentando posição divergente quanto aos direitos individuais homogêneos. Vejamos: RECURSO REPETITIVO. PROCESSUAL CIVIL. RECURSO ESPECIAL. AÇÃO COLETIVA. MACRO-LIDE. CORREÇÃO DE SALDOS DE CADERNETAS DE POUPANÇA. SUSTAÇÃO DE ANDAMENTO DE AÇÕES INDIVIDUAIS. POSSIBILIDADE. 1. Ajuizada ação coletiva atinente a macro-lide geradora de processos multitudinários, suspendem-se as ações individuais, no aguardo do julgamento da ação coletiva. 2. Entendimento que não nega vigência aos aos arts. 51, IV e § 1º, 103 e 104 do Código de Defesa do Consumidor; 122 e 166 do Código Civil; e 2º e 6º do Código de Processo Civil, com os quais se harmoniza, atualizando-lhes a interpretação extraída da potencialidade desses dispositivos legais ante a diretriz legal resultante do disposto no art. 543-C do Código de Processo Civil, com a redação dada pela Lei dos Recursos Repetitivos (Lei n. 11.672, de 8.5.2008). STJ. Segunda Seção. REsp n. 1.110.549/RS. Rel. Min. Sidnei Beneti. DJ 14.12.2009.

(464) Cf. Tribunal Superior do Trabalho. SBDI-1. E-ED-RR-7565200-07.2003.5.02.0900. Rel. Min. José Roberto Freire Pimenta. DEJT 14.2.2014.

Aliás, a lei de regência do *mandamus* tem previsão específica sobre a ausência de litispendência entre o *writ* individual e o coletivo, conforme § 1º, do art. 22, cuja redação é a seguinte:

> § 1º O mandado de segurança coletivo não induz litispendência para as ações individuais, mas os efeitos da coisa julgada não beneficiarão o impetrante a título individual se não requerer a desistência de seu mandado de segurança no prazo de 30 (trinta) dias a contar da ciência comprovada da impetração da segurança coletiva.

A última parte do dispositivo legal citado inovou em relação ao regramento disposto no art. 104 do CDC, pois exige a desistência do mandado de segurança individual, no prazo de trinta dias, a contar da comprovada ciência da impetração do *writ* coletivo, caso tenha interesse em se beneficiar da coisa julgada coletiva, ao invés do mero pedido de suspensão do curso da ação individual, conforme regramento geral das ações coletivas.

Inovação que vem sendo bastante criticada pela doutrina, pois realmente fere direito fundamental de acesso à jurisdição, na medida em que exige a desistência da ação individual, caso o autor desta pretenda beneficiar-se da coisa julgada coletiva, repita-se.

A sistemática do CDC, portanto, que exige mero pedido de suspensão por parte do autor da ação mandamental individual, parece ser "mais benéfica quanto ao tratamento do interesse coletivo"[465], daí a justificativa para prevalecer sobre esta criticada regra específica da lei de regência do *mandamus*.

O Tribunal Superior do Trabalho ainda não tem posição quanto a esse assunto.

8.12. Ministério Público do Trabalho e a atuação em mandados de segurança

Como sabido, a Carta Cidadão de 1988 conferiu ao Ministério Público brasileiro uma configuração inovadora, como instituição autônoma e sem vinculação ou subordinação a nenhum dos três Poderes da República.

O art. 127 deixou bem assentado que o Ministério Público é instituição permanente, essencial à função jurisdicional do Estado, incumbindo-lhe a defesa da ordem jurídica, do regime democrático e dos interesses sociais e individuais indisponíveis.

O *parquet* brasileiro, acompanhando a formatação do Estado federativo, abrange o Ministério Público dos Estados e o Ministério Público da União, este compreendido pelo Ministério Público Federal, Ministério Público do Trabalho, Ministério Público Militar e o Ministério Público do Distrito Federal (art. 24 da Lei Complementar n. 75/1993), possuindo cada um desses ramos o seu próprio Procurador-Geral, chefe de cada uma dessas instituições, além de uma atuação jurisdicional também delimitada, consoante configuração também estabelecida na Carta de 1988.

Caberá especificamente ao Ministério Público do Trabalho atuar com exclusividade ministerial e unicamente[466] nos patamares jurisdicionais da Justiça do Trabalho, conforme delimitação disposta na Lei Complementar n. 75/1993.

Já destacado, também, que a Lei Complementar n. 73/1993, disciplinando a atuação do Ministério Público da União (e o MPT será um dos troncos dessa árvore), afirma legitimidade, em mais de uma ocasião, para impetração de mandado de segurança (individual ou coletivo); literalmente, conforme dispõe o art. 6º, VI (Compete ao MPU: " impetrar *habeas corpus* e mandado de segurança"), e, por interpretação sistemática, consoante dispõe o art. 84, V (Compete ao MPU: "exercer outras atribuições que lhe forem conferidas por lei, desde que compatíveis com sua finalidade").

Portanto, nos mandados de segurança propostos na Justiça do Trabalho o *parquet* laboral poderá assumir três atribuições processuais. Vejamos.

8.12.1. Função de fiscal da ordem jurídica nos mandados de segurança individuais e coletivos

Na primeira delas, o MPT funcionará como fiscal da ordem jurídica[467] em todos os mandados de segurança, individuais e coletivos, propostos na Justiça do Trabalho, conforme disposto no art. 12 da Lei n. 12.016/2009, manifestando-se após o prazo designado para prestação de informações pela autoridade apontada como coatora.

---

(465) ARAÚJO, Fábio Caldas de; MEDINA, José Miguel Garcia. *Op. cit.*, p. 219.

(466) Vem decidindo o STF, assumindo posicionamento bastante questionável, que o "exercício das atribuições do Ministério Público do Trabalho se circunscreve aos órgãos da Justiça do Trabalho...". Supremo Tribunal Federal. Tribunal Pleno. Ag.Reg. na Reclamação n. 3.431-PA. Rel. Min. Teori Zavascki. DJE 17.6.2013.

(467) Nomenclatura extraída do art. 178 do CPC.

A condição de fiscal da ordem jurídica em mandados de segurança parece se distanciar desse mesmo papel ministerial nas ações civis públicas, malgrado o *mandamus* de natureza transindividual já tenha sido aqui delimitado como também espécie de ação coletiva.

Isto porque nas ações civis públicas, consoante prevê o § 1º, do art. 5º, da Lei n. 7.347/1985, o Ministério Público somente intervirá no papel de fiscal da ordem jurídica se não for o autor dessa ação coletiva ("O Ministério Público, se não intervier no processo como parte, atuará obrigatoriamente como fiscal da lei").

Significa que o Ministério Público oficiará nas hipóteses de ações civis públicas por intermédio de um único membro (ressalvadas as hipóteses legais e naturais de substituições, como férias, aposentadorias, afastamento por doenças e etc.), este "exercendo todas as atribuições da instituição"[468].

Já na lei de regência do *mandamus* tal delimitação legal não acontece, pois há apenas o registro da necessidade do envio dos autos ao Ministério Público para manifestação, ainda que seja também o titular do remédio impetrado.

Inobstante a ausência de melhor delimitação desses espaços de atuação na lei de regência do *mandamus*, comparando-se com a lei da ação civil pública, a melhor interpretação caminhará no sentido da intervenção do órgão ministerial ou na condição de autor do remédio heroico, ou pelo menos como fiscal da ordem jurídica, neste caso apenas se a hipótese anterior não se verificar.

Vale deixar registrado que a função ministerial no papel de fiscal da ordem jurídica nunca poderá ser na condição de um órgão meramente interveniente, neutro, imparcial e equidistante das partes.

O próprio CPC, ao tratar da condição de fiscal do Ministério Público, deixa delimitado que tal atuação será necessária em processos envolvendo "interesse público ou social" (art. 178, I), além da defesa de "interesses de incapazes" (art. 178, II). Essas duas hipóteses também animam a atuação do *parquet* laboral.

A atuação ministerial, seja na condição de parte, seja na de fiscal da ordem jurídica, será sempre motivada pela defesa de interesses qualificados pelo caráter público, não importando se tal manifestação acabará por eventualmente favorecer o autor ou o réu, ou até diretamente nenhum desses atores processuais (quando se opina, por exemplo, simplesmente pela extinção do feito sem julgamento do mérito) em tais casos apenas indiretamente beneficiados[469].

Como já ressaltado no início deste item o mister constitucional do órgão ministerial, em qualquer das suas ramificações, e em qualquer papel processual que estiver desempenhando, será agir na defesa do regime democrático, da ordem jurídica e dos interesses sociais coletivos e individuais indisponíveis, no universo das relações laborais.

8.12.2. O MPT na condição de autor de mandados de segurança coletivos

Conforme já sustentado, o Ministério Público do Trabalho, inobstante deixar de figurar no rol dos legitimados para mandado de segurança, disposto no art. 5º, LXX, da Carta Magna de 1988 e no art. 21 da Lei n. 12.016/2009, é inquestionavelmente legitimado para tal impetração, considerando a sua própria vocação constitucional disposta no art. 127 da Carta Maior.

Também anteriormente destacado que, no âmbito da Justiça do Trabalho, a legitimidade do *parquet* laboral para o manejo do *writ* ressoa ainda mais forte, pois tem previsão legal expressa (art. 6º, VI, da Lei Complementar n. 75/1993).

Nesse eito, o Ministério Público do Trabalho, como *longa manus* do Ministério Público da União, tem legitimidade expressa para impetração de mandado de segurança de viés coletivo.

E como legitimado para a impetração de *mandamus* coletivo, surgirão duas situações bastante distintas.

A primeira delas, de ocorrência mais rara, será quando o Ministério Público do Trabalho, considerando a competência material da Justiça do Trabalho (assunto já tratado) disposta no art. 114, IV, da Carta Magna de 1988, impetrar

---

(468) MANCUSO, Rodolfo de Camargo. *Ação civil pública*. 12. ed. São Paulo: Revista dos Tribunais, 2011. p. 137.

(469) No mesmo sentido LIMA, Fernando Antônio Negreiros. *A intervenção do Ministério Público no processo civil brasileiro como custos legis*. São Paulo: Método, 2007. p. 119.

mandado de segurança coletivo em razão de o ato questionado envolver matéria sujeita à jurisdição laboral, bem como considerando a transindividualidade do direito líquido e certo questionado.

A segunda hipótese, de ocorrência mais frequente, envolve a impetração de mandado de segurança coletivo pelo Ministério Público do Trabalho nas hipóteses de esse *writ* derivar de decisão judicial proferida em ação coletiva proposta pelo próprio ente ministerial laboral.

Já foi aqui afirmado ser o mandado de segurança coletivo verdadeira espécie de ação coletiva, com rito procedimental singular.

Também já salientado ser de ocorrência bastante comum na jurisdição laboral a impetração de mandado de segurança em face de decisões interlocutórias não sujeitas a recurso imediato, como é o caso das decisões liminares em fase de conhecimento que negam ou deferem pedidos de tutela provisória. A única forma de atacar tais decisões será por intermédio da impetração de *mandamus*, conforme entendimento já sumulado pelo TST (Súmula n. 414, II).

Portanto, quando o Ministério Público do Trabalho for autor de ação coletiva e eventualmente, por exemplo, tiver pedido de tutela provisória denegado, há a possibilidade de ser aviado mandado de segurança coletivo, pois a legitimidade da ação coletiva será estendida, por dependência[470], e como consectário natural, ao mandado de segurança coletivo.

Nesse eito, e para resumir, terá natureza coletiva o mandado de segurança impetrado pelo MPT em face de decisão interlocutória proferida em ação coletiva em que seja autor.

Nessa hipótese, o *parquet* laboral deverá demonstrar também a existência de direito líquido e certo de natureza transindividual violado ou prestes a sê-lo.

Aliás, recentemente o MPT impetrou mandado de segurança coletivo contra ato jurisdicional, afirmando violação a direito líquido e líquido, pelo Ministério do Trabalho e Emprego, que deixou de publicar o "cadastro de empregadores que submetem trabalhadores a condição análoga à de escravo"[471]. Parte do dispositivo dessa decisão restou assim vazada:

> 4. Pelo exposto, DEFIRO, PARCIALMENTE, a liminar requerida pelo Ministério Público do Trabalho, para tornar sem efeito, no momento, a decisão proferida pelo Exmo. Sr. Ministro Presidente do Tribunal Superior do Trabalho, nos autos do processo n. TST-SLAT-3051-04.2017.5.00.0000, por meio da qual Sua Excelência concedeu efeito suspensivo à liminar dos autos da ACP-1704-55.2016.5.10.0011, assim restabelecida. Revigora-se, ao mesmo tempo e do mesmo modo, a decisão do Exmo. Sr. Desembargador Presidente do TRT da 10ª Região, no processo n. TRT-SLAT-97-06.2017.5.10.0000.

8.12.3. O MPT na condição de autor de mandados de segurança individuais

O Ministério Público do Trabalho poderá aviar reclamação trabalhista para a defesa de interesses de menor de 18 anos, em caso de falta do representante legal deste, consoante autoriza o art. 793 da CLT.

Portanto, nesta hipótese atuará como substituto processual deste menor, atuando em nome próprio na defesa do interesse do menor.

Também, o Ministério Público do Trabalho poderá propor demandas judiciais necessárias à defesa dos direitos "decorrentes das relações de trabalho" envolvendo "incapazes e índios", conforme autoriza o art. 83, V, da Lei Complementar n. 75/1993.

Também já destacado, em mais de uma ocasião, a legitimidade do *parquet* laboral para o manejo do *writ*, conforme previsão legal expressa (art. 6, VI, da Lei Complementar n. 75/1993).

Da mesma maneira do já defendido quanto aos mandados de segurança coletivo, quando o Ministério Público do Trabalho for autor de ação trabalhista individual nas hipóteses descritas e enfrentar, por exemplo, indeferimento de pedido de tutela provisória denegado, haverá a possibilidade de ser aviado mandado de segurança individual[472], pois também a legitimidade da ação individual será estendida, por dependência e como consectário natural, ao *writ* individual.

---

(470) No mesmo sentido, MAIA, Diogo. *O mandado de segurança coletivo*, op. cit., p. 194..

(471) Cf. Tribunal Superior do Trabalho. Plenário. MS-3351-63.2017.5.00.0000. Rel. Min. Alberto Luiz Bresciani de Fontan Pereira. DJ 14.3.2017.

(472) Em sentido aproximado, com argumentos distintos, BEZERRA LEITE, Carlos Henrique. *Curso de direito processual do trabalho*, op. cit., p. 1.247.

Capítulo 9

Dissídio Coletivo: Aportes Gerais na Fase de Conhecimento

O presente capítulo dará início aos instrumentos processuais coletivos laborais classificados como originários do texto celetista ou posteriormente encartados a este.

A ação de dissídio coletivo, ou simplesmente dissídio coletivo, como é mais conhecido no universo laboral, conforme será apresentado ao longo deste capítulo, é um clássico (certamente o mais clássico de todos os remédios que serão desenvolvidos neste manual) instrumento processual voltado à pacificação de conflitos coletivos, com décadas de história e vasta jurisprudência, por intermédio do poder normativo da Justiça do Trabalho, a ser desenvolvido posteriormente.

Esse poder anômalo, consoante será mostrado com mais vagar posteriormente, tem origem histórica próxima[473] no chamado Estado corporativista e autoritário do regime fascista italiano de Benito Mussolini, cuja premissa sempre foi enfraquecer, e se possível repelir, a negociação coletiva entabulada diretamente pelas partes interessadas. E os sindicatos, nesse modelo, são considerados como uma extensão do próprio poder estatal.

Vale lembrar, ainda, que a filosofia do Corporativismo tem como fundamento a "colaboração e não a luta de classes para o desenvolvimento do Estado"[474]. Portanto, as associações de trabalhadores (sindicatos) deveriam ser consideradas como verdadeiros entes públicos, sob a batuta e controle do Estado, cuja missão seria a regulamentação das condições laborais, evitando ou apaziguando conflitos e seguindo a cartilha do poder político dominante.

Conforme será desenvolvido neste capítulo, a Constituição vigente, inobstante tenha empreendido relevantes avanços quanto à liberdade sindical (art. 8º, I) e fortalecimento da negociação coletiva (art. 7º, VI, XIII, XIV, e, principalmente, XXVI: "reconhecimento das convenções e acordos coletivos de trabalho"), manteve outros institutos típicos de regimes com déficits democráticos, como é o caso da unicidade sindical (art. 8º, II), sindicalização por categoria e contribuição confederativa (art. 8º, IV).

Seguindo esses momentos históricos de avanços e retrocessos democráticos, o dissídio coletivo também vem enfrentando modificações legislativas, doutrinárias e jurisprudenciais que serão, na medida do possível, abordadas nesta parte do estudo.

A pretensão também será realizar forte estudo jurisprudencial desse instituto, com base principalmente nos julgados do Tribunal Superior do Trabalho, e também consoante posição jurisprudencial que vem sendo construída pelo Supremo Tribunal Federal sobre questões que gravitam ao redor do tema em destaque.

Esse instituto deverá ser desenvolvido tendo como ponto de partida o disposto nos §§ 1º, 2º e 3º do art. 114 da Carta Magna de 1988, com redação conferida pela Emenda Constitucional n. 45/2004, literalmente:

§ 1º Frustrada a negociação coletiva, as partes poderão eleger árbitros.

§ 2º Recusando-se qualquer das partes à negociação coletiva ou à arbitragem, é facultado às mesmas, de comum acordo, ajuizar dissídio coletivo de natureza econômica, podendo a Justiça do Trabalho decidir o conflito, respeitadas as disposições mínimas legais de proteção ao trabalho, bem como as convencionadas anteriormente.

§ 3º Em caso de greve em atividade essencial, com possibilidade de lesão do interesse público, o Ministério Público do Trabalho poderá ajuizar dissídio coletivo, competindo à Justiça do Trabalho decidir o conflito.

---

(473) Há referências históricas remotas acerca de semelhante instituto em "experiências longínquas da Oceania (Austrália e Nova Zelândia) desde fins do século XIX até o desenrolar do século XX". In: DELGADO, Mauricio Godinho. *Direito coletivo do trabalho*. 7. ed. São Paulo: LTr, 2017. p. 41.

(474) MARTINS FILHO, Ives Gandra. *Processo coletivo do trabalho, op. cit.*, p. 14.

A partir desses dispositivos constitucionais, e visando delinear progressivamente o instituto sob enfoque, vamos desenvolver o presente capítulo em três momentos, quais sejam:

1. Formas de resolução dos conflitos coletivos.

2. Questões que gravitam em torno do dissídio coletivo, tais como: negociação coletiva e o consequente fortalecimento da autonomia privada coletiva, poder normativo da Justiça do Trabalho e natureza residual do dissídio coletivo.

3. Trabalhar aspectos processuais do instituto do dissídio coletivo.

9.1. Formas de resolução dos conflitos coletivos

A partir do marco histórico da Revolução Industrial, cujo desenvolvimento acarretou naturalmente, além de uma majoração exponencial na possibilidade de produção de riquezas, também o aumento da desigualdade econômica já existente entre a classe trabalhadora e aquela detentora dos meios de produção[475], e, por consequência, os conflitos decorrentes dessa desigualdade.

Desde então, consolidaram-se três formas básicas de solução dos conflitos entre a coletividade de trabalhadores, envolvendo interesses de natureza dita *uti universi*[476]: autodefesa (autotutela), heterocomposição e autocomposição.

Antes de classificar tais modalidades, vale deixar registrado que, quanto ao objeto desses conflitos, faz-se a divisão entre conflitos de direito e conflitos econômicos ou de interesses.

Nos conflitos de interesses, os atores discutem a criação de novas regras voltadas a causar impacto nos interesses econômicos das partes antagônicas.

Naqueles de natureza jurídica simplesmente há um desentendimento quanto à interpretação de regra jurídica (em sentença normativa, convenção ou acordo coletivo de trabalho) já existente.

Essa distinção apresentada influenciará diretamente na classificação dos dissídios coletivos, conforme será apresentado mais à frente.

A autodefesa é considerada a forma mais primitiva de solução de conflitos. Dá-se quando uma das partes, usualmente o empregador, resiste à tentativa de se entabular uma negociação, daí a decisão extremada dos trabalhadores de paralisação de suas atividades — pela greve, com a finalidade de provocar e pressionar a decisão do detentor de atividade econômica de reabrir o diálogo, visando atingir o fim do conflito[477], ou por intermédio da autocomposição ou pela heterocomposição, via dissídio coletivo de grave, a ser trabalhado ainda neste capítulo.

A greve passa a ser considerada como meio de pressão trabalhista por excelência por intermédio da suspensão coletiva, parcial ou total, pacífica e temporária, da prestação de serviços laborais, visando à redução ou eliminação da resistência da parte contrária de maneira a encaminhar a solução do conflito por intermédio da autocomposição ou heterocomposição, conforme será desenvolvido com mais vagar posteriormente.

A heterocomposição ocorrerá quando um agente diferente (magistrado ou árbitro) das partes conflitantes é instado a solucionar o conflito apresentado, por intermédio de uma decisão com força vinculante sobre os envolvidos. Portanto, nessa hipótese, as partes conflitantes conjuntamente, ou um por intermédio da restrição de uma delas, decidem deixar de pacificar diretamente a questão controversa, submetendo o conflito existente para que seja resolvido por uma fonte suprapartes[478], como é o caso da jurisdição — por intermédio do dissídio coletivo, ou pela arbitragem.

De outra banda, a autocomposição ocorre quando as partes coletivas contrapostas alcançam ajuste de suas divergências diretamente, de maneira autônoma, atingindo a celebração de "documento pacificador, que é o diploma coletivo negociado"[479]. É a negociação coletiva logrando êxito e gerando frutos.

---

(475) Cf. PINTO, José Augusto Rodrigues. *Direito sindical e coletivo do trabalho*. 2. ed. São Paulo: LTr, 2002. p. 168.

(476) No mesmo sentido, ROMITA, Arion Sayão. O poder normativo da Justiça do Trabalho na reforma do Judiciário. *Revista do TRT – 1ª Região e Ematra,* Rio de Janeiro, n. 39, p. 60, jan./jun. 2005.

(477) Cf. no mesmo sentido NASCIMENTO, Amauri Mascaro. *Direito sindical*. São Paulo: LTr, 1982. p. 82.

(478) Cf. DELGADO, Mauricio Godinho. *Direito coletivo do trabalho*. 7. ed. São Paulo: LTr, 2007.

(479) *Ibidem*, p. 40.

Óbvio que a autocopomposição, cujo resultado por excelência é o diploma coletivo normativo, poderá ser impulsionada, estimulada ou pressionada, por exemplo, por mecanismos de autodefesa, como é caso da greve, sem desnaturar, contudo, a autocomposição celebrada diretamente pelas partes, pois há diversas trajetórias para se atingir a norma coletiva engendrada, com ou sem pressão social ao longo do iter negocial. As estradas podem trilhar caminhos distintos, mas o destino alcançado é o mesmo.

É possível resumir de maneira mais didática e objetiva que a negociação coletiva, a ser mais bem desenvolvida no próximo item, por ser dinâmica complexa, pode até se relacionar com modelos de heterocomposição, como é o caso da mediação e da arbitragem. Pode acontecer de esses mecanismos serem simplesmente considerados como "instrumentos-meios da negociação coletiva de trabalho"[480].

9.2. Da negociação coletiva e do consequente fortalecimento da autonomia privada coletiva

Negociação coletiva significa o processo de entendimento essencialmente democrático e direto entre as partes, sendo os trabalhadores obrigatoriamente representados pela entidade sindical pertinente e os tomadores de serviços também com a possibilidade de serem representados pelo sindicato da categoria econômica que os pertinente.

A negociação coletiva é o meio autocompositivo por excelência da jurisdição laboral, pois não há a participação de agente ou órgão estranho ao conflito posto, além de ser o mecanismo mais propício para aproximar as partes visando à composição por intermédio do "diploma coletivo negociado"[481], verdadeira realização da chamada autonomia privada coletiva.

Esse método de autocomposição tem certamente importância primordial para que sejam entabulados francos e diretos diálogos entre as partes conflitantes, certamente contribuindo decisivamente para o adensamento do necessário e benfazejo diálogo democrático, sem intermediários, entre os atores laborais.

O resultado final desse diálogo franco será a celebração de convenção coletiva e acordo coletivo de trabalho.

Sobre a importância da negociação coletiva para o amadurecimento das relações laborais e a busca da equiparação horizontal de forças e democracia das relações laborais, a doutrina deixa registrado:

> A negociação coletiva é nos dias de hoje considerada o melhor meio para a solução dos conflitos ou problemas que surgem entre o capital e o trabalho. Por meio dela trabalhadores e empresários estabelecem não apenas condições de trabalho e remuneração, como também todas as demais relações entre si, mediante um procedimento dialético previamente definido, que se deve pautar pelo bom-senso, boa-fé, razoabilidade e equilíbrio entre as partes diretamente interessadas.[482]

Acerca do necessário equilíbrio de poderes entre os divergentes na negociação coletiva, vale a pena citar mais um trecho da mesma obra doutrinária:

> (...) inferimos que a negociação coletiva constitui um sistema fundamental para a solução dos conflitos trabalhistas, em uma sociedade democrática. É necessário, porém, um poder de negociação suficientemente forte para promover o equilíbrio dos poderes: o patronal e dos sindicatos, sem o que o balanço da justiça acabará pendendo para o lado mais forte. Para que isto não ocorra é imperativo a existência de um sindicato forte, independente e representativo para engendrar uma negociação eficaz.[483]

A Organização Internacional do Trabalho situa a importância da negociação coletiva da seguinte maneira:

> O direito de negociação coletiva é um prolongamento direto do direito sindical, uma vez que um dos objetivos mais importantes das organizações de empregadores e de trabalhadores é a definição de salários e de outras condições de emprego mediante contratos coletivos em lugar de contratos individuais de trabalho.[484]

---

(480) DELGADO, Mauricio Godinho. *Curso de direito do trabalho*, op. cit., p. 1.630.
(481) DELGADO, Mauricio Godinho. *Direito coletivo do trabalho*, op. cit., p. 40.
(482) SANTOS, Enoque Ribeiro. *Negociação coletiva de trabalho nos setores público e privado*. 2. ed. São Paulo: LTr, 2016. p. 85.
(483) *Ibidem*, p. 99.
(484) Organização Internacional do Trabalho (OIT). *A liberdade sindical*. Tradução de Edilson Alkmin Cunha. São Paulo: LTr, 1993. p. 95.

Aliás, vale deixar registrado que a Constituição de 1988 afirma expressamente serem direitos dos trabalhadores, "além de outros que visem à melhoria de sua condição social" (princípio da vedação ao retrocesso social, a ser muito lembrado nestes tempos de Reforma Trabalhista), o "reconhecimento das convenções e acordos coletivos de trabalho" (art. 7º, XXVI).

Portanto, a Carta Maior valoriza e reconhece os efeitos do resultado mais autêntico da negociação que são as normas coletivas.

O Supremo Tribunal Federal, inclusive em sede de controle de constitucionalidade, vem tratando sobre os limites da negociação coletiva em pelo menos três momentos jurisprudenciais distintos.

Esses julgados merecem a necessária individualização, porque certamente inferem uma conformação constitucional a esse instituto, que já vem significando mudança de rota jurisprudencial do Tribunal Superior do Trabalho.

Vejamos cada um deles.

No primeiro dos julgados mencionados, foi confirmada a validade do chamado plano de dispensa coletiva incentivada, devidamente construído em norma coletiva. Vale transcrever ementa do acórdão, pois nela fica bem delimitada a importância que deverá ser conferida à negociação coletiva:

> DIREITO DO TRABALHO. ACORDO COLETIVO. PLANO DE DISPENSA INCENTIVADA. VALIDADE E EFEITOS. 1. Plano de dispensa incentivada aprovado em acordo coletivo que contou com ampla participação dos empregados. Previsão de vantagens aos trabalhadores, bem como quitação de toda e qualquer parcela decorrente de relação de emprego. Faculdade do empregado de optar ou não pelo plano. 2. Validade da quitação ampla. Não incidência, na hipótese, do art. 477, § 2º, da Consolidação das Leis do Trabalho, que restringe a eficácia liberatória da quitação aos valores e às parcelas discriminadas no termo de rescisão exclusivamente. 3. No âmbito do direito coletivo do trabalho não se verifica a mesma situação de assimetria de poder presente nas relações individuais de trabalho. Como consequência, a autonomia coletiva da vontade não se encontra sujeita aos mesmos limites que a autonomia individual. 4. A Constituição de 1988, em seu art. 7º, XXVI, prestigiou a autonomia coletiva da vontade e a autocomposição dos conflitos trabalhistas, acompanhando a tendência mundial ao crescente reconhecimento dos mecanismos de negociação coletiva, retratada na Convenção n. 98/1949 e na Convenção n. 154/1981 da Organização Internacional do Trabalho. O reconhecimento dos acordos e convenções coletivas permite que os trabalhadores contribuam para a formulação das normas que regerão a sua própria vida. 5. Os planos de dispensa incentivada permitem reduzir as repercussões sociais das dispensas, assegurando àqueles que optam por seu desligamento da empresa condições econômicas mais vantajosas do que aquelas que decorreriam do mero desligamento por decisão do empregador. É importante, por isso, assegurar a credibilidade de tais planos, a fim de preservar a sua função protetiva e de não desestimular o seu uso. 7. Provimento do recurso extraordinário. Afirmação, em repercussão geral, da seguinte tese: **"A transação extrajudicial que importa rescisão do contrato de trabalho, em razão de adesão voluntária do empregado a plano de dispensa incentivada, enseja quitação ampla e irrestrita de todas as parcelas objeto do contrato de emprego, caso essa condição tenha constado expressamente do acordo coletivo que aprovou o plano, bem como dos demais instrumentos celebrados com o empregado".**[485] (grifo não consta no original)

Pode-se dizer que o precedente do STF certamente influenciou o legislador da Reforma Trabalhista de 2017, que acabou por editar o seguinte dispositivo legal:

> Art. 477-B. Plano de Demissão Voluntária ou Incentivada, para dispensa individual, plúrima ou coletiva, previsto em convenção coletiva ou acordo coletivo de trabalho, enseja quitação plena e irrevogável dos direitos decorrentes da relação empregatícia, salvo disposição em contrário estipulada entre as partes.

A tese do STF serviu de clara inspiração para o reformador trabalhista, que acabou por legislar aquela posição jurisprudencial anterior.

Em outro julgado mais recente, o Supremo Tribunal Federal outra vez reiterou a força da norma coletiva decorrente da negociação coletiva, ao deixar assentada a possibilidade de a categoria "transacionar" a redução do cômputo total das chamadas *horas* de itinerância (*in itinere*) na jornada diária de trabalho, "em troca da concessão de vantagens de natureza pecuniária e de outras utilidades". Veja parte dele:

> TRABALHISTA. AGRAVOS REGIMENTAIS NO RECURSO EXTRAORDINÁRIO. ACORDO COLETIVO DE TRABALHO. TRANSAÇÃO DO CÔMPUTO DAS HORAS *IN ITINERE* NA JORNADA DIÁRIA DE TRABALHO. CONCESSÃO DE VANTAGENS DE NATUREZA PECUNIÁRIA E DE OUTRAS UTILIDADES. VALIDADE. (...). **2.** É válida norma coletiva por meio da qual categoria de trabalhadores transaciona

---

(485) Supremo Tribunal Federal. Plenário. RE n. 590.415-SC. Rel. Min. Luis Roberto Barroso. DJE 29.5.2015.

o direito ao cômputo das horas *in itinere* na jornada diária de trabalho em troca da concessão de vantagens de natureza pecuniária e de outras utilidades.

Ao contrário da hipótese citada inicialmente do plano de demissão incentivada, cuja decisão do STF acabou por influenciar o legislador reformista, neste caso das horas de itinerância esse mesmo legislador optou por simplesmente varrer tal possibilidade, conforme disposto no art. 58, § 2º, da Lei n. 13.467/2017. Vejamos:

> O tempo despendido pelo empregado desde a sua residência até a efetiva ocupação do posto de trabalho e para o seu retorno, caminhando ou por qualquer meio de transporte, inclusive o fornecido pelo empregador, não será computado na jornada de trabalho, por não ser tempo à disposição do empregador.

Na mesma linha, em outro julgado ainda mais recente, decidiu-se, monocraticamente, em sede de medida cautelar em controle concentrado de constitucionalidade, pela suspensão de todas as ações, inclusive de fases executivas já iniciadas, versando sobre a hipótese de ultratividade das normas coletivas, isto é, a possibilidade de o que restou negociado incorporar no patrimônio jurídico do trabalhador, ainda que a vigência da norma coletiva tenha expirado[486], conforme vinha prevendo expressamente a nova redação, de 2012, da Súmula n. 277 do TST.

Aliás, a ultratividade também restou expressamente varrida pela Lei n. 13.467/2017, conforme § 3º do art. 614 do Texto Consolidado, com a seguinte redação:

> Não será permitido estipular duração de convenção coletiva ou acordo coletivo de trabalho superior a dois anos, sendo vedada a ultratividade.

Nesta hipótese da ultratividade, o legislador acabou por fulminar, com tiro de canhão, discussão que certamente ainda teria muitos desdobramentos na jurisdição, por se tratar de assunto extremamente complexo.

Essas decisões citadas do Supremo Tribunal Federal apenas refletem e fortalecem posição jurisprudencial que vem se consolidando há bastante tempo na jurisprudência, indicando a posição do dissídio coletivo como medida processual residual, cabível em caso de ausência de êxito da autocomposição dos conflitos laborais.

Aliás, pode-se dizer que a Lei da Reforma Trabalhista pretende inegavelmente conferir sobremaneira importância ao resultado final da negociação coletiva ao entabular novo princípio infraconstitucional dirigido à jurisdição laboral, chamado princípio da intervenção mínima na autonomia da vontade, disposto no § 3º do art. 2º, da CLT, com a seguinte redação:

> No exame de convenção coletiva ou acordo coletivo de trabalho, a Justiça do Trabalho analisará exclusivamente a conformidade dos elementos essenciais do negócio jurídico, respeitado o disposto no art. 104 da Lei n. 10.406, de 10 de janeiro de 2002 (Código Civil), e balizará sua atuação pelo princípio da intervenção mínima na autonomia da vontade coletiva.

Esse dispositivo deixa afirmado claros e estreitos limites vinculados ao art. 104 do Código Civil, para avaliação pelo Judiciário das normas coletivas alcançadas, compreendendo apenas os elementos essenciais do negócio jurídico.

Como prova disso, o resultado da negociação coletiva plasmado em normas coletivas (convenções e acordos coletivos de trabalho), terá inclusive "prevalência sobre a lei", quando dispuser, "entre outros assuntos", sobre largo rol de temas dispostos no art. 611-A da Lei de Reforma Laboral.

Prevalência sobre a lei deve significar primordialmente capacidade de a norma coletiva simplesmente derrogar a lei, ainda que seja para estabelecer a renúncia de direitos dispostos na lei estatal, ou, até mesmo para derrogar padrão mínimo de proteção consagrado em diploma legal.

Nesse passo, a negociação coletiva, conforme entabulado no dispositivo legal em destaque, acaba por alcançar extensão extremada e desproporcional de poderes, por consequência se desnaturando, pois sua gênese está imbricada com a ideia de "aperfeiçoamento das condições de vida e de trabalho das pessoas humanas trabalhadoras e como mecanismo para a elevação das condições de pactuação da força de trabalho no sistema econômico capitalista"[487].

---

(486) Cf. Supremo Tribunal Federal. Decisão monocrática. ADPF 323 MC-DF. Rel. Min. Gilmar Mendes. DJE 18.10.2016.

(487) DELGADO, Mauricio Godinho; DELGADO, Gabriela Neves. *A reforma trabalhista no Brasil*: com comentários à Lei n. 13.467/2017. São Paulo: LTr, 2017. p. 255.

Em resumo bem singelo: negociação coletiva foi concebida desde o início para elevar o patamar da proteção estabelecida pela lei.

Vale lembrar, para finalizar este item, que a normatização decorrente de negociação coletiva deve observar o estuário normativo constitucional, internacional (no mundo do trabalho consistente nas convenções da Organização Internacional do Trabalho adotadas pela ordem jurídica interna), bem como as leis de indisponibilidade absoluta de proteção ao labor humano, além de respeitar o chamado princípio da adequação setorial negociada, assim construído pela doutrina que o concebeu:

> Pelo princípio da adequação setorial negociada, as normas autônomas juscoletivas, construídas para incidirem sobre certa comunidade econômico-profissional, podem prevalecer sobre o padrão geral heterônomo justrabalhista, desde que respeitados certos critérios objetivamente fixados. São dois esses critérios autorizativos: a) quando as normas autônomas juscoletivas implementarem um padrão setorial de direitos superior ao padrão geral oriundo da legislação heterônoma aplicável; b) quando as normas autônomas juscoletivas transacionam setorialmente parcelas justrabalhistas de indisponibilidade apenas relativa (e não de indisponibilidade absoluta).[488]

A jurisprudência do TST também vem se manifestando, de há muito, sobre a adequação setorial negociada. Vejamos:

RECURSO ORDINÁRIO EM AÇÃO ANULATÓRIA – A Carta Política do país reconhece os instrumentos jurídicos clássicos da negociação coletiva — convenções e acordos coletivos de trabalho (art. 7º, inciso XXVI, CF/88). Entretanto, existem limites jurídicos objetivos à criatividade normativa da negociação coletiva trabalhista. As possibilidades e limites jurídicos para a negociação coletiva são orientados pelo princípio da adequação setorial negociada. Ou seja, os critérios da harmonização entre as normas jurídicas oriundas da negociação coletiva (através da consumação do princípio de sua criatividade jurídica) e as normas jurídicas provenientes da legislação heterônoma estatal. A adequação setorial negociada não prevalece se concretizada mediante ato estrito de renúncia (e não de transação). Também não prevalece a adequação setorial negociada se concernente a direitos revestidos de indisponibilidade absoluta, os quais não podem ser transacionados nem mesmo por negociação sindical coletiva. Incorporando a CCT impugnada vários preceitos supressivos, atenuadores ou modificativos de regras e proteções trabalhistas oriundas da ordem jurídica imperativa, deve ter seu conteúdo invalidado judicialmente. Recurso ordinário parcialmente provido.[489]

9.3. Característica residual do dissídio coletivo

A característica aqui classificada de residual do dissídio coletivo está muito bem delimitada no já transcrito art. 114, da Carta Magna, cuja redação atual decorre da Emenda Constitucional n. 45/2004.

Diz o referido dispositivo constitucional que o dissídio coletivo somente será aviado após frustradas a negociação coletiva e a possibilidade de as partes elegerem a arbitragem como forma de solução dos conflitos coletivos.

Portanto, exige-se o esgotamento das tentativas negociais autônomas, bem como a possibilidade de se eleger a arbitragem como forma de solução desse conflito, para posteriormente ser alcançada a solução jurisdicional por intermédio do dissídio coletivo.

Essa característica residual vem sendo reconhecida pelo Tribunal Superior do Trabalho desde a edição da Carta de 1988. Vejamos um exemplo jurisprudencial que ratifica essa posição:

RECURSO ORDINÁRIO EM. DISSÍDIO COLETIVO.NEGOCIAÇÃO PRÉVIA. IMPRESCINDIBILIDADE DO ESGOTAMENTO DAS TENTATIVAS NEGOCIAIS AUTÔNOMAS – A atuação dos Órgãos Públicos na negociação entre as categorias profissional e patronal para estabelecer novas relações de trabalho deve dar-se por exceção, isto, tanto na ingerência da Delegacia Regional do Trabalho quanto do Poder Judiciário, na instauração da instância, pois somente devem intervir quando já esgotados todos os meios de negociação autônoma[490].

---

(488) DELGADO, Mauricio Godinho. *Direito coletivo do trabalho*. 7. ed. São Paulo: LTr. 2017. p. 83.

(489) Tribunal Superior do Trabalho. Seção Especializada em Dissídios Coletivos. ROAA 2800200-84.2002.5.09.0909. Rel. Min. Mauricio Godinho Delgado. DEJT 24.10.2008.

(490) Tribunal Superior do Trabalho. Seção Especializada em Dissídios Coletivos. RODC – 539178-29.1999.5.18.5555. Rel. Min. Carlos Alberto Reis de Paula. DJ 18.6.1999.

Aliás, essa característica residual, com a dita reforma trabalhista, restou ainda mais reforçada por pelo menos dois novos motivos.

O primeiro deles, já citado no item anterior, trata do fortalecimento e da importância das chamadas normas coletivas, bem como do agora estreitíssimo limite de avaliação pela jurisdição laboral dessas normas decorrentes da autonomia privada coletiva, considerando o já citado princípio da mínima intervenção da jurisdição.

O segundo também é bastante impactante. Como sabido, a possibilidade de arbitragem de conflitos intersubjetivos vinha sendo refutada com veemência pela Justiça do Trabalho. Tal posição precisará ser modificada. Considerando o disposto no art. 507-A, incluído pela Reforma Laboral, admitir-se-á a inclusão de "cláusula compromissória de arbitragem", nos contratos individuais de trabalho cuja remuneração seja superior "a duas vezes o limite máximo" entabulado para os benefícios do Regime Geral da Previdência Social", desde que por "iniciativa do empregado ou mediante a sua concordância expressa".

Isso significa, quanto a essa segunda hipótese, a possibilidade de ser entabulado expressamente entre empregado e empregador, desde que aquele aufira remuneração girando acima dos dez mil reais (limite máximo do teto geral da Previdência é por volta de R$ 5.000,00), cláusula compromissória que impeça o acesso à jurisdição laboral.

Tal barreira certamente viola frontalmente o princípio da inafastabilidade do acesso à jurisdição, disposta no art. 5º, XXXV, da Carta Magna, que "assegura o amplo e universal acesso ao Judiciário"[491], pois a finalidade da cláusula compromissória será justamente fazer prevalecer obrigatoriamente a arbitragem sobre a jurisdição, impedindo o acesso desta em caso de "iniciativa do empregado" ou por "concordância expressa" deste.

Ora, "concordância expressa" significará, na realidade das relações laborais brasileiras, a imposição geral patronal dessa cláusula nos contratos de trabalho, afastando-se, por consequência, indiscriminado universo de trabalhadores com remuneração acima de R$ 10.000,00 do acesso à jurisdição laboral.

Portanto, a característica residual do instituto ora em exame acabou por ser reforçada ainda mais por intermédio da Lei da Reforma Trabalhista.

9.4. Do poder normativo da Justiça do Trabalho: generalidades

O poder normativo tem assento histórico próximo no governo fascista de Benito Mussolini no início do segundo quartel do século XX, em que o Estado buscava controlar integralmente os conflitos surgidos no mundo do trabalho. O fundamento da filosofia do Estado Corporativista era a colaboração e não o embate de classes para o desenvolvimento do Estado.

No sistema pátrio esses conflitos apresentados à jurisdição laboral por intermédio da ação de dissídio coletivo são resolvidos pelo chamado poder normativo da Justiça do Trabalho.

Não caberia neste estudo traçar todas as longas divergências doutrinárias, bem como o longo caminho histórico trilhado pelo poder normativo da jurisdição laboral[492]; aqui tão somente utilizaremos como marco as mudanças no texto constitucional pela Emenda Constitucional n. 45/2004.

Tal modificação pelo poder constituinte derivado alterou a redação do § 2º do art. 114, retirando o trecho "podendo a Justiça do Trabalho estabelecer normas e condições de trabalho, respeitadas as disposições convencionais e legais mínimas de proteção ao trabalho", para inserir outro "podendo a Justiça do Trabalho decidir o conflito, respeitadas as disposições mínimas de proteção ao trabalho, bem como as convencionadas anteriormente".

Portanto, a parte que dizia que a Justiça do Trabalho poderia "estabelecer normas e condições de trabalho", delimitadora do poder normativo da Justiça do Trabalho, restou suprimida.

Essa alteração legislativa levou parte da doutrina laboral a defender a possível extinção do poder normativo da Justiça do Trabalho. Posição completamente equivocada.

---

(491) CÂMARA, Alexandre Freitas. *O novo processo civil brasileiro*. 2. ed. São Paulo: Atlas, 2016. p. 7.
(492) Sobre esse assunto, *vide*, com grande proveito, o clássico NASCIMENTO, Amauri Mascaro. *Conflitos coletivos de trabalho*. São Paulo: Saraiva, 1978.

A retirada da dita expressão veio em conjunto com a inserção explícita (antes havia a menção apenas do dissídio coletivo) no Texto Constitucional da modalidade de "dissídio coletivo de natureza econômica", significando dizer, portanto, a ausência de modificação legislativa do poder normativo, pois é da essência de todo o dissídio de natureza econômica a possibilidade do estabelecimento de normas e condições de trabalho[493], consoante será apreciado posteriormente.

Em outras palavras, a exclusão da expressão "estabelecer normas e condições de trabalho" foi imediatamente compensada com a previsão expressa do "dissídio coletivo de natureza econômica", cuja finalidade precípua é a construção jurisdicional de normas e condições de trabalho.

Portanto, subsiste inquestionavelmente o poder normativo na Justiça do Trabalho, e tal prerrogativa é materializada por intermédio da chamada sentença normativa.

Essa sentença normativa tem prazo máximo de vigência de quatro anos (art. 868, parágrafo único, da CLT).

Como já mencionado, a dita Reforma Trabalhista excluiu expressamente a possibilidade da chamada ultratividade (art. 614, § 3º), isto é, a repercussão do entabulado em normas coletivas nos contratos individuais de trabalho após encerrada a vigência dessas normas.

Portanto, o critério que vige atualmente é o da aderência contratual das normas coletivas limitada pelo prazo, em razão da alteração legislativa citada. Aliás, essa possibilidade da ultratividade da Súmula n. 277 do TST já havia sido suspensa anteriormente pelo Supremo Tribunal Federal, por decisão monocrática (Min. Gilmar Mendes), em sede de controle concentrado de constitucionalidade, conforme citado anteriormente.

Também já destacado que o poder normativo da Justiça do Trabalho vem sendo objeto de muitas críticas, por refletir realidade autoritária em razão de sua origem histórica, representando, portanto, desmesurada intervenção estatal no mundo dos conflitos do trabalho.

Vale deixar destacado que a Carta Magna de 1988 criou pelo menos duas fortes restrições ao poder normativo da Justiça do Trabalho.

A primeira delas é a exigência de negociação coletiva ou arbitragem necessariamente antes da propositura do dissídio coletivo.

A segunda, a ser desenvolvida posteriormente, trata da regra geral de exigência do mútuo acordo entre patrões e empregados como pressuposto de admissibilidade dessa via jurisdicional.

Para finalizar, vale deixar registrado que a Reforma Trabalhista certamente enfraqueceu ainda mais o poder normativo, na medida em que fortaleceu, conforme já salientado, a negociação coletiva, com bastante ênfase, por intermédio da criação de três princípios anteriormente inexistentes no universo laboral, e, por consequência lógica, acabou por também reforçar os instrumentos normativos decorrentes dessa negociação direta das partes interessadas.

O primeiro deles, já tratado neste estudo, foi chamado expressamente de princípio da intervenção mínima na autonomia da vontade, conforme disposto no § 3º do art. 8º da CLT. Reforça o conteúdo das normas coletivas e, ao mesmo tempo, enfraquece a possibilidade de a jurisdição atuar sobre o mérito do que ficou ajustado. Restando apenas avaliar os elementos essenciais do negócio jurídico (art. 104 do Código Civil: agente capaz; objeto lícito, possível, determinado ou determinável; forma prescrita e não defesa em lei). A jurisdição passaria a ser quase que apenas uma carimbadora de conteúdo de convenções e acordos coletivos de trabalho. Aqui prevalece a importância da avaliação da forma sobre o conteúdo.

O segundo trata do que a Reforma chamou de "prevalência" da norma coletiva sobre a lei nos temas ("entre outros") elencados no art. 611-A da CLT. Isto significa a criação de regra geral derrogatória da legislação infraconstitucional pela norma coletiva, apta a avançar no rol desse dispositivo legal.

---

(493) No mesmo sentido temos SANTOS, Ronaldo Lima dos. Delineamento jurisprudencial e doutrinário do dissídio coletivo após a Emenda n. 45/2004. *Revista IOB: trabalhista e previdenciária*, v. 21, n. 241, p. 213, 2009.

O terceiro confere uma visão restritiva, *numerus clausus*, ao que poderá ser considerado como objeto ilícito da norma coletiva, conforme disposto no art. 611-B da CLT, tendo como restrito rol de direitos passíveis de alcançar essa pecha alguns dispositivos, com redação alterada, do elenco fechado de direitos fundamentais, dispostos no art. 7º da Carta Magna de 1988.

Ora, se o texto celetista afirma expressamente que somente haverá objeto ilícito nas normas coletivas se restar configurada violação desse rol alterado e incompleto dos direitos fundamentais sociais (transcrição do art. 7º da Constituição Federal de 1988), significaria até mesmo a possibilidade de convenção coletiva restringir ou suprimir outros direitos fundamentais espalhados em outros dispositivos legais na Carta de 1988. Parece que a intenção do legislador foi essa, mas, obviamente, não poderá ser avalizada pela jurisdição, sob pena de verdadeira afronta aos direitos fundamentais sociais.

Portanto, ou tal dispositivo legislativo (art. 611-B) deverá receber a pecha da inconstitucionalidade, ou a técnica da interpretação conforme precisa ser afirmada em sede de controle concentrado visando à manutenção integral dos direitos fundamentais laborais sociais previstos ao longo de todo o Texto Constitucional.

Não é crível, nem para o mais jejuno dos estudantes de direito, a possibilidade de norma infraconstitucional bloquear a eficácia de dispositivo de direito fundamental social previsto em Texto Constitucional.

9.4.1. Mínimo e máximo garantidos pelo poder normativo

O Supremo Tribunal Federal vem construindo precedentes jurisprudenciais, alguns já citados ao longo deste trabalho, que podem influir diretamente no enfraquecimento do chamado poder normativo da Justiça do Trabalho, pois nitidamente buscam reforçar a autonomia privada das partes na fixação de condições de trabalho, em detrimento do enfraquecimento da jurisdição laboral para a composição desses conflitos.

Aliás, esses mesmos precedentes foram transformados em lei pela Reforma Trabalhista, como foram os casos, citados, do fim da jornada de itinerância e da ultratividade das normas coletivas.

Portanto, para o Supremo Tribunal Federal há duas premissas que merecem ser respeitadas:

1. A força que deve ser conferida à autocomposição dos conflitos laborais.

2. O respeito ao que restou entabulado em normas coletivas como resultado dessa autocomposição, aspectos desenvolvidos anteriormente, ainda mais reforçado nessa Reforma Trabalhista.

Nessa linha, o poder normativo da Justiça do Trabalho acaba por receber naturalmente tratamento ainda mais restritivo, pois o caminho natural não seria a busca da jurisdição pelos entes coletivos em conflito, mas a autocomposição materializada em normas coletivas.

Ainda assim, o próprio Texto Constitucional entabula parâmetros seguros para que seja bem delimitada a moldura de atuação do poder normativo da Justiça do Trabalho.

Mais uma vez vale transcrever trecho do § 2º do art. 114 da Carta Magna em que destaca a necessidade de a jurisdição laboral, ao decidir o conflito, respeitar "as disposições mínimas legais de proteção ao trabalho, bem como as convencionadas anteriormente".

Portanto, esse poder normativo da jurisdição laboral atuará sob os limites do respeito às disposições mínimas legais de proteção trabalho, bem como as que foram objeto de norma coletiva anterior.

Assim, o patamar mínimo, que não pode ser furado pelo poder normativo, encontra-se bem materializado pelas disposições legais de proteção ao trabalho (constitucionais e infraconstitucionais) e naquilo que restou alcançado em normas coletivas anteriores ou em sentença normativa homologatória de acordo judicial, chamado de conquistas anteriores da categoria, ou cláusulas preexistentes.

Aliás, a ideia de preexistência de cláusulas ou conquistas históricas da categoria, como limite mínimo e intransponível à criatividade do poder normativo, vem recebendo tratamento jurisprudencial que merece destaque. Vejamos:

> RECURSO ORDINÁRIO EM DISSÍDIO COLETIVO INTERPOSTO PELA EMPRESA DE GESTÃO DE RECURSOS DO ESTADO DO PIAUÍ S.A. – EMGERPI. PREEXISTÊNCIA E CONQUISTAS HISTÓRICAS. JURISPRUDÊNCIA DO TST. O limite mínimo ao exercício do poder normativo da Justiça do Trabalho, estabelecido no art. 114, § 2º, da Constituição Federal, é o respeito às normas legais e convencionais preexistentes, entendendo-se, como tais, as cláusulas constantes de instrumentos negociais autônomos, celebrados no período imediatamente anterior ao do dissídio coletivo, ou as cláusulas homologadas pelo Regional, no dissídio coletivo

também anterior. Por outro lado, o entendimento que prevalece atualmente nesta SDC, manifestado quando do julgamento do processo n. TST-RO-313-41.2011.5.22.0000, em 13.10.2014, é no sentido de que o fato de as cláusulas terem constado de apenas alguns acordos ou convenções coletivas de trabalho anteriores, não tem o condão de adjetivá-las como — *conquistas históricas da categoria* —, sendo necessário, para tal, que tenham integrado, pelo menos, dez instrumentos negociais autônomos.[494]

Constata-se claramente verdadeira construção da jurisprudência do TST acerca da expressão constitucional envolvendo normas coletivas "convencionadas anteriormente", aqui qualificadas como conquistas históricas ou cláusulas preexistentes, para apenas considerá-las nesse patamar mínimo de imutabilidade, caso tenham integrado, "pelo menos, dez instrumentos negociais autônomos". Parece um consectário natural e correto do princípio da segurança jurídica.

Nesses dois aspectos o poder normativo da Justiça do Trabalho não poderá reduzir direitos, pois vinculado ao chamado patamar civilizatório mínimo de proteção, inderrogável pela vontade das partes e da jurisdição.

Portanto, essa baliza mínima do respeito às conquistas negociais anteriores dialoga perfeitamente com as premissas da adequação setorial negociada, sendo consideradas balizas intransponíveis pelo poder normativo da Justiça do Trabalho.

Quantos aos limites das disposições mínimas legais de proteção ao trabalho, citados anteriormente, fica bem configurado em razão das normas constitucionais e infraconstitucionais de proteção ao trabalho.

Ora, se a Constituição de 1988 estabelece que a remuneração do trabalho noturno deverá ser superior ao diurno (art. 7º, IX), não poderá a jurisdição normativa inverter essa equação, sob pena de afronta direta ao patamar mínimo de proteção já aqui citado.

Outro exemplo desse patamar mínimo, agora infraconstitucional, que não pode ser ultrapassado, pode ser situado nas normas celetistas que tratam de meio ambiente do trabalho. Não podem ser flexibilizadas pelo poder normativo. Por exemplo, o art. 158, que estabelece como ato faltoso a recusa injustificada do trabalhador ao uso de equipamento de proteção individual.

Voltando à chamada manutenção das conquistas "convencionadas anteriormente", ou simplesmente das conquistas anteriores da categoria, vale destacar que tais conquistas decorrem de acordos coletivos, convenções coletivas ou decisões normativas imediatamente anteriores, que não poderão ser olvidadas pelo conflito apreciado pela jurisdição trabalhista.

Portanto, as normas convencionadas ou objeto de decisão normativa anterior, também devem ser consideradas como nova barreira intransponível pelo poder normativo pacificador desse novo conflito.

Claro que em relação a esse patamar mínimo há uma tendência à manutenção das conquistas anteriores, contudo, a ele "não se aplica o princípio da inalterabilidade das condições pactuadas, porque, também nesses casos, analisa-se a conveniência ou não da manutenção das reivindicações, em face dos argumentos porventura apresentados pela parte suscitada e de eventual demonstração de alteração das condições vigentes à época da pactuação da norma coletiva"[495].

Em outras palavras, conquistas anteriores não significam estagnação desse padrão alcançado a ser repetido em posteriores soluções jurisdicionais, até porque tal posição acabaria por ferir a ideia de impossibilidade da ultratividade reconhecida pelo legislador, contudo, há de ficar bem justificada a modificação da situação fática atual para que novos padrões sejam logrados pelo poder normativo.

Assim, a impossibilidade legal da ultratividade poderá ser superada pelo reconhecimento pela jurisprudência, no caso concreto, das chamadas conquistas históricas da categoria, que significa a repetição continuada dessas conquistas em normas coletivas ou em sentenças normativas em pelo menos dez vezes anteriores, consoante jurisprudência citada anteriormente

9.5. Delimitando material e processualmente o dissídio coletivo

A ação de dissídio coletivo é considerada por parte da doutrina, acertadamente — diga-se de passagem —, como uma fórmula no mínimo controvertida[496] para solução de conflitos coletivos laborais pela jurisdição.

---

(494) Tribunal Superior do Trabalho. Seção Especializada em Dissídios Coletivos. RO 337-35.2012.5.22.0000. Relª. Minª. Dora Maria da Costa. DEJT 14.11.2014.

(495) Cf. Tribunal Superior do Trabalho. Seção Especializada em Dissídios Coletivos. RO-4790-65.2011.5.02.0000. Relª. Minª. Dora Maria da Costa. Em sentido contrário, admitindo que a única possibilidade de o empregador se desonerar dessa cláusula indesejável seria a "consecução de novo acordo em que a cláusula indesejável não fosse incluída". MARTINS FILHO, Ives Gandra. *Processo coletivo do trabalho, op. cit.*, p. 41.

(496) Expressão retirada de DELGADO, Mauricio Godinho. *Direito coletivo do trabalho, op. cit.*, p. 40.

A crítica mais poderosa talvez decorra da gênese próxima desse instituto em países cujas ordens justrabalhistas tiveram formação legal e doutrinária autoritárias, como é o caso da experiência italiana fascista dos dois primeiros quartéis do século XX. Após esse período, o próprio continente europeu acabou por eliminar essa fórmula jurisdicional das ordens jurídicas que a embalaram.

As críticas a esse instituto foram acertadamente resumidas pela doutrina da seguinte maneira:

> a) trata-se de instrumento de exacerbada intervenção do Estado nas questões e litígios coletivos — que são inerentes, de maneira geral, à sociedade civil e não à sociedade política;
>
> b) trata-se de mecanismo manifestamente concorrencial à negociação coletiva — que é classicamente tida, na experiência democrática do Ocidente, como meio principal de solução de conflitos coletivos no mundo do trabalho;
>
> c) trata-se de atribuição de certo tipo de poder ao Judiciário (o poder de criar normas jurídicas) que escapa à matriz e às funções específicas do sistema judicial — o que recomendaria, no mínimo, o uso restrito desse tipo de poder na dinâmica juslaborativa[497].

Inobstante tais acertadas críticas, o objetivo do presente capítulo é construir a compreensão desse instituto, atualizando-o com a jurisprudência do Tribunal Superior do Trabalho. E assim ele será tratado.

Classicamente, Amauri Mascaro Nascimento conceitua dissídio coletivo como:

> (...) processo destinado à solução de conflitos coletivos de trabalho, através de pronunciamentos normativos constitutivos de novas condições de trabalho, equivalentes a uma regulamentação para os grupos conflitantes. Assim, dissídios coletivos são relações jurídicas formais, geralmente de competência originária dos tribunais (regionais), destinados à elaboração de normas gerais. Confia-se, assim, à jurisdição, a função de criar direito novo, como meio para resolver as controvérsias dos grupos.[498]

Dissídio coletivo é processo judicial por intermédio do qual um ente coletivo laboral (sindicato obreiro, federações, confederações, sindicato patronal, empresa ou o Ministério Público do Trabalho), em razão de conflito coletivo laboral, poderá, individualmente ou em conjunto (a questão do mútuo acordo será apreciada posteriormente), provocar a jurisdição (Tribunal Regional do Trabalho ou Tribunal Superior do Trabalho, consoante será desenvolvido posteriormente), visando à estipulação de regras aplicáveis às partes conflitantes por intermédio do já apreciado poder normativo da Justiça do Trabalho.

A moldura legislativa do dissídio coletivo encontra-se disposta nos seguintes textos: Carta Magna de 1988 (art. 114, §§ 2º e 3º); Consolidação das Leis do Trabalho, arts. 856 até 875, que compõem o Capítulo IV, denominado "Dos Dissídios Coletivos"; Lei n. 7.701/1988, que cria as chamadas SDCs, Seções Especializadas em Dissídios Coletivos, de Tribunais Regionais do Trabalho e do Tribunal Superior do Trabalho, além de dispor sobre regras procedimentais da ação de dissídio coletivo; Lei n. 7.783/1989, conhecida como lei de greve, que regula os movimentos grevistas, inclusive no tocante a regras procedimentais sobre os dissídios coletivos de greve, a serem apreciados posteriormente.

9.6. Tipos de dissídios coletivos

Conforme salientado, os dissídios coletivos são classificados como meio heterocompositivos, por intermédio da jurisdição, de solução de conflitos laborais.

A doutrina já consagrou a existência de pelo menos três espécies de dissídios coletivos.

O primeiro, DISSÍDIO COLETIVO DE NATUREZA ECONÔMICA OU DE INTERESSE, considerado o mais importante. Reflete a própria essência do poder normativo da jurisdição laboral. É aquele voltado à criação jurisdicional, como se fora legislador, de normas jurídicas para pacificação da crise por intermédio de noveis condições de trabalho que atingirão diretamente os atores do conflito.

---

(497) DELGADO, Mauricio Godinho. *Direito coletivo do trabalho, op. cit.,* p. 41-2.
(498) NASCIMENTO, Amauri Mascaro; NASCIMENTO, Sonia Mascaro. *Curso de direito processual do trabalho.* 29. ed. São Paulo: Saraiva, 2017. p. 377

Trata-se de ação com força eminentemente constitutiva[499] de novos direitos, sendo nela exercido vigorosamente o poder normativo laboral.

Somente poderá ser ajuizado, como já destacado, e consoante parágrafo segundo do art. 144 do Carta Constitucional, caso esgotada a via da negociação coletiva direta e tendo as partes recusado a arbitragem. Exige, consoante será apreciado oportunamente, pressuposto constitucional do comum acordo dos litigantes diretos.

Esse DISSÍDIO COLETIVO DE NATUREZA ECONÔMICA OU DE INTERESSE poderá gerar ou caracterizar pelo menos três categorias distintas de dissídio: ORIGINÁRIO, DE REVISÃO e DE EXTENSÃO.

O DISSÍDIO COLETIVO DE NATUREZA ECONÔMICA OU DE INTERESSE **ORIGINÁRIO**, acontecerá na primeira data-base da categoria, em razão de ausência de sentença normativa anterior.

O DISSÍDIO COLETIVO DE NATUREZA ECONÔMICA OU DE INTERESSE DE **REVISÃO** significa a necessidade de modificação das normas e condições de trabalho que se tornaram inadequadas, injustas ou onerosas excessivamente a uma das partes, em razão das alterações fáticas posteriores à prolação da sentença normativa. Trata-se da aplicação prática da chamada teoria da imprevisão (cláusula *rebus sic standibus*). Apto para ser utilizado após um ano da decisão vigente, conforme estatuído no art. 873 da CLT, bem como observando o disposto no art. 493 do CPC[500].

O DISSÍDIO COLETIVO DE NATUREZA ECONÔMICA OU DE INTERESSE **DE EXTENSÃO** tem por objeto alargar os efeitos de decisão normativa para todos os trabalhadores ou categoria dissidente em razão da abrangência parcial originária, consoante disposto no art. 868 da CLT. Fica registrado que será inviável aplicar as condições constantes em acordo firmado nos autos de dissídio coletivo "às partes que não o subscreveram", salvo na hipótese específica do procedimento já mencionado do art. 868 da CLT (OJ n. 02 da SDC do TST).

A outra espécie será a dos chamados DISSÍDIOS COLETIVOS DE NATUREZA JURÍDICA OU DE DIREITO, **com natureza jurisdicional unicamente declaratória**, destinado à interpretação de cláusula duvidosa de sentença normativa, convenção ou acordo coletivo existente. Registre a inviabilidade dessa natureza de dissídio voltada à interpretação de "norma de caráter genérico" (OJ n. 07 da SDC do TST), bem como a impossibilidade de se buscar a anulação dessas cláusulas.

O Regimento Interno do TST faz distinção entre as modalidades de dissídios coletivos, similar ao apresentado até aqui. Vejamos:

Art. 241. Os dissídios coletivos podem ser:

I – de natureza econômica, para a instituição de normas e condições de trabalho;

II – de natureza jurídica, para interpretação de cláusulas de sentenças normativas, de instrumentos de negociação coletiva, acordos e convenções coletivas, de disposições legais particulares de categoria profissional ou econômica e de atos normativos;

III – originários, quando inexistentes ou em vigor normas e condições especiais de trabalho, decretadas em sentença normativa;

IV – de revisão, quando destinados a reavaliar normas e condições coletivas de trabalho preexistentes que se tornarem injustas ou ineficazes pela modificação das circunstâncias que as ditaram;

V – de declaração sobre a paralisação do trabalho decorrente de greve.

A jurisprudência do Tribunal Superior do Trabalho, após alguma divergência, vem afirmando a natureza unicamente declaratória do dissídio coletivo de natureza jurídica, em razão das dissensões havidas nos conflitos havidos de demissões em massa. Vejamos:

RECURSO ORDINÁRIO. DISSÍDIO COLETIVO DE NATUREZA JURÍDICA. PRELIMINAR DE EXTINÇÃO DO PROCESSO SEM RESOLUÇÃO DE MÉRITO. DISPENSA DE TRABALHADORAS. DECLARAÇÃO DE NULIDADE DO ATO E CONSEQUENTE DETERMINAÇÃO DE

---

(499) No mesmo sentido, FONSECA, Vicente Malheiros da. O poder normativo da Justiça do Trabalho. In: *Decisório Trabalhista*, Curitiba, ed. 13, n. 139, p. 15, fev. 2006.

(500) Se, depois da propositura da ação, algum fato constitutivo, modificativo ou extintivo do direito influir no julgamento do mérito, caberá ao juiz tomá-lo em consideração, de ofício ou a requerimento da parte, no momento de proferir a decisão. Parágrafo único. Se constatar de ofício o fato novo, o juiz ouvirá as partes sobre ele antes de decidir.

REINTEGRAÇÃO DAS EMPREGADAS DISPENSADAS, COM APLICAÇÃO DE MULTA EM CASO DE DESCUMPRIMENTO DA DETERMINAÇÃO. INADEQUAÇÃO DA VIA PROCESSUAL ELEITA. ANÁLISE DE OFÍCIO. O provimento jurisdicional a ser alcançado por meio do dissídio coletivo de natureza jurídica tem caráter meramente declaratório, no sentido de se precisar a exata hermenêutica de norma preexistente, constante de sentença normativa, acordos ou convenções coletivas de trabalho, em situações nas quais a obscuridade em seu sentido possa dificultar a sua plena aplicação. Dessa forma, dispõe a Orientação Jurisprudencial n. 7 da SDC do TST. Significa dizer que esse tipo de ação, além de não comportar a interpretação de normas legais de caráter geral, não comporta pretensões cumulativas de diversas naturezas. No caso em tela, o Regional afastou as alegações do Sindicato dos Arquitetos no Estado de São Paulo quanto à ocorrência de dispensa em massa — decisão contra a qual o ente sindical profissional não recorreu — e declarou a nulidade da dispensa sem justa causa de quatro arquitetas, em face do descumprimento à Cláusula de Paz, instituída na audiência de conciliação do Dissídio de Greve n. DCG- 1000989-85.2015.5.02.0000, determinando a reintegração das empregadas, inclusive com a aplicação de multa em caso de descumprimento da determinação. Ocorre que interesses concretos de pessoas determinadas devem ser defendidos por meio de dissídios individuais, ajuizados pelo Sindicato profissional, como substituto processual, os quais comportam pretensões cumulativas de naturezas diversas, e não por meio de dissídios coletivos, principalmente, os de natureza jurídica. Assim, considerando-se inadequada a via processual eleita pelo Sindicato dos Arquitetos do Estado de São Paulo, julga-se extinto o processo, sem resolução de mérito, com fundamento no art. 485, VI, do CPC/2015, restando prejudicado o exame do recurso ordinário interposto pela Empresa Metropolitana de Transportes Urbanos de São Paulo – EMTU/SP.[501]

Inobstante a ausência de previsão constitucional expressa acerca do DISSÍDIO COLETIVO DE NATUREZA JURÍDICA, é da própria natureza desse instituto a decisão de conflito trabalhista por intermédio, por exemplo, da interpretação de uma norma coletiva.

A distinção entre essas modalidades de dissídio (econômico ou jurídico) encontra-se tão somente na carga de maior intensidade ou prevalência a ser aplicada ao efeito predominante da decisão, condenatório, constitutivo ou meramente declaratório.

Por fim, o DISSÍDIO COLETIVO DE GREVE significa a instauração de instância em razão de movimento paredista deflagrado em razão do acirramento do embate coletivo entre trabalhadores e empregador(es), tendo por objeto a "apreciação de controvérsia sobre a regularidade da greve, o julgamento das reinvindicações que deram origem ao conflito e a apreciação de outras matérias correlacionadas com o movimento de resistência"[502], tais como a necessidade de continuidade de serviços e atividades consideradas legalmente essenciais, ou o ressarcimento dos danos coletivos decorrentes desse conflito e ocasionados à coletividade.

O DISSÍDIO COLETIVO DE GREVE poderá ter natureza primordialmente declaratória quando o objeto vindicado residir na declaração de abusividade ou não do movimento paredista, ou, poderá, decidindo pela procedência, total ou parcial, ou improcedência, fixar desde logo novas condições de trabalho (art. 8º da Lei n. 7.783/1989), daí passando a ostentar o caráter também constitutivo.

Vejamos o acórdão do TST que elucida com bastante eficiência as características do movimento paredista. *Verbis*:

DISSÍDIO COLETIVO DE GREVE. PROCESSO ANTERIOR À LEI 13.467/2017. 1. MOVIMENTO CONDUZIDO POR GRUPO DE TRABALHADORES. MOVIMENTO COLETIVO COM AS CARACTERÍSTICAS INERENTES À GREVE. GREVE PARCIAL. NÃO CUMPRIMENTO DOS REQUISITOS LEGAIS PARA A DEFLAGRAÇÃO. A figura da greve tem traços característicos destacados. Trata-se, essencialmente, do caráter coletivo do movimento; da sustação provisória de atividades laborativas, total ou parcial, como núcleo desse movimento, embora, às vezes, associada a atos positivos concertados; do exercício direto de coerção, que representa; dos objetivos profissionais ou extraprofissionais a que serve; do enquadramento variável de seu prazo de duração (regra geral, suspensão contratual, podendo, entretanto, convolar-se em interrupção). A correta definição do conceito de greve é importante para o enquadramento de situações concretas, de modo a lhe atribuir os efeitos jurídicos pertinentes, sejam as prerrogativas e proteções que os trabalhadores e empregadores recebem do Direito, sejam os seus respectivos deveres.[503]

---

(501) Tribunal Superior do Trabalho. Seção Especializada em Dissídios Coletivos. RO – 1000525-27.2016.5.02.0000. Relª. Minª. Dora Maria da Costa. DEJT 9.6.2017.

(502) SANTOS, Ronaldo Lima dos. *Delineamento jurisprudencial e doutrinário do dissídio coletivo após a Emenda constitucional n. 45/2004, op. cit.*, p. 216.

(503) Tribunal Superior do Trabalho. Seção Especializada em Dissídios Coletivos. RO 220-72.2015.5.10.0000. Rel. Min. Mauricio Godinho Delgado. DEJT 18.6.2018.

9.7. Requisito do comum ou mútuo acordo

Conforme redação do já citado § 2º do art. 114 do Texto Constitucional, com redação alterada pela Emenda Constitucional n. 45/2004, havendo recusa, por qualquer das partes envolvidas no conflito coletivo laboral, à negociação coletiva, ou à arbitragem, poderão, "de comum acordo", ajuizar dissídio coletivo de natureza econômica.

Como já destacado pela doutrina[504], a origem histórica dessa alteração constitucional do "comum acordo" decorreu de queixa apresentada pelo Partido dos Trabalhadores ao Comitê de Liberdade Sindical da Organização Internacional do Trabalho (OIT), em razão da demissão coletiva de cinquenta dirigentes sindicais havida na greve dos petroleiros em meados de 1995.

Na ocasião, a OIT oficiou o Estado brasileiro sugerindo a reintegração daqueles dirigentes demitidos, bem como a adoção da solução coletiva de conflitos por intermédio da arbitragem de comum acordo, mantendo dissídio coletivo apenas nas hipóteses de greves em atividades consideradas essenciais.

Em razão das diretivas apontada pela OIT, houve a edição de lei da anistia alcançando esses empregados demitidos, além da alteração constitucional criando uma espécie de figura híbrida entre a jurisdição e a arbitragem que foi o dissídio coletivo de natureza econômica "de comum acordo".

Após alguma celeuma doutrinária e até com pedido de inconstitucionalidade desse dispositivo por intermédio de controle concentrado (ADIn n. 3.432-4-DF, entre outras), ainda em trâmite, o Tribunal Superior do Trabalho acertadamente fixou entendimento de que tal exigência de comum acordo aos dissídios coletivos de natureza econômica trata-se de pressuposto processual específico e obrigatório para essas modalidades de ações, relativo à admissibilidade processual. A jurisprudência do Tribunal Superior do Trabalho assim se fixou:

> DISSÍDIO COLETIVO DE NATUREZA ECONÔMICA. COMUM ACORDO. NOVA REDAÇÃO DO § 2º DO ART. 114 DA CONSTITUIÇÃO ATUAL APÓS A PROMULGAÇÃO DA EMENDA CONSTITUCIONAL N. 45/2004. A Seção Especializada em Dissídios Coletivos deste Tribunal Superior do Trabalho firmou jurisprudência no sentido de que a nova redação do § 2º do art. 114 da Constituição Federal estabeleceu o pressuposto processual intransponível do mútuo consenso das partes para o ajuizamento do dissídio coletivo de natureza econômica. A EC n. 45/2004, incorporando críticas a esse processo especial coletivo, por traduzir excessiva intervenção estatal em matéria própria à criação de normas, o que seria inadequado ao efetivo Estado Democrático de Direito instituído pela Constituição (de modo a preservar com os sindicatos, pela via da negociação coletiva, a geração de novos institutos e regras trabalhistas, e não com o Judiciário), fixou o pressuposto processual restritivo do § 2º do art. 114, em sua nova redação. Nesse novo quadro jurídico, apenas havendo "mútuo acordo", ou em casos de greve, é que o dissídio de natureza econômica pode ser tramitado na Justiça do Trabalho...[505]

Esse pressuposto processual de "comum acordo" não significa que a partes conflitantes deverão subscrever em conjunto a peça exordial do dissídio coletivo de natureza econômica, nem para a jurisprudência atual do TST, nem muito menos para a doutrina especializada[506].

A delimitação atual desse pressuposto processual, conforme posição sedimentada do TST, poderá ser expressa, quando as partes, em conjunto ou separadamente, concordam com a propositura da ação de dissídio, ou, também, tacitamente, quando não houver a oposição (basta o mero silêncio) da parte interessada no momento processual oportuno. Vejamos posição da jurisprudência que espelha o ora afirmado:

> DISSÍDIO COLETIVO. RECURSO ORDINÁRIO DAS SUSCITADAS. FALTA DO MÚTUO ACORDO. ART. 114, § 2º, DA CONSTITUIÇÃO FEDERAL DE 1988. EXTINÇÃO DO PROCESSO SEM RESOLUÇÃO DO MÉRITO. Com a edição da Emenda Constitucional n. 45/2004, estabeleceu-se novo requisito para o ajuizamento de dissídio coletivo de natureza econômica, qual seja, que haja comum acordo entre as partes. Trata-se de requisito constitucional para instauração do dissídio coletivo e diz respeito à admissibilidade do processo. A expressão "comum acordo", de que trata o mencionado dispositivo constitucional, não significa, necessariamente, petição conjunta das partes, expressando concordância com o ajuizamento da ação coletiva, mas a não oposição da parte,

---

(504) NASCIMENTO, Amauri Mascaro. A questão do dissídio coletivo "de comum acordo". *Revista LTr*, São Paulo, v. 70, n. 6, p. 650, jun. 2006.

(505) Tribunal Superior do Trabalho. Seção Especializada em Dissídios Coletivos. RO- 20858-65.2013.5.04.0000. Rel. Min. Mauricio Godinho Delgado. DEJT 24.3.2017.

(506) BEZERRA LEITE, Carlos Henrique. *Curso de direito processual do trabalho, op. cit.*, p. 1185.

antes ou após a sua propositura, que se pode caracterizar de modo expresso ou tácito, conforme a sua explícita manifestação ou o seu silêncio. No caso dos autos, houve a recusa expressa quanto à instauração do dissídio coletivo, a qual foi feita em momento oportuno, o que resulta na extinção do processo, sem resolução de mérito, ante a falta de pressuposto de constituição e de desenvolvimento válido e regular. Recurso ordinário provido.[507]

E ainda existe a possibilidade de esse mútuo acordo ser somente atestado em sede de audiência de instrução realizada após a apresentação da defesa, conforme já deixou reconhecida a jurisprudência do TST. Vejamos:

> RECURSO ORDINÁRIO DO SINDICATO DOS ESTABELECIMENTOS PARTICULARES DE ENSINO DO NORTE DO PARANÁ. 1) DISSÍDIO COLETIVO DE NATUREZA ECONÔMICA. COMUM ACORDO. NOVA REDAÇÃO DO § 2º DO ART. 114 DA CONSTITUIÇÃO ATUAL APÓS A PROMULGAÇÃO DA EMENDA CONSTITUCIONAL N. 45/2004. CONCORDÂNCIA EXPRESSA DO SINDICATO SUSCITADO EM AUDIÊNCIA. A Seção Especializada em Dissídios Coletivos deste Tribunal Superior do Trabalho firmou jurisprudência no sentido de que a nova redação do § 2º do art. 114 da Constituição Federal estabeleceu o pressuposto processual intransponível do mútuo consenso das partes para o ajuizamento do dissídio coletivo de natureza econômica. A EC n. 45/2004, incorporando críticas a esse processo especial coletivo, por traduzir excessiva intervenção estatal em matéria própria à criação de normas, o que seria inadequado ao efetivo Estado Democrático de Direito instituído pela Constituição (de modo a preservar com os sindicatos, pela via da negociação coletiva, a geração de novos institutos e regras trabalhistas, e não com o Judiciário), fixou o pressuposto processual restritivo do § 2º do art. 114, em sua nova redação. Nesse novo quadro jurídico, apenas havendo "mútuo acordo" ou em casos de greve, é que o dissídio de natureza econômica pode ser tramitado na Justiça do Trabalho. No caso concreto, verifica-se que o Sindicato Suscitado (Recorrente) concordou expressamente com o ajuizamento do dissídio coletivo, em audiência realizada após a apresentação da defesa. Essa manifestação superveniente, evidentemente, afasta a primeira alegação da contestação, no sentido de que o Suscitado não consentia com a instauração da instância, superando a ausência do pressuposto processual restritivo. Não há falar, portanto, em irrenunciabilidade da preliminar arguida, devendo ser mantida a apreciação do dissídio.[508]

Assim, nos dissídios coletivos de natureza econômica, a ausência de comum acordo levará necessariamente à extinção do dissídio sem julgamento do mérito. Vejamos a jurisprudência:

> DISSÍDIO COLETIVO DE NATUREZA ECONÔMICA – AUSÊNCIA DE COMUM ACORDO – EXTINÇÃO DO PROCESSO SEM RESOLUÇÃO DO MÉRITO. A redação do art. 114, § 2º, da Constituição da República elenca o comum acordo entre as partes como pressuposto à instauração de Dissídio Coletivo de Natureza Econômica. No caso, os Suscitados-Recorrentes alegaram a preliminar em sua contestação e nas razões dos Recursos Ordinários, o que impõe a extinção do processo sem resolução do mérito, com base no art. 485, IV, do CPC de 2015 (267, IV, do CPC de 1973).[509]

> DISSÍDIO COLETIVO. AUSÊNCIA DE COMUM ACORDO. ARGUIÇÃO EXPRESSA EM CONTESTAÇÃO – JURISPRUDÊNCIA DO TST – EXTINÇÃO DO PROCESSO SEM RESOLUÇÃO DO MÉRITO.1. A Emenda Constitucional 45/04, no entender desta Corte, ressalvado entendimento pessoal deste Relator, não reduziu o exercício do Poder Normativo da Justiça do Trabalho, nem sequer lhe conferiu contornos de juízo arbitral, mas tão somente criou pressuposto processual anômalo, consistente na necessidade do mútuo acordo entre as partes em conflito para a instauração do dissídio coletivo, excepcionadas as hipóteses de greve em serviço essencial, nas quais o Ministério Público pode suscitar isoladamente o dissídio. 2. Adotando interpretação flexível do art. 114, § 2º, da CF, com o intuito de facilitar o acesso dos entes coletivos à composição pela via do poder normativo desta Justiça Especializada, a jurisprudência do TST tem admitido a hipótese de concordância tácita com o ajuizamento do dissídio coletivo, de forma que apenas a recusa expressa da entidade suscitada configura óbice à resolução do conflito pela via do dissídio coletivo.3. No caso, uma vez que, desde a contestação, e novamente no recurso ordinário, o Suscitado argui expressamente a ausência de comum acordo como causa de extinção do feito, merece reforma a decisão regional que rejeitou a preliminar de ausência de comum acordo. Se o Constituinte derivado limitou o Poder Normativo da Justiça do Trabalho, como forma de incentivar a negociação coletiva, condicionando-o ao mútuo acordo na eleição da via judicial, não cabe a esta Justiça Especializada o exercício espontâneo e abusivo da jurisdição, contra a vontade manifesta de uma das partes, respaldada na Carta Maior da República. 4. A simples recusa patronal na instauração da instância dispensa maiores divagações a respeito do preenchimento dos demais pressupostos de constituição válida do processo coletivo, pois a recusa, manifestada na contestação, é verificável de plano, enquanto as demais condições exigem exame mais acurado da prova dos autos.[510]

---

(507) Tribunal Superior do Trabalho. Seção Especializada em Dissídios Coletivos. RO – 5078-47.2013.5.09.0000. Relª. Minª. Kátia Magalhães Arruda. DEJT 19.5.2017.

(508) Tribunal Superior do Trabalho. Seção Especializada em Dissídios Coletivos. RO 5093-16.2013.5.09.0000. Rel. Min. Mauricio Godinho Delgado. DEJT 13.5.2016.

(509) Tribunal Superior do Trabalho. Seção Especializada em Dissídios Coletivos. RO – 221-37.2014.5.12.0000. Relª. Minª. Maria Cristina Irigoyen Peduzzi. DEJT 17.6.2016.

(510) Tribunal Superior do Trabalho. Seção Especializada em Dissídios Coletivos. RODC 1601200-18.2005.5.09.0909. Rel. Min. Ives Gandra Martins Filho. DJ 28.9.2007.

No dissídio coletivo de greve, a ser desenvolvido com mais vagar posteriormente, não se exige a observância desse pressuposto processual, de difícil viabilização prática, do comum acordo, conforme bem assentada jurisprudência do TST. Vejamos:

> DISSÍDIO COLETIVO DE GREVE. RECURSO ORDINÁRIO. FALTA DE COMUM ACORDO. É pacífica a jurisprudência desta Seção Especializada, em face do que dispõe o art. 114, § 3.º, da Constituição Federal, de que não se exige o pressuposto do comum acordo para o ajuizamento de dissídio coletivo de greve. Isso porque tanto esse dispositivo da Constituição Federal quanto os arts. 7º, *in fine*, e 8º, da Lei n. 7.783/89, determinam à Justiça do Trabalho que, em caso de greve, decida o conflito, apreciando a procedência ou não das reivindicações.[511]

Também quanto aos dissídios coletivos de natureza jurídica, a jurisprudência do TST mostra-se pacífica em deixar de exigir esse requisito do mútuo ou comum acordo.

9.8. Do dissídio coletivo de greve

O dissídio coletivo e a greve são institutos correlacionados.

Como já destacado anteriormente, a greve é meio de pressão utilizado por uma das partes para se alcançar a resolução do conflito coletivo por intermédio da autocomposição ou heterocomposição. E o dissídio coletivo de greve é um instrumento voltado justamente à resolução jurisdicional desse conflito.

O dissídio coletivo de greve corresponde a medida judicial por intermédio do qual um chamado ser trabalhista coletivo (sindicato de obreiros, empresa, sindicato patronal), ou o Ministério Público do Trabalho, em razão de um conflito trabalhista coletivo, provocam formalmente a jurisdição, de acordo com a competência territorial definida pela extensão do conflito (se de abrangência nacional, o TST; se de abrangência regional, o tribunal regional pertinente).

A jurisdição pacificará o conflito por intermédio da estipulação de regras aplicáveis às partes representadas judicialmente no respectivo conflito.

Como já salientado anteriormente, o pressuposto prévio do comum acordo não se aplica a tal modalidade de dissídio.

O pressuposto formal exigido pela Lei n. 7.783/1989, relativo à convocação e realização prévia de assembleia (art. 4º) para autorizar essa medida judicial, também não é aplicado a essa modalidade de dissídio, justamente porque a finalidade maior é alcançar a declaração sobre a abusividade ou não do movimento paredista, conforme assentada jurisprudência do TST. Vejamos:

> RECURSO ORDINÁRIO. DISSÍDIO COLETIVO DE GREVE. DESNECESSIDADE DA ASSEMBLEIA PARA AUTORIZAR O AJUIZAMENTO DO DISSÍDIO. No dissídio coletivo econômico, que envolve reivindicações e proposições para a criação, a alteração ou a extinção de uma situação jurídica peculiar às categorias envolvidas, há a exigência da deliberação da assembleia, autorizando a instauração da instância coletiva. Diferentemente, ao ajuizar o dissídio coletivo de greve, a pretensão cardeal do suscitante é obter do Poder Judiciário o pronunciamento sobre a abusividade ou não do movimento grevista, notadamente quando se trata de representação coletiva da categoria patronal. O ajuizamento de dissídio coletivo de greve encontra-se inserido nas prerrogativas do sindicato, conferidas pela Carta Magna, na defesa dos interesses da categoria representada (art. 8º, da CF). Por esse motivo, a instauração da instância coletiva de greve não está subordinada à convocação e deliberação assemblear. Precedentes desta Corte.[512]

> DISSÍDIO COLETIVO DE GREVE. RECURSO ORDINÁRIO. FALTA DE COMUM ACORDO. É pacífica a jurisprudência desta Seção Especializada, em face do que dispõe o art. 114, § 3º, da Constituição Federal, de que não se exige o pressuposto do comum acordo para o ajuizamento de dissídio coletivo de greve. Isso porque tanto esse dispositivo da Constituição Federal quanto os arts. 7º, *in fine*, e 8º, da Lei n. 7.783/89, determinam à Justiça do Trabalho que, em caso de greve, decida o conflito, apreciando a procedência ou não das reivindicações.[513]

---

(511) Tribunal Superior do Trabalho. Seção Especializada em Dissídios Coletivos. RO 5078-47.2013.5.09.0000. Relª. Minª. Kátia Magalhães Arruda. DEJT 19.5.2017.

(512) Tribunal Superior do Trabalho. Seção Especializada em Dissídios Coletivos. RO 17-20.2014.5.11.0000. Relª. Minª. Kátia Magalhães Arruda. DEJT 19.5.2017.

(513) Tribunal Superior do Trabalho. Seção Especializada em Dissídios Coletivos. RO 5078-47.2013.5.09.0000. Relª. Minª. Kátia Magalhães Arruda. DEJT 19.5.2017.

Aliás, a jurisprudência do TST vem abrandando as exigências formais da Lei de Greve até quanto à falta de realização de assembleia geral, quando houver outros elementos probatórios aptos a demonstrarem a participação e anuência dos interessados no movimento paredista. Vejamos:

> GREVE. NÃO REALIZAÇÃO DE ASSEMBLEIA. EXISTÊNCIA DE OUTROS ELEMENTOS QUE COMPROVAM A ANUÊNCIA E ADESÃO DOS TRABALHADORES AO MOVIMENTO DE PARALISAÇÃO. ABRANDAMENTO DA EXIGÊNCIA DOS REQUISITOS FORMAIS ADMITIDO PELA JURISPRUDÊNCIA. NÃO ABUSIVIDADE. O Tribunal Regional de origem declarou a greve abusiva, sob fundamento de que não foram cumpridos alguns requisitos formais exigidos pela Lei n. 7.783/89, especificamente ausência de documentos essenciais (edital de convocação e a ata da assembleia). A jurisprudência desta Corte tem mitigado a exigência atinente à realização de reunião autorizadora da paralisação da categoria profissional, quando outros elementos demonstram a participação e anuência dos trabalhadores na greve. PRECEDENTES. No caso, embora não conste dos autos a ata da assembleia em que se deliberou pela deflagração do movimento paredista, outros documentos indicam a sua efetiva realização, como, por exemplo: o ofício encaminhado à recorrida, comunicando o que foi decidido em assembleia extraordinária; e listas de presença dos trabalhadores presentes nas assembleias realizadas nos dias 1º.3.2013, 5.3.2013 e 11.3.2013. A própria empresa assegura que houve a efetiva paralisação das atividades dos trabalhadores, conforme se depreende da petição inicial, demonstrando que efetivamente os trabalhadores concordaram e aderiram à greve, e, de maneira coordenada, demarcaram suas reivindicações, até porque, para alcançar êxito, esse tipo de movimento precisa ocorrer de forma previamente organizada. Portanto, apesar de não constar nos autos o edital de convocação e a ata da assembleia, em que se deliberou pela deflagração da greve, a própria singularidade da situação permite aplacar as referidas exigências formais, a fim de afastar a declaração da abusividade da greve. Recurso ordinário provido, nesse ponto.[514]

Vale deixar registrado, também, em concordância com o art. 7º da Lei de Greve, que o entendimento predominante do TST é que o fato social greve acaba por configurar, como regra geral, suspensão do contrato de trabalho, daí não serem devidos pagamentos relacionados aos dias de paralisação, salvo quando tal questão for negociada pelas partes de maneira distinta, em situações consideradas excepcionais, como é o caso paralisação decorrente de descumprimento de norma coletiva em vigor, ausência de pagamento de salários ou condições de trabalho que possam gerar imediato perigo de morte aos trabalhadores, como é o caso da greve ambiental, a ser trabalhada posteriormente. Vejamos:

> DESCONTO DOS DIAS PARADOS. Predomina nesta Corte o entendimento de que a greve configura a suspensão do contrato de trabalho, e, por isso, como regra geral, não é devido o pagamento dos dias de paralisação, exceto quando a questão é negociada entre as partes ou em situações excepcionais, como na paralisação motivada por descumprimento de instrumento normativo coletivo vigente, não pagamento de salários e más-condições de trabalho. No caso, infere-se que a greve não se enquadra nas hipóteses de excepcionalidade admitidas pela jurisprudência desta Corte, o que poderia resultar na decretação de descontos dos dias de paralisação. Recurso ordinário a que se nega provimento.[515]

O TST tem precedente envolvendo greve que ultrapassa mais de trinta dias, em que resolveu de maneira distinta da posição até o momento apresentada. Vejamos:

> 5. DESCONTO E COMPENSAÇÃO DOS DIAS DE PARALISAÇÃO. SOLUÇÃO INTERMEDIÁRIA. GREVE COM DURAÇÃO SUPERIOR A 30 DIAS. Verifica-se que o caso dos autos não se amolda à hipótese de interrupção do contrato de trabalho, mas de suspensão contratual, não sendo devido, a princípio, o pagamento dos dias parados. Entretanto, esta Corte já se pronunciou no sentido de que é possível se adotar uma solução intermediária quando a greve perdurou por elevado número de dias, como é a hipótese em comento (35 dias de paralisação), a fim de evitar o comprometimento de largo período de salário dos trabalhadores. Assim, deve ser autorizada a compensação de 20 dias e o desconto de salários referentes a 15 dias de paralisação. Recurso ordinário provido, no aspecto.[516]

Destaca-se que a paralisação com caráter francamente político, cuja pauta reivindicatória invocada não tenha qualquer sorte de ligação com a esfera de disponibilidade do detentor da atividade econômica, como por exemplo greve em qualquer setor privado com pauta de reivindicação ao poder público, deverá ser declarada abusiva, conforme entendimento do TST. Vejamos:

---

(514) Tribunal Superior do Trabalho. Seção Especializada em Dissídios Coletivos. RO 5078-47.2013.5.09.0000. Relª. Minª. Kátia Magalhães Arruda. DEJT 19.5.2017.

(515) Tribunal Superior do Trabalho. Seção Especializada em Dissídios Coletivos. RO 5078-47.2013.5.09.0000. Relª. Minª. Kátia Magalhães Arruda. DEJT 19.5.2017.

(516) Tribunal Superior do Trabalho. Seção Especializada em Dissídios Coletivos. RO 18400-20.2010.5.17.000. Rel. Min. Mauricio Godinho Delgado. DEJT 6.5.2015.

DISSÍDIO COLETIVO DE GREVE. PARALISAÇÃO COM CARÁTER POLÍTICO. ABUSIVIDADE. A paralisação dos trabalhadores em empresas de transporte coletivo urbano, intermunicipal, interestadual, fretamento e turismo de Juiz de Fora, no dia 28.4.2017, como forma de protesto contra as propostas de reformas trabalhista e previdenciária, representou a adesão da categoria a um movimento convocado por entidades sociais e centrais sindicais, dirigido especificamente aos poderes públicos, não constituindo um meio de ação direta da classe trabalhadora em benefício de seus interesses profissionais. O entendimento desta Seção Especializada é o de que a greve com nítido caráter político é abusiva, já que não se pode admitir que os empregadores suportem as consequências da paralisação, quando as pretensões apresentadas não fazem parte da sua esfera de disponibilidade. Acrescenta-se que declaração de abusividade da greve decorre, também, da não observância às disposições do art. 13 da Lei n. 7.783/1989, segundo as quais, na greve deflagrada em serviços essenciais, o empregador deve ser comunicado com antecedência mínima de 72 horas do início do movimento. Recurso ordinário conhecido e não provido.[517]

Para finalizar este tópico, vale deixar bem assentado que o fator determinante para a qualificação de um movimento paredista como abusivo ou não dependerá da manutenção do atendimento básico das necessidades inadiáveis pelos usuários de serviços considerados essenciais pela Lei de Greve, exatamente consoante destaca a OJ n. 38, da SDC, com a seguinte redação:

GREVE. SERVIÇOS ESSENCIAIS. GARANTIA DAS NECESSIDADES INADIÁVEIS DA POPULAÇÃO USUÁRIA. FATOR DETERMINANTE DA QUALIFICAÇÃO JURÍDICA DO MOVIMENTO. É abusiva a greve que se realiza em setores que a lei define como sendo essenciais à comunidade, se não é assegurado o atendimento básico das necessidades inadiáveis dos usuários do serviço, na forma prevista na Lei n. 7.783/89.

9.8.1. Do dissídio coletivo em greve ambiental

A greve ambiental é instituto construído pela jurisprudência laboral em razão da falta de previsão e conceituação legislativa.

A doutrina conceitua como sendo a paralisação coletiva ou individual, temporária, parcial ou total de prestação de trabalho, qualquer que seja a sua modalidade, com a finalidade de "preservar o meio ambiente do trabalho de quaisquer agressões que possam prejudicar a segurança, saúde e a integração física e psíquica dos trabalhadores"[518].

Portanto, a finalidade da greve ambiental será buscar a garantia da realização de adequadas e seguras condições de trabalho, visando evitar acidentes laborais, e, ao final, proteger a vida dos trabalhadores envolvidos com aquela realidade laboral agressiva à saúde.

Vale destacar que a licitude da greve ambiental está relacionada a riscos considerados **graves e iminentes**, pois os considerados comuns estão fora do alcance desse instrumento de autotutela.

Os riscos comuns da atividade laboral, como, por exemplo, a necessária articulação entre Programa de Prevenção de Riscos Ambientais —PPRA e o Programa de Controle Médico da Saúde Ocupacional — PCMSO, inobstante de fundamental importância à manutenção da salubridade do meio ambiente laboral, não poderá ser considerado como risco iminente, daí a necessidade de serem exigidos os requisitos formais da Lei de Greve para o movimento ser considerado legal.

Já em relação aos riscos graves e iminentes, aquele em que há risco imediato para a saúde e a vida do trabalhador, não há que se falar em cumprimento das formalidades prévias exigidas pela Lei de Greve (tal como a obrigatoriedade de assembleia geral) por uma simples razão: está em jogo a vida do obreiro, logo, não se pode exigir qualquer formalidade que atravanque o exercício imediato desse direito.

Trata-se, obviamente, de modalidade de tutela inibitória dirigida à coibição, repetição ou continuação de um ilícito, tal qual disposto no parágrafo único do art. 497 do CPC, pois voltado a impedir que um ilícito (meio ambiente laboral insalubre e inseguro) se converta em efetivo dano (morte ou debilidade permanente à saúde de um ou vários trabalhadores).

---

(517) Tribunal Superior do Trabalho. Seção Especializada em Dissídios Coletivos. RO 10504-66.2017.5.03.0000. Relª. Minª. Dora Maria da Costa. DEJT. 7.6.2018.

(518) MELO, Raimundo Simão de. *Direito ambiental e saúde do trabalhador*: responsabilidades legais, dano material, dano moral, dano estético, indenização pela perda de uma chance, prescrição, *op. cit.*, p. 120.

A jurisprudência do TST vem construindo segura posição sobre esse assunto. Vejamos:

> DISSÍDIO COLETIVO DE GREVE. RECURSO ORDINÁRIO. MOVIMENTO PAREDISTA DEFINIDO PELA DOUTRINA COMO GREVE AMBIENTAL. RISCOS COMUNS. AUSÊNCIA DOS REQUISITOS FORMAIS DA LEI N. .783/89. GREVE ABUSIVA. A doutrina, ao analisar os requisitos de validade da greve ambiental, leva em consideração dois tipos de situação: os riscos comuns, em que os trabalhadores reivindicam melhores condições de trabalho, e os riscos incomuns, graves e iminentes, em que o risco para a saúde, integridade física e para a vida do trabalhador é imediato. Na greve motivada por circunstância de risco comum, o entendimento que prevalece é de que os trabalhadores devem observar os requisitos formais da Lei n. 7.783/89 para a deflagração do movimento paredista. Já na outra hipótese, riscos incomuns, graves e iminentes, afasta-se a exigência necessidade do cumprimento dos referidos requisitos, pois não há tempo para o atendimento de tais formalidades em decorrência dos riscos graves e iminentes presentes nos locais de trabalho. No caso, a greve foi realizada em razão das seguintes reivindicações: participação nos lucros e resultados; fornecimento gratuito do convênio médico a todos os trabalhadores e seus dependentes; imediata melhoria na qualidade das cestas básicas; regularização dos documentos inerentes à CIPA; imediata regularização no vestiário e sanitários da Empresa; melhoria no refeitório; carga horária de 12 (doze) horas e banco de horas. Infere-se que, ainda que se possa considerar que a paralisação dos trabalhadores está relacionada com a preservação da saúde física e psicológica da categoria, as reivindicações da categoria, que motivaram a eclosão da greve, ou são de discutível configuração do que tem sido chamado pela doutrina de "greve ambiental" ou não se enquadram nas hipóteses de risco grave e iminente, a ponto de legitimar a deflagração da greve sem a observância dos requisitos formais da Lei n. 7.783/89. Precedente da SDC. Recurso ordinário a que se dá provimento.[519]

> RECURSO ORDINÁRIO EM DISSÍDIO COLETIVO DE GREVE. SINDICATO DOS TRABALHADORES EM TRANSPORTES RODOVIÁRIOS DE CARGAS EM GERAL DE POUSO ALEGRE E REGIÃO. 1. INCONSTITUCIONALIDADE DA LEI N. 7.783/1989. A Constituição Federal, em seu art. 9º, garante aos trabalhadores o direito de greve, dispondo que cabe a eles decidir sobre os interesses que pretendem defender. Todavia, o próprio Texto Constitucional (art. 9º, § 1º) remete à legislação infraconstitucional a regulação desse direito, de forma que outros direitos fundamentais de terceiros não sejam violados. Nesse sentido, a Lei n. 7.783/1989 apresenta vários requisitos a serem observados, antes e durante o movimento, e dispõe que constitui abuso do direito de greve a sua inobservância (art. 14). Portanto, não havendo falar em inconstitucionalidade da referida Lei, mantém-se a decisão regional. 2. ALEGAÇÃO DE GREVE AMBIENTAL. REQUISITOS DA LEI N. 7.783/1989. AUSÊNCIA DAS FORMALIDADES LEGAIS. Ainda que se possa considerar que a paralisação dos trabalhadores em transportes rodoviários de cargas de Pouso Alegre e Região buscava preservar a saúde do trabalhador, o fato alegado pelo Sindicato profissional como elemento desencadeador do movimento — o pernoite dos motoristas em colchões, dentro dos baús dos caminhões — não pode ser reputado como de extremo perigo, a ponto de justificar a deflagração da greve sem a inobservância das formalidades exigidas pela Lei n. 7.783/1989. De um lado, a forma de pernoite descrita não era a única alternativa dos motoristas, em face do que dispõe a Convenção Coletiva de Trabalho em vigor. Por outro lado, a documentação constante dos autos dá conta de que o pernoite em colchões nos baús dos caminhões não foi o motivo único e determinante para a eclosão do movimento, havendo outras reivindicações, inclusive em relação ao plano de saúde. Assim, conquanto pudesse ser justa a tentativa dos trabalhadores de obter melhores condições de trabalho, não se pode considerar justificável que o Sindicato tenha deixado de observar ou de nortear os atos de seus representados, permitindo que o movimento de greve fosse iniciado sem o cumprimento das exigências previstas na Lei de Greve (negociações prévias, realização de assembleia de trabalhadores e comunicação prévia ao empregador). Acrescenta-se que a greve foi deflagrada na vigência da Convenção Coletiva de Trabalho 2014/2015, não sendo constatadas as exceções que poderiam afastar a abusividade do movimento, nos termos do parágrafo único do art. 14 da Lei de Greve. Mantém-se, portanto, a abusividade da greve declarada pelo Regional. Recurso ordinário conhecido e não provido.[520]

9.9. Do protesto judicial

Diz o art. 616, § 3º da CLT:

Havendo convenção, acordo ou sentença normativa em vigor, o dissídio coletivo deverá ser instaurado dentro dos sessenta dias anteriores ao respectivo termo final, para que o novo instrumento possa ter vigência no dia imediato a esse termo.

Portanto, fica estabelecido claramente um marco legal temporal, sessenta dias anteriores ao termo final de convenção, acordo ou sentença normativa em vigor, para a propositura de dissídio coletivo, visando à vigência posterior, sem lapso de continuidade, do estabelecido no julgamento desse dissídio.

---

[519] Tribunal Superior do Trabalho. Seção Especializada em Dissídios Coletivos. RO 1001747-35.2013.5.02.0000. Relª. Minª. Kátia Magalhães Arruda. DEJT 195.2017.

[520] Tribunal Superior do Trabalho. Seção Especializada em Dissídios Coletivos. RO 17-20.2014.5.11.0000. Relª. Minª. Kátia Magalhães Arruda. DEJT 19.52017.

Caso a parte interessada perceba a impossibilidade de real encerramento da negociação coletiva antes do prazo estabelecido no dispositivo legal celetista transcrito no início deste item, deverá formular pedido de protesto judicial ao presidente do TST ou do tribunal regional respectivo, **com a finalidade de preservar a data-base da categoria**.

Sobre esse assunto, a cabeça do art. 240 e o § 1º, do Regimento Interno do TST, dizem o seguinte:

> Art. 240. Frustrada, total ou parcialmente, a autocomposição dos interesses coletivos em negociação promovida diretamente pelos interessados ou mediante intermediação administrativa do órgão competente do Ministério do Trabalho, poderá ser ajuizada a ação de dissídio coletivo ou solicitada a mediação do Tribunal Superior do Trabalho.
>
> § 1º Na impossibilidade real de encerramento da negociação coletiva em curso antes do termo final a que se refere o art. 616, § 3.º, da CLT, a entidade interessada poderá formular protesto judicial em petição escrita, dirigida ao Presidente do Tribunal, a fim de preservar a data-base da categoria.

Ainda o Regimento Interno do TST estabelece regramento, envolve os dissídios coletivos de competência originária desse tribunal superior, que merece ser transcrito:

> Art. 240, § 2º: Deferida a medida prevista no item anterior, a representação coletiva será ajuizada no prazo máximo de 30 (trinta) dias úteis, contados da intimação, sob pena de perda da eficácia do protesto.

Portanto, caso concedido o protesto, nos termos do art. 240 já citado, o interessado terá prazo improrrogável de trinta dias para ajuizar dissídio, sob pena de perda da data-base da categoria.

9.10. Competência para o dissídio coletivo

A competência material para apreciar e julgar os dissídios coletivos é de exclusividade da Justiça do Trabalho, fixada por intermédio do art. 114, § 2º, da Constituição Federal, com a seguinte redação:

> Art. 114. Compete à Justiça do Trabalho processar e julgar:
>
> § 2º Recusando-se qualquer das partes à negociação coletiva ou à arbitragem, é facultado às mesmas, de comum acordo, ajuizar dissídio coletivo de natureza econômica, podendo a Justiça do Trabalho decidir o conflito, respeitadas as disposições mínimas legais de proteção ao trabalho, bem como as convencionadas anteriormente.

Portanto, o Judiciário laboral detém o já citado poder normativo, cuja função é criar novas condições de trabalho, ou apenas manter as existentes, declarar a abusividade ou não de uma greve, bem como a legalidade ou ilegalidade de uma dada cláusula de norma coletiva.

Vale lembrar a limitação da competência da Justiça do Trabalho pelo STF, conforme entabulado na ADIn n. 3.395, que, interpretando o art. 114, I, da Carta Magna acabou por afastar a competência material dessa jurisdição laboral para conhecer ações envolvendo servidores públicos em sentido estrito, isto é, aqueles vinculados à administração pública por regime de natureza administrativa.

Para conciliar e instruir as ações de dissídios coletivos a competência funcional originária será dos Tribunais Regionais do Trabalho e do Tribunal Superior do Trabalho, neste caso se a abrangência territorial do conflito exceder os limites daquele determinado tribunal regional.

Basta imaginar recente movimento de paralisação dos caminhoneiros que atingiu todo o território brasileiro. Se houvesse proposição de dissídio coletivo, a competência originária para instruir e julgar tal ação seria do TST, posto que tal conflito alcançou abrangência nacional.

A CLT permite a delegação dessa competência para tentativa de conciliação (art. 860) e até instrução (art. 862) dos dissídios coletivos pelos juízes laborais de primeiro grau de jurisdição. É o que diz o art. 866 da CLT. Vejamos:

> Quando o dissídio ocorrer fora da sede do tribunal, poderá o Presidente, se julgar conveniente, delegar à autoridade local as atribuições de que tratam os arts. 860 e 862. Nesse caso, não havendo conciliação, a autoridade delegada encaminhará o processo ao tribunal, fazendo exposição circunstanciada dos fatos e indicando a solução que lhe parecer conveniente.

Trata-se da ampla manifestação do princípio da imediatidade da prova, isto porque o juízo competente do segundo grau de jurisdição delegará (verbo utilizado no texto legal) a competência para o primeiro grau tentar conciliar ou instruir, justamente porque este estará mais próximo do conflito e das provas a serem colhidas, caso frustrada a tal tentativa de conciliação.

A propósito, existe dispositivo similar no Regimento Interno do TST que permite a delegação de competência ao Vice-Presidente para "designar e presidir audiências de conciliação e instrução de dissídio coletivo de competência originária do Tribunal" (art. 42, III).

A competência originária para julgar os dissídios coletivos, conforme já rapidamente citado antes, será dos Tribunais Regionais do Trabalho ou do Tribunal Superior do Trabalho, a depender dos limites territoriais do conflito objeto dessa ação.

Diz o art. 677 da CLT:

A competência dos Tribunais Regionais determina-se pela forma indicada no art. 651 e seus parágrafos e, nos casos de dissídio coletivo, pelo local onde este ocorrer.

Caso o conflito exceder a jurisdição de um determinado tribunal regional, a competência será do TST, consoante art. 2º, I, "a", da Lei n. 7.701/1988, cuja redação é a seguinte:

Compete à Seção Especializada em dissídios coletivos, ou seção normativa: originariamente... conciliar e julgar os dissídios coletivos que excedam a jurisdição dos Tribunais Regionais do Trabalho.

O Regimento Interno do TST ratifica esse dispositivo legal. Vejamos:

Art. 77. À Seção Especializada em Dissídios Coletivos compete:

I – originariamente: a) julgar os dissídios coletivos de natureza econômica e jurídica, de sua competência, ou rever suas próprias sentenças normativas, nos casos previstos em lei.

Aliás, há tribunais do trabalho de regiões com população demográfica elevada, como é o caso de São Paulo, por exemplo, que também dispõe de seções especializadas para conhecer e julgar dissídios coletivos.

Há duas exceções, com aspectos distintos, sobre a abrangência territorial do conflito ultrapassar os limites que excedam a jurisdição de um determinado tribunal regional.

A primeira delas envolve o Estado de São Paulo. Neste caso, tal conflito, inobstante poder abranger duas Regiões distintas, a 2ª Região (São Paulo) e a 15ª Região (Campinas), o conflito necessariamente será julgado pela Seção Especializada do TRT da 2ª Região.

A outra exceção envolve o TRT da 8ª Região (Pará). Nesse caso o conflito poderá ultrapassar o Estado do Pará, alcançando o Estado do Amapá, e ainda assim será julgado pelo citado Regional, isto porque o Amapá não possui Tribunal Regional do Trabalho.

9.11. Da legitimidade para o dissídio coletivo

Esse item será dividido em algumas partes para a melhor compreensão didática.

9.11.1. Aspectos gerais envolvendo os dissídios coletivos

Diz o art. 856 da CLT que o dissídio coletivo, ou a "instância" (nomenclatura utilizada pelo texto celetista) poderá ser instaurado por representação escrita ao "presidente do tribunal", por requerimento da "Procuradoria da Justiça do Trabalho", ou "por iniciativa do Presidente" do tribunal.

Esse dispositivo legal está ultrapassado. Contém pelo menos quatro erronias.

A primeira chama o dissídio coletivo de "instância". Expressão ultrapassada. Dissídio coletivo é ação, conforme reconhece até mesmo o Regimento Interno do TST, art. 240 ("... poderá ser ajuizada ação de dissídio coletivo...").

A segunda ainda chama o Ministério Público do Trabalho de "Procuradoria da Justiça do Trabalho", nomenclatura ainda fruto do momento histórico em que a Justiça do Trabalho ainda não havia alcançado o *status* de poder jurisdicional, sendo essa "Procuradoria" ainda mero anexo do Poder Executivo.

A terceira limita a ação de dissídio coletivo de trabalho promovida pelo Ministério Público do Trabalho somente em caso de "suspensão do trabalho". Questão que será abordada mais à frente.

A quarta admite a possibilidade de a "instância" ser instaurada de ofício pelo "presidente do tribunal". Hipótese não recepcionada pelo art. 114, § 2º, da Carta Maior de 1988. Esse dispositivo legal, já transcrito anteriormente, afirma a legitimidade para a ação de dissídio coletivo aos atores interessas "à negociação coletiva ou à arbitragem", bem como ao Ministério Público do Trabalho, em caso de greve, com possibilidade de lesão ao "interesse público", nos termos do art. 114, § 3º, da Carta Maior de 1988, questão que será desenvolvida em item específico.

O Regimento Interno do TST, art. 240, também afirma que as ações de dissídios coletivos serão apresentadas diretamente pelas partes interessadas, bem como pelo Ministério Público do Trabalho.

9.11.2. Legitimidade para o dissídio coletivo de natureza econômica

Originariamente será dos mesmos atores interessados pela negociação coletiva a legitimidade para a propositura de ação de dissídio coletivo de natureza econômica.

Daí tem-se que os sindicatos obreiros ou profissionais geralmente integram o polo ativo dos dissídios coletivos, estando o sindicato da categoria econômica (patronal) ou a própria empresa no polo passivo dessa contenda.

Usualmente em caso de convenção coletiva frustrada, tem-se os sindicatos laboral e patronal compondo os polos distintos da ação de dissídio coletivo.

Também usualmente em caso de acordo coletivo frustrado, tem o sindicato profissional e uma ou mais empresas compondo polos distintos dessa ação.

Nessa modalidade de dissídios coletivos de natureza econômica, em que se pretende a posição da jurisdição quanto a cláusulas com impactos financeiros, a jurisprudência do Tribunal Superior do Trabalho vem entendendo corretamente que falta legitimidade processual ativa aos entes que representam justamente tais interesses econômicos — sindicatos patronais, federações e confederações, considerando a possibilidade de concessão extrajudicial e unilateral de benefícios à classe obreira. Vejamos:

RECURSO ORDINÁRIO. DISSÍDIO COLETIVO DE NATUREZA ECONÔMICA AJUIZADO PELA EMPRESA. FALTA DE INTERESSE DE AGIR. ILEGITIMIDADE ATIVA. EXTINÇÃO DO PROCESSO SEM RESOLUÇÃO DO MÉRITO. ART. 485, VI, DO CPC/2015. A jurisprudência predominante nesta corte é de que a categoria patronal carece de interesse processual (necessidade e utilidade) para ajuizar dissídio coletivo de natureza econômica, uma vez que a categoria patronal, em tese, pode espontaneamente, conceder aos seus empregados quaisquer vantagens, prescindindo da autorização judicial. Efetivamente, a legitimidade ativa para o ajuizamento da representação coletiva de caráter econômico é restrita ao sindicato representante da categoria profissional, que atua na busca para obter melhores condições de trabalho em favor dos trabalhadores por ele representados. Precedentes da SDC. Processo extinto, sem resolução do mérito, com base no art. 485, VI, do CPC de 2015.[521]

RECURSO ORDINÁRIO. DISSÍDIO COLETIVO DE NATUREZA ECONÔMICA AJUIZADO POR EMPRESA. AUSÊNCIA DE INTERESSE DE AGIR E ILEGITIMIDADE. ANÁLISE DE OFÍCIO. EXTINÇÃO DO PROCESSO SEM RESOLUÇÃO DE MÉRITO. A jurisprudência desta Seção Especializada segue no sentido de que falta interesse de agir ao empregador para ajuizar dissídio coletivo de natureza econômica, na medida em que ele dispõe de meios extrajudiciais para conceder benefícios a seus empregados e em que a legitimidadepara instaurar esse tipo de ação cabe somente aos entes sindicais profissionais (Precedentes). Processo extinto, sem resolução de mérito, com fundamento no art. 485, VI, do CPC/2015.[522]

RECURSO ORDINÁRIO. DISSÍDIO COLETIVO DE NATUREZA ECONÔMICA INSTAURADO POR EMPRESA OU ENTE EQUIPARADO. AUSÊNCIA DE INTERESSE DE AGIR. ANÁLISE DE OFÍCIO. EXTINÇÃO DO PROCESSO, SEM RESOLUÇÃO DE MÉRITO. O empregador não tem interesse processual, sob os aspectos da necessidade e utilidade, para instaurar dissídio coletivo de natureza econômica em face do sindicato da categoria profissional, uma vez que a categoria econômica pode, em tese, conceder espontaneamente quaisquer vantagens aos seus empregados. Nesse sentido, a provocação do Poder Judiciário, pelo empregador, não é adequada

---

(521) Tribunal Superior do Trabalho. Seção de Dissídios Coletivos. RO 1000938-40.2016.5.02.000. Relª. Minª. Kátia Magalhães Arruda. DEJT 22.9.2017.
(522) Tribunal Superior do Trabalho. Seção de Dissídios Coletivos. RO 1000836-18.2016.5.02.0000. Relª. Minª. Dora Maria da Costa. DEJT de 18.8.2017.

para a fixação de novas condições de trabalho e desnecessária para tal fim. Com efeito, o sindicato obreiro é o único legitimado para ajuizar o dissídio coletivo de natureza econômica, como prerrogativa inerente a sua função de patrono dos interesses dos trabalhadores no plano da relação de trabalho. (...) Extinção, de ofício, do processo..."[523]

Vale deixar registrado que a legitimidade dos órgãos de cúpula da estrutura sindical é dita sucessiva, isto é, as federações somente têm legitimidade quando não houver sindicato organizado, da mesma maneira que as confederações somente terão legitimidade quando não existir federação organizada.

Por fim, importante destacar a restrição à legitimidade ativa às entidades de caráter público, integrantes da administração indireta, que mantenham empregados, apenas para o dissídio coletivo voltado para a apreciação de cláusulas de natureza social (aquelas sem impacto econômico), nos termos da OJ n. 5, da SDC, cuja redação é a seguinte:

> "DISSÍDIO COLETIVO. PESSOA JURÍDICA DE DIREITO PÚBLICO. POSSIBILIDADE JURÍDICA. CLÁUSULA DE NATUREZA SOCIAL. Em face de pessoa jurídica de direito público que mantenha empregados, cabe dissídio coletivo exclusivamente para apreciação de cláusulas de natureza social. Inteligência da Convenção n. 151 da Organização Internacional do Trabalho, ratificada pelo Decreto Legislativo n. 206/2010."

A jurisprudência do TST posterior segue a mesma linha, contudo, aponta a possibilidade do serem também resolvidas cláusulas de natureza econômica, desde que a suscitada proponha em sede jurisdicional algum reajuste. Vejamos:

> A jurisprudência desta Corte é no sentido de restringir a legitimidade das entidades de caráter público para figurarem no polo passivo de dissídio coletivo de natureza econômica. Isso porque as pessoas jurídicas de direito público integrantes da administração indireta sujeitam-se às regras constitucionais referentes aos servidores públicos, notadamente a exigência de lei específica, de iniciativa do Chefe do Poder Executivo, para alteração da remuneração (art. 37, X, CF/88), devendo ser observados, ainda, os limites dos arts. 39 e 169 da Carta Magna. Diante desse contexto, a princípio, seria o caso de se excluírem todas as cláusulas de natureza econômica deferidas pelo Tribunal de origem, uma vez que desponta óbice à atuação do poder normativo nessa seara. Entretanto, tendo em vista que a Fundação Suscitante propôs conceder um pequeno reajuste — muito inferior à inflação apurada no período, de 11,07% —, extensível aos benefícios pecuniários que vinham sendo pagos pela Entidade, deve ao menos ser acolhida a sua proposta, qual seja, de correção salarial e das cláusulas econômicas no importe de 5,22% (conforme consta em ata de audiência), em atenção aos princípios da lealdade e transparência nas negociações coletivas, da boa-fé processual e da proibição dos comportamentos contraditórios (*venire contra factum proprium*). Além disso, há julgados desta SDC corroborando essa posição, ou seja, de mitigar a aplicação da OJ n. 5/SDC/TST, quando o ente público apresenta proposta de reajuste nos autos do dissídio coletivo.[524]

> I) REEXAME NECESSÁRIO E RECURSO ORDINÁRIO INTERPOSTO PELA FUNDAÇÃO DE PROTEÇÃO E DEFESA DO CONSUMIDOR — PROCON-SP. DISSÍDIO COLETIVO DE NATUREZA ECONÔMICA E DE GREVE. (...). 3. REAJUSTE SALARIAL. REDUÇÃO. O entendimento desta Corte, consubstanciado na Orientação Jurisprudencial n. 5 da SDC, é o de considerar juridicamente possível o ajuizamento de dissídio coletivo contra pessoas jurídicas de direito público, mas somente para a fixação de cláusulas sociais, ou seja aquelas que não acarretam encargos financeiros ao ente público. No caso em tela, o Regional apesar de ter destacado as disposições da OJ n. 5 da SDC desta Corte, concedeu o reajuste de 9,04%, por considerar que havia previsão orçamentária nesse sentido, contrariando o referido dispositivo jurisprudencial. Embora, a princípio, a decisão proferida ensejasse a exclusão do reajuste concedido, deve ser pontuado que, além de a Fundação não refutar a existência da previsão orçamentária — apesar de ter apresentado elementos a justificar a impossibilidade de concessão do índice deferido pelo Regional —, propôs um reajuste salarial no percentual de 5,22%, que foi aceito pelos trabalhadores. Assim, reforma-se a decisão, reduzindo-se a 5,22% o percentual de reajuste dos salários (...).[525]

9.11.3. Legitimidade para o dissídio coletivo de natureza jurídica

O dissídio coletivo de natureza jurídica, como já abordado anteriormente, não se presta à declaração de invalidade de norma inserta em convenção coletiva de trabalho, mas à resolução de conflito de interpretação sobre o alcance de norma preexistente em sentença coletiva, acordo ou convenção coletiva de trabalho.

---

(523) Tribunal Superior do Trabalho. Seção Especializada em Dissídios Coletivos. RO-209-77.2014.5.10.0000. Rel. Min. Mauricio Godinho Delgado. SDC, DEJT 18.112015.

(524) Tribunal Superior do Trabalho. Seção Especializada em Dissídios Coletivos. ReeNec e RO 1001082-14.2016.5.02.0000. Rel. Min. Mauricio Godinho Delgado. DEJT 18.6.2018.

(525) Tribunal Superior do Trabalho. Seção Especializada em Dissídios Coletivos. RO 1000098-30.2016.5.02.0000. Relª. Minª. Dora Maria da Costa. DEJT 15.12.2017.

Ao contrário dos dissídios coletivos de natureza econômica, em que há limitação óbvia à legitimidade ativa das empresas, consoante já tratado, nas de natureza jurídica se admite também que as empresas integrem o polo ativo da demanda, considerando a finalidade declaratória desse remédio processual.

A jurisprudência do TST lança uma luz nessa mesma linha. Vejamos:

RECURSO ORDINÁRIO. DISSÍDIO COLETIVO DE GREVE DE NATUREZA JURÍDICA PROPOSTO PELO SINDICATO PATRONAL. PRETENSÃO MERAMENTE DECLARATÓRIA ALUSIVA À LEGALIDADE DE MOVIMENTO PAREDISTA. DESNECESSIDADE DE AUTORIZAÇÃO DOS MEMBROS DA CATEGORIA ECONÔMICA. LEGITIMIDADE ATIVA... Com efeito, ao ajuizar o referido dissídio coletivo de natureza jurídica, a finalidade da empresa, do sindicato patronal ou do sindicato obreiro é obter do Poder Judiciário o pronunciamento sobre a legalidade do movimento paredista, não envolvendo — como nos dissídios econômicos — reivindicações que propõem a criação, a alteração ou a extinção de uma situação jurídica peculiar às categorias envolvidas.. Recurso ordinário provido.[526]

9.11.4. Legitimidade para o dissídio coletivo de greve. Atuação do MPT

Os naturais e usuais legitimados ativos para os dissídios coletivos de greve são os sindicatos representativos das categorias econômicas ou as empresas atingidas pelos movimentos paredistas.

Havia restrição anterior bastante questionável, representada pela OJ n. 12 da SDC, acertadamente cancelada em meados de 2010, que inviabilizava a proposição de ação de dissídio coletivo de greve pelo sindicato da categoria profissional responsável pela deflagração do movimento paredista.

O dissídio coletivo de greve traz a presença de mais um protagonista, o Ministério Público do Trabalho.

Sobre o MPT, vale desde logo mencionar dois dispositivos legais, com regramentos *a priori* colidentes. Vejamos:

Diz a Lei Complementar n. 75/2003 o seguinte:

Art. 83. Compete ao Ministério Público do Trabalho o exercício das seguintes atribuições junto aos órgãos da Justiça do Trabalho: VIII – instaurar instância em caso de greve, quando a defesa da ordem jurídica ou o interesse público assim o exigir;

A nova redação conferida pela Emenda Constitucional n. 45/2004 ao art. 114, § 3º restringiu o protagonismo do Ministério Público do Trabalho nas ações de dissídios coletivos de greve apenas nos casos de "greve em atividade essencial, com possibilidade de lesão ao interesse público".

Portanto, a interpretação mais apressada dessa mudança constitucional poderia levar à compreensão, deveras precipitada, sobre possível restrição ao órgão ministerial laboral quanto à proposição de dissídios coletivos apenas nas hipóteses de greve das atividades essenciais previstas no art. 10 da Lei de Greve (assistência médica e hospitalar, transporte coletivo, controle de tráfego aéreo, funerárias e etc.).

Contudo, o próprio constituinte originário, por intermédio dos arts. 127 e 129, atribui aos Ministérios Públicos a defesa da ordem jurídica, do regime democrático e do Estado de Direito, conferindo a esse ente todos os meios extraprocessuais e processuais voltados à defesa desse interesse, daí porque seria inadmissível a restrição imposta pela Emenda Constitucional n. 45/2004.

Aliás, o fato social greve permite ampla legitimidade ativa para a propositura de ação de dissídio coletivo em razão dos elevados interesses sociais em jogo. Inclusive com dispensa da restrição constitucional do "comum acordo", conforme já ressaltado.

Vejamos a jurisprudência do TST:

RECURSO ORDINÁRIO. DISSÍDIO COLETIVO DE GREVE PROPOSTO PELO SINDICATO DA CATEGORIA PROFISSIONAL. 1. **LEGITIMIDADE ATIVA**. O dissídio coletivo de natureza econômica encontra, hoje, desde a EC n. 45/2004, forte restrição constitucional, em face do pressuposto do comum acordo inserido no art. 114, § 2º, do Texto Máximo da República. **Entretanto, havendo o fato social da greve, a regência da ordem jurídica indica em outra direção, em vista do elevado interesse social que existe na célere solução do conflito. Desse modo, no caso de greve, independentemente da área, categoria**

---

[526] Tribunal Superior do Trabalho. Seção Especializada em Dissídios coletivo. RO 126-34.2014.5.11.0000. Rel. Min. Mauricio Godinho Delgado. DEJT 21.9.2016.

ou atividade, a legitimidade para propositura do dissídio coletivo é ampla, quer pelo Ministério Público do Trabalho, quer pelo empregador ou seu sindicato, quer pelo sindicato de trabalhadores. Esta é a jurisprudência atual da SDC do TST, que propôs (e alcançou) do Pleno do Tribunal o cancelamento da antiga OJ n. 12. Não prospera, portanto, a arguição de ilegitimidade ativa. Preliminar rejeitada.[527]

ILEGITIMIDADE *AD CAUSAM*. Prevalece nesta SDC o entendimento de que, diante do fato social da greve e do interesse da solução rápida e efetiva do conflito coletivo, a legitimidade para propositura do dissídio coletivo de greve é ampla, abrangendo o Ministério Público, o empregador e o seu respectivo ente sindical e o sindicato dos trabalhadores.[528]

DISSÍDIO COLETIVO ORIGINÁRIO. I – DISSÍDIO COLETIVO DE GREVE. ATIVIDADE ESSENCIAL. LEGITIMIDADE ATIVA *AD CAUSAM* DA DATAPREV. A partir de interpretação sistemática do art. 114, § 3º, da Constituição Federal, a Seção de Dissídios Coletivos do Tribunal Superior do Trabalho concluiu que a alteração trazida pela Emenda Constitucional n. 45/2004 não atribuiu legitimidade exclusiva ao Ministério Público do Trabalho para o ajuizamento de dissídio coletivo de greve em atividade essencial, tendo apenas reforçado a legitimidade do Parquet na tutela do interesse público. De outro lado, nada recomenda restringir a legitimidade do empregador em discutir o movimento em face da garantia de acesso à Justiça. Logo, a legitimidade é concorrente entre o Ministério Público do Trabalho e os sindicatos ou empresas para ajuizar dissídio coletivo de greve.[529]

Há uma corrente minoritária do TST, restringindo a atuação ministerial apenas nas hipóteses de greves de atividades essenciais, que já conseguiu emplacar os seguintes precedentes:

RECURSO ORDINÁRIO. DISSÍDIO COLETIVO DE GREVE AJUIZADO PELO MINISTÉRIO PÚBLICO DO TRABALHO. ATIVIDADE NÃO ESSENCIAL. ILEGITIMIDADE ATIVA *AD CAUSAM*. ART. 114, § 3º, DA CONSTITUIÇÃO FEDERAL. A teor do § 3º do art. 114 da Constituição Federal, introduzido pela Emenda Constitucional n. 45/2004, a legitimidade do Ministério Público do Trabalho para ajuizamento de dissídio coletivo de greve restringe-se às hipóteses de paralisação coletiva em atividades definidas como essenciais no art. 10 da Lei n. 7.783/89, com possibilidade de lesão a interesse público. Precedente desta Seção Especializada. Hipótese em que o Ministério Público do Trabalho ajuizou dissídio coletivo de greve, em razão de paralisação coletiva de empregados em empresas de transporte de valores, escolta armada, ronda motorizada, monitoramento eletrônico e via satélite, agentes de segurança pessoal e patrimonial, segurança e vigilância em geral da região metropolitana de Vitória no Estado do Espírito Santo, atividades e serviços não classificados como essenciais na referida Lei de Greve. Extinção do processo sem resolução do mérito que se decreta, na forma do art. 267, VI, do CPC, por ilegitimidade ativa ad causam do Ministério Público do Trabalho.[530] (RO – 700-65.2009.5.17.0000, rel. Min. Fernando Eizo Ono, Data de Julgamento: 11.12.2012, Seção Especializada em Dissídios Coletivos, Data de Publicação: DEJT 8.3.2013) (Vencidos os Excelentíssimos Ministros Mauricio Godinho Delgado, Walmir Oliveira da Costa e Kátia Magalhães Arruda, quanto à ilegitimidade do MPT)

RECURSO ORDINÁRIO EM DISSÍDIO COLETIVO. PRELIMINAR, ARGUIDA EM CONTRA-RAZÕES, DE ILEGITIMIDADE DO MINISTÉRIO PÚBLICO DO TRABALHO PARA SUSCITAR DISSÍDIO COLETIVO DE GREVE – SERVIÇO NÃO ESSENCIAL. ACOLHIMENTO. INTELIGÊNCIA DO ART. 114, § 3º, DA CONSTITUIÇÃO. I – Os arts. 127 e 129 inciso III da Constituição, 6º, inciso VI, letra *"d"*, e 83, incisos III e IV, da Lei Complementar n. 75/93 não se prestam como fundamento jurídico da pretensa legitimidade do Ministério Público do Trabalho para suscitar dissídio de greve em atividades não essenciais, na medida em que cuidam apenas de reconhecer a sua legitimidade para as ações coletivas e as ações civis públicas, sendo que aquelas não se confundem com os dissídios coletivos, entre os quais se insere o dissídio de greve. II – Na realidade, o § 3º do art. 114 da Constituição não comporta outra interpretação que não a interpretação literal da norma ali contida, uma vez que ela é expressa em confinar a legitimidade do Ministério Público do Trabalho para suscitar dissídio de greve às atividades consideradas essenciais, enumeradas no art. 10, da Lei n. 7.783/89, e mesmo assim desde que haja possibilidade de lesão do interesse público, indiscernível no caso da decretação da recuperação judicial da VARIG. III – Em outras palavras, tendo por norte a constatação de se tratar de empresa privada atingida por vicissitudes na sua administração, não obstante se dedicasse ao transporte aéreo, não se divisa inclusive, na pretensa greve de seus empregados, o pressuposto da possibilidade de lesão do interesse público.[531]

---

(527) Tribunal Superior do Trabalho. Seção Especializada em Dissídios Coletivos. RO 2020800-24.2009.5.2.0000. Rel Min. Mauricio Godinho Delgado. DEJT 23.11.2012.

(528) Tribunal Superior do Trabalho. Seção Especializada em Dissídios Coletivos. RO 5078-47.2013.5.09.0000. Relª. Minª. Kátia Magalhães Arruda. DEJT 19.5.2017.

(529) Tribunal Superior do Trabalho. Seção Especializada em Dissídios Coletivos. DC 2173626-89.2009.5.00.0000. Rel Min. Márcio Eurico Vitral Amaro. DEJT 28.5.2010.

(530) Tribunal Superior do Trabalho. Seção Especializada em Dissídios Coletivos. RO 700.65.2009.5.17.0000. Rel. Min. Fernando Eizo Ono. DEJT 8.3.2013.

(531) Tribunal Superior do Trabalho. Seção Especializada em Dissídios Coletivos. RODC 2022400-85.2006.5.02.0000. Rel. Min. Antônio José de Barros Levenhagen. DEJT 15.2.2008.

9.12. Hipóteses de extinção do dissídio coletivo sem exame do mérito

Conforme já bem destacado pela doutrina[532], as partes titulares do direito material discutido nas ações de dissídios coletivos são as categorias profissionais e econômicas, não os sindicatos, federações ou confederações, pois estes entes são apenas e tão somente legitimados extraordinários, daí porque agem em nome próprio mas na defesa dos interesses dessas categorias, e, nesses casos, mediante autorização.

E essa autorização será obtida por intermédio de assembleia convocada previamente, na forma do estatuto da categoria, conforme dispõe expressamente o art. 4º da Lei de Greve, inclusive poderá deliberar coletivamente sobre possível "paralisação coletiva da prestação de serviços".

Da mesma forma o art. 859 da CLT dispõe expressamente que a propositura de ação de dissídio coletivo dependerá expressamente, sob pena de extinção do processo sem julgamento do mérito, de aprovação em assembleia, com partição dos interessados na solução do dissídio, cujo quórum deverá ser "em primeira convocação", por maioria de dois terços, e, "em segunda convocação", por pelo menos dois terços dos presentes.

A jurisprudência do TST acabou por fazer uma correta distinção envolvendo a exigibilidade prévia de aprovação do movimento paredista em assembleia, com ampla participação dos interessados, conforme o já citado art. 859, da CLT, apenas para as hipóteses de dissídio coletivo de natureza econômica. Vejamos julgado que elucida com bastante didatismo tal questão:

> RECURSO ORDINÁRIO. DISSÍDIO COLETIVO DE GREVE DE NATUREZA JURÍDICA PROPOSTO PELO SINDICATO PATRONAL. PRETENSÃO MERAMENTE DECLARATÓRIA ALUSIVA À LEGALIDADE DE MOVIMENTO PAREDISTA. DESNECESSIDADE DE AUTORIZAÇÃO DOS MEMBROS DA CATEGORIA ECONÔMICA. LEGITIMIDADE ATIVA. No que concerne à atuação do sindicato para representar a categoria em dissídio coletivo de natureza econômica, a lei prevê a necessidade de autorização obtida mediante assembleia convocada para esse fim (arts. 524 e 859 da CLT). Tal exigência se justifica ante a necessária tutela do direito de igualdade e de equivalência entre os contratantes coletivos, pois os empregados só podem ajuizar dissídio coletivo por meio de sindicatos representativos das respectivas categorias profissionais, cumprindo os requisitos legais exigíveis, o que inclui a autorização assemblear. Ademais, a observância do princípio da isonomia tem ainda a finalidade de evitar atos antissindicais por parte dos sindicatos das categorias econômicas e resguardar a busca pelo melhor caminho à pacificação do conflito coletivo. Entretanto, no caso de *dissídio coletivo de greve de natureza jurídica*, a jurisprudência da SDC se consolidou no sentido de não ser exigível a autorização assemblear, uma vez que, nessa situação, a pretensão da empresa, do sindicato patronal ou do sindicato obreiro é, em regra, meramente declaratória. Com efeito, ao ajuizar o referido dissídio coletivo de natureza jurídica, a finalidade da empresa, do sindicato patronal ou do sindicato obreiro é obter do Poder Judiciário o pronunciamento sobre a legalidade do movimento paredista, não envolvendo — como nos dissídios econômicos — reivindicações que propõem a criação, a alteração ou a extinção de uma situação jurídica peculiar às categorias envolvidas. Enfatize-se, pois, ser firme a jurisprudência no sentido de considerar desnecessária a autorização assemblear nos dissídios de natureza jurídica, seja proposto pelo sindicato obreiro, seja pelo sindicato patronal. Julgados desta SDC. Nesse contexto, reconhecendo que o ajuizamento do dissídio coletivo de greve de natureza jurídica pelo Sindicato patronal prescinde da autorização dos membros da categoria econômica por assembleia, dá-se provimento ao recurso ordinário para determinar o retorno dos autos ao TRT de origem para que prossiga no julgamento do dissídio coletivo de greve ajuizado pelo Sindicato das Empresas de Transporte de Passageiros do Estado do Amazonas – SINETRAM, como entender de direito. Recurso ordinário provido.

Portanto, nos dissídios coletivos de natureza jurídica, e os dissídios de greve são espécies desse gênero, com eficácia sentencial declaratória, desnecessária a exigência prévia de autorização assemblear.

Há outras decisões nessa mesma toada, *verbis*:

> DISSÍDIO COLETIVO DE NATUREZA ECONÔMICA. ILEGITIMIDADE ATIVA. PAUTA DE REIVINDICAÇÕES. APROVAÇÃO PELA CATEGORIA PROFISSIONAL EM ASSEMBLEIA. NÃO COMPROVAÇÃO. A representação dos sindicatos para instauração de dissídio coletivo fica subordinada à aprovação de assembleia da qual participem os associados interessados na solução do dissídio coletivo, conforme regras estabelecidas no art. 859 da CLT.[533]

---

(532) Cf. em MELO, Raimundo Simão de. *Processo coletivo do trabalho*: dissídio coletivo, ação de cumprimento, ação anulatória. 2. ed. São Paulo: LTr, 2011. p. 110.

(533) Tribunal Superior do Trabalho. Seção Especializada em Dissídios Coletivos. RO 1001339-10.2014.5.02.0000. Rel. Min. Mauricio Godinho Delgado. DEJT 17.6.2017.

Quanto aos dissídios coletivos de natureza econômica, a jurisprudência vem exigindo que o edital de convocação de assembleia prévia contenha a pauta reivindicatória respectiva que consubstancia a pretensão da categoria, sob pena de extinção do feito sem julgamento do mérito. Vejamos:

> OJ n. 8, SDC: Dissídio coletivo. Pauta reivindicatória não registrada em ata. Causa de extinção. A ata da assembleia de trabalhadores que legitima a atuação da entidade sindical respectiva em favor de seus interesses deve registrar, obrigatoriamente, a pauta reivindicatória, produto da vontade expressa da categoria.
>
> RECURSO ORDINÁRIO. PROCESSO ANTERIOR À LEI N. 13.467/2017. DISSÍDIO COLETIVO DE NATUREZA ECONÔMICA. PRESSUPOSTO PROCESSUAL. PAUTA DE REIVINDICAÇÕES. APROVAÇÃO PELA CATEGORIA PROFISSIONAL EM ASSEMBLEIA. NÃO COMPROVAÇÃO. A representação dos sindicatos para instauração de dissídio coletivo fica subordinada à aprovação de assembleia da qual participem os associados interessados na solução do dissídio coletivo, conforme inteligência do art. 859 da CLT. Na presente hipótese, apesar de constar dos autos a ata da assembleia realizada em 12.8.2014, o edital de sua convocação e a respectiva lista de presença, não há qualquer informação na ata que corresponda à aprovação ou à discussão pelos trabalhadores da pauta reivindicatória apresentada nos autos. Desse modo, torna-se inviável aferir se as pretensões veiculadas pelo Sindicato Suscitante no presente dissídio coletivo representam, de fato, os interesses da categoria. Inteligência da OJ n. 8 da SDC/TST. Assim, deve ser mantida a extinção do feito sem resolução do mérito, nos termos do art. 485, VI, CPC/2015. Recurso ordinário desprovido. RO – 5546-72.2015.5.15.0000 Data de Julgamento: 11.6.2018, rel. Min. Mauricio Godinho Delgado, Seção Especializada em Dissídios Coletivos, Data de Publicação: DEJT 18.6.2018.

Ainda no tocante à publicidade da assembleia prévia dos dissídios coletivos de natureza econômica, o TST fixou entendimento, no final da década dos anos noventa, disposto na OJ n. 28, da SDC, sobre a necessidade de publicação do edital de convocação da Assembleia Geral Laboral em jornais que circulem "em cada dos municípios componentes da base territorial" da entidade sindical interessada. Vejamos:

> DISSÍDIO COLETIVO DE NATUREZA ECONÔMICA. RECURSO ORDINÁRIO. AMPLA PUBLICIDADE DO EDITAL DE CONVOCAÇÃO. REQUISITO INDISPENSÁVEL PARA O AJUIZAMENTO DO DISSÍDIO. INOBSERVÂNCIA. CONTRARIEDADE À OJ N. 28 DA SDC DO TST. Esta Seção Especializada entende que a ampla publicidade do edital de convocação é requisito indispensável para o ajuizamento do dissídio coletivo de natureza econômica. O suscitante não publicou o edital de convocação para a assembleia geral em jornal que circule nas cidades da sua base territorial, contrariando assim a diretriz da OJ n. 28 da SDC do TST. A forma de divulgação apontada pelo recorrente, afixação do edital de convocação em alguns pontos de apoio do ente sindical, não alcança o objetivo da ampla publicidade que deve ser dado ao ato convocatório da categoria profissional. Precedente. Recurso ordinário a que se nega provimento.[534]

A jurisprudência do TST vem deixando assentada a possibilidade de aviamento de ações de dissídios coletivos em desfavor de entes de direito público, que mantenham empregados, apenas nas hipóteses de controvérsias envolvendo cláusulas de natureza social, sem impacto econômico, consoante entendimento consolidado no OJ n. 5, da SDC, com a seguinte redação:

> DISSÍDIO COLETIVO. PESSOA JURÍDICA DE DIREITO PÚBLICO. POSSIBILIADE JURÍDICA. CLÁUSULA DE NATUREZA SOCIAL. Em face de pessoa jurídica de direito público que mantenha empregados, cabe dissídio coletivo exclusivamente para apreciação de cláusulas de natureza social. Inteligência da Convenção n. 151 da Organização Internacional do Trabalho, ratificada pelo Decreto Legislativo n. 206/2010.

Recentemente o TST também consolidou interessante entendimento acerca da prevalência da aplicação do critério da especificidade da categoria profissional para os dissídios coletivos de natureza econômica, como vetor que irá decidir a respectiva legitimidade processual em favor de uma determinada entidade associativa. Vejamos:

> DISSÍDIO COLETIVO DE NATUREZA ECONÔMICA. RECURSO ORDINÁRIO. PROCESSO ANTERIOR À LEI N. 13.467/2017. CONVENÇÃO COLETIVA. REPRESENTAÇÃO SINDICAL. CATEGORIA PROFISSIONAL ESPECÍFICA. Esta Corte Superior tem manifestado entendimento de que, no caso de conflito de representação entre sindicatos, prevalece o princípio da especificidade, detendo legitimidade o sindicato de categoria mais específica, ainda que apresente base territorial mais ampla. Ressalva de entendimento do Relator, que entende que a interpretação da noção de categoria profissional deve ser ampliativa, de modo a reforçar a atuação dos sindicatos. No caso dos autos, o Tribunal Regional, seguindo a diretriz jurisprudencial majoritária nesta Corte, reconheceu, em face do critério da especificidade, que o Sindicato dos Trabalhadores nas Indústrias Fabricantes de Peças e Pré-fabricados em Concreto do Estado de São Paulo — SINDPRESP é o representante legal dos trabalhadores que atuam nas

---

(534) Tribunal Superior do Trabalho. Seção Especializada em Dissídios Coletivos. RO 7465-96.2015.5.15.0000. Relª. Minª. Kátia Magalhães Arruda. DEJT 9.6.2017.

indústrias fabricantes de peças e pré-fabricados, em detrimento do Sindicato dos Trabalhadores nas Indústrias da Construção e do Mobiliário de Presidente Prudente e Região — SINTRACOM, que consiste em sindicato eclético cuja abrangência não alcança a categoria profissional específica acima mencionada. Nesse contexto, não merece reforma a decisão do Tribunal, em decorrência da interpretação hoje dominante. Ressalva do entendimento deste Relator. Recurso ordinário desprovido.[535]

Antes de finalizar este item, vale deixar registrado que para todas as hipóteses aqui apresentadas de extinção dos dissídios coletivos sem apreciação do mérito, o juízo deverá observar o regramento do CPC, aqui amplamente aplicável, caso não sejam juntados desde o início documentos necessários à propositura da ação de dissídio coletivo, conforme arts. 317, 320 e 321 do CPC, a seguir transcritos:

Art. 317. Antes de proferir decisão sem resolução de mérito, o juiz deverá conceder à parte oportunidade para, se possível, corrigir o vício.

Art. 320. A petição inicial será instruída com os documentos indispensáveis à propositura da ação.

Art. 321. O juiz, ao verificar que a petição inicial não preenche os requisitos dos arts. 319 e 320 ou que apresenta defeitos e irregularidades capazes de dificultar o julgamento de mérito, determinará que o autor, no prazo de 15 (quinze) dias, a emende ou a complete, indicando com precisão o que deve ser corrigido ou completado.

A ausência de emenda à petição inicial ensejará o indeferimento desta, consoante disposto no parágrafo único do art. 321 do CPC.

9.13. Do iter processual das ações de dissídios coletivos

Conforme já salientado anteriormente, frustrada a autocomposição dos interesses coletivos em negociação coletiva realizada diretamente pelos interessados, com participação ou não do órgão competente do Ministério do Trabalho e Emprego, poderão as partes interessadas solicitar diretamente perante o tribunal competente (tribunais regionais ou TST) pedido de mediação a ser conduzido pela jurisdição, antes do ajuizamento da ação de dissídio coletivo.

No TST, esse pedido de mediação será dirigido à Vice-Presidência, nos termos do art. 240, § 2º, que ficará incumbida de marcar "audiência para composição voluntária do conflito".

Aliás, mostra-se cabível regramento de tutela provisória antecedente nas ações de dissídios coletivos, nos termos do parágrafo único, do art. 294, do CPP. O TST, na recente modificação realizada em seu regimento interno, já deixou assentada essa possibilidade (art. 77, I, "g").

Esse pedido de tutela provisória antecedente deverá possuir relação direta com o pedido a ser deduzido na ação principal, conforme já deixou bem entabulada a jurisprudência do TST. Vejamos:

TUTELA PROVISÓRIA ANTECEDENTE – DISSÍDIO COLETIVO DE NATUREZA ECONÔMICA – INADEQUAÇÃO DA VIA ELEITA – ARGUIÇÃO DE OFÍCIO 1. A tutela provisória deve possuir relação direta com o pedido principal a ser deduzido. Entretanto, a federação Requerente não pretende tutelar o provimento final, mas obter o reconhecimento de sua legitimidade e a condenação da DATAPREV à obrigação de negociar sua pauta de reivindicações, provimentos incompatíveis com o Dissídio Coletivo de Natureza Econômica, que tem como premissas justamente a legitimidade do ente sindical e o insucesso das negociações. Ausência de interesse de agir. Inadequação da via eleita. Precedente da C. SDC em situação semelhante. 2. Além disso, esta Corte Superior aplica o critério da amplitude territorial do interesse coletivo envolvido para reconhecer a legitimidade de federação ou confederação nacional, garantindo tratamento isonômico aos trabalhadores de empresa estatal que opera em todo o país com quadro único de carreiras. Processo extinto sem resolução do mérito.[536]

A petição inicial dos dissídios coletivos deverá apresentar fundamentação singular para cada uma das cláusulas rechaçadas em sede de negociação coletiva.

Além disso, as peças de ingresso dos dissídios coletivos de natureza econômica deverão ser acompanhadas, à vista do que restou desenvolvido no item anterior acerca da possibilidade de extinção do feito sem julgamento do mérito,

---

(535) Tribunal Superior do Trabalho. Seção Especializada em Dissídios Coletivos. RO 6961-90.2015.5.15.0000. Rel. Min. Mauricio Godinho Delgado. DEJT 18.5.2018.

(536) Tribunal Superior do Trabalho. Seção Especializada em Dissídios Coletivos. TutCautAnt 13201-44.2017.5.00.0000. Relª. Minª. Maria Cristina Irigoyen Peduzzi. DEJT 19.12.2017.

com os seguintes anexos obrigatórios: i) cópia do estatuto do sindicato; ii) edital de convocação da Assembleia Geral da Categoria (OJ n. 29, SDC); iii) ata dessa assembleia geral, com nomes e assinaturas dos presentes que participaram das votações (OJ n. 29, SDC); iv) pauta de reivindicações, contendo as cláusulas, uma a uma, aprovadas em assembleia geral (OJ n. 8, SDC); v) cópia de sentença normativa, convenção ou acordos coletivos anteriores; prova do acolhimento do protesto judicial, caso o dissídio tenha sido proposto fora do prazo legal, conforme demonstrado em item específico.

Não se pode esquecer que o sindicato demandante ou demandado deverá demonstrar a personalidade sindical pertinente, isto é, a regular inscrição como entidade representativa da categoria cujos interesses pretende defender, conforme bem estabelece a OJ n. 15, da SDC, cuja redação é a seguinte:

> SINDICATO. LEGITIMIDADE "AD PROCESSUM". IMPRESCINDIBILIDADE DO REGISTRO NO MINISTÉRIO DO TRABALHO. A comprovação da legitimidade "ad processum" da entidade sindical se faz por seu registro no órgão competente do Ministério do Trabalho, mesmo após a promulgação da Constituição Federal de 1988.

Quanto à **FASE DE CONCILIAÇÃO**, conforme estabelece o art. 860 da CLT, ultrapassado o juízo preliminar de admissibilidade, o presidente do tribunal designará "audiência de conciliação", em dez dias. Esse ato poderá ser delegado ao juízo titular do local, caso o dissídio "ocorra fora da sede do tribunal", consoante art. 866 da CLT.

Inobstante a ausência de previsão legal sobre a sistemática de pedido de mediação que antecede aviamento do dissídio coletivo, os tribunais regionais poderão utilizar como parâmetro o disposto no art. 240, § 3º, do Regimento Interno do TST que autoriza a condução desse pedido prévio pela "Vice-Presidência" dessa corte.

Nessa audiência de conciliação deverão estar presentes ambas as partes ou seus representantes, momento em que discutirão diretamente proposta de composição, com a participação efetiva da jurisdição, consoante disposto no art. 862, da CLT.

Quanto à **FASE DE INSTRUÇÃO**, admite-se qualquer modalidade processual de defesa preliminar ou meritória, direta ou indireta, em que o suscitado deverá impugnar individualmente todas as cláusulas propostas na ação de dissídio coletivo. Em seguida o processo será encaminhado ao Ministério Público do Trabalho para emissão de parecer.

Sobre a possível ausência de defesa da parte interessada, haverá de ser decretada a revelia (aqui entendida como ausência de defesa), contudo, considerando a natureza peculiar da ação de dissídio coletivo, em que a jurisdição acaba por se aproximar do poder legiferante, em que o juízo de equidade agirá com bastante força, pois voltada à fixação de normas e condições do trabalho, não se pode dizer que o efeito principal (presunção de veracidade dos fatos afirmados pelo demandante, art. 344 do CPC) dessa revelia se faz presente[537].

Aliás, é o que parece fazer crer o disposto no art. 864 da CLT, ao afirmar que, malgrado a ausência da parte demandada, a jurisdição mesmo assim realizará "as diligências que entender necessárias", bem como ainda ouvirá previamente o Ministério Público do Trabalho.

Quanto à **FASE DECISÓRIA**, o tribunal irá proferir julgamento apreciando individualmente as cláusulas que compõem a causa de pedir do litígio.

Se decorrer de dissídio coletivo de natureza econômica, o tribunal estabelecerá direitos, manterá ou modificará as condições de trabalho envolvidas no conflito, dispostas em normas coletivas ou sentenças normativas anteriores.

Caso se trate de dissídio coletivo de natureza jurídica, o tribunal proferirá decisão envolvendo os limites, alcance e o sentido de norma(s) decorrente(s) de negociação coletiva ou sentença normativa anterior.

Especificamente quanto ao dissídio coletivo de greve, o tribunal declarará a abusividade ou não do movimento, o consequente retorno ao trabalho e, finalmente, o pagamento de salário relativo aos dias parados, desde que, por exemplo, seja o movimento paredista decorrente justamente de mora salarial pelo empregador. Vejamos a jurisprudência do TST:

---

(537) No mesmo sentido MELO, Raimundo Simão de. *Processo coletivo do trabalho*: dissídio coletivo, ação de cumprimento, ação anulatória, op. cit., p. 135.

PAGAMENTO DOS DIAS PARADOS. MORA SALARIAL. Em observância às disposições do art. 7º da Lei n. 7.783/1989 e à jurisprudência do Supremo Tribunal Federal, esta Seção Especializada firmou o entendimento de que a greve suspende o contrato de trabalho, razão pela qual, via de regra, não pode ser imposta ao empregador a obrigação de pagar os dias em que os trabalhadores não executaram seus serviços. Entretanto, em determinadas situações, como nos casos em que a greve decorra de conduta reprovável do empregador, como, por exemplo, o atraso no pagamento de salários, é devido o pagamento dos dias parados aos grevistas. No caso concreto, é fato incontroverso que a motivação da greve foi a mora salarial. Desse modo, é devido o pagamento dos dias parados aos trabalhadores que não laboraram, em razão da greve. Recurso ordinário a que se nega provimento.[538]

Esse mesmo precedente do TST afasta a possibilidade de pedido, usado com bastante frequência no passado, voltado à decretação de indisponibilidade de bens da empresa em sede de dissídio coletivo. Vejamos:

DECRETAÇÃO DA INDISPONIBILIDADE DOS BENS DA EMPRESA E DOS SÓCIOS. INCOMPATIBILIDADE COM O DISSÍDIO COLETIVO DE GREVE. OJ N. 3 DA SDC. A jurisprudência desta Corte é pacífica no sentido de que a indisponibilidade dos bens da empresa e/ou dos sócios é insuscetível de pretensão por meio de dissídios coletivos. Inteligência da Orientação Jurisprudencial n. 3 da SDC: "ARRESTO. APREENSÃO. DEPÓSITO. PRETENSÕES INSUSCETÍVEIS DE DEDUÇÃO EM SEDE COLETIVA. São incompatíveis com a natureza e finalidade do dissídio coletivo as pretensões de provimento judicial de arresto, apreensão ou depósito." Precedentes da SDC. Nesse contexto, dá-se provimento ao recurso ordinário.[539]

A decisão proferida em sede de dissídio coletivo, caso estabeleça novas condições de trabalho, e no qual figura como parte "apenas uma fração de empregados de uma empresa", poderá ser estendida, caso a jurisdição julgue "justo e conveniente", "aos demais empregados da empresa que forem da mesma profissão dos dissidentes", nos termos do art. 868 da CLT.

Também tal extensão poderá ser voltada para todos os empregados de uma "mesma categoria profissional compreendida na jurisdição do tribunal", desde que seja observado o regramento disposto nos arts. 869 e 870 da CLT.

9.14. Da fase recursal

Conforme já salientado anteriormente, a competência originária para conhecer e julgar dissídios coletivos é dos Tribunais Regionais do Trabalho, cabendo ao Tribunal Superior do Trabalho o julgamento originário dos conflitos coletivos que extrapolem a jurisdição de mais de um tribunal.

Vislumbramos a possibilidade do cabimento de embargos de declaração nas decisões monocráticas ou colegiadas dos tribunais regionais e do TST, desde que respeitados os limites do regramento do art. 1022 do CPC (I – esclarecer obscuridade ou eliminar contradição; II – suprir omissão de ponto ou questão sobre o qual devia se pronunciar o juiz de ofício ou a requerimento; III – corrigir erro material).

Também se admite o manejo de agravo interno, das decisões monocráticas de Presidentes e Vice-Presidentes dos Tribunais Regionais do Trabalho e também do Tribunal Superior do Trabalho.

Tal possibilidade de manejo de agravo interno, no TST, contra decisões da presidência ou vice-presidência está prevista no art. 265 do Regimento Interno.

O meio recursal mais comum é o Recurso Ordinário, conforme previsão disposta no art. 895, II, da CLT, em razão de decisões definitivas (meritórias) ou terminativas (processuais) dos Tribunais Regionais, em processos de sua competência originária. O Regimento Interno do TST tem disciplina específica, inscrita no art. 245, parágrafo único, VI.

9.14.1. Efeito suspensivo específico para recursos de decisões normativas

Diz o art. 6º, § 1º, da Lei n. 4.725/65, que estabelece normas para o processo coletivo, o seguinte:

Art. 6º Os recursos das decisões proferidas nos díssidios coletivos terão efeito meramente devolutivo. § 1º O Presidente do Tribunal Superior do Trabalho poderá dar efeito suspensivo ao recurso, a requerimento do recorrente em petição fundamentada.

---

(538) Tribunal Superior do Trabalho. Seção Especializada em Dissídios Coletivos. RO 1000286-86.2017.5.02.0000. Relª. Minª. Kátia Magalhães Arruda. DEJT 22.6.2018.

(539) Tribunal Superior do Trabalho. Seção Especializada em Dissídios Coletivos. RO 1000286-86.2017.5.02.0000. Relª. Minª. Kátia Magalhães Arruda. DEJT 22.6.2018.

Do despacho caberá agravo para o Pleno, no prazo de 5 (cinco) dias, de conformidade com o disposto no Regimento Interno do Tribunal.

A Lei n. 10.192, Lei do Plano Real, estabeleceu em seu art. 14:

> O recurso interposto de decisão normativa da Justiça do Trabalho terá efeito suspensivo, na medida e extensão conferidas em despacho do Presidente do Tribunal Superior do Trabalho.

O Regimento Interno do Tribunal Superior do Trabalho trata do assunto nos seguintes dispositivos:

> Art. 267. O recurso interposto de decisão normativa da Justiça do Trabalho terá efeito suspensivo, na medida e extensão conferidas em decisão do Presidente do Tribunal Superior do Trabalho.
>
> Art. 268. O pedido de concessão de efeito suspensivo a recurso em matéria normativa deverá ser instruído com as seguintes peças: decisão normativa recorrida; petição de recurso ordinário, prova de sua tempestividade e respectiva decisão de admissibilidade; guia de recolhimento de custas, se houver; procuração conferindo poderes ao subscritor da medida e outras que o requerente reputar úteis para o exame da solicitação.

A conjugação de dispositivos legais permite a compreensão da possibilidade de ser conferido efeito suspensivo pelo Presidente do TST da decisão proferida em sede de dissídio coletivo, devendo tal pedido ser devidamente instruído com as peças apontadas no citado regimento interno.

A jurisprudência do TST anda no mesmo sentido dos dispositivos legais transcritos. Vejamos:

> CONCESSÃO DE EFEITO SUSPENSIVO. Nos termos dos arts. 6º, § 1º, da Lei n. 4.725/65; 7º, § 6º, e 9º da Lei n. 7.701/1988; 14 da Lei n. 10.192/2001 e 267 do Regimento Interno do TST, é competência exclusiva do Presidente desta Corte a apreciação de pedido de efeito suspensivo a recurso interposto contra decisão normativa emanada de Tribunal Regional. A postulação deve ser apresentada em procedimento específico separadamente do recurso ordinário e instruída com a documentação descrita no art. 268 do RI/TST. Recurso ordinário desprovido.[540]

> RECURSO ORDINÁRIO INTERPOSTO PELO MUNICÍPIO DE DOIS CÓRREGOS. REQUERIMENTO DE CONCESSÃO DE EFEITO SUSPENSIVO. Compete exclusivamente ao presidente do Tribunal Superior do Trabalho a apreciação de pedido de efeito suspensivo a recurso interposto contra decisão normativa emanada de Corte regional, nos termos do art. 14 da Lei n. 10.192/2001. A postulação deve ser apresentada em procedimento específico, separadamente do recurso ordinário, e acompanhada da documentação descrita no art. 268 do RI TST. Portanto, inviável o exame do pedido formulado neste feito. Indefere-se a postulação.[541]

---

[540] Tribunal Superior do Trabalho. Seção Especializada em Dissídios Coletivos. ReeNEc e RO 1001082-14.2016.5.02.0000. Rel. Min. Mauricio Godinho Delgado. DEJT 18.6.2018.

[541] Tribunal Superior do Trabalho. Seção Especializada em Dissídios Coletivos. RO 5796-71.2016.5.15.0000. Relª. Minª. Kátia Magalhães Arruda. DEJT 19.4.2018.

Capítulo 10

Ação Anulatória: Aportes Gerais na Fase de Conhecimento

10.1. Considerações preliminares

O presente capítulo dará continuidade aos instrumentos processuais coletivos laborais, neste caso completamente apartado do texto celetista, porquanto possui regramento próprio na lei de regência do Ministério Público Federal, conforme será apresentado mais à frente.

Vale desde logo fazer a necessária distinção entre as hipóteses das ações anulatórias decorrentes dos defeitos dos negócios jurídicos, cuja sistemática se encontra disposta nos arts. 138 até 158 do Código Civil brasileiro, da ação anulatória objeto deste capítulo.

O instrumento processual a ser estudado também é diferente da ação anulatória que tem assento no processo civil, pois esta, conforme disposto no art. 966, § 4º, busca anular atos de "disposição de direitos" praticados no processo, pelas partes ou "outros participantes", devidamente "homologados pelo juízo", inclusive aqueles também homologados "no curso da execução".

A ação anulatória em sede processual laboral possui regramento próprio a ser desenvolvido no presente capítulo.

Vale salientar, ainda, para finalizar essa fase de introdução, que a dita Reforma Laboral trouxe regramento processual específico sobre esse instituto, a ser desenvolvido ao longo deste.

10.2. Regramento legal

Diz o art. 83, IV, da Lei Complementar n. 75/1993:

Compete ao Ministério Público do Trabalho o exercício das seguintes atribuições junto aos órgãos da Justiça do Trabalho: IV – propor as ações cabíveis para declaração de nulidade de cláusula de contrato, acordo coletivo ou convenção coletiva que viole as liberdades individuais ou coletivas ou os direitos individuais indisponíveis dos trabalhadores.

Portanto, temos a possibilidade de o Ministério Público do Trabalho, como legitimado primário, propor "ações" voltadas à declaração de nulidade de cláusula de contrato, acordo coletivo ou convenção coletiva de trabalho, que tenham a potência de violar princípios, direitos, liberdades individuais ou coletivas ou direitos individuais indisponíveis dos trabalhadores.

Recentemente a Lei n. 13.467/2017 trouxe dois novos dispositivos relacionais diretamente ao assunto ora estudado. São eles:

Art. 611-A, § 4º. Na hipótese de procedência de ação anulatória de cláusula de convenção coletiva ou de acordo coletivo de trabalho, quando houver a cláusula compensatória, esta deverá ser igualmente anulada, sem repetição do indébito.

Art. 611-A, § 5º. Os sindicatos subscritores de convenção coletiva ou de acordo coletivo de trabalho deverão participar, como litisconsortes necessários, em ação individual ou coletiva, que tenha como objeto a anulação de cláusulas desses instrumentos.

O primeiro dispositivo legal trata expressamente de uma espécie de declaração de nulidade por arrastamento de possível cláusula compensatória, em caso de anulação de norma coletiva, sem a possibilidade de condenação em devolução de valores já pagos.

Esse dispositivo pode causar diversas incompreensões. A maior delas talvez seja a dificuldade de se apontar claramente qual a cláusula compensatória correspondente, pois em muitas ocasiões tal vinculação não é explícita.

O outro dispositivo legal (art. 611-A, § 5º) trata de regramento processual importante e inovador, pois passa a ser exigida a formação de litisconsórcio necessário passivo dos sindicatos subscritores da norma coletiva impugnada, tanto em ação coletiva, como quando for objeto de ação individual laboral. Nestas, a pretensão de anulação de normas coletivas mostra-se possível apenas em sede incidental.

Vale deixar ainda registrado que, consoante o art. 3º, da Instrução Normativa n. 41/2018, editada pelo TST para dispor sobre a aplicação das normas processuais alteradas pela Lei da Reforma Trabalhista, a formação desse litisconsórcio necessário dar-se-á tão somente nos "processos iniciados a partir de 11 de novembro de 2017".

10.3. Delimitação do instituto. Hipóteses de cabimento

Consoante demonstrado nos dispositivos legais citados sobre essa modalidade de remédio processual, fica bem claro, inobstante certa confusão redacional do art. 83, IV, já transcrito, que a ação anulatória em destaque está relacionada diretamente com a negociação coletiva e o poder normativo da Justiça do Trabalho, daí porque inserta obviamente na sistemática peculiar do microssistema da tutela coletiva laboral.

Assim, a proteção de eventuais "liberdades individuais" ou "direitos individuais indisponíveis dos trabalhadores", conforme redação do já transcrito e citado art. 83, IV, da Lei Complementar n. 75/1993 não afasta a ambiência da tutela coletiva, pois tais violações de cariz individual necessariamente deverão decorrer do malogro da negociação coletiva e consequente efetivação do poder normativa da Justiça do Trabalho.

Tanto é verdade que, conforme será apresentado em momento oportuno, a competência originária e funcional para o conhecimento dessa modalidade de remédio processual não será das varas do trabalho.

Aliás, vale deixar registrado que a sistemática própria da ação anulatória de normas coletivas está diretamente relacionada à pretensão principal de anulação de cláusulas decorrentes da negociação coletiva do mundo laboral, contudo, tal regramento próprio não impede o pleito incidental de idêntica declaração de nulidade em ações individuais, ou outras modalidades de ações coletivas, conforme inclusive deixou recentemente assentada a jurisprudência do TST. Vejamos:

> INTERESSE DE AGIR. INTERVALOS E HORAS *IN ITINERE*. É direito fundamental de qualquer cidadão brasileiro o acesso à Justiça (art. 5º, XXXV, da CF/88), estando toda e qualquer norma sujeita à análise de legalidade e constitucionalidade por parte do Judiciário. Dessa forma, é complementarmente sem base jurídica a alegação de que a declaração de nulidade de certa cláusula normativa depende de ação anulatória. O Judiciário pode declarar tal nulidade no âmbito de qualquer ação que lhe venha a conhecimento. Recurso de revista não conhecido. Processo: RR – 1509-76.2011.5.15.0053, Data de Julgamento: 28.2.2018, rel. Min. Alexandre de Souza Agra Belmonte, 3ª Turma, Data de Publicação: DEJT 2.3.2018.

Fazendo a necessária conjugação entre essa jurisprudência e o recente dispositivo legal transcrito anteriormente (art. 611-A, § 5º), decorrente da chamada Reforma Laboral, fica bem claro que tanto nas ações coletivas que tenham por objeto principal a anulação de normas coletivas, como nas ações individuais com pedido incidental de nulidade dessas mesmas normas coletivas, e até em ações coletivas distintas da ora apreciada (por exemplo, ações civis públicas), os sindicatos convenentes desses diplomas deverão participar obrigatoriamente do polo passivo da ação, em litisconsórcio passivo necessário.

Voltando às hipóteses de cabimento, pode-se deixar generalizado o cabimento da ação anulatória em destaque em caso de violação dos direitos sociais constitucionais laborais, nominados ou inominados, de cariz individual ou coletivo, inscritos a partir do art. 7º até o art. 10 da Carta Maior de 1988.

10.4. Natureza jurídica. Limites aos pedidos veiculados

Trata-se de ação coletiva, de conhecimento, que tem por objeto a declaração de nulidade de cláusula constante em norma coletiva.

Portanto, além da natureza declaratória, assume também a característica constitutiva negativa ou desconstitutiva, com eficácia *ex tunc*, conforme vem reconhecendo a jurisprudência do TST, senão vejamos:

> AÇÃO ANULATÓRIA. 2. A controvérsia vertente envolve direito material dos atores sociais e, uma vez anulada a norma a ele referente, não há como operar os efeitos *ex nunc*. O efeito *ex tunc* é da essência do provimento da ação em espécie, sendo inaplicável o art. 798 da CLT. Recurso Ordinário não provido.[542]

Portanto, o limite dos pedidos das ações anulatórias está diretamente vinculado à natureza jurídica do instituto, daí porque se mostram inviáveis pedidos de tutela específica (obrigações de não fazer, por exemplo), bem como pedidos condenatórios voltados a devoluções de valores possivelmente devidas em razão das cláusulas por esse remédio processual coletivo.

A jurisprudência do TST já está consolidada nessa linha. Vejamos:

> AÇÃO ANULATÓRIA DE CLÁUSULA DE CONVENÇÃO COLETIVA PROPOSTA PELO MPT. IMPOSIÇÃO DE OBRIGAÇÃO DE NÃO FAZER E COMINAÇÃO DE MULTA. IMPOSSIBILIDADE. A jurisprudência pacificada desta Seção de Dissídios Coletivos é no sentido de que a imposição de obrigação de não fazer e a cominação de multa pelo descumprimento da determinação judicial são incompatíveis com a natureza constitutiva negativa da ação anulatória. Recurso ordinário provido, no aspecto.[543]

> AÇÃO ANULATÓRIA. IMPOSIÇÃO DE OBRIGAÇÃO DE FAZER. DEVOLUÇÃO DE VALORES INDEVIDAMENTE DESCONTADOS DOS SALÁRIOS DOS TRABALHADORES A TÍTULO DE CONTRIBUIÇÃO ASSOCIATIVA. De acordo com a jurisprudência desta Seção Especializada, é incompatível com a natureza declaratória desconstitutiva da ação anulatória o provimento jurisdicional condenatório, consistente na determinação aos réus de devolução dos valores descontados indevidamente dos salários dos trabalhadores a título de contribuição associativa. Aplicação da parte final da Orientação Jurisprudencial n. 17 da Seção Especializada. Recurso ordinário a que dá provimento parcial.[544]

10.5. Da legitimidade originária e derivada

O Ministério Público do Trabalho é o legitimado extraordinário originário para o aviamento do remédio processual em estudo, exatamente consoante dispõe o art. 83, IV, da Lei Complementar n. 75/1993, já transcrito.

Contudo, além da legitimidade aqui chamada de originária, decorrente expressamente de hipótese legal, há duas hipóteses de legitimidade aqui chamada de derivada, sem previsão legal expressa, porém consolidada pela jurisprudência do TST. Vejamos.

A primeira hipótese trata de a ação anulatória ser manejada por um dos entes coletivos subscritores da norma coletiva, ou a própria pessoa jurídica detentora da atividade econômica e convenente do acordo coletivo de trabalho, caso restar demonstrado vício que impede a declaração de vontade livre e de boa-fé do negócio jurídico (vícios de vontade) conforme regramento disposto no Código Civil (Cap. IV).

A jurisprudência do TST já definiu bem essa questão:

> RECURSO ORDINÁRIO DO MINISTÉRIO PÚBLICO DO TRABALHO. PROCESSO ANTERIOR À LEI 13.467/2017. AÇÃO ANULATÓRIA. 1. ALEGAÇÃO DE ILEGITIMIDADE ATIVA E DE AUSÊNCIA DE INTERESSE DE AGIR DO MPT. A jurisprudência desta SDC posiciona-se no sentido de que a legitimidade para o ajuizamento de ação anulatória de convenção coletiva (ou acordo coletivo) está adstrita, essencialmente, ao Ministério Público do Trabalho, consoante previsão legal (art. 83, IV, da LC 75/93), e, excepcionalmente, aos sindicatos convenentes e à empresa signatária, *quando demonstrado vício de vontade*. No caso em análise, em que é questionada a validade de cláusula de interesse de toda a categoria profissional, tem-se, segundo a jurisprudência desta Seção, que o Ministério Público do Trabalho é parte legítima para o ajuizamento de ação anulatória. Recurso ordinário desprovido, no aspecto.[545]

---

(542) Tribunal Superior do Trabalho. Seção Especializada em Dissídios Coletivos. RO 21434-87.2015.5.04.0000. Relª. Minª. Maria de Assis Clasing. DEJT 17.6.2016.

(543) Tribunal Superior do Trabalho. Seção Especializada em Dissídios Coletivos. RO 457-48.2014.5.17.0000. DEJT 17.6.2016.

(544) Tribunal Superior do Trabalho. Seção Especializada em Dissídios Coletivos. RO 1002411-95.2015.5.02.0000. DEJT 15.12.2017.

(545) Tribunal Superior do Trabalho. Seção Especializada em Dissídios Coletivos. RO 405-67.2015.5.08.0000. Rel. Min. Mauricio Godinho Delgado. DEJT 21.5.2018.

A segunda hipótese trata da possibilidade de a ação anulatória ser manejada por ente distinto daqueles subscritores da norma coletiva, desde que consiga demonstrar a existência de prejuízos em sua esfera jurídica (interesse processual) em razão da vigência daquela norma coletiva questionada.

Tal interesse processual usualmente acontece tendo o conflito de representação sindical como pano de fundo, isto é, entidade sindical que se sentir prejudicada em razão da extensão de norma coletiva da qual não participou como subscritora, conforme jurisprudência consolidada do TST. Vejamos:

> RECURSO ORDINÁRIO EM AÇÃO ANULATÓRIA INTERPOSTO POR SINDICATO DAS EMPRESAS DE ASSEIO, CONSERVAÇÃO, TRABALHO TEMPORÁRIO E SERVIÇOS TERCEIRIZÁVEIS DO DISTRITO FEDERAL – SEAC. NULIDADE DE CLÁUSULAS DE CONVENÇÃO COLETIVA DE TRABALHO. SINDICATO REPRESENTANTE DA CATEGORIA ECONÔMICA, NÃO SUBSCREVENTE DA NORMA COLETIVA, MAS QUE SE SINTA PREJUDICADO EM SUA ESFERA JURÍDICA, EM DECORRÊNCIA DO INSTRUMENTO CONVENCIONADO. LEGITIMIDADE ATIVA *AD CAUSAM*. Nos termos do art. 83, III e IV, da Lei Complementar n. 75/1993, compete ao Ministério Público do Trabalho o ajuizamento de ações anulatórias de cláusulas, acordos ou convenções coletivas de trabalho. Todavia, esta Seção Especializada, com base, também, nas disposições contidas no art. 8º, III, da Constituição Federal, tem entendido que, excepcionalmente, essa competência se estende aos entes sindicais subscreventes do instrumento pactuado — ou empresas, no caso de acordo coletivo de trabalho —, quando demonstrado vício de vontade ou alguma das irregularidades descritas no art. 166 do Código Civil, ou aos sindicatos representantes das categorias econômicas e/ou profissionais, que não subscreveram a norma coletiva, mas que se sintam prejudicados em sua esfera jurídica, em decorrência do instrumento pactuado (Precedentes). No caso em tela, constata-se haver relação entre o Sindicato autor e o direito material deduzido em juízo, qual seja o direito de um terceiro sindicato quanto à contratação da mão de obra das empresas que representa, e isso torna inquestionável a sua legitimidade, nos termos da jurisprudência desta Seção Especializada. Assim, dá-se provimento ao recurso ordinário para afastar a ilegitimidade ativa *ad causam* do Sindicato das Empresas de Asseio, Conservação, Trabalho Temporário e Serviços Terceirizáveis do Distrito Federal — SEAC, e determinar o retorno dos autos ao TRT da 10ª Região, a fim de que prossiga no exame da ação anulatória, como entender de direito. Recurso ordinário conhecido e provido. II) RECURSO ORDINÁRIO EM AÇÃO ANULATÓRIA, INTERPOSTO POR CONDOMÍNIO EDIFÍCIO PARATY. Julgar prejudicado o exame, em face da decisão proferida no recurso do Sindicato autor.[546]

> AÇÃO ANULATÓRIA. LEGITIMIDADE ATIVA *AD CAUSAM* – SINDICATO NÃO SUBSCREVENTE DO INSTRUMENTO COLETIVO IMPUGNADO – DEMONSTRAÇÃO DE PREJUÍZO EM SUA ESFERA JURÍDICA. A LC n. 75/93 atribuiu ao Ministério Público do Trabalho a legitimidade para propor ação anulatória de cláusula de convenção ou acordo coletivo (art. 83, IV) como forma de controle, por terceiro desinteressado e fiscal da lei, da adequação da negociação coletiva aos parâmetros legais. Excepcionalmente, a jurisprudência desta SDC admite, ainda, a legitimidade ativa dos sindicatos representantes de categorias econômica e profissional que, embora não tenham subscrito o instrumento normativo impugnado, demonstrem a existência de prejuízos em sua esfera jurídica decorrentes da convenção ou do acordo coletivo de trabalho. Assim, *in casu*, o fato de o Sindicato Autor não ter subscrito o acordo coletivo objeto da ação anulatória não lhe retira, por si só, a legitimidade para propô-la. Ademais, em face da discussão de fundo, que exige uma análise incidental sobre a representatividade de ambos os Sindicatos litigantes, tem-se como existente, em tese, a legitimidade ativa *ad causam* do SEAAC para discutir a validade da referida cláusula. Desse modo, dá-se provimento ao recurso ordinário para afastar a ilegitimidade ativa *ad causam* e determinar o retorno dos autos ao Tribunal de origem. Recurso ordinário provido.[547]

> I – RECURSO ORDINÁRIO. AÇÃO ANULATÓRIA AJUIZADA POR MEMBRO DA CATEGORIA PATRONAL (COTRIJUÍ). PRETENSÃO DA ANULAÇÃO DA CONVENÇÃO COLETIVA DE TRABALHO FIRMADA ENTRE AS ENTIDADES REPRESENTANTES DAS CATEGORIAS PROFISSIONAL E ECONÔMICA. PRELIMINAR DE ILEGITIMIDADE ATIVA *AD CAUSAM* ARGUÍDA EM CONTRARRAZÕES. A jurisprudência prevalecente nesta Seção Especializada é firme ao estabelecer que a legitimidade para propor ação anulatória de cláusulas constantes de instrumentos normativos restringe-se ao Ministério Público do Trabalho, conforme expressamente previsto no art. 83, IV, da Lei Complementar n. 75, de 20.5.1993, e, excepcionalmente, aos sindicatos representantes das categorias econômica e profissional e às empresas signatárias (hipótese de acordo coletivo de trabalho), quando demonstrado o vício de vontade na elaboração desses instrumentos; e, ainda, aos entes coletivos representativos das categorias econômica ou profissional, caso se considerem prejudicados em sua esfera jurídica em decorrência da convenção ou do acordo coletivo de trabalho, mesmo que não tenham subscrito a norma coletiva.[548]

---

(546) Tribunal Superior do Trabalho. Seção Especializada em Dissídios Coletivos. RO 3434-13.2011.5.10.0000. Relª. Minª. Dora Maria da Costa. DEJT 17.4.2015.

(547) Tribunal Superior do Trabalho. Seção Especializada em Dissídios Coletivos. RO 1003228-28.2016.5.02.0000. Rel. Min. Ives Gandra Martins Filho. DEJT 22.6.2018.

(548) Tribunal Superior do Trabalho. Seção Especializada em Dissídios Coletivos. RO 21026-96.2015.5.04.0000. Rel. Minª. Kátia Magalhães Arruda. DEJT 26.3.2018.

10.6. Da competência material e funcional para o conhecimento

A causa de pedir e o pedido da ação coletiva anulatória em destaque versa sobre direitos trabalhistas fundados na legislação constitucional ou infraconstitucional, daí porque obviamente a competência material para julgamento será da Justiça do Trabalho, nos termos do art. 114 da Carta Maior de 1988.

Ademais, a Lei n. 8.984/1995 serve também para ratificar esse raciocínio da competência material, porquanto estendeu à Justiça laboral especializada a atribuição de conhecer e julgar os "dissídios que tenham origem no cumprimento de convenções coletivas de trabalho ou acordos coletivos de trabalho, mesmo quando ocorram entre sindicatos ou entre sindicato de trabalhadores e empregador".

A competência funcional ou hierárquica apresenta um pouco mais de dificuldades de definição, uma vez que inexistente regramento legal claro sobre a questão.

O ponto de partida para a definição da competência hierárquica para o conhecimento dessa modalidade de remédio processual será reconhecer a natureza coletiva dessa medida, à semelhança dos dissídios coletivos de natureza jurídica, também eminentemente declaratórios, razão pela qual tal competência será dos Tribunais Regionais do Trabalho ou do Tribunal Superior do Trabalho, a depender da abrangência territorial da norma coletiva e da base territorial das entidades coletivas convenentes.

A jurisprudência do TST, quanto à competência hierárquica, já consolidou posição na mesma linha do aqui afirmado. Vejamos:

> COMPETÊNCIA ORIGINÁRIA DOS TRTS. AÇÃO ANULATÓRIA DE CLÁUSULA DE CONVENÇÃO COLETIVA DE TRABALHO – COMPETÊNCIA HIERÁRQUICA – A Ação Anulatória tem por objetivo a nulidade de cláusula inserida em instrumento normativo, que atingirá determinada categoria, tratando-se, assim, de interesse coletivo. Portanto, é dos Tribunais Regionais do Trabalho ou do Tribunal Superior do Trabalho, conforme a abrangência da norma coletiva, a competência originária para processar e julgar esse tipo de ação, tendo em vista a sua competência para apreciar e julgar os dissídios coletivos de natureza jurídica ou econômica. Recurso Ordinário conhecido e provido.[549]

> AÇÃO ANULATÓRIA. RECURSO ORDINÁRIO. PRELIMINAR. INCOMPETÊNCIA FUNCIONAL DO TRIBUNAL REGIONAL DO TRABALHO. Segundo a jurisprudência desta Corte Superior, embora não haja lei que disponha sobre a competência funcional para julgamento de ação anulatória, aplica-se por analogia o disposto no art. 678, I, 'a', da CLT, atribuindo-se aos Tribunais Regionais a competência funcional originária para conhecer e julgar a ação anulatória que objetiva a declaração de nulidade de cláusula coletiva. Rejeita-se a preliminar. PRELIMINAR DE ILEGITIMIDADE ATIVA *AD CAUSAM* DO MINISTÉRIO PÚBLICO DO TRABALHO. Os arts. 127 da Constituição Federal, 83 da Lei Complementar n. 75/1993 e 7º, § 5º, da Lei n. 7.701/1988 definem a legitimidade e o interesse de agir do Ministério Público para propor as ações cabíveis para declaração de nulidade de cláusula de contrato, acordo coletivo ou convenção coletiva que viole as liberdades individuais ou coletivas ou os direitos individuais indisponíveis dos trabalhadores, bem como a faculdade de interpor recurso contra acordo formalizado e homologado pelo Tribunal. Rejeita-se a preliminar.[550]

A propósito, o Regimento Interno do Tribunal Regional do Trabalho da 2ª Região dispõe expressamente que terá competência originária para conhecer e julgar as ações anulatórias de cláusulas dispostas em normas coletivas a Seção Especializada em Dissídios Coletivos, SDC, conforme disposto no art. 68, I, "g", daquele regimento.

O Regimento Interno do TST também possui regramento similar, dispondo que caberá à Seção Especializada em Dissídios Coletivos originariamente conhecer e julgar "as ações anulatórias de acordos e convenções coletivas", nos termos do art. 77, I, "c", daquele regimento.

10.7. Da possibilidade de declaração incidental de nulidade de cláusulas de normas coletivas em sede de ação civil pública

O presente assunto finalmente poderá ser enfrentado, pois já foram apresentados os aspectos envolvendo a ação anulatória, primordiais à compreensão do que será definido no presente, bem como já desenvolvida a ação civil pública.

---

(549) Tribunal Superior do Trabalho. Seção Especializada em Dissídios Coletivos. ROAA 653371-18.2000.5.11.5555. Rel. Min. Rider de Brito. DJ 1º.12.2000.

(550) Tribunal Superior do Trabalho. Seção Especializada em Dissídios Coletivos. RO 456-44.2016.5.08.0000. Relª. Minª. Kátia Magalhães Arruda, DEJT 19.12.2017.

Antes de ser apresentada a posição consagrada do Tribunal Superior do Trabalho, inobstante algum barulho da prática jurídica diária que não admite tal posição já sedimentada, vale serem destacados três pontos fundamentais à compreensão dessa posição jurisprudencial. Vejamos.

O primeiro deles trata dos limites mais amplos dos pedidos que podem ser formulados em sede de ação civil pública, tanto envolvendo obrigações de pagar como tutela específica, conforme já trabalhado anteriormente.

O segundo aspecto afirma os limites meramente declaratórios, ao contrário da ação civil pública, dos pedidos a serem vindicados em sede de ação anulatória, consoante também já destacado.

O terceiro e último deles trata da genérica possibilidade de qualquer ilegalidade (de lei estatal ou cláusula de norma coletiva) ser objeto de causa de pedir em ação coletiva ou até mesmo individual, desde que em caráter incidental, distinto, portanto, dos pedidos vinculados na via jurisdicional.

Com esses três aspectos devidamente ligados, mostra-se clara a compreensão da jurisprudência do TST sobre a possibilidade do pedido de anulação de cláusula de norma coletiva ser aviado em sede de ação civil púbica, desde que em caráter incidental, conforme vem afirmando a jurisprudência desse tribunal laboral superior, senão vejamos:

> RECURSO DE REVISTA. AÇÃO CIVIL PÚBLICA. COMPETÊNCIA FUNCIONAL. LOCAL DO DANO. VARA DO TRABALHO. DECLARAÇÃO INCIDENTAL DE NULIDADE DE CLÁUSULA DE CONVENÇÃO COLETIVA DE TRABALHO. CONTRIBUIÇÃO ASSISTENCIAL DE FILIADOS E NÃO FILIADOS AO SINDICATO. OBRIGAÇÃO DE FAZER E NÃO FAZER. ADEQUAÇÃO.I – A ação civil pública poderá ter por objeto a condenação em dinheiro ou o cumprimento de obrigação de fazer ou não fazer, e será proposta no foro do local onde ocorrer o dano, cujo juízo terá competência funcional para processar e julgar a causa (n. 7.347/1985, arts. 2º e 3º; CDC, art. 93)... II – É firme a jurisprudência no sentido de que a ilegalidade de determinada lei (formal ou material, caso da norma coletiva autônoma peculiar ao Direito Coletivo do Trabalho) pode ser alegada em ação civil pública, desde que a título de causa de pedir e, nesta hipótese, o controle de legalidade terá caráter incidental, sem efeito *erga omnes* (art. 16 da Lei n. 7.347/1985). III – Na ação anulatória de cláusula coletiva não é possível cumulação do pedido de condenação em dinheiro e o de cumprimento de obrigação de fazer ou não fazer (tutela inibitória), dada a sua natureza jurídica declaratória. Recurso de revista conhecido e provido.[551]

Finaliza-se esse assunto destacando-se que, consoante citada inovação disposta no art. 611, § 5º, nas ações civis públicas com pedidos incidentais de nulidade de cláusula de norma coletiva, os sindicatos conventes desse instrumento coletivo deverão participar necessariamente como litisconsortes passivos dessas demandas.

10.8. Do caminho do processo

Inquestionável, em face do demonstrado até aqui, a natureza coletiva da ação anulatória de norma coletiva de convenção ou acordo coletivo de trabalho. Inclusive o Regimento Interno do Tribunal Regional do Trabalho da 2ª Região reconhece expressamente a competência à SDC processar e julgar originariamente tais ações quando tal competência originária for daquele tribunal regional (art. 68, I, "g").

Inobstante a disposição sobre a competência para conhecer e julgar a ação anulatória conste expressamente nos regimentos internos de diversos tribunais regionais, inclusive do próprio TST, o caminho do processo na fase de conhecimento não possui qualquer previsão legal.

Em razão desse cenário de ausência de regramento sobre o caminho do processo na fase de conhecimento, a doutrina e jurisprudência vêm adequando o procedimento da anulatória ao prazo da ação rescisória para resposta, conforme disposto no art. 970 do CPC, isto é, "prazo nunca inferior a 15 (quinze) dias nem superior a 30 (trinta) dias para, querendo, apresentar resposta".

A instrução processual segue o rito do procedimento comum laboral.

Temos também que o art. 973 do CPC, relativo às ações rescisórias, conferindo, ao final da instrução, prazo sucessivo de dez dias para apresentação de razões finais, para autor e réu, também se aplica à ação anulatória de norma coletiva em destaque.

---

(551) Tribunal Superior do Trabalho. 1ª Turma. RR – 800385-67.2005.5.12.0037. Rel. Min. Walmir Oliveira da Costa. DEJT 29.5.2015.

Quanto à fase recursal, conforme esclarece bem o Regimento interno do TST, caberá Recurso Ordinário para o tribunal das decisões "definitivas proferidas pelos Tribunais Regionais do Trabalho, nos processos de competência originária desses Regionais, conforme art. 245, I.

10.9. Atuação clássica do MPT em matéria de descontos sindicais em normas coletivas

O MPT vem atuando há muitos anos combatendo, por intermédio das ações anulatórias, cláusulas de acordos e convenções coletivas de trabalho que estabelecem descontos aos não associados dessas agremiações sindicais de contribuição confederativa e assistencial.

Vejamos alguns desses precedentes:

AÇÃO ANULATÓRIA. RECURSO ORDINÁRIO. ACORDO COLETIVO DE TRABALHO FIRMADO ANTES DA VIGÊNCIA DA LEI N. 13.467/2017. CONTRIBUIÇÃO ASSISTENCIAL. EXTENSÃO DO DESCONTO AOS EMPREGADOS NÃO ASSOCIADOS AO SINDICATO. CLÁUSULA INVÁLIDA. PRECEDENTE NORMATIVO N. 119. Segundo a jurisprudência da SDC, com ressalva de entendimento da relatora, a imposição de contribuição assistencial a empregados não sindicalizados, em favor de entidade sindical, configura violação do princípio da livre associação, nos termos do Precedente Normativo n. 119 do TST. Precedente do STF no mesmo sentido. Recurso ordinário a que se nega provimento. Recurso ordinário a que se nega provimento.[552]

RECURSO ORDINÁRIO. AÇÃO ANULATÓRIA. ACORDO COLETIVO DE TRABALHO. CLÁUSULA 10 (CONTRIBUIÇÃO ASSOCIATIVA). É inválida cláusula inserta em acordo coletivo de trabalho que contempla contribuição associativa a ser suportada, indistintamente, por todos os empregados da empresa acordante, incluídos aí os que não são filiados ao sindicato profissional, por contrariar o princípio constitucional da livre sindicalização. Limitação da declaração de nulidade da cláusula, resultante da decisão recorrida, aos empregados não filiados ao sindicato profissional acordante, na forma da jurisprudência desta Seção Especializada. Recurso ordinário a que dá provimento parcial.[553]

10.10. Impacto da Reforma Trabalhista nas ações anulatórias propostas pelo MPT

Inquestionável que a dita Reforma Trabalhista conferiu enorme abrangência à negociação coletiva de trabalho, inclusive admitindo a superação da lei pelas cláusulas entabuladas em acordos e convenções coletivas de trabalho, conforme disposto no art. 611-A e B da CLT, já apreciados anteriormente.

Contudo, tal larga janela atribuída às entidades sindicais não significa que a luz do sol deixará de entrar na vida dos trabalhadores em razão da atuação dessas entidades.

Muito pelo contrário. Diversas questões modificadas pela dita Reforma Trabalhista consideradas prejudiciais ao padrão de civilidade mínimo do mundo do trabalho, como foi o caso da admissão ampla e irrestrita de terceirizações até envolvendo a atividade empresarial finalística, poderão sofrer um freio protetivo laboral pelos próprios titulares desses interesses prejudicados, justamente por intermédio desses dispositivos que ampliaram o poder da negociação coletiva.

E esse freio protetivo tem direta relação com o chamado princípio da adequação setorial negociada, já citado anteriormente, em que as normas autônomas, criadas a partir da negociação coletiva, podem e devem prevalecer diante das regras estatais de proteção ao trabalho, desde que não avancem sobre direitos de indisponibilidade absoluta e estabeleçam padrão de proteção laboral considerado em patamar superior ao estabelecido pela normativa estatal.

Foi exatamente o que aconteceu recentemente em ações anulatórias, cujos acórdãos serão transcritos a seguir, em que foi reconhecida a legalidade de os seres coletivos, por meio de negociação coletiva, estabelecerem normas restritivas ou até mesmo proibitivas de terceirização de atividade-fim no âmbito das respectivas bases de representatividade. Vejamos:

AÇÃO ANULATÓRIA. CLÁUSULAS DO TERMO ADITIVO DA CONVENÇÃO COLETIVA DE TRABALHO FIRMADA PARA O PERÍODO 2010/2011. PROIBIÇÃO DE CONTRATAÇÃO DE EMPREGADOS TERCEIRIZADOS PARA A EXECUÇÃO DE SERVIÇOS RELACIONADOS À ATIVIDADE FIM DOS CONDOMÍNIOS. AUTONOMIA PRIVADA COLETIVA ASSEGURADA PELA CARTA MAGNA. NÃO HÁ OFENSA

---

(552) Tribunal Superior do Trabalho. Seção Especializada em Dissídios Coletivos. RO – 177-24.2017.5.08.0000. Relª. Minª. Kátia Magalhães Arruda. DEJT 22.6.2018.

(553) Tribunal Superior do Trabalho. Seção Especializada em Dissídios Coletivos. RO – 1002353-92.2015.5.02.0000. Rel. Min. Fernando Eizo Ono. DEJT 15.12.2017.

AO PRINCÍPIO DA LIVRE CONCORRÊNCIA OU QUALQUER DISPOSITIVO DO ORDENAMENTO JURÍDICO VIGENTE. REGRAS LIVREMENTE PACTUADAS QUE ATINGEM SOMENTE OS INTERESSES DAS CATEGORIAS REPRESENTADAS, NO ÂMBITO DAS RESPECTIVAS BASES TERRITORIAIS DAS ENTIDADES CONVENENTES. VALIDADE. O cerne da demanda é o pedido de declaração da nulidade de regras constantes na convenção coletiva de trabalho, firmada entre os sindicatos profissional e patronal dos condomínios, na qual ficou estabelecido que as contratações para as funções de zelador, garagista, porteiro, trabalhador de serviços gerais e faxineiro fossem realizadas diretamente com os trabalhadores, sem a interferência de empresa interposta. Neste momento, sem pretender adentrar em análise mais profunda sobre as questões relativas ao fenômeno da terceirização, registro apenas que, conforme ficou evidenciado na audiência pública sobre o tema, realizada pelo TST em outubro de 2011, a gestão de pessoal pela via da terceirização deve ser acompanhada por limites, para evitar que ocorra uma forte precarização das relações de trabalho. Os limites à terceirização estabelecidos na Carta Magna são revelados por meio das diretrizes principiológicas e normativas atinentes à dignidade da pessoa humana (art. 1º, III), à valorização do trabalho com existência digna e justiça social (art. 170, *caput*), à concretização dos objetivos fundamentais da República Federativa do Brasil de construção de uma sociedade livre, justa e solidária, de redução das desigualdades sociais e regionais (art. 3º, III). O princípio tutelar do Direito do Trabalho de preservação e continuidade da relação de emprego também encontra acolhimento nos direitos fundamentais. Quanto à pactuação de convenção coletiva de trabalho, a Carta Magna conferiu aos seres coletivos o poder excepcional de criação de normas jurídicas de cunho trabalhista, por meio de negociação coletiva (art. 7º, XXVI, da CF). Pelo princípio da adequação setorial negociada, as normas autônomas, criadas a partir da negociação entabulada pelos representantes das categorias profissional e patronal, podem prevalecer diante das regras estatais de proteção ao trabalho, desde que não avancem sobre direitos de indisponibilidade absoluta. O arcabouço jurídico autoriza que os seres coletivos, por meio de negociação coletiva, estabeleçam normas que restrinjam ou mesmo proíbam a terceirização no âmbito das respectivas bases de representatividade. Não se trata de reserva de mercado, mas tão somente criação de normas regulatórias das relações de trabalho ocorridas entre as partes representadas pelos respectivos sindicatos. Evidentemente, os efeitos das normas negociadas não transpassam os limites das respectivas bases de representatividades dos seres coletivos convenentes. No caso, ao contrário do que alegam os recorrentes, as normas firmadas pelos convenentes não adentram na questão do reconhecimento da validade de terceirização dos serviços de limpeza, portaria, garagista dentro dos condomínios. Mas apenas vedam que esses serviços sejam realizados por empresa interposta, no âmbito das relações ocorridas entre as categorias por eles representadas. O interesse dos recorrentes não justifica e tão pouco autoriza a declaração de nulidade das normas. Consabido que o princípio da livre inciativa é garantia constitucional que se aplica tanto para a empresa como para o trabalho. Nesse contexto, não afronta o princípio da livre iniciativa, a mera opção dos convenentes por certa modalidade legal de prestação de serviços, para aplicação restrita no âmbito das categorias representadas, sem imposição direta a terceiros. Também não há desrespeito à livre concorrência, uma vez que esse fundamento só tem pertinência nas circunstâncias em que a norma beneficia um indivíduo em detrimento de outro, não se aplicando para refutar interesses próprios da relação de trabalho. No caso, as normas impugnadas têm aplicação apenas para regular o trabalho prestado no âmbito dos condomínios residenciais. Nesse cenário, ao afastar a terceirização, os condomínios avaliaram e optaram por evitar a rotatividade dos empregados, possibilitando uma relação mais próxima e de maior confiança entre moradores e trabalhadores do condomínio, o que, evidentemente, resulta na maior segurança dos moradores e demais usuários, com redução do quadro de empregados e, por conseguinte, dos encargos trabalhistas e sociais, que, ao final, gera redução dos custos com contratação e treinamento de pessoal. De fato, a Súmula n. 331 do TST admite a terceirização no trabalho temporário e nos serviços de vigilância (Lei n. 7.102/83) e de conservação e limpeza, entretanto, as partes podem optar por não contratar essa modalidade de prestação de serviços, que, aliás, não é imposta pelo ordenamento jurídico a nenhuma categoria profissional. Infere-se que as cláusulas impugnadas, que vedam a terceirização na atividade fim dos condomínios, não se encontram eivadas de vício que comporte a declaração de nulidade. A intervenção judicial, para declarar a nulidade das normas convencionadas, apenas se justifica quando se verifica no instrumento negociado alguma violação do ordenamento jurídico vigente, o que não é o caso dos autos. Em diversos julgados, houve pronunciamento desta Corte no sentido de deferir cláusula que proibia a terceirização nas atividades-fim das empresas. Mantém-se o entendimento de que são válidas as cláusulas, ora impugnadas, que vedam a terceirização dos serviços atinentes à atividade fim dos condomínios, uma vez que foram estabelecidas livremente, não violam qualquer dispositivo ou princípio do ordenamento jurídico vigente, bem como atingem somente os interesses das categorias, no âmbito das bases territoriais dos convenentes e das suas respectivas abrangências representativa. A pactuação das normas, ora contestadas, está absolutamente dentro dos limites conferidos pela Carta Magna vigente para a negociação coletiva. Recursos ordinários desprovidos.[554]

RECURSO ORDINÁRIO. AÇÃO ANULATÓRIA. CONVENÇÃO COLETIVA DE TRABALHO. CLÁUSULA QUE VEDA TERCEIRIZAÇÃO NO ÂMBITO DE CONDOMÍNIOS RESIDENCIAIS. VALIDADE DA NORMA. É legítima a fixação de cláusula em convenção coletiva de trabalho que veda a terceirização de atividades no âmbito dos condomínios residenciais. Tal norma, ao eleger absoluta preferência à relação de emprego, harmoniza-se com o ambiente doméstico — que se perfaz diante da pequena comunidade

---

(554) Tribunal Superior do Trabalho. Seção Especializada em Dissídios Coletivos. RO 332-46.2012.5.10.0000. Relª. Minª. Kátia Magalhães Arruda. DEJT 22.6.2018.

voltada para fins comuns, de forma a propiciar relação mais próxima e de confiança com aqueles que exercem as funções de zelador, vigia, porteiro, jardineiro, faxineiro etc. —, e com o que dispõem os arts. 3º da CLT e 7º, XXVI, da Constituição Federal. Recurso Ordinário conhecido e não provido.[555]

Portanto, ainda que a Reforma Trabalhista tenha caminhado para autorização ampla da terceirização, essa mesma lei admitiu o avanço de normas negociadas, desde que não violem cláusulas de proteção constitucional.

Assim, espera-se que as próprias entidades sindicais laborais tenham força e legitimidade suficiente para barrar os excessos praticados pela Reforma.

---

(555) Tribunal Superior do Trabalho. Seção Especializada em Dissídios Coletivos. RO 5759-78.2015.5.15.0000. Relª. Minª. Maria de Assis Calsing. DEJT 21.06.2018.

Capítulo 11

Coisa Julgada. Aportes Gerais

11.1. Noções sobre o regime geral da coisa julgada

Classicamente a coisa julgada é assim definida pela doutrina:

> A expressão coisa julgada, da qual pela força do costume não cabe prescindir, tem mais um significado. *Res iudicata* é, na realidade, o litígio julgado, ou seja, o litígio depois da decisão, ou mais precisamente, levando-se em conta a estrutura diversa entre o latim e o italiano, o juízo dado sobre o litígio, ou seja, sua decisão. Em outras palavras, o ato e, por sua vez, o efeito de decidir, que realiza o juízo em torno do litígio. Se se descompusesse esse conceito (ato e efeito), o segundo dos lados que dele resultam, ou seja, o efeito de decidir recebe também e especialmente o nome da coisa julgada que, por conseguinte, serve para designar, tanto a decisão em conjunto, quanto em particular sua eficácia[556].

Outra doutrina clássica, tanto quanto a anteriormente transcrita, de maneira mais sintética e didática, prelecionou com grande propriedade que:

> A autoridade da coisa julgada não é efeito da sentença, como postula a doutrina unânime, mas sim, modo de manifestar-se e produzir-se os efeitos da própria sentença, algo que a esses efeitos se ajunta para qualificá-los e reforçá-los em sentido determinado[557].

Após alguma vacilação, ficou bastante óbvio posteriormente para a doutrina e jurisprudência que a coisa julgada não era mero efeito extraído da sentença, mas algo que se adiciona, ou se "ajunta", como diz o trecho citado, para qualificar e reforçar o efeito da decisão, tornando-a indiscutível.

Trata-se, também, de uma verdadeira necessidade do sistema jurídico de conferir estabilidade às relações sociais, conferindo certa segurança aos vencedores e até aos perdedores, das ações judiciais, pois todos acabam ao final sabendo bem o que pode e o que não pode ser mais ser objeto de irresignação e continuidade da demanda, pois significa tornar indiscutível o conteúdo de certas decisões judiciais, daí ser considerada por alguns como uma das facetas extraídas do princípio da segurança jurídica[558].

A coisa julgada é considerada pelo CPC como preliminar de mérito (art. 337, VII), a ser conhecida de ofício, sendo verificada quando se "reproduz ação anteriormente ajuizada" (art. 337, § 1º), o que significa dizer repetir ação anterior com mesmas partes, pedidos e causa de pedir (art. 337, § 2º).

O CPC delimitou bem o instituto ao conceituar acertadamente a coisa julgada como:

Art. 502. Denomina-se coisa julgada material a autoridade que torna imutável e indiscutível a decisão de mérito não mais sujeita a recurso.

Mais à frente o CPC definiu bem um ponto que afasta bastante o regime geral do CPC da coisa julgada da sistemática específica das ações coletivas, senão vejamos:

Art. 506. A sentença faz coisa julgada às partes entre as quais é dada, não prejudicando terceiros.

---

(556) CARNELUTTI, Francesco. *Sistema de direito processual civil*. V. 1. São Paulo: Classic Book, 2000. p. 51.
(557) LIEBMAN, Enrico Túlio. *Eficácia e autoridade da sentença e outros escritos sobre a coisa julgada*. 3. ed. São Paulo: Forense, 1984. p. 39.
(558) Nesse sentido, dentre tantos, DIDIER JR., Fredie; ZANETI JR., Hermes. *Op. cit.*, p. 441.

Aliás, a doutrina do processo coletivo é praticamente unânime ao afirmar a coisa julgada como um dos aspectos da disciplina do processo coletivo que mais consolida e destaca a diferença entre a tutela individual e a coletiva[559], pois as citadas regras tradicionais do CPC, como a coisa julgada *pro et contra* e a da restrição à eficácia entre as partes do citado art. 506 do CPC ficam bem distantes das peculiaridades da tutela coletiva.

Ao contrário do regime tradicional das lides individuais, a coisa julgada do processo coletivo mira sempre aquele "terceiro" citado no art. 506, do CPC.

11.2. O tripé no qual se assenta a coisa julgada

Como destacado, a sistemática da coisa julgada do processo coletivo se distancia bem do regime dos processos coletivos, contudo, compreender bem os elementos que participam da construção do instituto, ainda que voltado à explicação das lides individuais, ajudará demais na compreensão das características específicas do processo coletivo, daí a opção por desenvolver inicialmente tal item.

Com efeito, como destaca bem a doutrina autorizada, o regime jurídico da coisa julgada está assentado em verdadeiro tripé, qual seja: i) limites subjetivos; ii) limites objetivos; iii) modo de produção dessa coisa julgada.

Limites subjetivos significa quem são os alcançados pela força dessa coisa julgada. Nesse caso a coisa julgada poderá ser *inter partes*, *ultra partes* e *erga omnes*.

A coisa julgada *inter partes*, ou apenas entre as partes litigantes, é aquela disposta na regra geral do art. 506 já transcrito anteriormente.

A coisa julgada *ultra partes*, ao contrário da anterior, não vincula somente as partes, mas também "determinados terceiros"[560]. Portanto, atinge não apenas os atores envolvidos diretamente no processo, mas também terceiros com alguma vinculação ao direito veiculado na demanda. É exatamente a situação da substituição processual. Nesta, o substituído, malgrado não ter participado como autor ou réu do processo, poderá ter sua esfera de direito atingida por aquela demanda.

Na última hipótese, coisa julgada *erga omnes*, há uma potencialização da modalidade citada anteriormente, pois, os efeitos dessa coisa julgada não atingirão somente determinados terceiros, mas a todos, "tenham ou não participado do processo"[561]. É exatamente o que ocorre com a coisa julgada produzida nas ações de controle concentrado de constitucionalidade, pois a inconstitucionalidade ali declarada de um dispositivo legal, não atingirá somente "determinados terceiros", mas todos os que vivem na comunidade alcançada por aquela lei declarada inconstitucional.

Após a apresentação dessas distinções, ficará bem fácil a compreensão do regime da coisa julgada do processo coletivo, conforme o disposto no art. 103, I e II, do CDC (a ser transcrito posteriormente).

Quanto aos limites objetivos da coisa julgada, a regra geral é submeter à coisa julgada os pedidos apreciados pelo dispositivo da decisão, tal como dispõe o art. 503, do CPC. Além disso, tem-se a possibilidade de a questão incidental, conforme regramento construído pelo CPC, também alcançar força de lei, desde que observados os pressupostos cumulativos dispostos nos incs. I, II e III, do § 1º, do art. 503, do CPC.

Por fim, quanto ao modo de produção, há três tipos distintos de coisa julgada.

No primeiro deles, tem-se a hipótese clássica da coisa julgada *pro et contra*, formada independentemente do resultado de procedência ou improcedência da lide. É a plena e clássica hipótese da preclusão máxima decorrente da coisa julgada, não importando quem foi atingido.

O terceiro tipo, chamado coisa julgada *secundum eventum litis* (segundo o resultado da lide), ao contrário da anterior, alcança a imutabilidade apenas e tão somente quantos aos pedidos julgados procedentes na demanda. Portanto, se os

---

(559) Na mesma linha, dentre tantos, NEVES, Daniel Amorim Assunção. *Op. cit.*, p. 355.

(560) DIDIER JR., Fredie; ZANETI JR., Hermes. *Op. cit.*, p. 442.

(561) *Idem*.

pedidos forem julgados improcedentes em determinada demanda, considerando a sistemática dessa modalidade de coisa julgada, esses mesmos pedidos poderão ser novamente propostos, pois a imutabilidade nessa hipótese atinge apenas e tão somente, repita-se, os pedidos julgados procedentes.

O terceiro e último modo de produção, trata da hipótese da coisa julgada *secundum eventum probationis* (segundo o resultado da prova). Nesta hipótese a imutabilidade da coisa julgada material somente se dá quando forem exauridos todos os meios de prova legal e moralmente admitidos, é o que também pode ser chamado de esgotamento das provas. Portanto, decisão declarando a improcedência de pedidos sem exaurimento das provas, não fará coisa julgada material, o que significa dizer que os mesmos pedidos poderão ser reapresentados, desde que lastreados em novas provas.

A modalidade de coisa julgada a depender da suficiência ou não da prova se mostra de pouquíssima incidência no processo coletivo laboral. Para sermos bem verdadeiros, em muitos anos de atuação ministerial judicial, nunca observamos a ocorrência desse fenômeno.

Os dois últimos modos de produção são fenômenos distintos, inobstante haja uma frequente confusão da doutrina e jurisprudência laboral, baralhando tais conceitos, a serem novamente retomados quando for enfrentado o regime da coisa julgada no processo coletivo.

11.3. Noções sobre o regime geral da coisa julgada no processo coletivo

Como já observado anteriormente, a regime da coisa julgada do processo coletivo mostra-se completamente apartado do modelo do processo individual clássico.

E tal diferenciação tem assento principalmente na característica peculiar ao processo coletivo da desvinculação entre o legitimado da tutela coletiva e o titular do direito material vindicado por esse titular coletivo.

Daí porque surge a necessidade de conferir proteção especial a esse titular individual do direito material substituído pelo ente coletivo não ser atingido por uma imutabilidade prejudicial aos seus interesses, em razão de não ter participado da ação coletiva que eventualmente tenha logrado insucesso.

De outra banda, completamente distinta, surge a necessidade de o réu não ficar à mercê indefinidamente[562] dessa situação jurídica de direito material coletivo, daí a necessidade de se construir um sistema de coisa julgada que traga também segurança a essa parte demandada.

Vale destacar que o modelo pátrio é bastante diferente da realidade das *class actions* britânica e estadunidense. Há vários aspectos ressaltando as dessemelhanças desses paradigmas. Talvez a mais impactante seja a característica de as *class actions*, a par de poderem ser manejadas por qualquer pessoa física, desde que defenda seu próprio interesse e represente adequadamente a coletividade dos empenhados[563], terem a prerrogativa de substituir a tutela individual, sendo a coisa julgada coletiva desse modelo apta a impedir a propositura de ações individuais com mesmo objeto pelos membros do grupo, salvo eventual e admissível possibilidade de autoexclusão desse substituído.

No cenário brasileiro, bem ao contrário, a coisa julgada coletiva não pode prejudicar os direitos individuais dos membros do grupo, pois aqui terá extensão *erga omnes* ou *ultra partes*, estendendo-se seus efeitos (*secundum eventum litis*), apenas para beneficiar (*in utilibus*) eventuais titulares na "interface com as ações individuais"[564], conforme será apresentado posteriormente.

Em simples palavras, no sistema nacional ordinariamente os pedidos veiculados em demandas individuais não são prejudicados pela improcedência de similares pleitos em ações coletivas, nem muito menos os pedidos destas impedem

---

(562) No mesmo sentido cf. DIDIER JR, Fredie; ZANETI JR., Hermes. *Op. cit.*, p. 444.

(563) "O individualismo presente na cultura americana só admitiria que alguém representasse os interesses de outrem se, fazendo isso, estivesse também protegendo seus próprios interesses. A confiança na atuação do representante é ainda mais sólida quando, somente protegendo os interesses de todos os membros do grupo, o indivíduo conseguir satisfazer os seus próprios interesses. Isso é considerado um instituto egoístico 'natural' ao homem". In: GIDI, Antonio. *A class action como instrumento de tutela coletiva dos direitos*: as ações coletivas em uma perspectiva comparada, *op. cit.*, p. 94.

(564) MANCUSO, Rodolfo de Camargo. *Jurisdição coletiva e coisa julgada*: teoria geral das ações coletivas, *op. cit.*, p. 74.

a veiculação daquelas. Os possíveis benefícios ou prejuízos do encontro desses universos de lides singulares e coletivas são bem delimitados pela lei.

Essas são as bases teóricas para compreensão da sistemática da coisa julgada no processo coletivo geral, aqui a ser desenvolvido com ênfase no processo coletivo laboral.

A base legal para a coisa julgada do processo coletivo está assentada em dispositivos legais dispostos no CDC. Vejamos:

Art. 103. Nas ações coletivas de que trata este código, a sentença fará coisa julgada:

I – *erga omnes*, exceto se o pedido for julgado improcedente por insuficiência de provas, hipótese em que qualquer legitimado poderá intentar outra ação, com idêntico fundamento valendo-se de nova prova, na hipótese do inciso I do parágrafo único do art. 81;

II – *ultra partes*, mas limitadamente ao grupo, categoria ou classe, salvo improcedência por insuficiência de provas, nos termos do inciso anterior, quando se tratar da hipótese prevista no inciso II do parágrafo único do art. 81;

III – *erga omnes*, apenas no caso de procedência do pedido, para beneficiar todas as vítimas e seus sucessores, na hipótese do inciso III do parágrafo único do art. 81.

§ 1º Os efeitos da coisa julgada previstos nos incisos I e II não prejudicarão interesses e direitos individuais dos integrantes da coletividade, do grupo, categoria ou classe.

§ 2º Na hipótese prevista no inciso III, em caso de improcedência do pedido, os interessados que não tiverem intervindo no processo como litisconsortes poderão propor ação de indenização a título individual.

§ 3º Os efeitos da coisa julgada de que cuida o art. 16, combinado com o art. 13 da Lei n. 7.347, de 24 de julho de 1985, não prejudicarão as ações de indenização por danos pessoalmente sofridos, propostas individualmente ou na forma prevista neste código, mas, se procedente o pedido, beneficiarão as vítimas e seus sucessores, que poderão proceder à liquidação e à execução, nos termos dos arts. 96 a 99.

Art. 104. As ações coletivas, previstas nos incisos I e II do parágrafo único do art. 81, não induzem litispendência para as ações individuais, mas os efeitos da coisa julgada *erga omnes* ou *ultra partes* a que aludem os incisos II e III do artigo anterior não beneficiarão os autores das ações individuais, se não for requerida sua suspensão no prazo de trinta dias, a contar da ciência nos autos do ajuizamento da ação coletiva.

Essas hipóteses serão analisadas de maneira singular, especificamente no cenário do processo coletivo laboral. Vejamos:

11.4. Coisa julgada coletiva nas ações laborais envolvendo direitos difusos e coletivos em sentido estrito

O regime da coisa julgada nas hipóteses de direitos difusos e coletivos em sentido estrito, conforme disposto nos transcritos incs. I e II do art. 103, é o do *secundum eventum litis*, já explicado anteriormente. Quanto aos direitos difusos, a coisa julgada, por opção legislativa, será *erga omnes*. Quanto aos coletivos em sentido estrito, a coisa julgada será *ultra partes*.

Vamos explicar melhor.

No tocante aos direitos difusos e coletivos em sentido estrito, a coisa julgada, na hipótese de improcedência dos pedidos da ação coletiva, tem uma especialidade que a diferencia da coisa julgada das lides individuais clássicas.

Na coisa julgada clássica a imutabilidade e indiscutibilidade não dependem da fundamentação da decisão, nem da suficiência ou não das provas apresentadas, conforme já explicado anteriormente.

Já nos direitos difusos e coletivos em sentido estrito, caso a sentença ou acórdão tenha como fundamento a falta ou insuficiência probatória, ainda que o mérito tenha sido enfrentado, tal fundamento possibilitará a propositura de nova e idêntica ação coletiva, pelo mesmo autor ou outro ente coletivo legalmente legitimado, com mesmo pedido ou causa de pedir, **desde que traga suporte probatório distinto do apresentado na primeira ação.**

Trata-se do fenômeno já exposto anteriormente da coisa julgada *secundum eventum probationis*, já explicada anteriormente.

Esse instituto processual afirma que, inobstante a ocorrência de coisa julgada material em razão da apreciação de mérito, existe a possibilidade de nova ação coletiva, idêntica à anterior, ser proposta com apresentação de (nova) "prova suficiente para um novo juízo de direito acerca da questão de fundo"[565].

Tal regime tem bastante similaridade com a coisa julgada material nos processos cujo objeto sejam as relações de trato continuativo, conforme disposto no art. 505, I, do CPC, que permitem, malgrado a formação de coisa julgada material, a alteração de sucumbência em razão de mudança de circunstâncias supervenientes de fato e de direito.

Nesse regime de coisa julgada, a prova além de ser nova para o julgador, deverá possibilitar um novo resultado ao mérito da demanda. Diz-se prova nova apenas para o juízo porque poderá ter sido produzida antes, durante ou depois da improcedência dos pedidos da primeira ação coletiva. O importante é que essa prova nova convença o julgador da possibilidade de essa nova ação coletiva alcançar resultado distinto da demanda anteriormente ajuizada.

Outra questão refere-se à ausência de necessidade de declaração expressa de "improcedência por falta de provas" no dispositivo (parte final) do julgado, pois o autor da nova demanda poderá comprovar fartamente na inicial que a nova prova apresentada é agora suficiente para alcançar a procedência dos pedidos julgados anteriormente improcedentes.

Vale deixar destacada, mais uma vez, a ausência de necessidade de fórmula expressa no julgado destacando a improcedência por falta de provas, contudo, tal clareza será sempre mais conveniente, uma vez que se deixa aberta objetivamente a porta para uma nova e idêntica ação coletiva, com novo suporte probatório.

Para finalizar essa questão, vamos imaginar ação coletiva proposta por determinado sindicato obreiro que pretende a redução de ruído de conjunto de máquinas de grande porte em parque industrial de determinada empresa, com expresso pedido de abafamento ou vedação sonora das partes principais dessas máquinas industriais, sendo tal demanda instruída unicamente com provas testemunhais atestando a progressiva perda auditiva induzida por ruído dos trabalhares que operam tais equipamentos.

Há julgamento de improcedência dos pedidos em razão da falta de demonstração cabal do nexo causal havido entre o ruído gerado no parque industrial e os problemas de perda auditiva enfrentados pelos trabalhadores.

Nova ação coletiva, proposta pelo mesmo sindicato ou pelo Ministério Público do Trabalho, agora junta na peça inicial laudo pericial elaborado pelo Ministério do Trabalho e Emprego que comprova cientificamente o excesso de ruído ocasionado pelas máquinas, a possibilidade de redução desse ruído por intermédio de encapsulamento parcial dessas máquinas, bem como o nexo causal entre o barulho gerado e os problemas de saúde enfrentados pelos empregados.

Nessa hipótese admite-se agora a procedência dos mesmos pedidos que foram anteriormente julgados improcedentes, unicamente em razão dessa nova prova técnica apresentada.

Neste caso concreto, a coisa julgada *ultra partes* não vincula somente os atuais trabalhadores, mas também "determinados terceiros", com alguma vinculação ao direito vindicado, isto é, conjunto de trabalhadores que já laboraram naquele parque industrial, bem como os futuros empregados daquele ente econômico. Exatamente como acontece no fenômeno processual da substituição processual. Nesta, o substituído, malgrado não ter participado como autor ou réu do processo, poderá ter sua esfera de direito atingida por aquela demanda.

Na hipótese da coisa julgada *erga omnes*, há uma espécie de potencialização da modalidade *ultra partes*, citada anteriormente, pois, os efeitos dessa coisa julgada não atingirão somente determinados terceiros (empregados demitidos ou futuros trabalhadores daquele ente econômico, como foi o caso do exemplo citado), mas a todos que tenham ou não participado do processo.

Pensamos que essa distinção legal entre *"ultra partes"* e *"erga omnes"* é um tanto quanto desnecessária.

---

(565) DIDIER JR., Fredie; ZANETI JR., Hermes. *Op. cit.*, p. 445.

A coisa julgada *erga omnes* ou *ultra partes* acontece indistintamente nas hipóteses de situação litigiosa coletiva, portanto atingindo de maneira idêntica grupo, classe ou coletividade vinculada àquela situação.

Se o grupo é composto por pessoas indeterminadas (direitos difusos), a coisa julgada será *erga omnes* alcançando todos os componentes daquela universalidade.

Se o grupo é formado por pessoas inicialmente indeterminadas, porém com alguma possibilidade de delimitação posterior, como é o caso dos direitos coletivos em sentido estrito, a coisa julgada também alcançará indistintamente os membros daquele grupo, exatamente como a modalidade anterior, porém atingindo universo certamente mais limitado.

Para parte da doutrina tal distinção também parece desnecessária. Vejamos:

> Dizer que a coisa julgada nas ações coletivas em defesa de direito superindividual se opera *erga omnes* ou *ultra partes* significa que a lide superindividual (lide difusa, lide coletiva) está definitivamente julgada e acobertada pelo manto da coisa julgada coletiva. Assim, seja a sentença de procedência, seja de improcedência (em havendo suficiência probatória), a mesma ação coletiva, em defesa do mesmo direito não poderá ser reproposta: o comando da sentença é imutável.[566]

Mais à frente a mesma doutrina em tom um pouco mais crítico afirma:

> É certo que *erga omnes* (contra todos), abstrata e isoladamente considerado, tem feição aparentemente mais ampla e peremptória que a *ultra partes* (além das partes). Há nítida impressão de que a primeira atinge a todos e a segunda atinge apenas a alguns. No entanto, na forma em que estão postas as coisas no direito positivo brasileiro, como procuramos haver demonstrado, não há como fazer tal afirmação...[567]

De toda sorte, trata-se de parâmetro legal que merece ser explicado e devidamente observado.

O TST parece já ter compreendido bem a distinção dos regimes de coisa julgada aqui apontados, senão vejamos:

AÇÃO CIVIL COLETIVA JULGADA IMPROCEDENTE. COISA JULGADA. NÃO CONFIGURAÇÃO. Em se tratando de ações coletivas e da natureza especial dos direitos nelas reivindicados, o Código de Defesa do Consumidor disciplinou os efeitos produzidos, em especial nos arts. 103 e 104, para dar origem à flexibilidade legal no trato da coisa julgada da ação correspondente, com o fim de evitar prejuízo aos verdadeiros detentores desses interesses e direitos, os substituídos. Em consequência, originou-se o regime da coisa julgada *secundum eventum litis*, só para favorecer, mas não prejudicar, as pretensões individuais. No âmbito da tutela coletiva, em virtude da qualidade do direito e da legitimação conferida para a sua defesa, não existe somente uma coisa julgada, mas diversas espécies, a depender da natureza do direito material litigioso e do resultado da demanda. Por isso, três hipóteses afiguram-se no resultado prático do processo, a saber: a procedência do pedido coletivo, sua improcedência por insuficiência de provas e sua improcedência, depois de regular e suficiente instrução. Na hipótese, o pedido contido na ação coletiva ajuizada pelo Ministério Público do Trabalho foi julgado improcedente, razão pela qual, nos termos do art. 103, III, do CDC, não se há de falar em coisa julgada. Precedentes desta Corte. Incidência do óbice contido na Súmula n. 333 do TST. Recurso de revista de que não se conhece.[568]

A coisa julgada no processo coletivo está disciplinada nos arts. 103 e 104, do CDC, que estabelecem o regime da coisa julgada *secundum eventum Litis* — segundo o resultado do processo e *secundum eventum probationis* — de acordo com o sucesso da prova. O art. 103 do CDC é expresso quanto ao alcance *erga omnes* (nos direitos difusos e individuais) e *ultra partes* (no direito coletivo *stricto sensu*) da sentença proferida nas ações coletivas, diferentemente do processo individual, em que a coisa julgada, em regra, tem efeito *inter partes*. Recurso de revista conhecido e provido.[569]

11.5. Coisa julgada coletiva nas ações laborais envolvendo direitos individuais homogêneos

O regime da coisa julgada dos direitos individuais homogêneos se encontra no art. 103, III, já transcrito, cujo texto legal mostra-se bastante lacunoso.

---

(566) GIDI, Antonio. *A coisa julgada e litispendência em ações coletivas, op. cit.*, p. 117-118.
(567) *Ibidem*, p. 110.
(568) Tribunal Superior do Trabalho. 7ª Turma. RR – 422-68.2012.5.09.0651. Rel. Min. Cláudio Mascarenhas Brandão. DEJT 1º.12.2017.
(569) Tribunal Superior do Trabalho. 6ª Turma. ARR – 301-47.2013.5.03.0077. Rel. Min. Aloysio Corrêa da Veiga. DEJT 2.9.2016.

Diz o dispositivo legal já transcrito que a sentença proferida na ação coletiva contendo pedidos de natureza de direitos individuais homogêneos fará coisa julgada *erga omnes*, apenas no caso de procedência desses pedidos, beneficiando por consequência vítimas e seus sucessores.

Fica bem claro, portanto, que a coisa julgada somente terá assento em caso de procedência do(s) pedido(s) para beneficiar todas as vítimas ou sucessores dessas vítimas.

Portanto, inobstante o dispositivo legal seja lacunoso quanto aos efeitos da improcedência do pedido, já está consolidado tanto pela doutrina como pela jurisprudência laboral, que tal improcedência fará coisa julgada tão somente em relação ao rol legal de legitimados coletivos, contudo, não prejudicando os interesses das vítimas e seus sucessores, desde que tais titulares individuais não tenham intervindo no processo coletivo como litisconsortes.

Nessa linha, a coisa julgada coletiva não prejudicará os titulares individuais dos direitos (vale lembrar que se trata de direitos individuais homogêneos, portanto, direitos materialmente individuais, porém recebem tratamento coletivo pela sua relevância social, como já visto anteriormente), salvo se o substituído tenha ingressado como litisconsorte dessa ação coletiva.

Vale lembrar que o art. 94 do CDC prevê, na hipótese de propositura de ação coletiva encartando direitos individuais homogêneos, a exigência expressa de publicação de edital para ciência dos eventuais interessados individuais, a fim de possibilitar a intervenção no "processo como litisconsortes", sem prejuízo de outras modalidades de divulgação dessa demanda coletiva.

O TST já consolidou bem tal entendimento. Vejamos:

COISA JULGADA. AÇÃO COLETIVA. AÇÃO INDIVIDUAL. DIREITO INDIVIDUAL HOMOGÊNEO. NÃO CONHECIMENTO. Sendo as promoções um direito individual homogêneo, a ação coletiva eventualmente ajuizada apenas fará coisa julgada erga omnes no caso de procedência, para beneficiar, mas jamais no caso de improcedência para prejudicar os seus titulares, independentemente do motivo, nos termos do art. 103, III, do CDC. Dessa forma, não há falar em efeitos da coisa julgada em relação à ação individual de ação coletiva que defendia direitos individuais homogêneos e teve seus pedidos julgados improcedentes, independentemente do motivo. De mais a mais, não há falar em coisa julgada entre a ação coletiva proposta pelo sindicato e a ação individual ajuizada pelo reclamante, porquanto não caracterizada a tríplice identidade...[570]

Importante destacar que a sentença que julgar procedente o pedido será usualmente (tal assunto será abordado mais à frente) genérica, nos termos do art. 95 do CDC, devendo ser liquidada e executada individualmente por cada interessado ou sucessor.

Também vale lembrar que, consoante prevê o já transcrito art. 104 do CDC, o tal efeito *erga omnes* (não parece ser a nomenclatura mais correta, considerando que foi usada igualmente para os direitos difusos) da coisa julgada dos direitos individuais homogêneos não beneficiará, nem prejudicará autores de ações individuais com idênticos objetos e causas de pedir, salvo se houver pedido de suspensão, no prazo de trinta dias a contar da ciência da ação coletiva, pelo autor individual, visando aguardar o resultado da demanda coletiva.

Nesse caso, o autor individual poderá se beneficiar da coisa julgada coletiva em caso de procedência dessa demanda, daí o chamado (incorreto) efeito *erga omnes* dessa modalidade de coisa julgada, podendo em incidente individual liquidar e executar individualmente, aproveitando-se da coisa julgada coletiva.

Caso os pedidos da ação coletiva sejam julgados improcedentes, aquele autor individual que suspendeu a sua demanda com pedido idêntico à demanda coletiva, poderá retornar o curso dessa individual, sem qualquer prejuízo.

Nesse eito, a coisa julgada material se formará tão somente para os autores coletivos, não prejudicando individuais que eventualmente até suspenderam suas ações individuais, ao tomar ciência da coletiva, para aguardar resultado desta.

A única hipótese de a coisa julgada coletiva afetar os interesses dos substituídos singularmente ocorrerá quando tais singulares, além de terem requerido a suspensão no prazo legal de suas demandas, também terem aderido à ação coletiva na condição de litisconsortes.

---

(570) Tribunal Superior do Trabalho. 4ª Turma. RR 567-12.2011.5.01.0028. Rel. Min. Guilherme Augusto Caputo Bastos. DEJT 2.3.2018.

11.5.1. Coisa julgada coletiva secundum eventum probationis nos direitos individuais homogêneos e a posição do STJ

O Superior Tribunal de Justiça fixou entendimento, ao julgar o RESP n. 1.302.596-SP, de que não é possível aos titulares legais das ações coletivas proporem novamente demanda, encartando direitos individuais homogêneos, ainda que com fundamento em prova nova, consoante o já estudado critério da coisa julgada *secundum eventum probationis*, em caso de improcedência desses pedidos.

O argumento central para justificar tal vedação centrou no já citado art. 94 do CDC que admite expressamente a possibilidade de o titular da ação individual ingressar como litisconsorte na ação coletiva, em caso de defesa de direitos individuais homogêneos, daí uma maior proximidade entre os titulares coletivos apontados pela lei e os titulares dos direitos materiais individuais.

Vejamos a ementa dessa decisão, para compreender melhor o aqui afirmado:

RECURSO ESPECIAL. PROCESSUAL CIVIL. PROCESSO COLETIVO. DIREITOS INDIVIDUAIS HOMOGÊNEOS. MEDICAMENTO "VIOXX". ALEGAÇÃO DE DEFEITO DO PRODUTO. AÇÃO COLETIVA JULGADA IMPROCEDENTE. TRÂNSITO EM JULGADO. REPETIÇÃO. IMPOSSIBILIDADE. INTELIGÊNCIA DOS ARTS. 81, INCISO III, E 103, INCISO III E § 2º, DO CDC. RESGUARDO DO DIREITO INDIVIDUAL DOS ATINGIDOS PELO EVENTO DANOSO. DOUTRINA. 1. Cinge-se a controvérsia a definir se, após o trânsito em julgado de decisão que julga improcedente ação coletiva para a defesa de direitos Individuais homogêneos, é possível a repetição da demanda coletiva com o mesmo objeto por outro legitimado em diferente estado da federação. 2. A apuração da extensão dos efeitos da sentença transitada em julgado proferida em ação coletiva para a defesa de direitos individuais homogêneos passa pela interpretação conjugada dos arts. 81, inciso III, e 103, inciso III e § 2º, do Código de Defesa do Consumidor. 3. Nas ações coletivas intentadas para a proteção de interesses ou direitos individuais homogêneos, a sentença fará coisa julgada erga omnes apenas no caso de procedência do pedido. No caso de improcedência, os interessados que não tiverem intervindo no processo como litisconsortes poderão propor ação de indenização a título individual. 4. Não é possível a propositura de nova ação coletiva, mas são resguardados os direitos individuais dos atingidos pelo evento danoso.[571]

Essa questão ainda não foi enfrentada pelo Tribunal Superior do Trabalho, pelo que constatei em jurisprudência pesquisada.

Essa posição do STJ merece o necessário rechaço e não pode ser espraiada para os limites laborais, por diversas razões.

A principal delas seria o prejuízo indevido trazido à tutela dos direitos individuais homogêneos, criando-se, em relação aos direitos difusos e coletivos em sentido estrito, uma distinção que acaba por enfraquecer a categoria aqui estudada, pois quanto àquelas modalidades se admite a repropositura de ação coletiva com base em prova nova, já quanto aos individuais homogêneos essa hipótese seria rechaçada.

Ademais, a possibilidade de ingresso do titular individual na ação coletiva na condição de litisconsorte, consoante autoriza o já citado art. 94, do CDC, não permite e não justifica a falta de aplicação da coisa julgada *secundum eventum probationis* para as ações coletivas que afirmam direitos individuais homogêneos.

Essa decisão do STJ, conforme aponta a doutrina, bloquearia, por exemplo, a revisão da coisa julgada coletiva formada por uma ação coletiva anterior que, no início do litígio, "ainda não possuía as informações necessárias para enfrentar a questão do ponto de vista técnico-científico"[572], o que só aconteceria após o elemento probatório agora encartado em nova ação coletiva, com similares pedidos e causa de pedir, exatamente consoante exemplo citado anteriormente.

Não há porque criar tal distinção entre os direitos individuais homogêneos e o grupo dos difusos e coletivos em sentido estrito, porquanto essas modalidades de direitos transindividuais admitem expressamente tal modalidade de coisa julgada.

Ademais, estamos trabalhando desde o início do presente estudo a relevância que deve ser conferida à tutela dos direitos individuais homogêneos nas ações coletivas laborais em razão da importância dessas demandas, principalmente em cenário atual de cada vez mais restrição legal à defesa dos direitos individuais de uma classe menos protegida.

---

(571) Superior Tribunal de Justiça. 3ª Turma. RESP 1302596-SP. Rel. Min. Ricardo Villas Bôas Cueva. DE 18.4.2016.
(572) DIDIER JR., Fredie; ZANETI JR., Hermes. *Op. cit.*, p. 451.

11.6. Repercussão da coisa julgada coletiva no plano individual. Da ausência de litispendência

Dizem os §§ 2º e 3º do art. 103 do CDC, bem como o art. 104 o seguinte:

> § 2º Na hipótese prevista no inciso III, em caso de improcedência do pedido, os interessados que não tiverem intervindo no processo como litisconsortes poderão propor ação de indenização a título individual.

> § 3º Os efeitos da coisa julgada de que cuida o art. 16, combinado com o art. 13 da Lei n. 7.347, de 24 de julho de 1985, não prejudicarão as ações de indenização por danos pessoalmente sofridos, propostas individualmente ou na forma prevista neste código, mas, se procedente o pedido, beneficiarão as vítimas e seus sucessores, que poderão proceder à liquidação e à execução, nos termos dos arts. 96 a 99.

> Art. 104. As ações coletivas, previstas nos incisos I e II e do parágrafo único do art. 81, não induzem litispendência para as ações individuais, mas os efeitos da coisa julgada *erga omnes* ou *ultra partes* a que aludem os incisos II e III do artigo anterior não beneficiarão os autores das ações individuais, se não for requerida sua suspensão no prazo de trinta dias, a contar da ciência nos autos do ajuizamento da ação coletiva.

A redação desses dispositivos mostra de maneira bastante clara a possibilidade do chamado transporte *in utilibus* da coisa julgada coletiva para as ações individuais.

Isso significa que o indivíduo poderá vale-se, como já se destacou no início do presente capítulo, dos reflexos positivos da coisa julgada coletiva para proceder a liquidação e execução de sentença, conforme art. 103, § 3º.

Esse regramento também significa, por outro ângulo de compreensão, a impossibilidade de a improcedência dos pedidos em sede de ação coletiva gerar alguma consequência negativa à ação individual semelhante, salvo se, conforme já tratado, tenha o substituído individual se utilizado da prerrogativa processual de suspensão da ação individual, e consequente ingresso no feito coletivo na condição de litisconsorte, providência compatível tão somente em relação aos direitos individuais homogêneos.

Veja que a mera suspensão da ação individual, sem aderência na condição de litisconsorte na ação coletiva, visando a se aguardar o resultado do processo coletivo, não afeta a pretensão de direito individual, podendo ser posteriormente movimentada, salvo se atingida pela prescrição.

Não se vislumbra a possibilidade de que coisa julgada coletiva, versando sobre direitos difusos ou coletivos em sentido estrito possam ser aproveitadas *in utilibus* e executadas no plano individual no processo coletivo do trabalho, isso porque tais modalidades de direitos são material e processualmente transindividuais, não se admitindo, portanto, a partição em cotas singulares, aptas a serem executadas individualmente.

Há parcela da doutrina de direto processual civil admitindo que a sentença coletiva encartando direitos difusos e coletivos em coletivos em sentido estrito possa servir de "títulos para uma execução coletiva e para uma execução individual"[573], a ser proposta pela vítima que se beneficiou do transporte *in utilibus* da coisa julgada coletiva, sem a necessidade da comprovação do *an debeatur* (o que é devido), mas apenas da demonstração do dano e do nexo causal entre a conduta e o prejuízo.

Mais uma vez, apesar de compreender a ideia proposta pela doutrina, não conseguimos com ela concordar, isso porque, no momento em que se admite a liquidação e execução individual dos prejuízos, desfiguram-se as categorias dos direitos difusos ou coletivos em sentido estrito.

No processo coletivo do trabalho ainda não observamos na prática a possibilidade de transporte *in utilibus* quando não seja o caso de direitos individuais homogêneos.

Assim, quando se fala em transporte *in utilibus* da coisa julgada do processo coletivo para a esfera individual dos substituídos interessados, necessariamente está-se tratando dos chamados direitos individuais homogêneos, a única modalidade de direitos coletivos em sentido lato que permitem tal transporte do coletivo para o singular.

Nesta hipótese, o interessado poderá intervir no processo coletivo, atendendo ao disposto no art. 94 do CDC (chamada editalícia), na condição de litisconsorte, sendo neste caso alcançado pela coisa julgada coletiva.

---

(573) DIDIER JR., Fredie; ZANETI JR., Hermes. *Op. cit.*, p. 453.

Em caso de procedência, poderá o substituído liquidar e executar individualmente a sua pretensão.

Na hipótese de improcedência da ação coletiva, com intervenção do particular na lide como litisconsorte, a coisa julgada produzida também alcançará a pretensão individual suspensa desse demandante.

Caso já explicado anteriormente, a suspensão da ação individual, porém com falta de adesão na lide coletiva, não afeta os interesses individuais do titular do direito material.

É exatamente o que diz a redação dos §§ 2º e 3º, do art. 103, bem como do art. 104 já transcritos anteriormente.

Especificamente sobre ausência de litispendência entre as ações individuais e coletivas, não importando a modalidade de direitos coletivos encartadas nessas demandas, o TST vem construindo sólida jurisprudência afastando essa possibilidade de litispendência. Vejamos:

> AÇÃO COLETIVA AJUIZADA POR SINDICATO COMO SUBSTITUTO PROCESSUAL E AÇÃO INDIVIDUAL. SUBSTITUIÇÃO PROCESSUAL. COISA JULGADA. NÃO CONFIGURAÇÃO. Em se tratando de ações coletivas e da natureza especial dos direitos nelas reivindicados, o Código de Defesa do Consumidor, em seu art. 104, expressamente exclui a configuração da litispendência e consequente coisa julgada em relação às ações individuais propostas pelos substituídos. Além disso, ainda que haja identidade de pedido e de causa de pedir, a não coincidência das partes formais descaracteriza a identidade de ações, conforme prevê o art. 301, § 1º, do CPC/73. Precedentes desta Corte. Recurso de revista de que se conhece e a que se dá provimento.[574]

> RECURSO DE EMBARGOS INTERPOSTO ANTERIORMENTE À VIGÊNCIA DA LEI N. 11.496/2007. AÇÃO COLETIVA. SINDICATO PROFISSIONAL. SUBSTITUIÇÃO PROCESSUAL. COISA JULGADA. LITISPENDÊNCIA. INEXISTÊNCIA. 1. A Quarta Turma não conheceu do recurso de revista interposto pela reclamada, quanto à ocorrência de coisa julgada, diante da premissa registrada pelo Tribunal de origem no sentido de que a extensão da eficácia do acordo tabulado em ação coletiva, aos substituídos, estava condicionada à aceitação expressa, e por escrito, o que não restou demonstrado. 2. Por outro lado, é firme o entendimento desta Subseção Especializada no sentido de que o ajuizamento de ação coletiva não induz litispendência para a ação individual, em face da ausência de tríplice identidade. Precedentes. 3. Nesse contexto, o recurso de embargos não atende ao disposto na alínea "b" do art. 894 da CLT, considerada a redação anterior à vigência da Lei n. 11.496/2007. Recurso de embargos de que não se conhece.[575]

> COISA JULGADA. AÇÃO COLETIVA E AÇÃO INDIVIDUAL. A jurisprudência desta Corte é no sentido de que a ação coletiva não induz litispendência e, assim, tampouco forma coisa julgada para a ação individual, em face da ausência de identidade subjetiva. Precedentes da SBDI-1 do TST. Recurso de revista não conhecido.[576]

11.6.1. Ausência de litispendência também afasta os critérios de modificação de competência

A ausência de litispendência entre as ações coletivas e individuais laborais também gera, por consequência, a falta de aplicação dos critérios de alteração de competência inscritos nos arts. 102 a 106 do CPC, que dispõem sobre a conexão e a continência.

Assim, não haverá obviamente nulidade processual ou violação legal quando não reunidas as ações coletiva e individual que tramitam perante juízos distintos, ainda que veiculando as mesmas causas de pedir e pretensões.

Exatamente o que já restou consagrado pela jurisprudência do TST. Vejamos:

> RECURSO DE REVISTA NÃO REGIDO PELA LEI 13.015/2014. FUNDAÇÃO MUNICIPAL DE SAÚDE – FMS. 1. AÇÃO COLETIVA E AÇÃO INDIVIDUAL. PRESSUPOSTO PROCESSUAL NEGATIVO DA LITISPENDÊNCIA. NÃO CONFIGURAÇÃO. CONEXÃO E CONTINÊNCIA. CRITÉRIOS DE MODIFICAÇÃO DA COMPETÊNCIA. De acordo com o microssistema processual das ações coletivas inscrito na Lei 8.078/90, e que foi idealizado com os propósitos de ampliar o acesso à Justiça e racionalizar a solução das demandas de caráter massivo, a coisa julgada nas ações coletivas apenas produz efeitos "erga omnes" em caso de procedência da pretensão, não induzindo, contudo, litispendência em relação às ações individuais (art. 104 da Lei n. 8.078/90), excepcionados apenas os interessados que tenham atuado na ação coletiva como litisconsortes (art. 103, III e § 2º, da Lei n. 8.073/90). Além disso, o sis-

---

(574) Tribunal Superior do Trabalho. 7ª Turma. RR 813-73.2010.5.04.0411. Rel. Min. Claudio Mascarenhas Brandão. DEJT 6.7.2018.

(575) Tribunal Superior do Trabalho. Subseção I Especializada em Dissídios Individuais. E-ED-RR 8000-39.2002.5.04.0662. Rel. Min. Walmir Oliveira da Costa. DEJT 27.4.2018.

(576) Tribunal Superior do Trabalho. 2ª Turma. ARR 1072-85.2011.5.15.0101. Relª. Minª. Delaíde Miranda Arantes. DEJT 31.10.2017.

tema processual das ações coletivas possibilita ao litigante individual, expressamente cientificado do trânsito da ação coletiva, a opção pela suspensão de sua ação, para eventual aproveitamento ulterior, *"in utilibus"*, da coisa julgada de procedência que eventualmente seja editada na ação coletiva (art. 104, *"in fine"*, da Lei n. 8.078/90). Nesse sentido, os critérios de alteração de competência inscritos nos arts. 102 a 106 do CPC, que dispõem sobre a conexão e a continência, não são aplicáveis às ações coletivas, não havendo, por óbvio, nulidade processual ou violação legal quando não reunidas as ações coletiva e individual que tramitam perante juízos distintos, ainda que veiculando as mesmas causas de pedir e pretensões. De fato, além de o CDC fixar parâmetros específicos de competência territorial e funcional (art. 93, da Lei n. 8.078/90 c/c a OJ n. 131, da SBDI-II do TST), o único ponto de contato entre as jurisdições coletiva e individual, quando em discussão direitos individuais homogêneos, radica na faculdade da suspensão da ação individual para eventual aproveitamento da coisa julgada de procedência da ação coletiva, procedimento referido como transporte "in utilibus" da coisa julgada (art. 104, *"in fine"*, da Lei n. 8.078/90). Por conseguinte, ao indeferir a reunião das ações coletiva e individual, postulada com suporte no instituto da continência, a Corte de origem não violou os arts. 105 e 301, V e § 3º do CPC. Recurso de revista não conhecido.[577]

11.7. Sandices legislativas do art. 16 da Lei da ACP e o art. 2º da Lei n. 9.404/1997

Em razão das redações de os dispositivos legais objetos deste item serem tão absurdos e irreais, não foi possível escolher outro adjetivo que melhor expresse o teor do presente item.

Os dispositivos legais são os seguintes:

Art. 16. A sentença civil fará coisa julgada *erga omnes*, nos limites da competência territorial do órgão prolator, exceto se o pedido for julgado improcedente por insuficiência de provas, hipótese em que qualquer legitimado poderá intentar outra ação com idêntico fundamento, valendo-se de nova prova.

Art. 2º-A A sentença civil prolatada em ação de caráter coletivo proposta por entidade associativa, na defesa dos interesses e direitos dos seus associados, abrangerá apenas os substituídos que tenham, na data da propositura da ação, domicílio no âmbito da competência territorial do órgão prolator.

Parágrafo único. Nas ações coletivas propostas contra a União, os Estados, o Distrito Federal, os Municípios e suas autarquias e fundações, a petição inicial deverá obrigatoriamente estar instruída com a ata da assembleia da entidade associativa que a autorizou, acompanhada da relação nominal dos seus associados e indicação dos respectivos endereços.

O *caput* do art. 16 da Lei da ACP e o art. 2º-A, da Lei n. 9.494/1997 tem a clara pretensão de restringir a eficácia subjetiva da coisa julgada (sujeitos alcançados por uma decisão judicial), considerando a potência expansiva qua a tutela coletiva pode alcançar, a depender da modalidade de direito coletivo objeto desse tipo de demanda.

Esse dispositivo da Lei da ACP pretende impor claramente uma limitação espacial à eficácia da coisa julgada coletiva, restrita à competência territorial do órgão prolator da decisão.

Já o *caput* do art. 2º-A, da Lei n. 9.494/1997, busca restringir a coisa julgada coletiva apenas e tão somente aos substituídos de determinada associação autora da ação coletiva, que teriam, na data da propositura da ação coletiva, comprovado domicílio no âmbito da competência territorial do órgão prolator da decisão.

O parágrafo único do citado art. 2º-A exige, nas ações propostas contra entes de direito público da administração direta e indireta, a juntada de "relação nominal dos seus associados e indicação dos respectivos endereços".

Vê-se claramente que todos os dispositivos legais transcritos, com ardis diferentes, pretendem impor limites, que já se mostraram inúteis, à eficácia subjetiva da coisa julgada coletiva.

A aplicação acrítica pela jurisdição dessas limitações legais exigiria o ajuizamento simultâneo de tantas ações coletivas trabalhistas quantas forem as unidades territoriais em que se divida a competência no âmbito da jurisdição laboral, ainda que sejam demandas envolvendo mesma empresa, com idênticos pedido e causa de pedir, com a óbvia possibilidade teórica de decisões conflitantes entre si.

O próprio sistema legal também admite, por intermédio do art. 93 do CDC, litígios de âmbito regional, suprarregional e até nacional, todos esses com a possibilidade de ultrapassar os limites da competência territorial do órgão prolator da decisão.

---

(577) Tribunal Superior do Trabalho. 7ª Turma. RR 545-41.2011.5.22.0004. Rel. Min. Douglas Alencar Rodrigues. DEJT 5.8.2016.

A já citada OJ n. 130 do TST também reconhece expressamente a possibilidade de os efeitos da decisão prolatada em sede de ação coletiva também extrapolarem os limites da competência terroritorial do órgão prolator da decisão.

Os dispositivos legais acabaram por baralhar o conceito de eficácia subjetiva da coisa julgada, isto é, quem será alcançado pelos efeitos dessa decisão, com o critério territorial da competência jurisdicional.

A doutrina há muito tempo vem sustentando a inocuidade desses dispositivos, em razão da citada confusão conceitual realizada. Vejamos:

> (...) o Presidente da República confundiu limites subjetivos da coisa julgada, matéria tratada na norma, com jurisdição e competência, como se, *v. g.*, a sentença de divórcio proferida por juiz de São Paulo não pudesse valer no Rio de Janeiro e nesta última comarca o casal continuasse casado (...) Portanto, se o juiz que proferiu a sentença na ação coletiva *tout court*, que verse sobre direitos difusos quer coletivos ou individuais homogêneos, for competente, sua sentença produzirá efeitos *erga omnes* ou *ultra partes*, conforme o caso, em todo o território nacional — e também no exterior — independentemente da ilógica e inconstitucional redação dada (...)[578]

Tais hipóteses legais são tão absurdas, que, se fossem aplicadas acriticamente pela jurisdição laboral, poderia-se exigir a repetida propositura de uma mesma ação coletiva em cada vara do trabalho desse país, se a prática ilegal fosse reproduzida (o que não é difícil de acontecer, diga-se de passagem), por exemplo, em todas as unidades laborais de uma empresa sediada em todo o território nacional.

Portanto, ainda que se mostre questionável a argumentação apenas no plano dos argumentos jurídicos sobre possível violação aos princípios constitucionais do devido processo legal e da efetividade da tutela jurisdioncional coletiva, tais dispositivos ultrapassam tal superfície e alcançam profundidade da total impossibilidade prática de aplicação dessas normas, pois não é possível limitar territorialmente a coisa julgada material, se os limites desta, pela própria natureza do direito vindicado, ultrapassam tal barreira territorial.

Óbvio que a jurisprudência do TST captou muito bem a confusão da aplicação acrítica dos transcritos dispositivos legais, e acabou por fazer a distinção, aqui já apresentada, entre eficácia subjetiva da coisa julgada coletiva e a competência territorial do juízo laboral prolator da decisão. Vejamos:

AÇÃO CIVIL PÚBLICA AJUIZADA PERANTE A VARA DO TRABALHO DE JUIZ DE FORA. DEFESA DE DIREITOS INDIVIDUAIS HOMOGÊNEOS. ALCANCE NACIONAL. COISA JULGADA. EFEITOS. INCONGRUÊNCIA DA LIMITAÇÃO DA COISA JULGADA À COMPETÊNCIA TERRITORIAL. NÃO INCIDÊNCIA DO ART. 16 DA LEI N. 7.347/85. 1. Consoante entendimento consagrado pelo Exmo. Ministro Luiz Philippe Vieira de Mello Filho por ocasião do julgamento do Processo n.º TST-RR-65600-21.2005.5.01. 0072, divulgado no DEJT de 22.6.2012, — *a competência representa a parcela da jurisdição atribuída ao órgão julgador. Divide--se de acordo com três critérios: material, territorial e funcional. O critério territorial relaciona-se à extensão geográfica dentro da qual ao magistrado é possibilitado o exercício de sua função jurisdicional, e não se confunde com a abrangência subjetiva da coisa julgada, que depende dos sujeitos envolvidos no litígio (art. 472 do CPC). Em se tratando de demanda coletiva, que visa à defesa de direitos difusos, cujos titulares são pessoas indeterminadas, ligadas por circunstâncias de fato, e que titularizam direitos transindividuais indivisíveis (art. 81, parágrafo único, I, do CDC), os efeitos da coisa julgada serão erga omnes (art. 103, I, do mencionado diploma legal), sob pena de não se conferir a tutela adequada à situação trazida a exame do Poder Judiciário, em patente afronta à finalidade do sistema legal instituído pelas Leis ns. 7.347/85 e 8.078/90, qual seja a defesa molecular de interesses que suplantem a esfera juridicamente protegida de determinado indivíduo, por importarem, também, ao corpo social. Nessa senda, o art. 16 da Lei n. 7.347/85 (com a redação que lhe foi conferida pela Lei n. 9.494/97), ao limitar os efeitos da decisão proferida em ação civil pública à competência territorial do órgão prolator da sentença, confunde o mencionado instituto com os efeitos subjetivos da coisa julgada, por condicioná-los a contornos que não lhes dizem respeito.* Impõe-se, portanto, mitigar a aplicação do referido dispositivo legal, dando-se consequências aos efeitos consagrados no art. 103 do Código de Defesa do Consumidor. **2.** Tal entendimento tem plena aplicabilidade à hipótese dos autos, em que se tutela direitos individuais homogêneos, relacionados com o cumprimento, pelo Banco demandado, de obrigações de fazer e de não fazer derivadas da legislação que define normas de conteúdo mínimo de proteção ao trabalho — como, por exemplo, implementar de forma efetiva o programa de controle médico de saúde ocupacional; consignar em registro mecânico os horários de entrada, saída e intervalos efetivamente praticados por empregados; conceder aos empregados o descanso mínimo entre jornadas de onze horas consecutivas; pagamento das horas extras

---

(578) NERY JR., Nelson; NERY, Rosa Maria. *Código de Processo Civil comentado e legislação extravagante*, op. cit., p. 1561.

efetivamente laboradas; abster-se de prorrogar a jornada de trabalho dos empregados além do limite legal —, por força do disposto no art. 103, III, do CDC. **3.** Nesse contexto, considerando a necessidade de se preservar a própria essência do instituto, a própria finalidade que distingue as ações coletivas das ações individuais; considerando a relevância do objeto da presente ação, que alcança todos os empregados do reclamado, e não apenas aqueles que se ativam no âmbito da jurisdição da Vara para a qual foi distribuída a presente ação civil pública;, e considerando, principalmente, a aplicabilidade subsidiária do critério previsto no inciso III do art. 103 do Código de Defesa do Consumidor, que consagra o efeito *erga omnes* das sentenças judiciais proferidas em sede de ações ajuizadas na defesa de interesses individuais homogêneos, torna-se imperioso o provimento do presente recurso, a fim de estender a todo o Território Nacional os efeitos da sentença proferida na presente ação civil pública. **4.** Recurso de embargos conhecido e provido.[579]

1. Consoante entendimento consagrado pelo Exmo. Ministro Luiz Philippe Vieira de Mello Filho por ocasião do julgamento do Processo n. TST-RR 65600-21.2005.5.01.0072, divulgado no DEJT de 22.6.2012, *"a competência representa a parcela da jurisdição atribuída ao órgão julgador. Divide-se de acordo com três critérios: material, territorial e funcional. O critério territorial relaciona-se à extensão geográfica dentro da qual ao magistrado é possibilitado o exercício de sua função jurisdicional, e não se confunde com a abrangência subjetiva da coisa julgada, que depende dos sujeitos envolvidos no litígio (art. 472 do CPC). Em se tratando de demanda coletiva, que visa à defesa de direitos difusos, cujos titulares são pessoas indeterminadas, ligadas por circunstâncias de fato, e que titularizam direitos transindividuais indivisíveis (art. 81, parágrafo único, I, do CDC), os efeitos da coisa julgada serão erga omnes (art. 103, I, do mencionado diploma legal), sob pena de não se conferir a tutela adequada à situação trazida a exame do Poder Judiciário, em patente afronta à finalidade do sistema legal instituído pelas Leis ns. 7.347/85 e 8.078/90, qual seja a defesa molecular de interesses que suplantem a esfera juridicamente protegida de determinado indivíduo, por importarem, também, ao corpo social. Nessa senda, o art. 16 da Lei n. 7.347/85 (com a redação que lhe foi conferida pela Lei n. 9.494/97), ao limitar os efeitos da decisão proferida em ação civil pública à competência territorial do órgão prolator da sentença, confunde o mencionado instituto com os efeitos subjetivos da coisa julgada, por condicioná-los a contornos que não lhes dizem respeito"*. Impõe-se, portanto, mitigar a aplicação do indigitado art. 16 da Lei n. 7.347/85, dando-se consequência aos efeitos consagrados no art. 103 do Código de Defesa do Consumidor. **2.** Tal entendimento tem plena aplicabilidade à hipótese dos autos, em que são tutelados direitos coletivos dos empregados do setor bancário, relacionados com o cumprimento, pelo Banco demandado, de obrigações de fazer atinentes a providências de segurança no ambiente de trabalho, nos termos da Lei Estadual n. 10.501/97. **3.** Nesse contexto, considerando a necessidade de se preservar a própria essência da ação civil pública, a própria finalidade que distingue as ações coletivas das ações individuais; considerando a relevância do objeto da presente ação, que alcança todos os empregados do reclamado no estado catarinense, e não apenas aqueles que se ativam no âmbito da jurisdição da Vara para a qual foi distribuída a presente ação civil pública; e considerando, principalmente, a aplicabilidade subsidiária do critério previsto no art. 103 do Código de Defesa do Consumidor, que consagra o efeito *ultra partes* das sentenças judiciais proferidas em sede de ações ajuizadas na defesa de interesses coletivos em sentido estrito, torna-se imperiosa a confirmação do acórdão regional, que manteve os efeitos da sentença proferida na presente ação civil pública extensíveis a todo o Estado de Santa Catarina. **4.** Recurso de Revista não conhecido.[580]

Em face do que estabelece o art. 103 do CDC, doutrina e jurisprudência têm entendido que, não obstante o disposto no art. 16 da Lei n. 7.374/85 (com redação dada pela Lei n. 9.494/97), não há como limitar os efeitos da coisa julgada à competência territorial do órgão prolator, tendo em vista a finalidade e alcance *erga omnes* ou *ultra partes* da tutela coletiva. Tem-se entendido que a alteração do dispositivo pela Medida Provisória n. 1.570/97 acabou por confundir os institutos da competência territorial e dos limites da coisa julgada, tornando ineficaz a indivisibilidade do objeto da tutela jurisdicional coletiva, de forma que o alcance da sentença proferida em ação civil pública deve observar os limites do pedido e não a competência do órgão prolator da sentença. Precedentes da SBDI-1 e de Turmas desta Corte. Recurso de revista conhecido e provido.[581]

A jurisprudência do STJ, vinha firmando o incorreto entendimento sobre a impropriedade do dispositivo legal em apreço apenas em relação aos direitos difusos e coletivos em sentido estrito, portanto, correto quanto a direitos individuais homogeos[582].

Contudo, atualmente, parece que vem acolhendo a possibilidade de a eficácia subjetiva da coisa julgada poder superar os limites da competência territorial do órgão prolator da decisão inclusive quando houver a defesa de direitos individuais homogêneos, conforme já decidiu posteriormente a Corte Especial daquele Tribunal Superior[583].

---

(579) Tribunal Superior do Trabalho. Subseção I Especializada em Dissídios Individuais. E-ED-RR – 32500-65.2006.5.03.0143. Rel. Min. Lelio Bentes Corrêa. DEJT 19.12.2014.

(580) Tribunal Superior do Trabalho. 1ª Turma. RR 357600-87.2007.5.12.0037. Rel. Des. convocado Marcelo Lamego Pertence. DEJT 18.11.2016.

(581) Tribunal Superior do Trabalho. 6ª Turma. ARR 301-47.2013.5.03.0077. Rel. Min. Aloysio Corrêa da Veiga. DEJT 2.9.2016.

(582) Cf., por exemplo, Superior Tribunal de Justiça. 3ª Turma. REsp n. 1.331.948-SP. Rel. Min. Ricardo Villas boas Cueva. DJE 5.9.2016.

(583) Cf. Superior Tribunal de Justiça. Corte Especial. EResp n. 1.134.957-SP. Rel. Min. Laurita Vaz. DJE 30.11.2016.

Na verdade, o que vai definir a amplitude além do espaço de atuação jurisdição do prolator da decisão serão os limites processuais conferidos ao pedido e a causa de pedir da demanda, exatamente conforme já captou a jurisprudência do TST. Vejamos:

> AÇÃO CIVIL PÚBLICA. ALCANCE TERRITORIAL DA PRESTAÇÃO JURISDICIONAL. COISA JULGADA. LIMITAÇÃO. DANO LOCAL. 1. A Eg. Turma manteve a limitação dos efeitos da tutela jurisdicional deferida na presente ação civil pública ao território da jurisdição da Quinta Vara do Trabalho de juiz de fora, registrando que "a eficácia da sentença proferida em ação civil pública tem seus efeitos restritos à competência territorial do órgão prolator da decisão recorrida". 2. A jurisprudência prevalente no âmbito desta Corte é no sentido de que é a eficácia *erga omnes* da coisa julgada, em ação civil pública, não está limitada à competência territorial do órgão prolator, determinando a não incidência do art. 16 da Lei n. 7.347/85 em privilégio da aplicabilidade subsidiária do critério previsto no art. 103 do Código de Defesa do Consumidor, que consagra o efeito *erga omnes* das sentenças judiciais proferidas em sede de ações ajuizadas na defesa de interesses difusos, coletivos e individuais homogêneos, por não se tratar de critério de competência limitado ao local do dano, definido na Orientação Jurisprudencial n. 130 da SBDI-II desta Corte, mas, sim, em atenção ao pedido e à causa de pedir e, sob a ótica subjetiva, às partes no processo. Precedentes. 3. No caso, contudo, ainda que afastada a aplicação do art. 16 da Lei 7.347/85, é inviável declarar a eficácia *erga omnes* da sentença em todo o território nacional em razão dos limites do pedido e da causa de pedir. Recurso de embargos conhecido e não provido.[584]

Aliás, importante ficar bem destacado que possível limitação dos efeitos subjetivos da coisa deve vir expressamente delimitada no pedido da ação coletiva (é possível que eventual pedido de limitação da jornada extraordinária alcance, por exemplo, apenas uma unidade de um determinado grupo econômico localizado na capital do Estado de São Paulo).

Isto significa dizer, em continuidade, que pedidos, por exemplo, relacionados a tutela específica (como por exemplo relacionado à implantação de controle de ponto pela empresa de atuação nacional), em que não haja expresso pedido de limitação dos efeitos territoriais da coisa julgada, deverão ser considerados os efeitos *erga omnes* ou *ultra partes* da coisa julgada, atingindo todos os titulares do direito, exceto se houver improcedência por insuficiência de provas, independentemente da competência territorial do juízo prolator da decisão.

Essa posição já restou expressamente reconhecida pelo TST. Vejamos:

> I. RECURSOS DE REVISTA DA RECLAMADA E DO MINISTÉRIO PÚBLICO DO TRABALHO. MATÉRIA COMUM. AÇÃO CIVIL PÚBLICA. EFEITOS. LIMITAÇÃO A COMPETÊNCIA TERRITORIAL DO JUÍZO PROLATOR DA SENTENÇA. IMPOSSIBILIDADE. APLICAÇÃO DO ART. 103 DO CÓDIGO DE DEFESA DO CONSUMIDOR. 1. Segundo informações constantes do acórdão regional, o Ministério Público do Trabalho, no Município de Ribeirão Preto, ajuizou a presente ação civil pública, visando compelir a Reclamada a implantar registros mecânico, manual ou eletrônico dos horários de entrada, saída e período de repouso efetivamente praticados pelos empregados. Destacou a Corte Regional que *"o autor, na inicial, não restringe o seu pedido somente à filial de Ribeirão Preto. Pelo contrário, pretende que a ré seja compelida a implantar o controle de ponto para todos os seus empregados, sem restrição a quais seriam esses, tal como restou deferido na origem por ocasião da antecipação dos efeitos da tutela jurisdicional"*. Deferidas as pretensões deduzidas, o Tribunal Regional limitou os efeitos da coisa julgada formada nos autos à competência territorial do Juízo prolator da sentença. Fundamentou que *"os efeitos erga omnes da sentença proferida restringem-se ao âmbito da competência territorial do órgão prolator da decisão. No caso, devem limitar-se à área geográfica da Vara do Trabalho escolhida para o ajuizamento e abranger todo o Estado de São Paulo, pois a ação busca tutelar direitos individuais homogêneos, conforme fundamentos acima expendidos que serviram para embasar a legitimidade ativa do Parquet"*. 2. A Reclamada, em seu recurso de revista, acenou com julgamento extra petita e com inovação recursal, alegando que o pedido inicial restringiu-se ao estabelecimento de Ribeirão Preto. Pretendeu, ainda, que os efeitos da decisão alcançassem apenas o referido estabelecimento. 3. O MPT, em seu recurso de revista, pretendeu que os efeitos da decisão alcançassem todos os estabelecimentos da Demandada. 4. Contrariamente ao aduzido pela Demandada, não há falar em julgamento extra petita, tampouco em inovação recursal, porquanto o Ministério Público, na inicial, pretendeu *"a concessão de LIMINAR para determinar, mediante ordem judicial mandamental, que a ré CTIS TECNOLOGIA S.A., imediatamente, implante registro mecânico, manual ou eletrônico, dos horários de entrada, saída e período de repouso efetivamente praticados pelos seus empregados, que reflita com exatidão a jornada de trabalho diária cumprida, em obediência à norma insculpida no art. 74, § 2º, da CLT, sob pena de cominação de ' astreinte' no valor de R$ 10.000.00 (dez mil reais), acrescida de R$ 5.000,00 (cinco mil reais) por trabalhador prejudicado"*. Não houve, portanto, limitação do pleito ao estabelecimento de Ribeirão Preto, restando ilesos os artigos apontados como violados. 5. No tocante aos efeitos da coisa julgada, o art. 16 da Lei n. 7.347/85, com a alteração dada pela Lei n. 9.494/97, dispõe que a sentença civil fará coisa julgada erga omnes, nos limites da competência territorial do órgão prolator. Esta Corte Superior, afastando-se da interpretação literal desse dispositivo legal,

---

(584) Tribunal Superior do Trabalho. Subseção I Especializada em Dissídios Individuais. E-ED-RR – 36600-97.2005.5.03.0143. Rel. Min. Hugo Carlos Scheuermann. DEJT 12.8.2016.

tem enfrentado a questão dos efeitos da sentença proferida em sede de ação civil pública sob o enfoque dos limites objetivos e subjetivos da coisa julgada estabelecidos no art. 103 do CDC. Assim, tratando-se de direito difuso, coletivo ou individual homogêneo, a sentença da ação civil pública fará coisa julgada erga omnes ou ultra partes, atingindo todos os titulares do direito, exceto se houver improcedência por insuficiência de provas, independentemente da competência territorial do juízo prolator da decisão. Precedentes. Logo, merece ser provido apenas o recurso de revista do Ministério Público para, reformando a decisão regional, estender os efeitos da sentença a todas as unidades da Ré. Recurso de revista do Ministério Público do Trabalho conhecido e provido.[585]

Por fim, como consequência natural do que restou afirmado até a presente ocasião, vale destacar que, especificamente, no tocante a empregados substituídos que eventualmente forem transferidos para filial da empresa que não esteja na mesma base territorial do Sindicato-Autor, a coisa deverá acompanhar tais pretendentes.

Não teria qualquer sentido lógico, considerando o reconhecimento da eficácia *erga omnes* da decisão proferida em ação coletiva, com efeitos não restritos pela competência territorial do órgão prolator do julgado, a consequente proibição da aplicação dos efeitos da decisão aos empregados substituídos que permanecerem vinculados à base territorial do sindicato demandante. A jurisprudência do TST vem acompanhando esse raciocínio. Vejamos:

> I – RECURSO DE REVISTA INTERPOSTO PELO SINDICATO-AUTOR. ALCANCE DA DECISÃO DE PROCEDÊNCIA DO PEDIDO PROFERIDA EM AÇÃO COLETIVA. EFICÁCIA *ERGA OMNES*. EVENTUAL TRANSFERÊNCIA DOS SUBSTITUÍDOS PARA FORA DA BASE TERRITORIAL DO SINDICATO-AUTOR. I. O art. 103, III, da Lei n. 8.078/1990 (Código de Defesa do Consumidor) determina que, "nas ações coletivas de que trata este código, a sentença fará coisa julgada erga omnes, apenas no caso de procedência do pedido, para beneficiar todas as vítimas e seus sucessores, nas hipóteses do inciso III do parágrafo único do art. 81". Desse dispositivo legal, extrai-se a conclusão de que, em se tratando de ação coletiva na defesa de direitos individuais homogêneos, cuja decisão seja procedente, há formação da coisa julgada material e com eficácia erga omnes, beneficiando quaisquer terceiros lesionados pelo fato, independentemente da permanência do substituído na base territorial de atuação do sindicato substituto. II. Ressalte-se que, em processos cuja discussão central se tratava do alcance da coisa julgada em ações coletivas, a Subseção I Especializada em Dissídios Individuais e Turmas desta Corte Superior emitiram tese no sentido de que a eficácia erga omnes da sentença procedente extrapola os limites da competência territorial do juízo prolator da decisão. Assim, considerando que o entendimento desta Corte Superior é no sentido de que a decisão procedente proferida em ação coletiva tem eficácia erga omnes, não limitada pela competência territorial do órgão prolator da decisão, seria ilógico limitar a aplicação da decisão aos empregados substituídos que permanecerem vinculados à base territorial do Sindicato-Autor. III. Nesse contexto, ao decidir que a coisa julgada da presente ação coletiva não beneficia empregados substituídos que eventualmente forem transferidos para filial da empresa que não esteja na mesma base territorial do Sindicato-Autor, a Corte Regional violou o art. 103, III, da Lei n. 8.078/1990. IV. Recurso de revista de que se conhece, por violação do art. 103, III, da Lei n. 8.078/1990, e a que se dá provimento.[586]

Por fim, há precente do TST impondo à União, a partir de ação civil pública ajuizada pelo MPT da 17ª Região, a obrigação de expedir CTPS a todos os menores de 16 anos que forem flagrados na condição de empregados, à margem da relação jurídica de aprendizagem, obrigação, portanto, de abrangência nacional. Vejamos:

> AGRAVO DE INSTRUMENTO EM RECURSO DE REVISTA NÃO REGIDO PELA LEI N. 13.015/2014. AGRAVO DE INSTRUMENTO EM RECURSO DE REVISTA NÃO REGIDO PELA LEI N. 13.015/2014. 1. MINISTÉRIO PÚBLICO DO TRABALHO. AÇÃO CIVIL PÚBLICA. UNIÃO: DEVER DE EXPEDIÇÃO DE CTPS A TRABAHADORES MENORES DE 16 ANOS. DISTINÇÃO NECESSÁRIA ENTRE TRABALHO IRREGULAR E TRABALHO ILÍCITO. IMPOSSIBILIDADE DE PRIVAÇÃO DOS EFEITOS JURÍDICOS DO CONTRATO. TUTELA DOS INTERESSES DOS MENORES, DESTINATÁRIOS DA PROTEÇÃO CONSTITUCIONAL. Trata-se de ação civil pública movida pelo Ministério Público do Trabalho, com o propósito de impor à União a obrigação de expedir CTPS a todos os menores de 16 anos que forem flagrados na condição de empregados, à margem da relação jurídica de aprendizagem. De acordo com o art. 7º, XXXIII, da Constituição Federal, o trabalho do menor de 16 anos apenas se legitima a partir dos 14 anos e, ainda assim, na condição de aprendiz. No entanto, nas situações em que presentes os requisitos dos arts. 2º e 3º da CLT, sem que exista relação jurídica de aprendizagem, devem ser preservados os efeitos jurídicos do pacto laboral, ainda que sem prejuízo de sua manifesta irregularidade e da própria incidência das sanções legais cabíveis aos contratantes de trabalhadores menores, transgressores da ordem jurídica. Não se pode, porém, compreender a regra inscrita no art. 7º, XXXIII, da CF de forma contrária aos interesses daqueles a quem buscou preservar, beneficiando os contratantes transgressores, inclusive com a exclusão das obrigações de cunho trabalhista, previdenciário e fiscal. Ao trabalho irregular, também verificado nestas situações, doutrina e jurisprudência atribuem plenos efeitos, com repercussões na ordem jurídica trabalhista. O direito à identificação profissional compõe o

---

(585) Tribunal Superior do Trabalho. 5ª Turma. RR 1575-80.2012.5.15.0066. Rel. Min. Douglas Alencar Rodrigues. DEJT 6.4.2018.

(586) Tribunal Superior do Trabalho. 4ª Turma. RR 2024-18.2013.5.03.0137. Rel. Min. Alexandre Luiz Ramos. DEJT 29.6.2018.

conjunto de regras mínimas de proteção social, viabilizando o acesso a diversos direitos, inclusive e especialmente no âmbito da Seguridade Social. Ainda que socialmente indesejável, o trabalho de menores, com todos os prejuízos que encerra para a educação e o próprio futuro dessas crianças, constitui realidade que deve ser combatida por diversas formas, inclusive com a participação da sociedade civil, mas que não pode, quando detectado, gerar prejuízos aos menores e benefícios aos contratantes transgressores. Não prosperam as teses de ofensa ao princípio da separação dos poderes — art. 2º da CF —, na medida em que o Tribunal Regional, ao determinar a emissão de CTPS ao menor encontrado em situação irregular de trabalho, agiu nos estritos limites de sua competência (arts. 5º, XXXV, e 114 da Constituição Federal) e procedeu à interpretação e aplicação das normas que compõem o ordenamento jurídico quanto ao trabalho irregular e ao trabalho do menor. Tampouco há afronta ao art. 7º, XXXIII, da CF, pois esse preceito, como antes assinalado, não foi concebido para punir os menores que, por razões de ordem econômica, cultural e social, são precocemente incorporados ao mercado de trabalho, em condições usualmente precárias, com sérios prejuízos à sua formação educacional, reproduzindo-se o ciclo de pobreza e miséria que assalta os imensos contingentes populacionais privados do acesso à educação. Igualmente não se divisa violação dos arts. 21, XXIV, e 22, I, da Constituição Federal, na medida em que não se nega à União a competência constitucional para organizar, manter e executar a inspeção do trabalho, ditando normas sobre direito do trabalho. A rigor, como antes anotado, este Poder Judiciário, com base na realidade social que lhe é submetida, apenas interpreta e aplica as disposições da ordem jurídica que são pertinentes ao debate proposto, o que decorre do exercício de sua função precípua, na exata conformidade dos arts. 5º, XXXV, e 114 da CF. 2. AÇÃO CIVIL PÚBLICA. ALCANCE TERRITORIAL E SUBJETIVO. A extensão dos efeitos da coisa julgada nas ações coletivas é determinada pela natureza do direito objeto da lide. Assim, tratando-se de direito difuso, a sentença proferida na ação civil pública fará coisa julgada erga omnes, atingindo todos os titulares do direito, independentemente da competência territorial do juízo prolator da decisão questionada. Precedentes. Agravo de instrumento não provido.[587]

11.8. Coisa julgada no mandado de segurança coletivo

O mandado de segurança coletivo apresenta algumas características peculiares que merecem item específico no capítulo da coisa julgada coletiva.

Aliás, um desses aspectos específicos, já apontado anteriormente, trata da limitação legal de o mandado de segurança coletivo alcançar apenas aos direitos coletivos em sentido estrito e individuais homogêneos, conforme disposto no art. 21, parágrafo único, incs. I e II, da Lei n. 12.016/2009.

Outro aspecto, agora objeto desse item, encontra-se disposto no art. 22, *caput*, e § 1º da Lei do Mandado de Segurança Coletivo, com as seguintes redações:

Art. 22. No mandado de segurança coletivo, a sentença fará coisa julgada limitadamente aos membros do grupo ou categoria substituídos pelo impetrante.

§ 1º O mandado de segurança coletivo não induz litispendência para as ações individuais, mas os efeitos da coisa julgada não beneficiarão o impetrante a título individual se não requerer a desistência de seu mandado de segurança no prazo de 30 (trinta) dias a contar da ciência comprovada da impetração da segurança coletiva.

A pretensão disposta no *caput* do art. 22 está diretamente relacionada com a eficácia subjetiva da coisa julgada material dos direitos coletivos em sentido estrito e individuais homogêneos, conforme pretendeu limitar a lei de regência desse remédio processual.

Contudo, consoante defendido anteriormente, o mandado de segurança coletivo, como um dos remédios processuais vinculados ao sistema da tutela coletiva, vocacionado inclusive à proteção da ordem jurídica (não existe direito difuso mais óbvio do que a proteção da ordem jurídica) também se volta, inobstante a ausência legal, para a proteção dos direitos difusos, daí porque os limites pretendidos pelo *caput* do art. 22 deverão ser compreendidos também se levando em consideração tal aspecto.

Aliás, quando a redação desse dispositivo legal pretende limitar a coisa julgada aos membros do grupo ou categoria, devidamente substituídos pelo impetrante, isto não significa dizer que tal limitação alcançaria apenas, por exemplo, os membros componentes de um determinado sindicato ou de uma associação.

A indivisibilidade do direito coletivo não permitiria tal distinção, conforme já se apontou em diversas ocasiões neste estudo, pois a abrangência da substituição na tutela coletiva não permite que se faça tal fatiamento. O que define

---

[587] Tribunal Superior do Trabalho. 7ª Turma. AIRR 18800-82.2011.5.17.0005. Rel. Min. Douglas Alencar Rodrigues. DEJT 24.2.2017.

os limites desse fatiamento serão tão somente os pedidos formulados nessa demanda coletiva, e não uma delimitação *a priori* completamente descabida na lógica de proteção ampla da tutela coletiva[588].

Por fim, o já transcrito comando legal do § 1º do art. 22 traz dois regramentos distintos, que merecem também comentários diferentes.

O primeiro deles trata da ausência de litispendência entre a ação de mandado de segurança coletivo e as ações individuais com causa de pedir e pedidos similares. Nenhuma novidade neste aspecto quanto ao regramento legal de ausência de litispendência entre ações coletivas e individuais já objeto de comentários pretéritos.

O outro aspecto traz elemento inovador em relação à regra geral da tutela coletiva, pois, enquanto na tutela genérica coletiva exige-se apenas e tão somente a suspensão da ação principal individual, quando se tem conhecimento de demanda similar coletiva, visando ao aproveitamento *in utilibus* da coisa julgada coletiva, a lei de regência do mandado de segurança exige formalização de pedido de desistência da demanda singular, no prazo de trinta dias, para que o interessado se beneficie dos efeitos daquela coisa julgada.

Inovação bastante infeliz, diga-se de passagem. Não há qualquer exigência de desistência da ação individual, ao contrário do mero pedido de suspensão daquela ação.

Esse pedido de desistência fará com que o impetrante apresente nova ação de mandado de segurança individual, em caso de improcedência da via mandamental coletiva.

Se houvesse mero pedido de suspensão, tal improcedência da via coletiva faria apenas com que o impetrante pedisse o levantamento daquela suspensão, com a seguimento processual regular progressivo.

---

(588) Assim já decidiu a jurisprudência. Cf. Superior Tribunal de Justiça. 3ª Seção. AgRg no MS 13.505-DF. Rel. Min. Napoleão Nunes Maia Filho. DJ 18.9.2008.

Capítulo 12

Liquidação de Sentença

12.1. Considerações preliminares

Já abordei esse assunto parcialmente em obra sobre a execução provisória no processo coletivo do trabalho[589].

Pretendo neste capítulo tratar da fase de liquidação de sentença ou acórdão, como incidente individual ou coletivo, como foi aqui chamado, alcançando as três modalidades de direitos coletivos em sentido amplo.

Será adotado aqui neste capítulo, pela primeira vez neste estudo, conceito inicialmente trabalhado pela jurisprudência do STF, tendo o saudoso Ministro Teori Zavascki relatado tal decisão[590], depois complementado pela doutrina do processo civil coletivo[591], adaptando-o ao processo coletivo laboral.

Tal decisão divide a tutela coletiva em três fases ou momentos processuais bem delimitados.

Essa ideia das três fases foi concebida inicialmente para tratar dos direitos individuais homogêneos no processo civil coletivo, porém acreditamos que pode ser aplicada integralmente, e de maneira bastante didática, ao rito processual coletivo laboral, inclusive aproveitando parcialmente esse mesmo raciocínio também para os chamados direitos difusos e coletivos em sentido estrito.

Vejamos.

A primeira fase processual quanto aos direitos individuais homegêneos trata da fase de conhecimento, já apresentada nos capítulos anteriores, em que se define a procedência ou não dos pedidos veiculados nas ações coletivas trabalhistas: se é devido (*an debeatur*); o que é devido (*quid debeatur*); a quem deve (*quis debeatur*), sendo aqui mantida a ideia do já citado núcleo de homogeneidade dessa modalidade de direito, a ser logo mais desenvolvido.

Na segunda fase, posterior, abrangendo a liquidação e consequente execução, a serem estudadas de maneira singular neste e no próximo capítulo, poderá haver liquidação individual ou coletiva, a depender da modalidade da sentença a ser prolatada (genérica ou integral), e da modalidade de direito coletivo a ser alcançado.

Na terceira e última fase, essa pertinente apenas e tão somente aos direitos individuais homogêneos, conforme será desenvolvido posteriormente, as execuções originariamente individuais serão reunidas globalmente, nas hipóteses da chamada *fluid recovery*, a ser também desenvolvida com mais vagar posteriormente.

1. No primeiro momento temos o núcleo de homogeneidade bem estabelecido por intermédio de uma decisão dita genérica.

2. Depois, esse núcleo é quebrado por intermédio das chamadas liquidações e execuções individuais.

3. Por fim, temos a reunião novamente desse núcleo de homogeneidade por intermédio da *fluid recovery*.

O presente capítulo pretende apresentar, como foi feito desde o início deste estudo, um panorama geral da liquidação no processo coletivo do trabalho, em consonância com a doutrina moderna e a jurisprudência atual do TST, sem descurar das necessárias críticas, quando se entender necessário.

---

(589) Cf. COSTA, Marcelo Freire Sampaio. *Execução provisória satisfativa nas ações coletivas trabalhistas*. São Paulo: LTr, 2012.
(590) Trata-se do RE n. 631.111-GO, a ser desenvolvido posteriormente.
(591) Cf. DIDIER JR., Fredie; ZANETI JR., Hermes. *Op. cit.*, p. 84-85.

12.2. Noções gerais de liquidação

A decisão judicial, para que seja considerada completa e líquida, deverá conter pronunciamento sobre (i) a existência da dívida, (ii) a quem é devido, (iii) quem deve, (iv) o que é devido, e, finamente, (v) quanto é devido.

Portanto, deixará de ser líquida a decisão que não estabelecer o montante da dívida (*quantum debeatur*), bem como aquela que não individualizar completamente o objeto da prestação, decorrente de uma tutela específica (fazer, não fazer, suportar, entregar coisa).

Essa iliquidez poderá ainda ser mais abrangente quando realizada nos casos de direitos individuais homogêneos, conforme será apresentando mais à frente, tendo em conta a necessidade de ser individualizado inclusive o credor do objeto litigioso, bem como o necessário nexo causal entre o direito reconhecido na decisão ilíquida e a pretensão individual do afirmado credor.

Nesse eito, a liquidação deverá ser classificada como uma atividade judicial necessária para complementar o conteúdo de decisão judicial (sentença ou acórdão), quando não for fixado, principalmente, o valor da condenação (*quantum debeatur*), ou outros elementos necessários à continuidade do cumprimento do julgado.

O Código de Processo Civil estabelece que a liquidação de sentença deverá ser requerida, por credor ou devedor, e somente terá cabimento nos casos de sentenças com condenação de "quantia ilíquida", conforme disposto no art. 509.

Tal restrição da liquidação às sentenças de quantia decorre obviamente do modelo bem construído de cumprimento do julgado para as chamadas obrigações decorrentes de tutela específica, conforme será demonstrado mais à frente.

Vale deixar claro que a liquidação poderá ser desnecessária, se a apuração do valor devido depender "apenas de cálculo aritmético", podendo o credor viabilizar desde logo o cumprimento da decisão, conforme autoriza o § 2º do já citado art. 509 do CPC.

Assim, o valor da obrigação pertine ao requisito da "liquidez". Se a decisão não indicar tal valor, este será desvelado por intermédio da liquidação, a fim de atribuir eficácia executiva ao título.

Por outro lado, a especialização do objeto da obrigação liga-se ao requisito da "certeza", sendo tal individualização alcançada por intermédio de procedimento devidamente previsto no CPC e não relacionado com a liquidação.

Para finalizar, o CPC também estabelece que as modalidades de liquidação serão o "arbitramento" e o chamado "procedimento comum", chamada no passado de liquidação por artigos, quando houver necessidade de "alegar e provar fato novo" (art. 509, II).

12.3. Noções de liquidação no processo do trabalho

A liquidação no processo do trabalho está disciplinada nos arts. 879 até 884 da CLT.

O art. 879 destaca as modalidades de liquidação aplicáveis nessa seara processual laboral: "cálculo", "arbitramento" ou "artigos".

A liquidação no processo do trabalho vem sofrendo pontuais alterações legislativas.

Inobstante tais pontuais acréscimos legais, inquestionável a imperfeição do microssistema processual laboral de liquidação, daí a importância de se abeberar, na medida do possível, do processo civil.

Basta citar, por exemplo, que, a par de restarem entabuladas no citado art. 879 da CLT as espécies de liquidação por "arbitramento" e "artigos", a delimitação conceitual e o regramento procedimental dessas modalidades não foi esposado no texto celetista, daí a necessidade da citada integração pelo processo civil.

E essa liquidação "por artigos", como já mencionado, agora é chamada de liquidação pelo "procedimento comum", e possui total vinculação com a modalidade dos direitos individuais homogêneos, em que o arco de indeterminação é mais amplo, pois nem mesmo os titulares do direito material vindicado estão desde o início determinados, daí a necessidade de um "procedimento" dito "comum".

12.4. Da liquidação como processo, fase ou incidente

Antes de desenvolver já especificamente a liquidação na ambiência do processo coletivo do trabalho, importante apresesentar, para melhor compreensão do que está por vir, noções sobre três técnicas processuais clássicas para a realização da liquidação de sentença ou acórdão.

A primeira delas, **liquidação como processo**, tem pouquísssima aplicação no processo do trabalho clássico, pois voltado mais para hipóteses específicas em que se exige a instauração de processo autônomo ao final da fase de conhecimento, como, por exemplo, nas hipóteses de sentença estrangeira homologada pelo STJ.

A segunda delas, **liquidação como fase**, é técnica decorrente da própria disposição no CPC na qual a disciplina da liquidação foi posicionada entre o final da fase de conhecimento e o início do regramento do cumprimento do julgado.

Nesta hipótese a liquidação como fase é verificada, por exemplo, nas condenações em obrigação de pagar em sede de ação civil pública, quando for hipótese de condenação em dano moral coletivo.

Portanto, nesse caso a liquidação significa tão somente um complemento natural exigido no caminho entre a cognição e a execução.

A liquidação aqui afirmada como incidente, ou **liquidação-incidente**[592], tem ocorrência como verdadeiro incidente processual de execução singular a ser aviado de maneira autônoma, quando a condenação envolver direitos individuais homogêneos, em que se exige a protocolização de tantas quantas forem necessárias execuções singulares pelos titulares ordinários ou substituídos processuais dos direitos materiais objetos do litígio coletivo, ou por substituição processual pelos próprios legitimados coletivos que impulsionaram a ação na fase de conhecimento (sindicatos, por exemplo).

12.5. Noções gerais de liquidação no processo coletivo do trabalho

A liquidação de sentença nas ações coletivas laborais deve ser realizada por intermédio de "dois subsistemas"[593].

O primeiro destinado às ações para tutela de direitos difusos e coletivos em sentido estrito, a ser desenvolvido oportunamente. Hipótese de liquidação como mera fase.

O segundo voltado exclusivamente aos direitos individuais homogêneos, também a ser desenvolvido posteriormente. Hipótese de liquidação como incidente.

Pode-se fazer também desde logo a distinção do que chamaremos de liquidação individual e liquidação coletiva.

A liquidação coletiva poderá ser promovida diretamente, em substituição processual, pelos legitimados legais do art. 5º da Lei n. 7.347/1985[594].

A liquidação individual poderá ser realizada diretamente pelos titulares (vítimas), ou seus herdeiros, do direito material vindicado, bem como pelos próprios legitimados coletivos em substituição processual, nesse caso especificamente voltado para os direitos individuais homogêneos.

Seja a liquidação coletiva ou individual, na hipótese de direitos individuais homogêneos, mostra-se necessária a comprovação da "existência do dano pessoalmente sofrido e seu montante, assim como a relação de causalidade entre este e o dano coletivamente reconhecido pela sentença condenatória" (art. 90 do Código de Defesa do Consumidor).

12.6. Do subsistema da liquidação em direitos difusos e coletivos em sentido estrito

Consoante salientado anteriormente, a reparação em pecúnia de direitos difusos e coletivos em sentido estrito (cujas características restaram demonstradas em linhas transatas), decorrente de provimento condenatório, poderá

---

(592) Nomenclatura copiada em DIDIER JR., Fredie; ZANETI JR., Hermes. *Op. cit.*, p. 483.

(593) Classificação de BEZERRA LEITE, Carlos Henrique. *Curso de direito processual do trabalho*, op. cit., p. 969.

(594) "I – o Ministério Público; II – a Defensoria Pública; III – a União, os Estados, o Distrito Federal e os Municípios; IV – a autarquia, empresa pública, fundação ou sociedade de economia mista; V – a associação que, concomitantemente: a) esteja constituída há pelo menos 1 (um) ano nos termos da lei civil; b) inclua, entre suas finalidades institucionais, a proteção ao meio ambiente, ao consumidor, à ordem econômica, à livre concorrência ou ao patrimônio artístico, estético, histórico, turístico e paisagístico".

ser dirigida a um fundo (no processo do trabalho foi convencionado ser o Fundo de Amparo ao Trabalhador — FAT), visando à recomposição social, na medida do possível, da lesão causada, ou, ser conferida outra destinação social dessa condenação, desde que devidamente fundamentada.

Portanto, por se tratar de direitos incindíveis, o resultado da condenação não será voltado à satisfação individual de cada componente da coletividade afetada, daí a ideia do fundo receptor ou o redirecionamento social dessa condenação, consoante já trabalhado anteriormente.

Logo, a liquidação será considerada mera fase, posterior ao conhecimento e anterior à execução coletiva.

Ao contrário da sistemática dos direitos individuais homogêneos (regramento a ser explicado posteriormente), a execução coletiva no presente deverá ser realizada por qualquer legitimado coletivo, inclusive pelo ente que eventualmente não tenha sido o deflagrador da demanda coletiva, consoante redação do art. 15 da Lei da Ação Civil Pública[595].

Quanto ao Ministério Público, a inteligência do dispositivo legal citado impõe um "dever legal"[596] de assumir a promoção da liquidação e execução, se o ente autor omitir-se.

Portanto, em ação civil pública promovida, por exemplo, pelo Ministério Público do Trabalho, em caso de condenação em pecúnia decorrente de dano moral coletivo, poderá ser necessária a deflagração de uma fase prévia de liquidação da sentença ou do acórdão, até mesmo para que seja definido, nesse momento processual, o valor final da condenação e o destinatário social dessa condenação, distinto do Fundo de Amparo ao Trabalhador — FAT.

12.7. Da liquidação em direitos individuais homogêneos

Convém ressaltar, mais uma vez, que a ação coletiva voltada à proteção de direitos individuais homogêneos (categoria já devidamente delimitada anteriormente), ao contrário daquela veiculadora de interesses difusos e coletivos em sentido estrito, serve para a satisfação direta de direitos específicos e singulares de grupo determinado.

Vale repetir ideia relevante e didática dos dois primeiros momentos processuais distintos para os direitos individuais homogêneos, conforme citado precedente do Min. Teori Zavascki.

No primeiro momento da fase de conhecimento se sustenta o chamado núcleo de homogeneidade, ocasião em que os direitos serão definidos globalmente e de maneira genérica (sentença genérica) para o grupo de beneficiados.

Já nas posteriores fases de liquidação e execução desenvolve-se, após a definição do citado núcleo de homogeneidade, o que se chamou de margem de heterogeneidade, voltados à tutela dos direitos individuais, momento em que será definido quanto e para quem se deve individualmente.

O TST já reconheceu expressamente estes momentos distintos da homogeneidade e da heterogeidade. Vejamos:

RECURSO DE REVISTA. PRELIMINAR DE INÉPCIA DA INICIAL. JUNTADA DA RELAÇÃO DOS SUBSTITUÍDOS. SUBSTITUIÇÃO PROCESSUAL. DIREITOS INDIVIDUAIS HOMOGÊNEOS. DESNECESSIDADE. A doutrina moderna referente aos processos coletivos entende, quanto à tutela dos direitos individuais homogêneos, pela existência de uma cisão da atividade cognitiva, cujo objetivo, na primeira fase, é a obtenção de uma tese jurídica geral que beneficie, sem distinção, os substituídos, sem considerar os elementos típicos de cada situação individual de seus titulares e nem mesmo se preocupar em identificá-los, ficando a prestação jurisdicional limitada ao núcleo de homogeneidade dos direitos controvertidos. Nesta etapa os direitos individuais homogêneos são indivisíveis e indisponíveis. Na segunda fase, a cognição judicial já se preocupa com os aspectos particulares e individuais dos direitos subjetivos. Trata-se da liquidação e execução do direito individual a que se referem os arts. 91 a 100 do CDC. Nela são verificados os valores devidos para cada um dos titulares dos direitos individuais lesados, que, por sua vez, serão identificados, constituindo a chamada margem de heterogeneidade. Nesta fase, os direitos são divisíveis e disponíveis, sendo possível tanto a execução coletiva como a execução individual a ser promovida pelas vítimas. Portanto, não há como ver a juntada da relação dos substituídos como requisito indispensável para o ajuizamento de ação pelo sindicato como substituto processual para a defesa de direitos individuais homogêneos. No caso, o Regional entendeu ser dispensável a apresentação

---

(595) "Decorridos sessenta dias do trânsito em julgado da sentença condenatória, sem que a associação autora lhe promova a execução, deverá fazê-lo o Ministério Público, facultada igual iniciativa aos demais legitimados".

(596) LUCON, Paulo Henrique dos Santos. Análise crítica da liquidação e execução da tutela coletiva. In: _____ (Org.). *Tutela coletiva, op. cit.*, p. 170.

do rol de substituídos, com base na interpretação do art. 8º, III, da Constituição Federal, e no cancelamento da Súmula 310 do TST, por entender que a legitimidade conferida às entidades sindicais é ampla, abrangendo todos os integrantes da categoria que representam, e seus direitos individuais homogêneos, não havendo necessidade de individualização de cada um. Nesse contexto, não está demonstrada a violação dos 5º, LV, da Constituição Federal, 840, § 1º, da CLT, 286 e 293 do CPC de 1973, vigente na data da publicação do acórdão recorrido. Os julgados trazidos são inespecíficos (Súmulas ns. 23 e 296 do TST). Recurso de revista não conhecido.[597].

Vale destacar que o autor de demanda coletiva, aparelhada de direitos individuais homogêneos, age como verdadeiro legitimado substituto processual, atuando em nome próprio para a defesa de interesse alheio, da vítima do dano, do substituído.

Assim, nas ações envolvendo direitos individuais homogêneos, a liquidação será um incidente (liquidação-incidente) instaurado na petição de execução singular que deverá ser apresentado diretamente pelo interessado em peça de execução autônoma, tendo como passo inicial o incidente de liquidação, provocado ou diretamente pelo legitimado processual individual (titular do direito material ou o respectivo sucessor), ou em substituição processual pelo autor coletivo.

É exatamente o que diz o art. 97 do CDC. Vejamos:

A liquidação e a execução de sentença poderão ser promovidas pela vítima e seus sucessores, assim como pelos legitimados de que trata o art. 82.

Na mesma linha já decidiu a jurisprudência do TST. Vejamos:

RECURSO DE REVISTA. EXECUÇÃO. AÇÃO COLETIVA. LEGITIMIDADE DO REPRESENTADO PARA PROMOÇÃO INDIVIDUAL DA LIQUIDAÇÃO DE SENTENÇA. O art. 97 da Lei n. 8.078/90 define que a liquidação e a execução de sentença poderão ser promovidas pela própria vítima. Com base no referido artigo esta Corte já consignou, em casos que possuem, inclusive, o mesmo município reclamado, a possibilidade de iniciativa individual do interessado em procedimento de execução de sentença prolatada em ação coletiva. Assim, a decisão do Tribunal Regional impediu o acesso da exequente ao Poder Judiciário, garantido pelo art. 5º, XXXV, da Constituição Federal. Recurso de revista conhecido e provido.[598]

Também importante deixar registrada a existência de verdadeira **legitimidade concorrente** (questão pouco enfrentada pela doutrina processual coletiva laboral) entre o substituído autor da ação de execução individual e o autor coletiva legitimado pela lei (sindicato, Ministério Público do Trabalho ...), conforme já deixou assentada a jurisprudência do TST. Vejamos:

RECURSO DE REVISTA INTERPOSTO DE DECISÃO PUBLICADA NA VIGÊNCIA DA LEI N. 13.015/2014. EXECUÇÃO DE SENTENÇA. EXECUÇÃO INDIVIDUAL PROFERIDA NOS AUTOS DE AÇÃO COLETIVA AJUIZADA PELO SINDICATO NA CONDIÇÃO DE SUBSTITUTO PROCESSUAL. POSSIBILIDADE. A Subseção 1 Especializada em Dissídios Individuais do TST, no precedente E-RR-1843-88.2012.5.15.0049, proferiu decisão unânime sobre a possibilidade de o substituído promover individualmente a execução da sentença. Fixou-se o entendimento de que os créditos reconhecidos como devidos na ação coletiva poderão ser individualizados e apurados por meio de liquidação de sentença em ação de execução autônoma individual, proposta pelo empregado substituído, ou nos próprios autos da ação coletiva mediante iniciativa do sindicato autor. Trata-se de legitimação concorrente e não subsidiária, e, nesse contexto, o direito de escolha da ação de execução, individual ou coletiva, relaciona-se com o próprio conteúdo do direito de ação, razão pela qual a extinção do processo, na forma como decidida na instância ordinária, traduz desconformidade com o disposto no art. 5º, XXXV, da Constituição Federal. Recurso de revista conhecido e provido.[599]

Não se pode deixar de salientar que também incidirá no incidente de liquidação de sentença, envolvendo direitos individuais homogêneos, das ações coletivas laborais, a sistemática legal do já trabalhado sistema específico ou microssistema do processo coletivo laboral, conforme inclusive já restou reconhecido há muito tempo pela Jornada Nacional sobre Execução na Justiça do Trabalho, realizada no Mato Grosso, no ano de 2010, senão vejamos:

ENUNCIADO N. 8: AÇÕES COLETIVAS. LIQUIDAÇÃO DE SENTENÇA. Na liquidação de sentença nas ações coletivas para a tutela de interesses individuais homogêneos (substituição processual), aplica-se o microssistema do processo coletivo brasileiro (Constituição Federal arts. 8º, 129, III, § 1º; Lei n. 7.347/1985 e Lei n. 8.078/1990).

---

(597) Tribunal Superior do Trabalho. 6ª Turma. RR – 3900-74.2011.5.17.0141. DEJT 16.3.2018.
(598) Tribunal Supeiror do Trabalho. 2ª Turma. RR 2065-56.2012.5.15.0049. Relª. Minª. Delaíde Miranda Arantes. DEJT 5.8.2016.
(599) Tribunal Superior do Trabalho. 7ª Turma. RR 1038-38.2012.5.15.0049. Rel. Min. Cláudio Mascarenhas Brandão. DEJT 7.12.2017.

Essa modalidade de incidente ensejará outras questões processuais relevantes, como por exemplo o foro competente para as execuções individuais, a serem desenvolvidas apenas no próximo capítulo em que for abordada a execução.

Aspecto também bastante importante na sistemática de cumprimento dos direitos individuais homogêneos é a chamada condenação genérica, que merece tópico específico.

12.7.1. A questão do provimento condenatório genérico

Prevê o art. 90 da Lei n. 8.078/1990, que deverão as vítimas, ou seus herdeiros, realizar a liquidação da sentença, caso genérica (aspecto a ser ainda tratado), diretamente (liquidação individual) ou por intermédio dos entes coletivos legitimados (liquidação coletiva), e provar a existência do dano e do vínculo de causalidade. Regramento similar possui a clássica ação de cumprimento (art. 872 da CLT).

Diz o art. 95 da Lei n. 8.078/1990 (Código de Defesa do Consumidor) o seguinte:

> Em caso de procedência do pedido, a condenação será genérica, fixando a responsabilidade do réu pelos danos causados.

Portanto, a procedência dos pedidos da ação coletiva encartando direitos individuais homogêneos ensejará a chamada "condenação genérica", com a fixação da responsabilidade do réu pelos danos causados.

Tal acontece porque, conforme já apreciado anteriormente, uma das características dos direitos individuais homogêneos é a existência, para aquele universo determinado de interesses, de similares questões fáticas e jurídicas, socialmente relevantes, aptas a sustentarem uma decisão única, aqui qualificada pela lei como genérica, abraçando uma coletividade de interessados, a ser apenas individualizada posteriormente pela quantificação.

Se as particularidades individuais prevalecessem sobre o universo coletivo, a decisão unificada, genérica ou não, perderia a razão de existir[600], pois se tornaria um instrumento cujo resultado seria inferior ao alcançado por intermédio de demandas individuais, tantas quantas fossem necessárias para abarcar esse universo.

Em outros termos, a ação coletiva somente se justifica caso alcance um resultado "qualitativamente superior"[601] em relação àquele obtido por intermédio da quantidade de demandas singulares necessárias para satisfazer a pretensão daquela coletividade.

Voltando ao transcrito art. 95 do CDC, parte da doutrina afirma que o uso do verbo "será" do dispositivo legal mencionado encerra verdadeira obrigação[602]. Nessa linha, o provimento jurisdicional para a tutela de direitos individuais homogêneos não poderia fixar desde logo o valor da indenização individual devida a cada membro da coletividade atingida. O pedido, por consequência, também deveria ser obrigatoriamente genérico. Ou, ainda que não o fosse genérico, a condenação seria.

Vale lembrar que no processo civil clássico a regra geral diz ser o pedido "determinado", admitindo-se pleito genérico excepcionalmente nas hipóteses descritas nos incisos do art. 324 do CPC.

A condenação genérica nos dissídios individuais cinge-se usualmente à definição do valor devido (*quantum debeatur*). Até nas ações plúrimas o provimento condenatório carece apenas da quantificação do montante objeto da condenação, estando credor e devedor plenamente identificados. Atividade cognitiva da liquidação, nesse caso, limitar-se-á a integrar a decisão estabelecendo o requisito da liquidez[603].

A condenação genérica na tutela coletiva tem amplitude bem mais ressaltada, chegando a ser chamada por alguns até de "liquidação imprópria"[604], porque significa obrigação incompleta, carecedora de imediata força executiva, pois

---

(600) No mesmo sentido WAMBIER, Luiz Rodrigues. *op. cit.*, p. 315.

(601) *Ibidem*, p. 317.

(602) Nesse sentido temos, dentre outros, ARAÚJO FILHO, Luiz Paulo da Silva. *Ações coletivas*: a tutela jurisdicional dos direitos individuais homogêneos. Rio de Janeiro: Forense, 2000. p. 187; BRUSCATO, Wilges. *Op. cit.*, p. 87; BEZERRA LEITE, Carlos Henrique. *Curso de direito processual do trabalho*, *op. cit.*, p. 970; VENTURI, Elton. *Execução da tutela coletiva. op. cit.*, p. 126; WAMBIER, Luiz Rodrigues. *Op. cit.*, p. 371.

(603) Cf. CORDEIRO, Wolney de Macedo. *Manual de execução trabalhista*. Rio de Janeiro: Forense, 2008. p. 106.

(604) DINAMARCO, Cândido Rangel. *Instituições de direito processual civil*. V. 4, São Paulo: Malheiros, 2004. p. 631.

também ausente a determinação de credores (*cui debeatur*), o que é devido (*quid debeatur*), ou, finalmente, a quantidade devida (*quantum debeatur*).

Há iliquidez no provimento condenatório genérico na tutela coletiva de interesse individual homogêneo usualmente no aspecto subjetivo (beneficiários discriminados na decisão) e objetivo (quantificação da obrigação). Na tutela individual, como exposto, a iliquidez restringe-se ao aspecto objetivo.

Exemplificando. Imagine-se ação coletiva em que o Ministério Público do Trabalho, defendendo interesses individuais homogêneos, busca a declaração da existência de labor insalubre de grau médio para dada atividade em determinado sítio econômico, bem como a consequente condenação no pagamento do respectivo adicional aos trabalhadores albergados nessa situação.

Nesse caso o provimento condenatório será ilíquido (ou genérico) quanto ao montante devido, como também em relação ao conjunto de credores beneficiados[605].

O trabalhador beneficiário (substituído ou sucessor, conforme art. 97 do CDC) dessa decisão poderá intervir no feito, habilitando-se, para comprovar o dano pessoal experimentado e o nexo causal pertinente com o fato, isto é, de empregado que praticava no local delimitado aquele labor considerado insalubre, o que justificaria o percebimento do acréscimo remuneratório decorrente daquela atividade.

Nessa habilitação não se pode inovar ou rediscutir questões já definidas na sentença do processo coletivo. Apenas se evidencia que a pessoa é titular de um direito em relação ao réu e se esclarece o vínculo de causalidade entre o habilitante, o fato e o ato do réu.

Como já citado, também nessa situação, a liquidação poderá permanecer coletiva, ou serão iniciadas liquidações individuais (incidentes autônomos), tantas quantas forem necessárias para alcançar o universo de beneficiários.

Em cada uma dessas liquidações incidentais haverá específica atividade cognitiva, verdadeira liquidação individual pelo procedimento comum (art. 509, II do CPC), que levará em consideração, dentre outros aspectos, a comprovação da condição de empregado, o tempo de serviço exercido naquela atividade insalubre, o tempo de exposição ao longo da jornada, bem como o padrão remuneratório de cada trabalhador com o fito de alcançar montante condenatório devido a cada um desses substituídos.

Após essas explicações volta-se novamente a discutir a suposta obrigatoriedade de a sentença ser necessariamente genérica em sede de tutela de direitos individuais homogêneos no processo laboral coletivo.

Há posição clássica da doutrina processual laboral afirmando a impossibilidade de o provimento condenatório em sede de ação coletiva instrumentalizando direito individual homogêneo deixar de ser "obrigatoriamente genérico"[606].

Tal corrente vem sendo superada na realidade jurisdicional. Não são poucas as ações civis públicas, ventilando interesses individuais homogêneos envolvendo trabalho análogo à escravidão, espécie do gênero trabalho degradante[607], propostas pelo Ministério Público do Trabalho, por exemplo, em que há apresentação, com a inicial, de planilha contendo rol dos trabalhadores atingidos, valor devido a título de verbas rescisórias a cada um deles, quantificação individual de dano moral individual e até dano moral coletivo. Esses pedidos, todos líquidos, possibilitam alcançar provimento condenatório também líquido, suplantando, por consequência, modelo clássico de condenação necessariamente genérico[608]. Aliás, esse paradigma de imediata condenação líquida aproxima-se da sistemática das *class actions for damages* estadunidenses, autêntica inspiração do modelo pátrio, "onde o juiz desde logo quantifica a indenização pelos danos causados"[609].

---

(605) Veja exemplo semelhante em CORDEIRO, **Wolney de Macedo**. *Manual de execução trabalhista*, op. cit., p. 107.

(606) BEZERRA LEITE, Carlos Henrique. *Liquidação na ação civil pública*. São Paulo: LTr, 2004. p. 154.

(607) Cf. BRITO FILHO, José Cláudio Monteiro de. Trabalho com redução do homem à condição análoga à de escravo e dignidade da pessoa humana. *Revista do Ministério Público do Trabalho na Paraíba*, João Pessoa, n. 1, p. 141-159, jun. 2005.

(608) No mesmo sentido, WAMBIER, Luiz Rodrigues. *Op. cit.*, p. 373.

(609) GRINOVER, Ada Pellegrini et al. *Código Brasileiro de Defesa do Consumidor comentado pelos autores do anteprojeto*, op. cit., p. 697.

Portanto, pode-se defender que o modelo da "sentença genérica" estabelece uma regra geral que, contudo, como já sustentado, poderá ser superada, a depender das peculiaridades do caso concreto apresentado[610].

12.8. Da liquidação na *fluid recovery*

Diz o art. 100 do CDC o seguinte:

> Art. 100. Decorrido o prazo de um ano sem habilitação de interessados em número compatível com a gravidade do dano, poderão os legitimados do art. 82 promover a liquidação e execução da indenização devida.
>
> Parágrafo único. O produto da indenização devida reverterá para o fundo criado pela Lei n. 7.347, de 24 de julho de 1985.

Trata-se de uma liquidação coletiva proveniente de uma sentença condenatória proferida em ação encartando direitos individuais homogêneos, sendo o produto dessa reversão chamado *fluid recovery*, indenização ou recuperação fluída.

Indenização fluída porque após um ano sem a habilitação de substituídos desses direitos individuais homogêneos em número compatível com a gravidade do dano, os legitimados coletivos deverão recuperar tais valores, redicionando a fundo receptor, em garantia ao princípio da tutela integral do patrimônio jurídico coletivo.

Como já mencionado, o mencionado fundo citado no parágrafo único não foi criado no âmbito da jurisdição da laboral, daí a construção jurisprudencial ter elaborado tal redirecionamento ao Fundo de Amparo ao Trabalhador.

Trata-se daquela terceira fase, desenvolvida pela doutrina, complementando as duas primeiras criada pelo Min. Teori Zavascki no RE n. 631.111-GO, em que a questão se volta novamente para o núcleo de homogeneidade original, pois a indenização volta a ser global, dirigida integralmente a um fundo receptor.

Perceba-se que o citado art. 100 entabula uma verdadeira legitimidade extraordinária subsidiária, pois somente permite que o ente coletivo instaure a fase de liquidação (verificar a distinção feita anteriormente entre fase, processo e incidente de liquidação) após um ano do trânsito em julgado da sentença condenatória genérica.

O STJ já decidiu, de maneira acertada, diga-se de passagem, que esse prazo de um ano começa a ser contado a partir de publicação de edital em jornais de ampla divulgação, contendo conteúdo da sentença coletiva, e com o objetivo de convocação das vítimas para vindicarem seus valores individuais. Vejamos:

> RECURSO ESPECIAL – DIREITO DO CONSUMIDOR – AGRAVO DE INSTRUMENTO – AÇÃO COLETIVA – INTERESSES INDIVIDUAIS HOMOGÊNEOS – SENTENÇA DE PROCEDÊNCIA – LIQUIDAÇÃO E EXECUÇÃO DA SENTENÇA GENÉRICA REQUERIDA PELO MINISTÉRIO PÚBLICO, COM FUNDAMENTO NO ART. 100 DO CDC (FLUID RECOVERY) – PEDIDO INDEFERIDO PELAS INSTÂNCIAS ORDINÁRIAS, SOB O ARGUMENTO DE QUE O TRANSCURSO DO PRAZO DE UM ANO DEVE TER COMO TERMO INICIAL A PUBLICAÇÃO DE EDITAIS EM JORNAIS DE AMPLA CIRCULAÇÃO, OBRIGAÇÃO A QUE FORAM CONDENADOS OS RÉUS – IMPOSSIBILIDADE DE SE CONDICIONAR O INÍCIO DO REFERIDO PRAZO AO CUMPRIMENTO DA CITADA OBRIGAÇÃO DE FAZER. INSURGÊNCIA RECURSAL DO MINISTÉRIO PÚBLICO ESTADUAL.[611]

O TST não possui precedente envolvendo especificamente a contagem de um ano de prazo inicial contado a partir da publicação do citado edital.

A legitimação extraordinária dos entes coletivos, ou essa terceira fase processual em que o núcleo de homogeneidade volta a ser ativado, tem início um ano após a publicação do citado edital.

Vale salientar que o escoamento desse prazo de um ano não implicará na perda do direito de a vítima liquidar e executar os créditos individuais, pois não se trata de prazo prescricional dirigido aos legitimados singulares.

---

(610) Em sentido similar, cf. DIDIER JR., Fredie; ZANETI JR., Hermes. *Op. cit.*, p. 485.
(611) Superior Tribunal de Justiça. 4ª Turma. Rel. Min. Marcos Buzzi. RE 1.156.021-RS. DJE 5.5.2014.

Capítulo 13

Execução de Sentença

13.1. Considerações preliminares

Também já tratei desse assunto parcialmente, em obra sobre a execução provisória no processo coletivo do trabalho[612].

Vale repetir que será adotado, aqui neste capítulo, conforme iniciado no capítulo anterior, conceito inicialmente trabalhado em jurisprudência do STF já citada, relatada pelo saudoso Ministro Teori Zavascki, relatado, e posteriormente complementado pela doutrina, dividindo a tutela coletiva em três fases ou momentos processuais bem delimitados.

Como já explicado, essa ideia das três fases foi concebida inicialmente para tratar dos chamados direitos individuais homogêneos, porém acreditamos que também pode explicar a tutela coletiva laboral.

O primeiro momento processual trata da fase de conhecimento em que se define a procedência ou não dos pedidos veiculados nas ações coletivas trabalhistas.

Nas duas fases posteriores, liquidação, trabalhada no capítulo anterior, e execução, a ser estudada neste, poderá haver liquidação individual ou coletiva, a depender da modalidade de sentença prolatada (genérica ou integral), e da modalidade de direito coletivo a ser alcançado.

Vale ainda ser mencionada, conforme será desenvolvido posteriormente, a possibilidade de fase executiva voltar a ser global, inobstante tenha se encaminhado inicialmente para o exercício de incidentes individuais, em caso de defesa de direitos individuais homogêneos, nas hipóteses da chamada *fluid recovery*, a ser desenvolvida com mais vagar posteriormente.

O presente capítulo pretende apresentar, como foi feito deste o início deste estudo, um panorama geral da execução no processo coletivo do trabalho, rente à jurisprudência atual do TST, sem descurar das necessárias críticas, quando se entender cabível.

13.2. Conceito e breve panorama histórico da tutela coletiva

Desde as remotas origens romanas, o processo civil utilizava dois tipos de tutela para a resolução de conflitos. Uma era de acertamento e a outra de realização ou satisfação do direito.

Na tutela, dita de cognição, a jurisdição unicamente declarava a "real situação jurídica dos contendores frente ao litígio deduzido em juízo"[613].

Já a tutela jurisdicional executiva ou de cumprimento do julgado, considerando nova nomenclatura do processo civil, abrangendo binômio aqui designado de atividade-resultado[614], acontece a efetivação coativa no plano dos fatos "do resultado previsto no ordenamento jurídico"[615], caso não atendido espontaneamente por parte da pessoa obrigada.

---

(612) Cf. COSTA, Marcelo Freire Sampaio. *Execução provisória satisfativa nas ações coletivas trabalhistas, op. cit.*

(613) THEODORO JR., Humberto. *Processo de execução e cumprimento da sentença, op. cit.*, p. 33.

(614) Expressão utilizada tanto para designar procedimentos destinados a alcançar determinado resultado, quanto para qualificar o próprio "resultado da atividade desenvolvida pelos órgãos judiciários em favor daquele que está amparado pelo direito material". Cf. MEDINA, José Miguel Garcia. *Execução civil*: princípios fundamentais. São Paulo: Revista dos Tribunais, 2002. p. 49. Na doutrina estrangeira, cf. DENTI, Vittorio. *L'esecuzione forzata in forma specifica*. Milano: Giuffrè, 1953. p. 5.

(615) ZAVASCKY, Teori Albino. *Processo de execução*: parte geral. 3. ed. São Paulo: Revista dos Tribunais, 2004. p. 29. (Coleção Enrico Tulio Liebman, v. 42).

Isso significa a provocação de alterações, no plano material (ou na faticidade), no patrimônio dos litigantes, com a efetiva entrega do bem da vida à parte vitoriosa[616], com ou sem a participação do devedor (execução direta ou indireta[617]) na realização dessas mudanças.

Registre-se, desde logo, a adoção de conceito amplo de tutela jurisdicional executiva, abrangendo tanto os meios executivos diretos, ditos de subrrogação, quanto os indiretos, chamados de coação.

Nessa alheta, enquanto na primeira fase de conhecimento busca-se a formulação "a respeito da incidência ou não da norma abstrata"[618], aproximando o juízo dos fatos e preparando-o para julgar a causa, a tutela executiva ou execução forçada intenta a satisfação concreta, no plano dos fatos, do direito da parte vencedora.

Trata-se não mais de declarar "mas de 'efetivar' esse direito reconhecido"[619] no plano dos fatos, seja em título (sentença, acórdão e decisão interlocutória) judicial (provisório ou definitivo) ou extrajudicial (provisório ou definitivo).

A distinção dessas modalidades de pretensões, por consequência, não se encontra no encadeamento do *iter* processual, mas está no "endereçamento teleológico"[620] de cada uma delas. A cognição converge sua força para alcançar uma decisão final de acertamento. A execução prescinde desse acertamento para lograr satisfazer a pretensão jurisdicional no plano empírico[621]. O epílogo ordinário da via executiva é a satisfação dos direitos do credor, "sendo este o seu único desfecho possível"[622] – é o conhecido do princípio do desfecho único.

O modelo atual do diploma processual civil fixou a chamada fase de cumprimento das sentenças no processo de conhecimento. A execução passou a funcionar como um complemento, sem intervalo, do processo, "que já não é mais propriamente cognitivo ou executivo, mas um processo misto, em que essas duas atividades se fundem"[623], no que se restou chamar sincretismo processual.

Esse modelo executivo do processo civil será integrado, sistematicamente, ao sistema específico de tutela executiva das ações trabalhistas, conforme será apresentado ao longo deste capítulo.

Antes de avançar propriamente na fase de liquidação e execução das ações coletivas trabalhistas, vale apresentar algumas questões aqui consideradas introdutórias.

13.3. Sentença não significa tutela do direito vindicado

O título do presente item é imprescindível à compreensão da execução com viés satisfativo nas tutelas coletivas que será desenvolvida mais à frente. Retrata a distinção que merece ser feita entre a sentença como mera técnica processual, e a verdadeira satisfação do direito[624]. Se não existisse tal diferença, não haveria sentenças que precisariam de outra técnica processual, a execução, para serem realizadas no mundo dos fatos.

Sentença, acórdão e decisões interlocutórias são meras técnicas processuais. Não confirmam a suposição de que, por si só, seriam capazes de realizarem as tutelas jurisdicionais nelas ventiladas. Tanto é assim que exigem a complementação de outra técnica processual, a execução, de índole definitiva ou provisória, para alcançarem a satisfação do objeto buscado na via jurisdicional. Acreditar nesses provimentos decisórios como algo além de uma mera folha de papel,

---

(616) Nesse sentido, dentre tantos outros, ASSIS, Araken de. *Cumprimento da sentença*. Rio de Janeiro: Forense, 2006. p. 4 e TEIXEIRA FILHO, Manoel Antônio. *Execução no processo do trabalho*. 9. ed. São Paulo: LTr, 2005. p. 33.

(617) Mais à frente serão apresentados os conceitos de execução direta e indireta.

(618) ZAVASCKY, Teori Albino. *Processo de execução:* parte geral, *op. cit.*, p. 27.

(619) ABELHA, Marcelo. *Manual de execução civil*. 2. ed. São Paulo: Forense Universitária, 2007. p. 6.

(620) Expressão de DINAMARCO, Cândido Rangel. *op. cit.*, p. 114.

(621) No mesmo sentido *vide*, dentre tantos outros, GUERRA, Marcelo Lima. *Direitos fundamentais e a proteção do credor na execução civil, op. cit.*, p. 30.

(622) PINHO, Humberto Dalla Bernardina. *Teoria geral do processo civil contemporâneo*. Rio de Janeiro: Lumen Juris, 2007. p. 243.

(623) FONSECA, Carlos Simões. *Sincretismo processual e acesso à Justiça*. São Paulo: LTr, 2009. p. 130.

(624) Distinção bem apresentada por MARINONI, Luiz Guilherme e ARENHART, Sérgio Cruz. *Curso de processo civil:* execução. v. 3. São Paulo: RT, 2016. p. 23.

preenchida por letras e números e sem nenhum viso de efetividade, é estar ainda imbuído de uma visão simplesmente romântica da tutela jurisdicional.

É lição dos clássicos que a sentença condenatória tem a capacidade de declarar o direito existente e fazer aplicar a "sanção ao caso adequado"[625], esta última significando a abertura da oportunidade à deflagração da fase executiva. É lição elementar que a condenação prepara a execução.

Portanto, a concepção de sentença como mera técnica processual limitada à declaração da existência de lesão ou ameaça de direito não significa exaurir a tutela jurisdicional.

13.4. Aportes gerais sobre a execução trabalhista

O conceito de execução citado no início deste capítulo alcança plenamente o processo laboral, tanto nas lides individuais, como nas coletivas.

É fato notório que a execução trabalhista se encontra parcamente prevista no Capítulo V, da CLT, arts. 876 até 892. Pouco menos que vinte dispositivos legais.

O citado art. 876 do texto consolidado elenca, indistintamente, títulos judiciais e extrajudiciais, dotados de força executiva definitiva e provisória, da seguinte maneira: i) as decisões passadas em julgado ou das quais não tenha havido recurso com efeito suspensivo; acordos quando não cumpridos; iii) termos de ajuste de conduta firmados perante o MPT; iv) termos de conciliação com as Comissões de Conciliação Prévia.

Além desse rol de títulos citados, parte da doutrina, de forma acertada, inobstante a ausência de previsão legal no texto celetário, porém considerando o alargamento da competência material da Justiça do Trabalho conferido pela Emenda Constitucional n. 45/2004, bem como corroborando os argumentos construídos ao longo do presente no tocante à necessidade de ser desenvolvida a interpretação do processo do trabalho tendo como esteio e pilar de sustentação o mecanismo da interpretação sistemática do direito, reconhece como títulos aptos a serem executados na Justiça do Trabalho a certidão de inscrição de dívida ativa da União, referente às penalidades administrativas impostas ao empregador pelos órgãos de fiscalização do trabalho (art. 114, VII, da CLT), sentença arbitral, conciliação extrajudicial homologada judicialmente pelo juiz do trabalho, sentença penal condenatória, transitada em julgado, que atribui responsabilidade penal, com repercussões pecuniárias, ao empregador[626] e sentença estrangeira homologada pelo Superior Tribunal de Justiça que reconheça obrigação de índole laboral.

A doutrina abalizada apresenta a execução trabalhista como um conjunto de atos praticados destinados à satisfação de obrigação "consagrada num título executivo judicial ou extrajudicial, da competência da Justiça do Trabalho, não voluntariamente satisfeita pelo devedor, contra a vontade deste último"[627].

Ao contrário do processo civil que disciplina regramento diferente à execução de títulos judiciais e extrajudiciais, bem como às obrigações estampadas nesses títulos, o processo do trabalho não faz tal distinção legal.

O art. 876 da CLT[628] disciplina o mesmo procedimento executivo para os títulos judiciais e extrajudiciais, bem como também não faz distinção quanto às obrigações neles estampadas.

13.5. Da execução direta e indireta

Como salientado anteriormente, a tutela executiva intenta um resultado prático equivalente à satisfação do direito do credor, exatamente como se o devedor tivesse cumprido espontaneamente tal obrigação.

---

(625) LIEBMAN, Enrico Tullio. *Processo de execução*. São Paulo: Saraiva, 1968. p. 16.

(626) Elenco similar é apresentado, dentre tantos, por SCHIAVI, Mauro. *Execução no processo do trabalho*. 8. ed. São Paulo: LTr, 2008. p. 234.

(627) SCHIAVI, Mauro. *Execução no processo do trabalho, op. cit.*, p. 21.

(628) "As decisões passadas em julgado ou das quais não tenha havido recurso com efeito suspensivo; os acordos, quando não cumpridos; os termos de ajuste de conduta firmados perante o Ministério Público do Trabalho e os termos de conciliação firmados perante as Comissões de Conciliação Prévia serão executados pela forma estabelecida neste Capítulo".

Para a obtenção desse resultado prático no plano dos fatos, o ordenamento jurídico vale-se de técnicas processuais executivas distribuídas em duas modalidades: "as medidas subrrogatórias e as medidas coercitivas"[629].

Aquela que é realizada diretamente pelo Estado, subrrogando ou substitutindo o devedor em razão de sua conduta ausente, chama-se execução direta.

Aquela em que o devedor é instado a cumprir a obrigação é qualificada de execução indireta.

Nas medidas subrrogatórias ou substitutivas, diante da recusa do devedor em cumprir espontaneamente uma obrigação à qual estava vinculado, a jurisdição acaba por praticar diretamente aquele ato em substituição à atividade daquele devedor resistente, tencionando proporcionar ao credor "resultado idêntico ou equivalente (econômica ou juridicamente)"[630] ao que deveria ser alcançado pelo cumprimento espontâneo da parte reticente. Nessa técnica substitutiva não há qualquer cooperação por parte do obrigado.

A transformação do patrimônio do devedor em pecúnia (tutela ressarcitória pelo equivalente), visando à satisfação de dívida não honrada por intermédio do procedimento executivo clássico, consiste no destacamento coativo de patrimônio deste, ou seja, penhora, avaliação, alienação e a consequente transformação em dinheiro. É o exemplo clássico do encadeamento resumido de medidas subrrogatórias.

Há situação, contudo, em que se torna impossível ou de difícil viabilidade prática a substituição do comportamento do devedor recalcitrante. São os chamados "limites naturais ou políticos"[631] da execução.

Os limites naturais são caracterizados quando, por exemplo, está-se diante do cumprimento de obrigações ditas infungíveis ou personalíssimas, isto é, somente exequíveis pelo devedor[632] (há os exemplos clássicos como a contratação de determinado artista plástico afamado para realizar obra de arte).

Já os ditos limites ditos políticos acontecem quando, por exemplo, os bens do devedor estão enquadrados como absolutamente impenhoráveis, inviabilizando a atividade substitutiva estatal de satisfação da obrigação.

Nessas duas situações inexistem meios executivos subrrogatórios estatais eficazes para produzir idênticos resultados em prol do credor caso tal obrigação fosse diretamente realizada pelo devedor, daí a necessidade de serem manejadas medidas de pressão psicológica (coerção indireta) sobre a vontade deste para o cumprimento direto daquela obrigação, o que se convencionou chamar de execução indireta.

Podem ser destacadas pelo menos três características dessas medidas coercitivas[633].

A primeira delas é a natureza jurisdicional, classificada como uma modalidade de técnica executiva.

A segunda diz acerca da ausência de finalidade ressarcitória, inclusive podendo, *in thesi*, até ser cumulada com pleito reparatório de danos decorrentes de inadimplemento.

A terceira, e derradeira, trata da ausência de fulcro punitivo nessas medidas. Veja-se que até na coerção de índole penal decorrente da ausência de pagamento de prestação alimentar o cumprimento da ordem de prisão será imediatamente suspenso após a satisfação do valor devido, por consequência a privação da liberdade está jungida ao cumprimento da obrigação e não a uma sanção penal (punição) clássica cuja duração da medida é legalmente predeterminada.

No direito estrangeiro essas medidas de pressão psicológica para induzir ao cumprimento pelo devedor de comportamento recalcitrante são historicamente aplicadas. Basta lembrar o chamado *contempt power* (*contempt of court*[634]) da tradição jurídica da *common law*.

---

(629) GUERRA, Marcelo Lima. *Execução indireta, op. cit.*, p. 23. Cf. a denominação de "medidas coercitivas" em BARBOSA MOREIRA, José Carlos. *O novo processo civil* brasileiro. 13. ed. Rio de Janeiro: Forense, 1992. p. 266.

(630) GUERRA, Marcelo Lima. *Execução indireta, op. cit.*, p. 25.

(631) Expressão de DINAMARCO, Cândido Rangel. *Op. cit.*, p. 297.

(632) Diz o art. 247 do Código Civil: "Incorre na obrigação de indenizar perdas e danos o devedor que recusar a prestação a ele só imposta, ou só por ele exequível" (grifo não consta no texto original).

(633) Características similares são destacadas por GUERRA, Marcelo Lima. *Execução indireta, op. cit.*, p. 36.

(634) Na doutrina pátria Marcelo Lima Guerra apresenta amplo panorama, talvez o mais completo, acerca desse instituto. *Ibidem*, p. 73-108.

Trata-se do poder que o juiz da jurisdição civil "tem em punir um litigante (ou um terceiro participante da relação jurisdicional) que viola uma ordem judicial de obrigação de fazer ou não fazer"[635] e entregar coisa diversa que dinheiro, sendo utilizado em um vasto leque de propósitos, até mesmo para penitenciar testemunhas e peritos nomeados.

Aliás, há nova hipótese legal de *contempt of court* no direito pátrio, conferida abusivamente pela Lei n. 13.467/2017, conforme disposto no art. 793-D, permitindo à jurisdição trabalhista punir em até dez por cento do valor da causa corrigido, a testemunha que "intencionalmente alterar a verdade dos fatos ou omitir fatos essenciais ao julgamento da causa".

Portanto, simples nervosismo da testemunha, aspecto tão corriqueiro na Justiça do Trabalho, pode fazer com que omita "fatos essenciais ao julgamento da causa", sendo penalizada em dez por cento sobre o valor corrigido da causa.

Logo, numa ação com valor corrigido da causa de R$ 1.000.000,00 (um milhão de reais), a testemunha, que fraquejou e "omitiu fatos essenciais", poderá ser multada em R$ 100.000,00 (cem mil reais). Que absurdo!

Voltando à execução indireta, vale registrar, considerando os reflexos havidos na legislação brasileira, que a execução indireta é realizada no direito francês por intermédio da medida coercitiva chamada de astreinte, medida surgida pela criação jurisprudencial daquele país.

Essa medida coorcetiva é uma decorrência dos exageros cometidos pelo liberalismo no tocante à excessiva proteção à suposta liberdade do devedor. Se o devedor não poderia ter sua liberdade restringida, também não deveria ser obrigado a fazer algo que não o desejasse, daí a criação de mecanismo para atuar sobre essa vontade recalcitrante.

As astreintes são "medidas coercitivas, de caráter patrimonial, consistente numa condenação em uma quantia determinada por cada dia (ou outra unidade de tempo) de atraso do devedor em cumprir obrigação"[636] específica, estampada em decisão judicial (sentença, acórdão ou decisão interlocutória) ou título executivo extrajudicial, com o fito de exercer real pressão psicológica para induzir o obrigado ao cumprimento desse comportamento específico.

No processo do trabalho têm-se, por exemplo, as astreintes fixadas em termos de compromisso de ajustamento (títulos executivos extrajudiciais) de conduta com o Ministério Público do Trabalho (art. 876, da CLT), em que o subscritor assume a obrigação de praticar determinado comportamento (seja obrigação de pagar, fazer, não fazer ou entregar coisa diversa que dinheiro), sob pena de quantificação e execução de medida coercitiva arbitrada nesse instrumento.

No sistema pátrio essa pressão psicológica dá-se ordinariamente por intermédio da imposição de medidas coercitivas civis destinadas ao cumprimento de obrigações de fazer, não fazer e entregar coisa diversa que dinheiro, conforme regras do processo civil, plenamente aplicáveis ao processo laboral, individual e coletivo.

Nessas hipóteses, as astreintes são fixadas em consonância com as circunstâncias do caso concreto e segundo a capacidade econômica do demandado, pois servem como instrumento para viabilizar a realização da decisão judicial (sentenças, acórdãos e decisões interlocutórias aparelhadas de antecipação de tutela específica) ou títulos executivos extrajudiciais contendo obrigações específicas.

13.6. Execução coletiva. Generalidades

A execução no processo coletivo do trabalho deverá seguir o mesmo padrão sincrético do modelo executivo clássico, segundo o qual o cumprimento será uma extensão da fase de conhecimento, caso o devedor deixe de adimplir espontaneamente a condenação.

Vale deixar claro, apesar de pouco desenvolvido pela doutrina laboral, que também haverá execução coletiva nas hipóteses de descumprimento de termo de ajuste de conduta (título executivo extrajudicial) firmado, por exemplo, pelo Ministério Público do Trabalho, conforme será desenvolvido mais à frente.

Assim como a execução laboral clássica, nas ações coletivas a execução de título judicial também enfrenta problemas relacionados ao tempo de realização do direito reconhecido principalmente em título executivo judicial transitado em julgado.

---

(635) GUERRA, Marcelo Lima. *Execução indireta, op. cit.,* p. 88.

(636) *Ibidem*, p. 108.

Conforme será apresentado no próximo item, a efetivação da sentença ou acórdão proferido em ação coletiva laboral dependerá da modalidade de direito coletivo que venha a ser afirmado.

Além dessa distinção relacionada a modalidade do direito coletivo afirmado, a forma de cumprimento da decisão também dependerá do conteúdo dessa modalidade de direito reconhecido, no tocante à separação entre obrigações de quantia e obrigações encartando a chamada tutela específica.

Assim, inicialmente serão divididas as formas de execuções cabíveis de acordo com as modalidades de direitos coletivos inamdimplidos. E posteriormente será feita a distinção de acordo com a obrigação a ser objeto do cumprimento, a serem separadas em obrigações de pagar e aquelas decorrentes de tutela específica.

Além disso, serão apresentadas algumas questões comuns a todas as modalidades de execuções coletivas.

Vamos ao trabalho.

13.7. Das modalidades de execução no processo coletivo do trabalho

Começamos, mais uma vez, relembrando as ideias construídas inicialmente no precedente RE n. 631.111-GO, da lavra do Min. Teori Zavascki, para apresentar as modalidades de execuções no processo coletivo do trabalho.

A primeira distinção a ser feita será entre as execuções aparelhadas de direitos transindividuais (difusos e coletivos em sentido estrito) e o cumprimento envolvendo direito individual homogêneo.

Situação bem distinta das anteriores envolverá as execuções que deveriam ser realizadas invidualmente pelos substituídos, contudo voltam ao chamado núcleo de homogeneidade mencionado no citado precedente do Min. Teori, em razão do regramento disposto no art. 100 do CDC (*fluid recovery*), já citado no capítulo anterior.

Será citada a possibilidade das execuções de títulos extrajudiciais, como nos casos de termos de compromisso firmados pelo Ministério Público do Trabalho, aparelhadas de direitos coletivos em sentido amplo.

O Tribunal Superior do Trabalho já conseguiu captar, ainda que parcialmente, a divisão aqui apresentada. Vejamos:

RECURSO DE REVISTA – PROCESSO ANTERIOR À VIGÊNCIA DA LEI N. 13.015/2014 –LEGITIMIDADE ATIVA – EXECUÇÃO INDIVIDUAL – SENTENÇA PROFERIDA EM AÇÃO COLETIVA. Da redação dos arts. 97 e 98 do CDC, depreende-se a possibilidade de duas espécies de execução das sentenças decorrentes das ações coletivas que mencionam: a execução individual, interposta diretamente pelo interessado, seja vítima ou sucessor, incumbindo-lhe a prova do interesse (titularidade do direito lesado conforme reconhecido na sentença de mérito) e os prejuízos que efetivamente sofreu; e a execução coletiva, a ser promovida pelos legitimados elencados no art. 82 do CDC, que tem lugar quando já houver fixação em sentença de liquidação do valor cabível a cada substituído. Na espécie, depreende-se que a sentença exequenda, ao determinar que a execução fosse efetivada nos termos do art. 98 do CDC, permitiu que a execução fosse promovida individualmente pelo interessado ou coletivamente pela entidade sindical, sendo que nesta segunda hipótese é imprescindível que já tenha ocorrido a liquidação da importância atribuída a cada substituído, de forma que a execução promovida pelo ente legitimado, no caso o sindicato, somente abrangerá os substituídos que tenham os valores pertinentes liquidados. Consequentemente, o acórdão recorrido, ao concluir que somente o sindicato dispõe de legitimidade para executar a sentença, proferiu uma interpretação restritiva do alcance da decisão transitada em julgado, violando o art. 5º, XXXVI, da Constituição Federal. Saliente-se, ainda, que esta Corte entende que o óbice à execução individual de créditos reconhecidos em ação coletiva viola o art. 5º, XXXV, da Constituição Federal. Precedentes. Recurso de revista conhecido e provido.[637]

13.8. Da execução da pretensão coletiva realizada globalmente

Vale lembrar que o art. 3º da Lei da ACP dispõe que a condenação poderá ser em dinheiro ou em tutela específica.

Também, importante destacar que a execução coletiva ou execução de pretensão coletiva, nomenclaturas a serem utilizadas de maneira indistinta, está vinculada aos direitos chamados transindividuais (direitos difusos e coletivos em sentido estrito), portanto indivisíveis, daí a condenação ser dirigida a um fundo legal receptor ou realizada por intermédio da chamada recomposição social, já explicada anteriormente.

---

(637) Tribunal Superior do Trabalho. 7ª Turma. RR 471-40.2011.5.02.0037. Rel. Min. Luiz Philippe Vieira de Mello Filho. DEJT 9.2.2018.

Portanto, os legitimados coletivos legais do art. 5º, da Lei da ACP, e do art. 82, do CDC, poderão executar coletivamente a sentença aparelhada em obrigações de pagar e/ou tutela específica.

Não se defende aqui a possibilidade de que sentença proferida em processo envolvendo unicamente direitos difusos e coletivos em sentido estrito seja utilizada ou aproveitada — *in utilibus* — por indivíduo (ou grupo de indivíduos determinados) como título executivo voltado para cumprimento individual.

13.8.1. Do rito executivo das obrigações de pagar em sentença coletiva

No tocante ao rito da execução em sede de sentença coletiva encartando unicamente obrigações de quantia, deve-se reconhecer o sincretismo e a consequente ausência de autonomia desse rito, aspectos já tratados, cujo regramento encontra-se nos citados arts. 3º e 13, da Lei da ACP.

Há quatro questões singulares que merecem destacado desenvolvimento.

A **primeira questão** que precisa ser enfrentada, ainda não apreciada pela jurisprudência dos tribunais trabalhistas pátrios, é a incidência ou não da limitação imposta à execução de ofício pela jurisdição laboral, pela alteração legislativa recente do art. 878 da CLT, decorrente da chamada Reforma Trabalhista.

Diz o alterado art. 878 da CLT que a execução de ofício somente poderá ser promovida pela jurisdição nos casos em que "as partes não estiverem representadas por advogado".

Entendemos que tal limitação não tem cabimento na execução de sentença coletiva em razão da indivisibilidade do objeto executado, bem como pela natureza transindividual dos direitos difusos e coletivos em sentido estrito.

Assim, execução de sentença de quantia envolvendo condenação em dano moral coletivo, por exemplo, poderá ser deflagrada imediatamente pela jurisdição laboral, sem a necessidade de provocação do legitimado coletivo legal.

A **segunda questão** a ser enfrentada, seria o possível encaixe da multa prevista no art. 523, § 1º, do CPC (antigo art. 575-J), como passo inicial deflagratório do cumprimento definitivo em sede de senteça coletiva.

Inobstante já termos defendido a aplicação do antigo art. 575-J do CPC no processo coletivo do trabalho[638], não se pode esquecer que jurisprudência consolidada no TST já decidiu, em sede de recurso de revista repetitivo, que a multa do art. 523, § 1º, do CPC é "incompatível com o processo do trabalho"[639], logo, também incompatível com a execução de sentença coletiva.

Assim, a deflagração de sentença coletiva de obrigação de pagar seguirá o padrão de procedimento do art. 880 da CLT e seguintes, sendo os atos executivos posteriores adotados de forma idêntica ao rito das execuções singulares de quantia.

A **terceira questão** refere-se à possibilidade de essa execução coletiva de obrigações de pagar também ser viabilizada em sede de execução de título extrajudicial.

Basta imaginar a pssibilidade de termo de compromisso firmado pelo Ministério Público do Trabalho, contendo cláusula de obrigação de pagar dano moral coletivo.

O descumprimento dessa cláusula ensejará a promoção de execução coletiva desse termo de compromisso, com a observância de todos os aspectos que estão sendo aqui construídos.

A **quarta questão**, e derradeira, que também merece destaque específica, refere-se ao direcionamento da condenação em sentença coletiva a um fundo legal ou à chamada recomposição social, tratada anteriormente.

Ora, se estamos diante de direitos indivisíveis e transindividuais, portanto, respectivamente, insuscetíveis de divisão unitária, bem como sem titulares específicos, tais formas de destinação se mostram o caminho natural para se alcançar o resultado jurisdicional buscado, pois não existem titulares específicos desse direito material realizado.

---

(638) CF. COSTA, Marcelo Freire Sampaio. *Execução provisória satisfativa nas ações coletivas trabalhistas*, op. cit.
(639) Tribunal Superior do Trabalho. Tribunal Pleno. IRR 1786-24.2015.5.04.0000. Rel. Min. João Oreste Dalazen. DEJT 21.8.2017.

A tutela específica nas sentenças coletivas merece tratamento específico em item próprio, por envolver uma série de particularidades que merecem tratamento singular. Vejamos:

13.9. Aspectos gerais da tutela específica nas execuções coletivas

As tutelas específicas têm como característica primordial, conforme já salientado, a manutenção da integridade do ordenamento jurídico, principalmente, como mencionado, aqueles direitos ditos de conteúdo não patrimonial ou prevalentemente não patrimonial[640], exatamente como os direitos difusos e coletivos em sentido estrito.

Consoante afirmado anteriormente, tem-se a chamada execução indireta de obrigações específicas, ou também conhecida como tutela específica ou execução por transformação ou desapossamento, em que o "objeto da relação jurídica é um comportamento (ativo ou passivo) do devedor"[641].

Como também já ressaltado, o art. 3º da Lei da ACP admite condenação em tutela específica, daí tal possibilidade ser aqui trabalhada especificamente em sede de execução coletiva.

O cumprimento de sentenças e acórdão aparelhadas dessas obrigações específicas gira em torno do "sistema executivo"[642] disposto na legislação específica da tutela coletiva (Lei da ACP e CDC), bem como nos arts. 497-501 do CPC e arts. 536-538 também do CPC, conforme será mais à frente explicado.

Diz-se execução "específica", contrária da técnica indenizatória pecuniária vista no item anterior, porque se pretende a procura da maior coincidência possível entre "o resultado da tutela jurisdicional pedida e o cumprimento da obrigação caso não houvesse ocorrido lesão ou, quando menos, ameaça de direito no plano material"[643].

A única maneira de impedir que os direitos não patrimoniais, tais como os direitos difusos e coletivos em sentido estrito, convolem-se em mero ressarcimento pecuniário, será por intermédio da tutela específica, notadamente por meio da chamada tutela inibitória ou preventiva, a ser desenvolvido em espaço específico.

Feitas tais explicações, vamos à sistemática legal da tutela específica a ser aplicada nas sentenças ditas coletivas.

Diz o art.11 da Lei da ACP o seguinte:

Na ação que tenha por objeto o cumprimento de obrigação de fazer ou não fazer, o juiz determinará o cumprimento da prestação da atividade devida ou a cessação da atividade nociva, sob pena de execução específica, ou de cominação de multa diária, se esta for suficiente ou compatível, independentemente de requerimento do autor.

Estabelece o art. 84, *caput* e parágrafos, do CDC:

Art. 84. Na ação que tenha por objeto o cumprimento da obrigação de fazer ou não fazer, o juiz concederá a tutela específica da obrigação ou determinará providências que assegurem o resultado prático equivalente ao do adimplemento.

§ 1º A conversão da obrigação em perdas e danos somente será admissível se por elas optar o autor ou se impossível a tutela específica ou a obtenção do resultado prático correspondente.

§ 2º A indenização por perdas e danos se fará sem prejuízo da multa.

§ 3º Sendo relevante o fundamento da demanda e havendo justificado receio de ineficácia do provimento final, é lícito ao juiz conceder a tutela liminarmente ou após justificação prévia, citado o réu.

§ 4º O juiz poderá, na hipótese do § 3º ou na sentença, impor multa diária ao réu, independentemente de pedido do autor, se for suficiente ou compatível com a obrigação, fixando prazo razoável para o cumprimento do preceito.

§ 5º Para a tutela específica ou para a obtenção do resultado prático equivalente, poderá o juiz determinar as medidas necessárias, tais como busca e apreensão, remoção de coisas e pessoas, desfazimento de obra, impedimento de atividade nociva, além de requisição de força policial.

---

(640) Cf., nesse sentido, POZZOLO, Paulo Ricardo. *Ação inibitória no processo do trabalho*. São Paulo: LTr, 2001. p. 76.

(641) THEODORO JR., Humberto. *Processo de execução e cumprimento da sentença, op. cit.*, p. 223.

(642) Expressão retirada da obra de MARINONI, Luiz Guilherme; ARENHART, Sérgio Cruz. *Curso de processo civil*: execução, vol. 3, *op. cit.*, p. 44.

(643) BUENO, Cassio Scarpinella. *Curso sistematizado de direito processual civil*: tutela jurisdicional executiva. Vol. 3, *op. cit.*, p. 455. No mesmo sentido, dentre tantos outros, MARTINS, Sérgio Pinto. *Tutela antecipada e tutela específica no processo do trabalho*. 2. ed. São Paulo: Atlas, 2000. p. 101.

Como a tutela específica nas sentenças coletivas dá ensejo a uma série de questões particulares, optamos por numerar e trabalhar pontos específicos. Vejamos:

13.9.1. Sistema legal executivo da tutela específica. Incidência sistemática do CPC e Lei da ACP e CDC

Sustenta-se que a sistemática executiva da tutela específica é integrada sistematicamente pelo regramento do CPC e pelos dispositivos legais transcritos anteriormente.

Portanto, todas as hipóteses normativas citadas erigem, sem distinções estanques, um modelo de jurisdição individual e coletivo cuja amplitude não tem precedente similar no direito estrangeiro, nem mesmo no direito italiano, paradigma no qual o modelo pátrio irrefragavelmente inspirou-se[644].

A hermenêutica jurídica até aqui defendida não admite tais separações incomunicáveis.

Também ostenta suporte constitucional no inc. XXXV do art. 5º da Carta Magna de 1988[645].

13.9.2. Sistema legal executivo da tutela específica. Incidência de ofício no cumprimento de sentença coletiva

A execução de tutela específica (obrigações de fazer, não fazer e suportar) é realizada independentemente de requerimento do interessado, conforme autoriza a última parte do art. 11 da Lei da ACP.

De maneira mais clara dispõe o art. 536 do CPC o seguinte:

> No cumprimento de sentença que reconheça a exigibilidade de obrigação de fazer ou de não fazer, o juiz poderá, de ofício ou a requerimento, para a efetivação da tutela específica ou a obtenção de tutela pelo resultado prático equivalente, determinar as medidas necessárias à satisfação do exequente.

Assim, em caso de sentença coletiva condenando em obrigações específicas o juízo determinará prazo razoável (art. 84, § 4º, da Lei da ACP) para cumprimento da obrigação independentemente de requerimento do interessado, daí a inaplicabilidade do art. 878 da CLT nesse contexto.

13.9.3. Atipicidade das medidas executivas para cumprimento da tutela específica

Além das medidas executivas típicas de apoio para cumprimento da tutela específica, tais como multa, busca e apreensão e remoção de coisas, reconhecidas como medidas executivas típicas[646], pois expressamente descrita no dispositivo legal em destaque, admite-se adoção de qualquer outra providência executiva necessária para a realização da tutela específica.

Tem-se, então, também configurado modelo de medidas executivas ditas atípicas, pois se destaca verdadeira "ausência de modelo predefinido a ser observado"[647]. Para que o processo possa tutelar adequadamente as infinitas situações de direito material, é necessário dar à jurisdição a prerrogativa de determinar a modalidade executiva adequada ante o caso concreto, daí a redação do art. 84, § 5º, do CDC e art. 536, § 1º, do CPC.

Trata-se da concretização do chamado "princípio da concentração dos poderes de execução do juiz", por intermédio do qual a jurisdição tem o poder de aplicar as "medidas necessárias para que ocorra a efetiva tutela do direito"[648], sem descurar da devida motivação da prática escolhida.

Essa atipicidade se aplica integralmente à execução coletiva de tutela específica no processo coletivo do trabalho.

---

(644) No mesmo sentido, cf. MARINONI, Luiz Guilherme. *Tutela inibitória (individual e coletiva)*, op. cit., p. 122.
(645) "a lei não excluirá da apreciação do Poder Judiciário lesão ou ameaça a direito."
(646) MEDINA, José Miguel Garcia. *Execução civil: princípios fundamentais*, op. cit., p. 295.
(647) *Ibidem*, p. 298.
(648) MARINONI, Luiz Guilherme. *Tutela inibitória (individual e coletiva)*, op. cit., p. 230.

13.9.4. Questão das multas na execução coletiva

A multa para viabilizar o cumprimento da tutela específica nas execuções coletivas é importante técnica de realização dessa modalidade de tutela.

O art. 11 da Lei da ACP e art. 84, § 4º do CDC dispõem que o juiz poderá impor multa diária ao réu, independentemente de pedido do autor, se for "suficiente ou compatível com a obrigação, fixando prazo razoável para o cumprimento do preceito".

O art. 537 do CPC também ratifica essa sistemática, afirmando que na fase de execução tal multa poderá ser aplicada, desde que "seja suficiente e compatível com a obrigação e que se determine prazo razoável para cumprimento do preceito".

A finalidade dessa multa, de ofício pela jurisdição, é agir sobre a vontade do obrigado, coagindo-o a cumprir a obrigação pendente, com o fito de eliminar ou reduzir os atropelos e a usual demora característicos das execuções por subrrogação.

Daí a necessidade de ser quantificada em montante capaz de incutir no réu, considerando a capacidade econômica desse ator, a compreensão da melhor viabilidade econômica do cumprimento da ordem jurisdicional[649]. Em suma deverá ser mais viável financeiramente ao réu satisfazer a obrigação inadimplida que suportar a multa.

Como já destacado anteriormente, as multas ou astreintes são medidas coercitivas, de caráter patrimonial, consistente numa condenação em uma quantia determinada por cada dia (ou outra unidade de tempo) de atraso do devedor no cumprimento da obrigação específica, estampada em decisão de tutela específica, com o fito de exercer real pressão psicológica para induzir o devedor ao cumprimento desse comportamento específico (execução por coerção).

No modelo pátrio a pressão psicológica dá-se ordinariamente por intermédio da imposição de medidas coercitivas civis, sendo a multa uma espécie dessas medidas.

O TST já captou bem a importância da incidência dessas multas em sede de tutela específica. Vejamos:

TUTELA ESPECÍFICA. DETERMINAÇÃO DE OFÍCIO PELO MAGISTRADO. *ASTREINTES*. A determinação contida na decisão regional e a cominação de multa diária em caso de seu descumprimento encontram amparo nos arts. 497, 536, *caput* e § 1º, e 537 do CPC (correspondentes ao art. 461, *caput* e §§ 4º e 5º, do CPC/1973) e podem ser estipuladas de ofício pelo julgador, não havendo que se falar em julgamento *extra petita*. Na essência, trata-se de uma das mais importantes normas do sistema processual brasileiro por meio da qual se objetiva alcançar a efetividade da decisão judicial e materializa o direito fundamental à tutela efetiva, reconhecido pela moderna doutrina especializada, como destaca Athos Gusmão Carneiro, com apoio em Ada Pellegrini Grinover, para quem representa "uma das maiores conquistas do novo processo civil brasileiro" (*Da antecipação da tutela*. Rio de Janeiro: Forense, 2010. p. 66). Decorrente de uma das muitas reformas pelas quais passou o Código de Processo Civil no final do século passado, a regra instituída no § 5º do art. 461 do CPC/1973 (atual art. 536 do CPC) constitui, na lição de Luiz Guilherme Marinoni, citado por Fredie Didier Jr., "cláusula geral executiva" por meio da qual se outorga ao magistrado poderes para, "à luz do caso concreto, valer-se de providência que entender necessária à efetivação da decisão judicial", com a finalidade de, ainda segundo o mesmo autor, "municiar o magistrado para que possa dar efetividade às suas decisões". (DIDIER Jr., Fredie, et al. *Curso de processo civil*. v. 5. 14. ed. Salvador: JusPodivm, 2014. p. 437). É um verdadeiro "cheque em branco" que se atribui ao magistrado para, diante do caso concreto, determinar quaisquer providências que, a seu juízo, possibilitem à decisão judicial produzir efeitos para além do mundo dos autos e alcançar a vida real, o mundo dos fatos, portanto, pois, como afirma Luís Roberto Barroso (BARROSO, Luís Roberto. *Curso de direito constitucional contemporâneo*. São Paulo: Saraiva, 2009. p. 305), "Efetividade significa a realização do Direito, a atuação prática da norma, fazendo prevalecer no mundo dos valores os valores e interesses por ela tutelados. Simboliza, portanto, a aproximação, tão íntima quanto possível, entre o *dever-ser* normativo e o *ser* da realidade social." Por fim, registre-se que a limitação contida no art. 412 do Código Civil aplica-se apenas aos casos de apuração de multa estipulada em cláusula penal, nos moldes da Orientação Jurisprudencial n. 54 da SBDI-1 desta Corte. Agravo de instrumento a que se nega provimento.[650]

Para finalizar, registre-se que o valor da multa é dirigido ao autor e não ao Estado, conforme previsão expressa disposta no art. 537, § 2º, do CPC.

---

(649) MARINONI, Luiz Guilherme. *Tutela inibitória (individual e coletiva)*, op. cit., p. 219.
(650) Tribunal Superior do Trabalho. 7ª Turma. AIRR 209500-36.2009.5.12.0001. Rel. Min. Cláudio Mascarenhas Brandão. DEJT 11.5.2018.

Contudo, como se trata de execução coletiva cujo titular é indeterminado, considerando se tratar de direitos transindividuais, a multa terá o mesmo destino da obrigação principal, isto é, o Fundo de Amparo ao Trabalhador ou a cabível recomposição social.

13.9.5. Modificação da quantificação dessas multas

Em relação à multa, como já mencionado, registre-se a necessidade de ser quantificada de tal forma que efetivamente atue sobre a vontade do devedor, sob pena de ser convertida em perdas e danos, conforme dispositivos legais citados. Essa conversão ocorre se for impossível a obtenção da tutela específica vindicada ou resultado prático equivalente.

Também se admite a majoração ou redução de ofício pelo juízo caso se mostre, respectivamente, insuficiente ou excessiva para atuar sobre a vontade do devedor, conforme autorizam o art. 11 da Lei da ACP, o art. 84, § 4º do CDC e o art. 537, § 1º, I e II, do CPC.

Aliás, o art. 537, § 1º, I e II mostra-se tão claro que merece transcrição literal:

§ 1º O juiz poderá, de ofício ou a requerimento, modificar o valor ou a periodicidade da multa vincenda ou excluí-la, caso verifique que:

I – se tornou insuficiente ou excessiva;

II – o obrigado demonstrou cumprimento parcial superveniente da obrigação ou justa causa para o descumprimento.

13.9.6. Exibilidade da multa. Termo inicial

Quanto ao termo inicial para exibilidadade da multa, dispõe o § 2º do art. 12 da Lei da Ação Civil Pública, que, inobstante cominada liminarmente, somente poderá ser "exigível do réu após o trânsito em julgado da decisão favorável ao autor, mas será devida desde o dia em que se houver configurado o descumprimento".

Isso significa tornar-se eficaz imediatamente, contudo, somente poderá ser cobrada em definitivo (obviamente admite-se a execução provisória da quantificação desse valor, a ser trabalhada posteriormente) após o trânsito em julgado da decisão.

Essa falta de imediatidade da cobrança definitiva não afasta a finalidade coercitiva dessa multa, pois a ameaça de o réu futuramente, pela via da execução definitiva ou provisória, ter de suportar o pagamento desse montante mantém-se[651] incólume.

Aliás, tem regramento bastante similar à sistemática da tutela coletiva (art. 537, § 3º e § 4º). Vejamos:

§ 3º A decisão que fixa a multa é passível de cumprimento provisório, devendo ser depositada em juízo, permitido o levantamento do valor após o trânsito em julgado da sentença favorável à parte ou na pendência do agravo fundado nos incisos II ou III do art. 1.042.

§ 4º A multa será devida desde o dia em que se configurar o descumprimento da decisão e incidirá enquanto não for cumprida a decisão que a tiver cominado.

O TST já captou esse assunto e possui jurisprudência seguindo a linha dos dispositivos legais acima citados. Vejamos:

MULTA POR DESCUMPRIMENTO DA OBRIGAÇÃO DE FAZER. EXIGIBILIDADE. TERMO INICIAL. Caso em que o Tribunal de origem consignou que, nos termos do art. 12, § 2º, da Lei 7347/85, não é possível limitar a incidência da multa imposta ao trânsito em julgado da decisão, mas apenas a sua exigibilidade, sendo devida "desde o dia em que se houve configurado o descumprimento". Com efeito, este Tribunal Superior do Trabalho, antes mesmo da vigência do novo CPC, já entendia ser possível a exigência do cumprimento da *astreinte* cominada no âmbito da ação civil pública, antes do trânsito em julgado da decisão. O que se exige, nos termos do art. 461, *caput* e § 4º, do CPC de 1973 (atual 537, § 3º, do CPC/15) é que o valor da multa fique depositado em juízo, permitido o levantamento do valor após o trânsito em julgado da sentença favorável à parte. Precedente do Pleno e de

---

(651) No mesmo sentido MARINONI, Luiz Guilherme. *Tutela inibitória (individual e coletiva)*, op. cit., p. 226.

Turmas deste TST. Cumpre registrar, por fim, que não há como conhecer do recurso por divergência jurisprudencial quando não se verifica a existência de teses diversas na interpretação de um mesmo dispositivo de lei (Súmula n. 296, I, do TST), afinal, o Tribunal Regional amparou a sua decisão no disposto no art. 12, § 2º, da Lei 7347/85 e os arestos transcritos sequer fazem menção ao referido preceito de lei. Recurso de revista não conhecido.[652]

13.10. Da tutela inibitória. Aspectos gerais e aplicação na execução coletiva

Optou-se por trabalhar novamente a tutela inibitória em item específico, por se tratar de modalidade de tutela específica mais importante na seara da execução coletiva laboral.

Como já explicado anteriormente, tal provimento inibitório ou preventivo é uma modalidade de tutela específica destinado a impedir diretamente a violação do próprio direito material da parte, bem como conservar a integridade do direito, "pressupondo a probabilidade de que o ilícito prossiga ou se repita, ou mesmo que venha a ser praticado, se ainda não se verificou"[653].

Adiante-se brevemente. Mais vale antecipar um comportamento capaz de evitar um ilícito gerador de um dano que buscar a indenização pelo prejuízo já ocorrido.

O ato ilícito mencionado leva em conta além da configuração clássica decorrente de ação ou omissão, intencional ou culposa, causadora de dano, patrimonial ou extrapatrimonial, a outrem, do art. 186 do Código Civil, o sentido mais amplo caracterizado pelo excesso manifesto aos limites impostos em razão do "fim econômico ou social, pela boa-fé ou pelos bons costumes" (art. 187, do Código Civil).

Como já salientado, a tutela inibitória é técnica executiva aplicada tanto às obrigações de não fazer como de fazer.

Muitas vezes o caso concreto exigirá não apenas a abstenção (tutela inibitória negativa) para se evitar um ilícito, mas a adoção de alguma atividade concreta (tutela inibitória positiva, idêntica às *mandatory injunctions* do direito norte-americano) para lograr esse objetivo.

Basta imaginar a probabilidade de ser tolhido ilícito omissivo e sucessivo por intermédio de um fazer. Exemplificando. Um ilícito laboral omissivo; ausência de proteção adequada de partes móveis de máquina de serrar toras de madeira, com potencial para causar acidente de trabalho a qualquer tempo, exige a aplicação de medida positiva, a consequente aplicação de equipamento de proteção dito coletivo, isto é, a cobertura protetora adequada às partes móveis dessa máquina.

Nesse caso, a tutela jurisdicional faz cessar a apontada ausência ilícita decorrente de comportamento omissivo continuado por intermédio de um ato comissivo (a imposição para o empregador adequar a máquina às normas de segurança e medicina do trabalho). Trata-se, portanto, de tutela genuinamente inibitória, de índole positiva.

A tutela inibitória caracteriza-se por ser voltada notadamente para o futuro. Funciona, basicamente, por intermédio de comando jurisdicional (sentença, acórdão, decisão interlocutória) capaz de impedir a prática ou ocorrência, a repetição ou a continuação do ilícito.

Ainda que voltada à cessação da repetição ou continuação do ilícito, essa modalidade não perde a característica da defesa do valor de prevenção, "pois não tem por fim reintegrar ou reparar o direito violado"[654].

Pouco importa, portanto, se o ilícito configura-se em um único ato ou se deita efeitos de forma continuada, pois o importante será inibi-lo[655].

A propósito, essa projeção para o futuro não será prejudicada em caso de adequação de conduta por parte da ré no decorrer de demanda jurisdicional aparelhada de tutela específica, pois a finalidade é justamente evitar que o desvio

---

(652) Tribunal Superior do Trabalho. 5ª Turma. RR 2076-76.2011.5.03.0139. Rel. Min. Douglas Alencar Rodrigues. DEJT 13.4.2018.
(653) MARINONI, Luiz Guilherme. *Antecipação de tutela*, op. cit., p. 88.
(654) MARINONI, Luiz Guilherme. *Tutela inibitória (individual e coletiva)*, op. cit., p. 39.
(655) Nesse mesmo sentido SPADONI, Joaquim Felipe. *Ação inibitória*. São Paulo: Revista dos Tribunais, 2002. p. 75.

constatado e já reparado volte a ser repetido no porvir, conforme já chancelado pelo Tribunal Superior do Trabalho em diversas ocasiões.

Consoante já aqui salientado, a importância da tutela preventiva ressalta evidente nessa moderna sociedade de relações fluídas e complexas, a partir da necessidade de se conferir adequada proteção jurisdicional a essas "novas situações jurídicas"[656] de conteúdo não patrimonial ou prevalentemente não patrimonial.

Indene de dúvidas que a tutela específica-preventiva é "superior e deve ser preferida, sempre que possível, a qualquer outra"[657], pois são inegáveis as vantagens proporcionadas pela ampla utilização dessa modalidade no cotidiano das relações jurídicas. Mostra-se apta a impedir a prática, repetição ou a continuação de ato contrário ao direito. Também permite ao titular de situação jurídica de vantagem a fruição *in natura* do bem jurídico tutelado.

Exemplificando na seara laboral. Imagine-se (o exemplo não é fictício) o processo de montagem de um palco de largas proporções, no pátio de uma grande companhia nacional de *telemarketing*, que servirá para a realização de verdadeiros espetáculos de humilhação, com data e horário certo, com a devida divulgação no seio dessa companhia. Neste, os empregados devem desfilar, sob as vaias da plateia, trajando roupas femininas, e as mulheres são ridicularizadas por todos por envergarem camisas com mensagens depreciativas e sexistas, além de agressões físicas dirigidas a todos, porque simplesmente não atingiram as metas de vendas impostas pela direção. A tutela inibitória servirá para obstar a ocorrência desse verdadeiro e anunciado *show* de horrores.

Caso a violação do direito já tenha acontecido, o processo deverá agir justamente para evitar novo ilícito similar no futuro (no caso do citado espetáculo de horrores, para que outro análogo não ocorra), podendo ser tanto um fazer, como um não fazer ou entregar coisa, isto é, deve-se franquear à parte interessada "uma proteção específica para o direito violado"[658].

Tal modalidade corrobora a necessidade de pensar o processo sob a perspectiva da "tutela dos direitos"[659], isto é, como mera técnica processual voltada ao adequado atendimento da pretensão de direito material vindicada, bem como a pacificação social dele decorrente.

Em outras palavras, a consagração pelo ordenamento jurídico de direitos faz surgir, como consequência, também o direito à adequada tutela jurisdicional, isto é, a possibilidade de ser ventilada pretensão adequada, conforme o caso, visando a evitar a efetivação de ato contrário ao direito, ou, caso tal violação já tenha acontecido, requerer a efetiva reparação.

Registre-se, ainda, que na tutela inibitória, por se caracterizar como modalidade jurisdicional voltada para o futuro sem que tenha ainda ocorrido efetiva lesão, em muitas ocasiões existem apenas indícios (provas indiciárias[660]) apontando tão somente à probabilidade da ocorrência de futuro ilícito.

O CPC atual captou essas ideias da doutrina, conforme redação do parágrafo único do art. 497. Vejamos:

Para a concessão da tutela específica destinada a inibir a prática, a reiteração ou a continuação de um ilícito, ou a sua remoção, é irrelevante a demonstração da ocorrência de dano ou da existência de culpa ou dolo.

A última parte desse dispositivo captou bem a ideia da tutela inibitória, posto que deixou expressa a irrelevância na demonstração da ocorrência do próprio dano, pois o ideal é justamente que a inibição preceda tal dano, bem como também despicienda a demonstração dos elementos subjetivos culpa ou dolo.

---

(656) MARINONI, Luiz Guilherme. *Tutela inibitória (individual e coletiva)*, op. cit., p.24.

(657) BARBOSA MOREIRA, José Carlos. A tutela específica do credor nas obrigações negativas. In: _____. *Temas de direito processual: 2. série*. 2. ed. São Paulo: Saraiva, 1988. p. 31.

(658) *Idem*.

(659) MARINONI, Luiz Guilherme. *Tutela inibitória (individual e coletiva)*, op. cit., p. 148.

(660) Escaparia dos limites do presente desenvolver, com profundidade, a íntima relação entre a tutela inibitória e a as chamadas provas indiciárias. Sobre esse assunto vide MARINONI, Luiz Guilherme. *Tutela inibitória (individual e coletiva)*, op. cit., p. 58-62.

Para a efetivação dessa tutela inibitória, a distinção entre a proteção dos direitos difusos, coletivos em sentido estrito e individuais homogêneos, está vinculada apenas à variação da técnica executiva dirigida a satisfazer direitos usualmente incindíveis (difusos e coletivos em sentido estrito) ou cindíveis (individuais homogêneos). O caso concreto vai determinar a modalidade de proteção necessária.

Há basicamente duas formas de efetivação ou execução das tutelas inibitórias nas execuções coletivas. A primeira por intermédio das astreintes já foi bastante trabalhada. A segunda merece exposição mais alongada.

Nesse eito, outra maneira de execução das tutelas inibitórias é dada por intermédio das chamadas medidas coercitivas diretas.

São assim qualificadas porque realizadas sem a participação do executado, carregando ampla capacidade de transformação da realidade fática.

Como exemplo, pode-se viabilizar em sede de tutela coletiva voltada à proteção do meio ambiente de trabalho laboral, pedido voltado à interdição de máquina industrial com potencial lesivo para causar acidente de trabalho, fatal ou não.

Essa interdição é posta em prática independentemente da participação do empresário, considerando, repita-se, o potencial lesivo dessa ferramenta de trabalho.

Aliás, esse potencial lesado poderá ser comprovado por intermédio de laudo técnico, independentemente de já ter sido protagonista de algum acidente de trabalho.

Veja-se que o já citado parágrafo único do art. 497 do CPC afirma expressamente a irrelevância da demonstração do dano consumado.

Se a finalidade maior da tutela inibitória é chegar antes do ilícito, aguardar a ocorrência de acidente de trabalho para interditar aquela máquina, seria podar na raiz o instituto em apreço.

Há um preconceito, misturado com desconhecimento do processo laboral, por parte de grande parcela da doutrina do processo civil que vincula em demasia a proteção, pela tutela inibitória, dos direitos transindividuais ligados ao meio ambiente clássico[661] e aos direitos do consumidor, esquecendo-se da importância e riqueza jurisprudencial desse assunto já haurida e consolidada pelo processo coletivo do trabalho. Aliás, ousa-se dizer, mais uma vez, que o processo coletivo laboral é o *locus* onde verdadeiramente florescem e são realizados os direitos coletivos em sentido lato.

13.11. Da execução de direitos individuais homogêneos. Generalidades

A Execução de direitos individuais homogêneos tem sistemática complementarmente distinta do cumprimento dos direitos transindividuais, conforme distinção já firmada neste estudo.

Também já salientado que a execução de sentença ou acórdão em ação coletiva trabalhista encartando direitos individuais homogêneos é regulada pelos já citados arts. 97-100 do CDC.

O art. 97 do CDC define que a liquidação e consequente execução poderá ser promovida pela própria vítima ou sucessores., bem como pelos próprios legitimados coletivos legais, na condição de substitutos processuais.

Há execução individual proposta diretamente pelo interessado ou sucessores, ou, execução, também individual e devidamente liquidada, apresentada pelo legitimado coletivo.

Portanto, inobstante se possa chamar de execução coletiva de pretensão individual, pois aviada pelos legitimados coletivos, tal medida precisa ser devidamente individualizada, com as pretensões devidamente liquidadas[662].

A execução será promovida por intermédio da extração de carta de sentença e certidão de trânsito em julgado da decisão coletiva, em caso de execução definitiva.

---

(661) Cf., em longas páginas, MARINONI, Luiz Guilherme. *Tutela inibitória (individual e coletiva)*, op. cit., p. 92-115.
(662) No mesmo sentido, dentre tantos, cf. ALMEIDA, João Batista de. *Aspectos controvertidos da ação civil pública*. 3. ed. São Paulo: RT, 2012. p. 215.

O TST já compreendeu tal sistemática. Vejamos:

> EXECUÇÃO. AÇÃO COLETIVA. LEGITIMIDADE DO REPRESENTADO PARA PROMOÇÃO INDIVIDUAL DA LIQUIDAÇÃO DE SENTENÇA. O art. 97 da Lei 8.078/90, define que a liquidação e a execução de sentença poderão ser promovidas pela própria vítima. Com base no referido artigo esta Corte já consignou, em casos que possuem, inclusive, o mesmo município reclamado, a possibilidade de iniciativa individual do interessado em procedimento de execução de sentença prolatada em ação coletiva. Assim, a decisão do Tribunal Regional impediu o acesso da exequente ao Poder Judiciário, garantido pelo art. 5.º, XXXV, da Constituição Federal. Recurso de revista conhecido e provido. II – RECURSO DE REVISTA DO MINISTÉRIO PÚBLICO DO TRABALHO. EXECUÇÃO. AÇÃO COLETIVA. LEGITIMIDADE DO REPRESENTADO PARA PROMOÇÃO INDIVIDUAL DA LIQUIDAÇÃO DE SENTENÇA. O art. 97 da Lei 8.078/90, define que a liquidação e a execução de sentença poderão ser promovidas pela própria vítima. Com base no referido artigo esta Corte já consignou, em casos que possuem, inclusive, o mesmo município reclamado, a possibilidade de iniciativa individual do interessado em procedimento de execução de sentença prolatada em ação coletiva. Assim, a decisão do Tribunal Regional impediu o acesso da exequente ao Poder Judiciário, garantido pelo art. 5º, XXXV, da Constituição Federal. Recurso de revista conhecido e provido.[663]

Vale lembrar que na liquidação e consequente execução deverá restar demonstrado individualmente o liame entre o decidido no julgado coletivo e a pretensão da vítima, eis que usualmente a sentença será genérica.

A hipótese mais recorrente atualmente será a propositura de execução invidual de sentença coletiva manejada pelo próprio titular do direito material reconhecido, ou, quando pela entidade sindical representativa, quando tal ente possuir estrutura suficiente para suportar a condução de dezenas, centenas ou até milhares de liquidações individuais e consequentes execuções.

Usualmente, o Ministério Púlico do Trabalho conduz tais ações coletivas, encartando direitos individuais homogêneos, até a obtenção do trânsito em julgado da fase de conhecimento.

13.11.1. Da execução de direitos individuais homogêneos. Legitimidade concorrente

Discutiu no passado sobre possível prevalência de legitimidade do ente coletivo autor da pretensão ou integrante do rol legal.

Questão já ultrapassada.

Já está bem assentada na jurisprudência do TST que a legimidade do ente coletivo e do interessado individual será concorrente, não havendo espaço para a ideia de ordem de preferência.

Vejamos:

> RECURSO DE EMBARGOS REGIDO PELA LEI 13.015/2014. EXECUÇÃO INDIVIDUAL DE SENTENÇA PROFERIDA NOS AUTOS DE AÇÃO COLETIVA AJUIZADA PELO SINDICATO NA CONDIÇÃO DE SUBSTITUTO PROCESSUAL EM FASE DE EXECUÇÃO. No caso, a Turma deste Tribunal não conheceu do recurso de revista da reclamante, por entender não observada a regra prevista no art. 896, § 2º, da CLT, no que diz respeito à pretensão recursal calcada em ofensa ao art. 5º, XXXV, da CF/88. Concluiu tratar-se de controvérsia sobre matéria infraconstitucional (Código de Defesa do Consumidor e Lei de Ação Civil Pública), relativa à possibilidade de o substituído promover individualmente a execução. O fundamento que ocasionou a extinção do feito sem resolução do mérito está relacionado com uma das clássicas condições da ação (falta de interesse de agir por já ter iniciado o processo de execução nos autos da ação promovida pelo sindicato da categoria profissional). Ocorre que os créditos reconhecidos como devidos na ação coletiva poderão ser individualizados e apurados por meio de liquidação de sentença em ação de execução autônoma individual, proposta pelo empregado substituído, ou nos próprios autos da ação coletiva mediante iniciativa do sindicato autor, por se tratar de **legitimação concorrente e não subsidiária**. Nesse contexto, o direito de escolha da ação de execução, individual ou coletiva, está relacionado com o próprio conteúdo do direito de ação, daí a razão de se entender que a extinção do processo na forma como decidida na instância ordinária está em desconformidade com o disposto no art. 5º, XXXV, da CF/88. Recurso de embargos conhecido e provido.[664] (grifo nosso)

13.11.2. Da execução de direitos individuais homogêneos e a aplicação das astreintes

A sistemática das astreintes, amplamente estudada anteriormente, isto é, permitindo que a jurisdição, ao proferir a tutela jurisdicional comine multa no intuito de compelir a parte devedora a adimplir a obrigação certa e específica delimitada no julgado, é aplicável nos incidentes individuais de execução promovidos pelos substituídos.

---

(663) Tribunal Superior do Trabalho. 2ª Turma. RR 1824-82.2012.5.15.0049. Relª. Minª. Deláide Miranda Arantes. DEJT 5.8.2016.

(664) Tribunal Superior do Trabalho. Subseção I Especializada em Dissídios Individuais. RR 1843-88.2012.5.15.0049. Rel Min. Augusto César Leite de Carvalho. DEJT 11.4.2017.

O credor dessas astreintes será o próprio titular do direito individual homogêneo reconhecido, consoante fundamentação apresentada anteriormente.

O TST já assentou essa posição em acórdão que merece a transcrição literal. Vejamos:

2. AÇÃO COLETIVA DESTINADA A TUTELAR DIREITOS INDIVIDUAIS HOMOGÊNEOS. MULTA COMINATÓRIA. CREDOR DAS *ASTREINTES*: SUBSTITUÍDOS. ART. 84, § 4º, DA LEI N. 8.078/90, C/C ART. 461, § 4º, DO CPC/73 E ART. 537, § 2º, DA LEI N. 13.105/15 (NOVO CPC). Cinge-se a controvérsia em saber quem é o credor da multa cominatória fixada pelas instâncias de origem em face de obrigação de não fazer imposta ao Banco Reclamado. Sobre o tema, registre-se que o art. 84, § 4º, da Lei n. 8.078/90, c/c art. 90 do CDC e 461, § 4º, do CPC/73 permitem ao juiz, ao proferir uma tutela jurisdicional, cominar multa com o intuito de compelir a parte devedora a adimplir a obrigação certa e específica delimitada no julgado. As *astreintes* possuem, portanto, nítido caráter coercitivo e somente são exigíveis caso o devedor, ciente da obrigação que lhe foi imposta, manter-se recalcitrante. Todavia, até o advento da Lei n. 13.105/15 (Novo CPC), o ordenamento jurídico era omisso acerca de quem detinha legitimidade para cobrar as *astreintes*, ou seja, quem seria o credor da multa imposta. Com o advento do Novo CPC, encerrou-se a celeuma sobre o tema, uma vez que seu art. 537, § 2º, expressamente determinou que *"O valor da multa será devido ao exequente"*. E nem poderia ser diferente, pois o maior prejudicado pela inobservância dos termos da decisão judicial é o próprio credor/exequente e, por isso, a multa deve ser revertida em seu favor. No caso dos autos, a decisão judicial foi proferida em ação coletiva destinada à tutela de direitos individuais homogêneos, cujos titulares do direito são sujeitos perfeitamente determináveis e individualizados em liquidação de sentença promovida em execução individual. Diante disso, na presente hipótese, de fato, o valor da multa, deve ser revertida em favor dos substituídos — credores da obrigação principal assegurada em juízo — pois eles são os destinatários da multa prevista no art. 84, § 4º, da Lei n. 8.078/90, c/c art. 90 do CDC e 461, § 4º, do CPC/73. Saliente-se que a destinação da multa cominatória ao FAT somente pode ter guarida na hipótese do art. 100 da Lei n. 8.078/90, ou seja, se passado o prazo de 1 ano sem que os titulares do direito se habilitem ou não haja habilitação compatível com a extensão do dano. Isso porque, neste caso, o Ministério Público — ou os demais colegitimados — poderá iniciar a execução coletiva da decisão judicial proferida em ação coletiva que tutela direito individual homogêneo, de maneira que a condenação reverteria para um Fundo Público (no presente caso, para o FAT). Recurso de revista conhecido e provido no tema.[665]

13.11.3. Da execução de direitos individuais homogêneos e o foro competente para ingresso do cumprimento individual

A questão do foro competente para processar e julgar as execuções individuais decorrentes de condenação transitada em julgado envolvendo usualmente sentença genérica já foi objeto de acirrada discussão.

Inicialmente, a jurisprudência apresentava posição amarrada ao disposto no art. 877 da CLT, isto é, a competência para a execução de decisões da fase de conhecimento estaria vinculada necessariamente ao juízo que houve "conciliado ou julgado originariamente o dissídio".

Contudo, como já bastante trabalhado neste estudo, a sistemática do processo coletivo laboral está vinculada com um microssistema legislativo próprio, chamado de jurisdição laboral coletiva, em que há precedência na leitura sistemática das normas legais a ela vinculados (Constituição, Lei da ACP, CDC, CPC, Lei dos MPs estaduais, Lei Complementar n. 75/1993), sendo a CLT aplicada quando houver a necessária compatibilidade e adequação.

Então a questão passou a ser a possibilidade de eleição de outro foro para execução, distinto daquele prolator da decisão de conhecimento.

A jurisprudência passou a reconhecer a possibilidade de o exequente escolher o foro para processamento da liquidação e execução do incidente individual, conforme autorizam expressamente o art. 98, § 2º, incs. I e II, bem como o art. 101, I, todos do CDC.

Vejamos a posição do TST sobre o assunto em sede de conflito de competência:

CONFLITO NEGATIVO DE COMPETÊNCIA. EXECUÇÃO INDIVIDUAL DE SENTENÇA COLETIVA. TRABALHADORES DA FERROVIA CENTRO ATLÂNTICA S.A. FORO DO DOMICÍLIO DE CADA UM DOS CREDORES/EXEQUENTES X FORO EM QUE PROCESSADA E JULGADA A AÇÃO CIVIL COLETIVA. INCIDÊNCIA DAS NORMAS DO SISTEMA PROCESSUAL COLETIVO. 1 – Discussão acerca do juízo competente para processar e julgar a ação de execução individual de sentença referente à ação civil coletiva transitada em julgado, se o foro do domicílio de cada um dos credores/exequentes ou o foro em que processada e julgada a ação civil coletiva.

---

(665) Tribunal Superior do Trabalho. 3ª Turma. ARR 2318-72.2011.5.20.0006. Rel. Min. Mauricio Godinho Delgado. DEJT 5.5.2017.

2 – Inicialmente, deve-se pontuar que os arts. 651 e 877 da CLT não se aplicam diretamente quando a hipótese debatida é de jurisdição coletiva, que atrai a incidência, além da Constituição Federal, do Código de Defesa do Consumidor e da Lei da Ação Civil Pública. 3 – Extrai-se dos arts. 98, § 2º, I e II, e 101, I, da Lei n. 8.078/90 e 21 da Lei n. 7.347/85, que a competência para o cumprimento da sentença coletiva transitada em julgado, no caso de execução individual, é a do foro de eleição do exequente, o qual, na espécie, foi o juízo da liquidação da sentença ou da ação condenatória. 4 – Precedentes. Conflito de competência admitido para declarar a competência do Juízo da 24ª Vara do Trabalho de Belo Horizonte/MG.[666]

CONFLITO NEGATIVO DE COMPETÊNCIA. AÇÃO DE EXECUÇÃO INDIVIDUAL DE SENTENÇA ORIUNDA DE AÇÃO COLETIVA. APLICAÇÃO DO ART. 21 DA LEI N. 7.347/85 E DOS ARTS. 98, § 2º, I, E 101, I, DA LEI N. 8.078/90. POSSIBILIDADE DE ELEIÇÃO DO FORO PELO EXEQUENTE. Considerando que a hipótese dos autos é de jurisdição coletiva e que a CLT não possui regra própria quanto à matéria (arts. 651 e 877 da CLT), viável a incidência da Lei da Ação Civil Pública (art. 21, Lei n. 7.347/85) e do Código de Defesa do Consumidor (arts. 98, § 2º, I, e 101, I, Lei n. 8.078/90), os quais facultam ao exequente eleger o foro para ingressar com a ação individual de cumprimento de sentença proferida em ação coletiva. Assim, deve ser respeitada a vontade individual do exequente, que tanto pode promover a execução individual no juízo da liquidação da sentença, quanto no juízo em que proferida a sentença condenatória. Na hipótese dos autos, considerando que o proponente da ação de execução de sentença proferida em ação coletiva optou pelo foro da condenação para o processamento da demanda, deve ser reconhecida a competência do foro do Juízo suscitado (2ª Vara do Trabalho de Macaé/RJ), conforme lhe autoriza o ordenamento jurídico. Precedentes da SBDI-2 do TST.[667]

Temos que a compreensão da jurisprudência citada deverá ser realizada em conjunto com o disposto no parágrafo único do art. 516 do CPC, que acaba por elencar as hipóteses de foro de eleição pelo exequente. A redação da regra legal é a seguinte:

Nas hipóteses dos incisos II e III, o exequente poderá optar pelo juízo do atual domicílio do executado, pelo juízo do local onde se encontrem os bens sujeitos à execução ou pelo juízo do local onde deva ser executada a obrigação de fazer ou de não fazer, casos em que a remessa dos autos do processo será solicitada ao juízo de origem.

Assim, além do foro do juízo de conhecimento, temos as seguintes hipóteses de opção de foro para o aviamento da medida executiva:

1. domicílio atual do exequente;

2. domicílio atual do executado;

3. juízo do local onde se encontrem bem sujeitos à execução;

3. juízo do local onde deva ser executada a tutela específica.

Portanto, podemos dizer que tais opções legais se configuram em verdadeiro *forum shopping* pelo substituído para a execução individual da decisão genérica.

13.11.4. Da execução de direitos individuais homogêneos. Questão da juntada do rol de substituídos

Já restou pacificada amplamente a questão da substituição processual, abrangendo tanto a fase de conhecimento como a fase executiva, aqui apreciada, daí a desnecessidade de juntada de prévio rol de substituídos na ação coletiva proposta.

Contudo, caso o legitimado ativo apresente encartado na petição inicial o rol de substituídos, estará necessariamente delimitando os limites subjetivos dessa lide coletiva e consequentemente impedindo a inclusão posterior de outros interessados nos eventuais reflexos positivos da coisa julgada alcançada.

Nesse sentido vem se posicionamento fartamente a jurisprudência do TST. Vejamos:

B) RECURSO DE REVISTA DA ECT. PROCESSO SOB A ÉGIDE DA LEI N. 13.015/2014 E ANTERIOR À LEI N. 13.467/2017. EXECUÇÃO. 1. SUBSTITUIÇÃO PROCESSUAL. AÇÃO COLETIVA. LIMITAÇÃO DO ROL DE SUBSTITUÍDOS PELO SINDICATO. EXECUÇÃO INDIVIDUAL PROMOVIDA POR EMPREGADO NÃO INSERIDO NAQUELE ROL. IMPOSSIBILIDADE. Para a ordem jurídica (art. 8º, III,

---

(666) Tribunal Superior do Trabalho. Subseção II Especializada em Dissídios Individuais. CC 1691-50.2016.5.10.0013. Relª. Minª. Delaíde Miranda Arantes. DEJT 27.4.2018.

(667) Tribunal Superior do Trabalho. Subseção II Especializada em Dissídios Individuais. CC 1590-50.2015.5.10.0013. Relª. Minª. Maria Helena Mallmann. DEJT 7.4.2015.

CF), a substituição processual é ampla, não exigindo a apresentação de rol de substituídos com a petição inicial. Entretanto, a jurisprudência pacífica deste colendo TST entende que, escolhendo o sindicato, livremente, antes da ação, juntar rol de substituídos com a petição inicial, de maneira a delimitar os limites subjetivos da lide, não é possível, em face do princípio do devido processo legal (art. 5º, LIV, da CF/88), após transitada em julgado a sentença (art. 5º, XXXVI, CF/88), alargarem-se esses limites subjetivos, para incluir trabalhadores nas vantagens alcançadas na ação original. Julgados desta Corte. Recurso de revista conhecido e provido no particular.[668]

13.11.5. Da execução de direitos individuais homogêneos. Do fluid recovery

Relembrando a sistemática do *fluid recovery*, caso decorrido o prazo de um ano sem habilitação de interessados em número compatível com a gravidade do dano, poderão os legitimados do art. 82 do CDC promover a liquidação e execução da sentença coletiva genérica relacionada aos direitos individuais homogêneos, consoante disposto no art. 100 do CDC.

Portanto, estamos diante de três momentos processuais bem delimitados.

No primeiro, na fase de conhecimento, com a regra geral da sentença genérica alcançando a pretensão dos direitos individuais homogêneos, fixa-se o que a jurisprudência, já mencionada anteriormente, chamado de núcleo de homogeneidade.

Posteriormente, na fase inicial de cumprimento desse julgado genérico de cumprimento, esse núcleo de homogeneidade se rompe em razão da necessidade de liquidação e execução individualizada desses direitos individuais homogêneos.

A execução do *fluid recovery* deve ser considerada como o terceiro momento processual, pois se converte no retorno daquele núcleo da homogeneidade mencionado no primeiro momento processual. Isto porque restou ultrapassado o prazo de um ano (verificar o desenvolvimento anterior sobre a ideia do edital para se estabelecer a contagem inicial do prazo) sem a habilitação de interessados em número compatível com o dano, daí a possbilidade de promoção de liquidação e execução coletiva.

13.11.6. Da execução de direitos individuais homogêneos. Condenação da Fazenda Pública e requisição individual de pequeno valor (RPV)

As execuções em desfavor da Fazenda Pública devem obedecer necessariamente a sistemática constitucional dos precatórios, conforme regramento disposto no art. 100 da Constituição Federal de 1988.

Houve um momento jurisprudencial em que a advocacia pública das procuradorias dos Estados questionava fortemente a possibilidade de as execuções de direitos indivuais homogêneos serem individualizadas, inclusive com possibilidade de satisfação por intermédio das chamadas requisições de pequeno valor (RPVs).

Óbvio que a execução do título judicial sobre o valor global, observando a rígida sistemática dos precatórios, acabava por criar fortes empecilhos à satisfação das pretensões individuais dos substituídos, daí o forte movimento processual das procuradorias, justamente sustentar tal posição.

Contudo, a jurisprudência do STF, em repercussão geral, conforme decidido no ARE 925754, com relatoria do Ministro Teori Albino Zavascki, acabou por admitir o fracionamento das execuções, e consequente incidência do regramento mais flexível das requisições de pequeno valor.

O TST vem afirmando essa posição jurisprudencial do STF em diversos julgados. Vejamos:

AÇÃO COLETIVA. EXECUÇÃO DE SENTENÇA CONTRA A FAZENDA PÚBLICA. SINDICATO. SUBSTITUIÇÃO PROCESSUAL. INDIVIDUALIZAÇÃO DO CRÉDITO DE CADA SUBSTITUÍDO. PAGAMENTO POR MEIO DE REQUISIÇÃO DE PEQUENO VALOR. POSSIBILIDADE. 1. O Supremo Tribunal Federal, no julgamento do ARE n. 925754, rel. Ministro Teori Zavascki, no qual foi reconhecida a repercussão geral, reafirmou a seguinte tese: "não viola o art. 100, § 8.º, da Constituição Federal a execução individual de sentença condenatória genérica proferida contra a Fazenda Pública em ação coletiva visando à tutela de direitos individuais homogêneos".

---

(668) Tribunal Superior do Trabalho. 3ª Turma. ARR 1495-92.2014.5.17.0001. Rel. Min. Mauricio Godinho Delgado. DEJT 4.5.2018.

2. Inexistência de direito líquido e certo do ente público à execução do título judicial sobre o valor global da execução, cujo montante conduziria à expedição de precatório em detrimento de RPVs aos substituídos, titulares do direito material vindicado na ação trabalhista. Remessa Necessária e Recurso Ordinário conhecidos e não providos.[669]

13.12. Regime das despesas na execução coletiva

O regime das despesas nas ações coletivas já restou desenvolvido neste estudo.

A sistemática das despesas processuais na fase executiva, tanto no tocante às execuções de direitos transindividuais, tanto em relação aos direitos individuais homogêneos, deverá seguir a regra geral do art. 18 da Lei n. 7.347/1985, já devidamente examinada.

Portanto, a regra geral será dispensar o adiantamento de custas e isentar a condenação em honorários advocatícios ao sucumbente, salvo caso de má-fé processual, conforme também já desenvolvido no art. 17 da Lei da ACP.

13.13. Execução coletiva negociada de sentença estrutural

A doutrina do processo civil desenvolveu posição acadêmica que já vem sendo realizada na prática pelo processo coletivo do trabalho há algum tempo.

Trata-se da possibilidade de execução negociada de decisão considerada estrutural (explicada anteriormente) de obrigação de fazer, envolvendo verdadeira política pública, realização de direito fundamental ou concretização de litígio considerado complexo.

Como visto, tal decisão poderá ser executada em desfavor de ente de direito público, ente privado no exercício de atividade considerada pública, ou, até mesmo, ente eminentemente privado, desde que o cumprimento envolva obrigação apta a modificar ou impactar de maneira relevante e estrutural (daí a nomenclatura utilizada) a atividade econômica desse ente.

Assim, considerando a abrangência e a complexidade dessa decisão dita estrutural, mostra-se natural que o cumprimento dessa decisão se realize de maneira paulatina e dialética, rente inclusive à ideia de atipicidade das medidas executivas relativas à tutela específica.

O art. 190 do CPC, plenamente aplicável ao processo coletivo do trabalho pela subsidiariedade, confere justificação legal a esse procedimento executivo construído pelas partes, tal qual um verdadeiro negócio jurídico processual atípico[670].

Portanto, a realização desse comando executivo deverá ser cumprida por intermédio de um cronograma sucessivo negociado entre as partes, com a devida chancela da jurisdição laboral.

Voltando ao primeiro parágrafo desse item, a Justiça do Trabalho já vem implementando tal rito executivo de cumprimento de decisão estrutural há algum tempo.

O próprio TST, por exemplo, em razão de ação civil pública proposta pelo Ministério Público do Trabalho da 15ª Região, em razão de contaminação ambiental do solo e lençol freático da planta econômica das empresas demandadas, acabando por trazer sérios danos e riscos à a saúde de mais de mil trabalhadores, acabou por mediar, com grande sucesso, acordo firmado nos autos da ação coletiva TST-ARR-22200-28.2007.5.15.0126, sendo considerado por muitos como aquele que alcançou historicamente as maiores cifras na Justiça do Trabalho.

Tal acordo judicial deve ser considerado como verdadeiro paradigma de decisão estrutural em que se alcançou, por acordo judicial, cronograma negociado para cumprimento voluntário.

Não é o caso de transcrever a íntegra desse longo documento, mas vale serem destacadas as seguintes cláusulas:

— Cláusula Primeira (Tratamento médico aos habilitados): estabelece que as demandadas "assumirão solidariamente o custeio prévio e integral da assistência ampla, plena e **vitalícia**" à saúde dos trabalhadores, a ser prestada por entidades

---

(669) Tribunal Superior do Trabalho. Tribunal Pleno. ReeNec e RO – 118-88.2015.5.05.0000. Relª. Minª. Maria de Assis Calsing. DEJT 12.8.2016.

(670) No mesmo sentido temos DIDIER JR., Fredie; ZANETI JR., Hermes. *Op. cit.*, p. 508.

hospitalares, clínicas especializadas e consultórios médicos, psicológicos, nutricionistas..., de um mil e cinquenta e oito trabalhadores habilitados.

— Cláusula Sétima (Indenização por Danos Morais Individuais): entabula indenização por danos extrapatrimoniais, alcançando montante global de R$ 83.533.666,00 (oitenta e três milhões, quinhentos e trinta e três mil e seiscentos e sessenta e seis reais), a serem distribuídos proporcionalmente entre os habilitados.

— Cláusula Oitava (Indenização Pela Omissão na Concessão de Assistência Médica no Curso do Processo): estabelece indenização individual por danos materiais decorrentes da "omissão na prestação de assistência médica durante o processo", alcançando montante total de R$ 87.357.042,00 (oitenta e sete milhões, trezentos e cinquenta e sete mil e quarenta e dois reais), a ser distribuído proporcialmente entre os habilitados.

— Cláusula Nona (Indenização por Danos Morais Coletivos): foi acordada indenização por danos morais coletivos no montante de R$ 200.000.000,00 (duzentos milhões de reais), a serem revertidos a pessoas jurídicas, apontadas pelo Ministério Público do Trabalho, de "reconhecido saber" na área médica e científica. Tal reversão será progressiva, conforme prazos estipulados no acordo em questão.

É possível perceber claramente todas as características da decisão estrutural, apontadas anteriormente, nas cláusulas resumidas desse monumental acordo judicial.

Portanto, inobstante tal construção doutrinária da decisão estrutural negociada em sede de execução tenha sido construída no processo civil, na prática tal medida já vinha sendo realizada há algum tempo pelo processo do trabalho. Faltava enquadrar tal prática na construção doutrinária do processo coletivo laboral.

13.14. Do cumprimento provisório na execução coletiva de direito transindividual e individual homogêneo

Já tivemos a oportunidade de defender em dois estudos anteriores a aplicação ampla, com algumas adequações ao processo do trabalho, do modelo de execução provisório do processo civil, disposta nos seguintes dispositivos legais aqui transcritos.

Art. 520. O cumprimento provisório da sentença impugnada por recurso desprovido de efeito suspensivo será realizado da mesma forma que o cumprimento definitivo, sujeitando-se ao seguinte regime:

I – corre por iniciativa e responsabilidade do exequente, que se obriga, se a sentença for reformada, a reparar os danos que o executado haja sofrido;

II – fica sem efeito, sobrevindo decisão que modifique ou anule a sentença objeto da execução, restituindo-se as partes ao estado anterior e liquidando-se eventuais prejuízos nos mesmos autos;

III – se a sentença objeto de cumprimento provisório for modificada ou anulada apenas em parte, somente nesta ficará sem efeito a execução;

IV – o levantamento de depósito em dinheiro e a prática de atos que importem transferência de posse ou alienação de propriedade ou de outro direito real, ou dos quais possa resultar grave dano ao executado, dependem de caução suficiente e idônea, arbitrada de plano pelo juiz e prestada nos próprios autos.

§ 1º No cumprimento provisório da sentença, o executado poderá apresentar impugnação, se quiser, nos termos do art. 525.

§ 2º A multa e os honorários a que se refere o § 1º do art. 523 são devidos no cumprimento provisório de sentença condenatória ao pagamento de quantia certa.

§ 3º Se o executado comparecer tempestivamente e depositar o valor, com a finalidade de isentar-se da multa, o ato não será havido como incompatível com o recurso por ele interposto.

§ 4º A restituição ao estado anterior a que se refere o inciso II não implica o desfazimento da transferência de posse ou da alienação de propriedade ou de outro direito real eventualmente já realizada, ressalvado, sempre, o direito à reparação dos prejuízos causados ao executado.

§ 5º Ao cumprimento provisório de sentença que reconheça obrigação de fazer, de não fazer ou de dar coisa aplica-se, no que couber, o disposto neste Capítulo.

Art. 521. A caução prevista no inciso IV do art. 520 poderá ser dispensada nos casos em que:

I – o crédito for de natureza alimentar, independentemente de sua origem;

II – o credor demonstrar situação de necessidade;

III – pender o agravo do art. 1.042;

IV – a sentença a ser provisoriamente cumprida estiver em consonância com súmula da jurisprudência do Supremo Tribunal Federal ou do Superior Tribunal de Justiça ou em conformidade com acórdão proferido no julgamento de casos repetitivos.

Parágrafo único. A exigência de caução será mantida quando da dispensa possa resultar manifesto risco de grave dano de difícil ou incerta reparação.

Art. 522. O cumprimento provisório da sentença será requerido por petição dirigida ao juízo competente.

Parágrafo único. Não sendo eletrônicos os autos, a petição será acompanhada de cópias das seguintes peças do processo, cuja autenticidade poderá ser certificada pelo próprio advogado, sob sua responsabilidade pessoal:

I – decisão exequenda;

II – certidão de interposição do recurso não dotado de efeito suspensivo;

III – procurações outorgadas pelas partes;

IV – decisão de habilitação, se for o caso;

V – facultativamente, outras peças processuais consideradas necessárias para demonstrar a existência do crédito.

Contudo, o TST, de maneira reiterada, vem afirmando a ausência de compatibilidade dos dispositivos transcritos com o processo do trabalho, notadamente no tocante ao cumprimento de decisões de quantia[671].

Quanto ao cumprimento provisório de tutela específica no processo coletivo, ao contrário das obrigações de pagar, não há restrições doutrinárias ou jurisprudências relevantes.

Relembrando a matéria no processo civil clássico, vale destacar que a efetivação, cumprimento ou execução de tutela específica prescinde de requerimento e de procedimento autônomo para acontecer. Não se instaura procedimento executivo autônomo e posterior à sentença, mas se adota, de imediato e independentemente de novo pedido do autor, as medidas aptas para efetivar o direito judicialmente reconhecido, por intermédio de medidas chamadas de típicas ou atípicas, conforme disposto no § 1º do art.536 do novo CPC.

Ainda. O § 3º do art. 521 do CPC revela que a decisão fixando a multa é passível de "cumprimento provisório", devendo o valor permanecer depositado em juízo, permitindo-se o levantamento somente após o trânsito em julgado da sentença favorável à parte.

Especificamente em relação ao processo coletivo laboral, a Lei da ACP permite expressamente a concessão de medida liminar veiculadora de tutela específica (arts. 11 e 12), também ratificadas pelo art. 84, § 3º, do CDC.

Aliás, já vem decidindo o TST com bastante firmeza sobre a possibilidade de a multa (astreinte) ser exigida em sede de cumprimento provisório, ainda que fique depositada em juízo até o trânsito em julgado da decisão. Vejamos:

> MULTA POR DESCUMPRIMENTO DA OBRIGAÇÃO DE FAZER. EXIGIBILIDADE. TERMO INICIAL. Caso em que o Tribunal de origem consignou que, nos termos do art. 12, § 2º, da Lei n. 7.347/1985, não é possível limitar a incidência da multa imposta ao trânsito em julgado da decisão, mas apenas a sua exigibilidade, sendo devida "desde o dia em que se houve configurado o descumprimento". Com efeito, este Tribunal Superior do Trabalho, antes mesmo da vigência do novo CPC, já entendia ser possível a exigência do cumprimento da *astreinte* cominada no âmbito da ação civil pública, antes do trânsito em julgado da decisão. O que se exige, nos termos do art. 461, *caput* e § 4º, do CPC de 1973 (atual 537, § 3º, do CPC/15) é que o valor da multa fique depositado em juízo, permitido o levantamento do valor após o trânsito em julgado da sentença favorável à parte. Precedente do Pleno e de Turmas deste TST. Cumpre registrar, por fim, que não há como conhecer do recurso por divergência jurisprudencial

---

[671] Cf., por exemplo, Tribunal Superior do Trabalho. RO 32-49.2017.5.05.0000. Subseção II Especializada em Dissídios Individuais. Rel. Min Alexandre de Souza Agra Belmonte. DEJT 09.03.2018.

quando não se verifica a existência de teses diversas na interpretação de um mesmo dispositivo de lei (Súmula n. 296, I, do TST), afinal, o Tribunal Regional amparou a sua decisão no disposto no art. 12, § 2º, da Lei n. 7.347/85 e os arestos transcritos sequer fazem menção ao referido preceito de lei. Recurso de revista não conhecido.[672]

Portanto, fica bem clara a distinção entre exigência imediata do cumprimento provisório da astreinte e a efetiva transferência desse montante apenas em sede de execução definitiva.

---

(672) Tribunal Superior do Trabalho. 5ª Turma. RR 2076-76.2011.5.03.0139. Rel. Min. Douglas Alencar Rodrigues. DEJT 13.4.2018.

Capítulo 14

Dano Moral Coletivo

14.1. Considerações preliminares

Optamos por finalizar esse estudo com a apresentação do instituto do dano moral coletivo[673], tão caro e importante ao desenvolvimento da tutela coletiva laboral.

Aliás, pode-se dizer que o dano moral coletivo foi forjado pela jurisprudência laboral, especialmente em razão das ações coletivas laborais aviadas pelo Ministério Público do Trabalho, notadamente voltadas a combater a chaga do trabalho escravo.

14.2. Tripé justificador do dano moral coletivo

Construímos a ideia[674] da existência de três vetores (tripé justificador) que justificam o reconhecimento da ocorrência de danos excedentes da esfera da individualidade. São eles:

— dimensão ou projeção coletiva do princípio da dignidade da pessoa humana;

— ampliação do conceito de dano moral coletivo envolvendo não apenas a dor psíquica;

— coletivização dos direitos ou interesses por intermédio do reconhecimento legislativo dos direitos coletivos em sentido *lato*.

Senão veja-se.

14.2.1. Da dimensão coletiva da dignidade da pessoa humana

Conforme salientado anteriormente, o dano moral ou extrapatrimonial, em consonância com os recentes eflúvios emanados pela Carta Maior de 1988, representa a violação do direito da dignidade da pessoa humana[675], em suas vertentes individual e coletiva.

A dignidade da pessoa humana alcança, além do secular reconhecimento de uma dimensão ontológica construída a partir da noção de autonomia da vontade do ser humano, novéis esferas de proteção, conforme inclusive deixou antever a forma como restou positivado constitucionalmente, como fundamento da República e do Estado Democrático de Direito (art. 1º, III), o princípio da dignidade da pessoa humana.

Essa citada projeção comunitária ou social do princípio da dignidade da pessoa humana representa a existência de um dever geral de respeito no âmbito da comunidade dos seres humanos[676]. Em suma, seja a dimensão singular ou coletiva, a proteção da dignidade implica uma obrigação geral de respeito ao ser humano, individual ou coletivamente agrupado.

---

(673) Cf. COSTA, Marcelo Freire Sampaio. *Dano moral coletivo nas relações laborais*. De acordo com o novo CPC, *op. cit*.

(674) Aliás, para nossa satisfação acolhida expressamente por alguns julgados no Superior Tribunal de Justiça. Cf., por exemplo, Superior Tribunal de Justiça. 2ª Turma. REsp n. 1.397.870-MG. Rel. Min. Mauro Campbell Marques. DJE 10.12.2014.

(675) Nesse sentido, dentre tantos, CAVALIERI FILHO, Sérgio. *Programa de responsabilidade civil*. 7. ed. São Paulo: Atlas, 2007. p. 131.

(676) SARLET, Ingo Wolfgang. *Dignidade da pessoa humana e direitos fundamentais*. 3. ed. rev., atual. e ampl. Porto Alegre: Livraria do Advogado, 2004. p. 52. No mesmo sentido, SARLET, Ingo Wolfgang. As dimensões da dignidade da pessoa humana: construindo uma compreensão jurídico-constitucional necessária e possível. In: SARLET, Ingo Wolfgang (Org.). *Dimensões da dignidade*: ensaios de filosofia do direito e direito constitucional. Porto Alegre: Livraria do Advogado, 2005. p. 23.

No momento em que a majoritária doutrina salienta que o dano moral coletivo significa uma "injusta lesão da esfera moral de uma dada comunidade"[677], desencadeadores de um sentimento de repulsa e indignação, significa dizer, em outros termos, ter restado violada a citada obrigação geral (portanto, viés coletivo) de respeito pela pessoa humana. Isso representa, em outras palavras, violação da projeção coletiva da dignidade da pessoa humana. Os citados sentimentos de repulsa e indignação representam apenas e tão somente eventuais consequências da citada violação.

O Tribunal Superior do Trabalho, na primeira vez que apreciou pedido de dano moral coletivo, ratificou posicionamento similar ao ora apresentado, porque reconheceu ter havido lesão à ordem jurídica[678] em razão da homologação de acordos na jurisdição nitidamente prejudiciais aos direitos "indisponíveis dos trabalhadores", senão vejamos:

> RECURSO DE REVISTA INTERPOSTO PELO MINISTÉRIO PÚBLICO DO TRABALHO DA 3ª REGIÃO. DANO MORAL COLETIVO. REPARAÇÃO. POSSIBILIDADE. AÇÃO CIVIL PÚBLICA VISANDO OBRIGAÇÃO NEGATIVA. ATO ATENTATÓRIO À DIGNIDADE DA JUSTIÇA. RESCISÃO DE CONTRATO ATRAVÉS DE ACORDOS HOMOLOGADOS NA JUSTIÇA. LIDE SIMULADA. Resta delineado nos autos que a postura da empresa, em proceder ao desligamento dos empregados com mais de um ano de serviço, através de acordos homologados na justiça, atenta contra a dignidade da justiça. A ação civil pública buscou reverter o comportamento da empresa, na prática de lides simuladas, com o fim de prevenir lesão a direitos sociais indisponíveis dos trabalhadores. Incontroverso o uso da Justiça do Trabalho como órgão homologador de acordos, verifica-se lesão à ordem jurídica, a possibilitar a aplicação de multa em razão do dano já causado à coletividade. Houve o arbitramento de multa de R$ 1.000,00 por descumprimento das obrigações negativas determinadas na ação civil pública: abster-se de encaminhar os empregados à Justiça do Trabalho com a finalidade de obter homologação de rescisões do contrato de trabalho e de utilizar-se do judiciário trabalhista como órgão homologador das rescisões contratuais, sem real conflito entre as partes. Tal cominação não impede que o dano moral coletivo infligido em face da prática lesiva de homologação de acordos trabalhistas, utilizando-se do aparato judiciário com fim fraudulento, seja reparado, com multa a ser revertida ao Fundo de Amparo ao Trabalhador, pelos danos decorrentes da conduta da empresa. Recurso de revista conhecido e provido, para restabelecer a R. sentença que condenou a empresa a pagar o valor de R$ 30.000,00 (trinta mil reais) a título de indenização a ser revertida ao FAT.[679]

O sentimento de repulsa e desapreço social exsurgido por intermédio da ocorrência do dano moral coletivo mostra-se, como mencionado anteriormente, mera e possível consequência da citada violação do dever geral de respeito geral pela pessoa humana, individual ou coletivamente considerada.

Também no precedente citado do Tribunal Superior do Trabalho, a violação da ordem jurídica, havida em razão da ofensa de um círculo indisponível de direitos de uma coletividade de trabalhadores, foi consequência do menoscabo à projeção coletiva do princípio da dignidade da pessoa humana, considerando este, como ressaltado anteriormente, representar dever de respeito geral da pessoa humana, individual ou coletivamente agrupada.

14.2.2. Da ampliação do conceito de dano moral envolvendo não apenas a dor psíquica

Em decorrência do moderno paradigma constitucional de ampla proteção do ser humano[680], imperioso afastar a ultrapassada concepção vinculativa da ocorrência do dano moral ou extrapatrimonial à esfera subjetiva da dor, sofrimento e emoção, pois tais aspectos são eventuais e possíveis consequências[681] da violação perpetrada. Em outras palavras, deve ser excluída a ideia, "tão difundida quanto errônea, de que o dano moral é a dor sofrida pela pessoa"[682]. A dor, de fato, "é apenas a consequência da lesão à esfera extrapatrimonial"[683] de uma dada pessoa, consequência essa, diga-se mais uma vez, meramente eventual.

---

(677) BITTAR FILHO, Carlos Alberto. Dano moral coletivo no atual contexto jurídico brasileiro. In: *Revista Direito do Consumidor*, São Paulo, RT, n. 12, p. 54, out./dez. 1994.

(678) Entende-se, também, que a citada lesão à ordem jurídica não deixa de ser consequência da violação à cláusula geral de proteção da pessoa, densificada por intermédio do viés coletivo da dignidade da pessoa humana.

(679) RR-1156/2004. Tribunal Superior do Trabalho. 6a Turma. Rel. Ministro Aloysio Corrêa da Veiga. DJ 17.11/2006. (Os grifos não constam do original.)

(680) Aliás, tal linha de raciocínio encontra albergue no inciso XXXV, do art. 5º da Carta Magna, que dispõe acerca da impossibilidade de excluir da apreciação do Poder Judiciário toda e qualquer "lesão ou ameaça a direito".

(681) "Dor, vexame, sofrimento e humilhação são consequência, e não causa. Assim como a febre é o efeito de uma agressão orgânica, dor, vexame e sofrimento só poderão ser considerados dano moral quando tiverem por causa uma agressão à dignidade de alguém". CAVALIERI FILHO, Sérgio. *Op. cit.*, p. 80.

(682) GAGLIANO, Pablo Stolze; PAMPLONA FILHO, Rodolfo. *Novo curso de direito civil*: responsabilidade civil. 4. ed. São Paulo: Saraiva, 2006. v. 3, p. 82.

(683) *Idem*.

A proteção jurídica hodierna busca alcançar todo e qualquer dano extrapatrimonial, não ficando inclusive limitada ao rol de direitos insertos no inciso X da Carta Maior brasileira (intimidade, vida privada, honra e imagem), pois tal enumeração "é meramente exemplificativa"[684].

Ademais, se a concepção de dano extrapatrimonial estivesse apenas e tão somente vinculada à ideia de dor e sofrimento, não se poderia aceitar a configuração dessa modalidade de dano à pessoa jurídica (violação objetiva do direito ao nome, consideração e reputação social), como acontece em nossa realidade pátria (*vide* Súmula n. 227 do Superior Tribunal de Justiça e art. 52 do Código Civil).

Aliás, o entendimento sumular do tribunal mencionado, quanto ao reconhecimento de o dano moral atingir também pessoas jurídicas, constituiu o passo inicial para que se aceite a reparabilidade do dano moral em face de uma coletividade.

Além de a chancela do cabimento desse dano extrapatrimonial também alcançar as pessoas jurídicas, o ponto chave para a aceitação do chamado dano moral coletivo "está na ampliação de seu conceito, deixando de ser o dano moral um equivalente da dor psíquica, exclusividade de pessoas físicas"[685].

A jurisprudência pátria já vem reconhecendo o argumento ora apresentado. Vejamos:

> Destaco que, no dano moral coletivo, não há que se buscar um equivalente da dor psíquica, como se faz em relação às pessoas físicas e sim aos valores considerados como relevantes pela sociedade.[686]

> DANO MORAL COLETIVO. A ideia de que o dano moral está ligado à mera noção de dor e sofrimento psíquico de caráter individual cai por terra diante da Súmula n. 227 do STJ, no sentido de que a pessoa jurídica pode sofrer danos morais, e do contido no art. 52 do novo Código Civil, que é claro ao estabelecer que "aplica-se às pessoas jurídicas, no que couber, a proteção dos direitos da personalidade.[687]

Há corrente doutrinária, como dito, ainda reducionista, considerando ser a vítima necessariamente "uma pessoa"[688], bem como a devida imbricação dessa modalidade de dano "à lesão da parte sensitiva do ser humano"[689] (dor, sentimento, lesão psíquica, etc.). Essa mesma linha doutrinária equivocada acabou por influenciar a jurisprudência do Superior Tribunal de Justiça[690], posição atualmente já ultrapassada, felizmente.

Portanto, quando se afirma a ocorrência de dano moral na esfera individual, resta configurada a violação da dignidade da pessoa humana em sua projeção individual.

Óbvio que por certo tal violação gera como consequência usualmente a lesão à parte sensitiva do ser humano, porém, como já afirmado, tal lesão é apenas eventual consequência da violação ao princípio da dignidade.

Na verdade, a consequência natural desse dano será a intolerável transgressão da ordem jurídica.

Assim, quando se trata de dano moral coletivo resta afirmada a transgressão direta da projeção coletiva da dignidade da pessoa humana, consubstanciada em direitos transindividuais, de relevância coletiva, cuja consequência será um fato objetivo, qual seja, a **grave e intolerável violação da ordem jurídica, de inegável viés coletivo**.

---

(684) PEREIRA, Caio Mario da Silva. *Responsabilidade civil*. 7. ed. Rio de Janeiro: Forense, 1996. p. 58.

(685) *Idem*.

(686) RO-1732/2004. Tribunal Regional do Trabalho da 8ª Região. 1ª Turma. Relª. Desª. Suzy Elizabeth Cavalcante Koury, DJ 21.2.2006.

(687) RO-539/2006. Tribunal Regional do Trabalho da 14ª Região. Rel. Juiz Vulmar de Araújo Coelho Júnior. DJ 24.4.2007.

(688) ZAVASCKI, Teori. *Op. cit.*, p. 50. Neste sentido também MARTINS, Sérgio Pinto. Dano moral decorrente do contrato de trabalho. São Paulo: Atlas, 2007. p. 88.

(689) ZAVASCKI, Teori. *Op. cit.*, p. 88.

(690) E também de parcela minoritária e equivocada da jurisdição laboral, senão vejamos: "A uma porque o dano moral não pode ser coletivo. O dano moral é todo sofrimento causado ao indivíduo em decorrência de qualquer agressão aos atributos da personalidade ou aos seus valores pessoais. É, portanto, de caráter individual, não sendo compatível com a ideia de 'transindividualidade' da lesão, não havendo qualquer previsão legal de que a coletividade possa ser sujeita de dano moral coletivo". *Revista do Tribunal do Trabalho da 8ª Região*, v. 40, n. 79, p. 164, jul./dez. 2007. Acórdão TRT. 3ª T. RO-0002-2006-011-08-00-2. Relª. Desª. Graziela Leite Colares.

Nesse eito, todos os sentimentos de repulsa e indignação social decorrentes desse dano coletivo, assim como no dano de natureza singular, também são mera consequência dessa grave violação à projeção coletiva do princípio da dignidade da pessoa humana, consubstanciado no intolerável vilipêndio à ordem jurídica.

A jurisprudência do Tribunal Superior do Trabalho de há muito vem descolando o dano moral coletivo da violência aos sentimentos, causadores de flagelos sensitivos, passando a aproximá-lo corretamente da grave e intolerável violação à ordem jurídica; vejamos:

> O que releva investigar, no caso em tela, é a gravidade da violação infligida pela ré à ordem jurídica. A coletividade é tida por moralmente ofendida a partir do fato objetivo da violação da ordem jurídica. No caso, impossível afastar da conduta da ré tal caráter ofensivo e intolerável porque caracterizado o descumprimento de norma relativa a limitação da jornada de trabalho, inserida no rol das normas de indisponibilidade absoluta, eis que tem por bem jurídico protegido a saúde e a segurança dos trabalhadores. Ademais, embora a reclamada pretensamente tenha adequado sua conduta às disposições legais no curso do processo judicial, restou firmado nos autos que por lapso temporal significativo a empresa procedeu mediante violação da ordem jurídica, o que é suficiente para caracterizar o dano moral coletivo e, por conseguinte, justificar a recomposição da coletividade mediante pagamento de indenização. A medida é punitiva e pedagógica: funciona como forma de desestímulo à reiteração do ilícito e sanciona a empresa, que, de fato, teve favorecido ilicitamente seu processo produtivo e competiu em condições desproporcionais com os demais componentes da iniciativa privada.[691]

> A lesão a direitos transindividuais, objetivamente, traduz-se em ofensa ao patrimônio jurídico da coletividade, que precisa ser recomposto. A caracterização do dano moral coletivo, pois, independe de lesão subjetiva a cada um dos componentes da coletividade ou mesmo da verificação de um sentimento coletivo de desapreço ou repulsa. O elemento cuja gravidade caracteriza o dano moral coletivo é a lesão intolerável à ordem jurídica, e não necessariamente sua repercussão subjetiva.[692]

O argumento ora apresentado é similar à distinção que vem sendo feita no processo civil, consolidada pelo novo CPC, ao tratar da chamada tutela inibitória, entre o ato contrário ao direito e o dano eventualmente dele decorrente. Vejamos:

> É preciso deixar claro que o dano é uma consequência meramente eventual do ato contrário ao direito (ilícito).[693]

Portanto, para repetir mais uma vez, assim como a dor, sofrimento ou outro equivalente psíquico mostra-se eventual decorrência do dano moral individual, o sentimento de repulsa e indignação social também se apresenta como mera e possível decorrência do dano moral coletivo.

Na verdade, como bem afirmado no precedente citado, o elemento cuja gravidade caracterizará o dano moral coletivo será a intolerável lesão à ordem jurídica, e não necessariamente a repercussão subjetiva dessa lesão nos atingidos.

Após a explanação apresentada ao longo do presente, fica fácil descobrir as razões que justificam a equivocidade da premissa ratificadora da impossibilidade do reconhecimento da ocorrência do dano extrapatrimonial coletivo.

14.2.3. Da coletivização dos direitos por intermédio do reconhecimento dos interesses ou direitos coletivos em sentido lato

Como salientado anteriormente, de há muito existe a chancela legal dos interesses excedentes dos limites da individualidade. Basta recordar a conhecida Lei da Ação Popular que já na década de 1960 admitia (art. 1º) a possibilidade da proteção do patrimônio público, ou seja, interesses que obviamente superavam e superam os limites da individualidade. O ápice desse desenvolvimento legal pode ser considerado a definição das três modalidades de interesses coletivos, em sentido lato, disposta no art. 81 da Lei de Defesa do Consumidor, mais conhecido como CDC, cujo objetivo é a tutela de conflitos ínsitos de sociedades de relações massificadas.

---

(691) RR-107500-26.2007.5.09.0513. Tribunal Superior do Trabalho. 1ª Turma. Rel. Min. Luiz Philippe Vieira de Mello Filho. DEJT 23.9.2011.

(692) ARR – 3224600-55.2006.5.11.0019. Tribunal Superior do Trabalho. 4ª Turma. Rel. Min. João Oreste Dalazen. DEJT 21.8.2015.

(693) MARINONI, Luiz Guilherme; ARENHART, Sérgio Cruz; MITIDIERO, Daniel. *Novo curso de processo civil*: tutela dos direitos mediante procedimento comum. v. 2, *op. cit.*, p. 479.

Aliás, registre-se que após a edição da Lei da ACP e do CDC, institui-se no direito brasileiro um sistema "completo e eficaz para proteção dos direitos difusos, coletivos e individuais homogêneos"[694], superando inclusive deficiências encontradas em modelos similares de países europeus (dito desenvolvidos), tais como França, Portugal, Itália, Espanha, dentre outros[695].

A compreensão do dano moral coletivo vincula-se necessariamente "aos direitos metaindividuais e aos respectivos instrumentos de tutela"[696], sendo também necessário redimensionar os modelos teóricos clássicos do direito a essas novas categorias exsurgidas há algumas décadas no cenário pátrio.

A propósito, os interesses transindividuais ou coletivos no direito do trabalho encontram-se na gênese do surgimento dessa disciplina. Vejamos trecho doutrinário que corrobora o afirmado:

> O interesse coletivo, no direito do trabalho, é aquele de que é titular a categoria, ou uma parcela da categoria, como o grupo de empregados de algumas empresas, de uma empresa, ou grupo de empregados de um ou alguns setores de uma empresa. Esse interesse ultrapassa as pessoas que a integram porque indeterminado, sendo titular o grupo, cujos integrantes podem vir a ser determinados a cada momento e estão ligados entre si por pertencerem à mesma empresa, setor ou categoria profissional.[697]

A jurisprudência pátria dos diversos Tribunais Regionais do Trabalho vem acertadamente ligando a verificação de dano extrapatrimonial coletivo à violação de interesses ou direitos metaindividuais. Dentre tantos julgados, colheram-se alguns:

> AÇÃO CIVIL PÚBLICA. INDENIZAÇÃO POR DANO MORAL À COLETIVIDADE. Para que o Poder Judiciário se justifique, diante da necessidade social de justiça célere e eficaz, é imprescindível que os próprios juízes sejam capazes de crescer, erguendo-se à altura dessas novas e prementes aspirações, que saibam, portanto, tornarem-se eles mesmos protetores dos novos direitos difusos e fragmentados, tão característicos e importantes da nossa civilização de massa, além dos tradicionais direitos individuais (Mauro Cappelletti). Importa no dever de indenizar o dano causado à coletividade, o empregador que submete trabalhadores à condição degradante de escravo.[698]

> 4. DANO MORAL COLETIVO. VIOLAÇÃO REITERADA DA ORDEM JUSTRABALHISTA. CONFIGURAÇÃO. A violação ao ordenamento jurídico, consubstanciado pelo reiterado descumprimento de suas prescrições e a consequente desvalorização progressiva de suas emanações como vinculadoras das condutas — que acaba por acarretar verdadeira anomia — é mais grave do que a violação ao interesse individual.[699]

> AÇÃO CIVIL PÚBLICA. MINISTÉRIO PÚBLICO. LEGITIMIDADE. DIREITO DIFUSO. PROPAGANDA ENGANOSA. VIAGENS PARA QUALQUER LUGAR DO PAÍS. DANO MORAL COLETIVO. A propaganda enganosa, consistente na falsa promessa a consumidores, de que teriam direito de se hospedar em rede de hotéis durante vários dias por ano, sem nada pagar, mediante a única aquisição de título da empresa, legitima o Ministério Público a propor a ação civil pública, na defesa coletiva de direito difuso, para que a ré seja condenada em caráter pedagógico, a indenizar dano moral coletivo, valor a ser recolhido ao Fundo de Defesa de Direitos Difusos, nos termos do art. 13 da Lei n. 7.347/1985.[700]

A jurisprudência do Tribunal Superior do Trabalho também vem vinculando, acertadamente, o dano moral coletivo com a violação de direitos transindividuais. Vejamos:

> Para que haja a configuração do dano moral coletivo, o ilícito e seus efeitos devem ser de tal monta que a repulsa social seja imediata e extrapole aquela relativa ao descumprimento individual de determinadas normas de conduta trabalhista. A indenização pelo dano moral coletivo está prevista no art. 1º, da Lei n. 7.347/85. Com efeito, os danos decorrentes do descumprimento reiterado de normas referentes à jornada de trabalho extrapolam a esfera individual e atentam também contra direitos transindividuais de natureza coletiva, definidos no art. 81, parágrafo único, do CDC[701].

---

(694) MARINONI, Luiz Guilherme. *Técnica processual e tutela de direitos*. São Paulo: Revista dos Tribunais, 2004. p. 102.

(695) Afirmação contida em CAPPELLETTI, Mauro. O acesso dos consumidores à Justiça. In: *Revista de Processo* (REPRO), São Paulo, n. 62, p. 205-220, abr./jun. 1991.

(696) BESSA, Leonardo Roscoe. Dano moral coletivo. In: *Revista de Direito do Consumidor*, São Paulo, RT, n. 59, p. 79, jul./set. 2006.

(697) MANUS, Pedro Paulo Teixeira. *Negociação coletiva e contrato individual de trabalho*. São Paulo: Atlas, 2001. p. 27.

(698) RO-861/2003. Tribunal Regional do Trabalho da 8a Região. 1ª Turma. Relª. Desª. Maria Valquíria Norat Coelho. DJ 3.4.2003.

(699) RO-01385/2001. Tribunal Regional do Trabalho da 10ª Região. 2ª Turma. Rel. Juiz Mário Macedo Fernandes Caron. DJ 21.2.2001.

(700) Apelação Cível n. 1.0702.02.029297-6/2001. 15ª Câmara Cível. TJ de Minas Gerais. DJ 23.6.2006.

(701) RR – 124300-33.2007.5.03.0017. Tribunal Superior do Trabalho. 6ª Turma. Relª. Miniª. Kátia Magalhães Arruda. DEJT 7.8.2015.

Basta ver os citados precedentes para se constatar que a violação desses interesses, cuja abrangência ultrapassa a esfera da singularidade, acarreta, por consequência óbvia, também danos sofridos em âmbito coletivo.

Vale destacar, para finalizar esse item, que o tripé justificador apresentado ainda na primeira edição do presente estudo, ora ratificado integralmente, foi citado em diversos precedentes jurisprudenciais[702] atuais do Superior Tribunal de Justiça, auxiliando, inclusive, a mudança de rota na jurisprudência daquela corte, que inicialmente rechaçava o reconhecimento do instituto em estudo.

14.3. Questão terminológica (expressão dano moral coletivo, dano extrapatrimonial coletivo ou simplesmente dano social)

Consoante tratado em momento anterior, a questão terminológica vinha sendo ventilada desde o momento em que se abriu a possibilidade do reconhecimento de lesão com viés não patrimonial.

São antigas as críticas endereçadas à nomenclatura dano moral porque considerada reducionista, pois restrita tão somente à esfera "da dor em seu sentido moral de mágoa, de pesar e de aflições sofridas pela pessoa física"[703]. Tais elementos, como assentado anteriormente, representam possível consequência do dano, além do que impossibilitariam a reparação por dano extrapatrimonial da pessoa jurídica.

Outra corrente sustenta a adequação da expressão dano extrapatrimonial, porque alberga aspectos que ultrapassariam a concepção anterior restritiva aos círculos de índole meramente sentimental. Ademais, a partir da Carta Magna de 1988 (art. 5º, incs. V e X), a linha doutrinária anterior "acabou abrindo espaço a outros valores que afetam negativamente a coletividade, como é o caso, *v. g.*, da lesão imaterial ambiental"[704], esta obviamente refletindo interesses extrapatrimoniais postados ao largo da esfera do sentir.

Essa mesma contenda doutrinária, antes delimitada à esfera da violação de interesses não patrimoniais restritos à individualidade (dano moral ou extrapatrimonial individual), acabou por atingir também a seara do reconhecimento da ocorrência do dano moral coletivo. Essa nomenclatura passou a receber as mesmas críticas antes dirigidas apenas à esfera da singularidade.

O posicionamento é o mesmo apresentado anteriormente, isto é, malgrado admitir-se, por rigor conceitual, a melhor adequação da terminologia dano extrapatrimonial coletivo, vem se utilizando ao longo do presente (e assim será até o final) as expressões dano moral coletivo ou dano extrapatrimonial coletivo como se fossem sinônimos, exatamente como o faz acertadamente parcela da doutrina.

Como já salientado, não há propriamente dano moral coletivo trabalhista, mas sim dano moral decorrente das relações de trabalho, não sendo, por consequência, este dano diferente daquele extrapatrimonial coletivo passível de eclodir em outras esferas jurídicas, como, por exemplo, o dano moral coletivo havida no direito ambiental.

Ainda no tocante à seara laboral, há pequena corrente doutrinária afirmando a correção da nomenclatura dano social, ao invés de dano moral ou extrapatrimonial coletivo, quando houver "desrespeito deliberado e inescusável da ordem jurídica trabalhista"[705], representando, portanto, inegável dano à sociedade. Esse epíteto inclusive vem sendo acolhido em alguns julgados no Tribunal Superior do Trabalho[706].

14.4. Caracterização e conceito

Antes de esposar os elementos que compõem a caracterização do dano extrapatrimonial coletivo, bem como a proposta conceitual, destaca-se, novamente, a existência de um tripé justificador dessa modalidade de dano, nos termos

---

(702) Como exemplo cf. RESP n. 1.397.870/2013/MG . Superior Tribunal de Justiça. 1ª Turma. Rel. Min. Mauro Campbell Marques. DJ. 1º.6.2013. p. 12.
(703) MELO, Raimundo Simão de. *Direito ambiental do trabalho e a saúde do trabalhador, op. cit.*, p. 219.
(704) LEITE, José Rubens Morato. *Dano ambiental:* do individual ao coletivo extrapatrimonial. São Paulo: Revista dos Tribunais, 2000. p. 299.
(705) SOUTO MAIOR, Jorge Luiz. O dano social e a sua reparação, *Revista LTr,* São Paulo, v. 71, n. 11, p. 1.319, nov. 2007.
(706) Cf., por exemplo, RR – 1850-92.2010.5.03.0111. Tribunal Superior do Trabalho. 7ª Turma. Rel. Min. Luiz Philippe Vieira de Mello Filho. DEJT 17.9.2015.

apresentados anteriormente, qual seja: 1. Dimensão ou projeção coletiva da dignidade da pessoa humana; 2. Ampliação do conceito de dano moral coletivo envolvendo não apenas a dor psíquica; 3. Coletivização dos direitos ou interesses por intermédio do reconhecimento legislativo dos direitos coletivos em sentido lato.

Inicialmente mostra-se necessário conferir maior correção científica à construção do instituto do dano moral coletivo afastando-o de afirmações doutrinárias tão comuns na doutrina que o vinculam tão somente às dores sensitivas ou eventuais reflexos subjetivos desse dano.

Para isso, vale ressaltar o já destacado, isto é, tal instituto deve ser afirmado a partir de um fato objetivo, a grave e intolerável violação da ordem jurídica laboral, a partir de um ato ilícito que atinge a projeção coletiva da dignidade da pessoa humana.

Considerando que o princípio da dignidade da pessoa humana convolou-se no centro axiológico do ordenamento jurídico, além de possuir dimensão unitária e social, instituindo verdadeira cláusula de tutela e dever geral de respeito à personalidade humana[707], tem-se como consequência o fato de que toda violação da projeção coletiva desse princípio constitucional, partindo-se de um fato objetivo (violação da ordem jurídica), consubstanciado em interesses/direitos extrapatrimoniais coletivos pela sua relevância social (difusos e coletivos em sentido estrito e individuais homogêneos), e, portanto, não adstritos a pessoas singulares, configurará dano moral coletivo. A reparação coletiva, como dito, convolou-se no "reverso da medalha"[708] do princípio da dignidade da pessoa humana em sua projeção coletiva.

Nessa linha, as adjetivações apresentadas pela doutrina, relativas à configuração do dano moral coletivo, são meras consequências da configuração do dano social. Este, na verdade, tem sua gênese na violação da projeção coletiva da dignidade da pessoa humana, como dito, partindo-se de um fato objetivo — a intolerável violação da ordem jurídica.

Em relação ao segundo aspecto formador do citado tripé, releva obtemperar, como já feito, que, ante o panorama de ampla proteção da pessoa humana, a concepção reducionista vinculadora do dano moral a aspectos meramente subjetivos não se mostra mais aceitável. Os equívocos jurisprudenciais certamente decorrem dessa mesma concepção reducionista.

Quanto ao último elemento formador, como também já salientado, a eclosão de categoria de direitos que transcendem os conflitos intersubjetivos acabou, por consequência natural, provocando a criação de mecanismos processuais próprios voltados a conferir pleno acesso à Justiça e garantir a efetividade do processo[709], atendendo às especificidades de tais direitos e interesses, em razão da sua dimensão e relevância.

Apresentadas tais considerações, possível conceituar **dano moral coletivo como a violação da projeção coletiva da dignidade da pessoa humana, consubstanciada em direitos extrapatrimoniais relevantemente coletivos, abrangendo as modalidades difusos, coletivos em sentido estrito e individuais homogêneos,** cuja consequência será a **intolerável violação da ordem jurídica.**

Todos os sentimentos de repulsa e indignação social decorrentes desse dano coletivo, assim como no dano de natureza singular, também são mera consequência dessa grave violação à projeção coletiva do princípio da dignidade da pessoa humana, consubstanciado no intolerável vilipêndio à ordem jurídica.

14.5. Suporte legal

O suporte legal do dano moral coletivo pode ser construído levando-se em consideração duas linhas distintas de argumentação. A primeira refere-se à previsão normativa de interesses cujos limites sobejam a individualidade, bem como a consequente configuração de dano extrapatrimonial decorrente da violação de tais interesses. A segunda trata diretamente da previsão legal da reparação do dano moral. Vejamos.

---

(707) MORAES, Maria Celina Bodin de. *Op. cit.*, p. 131. (Os grifos não estão no original.)

(708) *Ibidem*, p. 132.

(709) Tangenciando o tema, já tivemos oportunidade de publicar os seguintes artigos: COSTA, Marcelo Freire Sampaio. Tutela antecipada. In: *Revista de Direito do Trabalho*, Consulex, Brasília, n. 8, 1999; _____ Tutela antecipada: aspectos da teoria geral. In: *Revista Meio Jurídico*, Brasília, ano 4, n. 40, 2000; _____ Aspectos da teoria geral da tutela antecipada: como modificar radicalmente o atual estágio de acúmulo de processos nos tribunais. In: *Revista de Direito do Trabalho*, Consulex, n. 12, dez. 2000.

Quanto à primeira linha argumentativa, ressalte-se, mais uma vez, que a Lei n. 7.347/1985, lei de regência da ação civil pública, não foi a primeira a apresentar disciplina voltada à defesa de interesses transindividuais, pois, como frisado anteriormente, o ordenamento jurídico desde a edição da Lei n. 4.717/1965, Lei da Ação Popular, reconheceu a tutela difusa do patrimônio público, portanto, também acolheu expressamente a existência de interesses jurídicos extrapatrimoniais distintos da projeção interna da dor (concepção clássica e reducionista do dano extrapatrimonial). A tutela jurisdicional coletiva, contudo, ganhou "sistematização"[710] somente após a vigência da Lei da Ação Civil Pública.

Dizem a cabeça e o inciso IV do art. 1º da Lei n. 7.347/1985 (inciso acrescentado pela Lei n. 8.078/1990): "Art. 1º Regem-se, pelas disposições desta lei, as ações de responsabilidade por danos morais e patrimoniais causados: IV. a qualquer outro interesse difuso ou coletivo". Esta pode ser inserida nas duas linhas argumentativas.

Dessa feita, no momento em que se estampam no mesmo diploma legal interesses excedentes da individualidade e a reparação de danos extrapatrimoniais quando tais interesses são violados, obviamente se está explicitamente admitindo a ocorrência do dano moral coletivo, "a qualquer outro interesse difuso ou coletivo".

Posteriormente, veio a Carta Magna de 1988, possibilitando a reunião das linhas de argumentação que no início do presente foram apresentadas como distintas, porque, além de, em diversos dispositivos legais, reconhecerem a existência de interesses transindividuais e de mecanismos de proteção a tais interesses[711], albergaram a ampla reparabilidade do dano moral (art. 5º, V e X)[712], tornando-se "princípio de natureza cogente, obrigatório para o legislador e para o juiz"[713].

O Código Civil brasileiro de 2002, adequando-se à novel linha constitucional, também reconheceu expressamente (art. 186[714]) a existência do dano moral, bem como a respectiva possibilidade reparatória (art. 927[715]).

Voltando aos diplomas especiais que tratam acerca da existência de interesses coletivos em sentido lato, a Lei n. 7.853/1989 contemplou a disciplina da tutela coletiva de direitos de pessoas com necessidades especiais.

A Lei n. 8.078/1990, Código de Defesa do Consumidor, conceituou os direitos difusos e coletivos em sentido estrito (art. 81, parágrafo único, I, II) e criou uma nova modalidade, os individuais homogêneos (art. 81, parágrafo único, inc. III: interesses ou direitos individuais homogêneos, assim entendidos os decorrentes de origem comum), bem como amalgamou verdadeira "simbiose"[716] de um método integrado de acesso coletivo à Justiça (jurisdição coletiva), composto por dispositivos da Carta Maior (arts. 5º, XXXV, 127, 129, III, dentre outros), da Lei da Ação Civil Pública e da parte processual do CDC (art. 21 da Lei da ACP[717]).

Não se pode esquecer das leis de regência dos Ministérios Públicos Estaduais, Lei n. 8.625/93 que afirmam a ação civil pública voltada à proteção, prevenção e reparação de danos de interesses difusos, coletivos e individuais indisponíveis e homogêneos (art. 25), além da Lei Complementar n. 75/93 (lei orgânica do Ministério Público da União), que em seu art. 6º prevê a proteção desses mesmos direitos coletivos em sentido amplo.

Há outros diplomas legais especiais que tratam da tutela coletiva, tais como o Estatuto da Criança e do Adolescente (arts. 208-224), a Lei n. 7.913/89, a Lei n. 8.884/94 (Lei Antitruste) e, mais recentemente, a Lei n. 10.741/2003, que disciplina a proteção integral do idoso.

---

(710) VIGLIAR, José Marcelo Menezes. *Op. cit.*, p. 57.

(711) Como exemplos: arts. 5º (incs. XXI, LXX, XXXV, LXXIII), 6º, 7º, 8º, inc. III, 127, 129, inc. III e § 1º, 194, 196, 225, 216, 220, 225, 227.

(712) Art. 5º, V – "é assegurado o direito de resposta, proporcional ao agravo, além da indenização por dano material, moral ou à imagem"; X – "são invioláveis a intimidade, a vida privada, a honra e a imagem das pessoas, assegurado o direito à indenização pelo dano material ou moral decorrente de sua violação".

(713) PEREIRA, Caio Mario da Silva. *Op. cit.*, p. 58.

(714) Art. 186: "Aquele que, por ação ou omissão voluntária, negligência ou imprudência, violar direito e causar dano a outrem, ainda que exclusivamente moral, comete ato ilícito".

(715) Art. 927: "Aquele que, por ato ilícito (arts. 186 e 187), causar dano a outrem, fica obrigado a repará-lo".

(716) CARDOSO, Fábio Leal. Competência na ação coletiva trabalhista: ação coletiva na visão de juízes e procuradores do trabalho. In: RIBEIRO JÚNIOR; CORDEIRO; FAVA; CAIXETA (Orgs.). *Ação coletiva na visão de juízes e procuradores do trabalho*. São Paulo: LTr, 2006. p. 50.

(717) Art. 21: "Aplicam-se à defesa dos direitos e interesses difusos, coletivos e individuais, no que for cabível, os dispositivos do Título III da Lei que instituiu o Código de Defesa do Consumidor".

Por fim, o anteprojeto do Código Brasileiro de Processos Coletivos[718], elaborado por grupo de juristas capitaneados por Ada Pellegrini Grinover, previa (art. 2º, "t") a "reparação" de danos materiais e "morais". Infelizmente, tal projeto não logrou êxito no Congresso Nacional.

14.6. Responsabilidade objetiva

Consoante salientado em momento anterior, absolutamente consentâneo com o desenvolvimento socioeconômico e das relações sociais massificadas a consequente dificuldade surgida à reparação de dano em razão da impossibilidade da demonstração da culpa em sentido lato do agente causador, daí a construção da responsabilidade civil em seu fundamento objetivo. Tal modalidade representou verdadeira mudança de paradigma, pois passou a ser priorizado enfoque voltado às consequências danosas verificadas na esfera jurídica da vítima, não importando o elemento volitivo do agente causador.

Nessa modalidade de responsabilidade, o dever de reparar decorre do próprio fato violador do direito, tendo o ofensor que responder independentemente da configuração do elemento subjetivo da culpa, inobstante tal elemento usualmente também mostrar-se existente na maioria (senão em todas!) das hipóteses configuradoras de lesão extrapatrimonial, individual ou coletiva, no universo das relações laborais.

Basta imaginar, por exemplo, que violações ao meio ambiente do trabalho, condutas discriminatórias de gênero, religião e raça, exploração de trabalho escravo, exploração de trabalho infantil e terceirização ilegal, são exemplos jurisprudenciais (alguns julgados envolvendo tais assuntos serão citados posteriormente) de fatos antijurídicos que corroboram perfeitamente a desnecessidade de se investigar a intencionalidade supostamente danosa ou aspectos inerentes à conduta da parte.

A construção do paradigma da responsabilidade objetiva é uma natural decorrência das sociedades de massa e dos conflitos nela fomentados. Assim como, por óbvio, a previsão de interesses cujas lindes ultrapassam os limites da individualidade, bem como a reparabilidade moral em decorrência da violação de tais direitos, são uma consequência do citado fenômeno social.

Nesse eito, não há grandes dificuldades em reconhecer a inadaptabilidade do regime de responsabilidade fundado na culpa (subjetiva), pois vinculado à conduta ou omissão singular do agente e à responsabilidade "em matéria de interesses metaindividuais"[719], pois ambos (responsabilidade objetiva e interesses transindividuais) decorrentes da evolução histórica das relações sociais.

Dessa maneira, no campo do direito laboral, consumerista ou ambiental, basta a demonstração do fato antijurídico e da ponte do nexo causal ligando-o à consequência para caracterizar o dano moral coletivo. Desnecessária a investigação do elemento volitivo.

Isso significa que para a configuração do dano moral coletivo basta a demonstração do ato ilícito deflagrador da transgressão, cuja consequência será a violação da ordem jurídica, bem como do nexo causal (ponte) ligando o fato antijurídico ao resultado. É o que usualmente se costuma chamar de dano *in re ipsa*, porque prescinde de demonstração do prejuízo concreto.

Nesse eito, o resultado, as consequências nefastas desse dano à coletividade (os citados sentimentos de desapreço, tristeza, abalo à coletividade e tantos outros), são eventuais consequências daqueles ilícitos que prescindem de demonstração.

A jurisprudência do Tribunal Superior do Trabalho já consolidou tal posição por intermédio de diversos julgados:

> (...) manifesta-se por força do simples fato da violação, caracterizando-se como um **dano** *in re ipsa*, sendo despicienda a prova de desconforto psicológico, emocional ou de prejuízo concreto. A configuração do **dano moral** contratual pressupõe que o ato ilícito seja capaz de se irradiar para a esfera da dignidade da pessoa, ofendendo-a de maneira relevante, hipótese verificada, pois os salários proporcionam ao trabalhador o mínimo **existencial**...[720]

---

(718) Na parte processual do presente estudo será tratada com mais vagar essa questão.
(719) MANCUSO, Rodolfo de Camargo. *Ação civil pública*: em defesa do meio ambiente, do patrimônio cultural e dos consumidores, *op. cit.*, p. 440.
(720) AIRR – 591-13.2014.5.03.0082. Tribunal Superior do Trabalho. 7ª Turma. Rel. Des. convocado Arnaldo Boson Paes. DEJT 4.5.2015.

Lembrando, ainda, que o qualificativo "antijurídico" é empregado em sentido lato, abrangendo não apenas a ilicitude (contrariedade à lei), mas também a possibilidade da ocorrência do dano injusto ao lesado, mesmo que a ação ou omissão guardem consonância com o ordenamento jurídico, exatamente na mesma direção do disposto no art. 187 do Código Civil de 2002. Em suma, operou-se importante mudança na teoria da responsabilidade civil, o citado giro conceitual do ato ilícito para o dano injusto. Portanto, o antijurídico alberga a bifurcação do dano ilícito e o injusto.

14.7. Prova

Inobstante as cizânias doutrinárias havidas no passado sobre a natureza jurídica da prova, inquestionável registrar que o instituto da prova nos dias atuais possui natureza eminentemente processual[721], daí a necessidade de serem firmados breves aspectos relacionados a esse instituto no novo Código de Processo Civil.

Antes de se desenvolverem breves argumentos sobre o novel capítulo de provas do novo Código de Processo Civil, releva desde logo afastar a cizânia doutrinária, ainda parcamente existente, sobre a possível autossuficiência do art. 818 do texto celetista ("A prova das alegações incumbe à parte que as fizer")[722].

A linha doutrinária mais consentânea com a atual realidade processual, principalmente considerando alguns avanços sobre esse tema afirmados pela nova legislação processual, é aquela que reconhece a ausência de completude do regramento celetista citado[723], daí a necessidade de se socorrer do diploma processual civil (técnica da heterointegração).

Nesse eito, o art. 818 da CLT precisa ser conjugado com o art. 373 do novo CPC ("O ônus da prova incumbe: I- ao autor, quanto ao fato constitutivo do seu direito; II- ao réu, quanto à existência de fato impeditivo, modificativo ou extintivo do direito do autor").

Além disso, o CPC trouxe importante regra de inversão do ônus da prova, plenamente aplicável ao processo do trabalho.

Diz o § 1º do art. 373 do CPC:

Nos casos previstos em lei ou diante de peculiaridades da causa relacionadas à impossibilidade ou à excessiva dificuldade de cumprir o encargo nos termos do *caput* ou à maior facilidade de obtenção da prova do fato contrário, poderá o juiz atribuir o ônus da prova de modo diverso, desde que o faça por decisão fundamentada, caso em que deverá dar à parte a oportunidade de se desincumbir do ônus que lhe foi atribuído.

Sobre essa regra, vejamos o que já afirmou a doutrina processual civil:

A lei prevê que as peculiaridades do caso podem impor a modificação do ônus da prova basicamente em duas situações diversas.

Em primeiro lugar, essas peculiaridades podem referir-se à *maior facilidade na obtenção da prova,* por um ou outro sujeito processual. Aqui, a rigor, a regra se alinha ao conceito de economia processual, de modo que, se a prova é mais facilmente acessível a uma das partes, não há razão para atribuir-se à outra a tarefa de aportá-la ao processo e, mais do que isso, de correr o risco pela sua não aquisição nos autos. Em suma, nesse caso se parte da lógica de que aquele que pode facilmente trazer uma prova para os autos, mas não o faz, deve suportar os ônus daí decorrentes. A situação se afeiçoa à ideia de que a ausência de certa conduta, que é esperada pela parte, deve refletir em seu prejuízo.

O segundo dos casos que pode determinar peculiaridades do caso que admitem a modificação do ônus é a *impossibilidade ou a excessiva dificuldade* de uma das partes em trazer as provas para o processo, especialmente daquelas cujo ônus lhe é atribuído. (*sic*)[724]

---

(721) TEIXEIRA FILHO, Manoel Antônio. *A prova no processo do trabalho.* 9. ed. São Paulo: LTr, 2010. p. 26.

(722) *Ibidem,* p. 96-102.

(723) Nesse sentido, dentre outros, SCHIAVI, Mauro. *Provas no processo do trabalho, op. cit.,* p. 51.

(724) MARINONI, Luiz Guilherme; ARENHART, Sérgio Cruz; MITIDIERO, Daniel. *Novo curso de processo civil...,* p. 267.

Voltando à questão do processo do trabalho, a impossibilidade ou excessiva dificuldade de cumprir com o encargo probatório está diretamente relacionada à condição de hipossuficiência do trabalhador, que algumas vezes impede, outras dificulta, ou até mesmo torna excessivamente oneroso tal encargo, podendo verdadeiramente inviabilizar a efetividade do direito postulado, daí a plena adequação do dispositivo transcrito anteriormente com o processo do trabalho[725].

O Código de Processo Civil disciplina (art. 369) que as partes têm direito de empregar todos os meios legais e morais para "provar a verdade dos fatos", buscando influenciar "eficazmente na convicção do juiz". Tal regramento é também plenamente compatível e aplicável no processo laboral.

Voltando à prova, especificamente em relação ao dano moral coletivo, há corrente doutrinária equivocada afirmando a necessidade de o dano moral ser robustamente demonstrado.

O dano moral está cingido à compensação da vítima pelo abalo sofrido, ao contrário da reparação pertinente ao dano material, diretamente relacionado à reparação pelo que foi efetivamente perdido (dano emergente) e o que razoavelmente se deixou de ganhar (lucro cessante).

Portanto, a quantificação objetiva dos prejuízos na seara do dano material é mais facilmente alcançável, daí ser atado à efetiva reparação, inclusive com a possibilidade de retorno ao estado imediatamente anterior (*status quo ante*) ao momento da lesão.

Quanto ao dano moral, essa quantificação objetiva perde força, devendo ser consideradas outras variáveis (a serem apresentadas posteriormente), pois neste caso há mera compensação dos abalos sofridos. Logo, a corrente doutrinária mencionada que exige a efetiva comprovação do dano sofrido perde consistência.

Voltando à questão da prova no dano moral, vem ganhando força na doutrina[726] a exigência, para configuração do dano moral, de demonstração inequívoca do fato lesivo praticado pelo agente (doloso, culposo, comissivo ou omissivo), consubstanciado em violação intolerável à dignidade da pessoa humana (projeção individual ou coletiva), bem como do nexo entre comportamento ilícito e o resultado lesivo ocorrido.

O prejuízo sofrido não reclamará prova específica e objetiva, pois será consequência desse ilícito extrapatrimonial. "O gravame decorre do próprio resultado da ofensa"[727].

Assim, o que deverá ser provado será a certeza do fato gerador do ilícito, bem como a ponte de ligação (nexo causal) entre o prejuízo afirmado e o ilícito praticado, daí o dano moral usualmente receber a classificação *in re ipsa*, ou seja, a transgressão será compreendida em sua própria causa somente; a coisa fala por si por intermédio da força dos próprios fatos.

A comprovação desse fato gerador do dano extrapatrimonial deflagrará a movimentação jurisdicional de estimativa ou quantificação desse malfeito.

A jurisprudência laboral vem acompanhando essa posição de maneira cada vez mais consistente. Vejamos:

> DANO MORAL. RESTRIÇÃO AO USO DO BANHEIRO. A imposição de limitação ao uso do toalete por parte do empregador constitui conduta que legitima a reparação civil por danos morais, pois ultrapassa os limites dos poderes diretivo e fiscalizatório atribuídos ao patrão e afronta a privacidade e dignidade do trabalhador. 1.2. – Por sua vez, o dano moral é um dano *in re ipsa*, ou seja, deriva da própria natureza do fato. Por conseguinte, desnecessária a prova do prejuízo moral em si, exigindo-se tão somente a demonstração dos fatos que lhe deram ensejo, o que ocorreu no acórdão recorrido[728].

Toda a construção apresentada até o momento se translada ao instituto do dano moral coletivo, ou seja, necessário ser demonstrada a conduta ilícita perpetrada, bem como a ligação entre o ato causador e o resultado afirmado.

Nesse caso a violação, como já salientado, alcança interesses que ultrapassam a esfera da singularidade.

---

(725) No mesmo sentido, SCHIAVI, Mauro. *Provas no ...*, p. 56.
(726) Cf. SCHIAVI, Mauro. *Ações de reparação por danos morais decorrentes das relações de trabalho*. 4. ed. São Paulo: LTr, 2011. p. 251.
(727) FLORINDO, Valdir. *Dano moral e o direito do trabalho*. 4. ed. São Paulo: LTr, 2002. p. 351.
(728) RR – 831-86.2010.5.04.0252. Tribunal Superior do Trabalho. 7. Turma. Minª. Delaíde Miranda Arantes. DEJT 22.11.2013.

Nessa toada, não se mostra adequada a exigência de comprovação de prejuízo suportado pela coletividade, considerando que o dano é consubstanciado por intermédio da ocorrência do próprio fato intolerável violador, também provado *in re ipsa*.

Como já dito em diversas ocasiões nesse estudo, os eventuais reflexos negativos vivenciados pela coletividade são decorrências do dano coletivo sofrido.

A jurisprudência do Tribunal Superior do Trabalho, mais uma vez, corrobora o afirmado até o presente momento. Vejamos:

> O dano moral é aquele que afeta a personalidade, constituindo ofensa à honra e à dignidade da pessoa, de caráter eminentemente subjetivo e de difícil dimensionamento quanto ao prejuízo ocasionado à esfera individual do ser. Nesse sentido, doutrina e jurisprudência defendem que o prejuízo de ordem moral que alguém diz ter sofrido é provado in re ipsa, ou seja, pela força dos próprios fatos, quando pela sua dimensão for impossível deixar de imaginar a ocorrência do dano. Assim, basta que se comprovem os fatos, a conduta ilícita e o nexo de causalidade para que a caracterização do dano moral seja presumida. No âmbito coletivo, de construção mais estrita, exige-se, também, a violação de interesses extrapatrimoniais da coletividade para sua configuração... Assim, comprovados os fatos e a conduta ilícita praticada pelo empregador, causando prejuízos a certo grupo de trabalhadores e à própria ordem jurídica, impõe-se o reconhecimento do dano moral coletivo a ser reparado.[729]

Nesse eito, a força dos próprios fatos ilícitos e intoleráveis que atingem determinada coletividade, e são capazes de violar intoleravelmente a própria ordem jurídica, dão ensejo à configuração do dano moral coletivo.

14.8. Reparação. Quantificação e vetores que a justifiquem

Consoante apreciado anteriormente, por construção doutrinária e principalmente jurisprudencial[730], a reparação civil, patrimonial e extrapatrimonial possui pelo menos quatro atribuições:

a) reparação, mais direcionada a danos com conteúdo patrimonial imediato;

b) compensatória do dano à vítima, voltada a danos despidos de conteúdo patrimonial direto;

c) ideia de punição do ofensor (*punitive damages*), persuadindo-o a não mais lesionar. A persuasão não se limita à figura do ofensor, acaba por incidir numa terceira função;

d) cunho socioeducativo. A pretensão é, além de representar medida de índole educativa ao ofensor, tornar público que condutas semelhantes não serão socialmente toleradas.

Dois aspectos merecem enfrentamento desde logo.

O primeiro refere-se à pacificação quanto à possibilidade de indenização de dano moral individual, principalmente após a edição da Carta Magna de 1988. Quanto ao dano moral coletivo, tal consolidação, inobstante ainda distante do cenário alcançado pelo instituto de viés individual, também vem acontecendo, principalmente com os precedentes construídos no Tribunal Superior do Trabalho. Portanto, as cizânias doutrinárias e jurisprudenciais, principalmente quanto ao cabimento desse instituto, foram e vêm sendo ultrapassadas.

O segundo, e mais importante, diz acerca da diferença de tratamento entre a reparação extrapatrimonial individual e a coletiva, seja quanto à forma relativa ao procedimento reparatório, seja quanto à função e objetivos jurídicos almejados. Cada uma delas possui regramento próprio e específico. No presente, cuida-se de averiguar apenas a reparação decorrente do dano extrapatrimonial de interesses relevantemente coletivos[731].

A lesão a direitos ou interesses metaindividuais possui altíssimo grau de prejuízo social, pela própria natureza do bem jurídico violado, interesse ou direito extrapatrimonial vinculado à projeção coletiva da dignidade da pessoa humana.

---

(729) RR-690-88.2010.5.03.0157. Tribunal Superior do Trabalho. 8ª Turma. Relª. Minª. Dora Maria da Costa. DEJT 7.1.2014.

(730) MORAES, Maria Celina Bodin de. *Op. cit.*, p. 24.

(731) Quanto à sistemática da reparação de índole individual, vide, com bastante proveito, REIS, Clayton. *Os novos rumos da indenização do dano moral*. Rio de Janeiro: Forense, 2003.

Considerando que no caso de ofensa a direito metaindividual o lesado é uma coletividade (em maior ou menor escala) de pessoas, resta prejudicada a primeira das atribuições apontadas anteriormente (mais afeita aos danos individuais), pois a vítima não é identificada, pelo menos *a priori*. Restam, portanto, as atribuições punitivas, persuasivas e socioeducativas.

Na seara do dano coletivo sobressaem as reparações com caráter punitivo e preventivo-pedagógico[732] ou socioeducativo, pelo simples fato da real violação de interesses metaindividuais socialmente relevantes e juridicamente protegidos.

Acerca da importância dessas modalidades reparatórias, o Tribunal Superior do Trabalho, após algum vacilo, vem repetidamente decidindo que a violação reiterada da legislação trabalhista dá ensejo à condenação por dano moral coletivo, principalmente considerando a citada vocação voltada à inibição da conduta ilícita e a importância do caráter pedagógico desse instituto. É o que diz o seguinte precedente:

> RECURSO DE REVISTA INTERPOSTO ANTES DA VIGÊNCIA DA LEI 13015/2014 PELO MINISTÉRIO PÚBLICO DO TRABALHO DA 24ª REGIÃO. AÇÃO CIVIL PÚBLICA. INDENIZAÇÃO POR DANO MORAL COLETIVO. DESCUMPRIMENTO REITERADO DA LEGISLAÇÃO TRABALHISTA. A reparação por dano moral coletivo visa a inibição de conduta ilícita da empresa e atua como caráter pedagógico. A ação civil pública buscou reverter o comportamento do banco reclamado, com o fim de coibir a contratação por meio de terceirização ilícita de mão de obra, a prorrogação da jornada de trabalho além das 2 horas legalmente permitidas e do trabalho aos domingos, sem autorização da autoridade competente e fruição irregular do intervalo intrajornada. A ação intentada, assim como a condenação em dano moral coletivo visam prevenir lesão a direitos fundamentais constitucionais, como o valor social do trabalho, que atinge a coletividade como um todo, e possibilita a aplicação de multa a ser revertida ao FAT. Recurso de revista conhecido e provido.[733]

Em razão da relevância dos interesses metaindividuais atingidos, bem como pelo fato de o dano moral coletivo atingir a própria ordem jurídica, destaca-se o direcionamento eminentemente punitivo desse instituto. Trata-se da prevalência da ideia das *punitive damages* já enfrentada anteriormente. Aliás, a jurisprudência do Tribunal Superior do Trabalho também já atingiu essa linha de raciocínio. Vejamos:

> (...) Além da Constituição e do Código Civil contemplarem a reparação da dor moral em toda a sua extensão, o art.13 da Lei n. 7.347/85 prevê a imposição de indenização por dano coletivo, cujo caráter é estritamente punitivo (...)[734]

A punição também representa a necessidade de evitar verdadeiro sentimento de desmoralização da ordem jurídica — uma das possíveis consequências da ocorrência de dano coletivo extrapatrimonial, como vislumbrado anteriormente. O caráter preventivo-pedagógico significa a percepção do ofensor para "não mais praticar atos lesivos ao direito de outrem"[735].

Antes de apresentar os vetores que auxiliarão o Poder Judiciário a quantificar, considerando desde logo o sistema da tarifação, "ou qualquer estudo matemático"[736], inadequado para mensuração de dano extrapatrimonial, "porque amordaça a distribuição da Justiça"[737], necessário destacar a importância de o titular da demanda metaindividual, aparelhada com pedido de dano moral coletivo, agir norteado pela lógica do bom-senso, bem como jungido aos postulados da razoabilidade e proporcionalidade, este tendo como subprincípios a necessidade, adequação e relação custo-benefício.

A propósito, a Parte Geral do novo Código de Processo Civil, no art. 8º, acolheu expressamente os postulados da proporcionalidade e razoabilidade[738], dispositivo de inquestionável aplicação no processo laboral. Vejamos a redação legal:

---

(732) "Esse conjunto de fatores externa conduta empresarial com indiscutível potencial de lesividade aos direitos dos trabalhadores, com intensidade para atrair a cominação de indenização, a qual, como bem observa o autor, no âmbito da ação coletiva, tem *função preventiva-pedagógica*." (grifo nosso). RO-726/2001. Tribunal Regional do Trabalho da 10ª Região. 2ª Turma. Rel. Juiz José Ribamar O. Lima Júnior. DJ 7.5.2003.

(733) ARR – 515-95.2011.5.24.0021. Tribunal Superior do Trabalho. 6ª Turma. Rel. Min. Aloysio Corrêa da Veiga. DEJT 21.8.2015.

(734) RR – 1486-50.2011.5.09.0651. Tribunal Superior do Trabalho. 6ª Turma. Rel. Min. Augusto César Leite de Carvalho. DJE 7.8.2015.

(735) MELO, Raimundo Simão de. *Ação civil pública na Justiça do Trabalho*, op. cit., p. 105. Em sentido contrário, pois se apoia em critério matemático haurido primordialmente no art. 49 do Código Penal (sistema do dia-multa), COSTA, Walmir Oliveira da. *Dano moral nas relações laborais: competência e mensuração*. Curitiba: Juruá, 1999. p. 133.

(736) VENOSA, Silvio de Salvo. *Direito civil*: responsabilidade civil. 2. ed. São Paulo: Atlas, 2002. v. 4, p. 191.

(737) *Idem*.

(738) Humberto Ávila considera a razoabilidade e a proporcionalidade como postulados normativos específicos. In: ÁVILA, Humberto. *Teoria dos princípios*, op. cit., p. 153-178.

Ao aplicar o ordenamento jurídico, o juiz atenderá aos fins sociais e às exigências do bem comum, resguardando e promovendo a dignidade da pessoa humana e observando a proporcionalidade, a razoabilidade, a legalidade, a publicidade e a eficiência.

Voltando aos vetores para quantificação do dano moral coletivo, podem ser apontados os seguintes: a) natureza, gravidade e repercussão social do dano; b) situação econômica do causador do dano; c) proveito alcançado com a conduta antijurídica, e possível reincidência; d) reprovabilidade social da conduta aviada.

Necessário perlustrar a relevância do interesse lesado, gravidade do ilícito perpetrado, bem como a repercussão social do dano, com o fito de alcançar adequada mensuração do dano perpetrado, observando-se as peculiaridades do caso concreto.

A observância dos postulados já mencionados, bem como dos vetores voltados à quantificação justa e proporcional do dano moral coletivo, vem sendo acolhida pela jurisprudência do Tribunal Superior do Trabalho. Vejamos:

> INDENIZAÇÃO POR DANO MORAL COLETIVO. PARÂMETROS RELEVANTES PARA AFERIÇÃO DO VALOR DA INDENIZAÇÃO. SISTEMA ABERTO. DOSIMETRIA DO *QUANTUM* INDENIZATÓRIO. VILIPÊNDIO DO PRINCÍPIO DA RESTAURAÇÃO JUSTA E PROPORCIONAL. ALTERAÇÃO DO VALOR FIXADO. POSSIBILIDADE. Cabe ao julgador fixar o *quantum* indenizatório com prudência, bom senso e razoabilidade, sem, contudo, deixar de observar os parâmetros relevantes para aferição do valor da indenização por dano moral, sob pena de afronta ao princípio da restauração justa e proporcional.[739]

Exemplificando quanto aos parâmetros ora desenvolvidos:

a.1) quanto à gravidade e repercussão social, diz-se que o lançamento de dejetos tóxicos por parte de uma fábrica num local ermo é completamente distinto, e, portanto, merece valoração diferente, se comparado com o mesmo comportamento agora alcançando diversos braços de rio, atingindo inclusive alguns Estados da Federação Brasileira, ou, se tais dejetos sejam lançados em manancial de água doce de uma dada cidade, posto que esse segundo exemplo certamente tem maior potencial ofensivo e repercussão social, se comparado ao primeiro comportamento citado, inobstante ambos, vale deixar observado, sejam irrefragavelmente reprováveis;

a.2) a prática impositiva aos empregados de uma pequena empresa familiar fabril de assinação de recibos em branco possui, por exemplo, relevância, gravidade e repercussão social completamente diferente de um fato, amplamente noticiado nacional e internacionalmente, ocorrido em estabelecimento prisional localizado no município de Abaetetuba, Pará, onde uma adolescente foi mantida por diversas semanas no mesmo cárcere com vários presos homens, vivenciando toda sorte de sevícias.

b) Situação econômica do causador do dano:

Importante valorar a condição econômica do causador do dano, para que na fixação do *quantum* indenizatório[740], os aspectos punitivo e preventivo-pedagógico sejam eficazes. Distintas posições econômicas merecem tratamento também diferente.

Exemplificando: considere-se que um grande conglomerado econômico (com ramificações internacionais) e uma pequena empresa familiar de fabricação de cerâmica marajoara pratiquem a mesma conduta ilícita, qual seja assediem moralmente[741] seus empregados. Uma condenação de dez mil reais a título de dano moral coletivo poderá representar a inviabilidade econômica desta, enquanto esse mesmo montante seria inexpressivo e irrelevante ao grupo econômico citado.

Esta valoração tem relação com a técnica das *punitive damages*, pois considera aspectos distintos da conduta ilícita, visando unicamente punir tendo em conta a estatura econômica e outras características singulares do ofensor.

---

(739) RR – 52800-16.2008.5.09.0562. Tribunal Superior do Trabalho. 3ª Turma. Rel. Min. Alberto Luiz Bresciani de Fontan Pereira. DJE 20.5.2011.

(740) Vale ressaltar que um dos critérios para a fixação da multa (astreintes), art. 84 do CDC, também é a "capacidade econômica do demandado", sendo a quantificação não adstrita ao "patrimônio imobilizado" do réu, mas todos os elementos indiciários de sua "verdadeira situação econômica". In: MARINONI, Luiz Guilherme. *Tutela inibitória:* individual e coletiva. 2. ed. São Paulo: Revista dos Tribunais, 2000. p. 176.

(741) Pode-se conceituar singelamente o assédio moral como sendo a recorrente prática de humilhações, atos vexatórios, constrangimentos ou qualquer sorte de perseguições contra trabalhadores, diretamente pelo empregador ou por prepostos.

Dessa forma, o viés punitivo e o preventivo-pedagógico não são alcançados quando o montante pecuniário se mostrar ínfimo, como no caso da condenação do grupo econômico em dez mil reais.

Por outro lado, essa mesma condenação imposta ao pequeno negócio familiar de produção artesanal de cerâmica marajoara também não alcança as finalidades citadas, porque simplesmente inviabilizaria o curso daquela atividade produtiva.

Nesse eito, o montante da condenação deverá pautar-se, vale a repetição, nos postulados da razoabilidade e proporcionalidade, de sorte que se evite a exorbitância ou a condenação irrisória. Esta não cumpre sua função inibitória; aquela pode inviabilizar a continuidade da atividade econômica.

A jurisprudência do Tribunal Superior do Trabalho vem pautando-se nessa linha. Vejamos:

DANO MORAL COLETIVO. VALOR ARBITRADO. PRINCÍPIOS DA RAZOABILIDADE E DA PROPORCIONALIDADE. REDUÇÃO. A fixação do valor da indenização por dano moral coletivo deve se pautar nos princípios da razoabilidade e da proporcionalidade, pelo que se deve evitar um valor exorbitante ou irrisório, a ponto de levar a uma situação de inviabilidade no funcionamento regular do ofensor ou a de não cumprir a função inibitória. No caso, o eg. Tribunal Regional manteve a condenação no montante de R$ 1.000.000,00 (um milhão). Considerando que a indenização deve ter o condão de inibir a reiteração da prática pela reclamada, mas também não a ponto de impossibilitar ou alterar o regular funcionamento do negócio, e considerando o aporte financeiro da reclamada, considera-se razoável o montante de R$500.000,00 (quinhentos mil reais), razão pela qual deve ser reduzido a este valor a indenização por danos morais coletivos. Recurso de revista conhecido e provido.[742]

Justifica-se, portanto, a necessidade de se avaliar as peculiaridades do caso concreto com o fito de alcançar montante condenatório adequado à pretensão punitiva-preventiva-pedagógica.

c) Proveito alcançado com a conduta antijurídica, e possível reincidência:

Há de se perquirir a vantagem, não necessariamente econômica, alcançada pelo agente por intermédio da conduta ilícita perpetrada, bem como o motivo que animou o agente à prática desse ilícito.

Necessário ser ponderada, também, a reiteração da conduta perpetrada.

Exemplificando: empresa que reiteradamente é autuada pela fiscalização do trabalho por deixar de recolher parcela relativa ao FGTS do trabalhador merece tratamento distinto daquela que, ocasionalmente, deixou de cumprir o mesmo encargo por conta de ocasionais dificuldades econômicas enfrentadas; assim como há de merecer quantificação diferente empresa que, em razão de sérias dificuldades financeiras decorrentes de desfavorável ambiência econômica, atrasa em uma única ocasião pagamento de salários, daquela que rotineiramente, e sem qualquer justificativa, deixa de cumprir com a principal obrigação do empregador, a contraprestação pecuniária.

d) Reprovabilidade social da conduta aviada:

Dependendo da repercussão social da conduta ilícita praticada, o grau de repulsa a ela dirigida variará de intensidade, merecendo, via de consequência, valoração também distinta.

Exemplificando: o infame e já citado caso da adolescente seviciada no estabelecimento prisional paraense certamente alcançou repercussão social diferente de um ilícito trabalhista havido em pequeno estabelecimento comercial. A repercussão social daquele teve até alcance internacional, certamente causando sentimento de repulsa que ultrapassou os limites do território brasileiro.

14.9. Direcionamento social das indenizações em ação civil pública e em termos de compromisso de ajustamento de conduta. Prevalência da recomposição social

Além do aparelhamento do FAT, há a possibilidade de outra destinação à condenação, aqui chamado de direcionamento social da condenação em dano moral coletivo nas ações coletivas.

---

(742) RR – 107-86.2010.5.03.0001. Tribunal Superior do Trabalho. ˙. ? Turma. Rel. Min. Aloysio Côrrea da Veiga. DEJT 22.8.2014.

Voltando novamente ao raciocínio meramente processualístico, pode-se afirmar que esse direcionamento social da condenação se aproxima da ideia de **tutela ressarcitória na forma específica**, isto é, tal ressarcimento sendo efetivado não apenas pelo equivalente monetário, mas igualmente com a entrega de uma coisa ou com a prestação de uma atividade que "resulte adequada, em vista da situação concreta, para eliminar (ou minorar) as consequências danosas do fato lesivo"[743].

Esse ressarcimento na forma específica, em vista da situação concreta, pode ser exemplificado como a determinação, na decisão condenatória, de cursos voltados à formação de dirigentes visando à adoção de práticas empresariais voltadas à prevenção do assédio moral organizacional em ação coletiva em que restou reconhecida tal prática, ou a condenação para a realização de cursos técnicos voltados a incrementar a formação da classe trabalhadora, em vista de acidente fatal ocorrido justamente por falta de instrução técnica de empregado.

A prática do direcionamento social vem ocorrendo com cada vez mais frequência em ações civis públicas e termos de ajustamento e compromisso de conduta entabulados pelo Ministério Público do Trabalho.

Sobre esses citados termos de ajuste, diz o parágrafo sexto do art. 5º da Lei n. 7.347/1985 o seguinte: "Os órgãos públicos legitimados poderão tomar dos interessados compromisso de ajustamento de sua conduta às exigências legais, mediante cominações, que terá eficácia de título executivo extrajudicial".

Portanto, trata-se de título executivo extrajudicial que poderá ser aparelhado com obrigações de fazer e não fazer, bem como com obrigações de pagar pertinentes ao reconhecimento, em sede administrativa, da prática de dano moral coletivo.

Conforme já mencionado, na seara trabalhista também há fortes resistências quanto à destinação de pecúnia ao Fundo de Amparo ao Trabalhador, dentre outros motivos estaria a ausência de destinação dos recursos ali aplicados à recomposição dos interesses coletivos lesados, nem mesmo "a utilização dos valores auferidos com finalidades conexas, no interesse da sociedade"[744].

Daí porque vem-se construindo, na rotina jurisdicional e administrativa dos atores sociais das ações coletivas e também em sede doutrinária, a correta concepção de que a legislação, ao instituir fundo fluido receptor de pecúnia, não afastou a concepção social prioritária da necessidade de recomposição, na medida do possível, mesmo não sendo por intermédio de aparelhamento monetário do fundo, de "parte da vida societária atingida pela lesão"[745], por intermédio de direcionamento social dessa condenação que alcance, de alguma maneira, o direito social maculado.

Em outras palavras, significa a premência da proteção ou impacto social da aplicação de uma verdadeira política pública dirigida ao meio social laboral vilipendiado, em detrimento de um mero aparelhamento de um fundo legal receptor de condenações.

Em termos processuais, importa dizer a prevalência da **tutela ressarcitória na forma específica** sobre a **tutela pelo equivalente monetário**, aqui significando o mero aparelhamento monetário dos fundos legais receptores.

O direcionamento social terá o condão de alcançar, com maior eficácia, a conexão (nexo temático) entre a destinação da condenação pecuniária com o interesse coletivo lesado, por consequência, satisfazendo plenamente o regramento disposto no já citado art. 13 da lei de regência das ações coletivas.

Aliás, nesse sentido foi o que restou reconhecido no Enunciado n. 12 aprovado na 1ª Jornada de Direito Material e Processual do Trabalho, acontecida em Brasília no Tribunal Superior do Trabalho, cuja redação é seguinte:

> AÇÕES CIVIS PÚBLICAS. TRABALHO ESCRAVO. REVERSÃO DA CONDENAÇÃO ÀS COMUNIDADES LESADAS. Ações civis públicas em que se discute o tema do trabalho escravo. Existência de espaço para que o magistrado reverta os montantes condenatórios às comunidades diretamente lesadas, por via de benfeitorias sociais tais como a construção de escolas, postos de saúde e áreas

---

(743) MARINONI, Luiz Guilherme; ARENHART, Sérgio Cruz; MITIDIERO, Daniel. *Novo curso de processo civil*: tutela dos direitos mediante procedimento comum. Vol. 2, *op. cit.*, p. 493.

(744) LEONEL, Ricardo de Barros. *Op. cit.*, p. 386.

(745) CARELLI, Rodrigo de Lacerda. Transação na ação civil pública e na execução do termo de compromisso de ajustamento de conduta e reconstituição dos bens lesados. In: *Revista do Ministério Público do Trabalho*, São Paulo, LTr, n. 33, ano 17, p. 126, mar. 2007.

de lazer. Prática que não malfere o art. 13 da Lei n. 7.347/85, que deve ser interpretado à luz dos princípios constitucionais fundamentais, de modo a viabilizar a promoção de políticas públicas de inclusão dos que estão à margem, que sejam capazes de romper o círculo vicioso de alienação e opressão que conduz o trabalhador brasileiro a conviver com a mácula do labor degradante. Possibilidade de edificação de uma Justiça do Trabalho ainda mais democrática e despida de dogmas, na qual a responsabilidade para com a construção da sociedade livre, justa e solidária delineada na Constituição seja um compromisso palpável e inarredável.

Nos próximos subitens será discutido: (i) hipótese de pedido exordial, em ação coletiva, de condenação já com destinação social diferente do FAT; (ii) celebração de acordo em sede jurisdicional chancelando destinação social da parcela condenatória; (iii) possibilidade de a jurisdição atribuir destinação social diversa daquela requerida na petição inicial pelo autor da ação coletiva.

14.9.1. Pedido condenatório já com destinação social

A hipótese ora ventilada é bastante singela. Trata da possibilidade de ser apresentado pedido já na exordial de ação coletiva ou nas ações de execuções de termos de ajustamento de conduta, de condenação pecuniária com destinação social vinculada.

Em outros termos mais singelos. Ao invés de ser pedida condenação pecuniária para aparelhar FAT, já se apontar em sede exordial a destinação social do resultado dessa condenação pecuniária, quantificando o valor e a(s) entidade(s) destinatária(s) beneficiada(s) .

Há pelo menos quatro argumentos que apontam a possibilidade de o pedido da ação coletiva veicular desde logo destinação social à condenação pecuniária.

O primeiro deles foi bastante desenvolvido anteriormente nessa obra. Trata da ausência de fundo legal receptor de condenação em pecúnia, constituído nos termos do art. 13 da lei de regência das ações coletivas. A destinação ao FAT decorre de construção jurisprudencial e acadêmica. Logo, não há razão plausível à obrigatoriedade de essa destinação ser necessariamente vinculada ao FAT.

O segundo argumento é processual. O art. 3º da Lei n. 7.347/1985, lei de regência das ações coletivas ("A ação civil poderá ter por objeto a condenação em dinheiro ou o cumprimento de obrigação de fazer ou não fazer") admite pedido de obrigação de pagar genérico, daí a possibilidade de esse pleito também alcançar condenação sob a forma de tutela ressarcitória específica, com direcionamento social direto desse montante pecuniário, inclusive já se indicando de logo a(s) entidade(s) beneficiária(s).

No terceiro, mais amplo e também processual, afirma a prevalência da tutela ressarcitória na forma específica sobre a tutela pelo equivalente monetário, esta significando o mero aparelhamento econômico do FAT. Como já afirmado, o direcionamento social terá o condão de alcançar, com maior eficácia, a conexão (nexo temático) entre a destinação da condenação pecuniária e o interesse coletivo lesado.

O quarto, a ser mais bem desenvolvido no próximo subitem, trata da possibilidade de o direcionamento social da condenação vir sendo amplamente reconhecido pela jurisprudência laboral, inclusive por intermédio de acordos celebrados no Tribunal Superior do Trabalho, daí porque não haver justificativa para tal destinação não ser lançada desde logo na petição inicial, considerando a chancela final dessa prática pela jurisdição.

14.9.2. Possibilidade de a jurisdição atribuir destinação social diversa daquela requerida na petição inicial da ação coletiva, ou, convolação de condenação dirigida a fundo receptor em destinação social

Há de se perquirir, ainda, a obrigatoriedade do redirecionamento da parcela indenizatória ser necessariamente decorrente de acordo entre as partes, conforme noticiado anteriormente, não havendo possibilidade de atuação jurisdicional nesse sentido de ofício.

Essa atuação de ofício pela jurisdição aconteceria em duas hipóteses, assim exemplificadas:

a. pedido de condenação dirigido a fundo receptor com convolação de ofício, pela jurisdição, para destinação social;

b. pedido, em sede de ação coletiva, firmado pelo Ministério Público do Trabalho, de destinação social de condenação a ser dirigida a hospital público visando combater doença ocupacional detectada em larga escala em determinada empresa demandada, enquanto que o juiz do feito resolve conferir destino social diverso a outra entidade.

Existe corrente doutrinária manifestando-se claramente pela impossibilidade dessas duas hipóteses (convolação jurisdicional de ofício da parcela indenizatória do fundo receptor para destinação social e alteração de ofício, também pelo juízo, de determinada destinação social pedida na peça de ingresso). A única maneira, portanto, de serem admitidas as mudanças citadas nessas duas hipóteses seria por intermédio de acordo entre as partes em juízo, com participação ativa da jurisdição. Vejamos.

O limite da liberdade de atuação jurisdicional no curso da instância ainda é objeto de acirradas cizânias doutrinárias. Essas divergências decorrem da visão "mais ou menos"[746] publicista haurida do processo, bem como dos limites a serem impostos ao princípio do dispositivo (*ne procedet iudex ex officio*).

Tradicionalmente, compreende-se que, assim como de regra a ação inicia-se por provocação da parte interessada, os atos instrutórios e os de disposição do conteúdo material da demanda seriam de iniciativa exclusiva[747] dos litigantes. Essa visão é claramente privatística do processo, tendo-o como mera "propriedade das partes"[748].

A concepção privatística do processo, bem como os rígidos limites impostos ao princípio inquisitivo[749], tem assento proeminente na discussão sobre a possibilidade de a jurisdição substituir a suposta exclusividade da iniciativa probatória das partes[750]. Não se pretende avançar nessa discussão. Basta ressaltar o sentido publicista[751] do processo e o necessário interesse estatal, instrumentalizado na atividade jurisdicional, voltado à efetiva aplicação do direito, e, ainda, à realização da justiça.

Aliás, o caráter público do direito processual, mesmo na solução de lides de índole individual, mostra-se inquestionável, considerando os propósitos naturais de pacificação de conflitos e realização do direito material por intermédio da jurisdição estatal.

Contudo, quando se trata da proteção de interesses coletivos em sentido lato, coincidentes com uma coletividade indeterminada ou determinável de pessoas, a índole pública do processo é reforçada, ou até mesmo dobrada[752], chegando a ser chamada de "processo de interesse público"[753]. Aumenta-se, via de consequência, a possibilidade de ingerência jurisdicional, e, ao mesmo tempo, reduz-se a disposição do objeto litigioso pelos atores envolvidos.

Antes de posicionarmo-nos sobre essa questão, vale lembrar que o art. 765 da CLT, plenamente cabível no processo laboral coletivo, confere à jurisdição "maiores poderes na condução do processo"[754]. Além disso, há três dispositivos legais no CPC que ajudarão a justificar a posição a ser apresentada. Vejamos:

> Art. 6º Todos os sujeitos do processo devem cooperar entre si para que se obtenha, em tempo razoável, decisão de mérito justa e efetiva.

---

(746) LEONEL, Ricardo de Barros. *Op. cit.*, p. 343.
(747) Nesse sentido, dentre tantos, SANTOS, Moacir Amaral. *Primeiras linhas de direito processual civil.* Vol. 2, *op. cit.*, p. 78.
(748) LEONEL, Ricardo de Barros. *Op. cit.*, p. 343.
(749) Reverso do princípio dispositivo, pois atribui maior liberdade de atuação à jurisdição, bem como impõe limites naturais à mera disposição das partes sobre o destino do objeto litigioso.
(750) Sobre o assunto, confira, com grande aproveitamento, visão moderna a respeito da jurisdição, bem como o equívoco apontado na doutrina tradicional sobre os falsos limites havidos na iniciativa probatória da jurisdição, bem como redimensionamento do princípio dispositivo. BEDAQUE, José Roberto dos Santos. *Poderes instrutórios do juiz.* 2. ed. São Paulo: Malheiros, 1994.
(751) "V – Diante do cada vez maior sentido publicista que se tem atribuído ao processo contemporâneo, o juiz deixou de ser mero espectador inerte da batalha judicial, passando a assumir posição ativa, que lhe permite, dentre outras prerrogativas, determinar a produção de provas, desde que o faça com imparcialidade e resguardando o princípio do contraditório." Superior Tribunal de Justiça. 4ª Turma. RESp n. 192.681/PR. Recurso Especial 1998/0078261-3. Rel. Min. Sálvio de Figueiredo Teixeira. DJU 24.3.2003, p. 223.
(752) BUENO, Cassio Scarpinella. Processo civil de interesse público: uma proposta de sistematização, *op. cit.*, p. 37.
(753) Acerca dessa questão, *vide*, com grande aproveitamento, SALLES, Carlos Alberto de (Org.). *Processo civil e interesse público.* O processo como instrumento de defesa social. São Paulo: Revista dos Tribunais, 2003.
(754) SCHIAVI, Mauro. *Manual de direito processual do trabalho.* De acordo com o novo CPC. 9. ed. São Paulo: LTr, 2015. p. 134.

Art. 9º Não se proferirá decisão contra uma das partes sem que ela seja previamente ouvida.

Parágrafo único. O disposto no *caput* não se aplica:

I – à tutela provisória de urgência;

II – às hipóteses de tutela da evidência previstas no art. 311, incisos II e III;

III – à decisão prevista no art. 701.

Art. 10. O juiz não pode decidir, em grau algum de jurisdição, com base em fundamento a respeito do qual não se tenha dado às partes oportunidade de se manifestar, ainda que se trate de matéria sobre a qual deva decidir de ofício.

O primeiro dispositivo (art. 6º) reconhece o princípio da cooperação, cuja intenção é estabelecer um processo verdadeiramente cooperativo, com inspiração no modelo constitucional de processo, "vocacionado à prestação efetiva da tutela jurisdicional, com ampla participação de todos os sujeitos processuais, do início ao fim da atividade jurisdicional"[755].

Os arts. 9º e 10 trazem importante inovação quanto à determinada participação das partes no processo, com efetiva possibilidade de se influir na formação da convicção dos julgados, bem como na necessidade de serem evitadas as chamadas decisões-surpresa, isto é, mesmo quando competir ao magistrado decidir de ofício, "deverá oportunizar às partes a manifestação prévia sobre a matéria"[756].

Nesse eito, considerando os dispositivos legais citados, aplicados amplamente, em razão de subsidiariedade sistemática, no processo laboral, bem como os argumentos até o presente momento apresentados, admite-se a possibilidade de a jurisdição, além das hipóteses de homologação de acordo firmado entre as partes de demanda coletiva, conferir de ofício destinação social do pedido exordial voltado a fundo receptor, bem como também conceda destinação social diversa daquela já pedida da petição inicial, desde que, em primeiro lugar, ouça previamente o autor interessado sobre a destinação pretendida (art. 10, do CPC), além de demonstrar, com a necessária fundamentação, o efetivo nexo da alteração da destinação social com a causa de pedir da ação coletiva.

14.10. *Dumping* social e dano moral coletivo

A expressão *dumping*[757] social foi utilizada historicamente para designar práticas de concorrência desleal em nível internacional, constatadas a partir do deliberado rebaixamento do patamar de proteção social de um determinado país, visando à eliminação de concorrência econômica-comercial, comparando-o com a situação de outros países, baseando-se em parâmetros fixados em declarações internacionais de direitos.

De maneira mais direta, pode-se dizer que essa expressão significa uma prática de comércio internacional consistente em venda de algum produto em praça estrangeira por preço sensivelmente inferior aos produtos concorrentes praticados no mercado interno invadido.

Aduz a doutrina que:

(...) *dumping* é frequentemente constatado em operações de empresas que pretendem conquistar novos mercados. Para isto, vendem os seus produtos a um preço extremamente baixo, muitas vezes inferior ao custo de produção. É um expediente utilizado de forma temporária, apenas durante o período em que se aniquila o concorrente. Alcançado esse objetivo, a empresa praticante do *dumping* passa a cobrar um preço mais alto, de modo que possa compensar a perda inicial[758].

Trata-se, portanto, de assunto transladado do âmbito de relações comerciais internacionais para o direito do trabalho.

---

(755) BUENO, Cassio Scarpinella. *Novo Código de Processo Civil anotado*. São Paulo: Saraiva, 20015. p. 45.

(756) SCHIAVI, Mauro. *Manual de...*, p. 96.

(757) Deriva do verbo em inglês *"to dump"*, que pode ser traduzido livremente para desfazer, jogar algo indesejado fora, despejar.

(758) FROTA, Paulo Mont'Alverne. O *dumping* social e a atuação do juiz do trabalho no combate à concorrência empresarial desleal. *Revista LTr*, São Paulo, n. 78, p. 1102, v. 2, fev. 2013.

Neste item pretende-se firmar ponto de encontro desse tema com o dano moral coletivo.

Historicamente, a proteção ou a exploração das relações laborais tem ligadura direta com a adoção de um sistema econômico capitalista compromissado ou não com a justiça social. Logo, a imbricação das relações econômicas e as laborais é um reflexo natural do evolver da história.

E o modelo capitalista nacional, nos termos da ordem legal assentada pela Carta Constitucional vigente, desde o seu preâmbulo, passando pelo reconhecimento do valor social do trabalho (art. 1º), do reconhecimento dos direitos sociais como fundamentais (arts. 6º até o 11, da CF/88), obviamente está vinculado a esse modelo de justiça social.

Aliás, de forma mais direta, a legislação infraconstitucional também aproxima o universo das relações econômicas com as relações laborais. A lei que estrutura o sistema brasileiro de concorrência e define as infrações contra a ordem econômica, delimita como umas das hipóteses de infração à ordem econômica a prática de atos que violem a livre concorrência ou a livre iniciativa (art. 36, I). O rebaixamento deliberado do patamar de proteção laboral (precarização[759]) visando atingir indevida vantagem sobre a concorrência (custo laboral menor refletindo nos preços adotadas pelo ente econômico) pode perfeitamente ser subsumido a essa hipótese.

Voltando especificamente ao *dumping* social, pode ser classificado como uma prática "reincidente, reiterada, de descumprimento da legislação trabalhista, como forma de possibilitar a majoração do lucro e de levar vantagem sobre a concorrência, ainda que tal objetivo não seja atingido"[760], causando desajuste econômico, bem como sérios prejuízos para os trabalhadores e para a coletividade em geral.

Assim manifestou-se a doutrina:

> a. na esfera trabalhista, o "*dumping* social" é o rebaixamento do nível e da qualidade de vida dos trabalhadores, advindo da prática de conduta socialmente reprovável do empregador, caracterizado pelo desrespeito reiterado e inescusável dos direitos trabalhistas, gerando ao empregador o efeito potencial, atingido, ou não, da obtenção de uma vantagem econômica sobre outros empregadores que cumprem, regularmente, as obrigações jurídicas trabalhistas, incentivando, reflexamente, a concorrência desleal"[761].

Portanto, o *dumping* descortina-se pela prática deliberada e inescusável de descumprimento da legislação laboral visando à obtenção de vantagem econômica perante o mercado concorrencial, à custa da exploração do trabalhador.

Note-se que o *dumping* social se identifica com o dano moral coletivo, pois ambos representam reiterada violação extrapatrimonial a direitos de uma coletividade, sendo que em relação àquele esse desrespeito aos direitos laborais fundamentais tem um objetivo específico de se obter vantagem ilícita sobre a concorrência mercadológica.

Aliás, alguns exemplos apresentados anteriormente de dano moral coletivo, apesar de não mencionarem a prática do *dumping* social, podem perfeitamente ser classificados como tal.

Portanto, o *dumping* social pode ser classificado como espécie de dano moral coletivo, ou "uma das manifestações de dano social"[762] — como prefere parte da doutrina, quando tal violação tiver propósito direto de redução ilícita de patamar de direitos trabalhistas com o fito de alcançar indevido privilégio econômico sobre a concorrência mercadológica. Nada mais do que a oferta de menor preço ao mercado à custa da precarização de direitos laborais.

A propósito, esse instituto restou expressamente reconhecido por intermédio do Enunciado de n. 4, extraído da 1ª Jornada de Direito Material e Processual da Justiça do Trabalho, organizada pela ANAMATRA e realizada nos dias 21 a 23 de novembro de 2007, no Tribunal Superior do Trabalho, o qual prescreve:

---

(759) Os exemplos dessas precarizações são muitos: pejotização, terceirizações, subcontratações fraudulentas, reiteradas ausências de registro de empregados, falta de pagamento de horas extras, demissões coletivas inopinadas, justas causas fabricadas, dispensa sem pagamento de verbas resilitórias, imposição de lides simuladas aos trabalhadores visando à redução do *quantum* devido de verbas resilitórias... Os exemplos são tantos que vão até além de nossa imaginação.

(760) SOUTO MAIOR, Jorge; MOREIRA, Ranulio Mendes; SEVERO, Valdete Souto. Dumping *social nas relações de trabalho*. 2. ed. São Paulo: LTr, 2014. p. 22.

(761) *Ibidem*, p. 25.

(762) *Idem*.

DUMPING SOCIAL. DANO À SOCIEDADE. INDENIZAÇÃO SUPLEMENTAR. As agressões reincidentes e inescusáveis aos direitos trabalhistas geram um dano à sociedade, pois com tal prática desconsidera-se, propositalmente, a estrutura do Estado Social e do próprio modelo capitalista com a obtenção de vantagem indevida perante a concorrência. A prática, portanto, reflete o conhecido *"dumping* social", motivando a necessária reação do Judiciário Trabalhista para corrigi-la. O dano à sociedade configura ato ilícito, por exercício abusivo do direito, já que extrapola limites econômicos e sociais, nos exatos termos dos arts. 186, 187 e 927 do Código Civil.

A jurisprudência do Tribunal Superior do Trabalho, em julgado bastante recente, corroborou os limites impostos ao instituto em exame, senão vejamos:

DUMPING SOCIAL. 4.1) O instituto do dumping social se inspira em figura do direito comercial, desdobrando-se no campo das relações coletivas de trabalho. Caracteriza-se pelo desrespeito reiterado e inescusável aos direitos trabalhistas, como fato gerador de dano à sociedade, configurando ato ilícito pelo exercício abusivo do direito e desconsiderando-se propositalmente a estrutura do Estado e do próprio modelo capitalista, mediante a obtenção de vantagem indevida perante a concorrência. Acrescente-se que a indenização decorrente de sua configuração se encontra prevista no Enunciado n.º 4, da 1ª Jornada de Direito Material e Processual da Justiça do Trabalho, realizada no âmbito desta Corte[763].

Como espécie do gênero dano moral coletivo, o *dumping* social segue exato regramento daquele instituto, tanto no tocante à ambiência nas ações coletivas, com idênticos autores coletivos, mecanismos de quantificação, além dos aspectos relativos à destinação social dessa condenação.

Destarte, o trabalhador, singularmente considerado, não detém legitimidade para postular indenização em razão de *dumping* social, inobstante a existência de firme posição doutrinária em sentido contrário[764], conforme características já apresentadas.

O Tribunal Superior do Trabalho vem rechaçando a possibilidade de ser aviado pedido de indenização por *dumping* social em ação de limites individuais. Vejamos:

DA CONSTITUIÇÃO FEDERAL, NÃO CONFIGURADA. A supressão do intervalo intrajornada, em que pese sua natureza de garantia mínima relacionada à saúde e segurança do trabalho, assume aspectos simplesmente individuais, restritos ao âmbito do contrato celebrado entre as partes, sem se revestir das dimensões coletivas ou lesivo a um grupo ou coletividade de trabalhadores[765].

Seria possível a admissão da linha da coletivação de demandas individuais, extremamente salutar ao incremento do sistema da tutela coletiva, bem como à redução das chamadas ações individuais seriais, veiculadoras de similares questões de direito, se o art. 333 do novo CPC, que admitia a conversão de ações singulares em coletivas, caso satisfeitas algumas exigências, não tivesse sido infelizmente vetado.

Nesse eito, e para concluir, vale deixar destacada a impossibilidade de serem cumulados pedidos de dano moral coletivo genérico em conjunto com dano decorrente de *dumping* social, pois ambos possuem o mesmo fato gerador, dano extrapatrimonial a interesses transindividuais.

Além disso, o *dumping* social, como visto até aqui, deve ser classificado como espécie de dano moral coletivo, ou uma das manifestações de dano social, quando tal violação tiver propósito direto de redução de patamar ilícito de direitos trabalhistas com o objetivo de alcançar indevido privilégio econômico sobre a concorrência mercadológica.

14.11. DMC e a Reforma Trabalhista

A Reforma Trabalhista pretendeu firmar novo regramento sobre o que restou nominado de "Dano Extrapatrimonial", conforme disposto no incluído Título II-A, do Texto Celetista.

Considerando que o dano moral coletivo é espécie desse chamado dano extrapatrimonial, mostra-se importante apreciar alguns aspectos dessa nova lei sobre o instituto.

---

(763) AIRR – 1549-45.2012.5.15.0046. Tribunal Superior do Trabalho. 1ª Turma. Rel. Des. convocado Alexandre Teixeira de Freitas Bastos Cunha. DEJT 2.10.2015.

(764) SOUTO MAIOR, Jorge; MOREIRA, Ranulio Mendes; SEVERO, Valdete Souto. *Op. cit.*, p. 130.

(765) AIRR – 381-82.2013.5.15.0107. Tribunal Superior do Trabalho. 8ª Turma. Relª. Desª. convocada Jane Granzoto Torres da Silva. DEJT 14.8.2015.

14.11.1. Questão da nomenclatura

Um dos únicos acertos desse título talvez seja a correta construção de um título chamado dano extrapatrimonial, que ora passa a merecer atenção.

Conforme já desenvolvido em outro estudo[766], a doutrina e a legislação têm preferido majoritariamente a nomenclatura dano moral. Vejamos: art. 5º, inc. V, CF/88: "...além de indenização por dano material, moral ..."; art. 5º, inc. X, CF/88: "... assegurado o direito a indenização pelo dano material ou moral ...; art. 186, CC/2002: "... ainda que exclusivamente moral...".

Inobstante a chancela da nomenclatura "dano moral" por grande parte da doutrina, jurisprudência e legislação pátria, há muitas críticas também em larga escala sobre essa clássica nomenclatura.

Essa modalidade de dano, de há muito, não está restrita à esfera da dor e do sofrimento, elementos de índole notadamente subjetiva, jungidos ao campo dos sentimentos e considerados como verdadeiros consectários do chamado dano moral. Tais elementos sensitivos retratam meramente possível consequência desse dano. Além disso, se forem unicamente considerados, também afastariam a hipótese de reparação da pessoa jurídica. Aliás, a incidência dessa modalidade de dano passou a ter previsão expressa no texto consolidado (art. 223-G, parágrafo segundo).

Há outra corrente afirmando a adequação da expressão dano extrapatrimonial (a mesma acolhida pela reforma), justamente em razão da concepção equivocada e restritiva atinente aos elementos de índole subjetiva citados anteriormente que o termo dano moral evocaria. Portanto, nem sempre o dano extrapatrimonial significaria a ocorrência de um dano moral em sentido estrito. Daí porque o dano extrapatrimonial seria, então, "o gênero do qual o dano moral é espécie"[767].

Há outra corrente minoritária, por sua vez, defendendo que o termo tecnicamente correto, porque melhor exprimiria o conceito jurídico do instituto, seria dano pessoal ou dano à personalidade, tomando o termo pessoa em toda sua ampla dimensão, compreendendo a integridade psicofísica, a intelectual, a afetiva, a moral e a social.

De fato, por rigor conceitual, a expressão dano extrapatrimonial tem preferência em relação ao dano moral, porque reflete, na presente quadra da história, a vinculação do dano extrapatrimonial à violação de um bem jurídico de natureza extrapatrimonial — a dignidade da pessoa humana, considerando a premência da necessidade de proteção do homem, de acordo com o modelo constitucional pátrio.

14.11.2. Pretensão legal equivocada de aplicação exclusiva do texto celetista

Vejamos o que diz o art. 223-A da CLT:

> Aplicam-se à reparação de danos de natureza extrapatrimonial decorrentes da relação de trabalho apenas os dispositivos deste Título.

O correto conceito de dano extrapatrimonial citado no item anterior, contudo, colide frontalmente com a última parte da redação do art. 223-A, que pretende limitar "apenas" aos dispositivos do texto celetista a reparação dos danos de natureza extrapatrimonial.

Ora, o próprio conceito de dano extrapatrimonial possui intrínseco liame com a proteção do princípio constitucional da dignidade da pessoa humana, daí a tentativa vã (e até infantil) de delimitar ao texto celetista a construção da reparação do dano extrapatrimonial decorrente das relações laborais.

O dano extrapatrimonial consubstancia-se na violação do direito à dignidade[768], decorrente da transgressão de interesses/direitos jurídicos extrapatrimoniais de índole individual ou coletiva. "A reparação do dano moral (ou extrapatrimonial) transforma-se, então, na contrapartida do princípio da dignidade: é o reverso da medalha."[769]

---

(766) Cf. COSTA, Marcelo Freire Sampaio. *Dano moral coletivo nas relações laborais*. De acordo com o Novo Código de Processo Civil, op. cit.
(767) SEVERO, Sérgio. *Os danos extrapatrimoniais*. São Paulo: Saraiva, 1996. p. 37.
(768) Cf. OLIVEIRA, Paulo Eduardo Vieira de. *Dano pessoal no direito do trabalho*. São Paulo: LTr, 2002.
(769) MORAES, Maria Celina Bodin de. *Op. cit.*, p. 132.

E ainda. Não se pode afastar a vinculação, também intrínseca, do dano extrapatrimonial aos direitos de personalidade previstos no Código Civil.

Também é pueril a pretensão da reforma de distanciar a sempre necessária interpretação sistemática, perpassada por um responsável diálogo das fontes do direito, pois até o jejuno das letras jurídicas sabe que para a correta e justa resolução de qualquer conflito se reclama a exegese da totalidade dos princípios, regras e valores componentes desse ordenamento jurídico. O direito "não pode ser interpretado em tiras, aos pedaços"[770].

Em suma, ou se confere interpretação conforme à Constituição para simplesmente ser afastado o trecho celetista "apenas os dispositivos deste Título", pois é ínsito à ciência do direito a chamada interpretação sistemática, ou tal dispositivo deverá receber a pecha da inconstitucionalidade.

14.11.3. Da quantificação ou tarifação e os parâmetros para tanto

O pensamento da Antiguidade clássica impunha graus de quantificação à dignidade da pessoa[771] humana, levando-se em consideração, dentre outros aspectos, a posição social que o indivíduo ocupava. Aumentava-se o teor de dignidade à medida que houvesse crescimento na escala social, como se fosse possível admitir pessoas mais ou menos dignas, a depender tão somente da capacidade econômica de cada um.

A antiga Lei de Imprensa (Lei n. 5.250/67), editada em plena ditadura militar, já previa a responsabilidade civil tarifada do "jornalista profissional", tendo como parâmetro de quantificação do dano extrapatrimonial os "salários mínimos da região" (art. 51).

Como se pode perceber, tal questão da possível tarifação na quantificação do chamado dano extrapatrimonial sempre esteve em discussão pelos operadores do direito e legisladores, considerando fortes críticas há muito tempo lançadas sobre os possíveis excessos na fixação dessa modalidade de dano. A expressão "indústria da multa na justiça" em algum momento foi fixada fortemente no imaginário da sociedade brasileira.

A partir desse cenário, na tentativa de construir parâmetro objetivo à quantificação do dano moral, agora qualificado como extrapatrimonial, a lei da reforma fixou que, "se julgar procedente, o pedido o juiz fixará a indenização", de acordo com os seguintes parâmetros (art. 223-G, § 1º):

I – ofensa de natureza leve, até três vezes o último salário contratual do ofendido;

II – ofensa de natureza média, até cinco vezes o último salário contratual do ofendido;

III – ofensa de natureza grave, até vinte vezes o último salário contratual do ofendido;

IV – ofensa de natureza gravíssima, até cinquenta vezes o último salário contratual do ofendido.

Além disso, o texto legal entabulou que para as hipóteses de dano extrapatrimonial ter como "ofendida" a pessoa jurídica, a indenização será fixada com observância dos mesmos parâmetros já transcritos, contudo levando em consideração o salário do "ofensor".

Esses parâmetros de quantificação podem ser qualificados como mais um dos grandes equívocos dessa legislação.

Claro que não se pode estabelecer como critério único de quantificação dessa modalidade de dano o salário contratual do ofendido quando houver, por exemplo, afronta uniforme atingindo grande número de empregados com salários diferentes. Basta imaginar prática de assédio moral organizacional alcançando quantidade expressiva de trabalhadores, com padrões salariais dos mais diversos. Será que o parâmetro salarial do "ofendido será o único aspecto apto a influenciar a quantificação do dano extrapatrimonial? Resposta óbvia. Claro que não!

Não se pode regredir à Antiguidade clássica, como já citado no início deste item, que calibrava o grau da dignidade da pessoa humana de acordo com a posição social por ela ocupada.

---

(770) GRAU, Eros Roberto. *Ensaio e discurso sobre a interpretação/aplicação do direito*. 2. ed. São Paulo: Malheiros, 2003. p. 122.
(771) No mesmo sentido, *vide* RABENHORST, Eduardo Ramalho. *Dignidade e moralidade democrática*. Brasília: Brasília Jurídica, 2001. p. 16.

Vincular a quantificação do dano extrapatrimonial ao salário do ofendido é exatamente isso: aufere mais quem tem maior salário (ou tem grau maior de dignidade quem tem maior salário)!

Aliás, o Código de Hamurabi, assim chamado em homenagem ao famoso rei babilônico, fazia algo semelhante. Vejam-se os julgamentos ns. 196 a 199 e 209 a 214, que compunham tal diploma, citados no livro do escritor, afamado mundialmente, Yuval Noah Harari[772]:

196. Se um homem superior arrancar o olho de outro homem superior, deverá ter seu olho arrancado.

197. Se ele quebrar o osso de outro homem superior, deverá ter seu osso quebrado.

198. Se ele arrancar o olho de um homem comum, ou quebrar o osso de um homem comum, deverá pagar 60 siclos de prata.

199. Se ele arrancar o olho do escravo de um homem superior, ou quebrar o osso do escravo de um homem superior, deverá pagar metade do valor do escravo (em prata).

209. Se um homem superior bater em uma mulher superior e a fizer abortar, deverá pagar 10 siclos de prata pelo feto.

210. Se essa mulher morrer, a filha dele deverá ser morta.

211. Se ele bater em uma mulher comum e a fizer abortar, deverá pagar 5 siclos de prata.

212. Se essa mulher morrer, ele deverá pagar 30 siclos de prata.

213. Se ele bater em uma escrava e a fizer abortar, deverá pagar 2 siclos de prata.

214. Se essa escrava morrer, ele deverá pagar 20 siclos de prata.

Pois foi exatamente essa "moderna" ideia que a reforma trouxe de volta.

As categorias das "mulheres superiores", "homens superiores", "mulheres comuns", "homens comuns", "crianças" e "escravos", cuja indenização variava pela "posição social" que cada uma dessas categorias ocupava, agora foi trocada pela quantificação da indenização de acordo com o salário do "ofendido". Realmente, são muitos séculos de retrocesso!

O critério da quantificação até então vigente sopesava as circunstâncias do caso concreto e deveria ser pautado pelos princípios constitucionais da razoabilidade e proporcionalidade, inclusive com a possibilidade de os excessos serem reduzidos em grau de recurso de revista pelo Tribunal Superior do Trabalho. Vejamos, dentre tantos, julgado espelhando bem essa ideia:

> DANO MORAL COLETIVO. TRABALHO ANÁLOGO AO DE ESCRAVO. TRABALHO INFANTIL. DANOS CAUSADOS AOS INTERESSES DIFUSOS E COLETIVOS. INDENIZAÇÃO. VALOR DA CONDENAÇÃO. CRITÉRIO DE FIXAÇÃO. QUANTIFICAÇÃO. RAZOABILIDADE E PROPORCIONALIDADE. O direito à indenização por danos morais atrela-se ao prudente critério do juiz, que, sopesando as circunstâncias que envolvem o caso concreto, e pautando-se pelos princípios da razoabilidade e da proporcionalidade, fixa o valor da indenização. Dessa forma, deve-se levar em consideração o caráter pedagógico da medida, a fim de inibir a reiterada prática de condutas do empregador que venham a causar dor e sofrimento ao empregado, circunstâncias configuradoras de dano moral. No caso concreto, a prova não deixa dúvidas sobre existência de trabalho degradante e ofensivo à dignidade do trabalhador, ou seja, análogo ao de escravo, a existência do repudiado trabalho infantil, além de inúmeros outros desrespeitos aos direitos dos trabalhadores. Diante desse contexto, o Regional, ao reduzir o valor da indenização por danos morais coletivos de R$200.000,00 para R$50.000,00, fixou essa verba em montante extremamente reduzido, incompatível com a gravidade dos ilícitos praticados e com a capacidade econômica do empregador, em flagrante inobservância dos princípios da proporcionalidade e razoabilidade, razão pela qual se impõe a sua reforma para restabelecer o valor fixado na r. sentença, evitando-se, assim, a ineficácia pedagógica da condenação.[773]

Certamente não se irá nesta ocasião negar os eventuais excessos cometidos nessa seara pela jurisdição; exageros, aliás, que eram mais corriqueiros no início desse movimento condenatório em danos extrapatrimoniais. Contudo, a solução legislada para afastar tais erronias foi a pior possível. Significou séculos de retrocesso...

---

(772) HARARI, Yuval Noah. *Uma breve história da humanidade*. Sapiens. 23. ed. Porto Alegre: L&PM, 2017. p. 114-115.

(773) RR-8600-37.2005.5.18.0251. Tribunal Superior do Trabalho. 5ª Turma. Rel. Min. Emmanoel Pereira. DEJT 1º.4.2014.

14.11.4. Do retrocesso da Reforma Laboral quanto ao instituto em exame

Há três aspectos na reforma laboral que dificultarão a tendência jurisprudencial laboral de reconhecimento do dano moral coletivo decursivo das relações laborais, senão vejamos:

a) Da pretensão de exclusividade de aplicação do texto celetista à sistemática de reparação de danos de natureza extrapatrimonial.

Para começar, vale deixar registrado que o suporte legal do dano moral coletivo pode ser construído levando-se em consideração duas linhas distintas de argumentação. A primeira refere-se à previsão normativa de interesses cujos limites sobejam a individualidade, bem como a consequente configuração de dano extrapatrimonial decorrente da violação de tais interesses. A segunda trata diretamente da previsão legal da reparação do dano moral. Vejamos.

Quanto à primeira linha argumentativa, ressalte-se, mais uma vez, que a Lei n. 7.347/1985, lei de regência da ação civil pública, não foi a primeira a apresentar disciplina voltada à defesa de interesses transindividuais, pois o ordenamento jurídico desde a edição da Lei n. 4.717/1965, Lei da Ação Popular, reconheceu a tutela difusa do patrimônio público, portanto, também acolheu expressamente a existência de interesses jurídicos extrapatrimoniais distintos da projeção interna da dor (concepção clássica e reducionista do dano extrapatrimonial). A tutela jurisdicional coletiva, contudo, ganhou sistematização somente após a vigência da Lei da Ação Civil Pública.

Como já estudado ao longo de todo este curso, a Lei da ACP previu expressamente a existência de direitos que ultrapassam a singularidade, e, ao mesmo tempo, estabeleceu a possibilidade de esses direitos de natureza extrapatrimonial serem objeto de indenização.

Posteriormente, veio a Carta Magna de 1988 chancelando (o já iniciado pela Lei da ACP) a reunião das linhas de argumentação que no início do presente foram apresentadas como distintas, porque, além de, em diversos dispositivos legais, reconhecer a existência de interesses transindividuais e de mecanismos de proteção a tais interesses, albergou a ampla possibilidade de reparação do dano moral (art. 5º, V e X), tornando-se princípio de natureza cogente, obrigatório para o legislador e para o juiz.

A Lei n. 8.078/1990, Código de Defesa do Consumidor, conceituou os direitos difusos e coletivos em sentido estrito (art. 81, parágrafo único, I, II) e criou uma nova modalidade, os individuais homogêneos (art. 81, parágrafo único, inc. III: interesses ou direitos individuais homogêneos, assim entendidos os decorrentes de origem comum), bem como amalgamou um método integrado de acesso coletivo à Justiça (jurisdição coletiva), composto por dispositivos da Carta Maior (arts. 5º, XXXV, 127, 129, III, dentre outros), da Lei da Ação Civil Pública e da parte processual do CDC (art. 21 da Lei da ACP).

Não se pode esquecer das leis de regência dos Ministérios Públicos Estaduais, Lei n. 8.625/93 que afirma a ação civil pública voltada à proteção, prevenção e reparação de danos de interesses difusos, coletivos e individuais indisponíveis e homogêneos (art. 25), além da Lei Complementar n. 75/93 (lei orgânica do Ministério Público da União), que em seu art. 6º prevê a proteção desses mesmos direitos coletivos em sentido amplo.

Há outros diplomas legais especiais que tratam da tutela coletiva, tais como o Estatuto da Criança e do Adolescente (arts. 208-224), a Lei n. 7.913/89, a Lei n. 8.884/94 (Lei Antitruste) e, mais recentemente, a Lei n. 10.741/2003, que disciplina a proteção integral do idoso.

Nesse eito, de maneira equivocada a Reforma Trabalhista pretendeu a aplicação exclusiva do Texto Celetista à reparação de danos de natureza extrapatrimonial, negando a contínua aproximação histórica que esses diplomas vêm alcançado.

Ora, considerando a verdadeira simbiose dos citados textos normativos, cujo movimento restou deflagrado há muitas décadas, com esteio no reconhecimento constitucional de direitos que ultrapassam a esfera da individualidade, bem como na chancela, também constitucional, da ampla possibilidade de reparação do dano de natureza extrapatrimonial (art. 5º, V e X), não se pode reconhecer como correta tal pretensão de imposição de aplicação exclusiva celetista para o instituto do dano extrapatrimonial coletivo. Como já citado várias vezes, temos aí a consagração de anos de retrocesso...

b) Possíveis titulares determinados aos danos de natureza extrapatrimonial.

Como também já apreciado fartamente ao longo desse estudo, a condenação em dinheiro pertinente ao dano moral ou extrapatrimonial coletivo decorrente das relações laborais não possui, por razões óbvias, titular determinado, pois tal condenação pretende albergar coletividade, mais ou menos extensa e não identificável a princípio singularmente, de trabalhadores.

Nesse eito, o disposto no art. 223-B[774] do texto da reforma, na medida em que exige "titulares exclusivos do direito à reparação", enterraria o instituto do dano moral coletivo nas relações de trabalho, principalmente porque foi também consagrada a já mencionada pueril e equivocada exigência da aplicação exclusiva do universo legal do texto celetista reformado.

Acontece que, como dito, há diversos outros dispositivos legais, não revogados, seja tácita, seja explicitamente, que ainda sustentam a vigência do instituto em exame, como é o caso do art. 13 da Lei da ACP que admite a reversão da condenação em dinheiro a um fundo legal.

Tal fundo encontra-se regulamentado por intermédio do Decreto n. 1.306/1994 e pela Lei n. 9.008/1995, sendo denominado Fundo de Defesa de Direitos Difusos, tendo por finalidade a reparação dos danos perpetrados ao "meio ambiente, ao consumidor, a bens e direitos de valor artístico, estético, histórico, turístico, paisagístico, por infração à ordem econômica e a outros interesses difusos e coletivos" (art. 1º).

Como já aqui apresentado, no âmbito trabalhista os valores referentes à condenação pecuniária vêm sendo destinados com frequência, conforme consagrado entendimento em doutrina e jurisprudência, ao Fundo de Amparo ao Trabalhador, FAT, criado pela Lei n. 7.998/1990, tendo por finalidade, dentre outras, custear Programa de Seguro-Desemprego e o financiamento de programas de desenvolvimento econômico (art. 10).

Vale destacar que o FAT não se enquadra nas exigências dispostas no citado art. 13 do diploma de regência de ação pública, porquanto não é gerido por Conselho Federal ou Estadual, nem muito menos tem participação dos Ministérios Públicos em sua gestão, daí a afirmação anterior de construção jurisprudencial e doutrinária visando à adequação desse fundo como entidade receptora de condenações em ações coletivas na seara jurisdicional laboral.

Em razão dessa ausência de enquadramento do FAT com o regramento legal citado, vem se fortalecendo resistência doutrinária quanto ao aparelhamento econômico desse fundo, tanto na seara do processo civil, quanto em relação ao processo laboral.

Esses fundos receptores de pecúnia são classificados como "fundos fluidos", isto é, alude-se à possibilidade de eles serem utilizados, com certa flexibilidade, para uma reconstituição do bem lesado, contudo, sobrevindo condenação em pecúnia, o dinheiro obtido deverá ser usado em uma finalidade compatível com a causa, o que não impede de serem adotadas práticas (muito pelo contrário, merecem o devido estímulo) eficazes e inteligentes, distintas da condenação pecuniária destinada aos citados fundos.

É exatamente o que se pode denominar de prevalência do redirecionamento ou direcionamento social da condenação, que significa a aproximação da ideia de **tutela ressarcitória na forma específica**, isto é, tal ressarcimento sendo efetivado não apenas pelo equivalente monetário, mas igualmente com a entrega de uma coisa ou com a prestação de uma atividade que "resulte adequada, em vista da situação concreta, para eliminar (ou minorar) as consequências danosas do fato lesivo"[775].

Esse ressarcimento na forma específica, em vista da situação concreta, pode ser exemplificado como a determinação, na decisão condenatória, de cursos voltados à formação de dirigentes visando à adoção de práticas empresariais voltadas à prevenção do assédio moral organizacional em ação coletiva em que restou reconhecida tal prática, ou a condenação para a realização de cursos técnicos voltados a incrementar a formação da classe trabalhadora, em vista de acidente fatal ocorrido justamente por falta de instrução técnica de empregado.

---

(774) Causa dano de natureza extrapatrimonial a ação ou omissão que ofenda a esfera moral ou existencial da pessoa física ou jurídica, as quais são as titulares exclusivas do direito à reparação.

(775) MARINONI, Luiz Guilherme; ARENHART, Sérgio Cruz; MITIDIERO, Daniel. *Op. cit.*, p. 493.

Como já tratado antes, a prática do direcionamento social vem ocorrendo com cada vez mais frequência em ações civis públicas e termos de ajustamento e compromisso de conduta entabulados pelo Ministério Público do Trabalho.

Em outras palavras significa a premência da proteção ou impacto social da aplicação de uma verdadeira política pública dirigida ao meio social laboral vilipendiado, em detrimento de um mero aparelhamento de um fundo legal receptor de condenações.

Portanto, e voltando à adequação do instituto em exame com a reforma da legislação laboral, não se pode olvidar da construção legislativa, doutrinária e jurisprudencial envolvendo o fortalecimento do instituto em exame, levando apenas em consideração a cavilosa redação de dois dispositivos legais insertos justamente para também minar sub-repticiamente a existência do instituto em exame.

c) Parâmetro para a quantificação da indenização fundada no "salário contratual do ofendido".

O terceiro parâmetro é praticamente um desdobramento dos argumentos já construídos anteriormente, na medida em que a interpretação insulada do texto celetista a respeito da vinculação da quantificação do dano extrapatrimonial ao "salário contratual do ofendido" também inviabiliza o instituto em exame.

Óbvio que, conforme se pretendeu apresentar até aqui sobre o instituto do dano moral coletivo, e considerando a perspectiva da indenização dessa modalidade de dano ser voltada a uma tentativa prevalente de recomposição social, não se compatibiliza tal modalidade de restituição com o instituto em exame.

Claro que isso nem de longe poderá afastar o cabimento desse instituto no âmbito das relações laborais, considerando todo o já defendido neste ensaio, e, principalmente, não se olvidando que a reparação do dano extrapatrimonial ou moral coletivo nas relações de trabalho se trata de verdadeiro direito fundamental social, vinculado ao princípio constitucional da dignidade da pessoa humana, imune, portanto, às pretensões nefastas da Reforma Laboral.

Por fim, em conclusão, pode-se afirmar que, inobstante as pretensões engendradas pela dita Reforma Trabalhista de eliminação dessa modalidade de reparação da realidade jurisprudencial dos tribunais pátrios, não conseguirá deitar raízes, porquanto se está diante de um instituto vocacionado à proteção dos direitos fundamentais sociais de um universo de trabalhadores, mais ou menos extenso — dependendo da violação perpetrada.

Referências Bibliográficas

ABELHA, Marcelo. *Ação civil pública e meio ambiente*. 2. ed. Rio de Janeiro: Forense Universitária, 2004.

_____. *Manual de execução civil*. 2. ed. São Paulo: Forense Universitária, 2007.

ALEXY, Robert. *Conceito de validade do direito*. Tradução: Gercélia Batista de Oliveira Mendes. São Paulo: VMF Martins Fontes, 2009.

ALMEIDA, Cleber Lucio de. *Direito processual do trabalho*. 6. ed. Belo Horizonte: Del Rey, 2015.

ALMEIDA, João Batista de. *Aspectos controvertidos da ação civil pública*. 3. ed. São Paulo: RT, 2012.

ALMEIDA, Gregório Assagra de. *Codificação do direito processual coletivo*. Belo Horizonte: Del Rey, 2007.

_____. *Direito processual coletivo brasileiro*: um novo ramo do direito processual. São Paulo: Saraiva, 2003.

ALMEIDA, Marcelo Pereira de. *Processo coletivo*. Teoria geral, cognição e execução. São Paulo: LTr, 2012.

ALMEIDA, Wânia Guimarães Rabêllo de. *Direito processual metaindividual do trabalho*: a adequada e efetiva tutela jurisdicional dos direitos de dimensão coletiva. São Paulo: LTr, 2015.

ALVIM, Arruda. Ação civil pública — sua evolução normativa significou crescimento em prol da proteção às situações coletivas. In: MILARÉ, Edis (Org.). *A ação civil pública após 20 anos*: efetividade e desafios. São Paulo: Revista dos Tribunais, 2005.

ALVIM, Eduardo Arruda. *Mandado de segurança*. 2. ed. São Paulo: GZ, 2010.

ARAÚJO, Fábio Caldas de; MEDINA, José Miguel Garcia. *Mandado de segurança individual e coletivo*. São Paulo: RT, 2009.

ARAÚJO FILHO, Luiz Paulo da Silva. *Ações coletivas*: a tutela jurisdicional dos direitos individuais homogêneos. Rio de Janeiro: Forense, 2000.

ARENDT, Hannah. *A condição humana*. Tradução: Roberto Raposo. 11. ed. Rio de Janeiro: Forense Universitária, 2010.

ARENHART, Sérgio Cruz. *A tutela inibitória coletiva*. São Paulo: Revista dos Tribunais, 2003.

ASSIS, Araken de. *Cumprimento da sentença*. Rio de Janeiro: Forense, 2006.

_____. Substituição processual. *Revista Dialética de Direito Processual*, São Paulo, v. 9, dez. 2003.

ÁVILA, Humberto. *Segurança jurídica*. Entre a permanência, mudança e realização no direito tributário. São Paulo: Malheiros, 2011.

_____. *Teoria dos princípios*: da definição à aplicação dos princípios jurídicos. 11. ed. São Paulo: Malheiros, 2011.

AZEM, Guilherme Beux Nassif. *Repercussão geral da questão constitucional no recurso extraordinário*. Porto Alegre: Livraria do Advogado, 2009.

BARCELLOS, Ana Paula de. Alguns parâmetros normativos para a ponderação constitucional. In: BARROSO, Luís Roberto (Org.). *A nova interpretação constitucional: ponderação, direitos fundamentais e relações privadas*. 3. ed. Rio de Janeiro: Renovar, 2008.

BARBOSA MOREIRA, José Carlos. A proteção jurídica dos interesses coletivos. In:_____ *Temas de direito processual civil*. 3. série. São Paulo: Saraiva, 1984.

_____. Ações coletivas na Constituição Federal de 1988. *Revista de Processo*, São Paulo, RT, n. 61, p. 186, jan./mar. 1991.

_____. A ação popular no direito brasileiro como instrumento de tutela jurisdicional dos chamados interesses difusos. *Revista de Processo*, São Paulo, n. 28, p. 105, out./dez. 1982.

_____. A tutela específica do credor nas obrigações negativas. In: BARBOSA MOREIRA, José Carlos. *Temas de direito processual*: 2. série. 2. ed. São Paulo: Saraiva, 1988.

_____. *O novo processo civil brasileiro*. 13. ed. Rio de Janeiro: Forense, 1992.

_____. Tutela jurisdicional dos interesses coletivos ou difusos. In: BARBOSA MOREIRA, José Carlos. *Temas de direito processual civil*: 3. série. São Paulo: Saraiva, 1984.

BARBOSA, Andrea Carla. *A nova execução trabalhista de sentença*. São Paulo: LTr, 2010.

BARBOSA, Maria da Graça Bonança. *Ação coletiva trabalhista*: novas perspectivas. São Paulo: LTr, 2010.

BARROSO, Luís Roberto. *Curso de direito constitucional contemporâneo*. Os conceitos fundamentais e a construção do novo modelo. 4. ed. São Paulo: Saraiva, 2013.

_____. Fundamentos teóricos e filosóficos do novo direito constitucional brasileiro (pós-modernidade, teoria crítica e pós-positivismo). In: _____ (Org.). *A nova interpretação constitucional*: a ponderação, direitos fundamentais e relações privadas. 3. ed. Rio de Janeiro: Renovar, 2008.

BEBBER, Júlio César. *Mandado de segurança. Habeas corpus. Habeas data* na Justiça do Trabalho. São Paulo: LTr, 2016.

_____. *Mandado de segurança individual e coletivo na Justiça do Trabalho*. 2. ed. São Paulo: LTr, 2014.

BEDAQUE, José Roberto dos Santos. *Poderes instrutórios do juiz*. 2. ed. São Paulo: Malheiros, 1994.

BENGOECHEA, Juan Sagorday. *Los derechos fundamentales y el contracto de trabajo*. Madrid: Civitas, 2005.

BESERRA, Fabiano Holz. *A ação civil pública e relações de trabalho*. São Paulo: Método, 2008.

BESSA, Leonardo Roscoe. Dano moral coletivo. In: *Revista de Direito do Consumidor*, São Paulo, RT, n. 59, p. 79, jul./set. 2006.

BEZERRA LEITE, Carlos Henrique. *Ação civil pública*. São Paulo: LTr, 2005.

_____. *Ação Civil Pública*: nova jurisdição trabalhista metaindividual e legitimação do Ministério Público do Trabalho. São Paulo: LTr, 2001.

_____. *Curso de direito processual do trabalho*. 9. ed. São Paulo: LTr, 2011.

_____. *Direito processual coletivo do trabalho na perspectiva dos direitos fundamentais*. São Paulo: LTr, 2015.

_____. *Liquidação na ação civil pública*. São Paulo: LTr, 2004.

_____. *Ministério Público do Trabalho*. Doutrina, jurisprudência e prática. 5. ed. São Paulo: LTr, 2011.

_____. Princípios jurídicos fundamentais do Novo Código de Processo Civil e seus reflexos no processo do trabalho. In: MIESSA, Elisson (Org.). *O novo Código de Processo Civil e seus reflexos no processo do trabalho*. Salvador: JusPodivm, 2015.

_____. Unificação principiológica do direito processual civil e direito processual do trabalho. In: PAMPLONA FILHO, Rodolfo; PINTO, José Augusto Rodrigues (Coords.). *Principiologia*. Estudos em homenagem ao centenário de Luiz de Pinho Pedreira da Silva. São Paulo: LTr, 2016.

BITTAR FILHO, Carlos Alberto. Dano moral coletivo no atual contexto jurídico brasileiro. In: *Revista Direito do Consumidor*, São Paulo, RT, n. 12, p. 54, out./dez. 1994.

BOBBIO, Norberto. *O positivismo jurídico*: lições de filosofia do direito. Trad. de Márcio Pugliesi. São Paulo: Ícone, 1995.

BONAVIDES, Paulo. *Curso de direito constitucional*. 30. ed. São Paulo: Malheiros, 2015.

BORBA, Joselita Nepomuceno; MANRICH, Nelson. Mandado de segurança coletivo. Primeiras impressões a respeito da Lei n. 12.016-2009, *Revista do TRT da 2ª Região*, São Paulo, p. 353-414, n. 3-2009.

BRANCO, Paulo Gustavo Gonet; MENDES, Gilmar Ferreira. *Curso de direito constitucional*. 11. ed. São Paulo: Saraiva, 2016.

BRITO FILHO, José Cláudio Monteiro de. Trabalho com redução do homem à condição análoga à de escravo e dignidade da pessoa humana. *Revista do Ministério Público do Trabalho na Paraíba*, João Pessoa, n. 1, p. 141-159, jun. 2005.

_____. *Trabalho decente*. 2. ed. São Paulo: LTr, 2007.

BUENO, Cássio Scarpinella. *A nova lei do mandado de segurança*. 2. ed. São Paulo: Saraiva, 2015.

_____. *Curso sistematizado de direito processual civil*: direito processual coletivo e direito processual público. Vol 2. Tomo III. São Paulo: Saraiva, 2010.

_____. *Curso sistematizado de direito processual civil*: tutela jurisdicional executiva. vol. 3. São Paulo: Saraiva, 2007.

_____. *Novo Código de Processo Civil anotado*. São Paulo: Saraiva, 2015.

_____. Processo civil de interesse público: uma proposta de sistematização. In: SALLES, Carlos Alberto de (Org.). *Processo civil e interesse público*: o processo como instrumento de defesa social. São Paulo: Revista dos Tribunais, 2003.

BULOS, Uadi Lamêgo. *Mandado de segurança coletivo*. São Paulo: RT, 1996.

CÂMARA, Alexandre Freitas. *Lições de processo civil*. Vol. I. 23. ed. São Paulo: Atlas, 2012.

_____. *O novo processo civil brasileiro*. 2. ed. São Paulo: Atlas, 2016.

CANARIS, Claus Wilhelm. *Pensamento sistemático e conceito de sistema na ciência do direito*. 3. ed. Lisboa: Fundação Calouste Gulbenkian, 2002.

CARDOSO, Fábio Leal. Competência na ação coletiva trabalhista: ação coletiva na visão de juízes e procuradores do trabalho. In: RIBEIRO JÚNIOR; CORDEIRO; FAVA; CAIXETA (Orgs.). *Ação coletiva na visão de juízes e procuradores do trabalho*. São Paulo: LTr, 2006.

CAPPELLETTI, Mauro. O acesso dos consumidores à Justiça. In: *Revista de Processo* (REPRO), São Paulo, n. 62, p. 205-220, abr./jun. 1991.

_____. *Problemas de reforma do processo civil nas sociedades contemporâneas*. In: Processo civil contemporâneo. Curitiba: Juruá, 1994.

_____; GARTH, Bryant. *Acesso à justiça*. Tradução: Ellen Gracie Northfleet. Porto Alegre: Sergio Antonio Fabris, 2002.

CARELLI, Rodrigo. Restrições jurisprudenciais do Tribunal Superior do Trabalho à atuação do Ministério Público do Trabalho. In: COUTINHO, Grijalbo Fernandes *et al* (Orgs.). *O mundo do trabalho*: leituras críticas da jurisprudência do TST. São Paulo: LTr, 2009. v. 1.

_____. Transação na ação civil pública e na execução do termo de compromisso de ajustamento de conduta e reconstituição dos bens lesados. In: *Revista do Ministério Público do Trabalho*, São Paulo, LTr, n. 33, ano 17, p. 126, mar. 2007.

CARNELUTTI, Francesco. *Sistema de direito processual civil*. V. 1. São Paulo: Classic Book, 2000.

CASTILHO, Ricardo. *Acesso à justiça*: tutela coletiva de direitos pelo Ministério Público — uma nova visão. São Paulo: Atlas, 2006.

CAVALIERI FILHO, Sérgio. *Programa de responsabilidade civil*. 7. ed. São Paulo: Atlas, 2007.

COMPARATO, Fábio Konder. *A afirmação histórica dos direitos humanos*. 3. ed. São Paulo: Saraiva, 2003.

CORDEIRO, Wolney de Macedo. *Manual de execução trabalhista*. Rio de Janeiro: Forense, 2008.

COSTA, Marcelo Freire Sampaio. Dano moral coletivo trabalhista contra ente de direito público. In: *Revista LTr*, São Paulo, n. 01, vol. 77, p. 53, jan. 2013.

_____. Demissões em massa e atuação do Ministério Público do Trabalho. *Revista LTr*, São Paulo, ano 74, n. 6, p. 824-831, jun. 2010.

_____. *Cumprimento provisório no processo do trabalho*. De acordo com o NCPC. São Paulo: LTr, 2016.

_____. *Dano moral coletivo nas relações laborais*. De acordo com o novo CPC. 2. ed. São Paulo: LTr, 2016.

_____. *Eficácia dos direitos fundamentais entre particulares*. Juízo de ponderação no processo do trabalho. São Paulo: LTr, 2010.

_____. *Execução provisória satisfativa nas ações coletivas trabalhistas*. São Paulo: LTr, 2012.

_____. Incidente de resolução de demandas repetitivas. O novo CPC e aplicação no processo do trabalho. In: MIESSA, Elisson. *O novo Código de Processo Civil e seus reflexos no processo do trabalho*. Salvador: JusPodivm, 2015.

_____. Tutela antecipada. In: *Revista de Direito do Trabalho*, Consulex, Brasília, n. 8, 1999.

_____. Aspectos da teoria geral da tutela antecipada: como modificar radicalmente o atual estágio de acúmulo de processos nos tribunais. In: *Revista de Direito do Trabalho*, Consulex, n. 12, dez. 2000.

COSTA, Walmir Oliveira da. *Dano moral nas relações laborais*: competência e mensuração. Curitiba: Juruá, 1999.

CRETELLA JÚNIOR, José. *Comentários à lei do mandado de segurança*. 9. ed. Rio de Janeiro: Forense, 1988.

DANTAS, Bruno; WAMBIER, Teresa Arruda Alvim. *Recurso especial, recurso extraordinário e a nova função dos tribunais superiores no direito brasileiro*. 3. ed. São Paulo: RT, 2016.

DALLEGRAVE NETO, José Affonso. Princípio da reparação integral do direito do trabalho. In: FILHO, Rodolfo Pamplona; PINTO, José Augusto Rodrigues (Coords.). *Principiologia*. Estudos em homenagem ao centenário de Luiz de Pinho Pedreira da Silva. São Paulo: LTr, 2016.

DELGADO, Mauricio Godinho. *Curso de direito do trabalho*. 17. ed. São Paulo: LTr, 2018.

_____. *Direito coletivo do trabalho*. 7. ed. São Paulo: LTr, 2007.

_____. Efetividade da Justiça nas relações individuais e coletivas de trabalho. *Revista LTr*, São Paulo, ano 74, n. 6, p. 650, jun. 2010.

_____. *Princípios de direito individual e coletivo do trabalho*. São Paulo: LTr, 2001.

_____; DELGADO, Gabriela Neves. *A reforma trabalhista no Brasil*: com os comentários à Lei n. 13.467/2017. São Paulo: LTr, 2017.

DENTI, Vittorio. L'esecuzione forzata. *In: forma específica*. Milano: Giuffrè, 1953.

DI PIETRO, Maria Sylvia Zanella. *Direito administrativo*. 18. ed. São Paulo: Atlas, 2005.

DIDIER JR., Fredie. *Curso de direito processual civil*: introdução ao direito processual civil, parte geral e processo de conhecimento. Vol. 1. 18. ed. Salvador: JusPodivm, 2016.

_____. O controle jurisdicional da legitimação coletiva e as ações passivas. In: MAZZEI, Rodrigo; NOLASCO, Rita (Orgs.). *Processo civil coletivo*. São Paulo: Quartier Latin, 2005.

_____. *Pressupostos processuais e condições da ação*: o juízo de admissibilidade do processo. São Paulo: Saraiva, 2005.

DIDIER JR., Fredie; ZANET JR., Hermes. *Curso de direito processual civil*: processo coletivo. 12 ed. Salvador: JusPodivm, 2018. v. 4.

DINAMARCO, Cândido Rangel. *Instituições de direito processual civil*. v. 4, São Paulo: Malheiros. 2004.

DWORKIN, Ronald. *A justiça de toga*. Trad. Jefferson Luiz Camargo. São Paulo: Martins Fontes, 2010.

_____. *Levando os direitos a sério*. São Paulo: Martins Fontes, 2002.

ESSER, Josef. *Principio y norma en la elaboración jurisprudencial del derecho privado*. Barcelona: Bosch, 1961.

ESPÍNDOLA, Ruy Samuel. *Conceito de princípios constitucionais*. 2. ed. São Paulo: Revista dos Tribunais, 2002.

FAVA, Marcos Neves. Ações coletivas no processo do trabalho. In: CHAVES, Luciano Athayde (Org.). *Curso de processo do trabalho*. 2. ed. São Paulo: LTr, 2015.

_____. *Ação civil pública trabalhista*. São Paulo: LTr, 2005.

FIGUEIREDO, Lucia Valle. *Mandado de segurança*. 3. ed. São Paulo: Malheiros, 2000.

FIORILLO, Celso Pacheco. *Curso de direito ambiental*. 5. ed. São Paulo: Saraiva, 2005.

FLORINDO, Valdir. *Dano moral e o direito do trabalho*. 4. ed. São Paulo: LTr, 2002.

FONSECA, Carlos Simões. *Sincretismo processual e acesso à Justiça*. São Paulo: LTr, 2009.

FONSECA, Vicente Malheiros da. O poder normativo da Justiça do Trabalho. *Decisório Trabalhista*, Curitiba, ed. 13, n. 139, p. 15, fev. 2006.

FREIRE JR., Américo Bedê. Pontos nervosos da tutela coletiva: legitimação, competência e coisa julgada. In: MAZZEI, Rodrigo; NOLASCO, Rita Dias (Coords.). *Processo civil coletivo*. Salvador: Quartier Latin, 2005.

FREITAS, Juarez. *A interpretação sistemática do direito*. 4. ed. São Paulo: Malheiros, 2004.

FROTA, Paulo Mont'Alverne. O *dumping* social e a atuação do juiz do trabalho no combate à concorrência empresarial desleal. *Revista LTr*, São Paulo, n. 78, v. 2, fev. 2013.

GAGLIANO, Pablo Stolze; PAMPLONA FILHO, Rodolfo. *Novo curso de direito civil*: responsabilidade civil. 4. ed. São Paulo: Saraiva, 2006. v. 3.

GIDI, Antonio. *A class action como instrumento de tutela coletiva dos direitos*: as ações coletivas em uma perspectiva comparada. São Paulo: Revista dos Tribunais, 2007.

_____. *Coisa julgada e litispendência em ações coletivas*. São Paulo: Saraiva, 1995.

_____. *Rumo a um código de processo coletivo*: a codificação das ações coletivas no Brasil. Rio de Janeiro: Forense, 2008.

GRAU, Eros Roberto. *Ensaio e discurso sobre a interpretação/aplicação do direito*. 2. ed. São Paulo: Malheiros, 2003.

GRECO FILHO, Vicente. *Direito processual civil*. vol. 1. 6. ed. São Paulo: Saraiva, 1986.

GRINOVER, Ada Pellegrini. *Código Brasileiro de Defesa do Consumidor*. 6. ed. Rio de Janeiro: Forense Universitária, 1999.

_____. Das *class actions for damages* à ação de classe brasileira: os requisitos de admissibilidade. In: MILARÉ, Édis (Org.). *Ação civil pública*: Lei n. 7.347/1980 — 15 anos. 2. ed. São Paulo: Revista dos Tribunais, 2002.

_____. Direito processual coletivo. In: DIDIER JR., Fredie; JORDÃO, Eduardo Ferreira. *Teoria do processo*. Panorama doutrinário mundial. Salvador: JusPodivm, 2008.

_____. *Novas tendências do direito processual de acordo com a Constituição de 1988*. Rio de Janeiro: Forense Universitária, 1990.

_____. *O processo*: estudos e pareceres. São Paulo: DPJ, 2009.

_____; WATANABE, Kazuo; MULLENIX, Linda. *Os processos coletivos nos países de civil law e common law*: uma análise do direito comparado. São Paulo: Revista dos Tribunais, 2008.

GUERRA, Marcelo Lima. *Direitos fundamentais e a proteção do credor na execução civil*. São Paulo: RT, 2003.

_____. *Execução indireta*. São Paulo: RT, 1998.

HARARI, Yuval Noah. *Uma breve história da humanidade*. Sapiens. 23. ed. Porto Alegre: L&PM, 2017.

KELSEN, Hans. *Teoria pura do direito*. Trad: João Batista Machado. 7. ed. São Paulo: Martins Fontes, 2006.

LEITE, José Rubens Morato. *Dano ambiental*: do individual ao coletivo extrapatrimonial. São Paulo: Revista dos Tribunais, 2000.

LEONEL, Ricardo de Barros. *Manual do processo coletivo*. São Paulo: RT, 2002.

LIEBMAN, Enrico Túlio. *Eficácia e autoridade da sentença e outros escritos sobre a coisa julgada*. 3. ed. São Paulo: Forense, 1984.

_____. *Processo de execução*. São Paulo: Saraiva, 1968.

LIMA, Fernando Antônio Negreiros. *A intervenção do Ministério Público no processo civil brasileiro como* custos legis. São Paulo: Método, 2007.

LUCON, Paulo Henrique dos Santos. Análise crítica da liquidação e execução da tutela coletiva. In: _____ (Org.). *Tutela coletiva*, op. cit., p. 170.

MAIA, Diogo Campos Medina. O mandado de segurança coletivo. In: TUPINAMBÁ, Carolina (Org.). *Procedimentos especiais na Justiça do Trabalho*. São Paulo: LTr, 2015.

MALLET, Estêvão. Considerações sobre a homogeneidade como pressuposto para a tutela coletiva de direitos individuais. *Revista LTr*, São Paulo, ano 74, n. 6, jun. 2010.

MANCUSO, Rodolfo de Camargo. *Ação civil pública*. 12. ed. São Paulo: Revista dos Tribunais, 2011.

_____. *Ação popular*. 3. ed. São Paulo: RT, 1998.

_____. *Interesses difusos*: conceito e legitimação para agir. 4. ed. São Paulo: Revista dos Tribunais, 1997.

_____. *Jurisdição coletiva e coisa julgada*: teoria geral das ações coletivas. 2. ed. São Paulo: Revista dos Tribunais, 2007.

MANUS, Pedro Paulo Teixeira. *Negociação coletiva e contrato individual de trabalho*. São Paulo: Atlas, 2001.

MARINONI, Luiz Guilherme. *Antecipação de tutela*. 9. ed. São Paulo: Revista dos Tribunais, 2006.

_____. *Técnica processual e tutela de direitos*. São Paulo: Revista dos Tribunais, 2004.

_____. *Tutela inibitória (individual e coletiva)*. 4. ed. São Paulo: RT, 2006.

_____; ARENHART, Sérgio Cruz; MITIDIERO, Daniel. *Curso de direito processual*. Teoria do processo. vol. 1. São Paulo: RT, 2015.

_____; ARENHART, Sérgio Cruz; MITIDIERO, Daniel. *Novo curso de processo civil*: tutela dos direitos mediante procedimento comum. São Paulo: RT, 2015. vol. 2.

MARTINS, Sérgio Pinto. *Dano moral decorrente do contrato de trabalho*. São Paulo: Atlas, 2007.

_____. *Tutela antecipada e tutela específica no processo do trabalho*. 2. ed. São Paulo: Atlas, 2000.

MARTINS FILHO, Ives Gandra da Silva. *Manual esquemático de direito e processo do trabalho*. 3 ed. São Paulo: Saraiva, 1992.

_____. *Processo coletivo do trabalho*. São Paulo: LTr, 2003.

_____. Um pouco de história do Ministério Público do Trabalho. In: *Revista do Ministério Público do Trabalho*, São Paulo: LTr, n. 13, ano 7, p. 23-52, mar. 1997.

MAZZILLI, Hugo Nigro. *A defesa dos interesses difusos em juízo*: meio ambiente, consumidor, patrimônio cultural, patrimônio público e outros interesses. 21. ed. São Paulo: Saraiva. 2008.

_____. *O inquérito civil*: investigações do Ministério Público, compromissos de ajustamento e audiências públicas. 4. ed. São Paulo: Saraiva, 2015.

MEIRELES, Edilton. *Temas da execução trabalhista*. São Paulo: LTr, 1998.

MEIRELLES, Hely Lopes. *Direito administrativo brasileiro*. 38. ed. São Paulo: Malheiros, 2012.

_____; WALD, Arnoldo; MENDES, Gilmar. *Mandado de segurança e ações constitucionais*. 33. ed. São Paulo: Malheiros, 2015.

MELLO, Celso Antônio Bandeira de. *Curso de direito administrativo*. 11. ed. São Paulo: Malheiros, 1999.

MELO, Raimundo Simão de. *Ação civil pública na Justiça do Trabalho*. 5. ed. São Paulo: LTr, 2014.

_____. Ação coletiva de tutela do meio ambiente do trabalho. In: RIBEIRO JÚNIOR; CORDEIRO; FAVA; CAIXETA (Orgs.). *Ação coletiva na visão dos juízes e procuradores do trabalho*. São Paulo: LTr, 2006.

_____. *Direito ambiental do trabalho e a saúde do trabalhador*: responsabilidades legais, dano material, dano moral, dano estético, indenização pela perda de uma chance, prescrição. 5. ed. São Paulo: LTr, 2013.

_____. *Processo coletivo do trabalho*: dissídio coletivo, ação de cumprimento, ação anulatória. 2. ed. São Paulo: LTr, 2011.

MENDES, Aluisio Gonçalves de Castro. *Ações coletivas no direito comparado e nacional*. 2. ed. São Paulo: Revista dos Tribunais, 2010.

MIRRA, Álvaro Luiz Valery. Associações civis e a defesa dos interesses difusos em juízo: do direito vigente ao direito projetado. In: GRINOVER, Ada Pellegrini; MENDES, Aluisio Gonçalves de Castro; WATANABE, Kazuo. *Direito processual coletivo e o anteprojeto de Código Brasileiro de Processos Coletivos*. São Paulo: Revista dos Tribunais, 2007.

MORAES, Alexandre. *Direito constitucional*. 27. ed. São Paulo: Atlas, 2011.

MORAES, Maria Celina Bodin de. *Danos à pessoa humana*: uma leitura civil-constitucional dos danos morais. Rio de Janeiro: Renovar, 2003.

NASCIMENTO, Amauri Mascaro. A questão do dissídio coletivo "de comum acordo". *Revista LTr*, São Paulo, v. 70, n. 6, p. 650, jun. 2006.

_____. *Conflitos coletivos de trabalho*. São Paulo: Saraiva, 1978.

_____. *Curso de direito do trabalho*. 19. ed. São Paulo: Saraiva, 2004.

_____. *Direito sindical*. São Paulo: LTr, 1982.

NASCIMENTO, Amauri Mascaro; NASCIMENTO, Sonia Mascaro. *Curso de direito processual do trabalho*. 29. ed. São Paulo: Saraiva, 2017.

NEVES, Daniel Assunção Amorim. *Manual de processo coletivo*. Volume único. 3. ed. Salvador: JusPodivm, 2016.

NERY JR., Nelson. A ação civil pública no processo do trabalho. In: MILARÉ, Édis (Org.). *Ação civil pública*: Lei n. 7.347/1985: 15 anos. 2. ed. São Paulo: Revista dos Tribunais, 2002.

_____. *Princípios do processo civil*. 12. ed. São Paulo: Saraiva, 2016.

_____; FERRAZ, Antônio Augusto Mello de Camargo; MILARÉ, Édis. *Ação civil pública e a tutela jurisdicional dos interesses difusos*. São Paulo: Saraiva, 1984.

_____; NERY, Rosa Maria. *Código de Processo Civil comentado e legislação extravagante*. 17. ed. São Paulo: RT, 2018.

OLIVEIRA, Paulo Eduardo Vieira de. *Dano pessoal no direito do trabalho*. São Paulo: LTr, 2002.

Organização Internacional do Trabalho (OIT). *A liberdade sindical*. Tradução de Edilson Alkmin: Cunha. São Paulo: LTr, 1993.

PEREIRA, Caio Mario da Silva. *Instituições de direito civil*. Rio de Janeiro: Forense, 1993.

_____. *Responsabilidade civil*. 7. ed. Rio de Janeiro: Forense, 1996.

PEREIRA, Ricardo José Macedo de Britto. *Ação civil púbica no processo do trabalho*. 2. ed. Salvador: JusPodivm, 2016.

PINHO, Humberto Dalla Bernardina. *Teoria geral do processo civil contemporâneo*. Rio de Janeiro: Lumen Juris, 2007.

PINTO, José Augusto Rodrigues. *Direito sindical e coletivo do trabalho*. 2. ed. São Paulo: LTr, 2002.

PIZZOL, Patrícia Miranda. *A competência no processo civil*. São Paulo: RT, 2003.

POZZOLO, Paulo Ricardo. *Ação inibitória no processo do trabalho*. São Paulo: LTr, 2001.

RABENHORST, Eduardo Ramalho. *Dignidade e moralidade democrática*. Brasília: Brasília Jurídica, 2001.

REIS, Clayton. *Os novos rumos da indenização do dano moral*. Rio de Janeiro: Forense, 2003.

RODRIGUES, Marcelo Abelha. *Direito ambiental esquematizado*. São Paulo: Saraiva, 2013.

ROMITA, Arion Sayão. O poder normativo da Justiça do Trabalho na reforma do Judiciário. *Revista do TRT – 1ª Região e Ematra*, Rio de Janeiro, n. 39, jan./jun. 2005.

ROQUE, André Vasconcelos. *Class actions*. Ações coletivas nos Estados Unidos: o que podemos aprender com elas. Salvador: JusPodivm, 2013.

ROTHENBURG, Walter Claudius. *Princípios constitucionais*. Porto Alegre: Sergio Antonio Fabris, 1999.

SALLES, Carlos Alberto de. Processo civil de interesse público. In: _____ (Org.). *Processo civil e interesse público*: o processo como instrumento de defesa social. São Paulo: Revista dos Tribunais, 2003.

SANTOS, Enoque Ribeiro dos. A natureza objetiva do dano moral coletivo no direito do trabalho. In: *Revista Síntese Trabalhista e Previdenciária*, São Paulo, IOB THOMPSON, n. 272, p. 25, fev. 2012.

_____. *Negociação coletiva de trabalho nos setores público e privado*. 2. ed. São Paulo: LTr, 2016.

_____. *O microssistema de tutela coletiva*. Parceirização trabalhista. São Paulo: LTr, 2012.

SANTOS, Moacir Amaral dos. *Primeiras linhas do direito processual civil*. vol. 1. 15. ed. São Paulo: Sairava, 1992.

SANTOS, Ronaldo Lima dos. Delineamento jurisprudencial e doutrinário do dissídio coletivo após a emenda n. 45, *Revista IOB: trabalhista e previdenciária*, v. 21, n. 241, 2009.

_____. O Ministério Público do Trabalho e o novo Código de Processo Civil. *Revista LTr*, Vol. 83, n. 3, p. 295, mar. 2018.

_____. *Sindicatos e ações coletivas*. 4. ed. São Paulo: LTr, 2014.

SARLET, Ingo Wolfgang. As dimensões da dignidade da pessoa humana: construindo uma compreensão jurídico-constitucional necessária e possível. In: SARLET, Ingo Wolfgang (Org.). *Dimensões da dignidade*: ensaios de filosofia do direito e direito constitucional. Porto Alegre: Livraria do Advogado, 2005.

_____. *Dignidade da pessoa humana e direitos fundamentais*. 3. ed. rev., atual. e ampl. Porto Alegre: Livraria do Advogado, 2004.

SEVERO, Sérgio. *Os danos extrapatrimoniais*. São Paulo: Saraiva, 1996.

SCHIAVI, Mauro. *Ações de reparação por danos morais decorrentes das relações de trabalho*. 4. ed. São Paulo: LTr, 2011.

_____. *Execução no processo do trabalho*. 8. ed. São Paulo: LTr, 2008.

_____. *Manual de direito processual coletivo*. 12. ed. São Paulo: LTr, 2017.

_____. O novo Código de Processo Civil e o princípio da duração razoável do processo. In: MIESSA, Elisson (Org.). *O novo Código de Processo Civil e seus reflexos no processo do trabalho*. Salvador: JusPodivm, 2015.

_____. *Princípios do processo do trabalho*. 2. ed. São Paulo: LTr, 2014.

_____. *Provas no processo do trabalho*. São Paulo: LTr, 2010.

SILVA, Bruno Freire e. *O novo CPC e o processo do trabalho I*. Parte Geral. 2. ed. São Paulo: LTr, 2016.

SILVA, Marcelo Ribeiro da. *A ação civil pública e o processo do trabalho*. Ribeirão Preto: Editora Nacional de Direito, 2001.

SIQUEIRA CASTRO, Carlos Roberto. *O devido processo legal e a razoabilidade das leis na nova Constituição do Brasil*. 5. ed. São Paulo: Forense, 1989.

SILVA NETO, Manoel Jorge. *Proteção constitucional dos interesses trabalhistas difusos, coletivos e individuais homogêneos*. São Paulo: LTr, 2001.

SOARES, Marcelo Carine dos Prazeres. *O dever de motivação na despedida coletiva*. São Paulo: LTr, 2017.

SOUTO MAIOR, Jorge Luiz. O dano social e a sua reparação. In: *Revista LTr*, São Paulo, v. 71, n. 11, nov. 2007.

_____. *Temas de processo do trabalho*. São Paulo: LTr, 2000.

_____; MOREIRA, Ranulio Mendes; SEVERO, Valdete Souto. *Dumping social nas relações de trabalho*. 2. ed. São Paulo: LTr, 2014.

SPADONI, Joaquim Felipe. *Ação inibitória*. São Paulo: Revista dos Tribunais, 2002.

STEINMETZ, Wilson. Princípio da proporcionalidade e atos de autonomia privada restritivos de direitos fundamentais. In. SILVA, Virgílio Afonso da (Org.). *Interpretação constitucional*. São Paulo: Malheiros, 2005.

TALAMINI, Eduardo. *Tutela relativa aos deveres de fazer e não fazer*. 2. ed. São Paulo: Revista dos Tribunais, 2003.

TEIXEIRA, Sérgio Torres. Execução de obrigações de fazer e de não fazer: repercussões das regras do novo CPC no modelo processual do trabalho. In: MIESSA, Elisson (Org.). *O novo Código de Processo Civil e seus reflexos no processo do trabalho*. 2. ed. Salvador: JusPodivm, 2016.

TEIXEIRA FILHO, Manoel Antônio. *A prova no processo do trabalho*. 9. ed. São Paulo: LTr, 2010.

_____. *Execução no processo do trabalho*. 9. ed. São Paulo: LTr, 2005.

_____. *Mandado de segurança na Justiça do Trabalho*: individual e coletivo. 3. ed. São Paulo: LTr, 2010.

THEODORO JR., Humberto. *Processo de execução e cumprimento da sentença*. 26 ed. São Paulo: Livraria e Editora Universitária, 2009.

_____. O mandado de segurança coletivo em cotejo com as ações coletivas constitucionais. *Revista Síntese de Direito Civil e Processual Civil*, São Paulo, v. 12, n. 71, p. 72, maio/jun. 2011.

_____; NUNES, Dierle; BAHIA, Alexandre Melo Franco; PEDRON, Flávia Quinoud. *Novo CPC*. Fundamentos e sistematização. 2. ed. Rio de Janeiro: Forense. 2015.

TUPINAMBÁ, Carolina. *A fazenda pública e o processo do trabalho*. Rio de Janeiro: Forense, 2007.

VELLOSO, Carlos Mário. *Curso de mandado de segurança*. São Paulo: RT, 1986.

VENOSA, Silvio de Salvo. *Direito civil:* responsabilidade civil. 2. ed. São Paulo: Atlas, 2002.

VENTURI, Elton. *Execução da tutela coletiva*. São Paulo: Malheiros, 2000.

_____. *Processo civil coletivo:* a tutela jurisdicional dos direitos difusos, coletivos e individuais homogêneos. São Paulo: Malheiros, 2007.

VIGLIAR, José Marcelo Menezes. *Tutela jurisdicional coletiva*. 3. ed. São Paulo: Atlas, 2001.

ZANETI JR, Hermes. Os direitos individuais homogêneos e o neoprocessualismo. In: FIGUEIREDO, Guilherme José Purvin de; RODRIGUES, Marcelo Abelha (Orgs.). *O novo processo civil coletivo*. Rio de Janeiro: Lumen Juris, 2009.

ZAVASCKI, Teori. *Processo coletivo:* tutela de direitos coletivos e tutela coletiva de direitos. 2. ed. São Paulo: Revista dos Tribunais, 2007.

_____. *Processo de execução:* parte geral. 3. ed. São Paulo: Revista dos Tribunais, 2004. (Coleção Enrico Tulio Liebman, v. 42)

WAMBIER, Luiz Rodrigues. *Sentença civil:* liquidação e cumprimento. 3. ed. São Paulo: Revista dos Tribunais, 2006.